COLLANA **LUOGHI VERTICALI**

EDIZIONI **VERSANTE SUD**

Erste Ausgabe: März 2002
Zweite Ausgabe: April 2007
Dritte Ausgabe: Mai 2013

ISBN: 978-88-896634-74-5

Umschlagbild Jorg Verhoeven Brento Centro *(Foto Heiko Wilhelm)*

Topos und Zeichnungen Diego Filippi

Übersetzung Gerd Zimmermann

Druck Monotipia Cremonese

Danksagungen
Danke an den Verlag Versante Sud, der die nun schon dritte Ausgabe dieses Kletterführers unterstützt und mir sein Vertrauen ausspricht.
Meinen Freunde und Seilgefährten möchte ich danke sagen für die unzähligen Tage, die wir zusammen in den Wänden im Sarcatal verbracht haben. Danke dafür, dass wir vergessen geglaubte Routen wiederholen und die eine oder andere Linie neu eröffnen konnten. Ein besonderes Dankeschön an Roly Galvagni, Luca Pilati, Christian Della Maria, Fabio Demetri und Francesco Devigili.
Danke für die vielen Fotos an Matteo Bertolotti und Luca Galbiati.
Ebenfalls danken möchte ich all denen, die in den letzten Jahren hier im Sarcatal über 200 Neutouren eingerichtet haben.
Ein großes Dankeschön an Ruggiero vom Ristorante Lanterna bei der Parete San Paolo für die Gastfreundschaft, die er allen Kletterern gewährt.

HINWEIS
Klettern ist ein potenziell gefährlicher Sport und geschieht immer auf eigene Gefahr. Alle Hinweise in diesem Führer beruhen auf Informationen, die zum Zeitpunkt der Drucklegung aktuell waren. Es wird empfohlen, sich vor der Begehung einer Route über den aktuellen Stand zu informieren.

FOR CLIMBING
BOOKS FOR BOLTS

unter der
Schirmherrschaft
der Gemeinde Arco

Diego Filippi

HOHE WÄNDE BEI ARCO

Klassische und moderne Routen im Sarcatal

Piccolo Dain
Monte Casale
Pian dela Paia
Sonnenplatten (Parete Zebrata)
Monte Brento
Cima alle Coste
Coste dell'Anglone
Mandrea
Monte Colt - San Paolo
Monte Colodri

EDIZIONI **VERSANTE SUD**

VERSANTE SUD

Vorwort

Schon nach fünf Minuten auf dem steilen Zustiegsweg stehen mir wegen der warmen Sonnenstrahlen die ersten Schweißtropfen auf der Stirn. Der Weg führt zu einer Route, die mit einem Riss beginnt, in dem viele alte und unsichere Haken stecken. Mittlerweile liegt die Wand komplett in der Sonne und unendlich erscheint die überhängende Linie. So, also ob sie direkt in den Himmel führe. Aber heute sind all unsere Bedenken und unsicheren Gedanken wie verflogen, heute wird uns die Route Freiheit schenken, sie wird nur für uns da sein.
Diverse Male schon hatte ich vom Band am Piccolo Dain aus auf diese Wand geblickt, hatte die Nase in den Himmel gerichtet; ich wollte mir vorstellen, wie sich wohl Angelo Ursella, der Erstbegeher, gefühlt hatte. Mit dieser Linie hat er sich ein Denkmal geschaffen.
Die Route, die wir wiederholen wollen, ist eine der ältesten des Sarcatals. Und ganz sicher ist und bleibt sie für mich die Faszinierendste. Steigleitern und ein starker Wille zu harter Arbeit sind Voraussetzung für das Fortkommen. Das klingt heutzutage, in der Ära des Sportkletterns, sicherlich ziemlich befremdlich.Iin diesem Fall sind mein Seilpartner und ich aber stolz, nicht dem Zeitgeist zu entsprechen. Wir klettern hoch bis zum Gipfel. Die Ausblicke in der Route sind atemberaubend. An einem Hängestand erfasst ein kühler Windhauch unsere Emotionen und trägt sie talabwärts in Richtung Gardasee, dessen Wellen sie scheinbar ganz sanft wiegen lassen. Von diesem Standplatz aus scheint man das ganze Tal zu beherrschen. Generationen von Alpinisten waren auf der Suche nach Rissen oder kämpften sich über Dächer und Überhänge: Es war aber zunächst einmal immer der Anblick der Berge, der die Bergsteiger faszinierte.
Großartige Kletterer haben in diesen Wänden unauslöschbare Linien und Spuren hinterlassen. Eine der Spuren ist ein Eishaken, den Bruno Detassis in der absolut ästhetischen Linie der Route "Canna D'Organo" setzen musste. Klassische Wege wechseln sich im Sarcatal ab mit neuzeitlichen Sportkletterrouten. Die innovativen Linien von Heinz Grill, einem äußerst rührigen und kreativen Erschließer, verbinden die alpine mit der traditionellen Herangehensweise an Neuerschließungen.
Aber all diese Berge, all diese Linien wären nichts ohne die Kletterer und ihre Träume. Diese Träume entstehen aus unserem Ich, wir teilen sie mit unserem Seilgefährten. Diese Träume leiten uns in eine bestimmte Richtung, was für die meisten Leute oft unverständlich, aber für uns Kletterer gleichzeitig auch Realität ist. Es ist die besondere Beziehung zwischen den Akteuren, die während eines Aufstiegs entsteht und das gemeinsame Erleben, das aus einem einfachen Aufstieg etwas Einzigartiges macht. Das Sarcatal ist eine fantastische Welt aus Licht und Farben, eine Welt mit Träumen und Wünschen. Das Sarcatal ist alles .... und doch nichts.
Es ist nicht einfach, ein Tal zu beschreiben. Man müsste die Menschen beschreiben, die es kennen und lieben gelernt haben. Man müsste von Kletterern erzählen, denen es gelingt, mit der Unvoreingenommenheit eines Kindes immer wieder neue Linien und Abenteuer zu finden. Beispielsweise die Geschichte von Diego: Vor sechs Jahren kannte ich ihn nur von einem Foto in einem Kletterführer, mit vielen Topos von Linien, die für mich meist viel zu schwierig waren. Heute ist er ein Freund, mit dem ich viele Abenteuer in der Senkrechten erleben durfte. Dies ist für mich das schönste Geschenk, das mir das Sarcatal gemacht hat.
Es ist eigentlich überflüssig, zu erwähnen, dass Diego in dieses Tal verliebt ist. Man spürt seine Leidenschaft, und sie überträgt sich auch sofort. Klettern, wandern, einen Klettersteig machen oder einen Zustiegsweg wieder in Ordnung bringen: all dies hat wenig Bedeutung. Wichtig ist, den Blick auf diese Wände zu richten und ein Zwiegespräch mit ihnen zu beginnen.
Im Bewusstsein, dass zwei großartige Alpinisten wie Samuele Scarlet und Maurizio Giordani meine Vorgänger waren, ist es mir eine große Ehre, ihren Platz als Seilpartner eingenommen zu haben. Eine solche Ehre kann nur ein wahrer Freund erteilen.

Matteo Bertoletti

Einleitung zur 3. Ausgabe

Mit dieser neuen Ausgabe haltet ihr nicht nur ein Update des alten Führers aus dem Jahr 2007 in den Händen, sondern eine vollständige Überarbeitung mit neuen oder korrigierten Texten sowie komplett neuen Routen und Zeichnungen.

In den vergangenen fünf Jahren ist nicht nur die Anzahl der langen Routen im Sarcatal deutlich gewachsen, auch die Zahl der Alpinkletterer ist stetig in die Höhe geschnellt. Mehr als 200 Routen aller Schwierigkeitsgrade und Charakteristika wurden neu eröffnet, die allermeisten davon sind lohnende, schöne und empfehlenswerte Routen. In diesem Führer werden also mittlerweile über 520 Routen beschrieben. Daraus resultiert eine stattliche Anzahl an Klettermetern, zieht man die hier durchschnittliche Routenlänge von 200 bis 300 Metern in Betracht!

In alpinistischer Hinsicht wird unser Tal also immer reicher und schöner und mein Dank geht an alle, die hier neue Linien eröffnet haben.

Routen erschließen heißt nicht nur, Geld für Bohr- und Normalhaken auszugeben, auch die oft mühsame Arbeit, sie auszuputzen, sollte Anerkennung und Respekt finden. Ich möchte an dieser Stelle darauf hinweisen, dass es im Sarcatal keine "professionellen" Erschließer gibt: Alle Routen entstehen aus eigenem Antrieb, eigener Arbeit und mit eigenem Geld.

Zudem solltet Ihr Euch immer bewusst sein, dass auch hier, in nicht hochalpinem Gelände und in oft gut abgesicherten Routen, die Gefahr von Steinschlag existiert. Und diese Gefahr ist nicht hoch genug einzuschätzen: Steigt also besser nicht auch noch in eine Route ein, wenn sie eh schon von mehreren Seilschaften begangen wird. Auch an windigen Tagen oder nach langen Regenfällen ist erhöhte Vorsicht angebracht.

Ich wünsche allen viel Spaß und Vergnügen beim Klettern in diesem kleinen, wunderschönen alpinen Garten!

Diego Filippi

Technische Einführung

ANFAHRTSWEGE

Die in diesem Führer beschriebenen Wände des Monte Casale und Monte Brento liegen am Weg von Sarche nach Arco bzw. auf der orographisch rechten Seite des Tales. Sowohl der kleine Ort Sarche als auch Arco liegen am Eingang bzw. Ausgang des Tals und sind leicht von der Brennerautobahn erreichbar. Aus Richtung Norden verlässt man die Autobahn an der Ausfahrt Trento Centro und folgt den Wegweisern Richtung Lago di Garda oder Madonna di Campiglio (von der Ausfahrt bis Sarche ca. 30 Min.). Aus Richtung Süden fährt man an der Ausfahrt Rovereto Sud von der Autobahn ab und folgt den Wegweisern Richtung Lago di Garda und Arco (20 Min. von der Autobahn bis Arco).

STANDORTE

Kletterer (notorisch knapp bei Kasse..) sind am besten auf den Campingplätzen in Arco und Pietramurata aufgehoben. Ersterer liegt unterhalb der Wände des Colodri beim großen Schwimmbad, letzterer hinter dem Hotel Daino an der Hauptstraße. Viele weitere Hotels und Restaurants findet man im ganzen Tal. Neben den unzähligen Gaststätten in Arco möchte ich euch das kleine alimentari (Lebensmittelgeschäft) 'Lunelli alle Sarche' ans Herz legen: Hier gibt es panini (belegte Brötchen) in allen Größen und für alle Geschmäcker.

DIE WÄNDE

Der größte Pluspunkt des Sarcatals sind die vielen unterschiedlichen Kletterrouten sowohl für Sportkletterer als auch für Alpinisten. Letztere finden alles für ihr Vergnügen an und in den hohen Wänden des Brento oder Casale. Zum Trainieren reichen allemal die Wände von Pian dela Paia oder Mandrea, wo zwar kurze, aber wahre alpinistische Meisterwerke zu finden sind. Die Sportkletterer haben eigentlich nur die Qual der Wahl: Im ganzen Tal gibt es Routen in allen Schwierigkeitsgraden und Längen.

MATERIAL

Dazu möchte ich nicht viele Worte verlieren, denn jeder hat seine Vorlieben und Erfahrungen. Einige Ratschläge möchte ich dennoch geben.

Für alle alpinen Wege ist immer eine gute Auswahl an Haken, Klemmkeilen und einigen Friends nötig und auch eine Trittleiter kann erforderlich sein. Genügend Schlingen und Reepschnüre für einen eventuellen Rückzug aus der Route sind ebenfalls wichtig.

Für die technischen Routen sollten immer ein Handbohrer und einige Haken dabei sein. Es wäre schade, auf den Durchstieg verzichten zu müssen, nur weil ein alter Haken nachgegeben hat.

Auch in den Sportkletterrouten könnte eine Trittleiter und einige Cliffs hilfreich sein, um notfalls sehr schwere Passagen schneller durchsteigen zu können... vor allem in den Ausstiegslängen der ganz langen Routen, wenn die Kraft schon langsam nachlässt.

Ein Doppelseil (Halbseil oder auch ein Zwillingsseil) ist immer Pflicht! Einfachseile gehören in den Klettergarten, nicht in Mehrseillängenrouten.

In den Sommermonaten solltet ihr immer genügend Trinkwasser mit dabei haben. Denkt daran, dass es auch an schönen Tagen in den anderen Jahreszeiten nachmittags wegen des aufkommenden Windes sehr kalt werden kann.

WETTER

Die zuverlässigste Wettervorhersage gibt die Region Trentino unter http://www.provincia.tn.it/meteo/ oder der Telefonnummer 0461238939 heraus.

EMPFEHLUNGEN UND RATSCHLÄGE

Obwohl ich diesen Führer mit der größtmöglichen Sorgfalt geschrieben habe, werden sich doch Unzulänglichkeiten und Unvollständigkeiten eingeschlichen haben. Hierfür bitte ich schon jetzt um Entschuldigung und bitte euch gleichzeitig um eure Mithilfe: schickt eure Hinweise an den Verlag, damit diese für eine neue Ausgabe verwendet werden können.

Ein Ratschlag: lasst das Auto immer leer und unverschlossen. Nur so entgeht ihr eventuellen Diebstählen und den damit oft verbundenen aufgebrochenen Schlössern und eingeschlagenen Scheiben.

ZUM GEBRAUCH DES FÜHRERS

Die zehn Kapitel des Buches beziehen sich auf die zehn Hauptklettergebiete des Tales. Jedes Gebiet seinerseits ist wiederum in Sektoren unterteilt. In jedem Sektor werden alle momentan existierenden Routen entweder beschrieben oder zumindest genannt.

Für jedes Gebiet gibt es eine allgemeine Beschreibung mit (manchmal geschichtlichen) Hinweisen sowie eine Karte mit Zufahrtsstraßen, Parkmöglichkeiten und den entsprechenden Sektoren.

Jeder Sektor erhält eine fortlaufende Nummer sowie die Bezeichnung der Gebietszugehörigkeit.

Nach einer kurzen Einführung werden weiter beschrieben:

- der Zustieg mit Wegmarkierungen und Zeitangaben. Der Einstieg wird bei den Routenbeschreibungen genauer ausgeführt.
- Der Abstieg mit Wegmarkierungen und Zeitangaben, die im Allgemeinen für alle Routen desselben Sektors gleich sind
- eine Aufzählung der beschriebenen Routen mit Länge und Typ (Alpin- oder Sportkletterwege)
- die Beschreibung der Routen mit Topo, Foto und technischen Daten
- die weiteren Routen, mit einer Aufzählung der uninteressanten oder unbekannten Wege.

Jede Route wird danach eingestuft, wie schön und empfehlenswert sie ist. Beachtet bitte, dass Urteile über die Schönheit der Route absolut subjektiv sind und sich ausschließlich nach klettertechnischen Kriterien richten.

BEWERTUNG DER SCHÖNHEIT EINER ROUTE

★	Nicht empfehlenswert, einfach vergessen...
★★	OK; wer schon alles gemacht hat
★★★	Schöne Route, sollte man klettern
★★★★	Wunderschöne Route, empfehlenswert
★★★★★	Traumhafte Route, eine der schönsten im Sarcatal, ein MUSS!

BERGRETTUNG

Bei Notfällen wählt man die Nummer 118.

BERWERTUNG DER ROUTEN

Für eine genauere Einstufung der Routen wird eine Bewertungsskala verwendet, die sowohl die allgemeinen Anforderungen (Umgebung, Zustiegslänge, Routenlänge, psychischer Anspruch) als auch die besonderen hinsichtlich Absicherung (Hakenabstand, Sicherheit der Haken) berücksichtigt. Diese Einstufung ist deshalb unabhängig von der klettertechnischen Schwierigkeit zu sehen, die im Allgemeinen in der französischen Bewertungsskala ihren Ausdruck findet.

Deshalb sind bei der Einstufung einer Route drei Parameter zu bewerten und drei verschiedene Skalen anzuwenden: die technische Schwierigkeit, die Möglichkeiten der Absicherung und der generelle Anspruch.

Um eine Route sehr genau zu beschreiben, sollten immer alle drei Parameter herangezogen werden, denn für sich allein bietet keiner den potenziellen Wiederholern ausreichend Informationen.

	DIE ABSICHERUNG
S1	Absicherung mit Bohrhaken wie im Klettergarten. Der Abstand ist nie größer als 3-4 Meter zwischen den Haken. Potentielle Sturzlänge beträgt höchstens ein paar Meter und Sturz ist ohne Folgen!
S2	Größerer Hakenabstand mit zwingenden Kletterpassagen. Potentielle Sturzlänge beträgt höchstens 10 Meter und Sturz hat keine Verletzungen zur Folge!
S3	Großer Hakenabstand mit meist zwingenden Kletterpassagen. Der Abstand kann auch größer als 5 Meter sein, daher lange Stürze aber ohne schwere Folgen!
S4	Sehr großer Hakenabstand über 7 Meter mit zwingenden Kletterpassagen. Sturz kann Verletzungen zur Folge haben!
S5	Sehr großer Hakenabstand über 10 Meter mit zwingenden Kletterpassagen. Sturz auf Terrassen, Bändern oder Boden hat sicherlich Verletzungen zur Folge!
S6	Nur teilweise mit Bohrhaken abgesichert, weit ab von den Schlüsselstellen mit Abständen bis zu 20 Meter. Ein Sturz kann tödlich sein!
R1	Leicht abzusichern, mit guten und zahlreichen Zwischensicherungen! Sehr wenige zwingende Kletterpassagen. Potentielle Sturzlänge beträgt wenige Meter und Sturz ist ohne Folgen!
R2	Mittelmäßig abzusichern, mit guten, aber weniger Zwischensicherungen! Zwingende Kletterpassagen zwischen den Sicherungspunkten. Potentielle Sturzlänge beträgt höchstens ein paar Meter und Sturz ist ohne Folgen!
R3	Schwer abzusichern, mit nicht immer guten und weit entfernten Zwischensicherungen! Lange zwingende Kletterpassagen. Potentielle Sturzlänge beträgt maximal 7-8 Meter und Sturz kann Verletzungen zur Folge haben!
R4	Schwer abzusichern, mit schlechten oder unzuverlässigen und weit entfernten Zwischensicherungen, die nur einen kurzen Sturz halten würden! Lange zwingende Kletterpassagen. Potentielle Sturzlänge beträgt bis zu 15 Meter mit der Möglichkeit, dass Zwischensicherungen herausbrechen und Sturz hat wahrscheinlich Verletzungen zur Folge!
R5	Schwer abzusichern, mit schlechten und unzuverlässigen und weit entfernten Zwischensicherungen, die nur einen kurzen Sturz halten würden! Lange zwingende Kletterpassagen. Lange Stürze sind wahrscheinlich und dass Zwischensicherungen herausbrechen. Sturz hat sicher Verletzungen zur Folge!
R6	Unmöglich abzusichern, außer für kurze Stellen und weit ab von den Schlüsselstellen. Ein Sturz kann tödlich sein!

TECHNISCHE SCHWIERIGKEIT

Die UIAA-Skala mit römischen Ziffern verwende ich für die klassischen Wege, für die Routen mit geschlagenen Haken oder für die nicht abgesicherten Routen. Dies geschieht einerseits, weil eine gewisse Kontinuität bei den Kletterführern und der alpinistischen Traditionen des Sarcatals erhalten bleiben soll, andererseits deshalb, weil sonst alle Wege an das französische Bewertungssystem hätten angepasst werden müssen.
Für alle modernen Sportkletterrouten sowie die mit Bohrhaken abgesicherten Wege wird die französische Skala verwendet.

DIE ABSICHERUNG

Nur Abstand und Zuverlässigkeit der Sicherungspunkte werden in der verwendeten Skala berücksichtigt (mit dem Buchstaben 'R' wie Risiko). Bei mit Bohrhaken (it. 'spit') abge-

	GENERELLER ANSPRUCH
I	Kurze Route in Nähe der Straße mit bequemen Zustieg. Sonnige Lage, kurze Kletterzeit und einfacher Rückzug möglich.
II	Mehrseillängenroute an einer über 200 m hohen Wand. Leichter Zustieg, und einfacher Rückzug möglich.
III	Mehrseillängenroute an einer über 300 m hohen Wand in alpinem Gelände. Lange Kletterei mit anstrengendem Zustieg und komplizierter Rückzug.
IV	Sehr lange Route an einer über 500 m langen Wand in strengem alpinem Gelände weit ab vom Talgrund. Kletterzeit beträgt einen ganzen Tag, komplizierter Rückzug, nicht immer entlang der Aufstiegsroute.
V	Sehr lange Route im „Big-Wall" Stil, der normalerweise ein Biwak in der Wand erfordert. Der Rückzug in alpinem Gelände kann äußerst schwierig sein.
VI	Eine „Big Wall" Route, die einige Tage in der Wand erfordert, in hochalpinem Gelände; der Rückzug ist äußerst schwierig.
VII	Route kann mit einer „Big Wall" aus dem Himalaja verglichen werden; große alpinistische Schwierigkeiten werden mit Hilfe einer Expedition bewältigt.

sicherten Routen wird der Buchstabe R durch S ersetzt und die Bewertung berücksichtigt ausschließlich den Abstand der Sicherungen. Bei teils klassischen, teils modernen Wegen entsteht dann eventuell die Bezeichnung 'RS'

GENERELLER ANSPRUCH

Hinsichtlich der Bewertung des generellen Anspruchs, der Umgebung, der Schwierigkeiten eines Rückzugs und der Entfernung vom Tal einer Route, ersetzten wir die klassische französische Skala mit dem amerikanische Bewertungssystem der Big Walls, das mit römischen Ziffern von I bis VII (nach oben offen) ausgedrückt wird und das sich u.a. auch an der technischen Schwierigkeit orientiert.

SYMBOLE

Zustiegsdauer

Abstiegsdauer

Maximale Wandhöhe

Ausrichtung

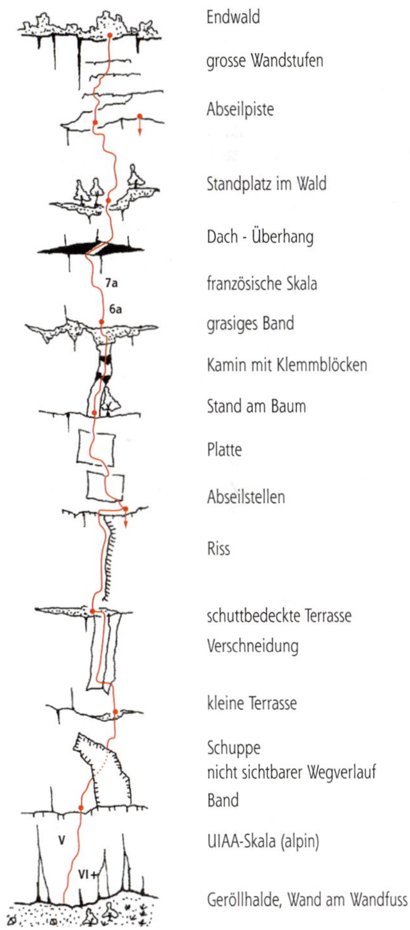

DAS SARCATAL UND SEINE PROTAGONISTEN

Die Existenz des Klettergebiets Sarcatal und sein Ruf bei Kletterern geht ausschließlich auf die Arbeit der vielen Erschließer zurück. Nach ersten, zaghaften Versuchen in den 1930er Jahren kehrte für lange Zeit wieder Ruhe ein. Ein kurzes Zwischenhoch am Limarò in den 1950er Jahren ist auf den bekannten italienischen Bergsteiger Cesare Maestri zurückzuführen. Die eigentliche Erforschung begann Anfang der 1970er Jahre, seitdem stieg die Zahl der Routen und der Kletterer in konstanter Weise.

Marcello Friederichsen und Luigi Miori
Die beiden eröffneten 1933 am Casale die erste Route im Sarcatal. Eine großartige Unternehmung, wenn man die über 1000 Meter hohe Wand vor Augen hat und bedenkt, dass die Linie Schwierigkeiten bis zum VI. Grad aufweist.

Bruno Detassis
Erste Neueröffnung 1935: Via Gran Diedro am Casale
Mit dieser Linie sowie der Via della Canna d'Organo gehört Bruno zu den allerersten Erschließern des Sarcatals. Auch heute noch fordern beide Wege viel Engagement und werden kaum wiederholt.

Heinz Steinkotter und Heini Holzer
Erste Neueröffnung 1966: Via Steinkotter an der Cima alle Coste.
Heinz ist einer der ersten, eifrigsten Erschließer der Wände im Sarcatal. Bei Alpinisten genießen seine Routen einen sehr guten Ruf, alle sind sehr lang und fordern sehr viel moralisches und physisches Engagement.
Heini gebührt der Respekt für seine fantastische Routentrilogie am Pian dela Paia: die Via Holzer Reali, Via Gran Diedro und Via Traudi zählen auch heute noch zu den ehrgeizigen und fast gefürchteten Linien.

Andrea Andreotti, Marcello Rossi und Franco Gadotti
Erste Neueröffnung 1971: Via Rita an der Parete Zebrata (Sonnenplatten).
Andrea und Marcello erforschten unzählige Wände im Sarcatal. Sie bezwangen mit der Eröffnung der Via Graziella als Erste die riesige Plattenflucht am Monte Brento. Zusammen mit dem jungen Franco Gadotti stellten sie sich weiteren Herausforderungen: die Via Spigolo Betti am Brento, Via Vedovella am Casale und Via Gadotti am Limarò sind auch heute noch ernsthafte Unternehmungen und genießen hohe Wertschätzung bei Alpinisten. Franco war zudem auch einer der Erschließer Via degli Amici am Monte Brento.

Mauro Ischia und Ugo Ischia
Erste Neueröffnung 1972: Via Bertamini am Colodri.
Den beiden Neffen gebührt der Dank für die die ersten Routen am Colodri: die Via Bertamini, Via Barbara oder Via Sommadossi sind wahre Meisterwerke. Auch an anderen Wänden waren die beiden erfolgreich, so z.B. an den Wänden von San Paolo oder Mandrea (mit der Via delle Fontane).

Giuliano Stenghel
Erste Neueröffnung 1976: Via Agostina am Colodri.
Guiliano ist Bergführer und einer der Haupterschließer im Sarcatal. Viele herrliche Routen gehen auf sein Konto, beispielhaft für Kühnheit und Linienführung sind die Via del Missile am Casale, Pilastro Gabrielli am Mandrea oder Via Big Bang am Pian dela Paia. Immer wieder fand er unberührte Wände und erschloss dort neue Wege von unbestrittenem historischem Wert. Hier nur eine kleine Auswahl: Via Stenico, Via Katia und Via Micheluzzi am Colodri. Via Mario Centi am Anglone und Pilastro Olimpos am Pala dele Lastiele. Via Emanuele Zenatti, Via Andrea Calliari und Via il Magnesio dalla Roccia an der Parete Ghandi. Pilastro Einstein und die sehr gefürchtete Via Follia am Casale.

Giovanni Groaz und Palma Baldo
Erste Neueröffnung 1978: Via Baldo Groaz am Pian dela Paia.
Mit vielen schwierigen Routen bleibt uns diese Seilschaft im Gedächtnis: Via Palma am

Monte Brento und weitere, oft wiederholte und mittlerweile berühmte Linien wie Via Vegetable und Via Kerouac am Pian dela Paia. Giovanni eröffnete zudem die meisterhafte Via Gadotti am Pilastro Magro, die Via degli Amici am Monte Brento und den Pilastro Gobbo am Casale.

Maurizio Zanolla Manolo
Erste Neueröffnung 1978: Via Gadotto am Pilastro Magro.
Manolo hat nicht viele Routen im Sarcatal eröffnet. In Erinnerung bleibt aber die gefürchtete Linie "Gadotti" sowie das unbestrittene Meisterwerk "Zanzara" am Colodri. Am Pian dela Paia gehen die Via Cesare Levis und die Via Factotum auf sein Konto.

Marco Furlani
Erste Neueröffnung 1978: Via dell'Amicizia an der Parete Zebrata (Sonnenplatten).
Marco ist Bergführer und ein großer Bergsteiger, im Sarcatal eröffnete er diverse ernsthafte und atemberaubende, alpine Wege. Dazu zählen beispielhaft die Via Alba Chiara am Casale und die Via Luce del Primo Mattino am Piccolo Dain.

Roberto Bassi
Erste Neueröffnung 1979: White Crack am Colodri.
Roberto war als Erschließer vor allem am Colodri zugange, hier entstand auch die mythische Via Zanzara. Er war der Erste, der im Sarcatal eine Sportkletterroute von oben eingerichtet hat: die Via Specchio delle mie Brame.

Maurizio Giordani
Erste Neueröffnung 1979: Black Hole an der Mandrea.
Bergführer und großartiger Alpinist, einer der eifrigsten Erschließer im Sarcatal. Mit seinen charakteristischen Freikletterrouten in höchsten Graden Geschichte schrieb. Erwähnt werden müssen z.B. die Routen Fiore di Corallo und Genghiz Khan an der Mandrea und die sehr abweisende Linie Via della Rinascita an der Cima alle Coste.

Aldo Leviti und Ermanno Salvaterra
Erste Neueröffnung 1979: Via Sganzini am Colodri.
Alle von den beiden eröffneten Routen weisen große Klasse mit viel physischem und moralischem Anspruch auf. Die Via del Bepi und die Sganzini am Colodri sowie die Sole Nascente an der Cima alle Coste zahlen zu den ehrgeizigsten Routen, die viel Anklang finden.

Marco Pegoretti und Edoardo Covi
Erste Neueröffnung 1980: Luna di Miele am Pian dela Paia.
Marco als Bergführer und Edoardo als Mitglied des CAAI sind eine außergewöhnliche Seilschaft und haben im Sarcatal sehr schwierige alpine Routen eröffnet. Beispielhaft seien hier die Supergrafite am Casale, die Pegoretti Covi am Limarò sowie die herrliche Linie La Luna e i Falò an der Cima alle Coste genannt.

Rolando Larcher
Erste Neueröffnung 1983: Ugo Merz am Primo Pilastro am Casale.
Rolando ist ein außergewöhnlich starker Sportkletterer und einer der bedeutendsten Erschließer von Routen in den höchsten Schwierigkeitsgraden (z.B. Viaggio nel Passato am Casale oder La Rosa dei Venti am Dain. Mit der Linie Scirocco eröffnete er im Sarcatal mit als einer der Ersten eine sehr schwierige Linie von unten.

Umberto Marampon
Erste Neueröffnung 1985: Bepi Mazzotiti am Piccolo Dain.
Ein sehr besonderer Absicherungsstil zeichnet seine immer sehr logischen und eleganten Techno-Routen aus. Dazu zählt auch das "Dreigestirn" am Colodri: DDT am Pilastro Zanzara, Cismon '93 an der Rupe Secca und Berto 8.80 an der Rupe del Castello.

Dario Sebastiani
Erste Neueröffnung 1988: Viaggio nel Passato am Secondo Pilastro del Casale.
Kennzeichen seiner anspruchsvollen Neutouren sind die hohen Anforderungen an Moral und Ernsthaftigkeit. Ehrgeizige und auch gefürchtete Linien sind beispielsweise Viaggio nel Passato am Casale, Gandalf il Mago am Monte Brento und die Via dei Naufraghi an der Mandrea.

Diego Filippi
Erste Neueröffnung 1992: Vertigine am Monte Brento.
Diego ist Bergführer und Mitglied im CAAI. Seine Touren, die er in vielen Gebieten im Sarcatal eröffnete, bieten ein breites Spektrum von Plaisir- bis Technorouten. Zu den schönsten Sportkletterlinien zählen Soleado und Moana an der Mandrea, Nuvole Bianche und Casinò Royale an der Cima alle Coste. Als Beispiele für Technorouten seien hier Universo Giallo am Monte Brento, Mauro Rostagno am Dain und Fiore di Loto am Monte Colt genannt. Ebenfalls beeindruckend ist seine Arbeit als Autor von mittlerweile drei Ausgaben des Sarcatal-Kletterführers.

Paolo Calzà
Erste Neueröffnung 1992: Ricci e Capricci an der Rupe Secca.
Der Bergführer schuf wahre Meisterwerke mit logischer Eleganz und bester, aber nie zu reichlicher Absicherung. Sehr geschätzte und oft wiederholte Routen sind u.a. Passi Falsi, Sottovuoto und Segantini am Colodri.

Ivo Rabanser
Erste Neueröffnung 1992: Freccia nel Cielo am Piccolo Dain.
Als Bergführer und Mitglied im CAAI erschloss Ivo unzählige Routen im Sarcatal, allesamt mit einer sehr alpinen Charakteristik. Logische Linienführung, traditionelle, nie üppige Absicherung kennzeichnen seinen Stil. Beispielhaft sind Sintesi und Vecchi Tempi an der Coste dell'Anglone sowie 23 Settembre am Pian dela Paia.

Tiberio Quecchia
Erste Neueröffnung 1992: Excalibur an der Mandrea.
Sowohl ins sportklettertechnischer als auch alpiner Hinsicht sind die nie zu langen Routen von Tiberio sehr kraftfordernd und elegant. Die Destinazione Paradiso an der Cima alle Coste ist eine der schönsten Routen im Tal, aber auch Odissea und Annamaria an der Parete Zebrata sind schöne Beispiele für seinen Stil.

Edy Boldrin und Giacomo Damian
Erste Neueröffnung 1992: Non solo pane am Primo Pilastro del Casale.
Der Bergführer Edy und sein Seilpartner Giacomo haben zwar nur wenige Neutouren eröffnet, aber diese weisen eine außerordentliche Eleganz auf. Berühmtheit erlange das "Dreigestirn" Non solo Pane, Se la conosci la eviti und Senza chiedere permesso: Herrliche Routen in bestem Fels und gut abgesichert. Etwas sportlicheren Charakter haben ihre Routen La Zeta di Zorro am Piccolo Dain und Nikotina an der Parete Gandhi.

Andrea Zanetti
Erste Neueröffnung 1993: Specchio di Osiride an der Cima alle Coste.
Andrea ist ein großer Bergsteiger und äußerst starker Kletterer. Neben vielen anspruchsvollen Alpinrouten (z.B. Il Grande Incubo am Monte Brento und Le placche di Ugand am Casale) eröffnete er am Limarò die beiden Meisterwerke Amazzonia und Orizzonti Dolomitici, die zu den am meisten begangenen Linien des ganzen Tals gehören.

Roly Galvagni
Erste Neueröffnung 1994: Lune di Paola am Pilastro Afghano an der Mandrea.
Mit Roly hielt der Gedanke des Plaisirkletterns Einzug im Sarcatal. Die riesige Zahl seiner Neutouren lässt sich nicht genau bestimmen, so viele sind es mittlerweile. Alle werden sehr oft wiederholt und geschätzt und haben Berühmtheit erlangt. Es ist sehr schwer, davon welche herauszugreifen: Impero dei sensi am Casale, Il Grande fratello ti guarda am Monte Colt, Solaris an der Parete Zebrata, Pilastro Massud am Dain, la Transeamus an der Cima alle Coste, Totem e Tabù an der Rupe Secca und viele mehr. Roly entdeckte und erschloss zudem ganze Sektoren: Transatlantico, Muro di Oceania, Antiscudo und Muro dei Meridiani. Roly zählt ganz sicher zu den wichtigsten und bekanntesten Erschließern des Sarcatals.

Massimo Maceri
Erste Neueröffnung 1994: Nikotina an der Parete Ghandi.

Logik und Eleganz kennzeichnen seine alpinen Linien und auch seine Sportkletterrouten, allesamt werden sie sehr geschätzt. Besonders herausragend sind Baci di Carta an der Pala dele Lastiele und Genoma am Pian dela Paia. Massimo verdanken wir auch die Entdeckung und Erschließung des schönen Sektors Antiscudo an der Cima alle Coste. Auch die ersten eröffneten Routen an der Parete dell'Anglone gehen auf sein Konto (z.B. Codice K und Via degli Ignoranti).

Fabio Giacomelli
Erste Neueröffnung 1994: Vento dell'est am Monte Brento.
Einige sehr schwierige Touren im Tal wurden von Fabio eröffnet. Auch seine beeindruckenden Erstbegehungen, die er solo, nur selbst gesichert, durchführte, sind schon Legende (Spazio alla Fantasia und Mitica und Nocciolina an der Parete del Limarò).

Danilo Bonvecchio
Erste Neueröffnung 1994: Guru Bassi am Colodri.
Danilo ist ein sehr starker Sportkletterer, darauf geben auch seine Neueröffnungen mit ihren extremen, obligatorischen Passagen und den weiten Hakenabständen ein Hinweis. Meisterwerke sind die Routen Dudaev am Piccolo Dain und Land Art am Transatlantico.

Giuseppe Mantovani
Erste Neueröffnung 1995: Vento Caldo del Sud am Monte Colt.
Mi dieser herrlichen Route begann Giuseppe seine Erschließungstätigkeit am Monte Colt. In den Jahren darauf richtete hier dann viele weitere, schöne und elegante Linien ein. Später richtete er sein Augenmerk auf die Wände von San Paolo und Coste dell'Anglone, wo er ebenfalls sehr geschätzte und schöne Routen einbohrte. Die Stilmerkmale seiner Genusslinien sind enge Hakenabstände und beste Felsqualität.

Diego Mabboni
Erste Neueröffnung 1997: Il destino del Leone am Monte Colt.
Hohe Schwierigkeitsgrade, eher weite Hakenabstände und hoher Anspruch hinsichtlich Moral und Physis kennzeichnen die Routen des Bergführers. Zu nennen sind die beispielsweise Red Aragosta und Ciao Fede. Von Diego stammt auch die schöne klassische Linie Primi Sogni am Colodri.

Alberto Damioli
Erste Neueröffnung 1997: Un pesce d'acqua dolce an der Parete Zebrata (Sonnenplatten).
Am Monte Colt hat Alberto unzählige Routen eröffnet, die bestens abgesichert sind und mit sehr guter Felsqualität aufwarten. Wer kennt nicht die wunderschönen Linien Vento del Nord oder Tu chioda che poi io fa ...?

Ivan Maghella und Danilo Bonaglia
Erste Neueröffnung 1998: Uomini della nebbia an der Mandrea
Die beiden sehr starken Alpinisten und Sportkletterer haben an der Wand von Mandrea viele elegante und schwierige Routen erschlossen. Gemeinsam ist ihnen allen eine schöne Linie, hohe Schwierigkeiten und gute, aber gerade so ausreichende Absicherung. Zu seinen schönsten Linien zählen Oxygen, Sudo ma godo, Il Solco della pesca und die fantastische Spigolo Bonaglia Maghella, alle im Klettergebiet Mandrea.

Heinz Grill, Franz Heiss und Florian Kluckner
Erste Neueröffnung 1998: Sole Caldissimo am Monte Brento.
Dieses Trio zählt zu den eifrigsten Routenerschließern des Sarcatals, ihre mit viel Arbeit eingerichteten und gesäuberten Linien werden sehr geschätzt und oft wiederholt. Ihr Erschließungsstil ist sehr charakteristisch und lässt sich bei den meisten ihrer Routen einordnen zwischen Alpinismus und Sportklettern: als Resultat finden wir großartige Routen wie beispielsweise Arcangelo und Le due pareti an der Coste dell'Anglone, Via della Speranza und L'aspettativa di mondi superiori am Monte Brento. Vor allem an der Wand von San Paolo und an der Coste dell'Anglone waren die drei tätig, hier gehen die meisten Routen auf sie zurück.

Franco Milani, Davide Lunel und Ugo Elfer
Erste Neueröffnung 2001: Via della Forbice an der Parete Gandhi.
Einige kurze, aber auch einige anspruchsvolle Routen wurden von den dreien im Sarcatal

erstbegangen. Zu den schönsten gehören Elia am Piccolo Dain und Le Placche di Ugand am Casale, die beide perfekt ihren Stil beschreiben.

Mario Brighente
Erste Neueröffnung 2003: Spinelo an der Parete Zebrata (Sonnenplatten).
Vor allem an den Sonnenplatten und an der Coste dell'Anglone hinterließ Mario seinen Erschließungsspuren. Seine Routen zeichnen sich durch große Eleganz, meist sehr guter Felsqualität und geringe Hakenabstände aus: also typische Plaisirkletterlinien. Perfekte Beispiele hierfür sind Perla Bianca an den Sonnenplatten und die wunderschöne Minuetto an der Coste dell'Anglone.

Antonio Zanetti und Giorgio Bonvecchio
Erste Neueröffnung 2004: Resentin an der Parete Zebrata.
Im gesamten Sarcatal hinterließen die beiden ihre Spuren: alle ihre Neutouren sind sportklettermäßig abgesichert, zeugen aber dennoch von alpinem Geist. Die meisten Routen richteten sie an den Sonnenplatten, an der Coste dell'Anglone und an der Cima alle Coste ein. Eines ihrer Highlights ist sicherlich die Ipercasale am Monte Casale.

Hannes Schnitzer
Erste Neueröffnung 2005: Vinschgerwind am Monte Casale.
Viele Routen hat Hannes zwar nicht eröffnet, aber dafür grandiose: Spiderman, Weg durch das Gesicht sowie Freiheit die ich meine sind Routen von außergewöhnlicher Schönheit, bester Absicherung und eleganter Linie.

Franco Sartori
Erste Neueröffnung 2007: Universo Giallo am Monte Brento.
Mit den Routen Universo Giallo am Monte Brento und Ipercasale am Monte Casale gelangen Franco als bisher Einzigem Neutouren an den beiden bedeutendsten Wänden des Sarcatals. Franco ist ein großer Bergsteiger und Sportkletterer, seine Neueröffnungen sind sehr zahlreich. Mit zu den schönsten zählt vermutlich die Pipistrei an der Cima alle Coste.

Dario Cabas und Pierangelo Masera
Erste Neueröffnung 2007: Anormale alla Parete di San Paolo.
Vor allem an der Wand von San Paolo und an der Piramide Lakshmi erschlossen die beiden ihre Touren, die teilweise Sportklettercharakter haben, teilweise aber auch sehr alpin und abenteuergeprägt sind mit viel heiklem und brüchigem Gelände. Zu ihren schönsten Routen zählen sicherlich Caldo Inverno, Sabine und Via 70° an der Wand von San Paolo.

Ivan Feller und Claudio Masera
Erste Neueröffnung 2008: Buon Natale 2008 an der Guglia Solidarnosh (Cima alle Coste).
Die Routen der beiden sehr starken Kletterer haben trotz der sportklettermäßigen Absicherung auch immer einen alpinen Touch. Herrliche Beispiele dafür sind Il Gigante an der Coste dell'Anglone und Gormiti am Monte Casale.

Gianni Canale, Aldo Mazzotti und Franco Cavallaro
Erste Neueröffnung 2008: Mister Magoo am Piccolo Dain
Am Piccolo Dain gelangen dem Trio außergewöhnlich schöne Neutouren. Extrem schwierige Routen und weiter Hakenabstand sind Kennzeichen ihres Erschließungsstils. Alle Routen werde ausschließlich von unten erstbegangen. Ihnen haben wir die schwierigsten Freikletterouten des Sarcatals zu verdanken, wahre Meisterwerke: Le Vrai Plaisir und La Tigre il Daino e il Gladiatore, beide am Piccolo Dain.

Luca Pilati
Erste Neueröffnung 2009: Esclusivamente per tutti an der Piramide Lakshmi.
Unzählige, sehr geschätzte und sehr oft wiederholte Genussrouten in bester Felsqualität und engem Hakenabstand gehen auf Lucas Konto. Zudem erschloss er komplette Gebiete wie Parete di Sherwood und Parete Fabio Giacomelli. Zu seinen schönsten Touren gehören Fantatitoli an den Sonnenplatten, Avancini an der Parete Ghandhi und Pinamonti an der Wand von Mandrea.

ARCO "THE HOME OF CLIMBING"

ArSeit über dreißig Jahren wird in Arco und seiner Umgebung (Sport-) Klettergeschichte geschrieben. Immer bot dieses Gebiet Möglichkeiten, neueste Trends im Klettersport auszuprobieren und zu vervollkommnen.

Die Kalkwände entlang des Sarcatals bieten Kletterern eine außergewöhnliche und ideale Umgebung für ihren Sport: sehr schön gelegene Klettergärten in der Nähe von Olivenhainen, gut eingerichtete Mehrseillängenrouten, alpine Herausforderungen in hohen Wänden oder niedrige Boulderblöcke.

Ungewöhnlich und gleichzeitig charakteristisch für Arco ist die Unterstützung, die die Stadtverwaltung Sportlern, Ökonomen, Touristikern und weiteren Interessierten bei der Bewältigung ihrer Aufgaben bietet.

Diese Unterstützung begann schon im Jahr 1988 mit der Erschließung des ersten Klettergartens am Fuße des Colodri und führt mit dem Projekt OutdoorPark Garda Trentino bis in die heutige Zeit.

Das Projekt hat nicht nur zum Ziel, weitere Gebiete zu erschließen, sondern soll vor allem Möglichkeiten suchen und finden, unsere schöne Natur auch den künftigen Generationen zu erhalten.

In Zusammenarbeit mit Ingarda spa und verschiedenen Stadtverwaltungen wurden bislang insgesamt dreizehn Klettergärten mit mehr als 500 Routen erschlossen, u.a. entstand der weltweit erste Klettergarten, der auch Behinderten die Möglichkeit zum Klettern bietet.

Der Klettersport hat für Arco sicherlich auch eine bedeutende ökonomische Bedeutung, aber die enge Beziehung der Stadt zu den Kletterern beruht keinesfalls auf einem ausschließlich wirtschaftlichen Aspekt.

In Arco ist der "Outdoor Spirit" überall gegenwärtig, auf den Plätzen, in den Straßen und Gassen, in den Bars, Restaurants und Eiscafés, wo Kletterer aller Nationen, jeglichen Alters und Geschlechts immer willkommen sind und sich wie zu Hause fühlen sollen.

Arco - Home of Climbing – nicht nur ein Slogan, sondern ein Lebenstil, dem sich auch die Stadtverwaltung verschrieben hat und auch in Zukunft unterstützen wird.

DER BÜRGERMEISTER
Paolo Mattei

DER SPORT- UND KULTURBEAUFTRAGTE
Renato Veronesi

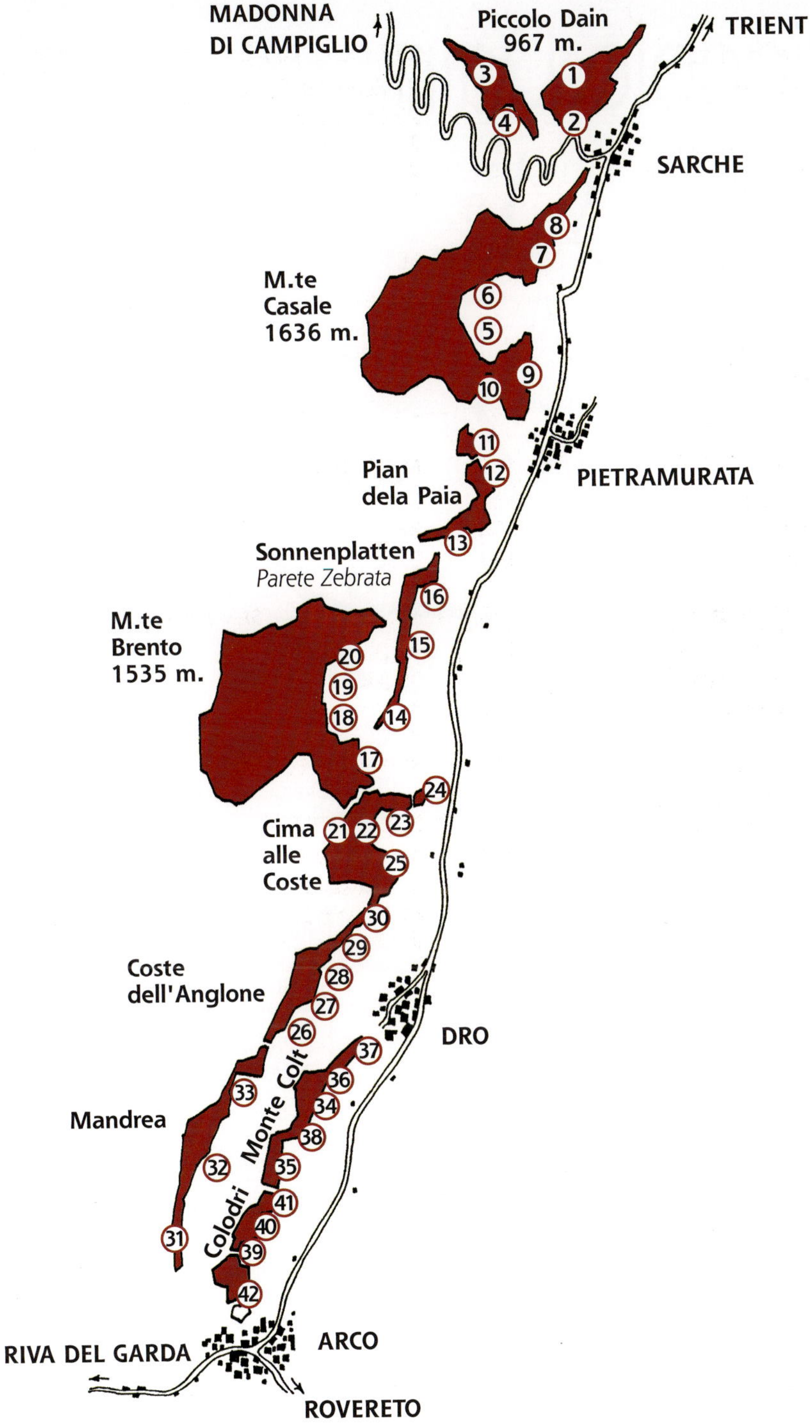
MADONNA
DI CAMPIGLIO
Piccolo Dain
967 m.
TRIENT
SARCHE
M.te
Casale
1636 m.
Pian
dela Paia
PIETRAMURATA
Sonnenplatten
Parete Zebrata
M.te
Brento
1535 m.
Cima
alle
Coste
Coste
dell'Anglone
DRO
Monte Colt
Mandrea
Colodri
RIVA DEL GARDA
ARCO
ROVERETO
1
2
3
4
5
6
7
8
9
10
11
12
13
14
15
16
17
18
19
20
21
22
23
24
25
26
27
28
29
30
31
32
33
34
35
36
37
38
39
40
41
42

Piccolo Dain

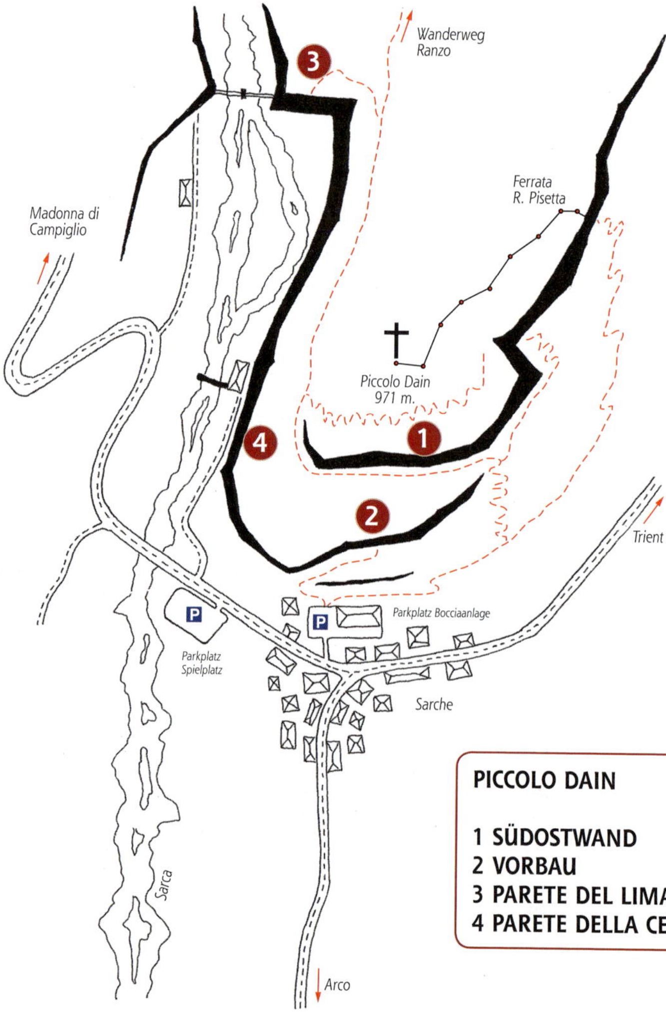

PICCOLO DAIN

1 SÜDOSTWAND
2 VORBAU
3 PARETE DEL LIMARO'
4 PARETE DELLA CENTRALE

Als letzte hohe Erhebung in der Paganella-Gruppe gehört der Piccolo Dain geografisch eigentlich zu dieser Region, aber seine Felswände verbinden ihn viel eher mit der Kette Casale - Monte Brento. Richtung Südost und West prägen zwei spektakuläre hohe Wände sein Gesicht. Südöstlich ragt eine seiner senkrechten Wände direkt über dem Ort Sarche auf, westlich zeigt sich eine wilde, beeindruckende Wand über der tiefen Schlucht des Limarò. Über die Ostseite verläuft der spektakuläre und schwierige Klettersteig 'Rino Pisetta'.

Luca Galbiati, *Diedro Maestri*, Piccolo Dain *(ph. sassbaloss.com)* →

1 Südostwand

Piccolo Dain

0.45 h

1.30 h

450 m.

SO

Die sonnige, senkrechte, kompakte und attraktive Südostwand scheint das ganze Tal zu beherrschen. Die historische Bedeutung resultiert aus den Begehungen der besten Alpinisten aus dem Trentino wie z.B. B. Detasis, C. Maestri und B. Loss. Die junge Generation der Sportkletterer schuf in dieser Wand Routen von hoher Schwierigkeit und großem ästhetischen Wert. Die Wand wird von einer langen und geradlinigen Verschneidung unterteilt, in der die Route 'Canna d'Organo' verläuft. Der linke Teil wird als Parete sud (Südwand) und der rechte Teil als Parete sud-est (Südostwand) bezeichnet.

Zustieg

Vom Parkplatz in Sarche bei der Bocciaanlage zunächst in Richtung "Ferrata R. Pisetta", kurz nachdem man den Wald erreicht hat, biegt man bei einem flachen Wegstück links auf einen steilen Pfad ab (rote Markierungen). Diese Pfadspur führt zu der Wegkreuzung von Ranzo (Rückweg vom Klettersteig). Zu den Routen der Südwand (Via Amelie bis Via Rostagna) geht

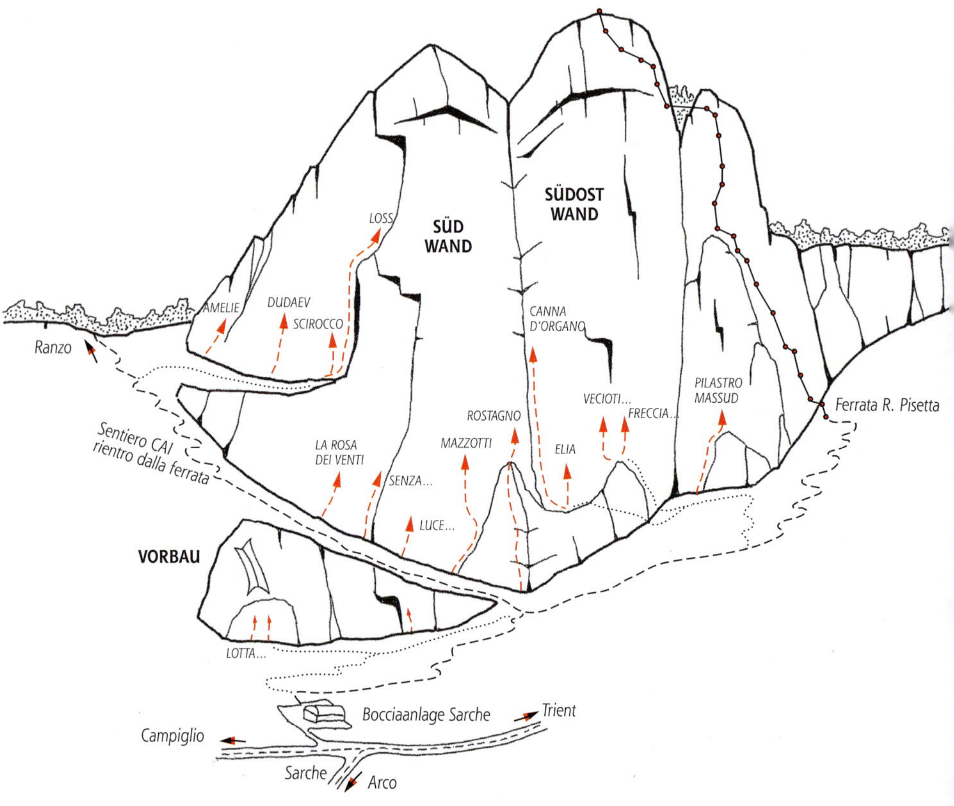

man jetzt links Richtung Ranzo weiter, nach drahtseilversicherten Stufen ist man unterhalb der Südwand angelangt. Zu den anderen Routen (Via Detassis bis Via Massud) folgt man dem Wanderweg kurz noch weiter, bis links ein Pfad abzweigt (rote Markierungen und Steinmännchen), der zur Ostwand führt.

Abstieg
Bei allen Routen steigt man am besten linkshaltend und vorsichtig zwischen Gebüsch und Felsaufschwüngen ab bis zu einer gut sichtbaren Pfadspur, die entlang der Westseite des Piccolo Dain bergab führt. Man erreicht den Rückweg vom Klettersteig, auf dem bequemen Weg dann weiter ins Tal.

1 LE STRANE VOGLIE DI AMELIE	**250 m.**
2 MISTER MAGOO	**120 m.**
3 JOHN COFFEY	**140 m.**
4 DUDAEV	**180 m.**
5 SCIROCCO	**200 m.**
6 VALERIO FONTANA	**180 m.**
7 DIRETTISSIMA LOSS	**250 m.**
8 LA ROSA DEI VENTI	**250 m.**
9 ULTIMA FIAMMA	**300 m.**
10 SENZA CHIEDERE PERMESSO	**300 m.**
11 LUCE DEL PRIMO MATTINO	**400 m.**
12 BEPI MAZZOTTI	**400 m.**
13 LE VRAI PLAISIR	**400 m.**
14 MAURO ROSTAGNO	**500 m.**
15 CANNA D'ORGANO	**350 m.**
16 ELIA	**400 m.**
17 VECIOTI E ZOVENOTI	**450 m.**
18 FRECCIA NEL CIELO	**450 m.**
19 PILASTRO MASSUD	**200 m.**

1 LE STRANE VOGLIE DI AMELIE ★★★

A. Zanetti, D. Filippi 2005
250 m. (8SL)
5b, 5c (5b obl.)/S1/II

Leichte Genussroute, manchmal durchaus exponiert. Sie verläuft an der Südwestkante des Piccolo Dain, charakteristisch ist die geradlinige und klar ersichtliche Verschneidung im unteren Wandbereich. Den anfänglichen Routenverlauf gibt diese Verschneidung vor, den späteren die die ausgeprägte Kante. Abwechslungsreiche Verschneidungs- und senkrechte Plattenkletterei herrscht vor, aber auch Reibungsstellen entlang abschüssiger Risse sind nicht selten. Der Fels ist fest und die Absicherung mit Bohrhaken perfekt. Charakteristisch für diese Route sind die homogenen Schwierigkeiten. Sie ist auch eine perfekte Verlängerung der Routen am Limarò wie z.B. 'Orizzonti Dolomitici' oder 'Amazzonia'.
Einstieg: nach der Abzweigung nach Ranzo und den mit Drahtseilen gesicherten Stufen auf dem Weg weiter bis zu einem eindeutigen Bergrücken. Kurz danach führt ein deutlich sichtbarer Pfad etwa in Höhe der großen Verschneidung ('via Loss') rechtshaltend Richtung Wand (Steinmann und rote Markierung). Brüchiger Fels und Büsche kennzeichnen den weiteren Verlauf des Pfades. Bei einem bequemen Band weist ein Bohrhaken auf den Einstieg der Route hin.

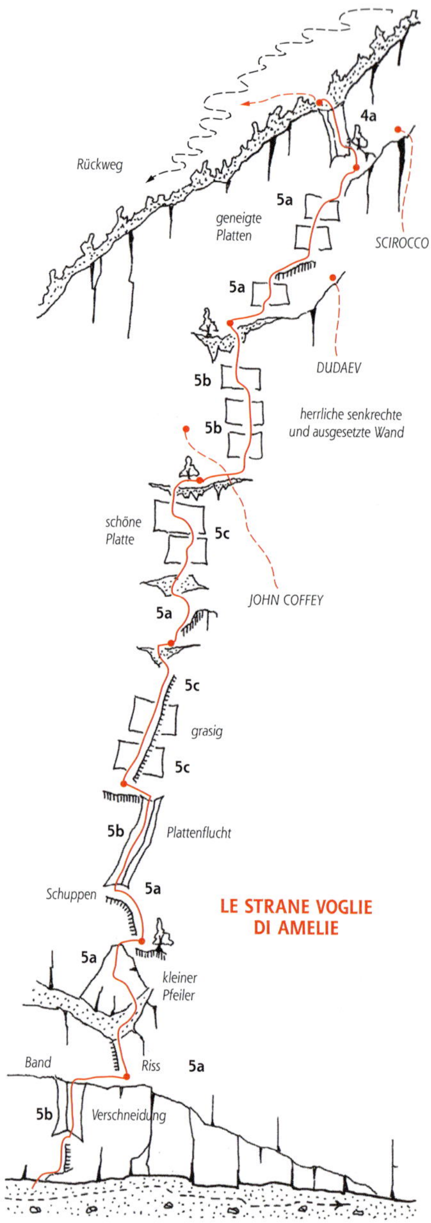

1

2 MISTER MAGOO★★★★★
G. Canale, A. Mazzotti 2008
120 m. (4SL)
7c (7a obl.)/S2/II
Herrliche Route in traumhaftem Fels. Technisch anspruchsvoll und ausdauernd, vor allem die 3. Seillänge fordert eine perfekte Fußtechnik. Die Route wurde von unten eröffnet, ist bestens abgesichert und wurde Franco Cavallero gewidmet.
Einstieg: Bei der Via Amelia noch ein Stück vorsichtig auf dem ausgesetzten Band weiter bis zu einer schönen Platte, rechts von einer Verschneidung mit Bäumen. Am Einstieg kleines Schild mit Routenname.
Abstieg: Abseilen über die Route

3 JOHN COFFEY★★★
E. Salvaterra, F. Cavallaro 2001
140 m. (5SL)
7b+ (7a obl.)/S2/II
„Die Route wurde als letzte in dieser Wand eingebohrt, im Frühjahr 2001, die erste onsight-Begehung ist von mir. Sie führt im ganz linken Wandteil nach oben und ist deshalb viel kürzer, aber deswegen nicht weniger schwer. Ausdauernde, schwere und homogene Kletterei, vor allem Fußtechnik ist gefragt" (R. Larcher).
Einstieg: von 'Amelie' noch etwas auf dem ausgesetzten Band weiter und bis zu einer schönen gelben Platte, die ersten Bohrhaken sind dann sichtbar.

4 DUDAEV★★★
D. Bonvecchio, D.Hall, R. Pedrotti 1995
180 m. (6SL)
7c (7b+ obb)/S3/II
Sehr schwierige Sportkletterroute mit weitem Hakenabstand über senkrechte Platten und überhängende Wandteile.
„Schöner Weg, neuer als 'Scirocco'. Den reinen Zahlen nach zwar schwieriger, aber dank der vertrauenswürdigeren Absicherung am Schluss doch 'nur' im Bereich von 'Scirocco'. Die Linie ist sehr ästhetisch und erreicht in der letzten Seillänge die größten Schwierigkeiten: eine der schönsten und elegantesten Routen im ganzen Sarcatal" (R. Larcher).
Einstieg: fast bei 'John Coffey', aber etwas weiter links.

5 SCIROCCO★★★
R. Larcher und Gef. 1988
200 m. (8SL)
7a, 7c (7b obl.)/S2/III
„Dies ist meine Lieblingsroute. Sie war der Wendepunkt in meinem Kletterleben und hat mittlerweile eine fast historische Bedeutung sowohl im Sarcatal als auch in ganz Italien. Sie war im Tal die erste und in ganz Italien erst die zweite Route, die frei und von unten mit dem Bohrmeißel eingebohrt wurde (nach 'Tempi Modernissimi' in der Marmolada). Nach mittlerweile über 13 Jahren kann man dieses Projekt als mehr als gelungen bezeichnen, wenn man die damaligen geringen technischen Voraussetzungen berücksichtigt. Hier wurde mir zum ersten Mal bewusst, dass scheinbar unbezwingbare Wände auch frei geklettert werden können. Hier entdeckte ich, dass sich meine Vorstellungen von Alpinismus und schwerster Sportkletterei vereinbaren lassen. 'Scirocco' ist eine der wenigen Routen, die ich nach der Erstbegehung immer wieder kletterte" (R. Larcher).
Einstieg: von 'John Coffey' und 'Dudaev' noch etwas weiter rechts bis zum Endes des Bandes. Auf der leichten, kurzen Einstiegsrampe hoch (wie bei 'Via Loss) und bis zu den ersten sichtbaren Bohrhaken.

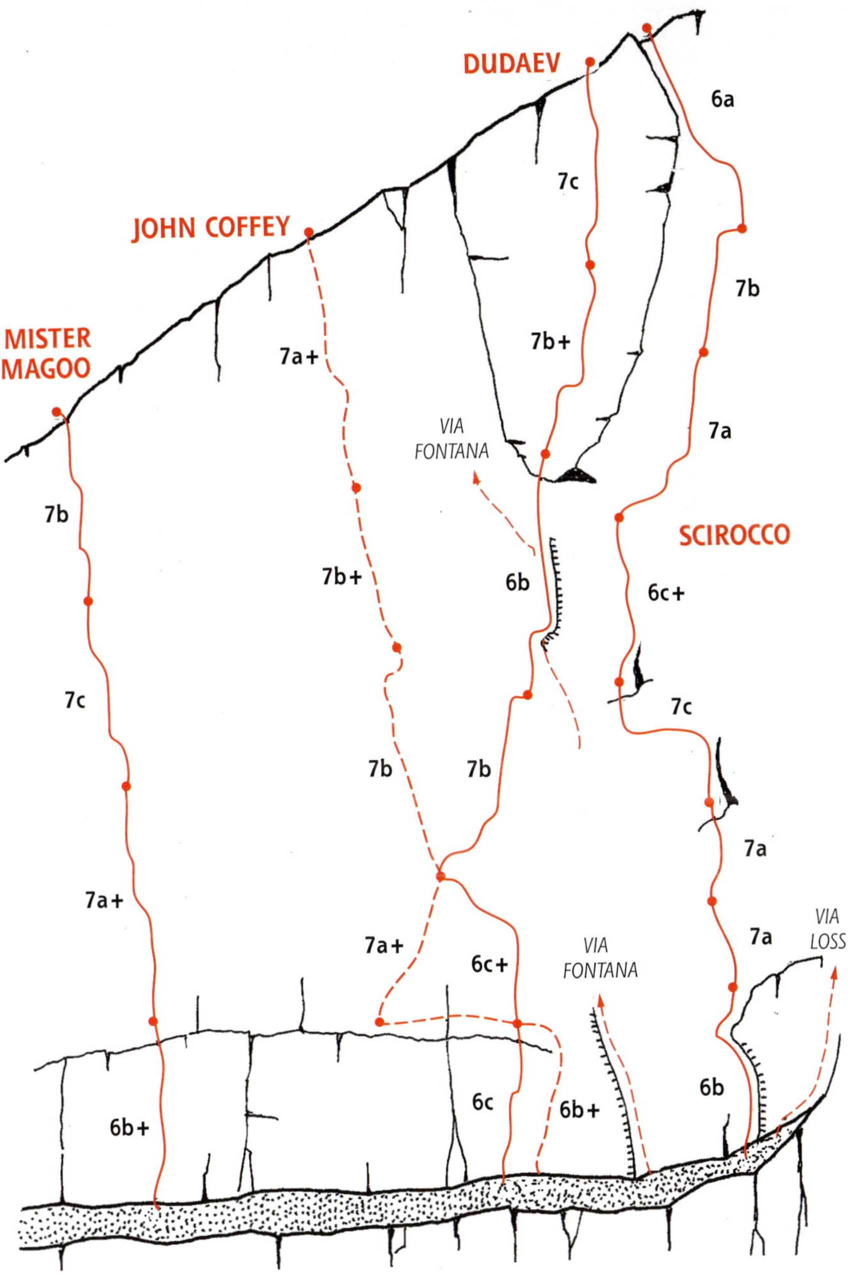
DUDAEV
6a
7c
JOHN COFFEY
7b
MISTER MAGOO
7a+
7b+
VIA FONTANA
7a
7b
SCIROCCO
7b+
6b
6c+
7c
7c
7b
7b
7a
7a+
VIA LOSS
7a+
7a
6c+
VIA FONTANA
6b+
6c
6b+
6b

7
10
4
2
5
7
6
3
8
10
9
11
12
14
13

6 VALERIO FONTANA★★★★★

A.Ursella, A.Andreotti, M.Rossi, T.Pedrotti 1970.

180 m. (7SL)

V+, A2 (VIII)/R3/III

Erste freie Begehung: P. Antenhofer, O. Celva 2000

VII+, VIII

Wunderschöne Route mit technischer Kletterei, eine der schönsten und ausgesetztesten im Sarcatal. Dieser historische Weg führt über die große und kompakte Südwand des Piccolo Dain. Die Wegführung ist äußerst logisch: ein schmaler und ewig langer Riss, der vom Tal aus kaum sichtbar ist, führt vom Einstieg bis zum Gipfel. Viele Haken wurden hier gesetzt und belassen und somit ist die Route fast durchgängig „vernagelt". Die wenigen fehlenden Absicherungen sind leicht durch Klemmkeile, kleine und mittlere Friends zu ersetzen. Einige Passagen im durchwegs festen Gestein können auch frei geklettert werden. Für die besten Kletterer ist auch ein ganz freier (und nicht einmal zu extremer) Durchstieg möglich. Alle Standplätze sind perfekt, dennoch sollte man für alle Fälle einige Haken und einen Hammer dabei haben.

Einstieg: am Ende des Bandes bei 'Scirocco' und 'Via Loss' über eine Verschneidung, die etwas höher zu einem Riss wird. Die beiden großen Ringhaken sind dann sichtbar.

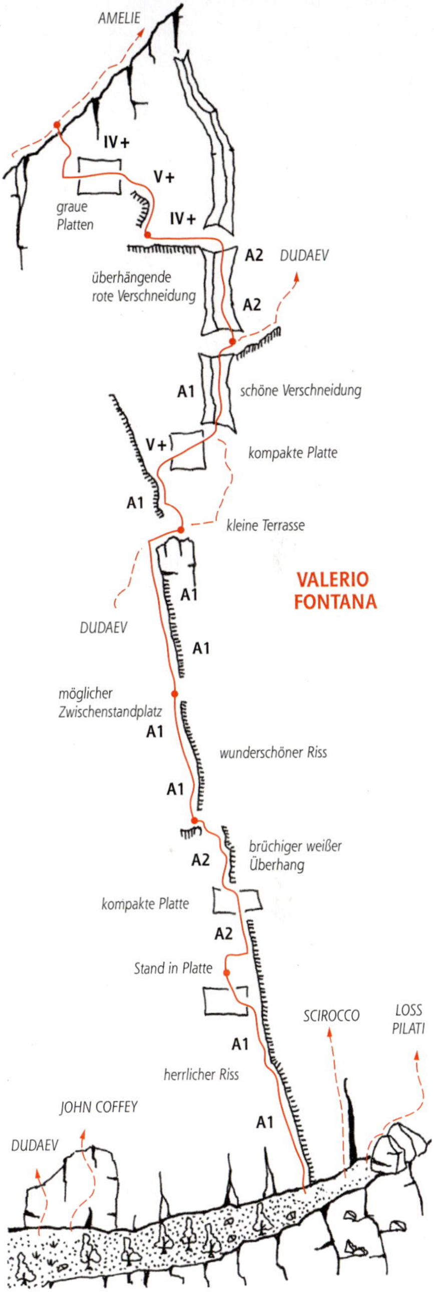

7 DIRETTISSIMA LOSS★★★★

B. Loss, V. Degasperi, M. Pilati, V. Chini 1970
250 m. (8SL)
VI+, A1/R3/III

Von den historischen Kletterrouten des Sarcatals ist diese sicherlich die schönste und wird am meisten wiederholt. Auf fast der ganzen Routenlänge ist das Gestein sehr fest, die Absicherung ist bis auf die ersten Seillängen ausreichend. Nach der ersten leichten Seillänge führt die Route über die Schlüsselstelle, eine schwierige überhängende Verschneidung, bei der mittlere bis große Friends und Klemmkeile gebraucht werden. Dann folgen schöne graue Platten, die technisch geklettert werden und eine lange, gelbe Verschneidung, die mit einem Dach endet. Sehr ausgesetzt geht es darüber hinweg (Trittleitern sind nützlich), bevor man mit einer letzten, leichten Seillänge aus der Wand aussteigt.

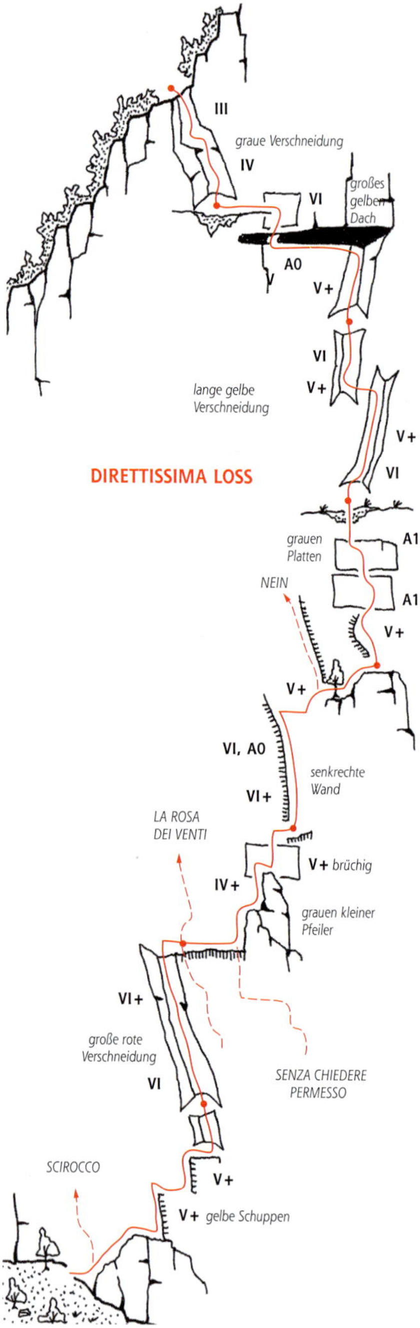

8 LA ROSA DEI VENTI ★★★★

R. Larcher, M. Cagol, E. Svab, 1998
250 m. (8SL)
7c+ (7b+ obl.)/S3/III

„Schöne und schwere Route, in diesem Stil sicherlich die härteste im Sarcatal. Sie führt als einzige mit Bohrhaken abgesicherte Route durch die gesamte Wand. Laut der wenigen Wiederholer ist die Bewertung etwas hart" (R. Larcher).

Zustieg: Von Sarche zunächst auf dem Wanderweg in Richtung Südwand des Piccolo Dain (Rückweg Klettersteig) . Nach der seilversicherten Passage bzw. dem Geröllfeld zweigt rechts eine Pfadspur ab und führt dann flach in Richtung Wandfuß. Den Einstieg bei einem Busch erreicht man über kurze Aufschwünge.

9 ULTIMA FIAMMA ★★★★

G. Vergoni, T. Buccella, R. Larcher 2007
300 m. (11SL)
7c+, 8a (7b obl.)/S3/IV

Außergewöhnliche Freikletterroute mit extremen Schwierigkeiten und weiten Hakenabständen. Sie führt durch den Korridor zwischen den Routen "Senza chiedere permesso" und "Luce di primo mattino". Rechts der charakteristischen Dächer ist in einer hellen Plattenflucht ein roter Streifen zu sehen: dieser gibt die Linie im unteren Bereich vor.

Zustieg: Von Sarche zunächst auf dem Wanderweg in Richtung Südwand des Piccolo Dain (Rückweg Klettersteig). Nach der seilversicherten Passage bzw. dem Flachstück dann beim ersten Geröllfeld über Pfadspuren rechtshaltend hoch zum Wandfuß. Ein Drahtseil hilft dann über die ersten brüchigen Meter hinweg.

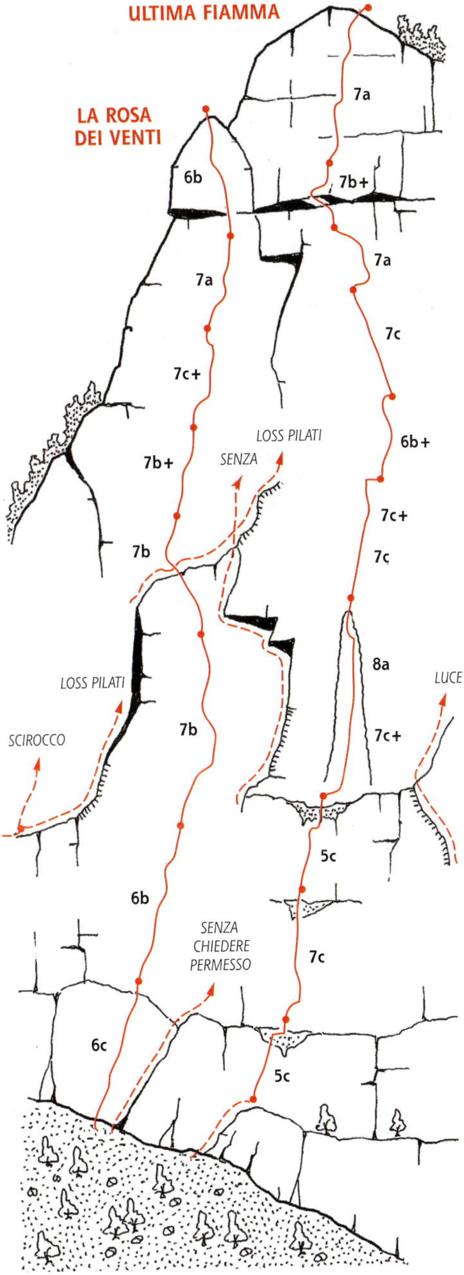

10 SENZA CHIEDERE PERMESSO★★★

E. Boldrin, G. Damian, M. Peretto 1996
300 m. (12SL)
VI+, A1/R3/III

Der erste Teil bis zur Kreuzung mit der 'Via Loss' ist etwas dreckig und uninteressant, der zweite Teil hingegen ist wegen des guten Gesteins und der abwechslungsreichen Kletterpassagen schön. Für die Absicherung wurden sowohl Bohrhaken als auch geschlagene Haken verwendet. Stand- und Zwischenhaken sind vorhanden, die Route sollte dennoch als alpiner Weg betrachtet werden. Im unteren Bereich ist der Fels eher schlecht, im oberen Teil gut bis sehr gut (zumindest laut einem der Wiederholer).

Zustieg: Von Sarche zunächst auf dem Wanderweg in Richtung Südwand des Piccolo Dain (Rückweg Klettersteig). Nach der seilversicherten Passage bzw. dem Geröllfeld folgt man dem Pfad bis unterhalb der markanten Dachreihe in der Südwand. Jetzt steigt man über eine gut sichtbare grasige Rampe leicht rechtshaltend bis in Falllinie der Dächer und zum Einstieg.

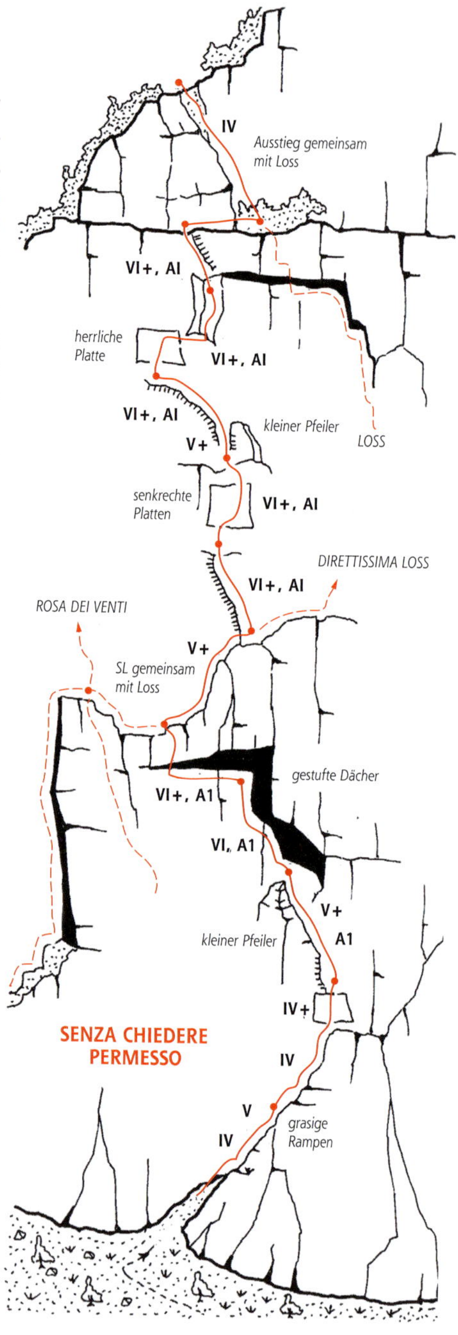

11 LUCE DEL PRIMO MATTINO★★★★

A. Andreotti, M. Furlani 1991
Erste freie Begehung: R. Larcher 2013
400 m. (14SL)
X (8b) (VII, A2)/R2/III

Lange, stark strukturierte Route und aus alpinistischer Sicht sicherlich die interessanteste der gesamten Südwand. Ausdauernde und schwierige Kletterei über Verschneidungen, Risse, Platten und Überhänge. Nur in wenigen Bereichen ist Vorsicht wegen des brüchigen Gesteins angebracht. Die Passagen mit technischer Kletterei verlangen viel Geschick im Umgang mit den Trittleitern, im übrigen ist die Absicherung gut und der Fels fest.

Zustieg: Von Sarche zunächst auf dem Wanderweg in Richtung Südwand des Piccolo Dain (Rückweg Klettersteig). Gleich nach der seilversicherten Passage dann durch den Wald zum Wandfuß. Jetzt links bis zu einer markanten gelben Platte, hier sind Haken und Schlingen zu sehen.

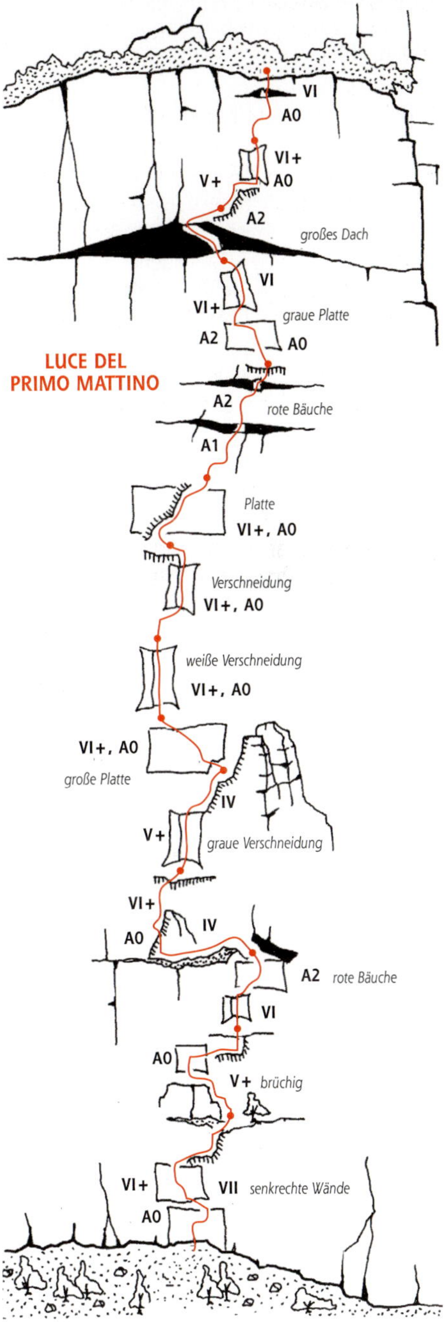

12 BEPI MAZZOTTI★★★★★

U. Marampon, L. Zulian 1985
400 m. (13SL)
A1, A2, VI/R2/III
Erste freie begehung: R. Larcher 2006
7c+, 8a

Wunderschöner, logischer und spektakulärer Weg in der schmalsten Wand des Piccolo Dain und ein Meisterwerk von U. Marampon. Im ersten Teil folgt die Route Rissen, Verschneidungen und grauen Platten und im zweiten Teil gelben, senkrechten bis leicht überhängenden Plattenwänden. Die Absicherung ist immer sehr gut, nur die ersten Seillängen müssen mit Klemmkeilen und eventuell Normalhaken zusätzlich abgesichert werden. Das Gestein ist meist fest, aber in der vierten, leichten Seillänge mit brüchigem Fels sollte man etwas vorsichtiger sein. Alle Standplätze sind gut mit Schlingen oder Normalhaken ausgestattet, die letzten Stände sind von R. Larcher für eine freie Begehung mit Bohrhaken ausgerüstet worden.

Zustieg: Von Sarche zunächst auf dem Wanderweg in Richtung Südwand des Piccolo Dain (Rückweg Klettersteig). Gleich nach der seilversicherten Passage dann durch den Wald zum Wandfuß. Links weiter bis zu einer markanten gelben Platte (Schlingen, Einstieg von "Luce.."), dann leicht rechts über eine markante, verschneidungsartige Rampe mit viel Gebüsch höher.

Abstieg: weiter hoch in den Wald und dann links querend auf einen Pfad, der westwärts nach unten führt. Man erreicht kurz darauf den Ausstieg der 'Via Loss' und den Abstiegsweg, der allen weiteren Routen gemeinsam ist.

13 LE VRAI PLAISIR★★★★★

G. Canale, A. Mazzotti, F. Cavallaro 2011
400 m. (12SL)
8a+ (7b+, 7c obl.)/S3/IV

Grandiose Sportkletterroute mit hohen Schwierigkeiten, komplett von unten eröffnet und nicht gerade üppig mit Bohrhaken abgesichert. Ihre Schwierigkeit wird nicht nur bestimmt durch die Länge und die damit erforderlichen Ausdauer, sonder vor allem auch durch die ho-

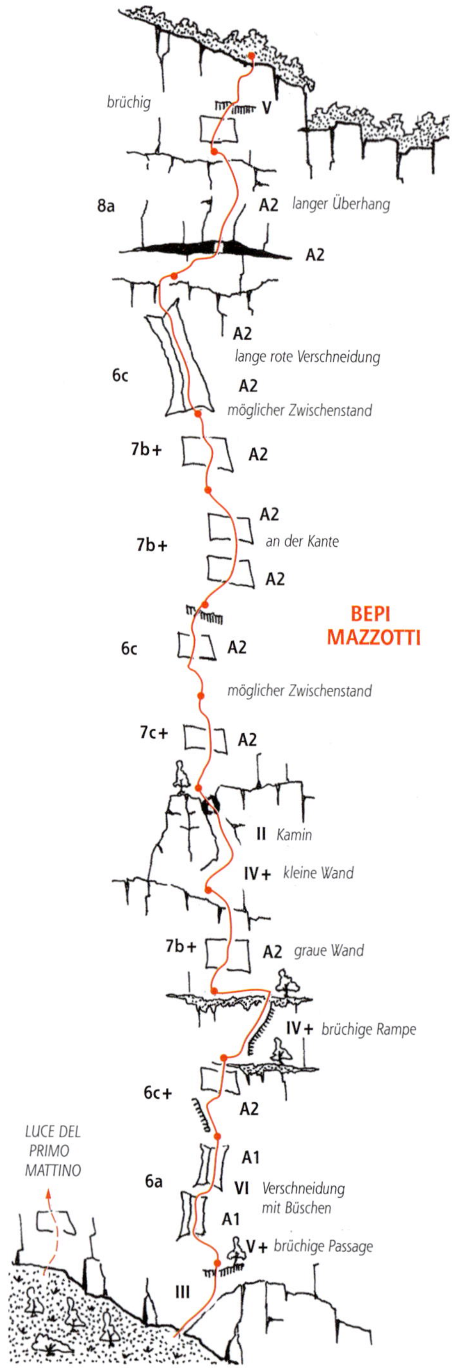

hen klettertechnischen Anforderungen der letzten beiden Seillängen. In der gesamten Route trifft man auf bestes Gestein.

Zustieg: Von Sarche zunächst auf dem Wanderweg in Richtung Südwand des Piccolo Dain (Rückweg Klettersteig). Gleich nach der seilversicherten Passage dann durch den Wald zum Wandfuß. Jetzt nach rechts und etwas absteigen bis zu einem Fixseil, mit Hilfe dessen man den ersten Stand erreicht (gemeinsamer Stand mit der Route "Mauro Rostagno").

14 SUPERDIRETTISSIMA MAURO ROSTAGNO

★★★

Durch die Südwand des Piccolo Dain zieht eine perfekte, schmale Verschneidung, in der die legendäre Route "Canna d'Organo" verläuft. Links davon gibt eine schöne Verschneidung den Routenverlauf der Superdirettissima vor, die im höchsten Wandbereich verläuft. Die Route selbst kann in zwei sehr unterschiedliche Abschnitte aufgeteilt werden: Im unteren Teil bestimmen kompakte, senkrechte Platten das Bild. Der obere Teil mit der scharfen Kante ist sehr ausgesetzt und teilweise überhängend. Diese Kante ist sicherlich die schönste und längste im gesamten Sarcatal!

Die Route wurde komplett für das künstliche Klettern eingerichtet. In den Plattensequenzen erscheint die Kletterei teilweise etwas monoton, aber die wunderschöne Kante und besonders das Dach und der extreme Überhang weiter oben lassen dies schnell in Vergessenheit geraten. Wiederholer benötigen Expressschlingen (min. 20-30 Stück), ein Paar Steigleitern, Setzwerkzeug für ausgebrochene Haken. Achtung: die 4. Seillänge ist 60 m lang! Alle Standplätze sind mit 4-5 Bohrhaken ausgestattet.

Zustieg: Von Sarche zunächst auf dem Wanderweg in Richtung Südwand des Piccolo Dain (Rückweg Klettersteig). Kurz vor der seilversicherten Passage dann rechtshaltend über eine grasigen kleinen Sockel höher bis zum gut erkennbaren Einstieg (kleines Schild).

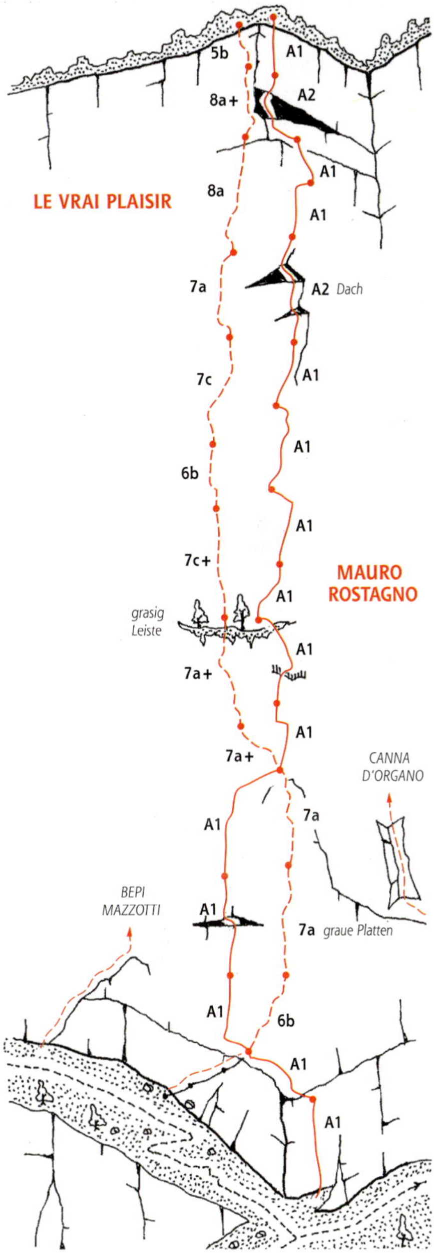

15 CANNA D'ORGANO★★

B. Detassis, R. Costazza 1938
350 m (11SL)
V+, VI, A0/R3/III

Die Route ist kennzeichnend für die klassische alpine Kletterei im Sarcatal. Sie führt über die riesige und geradlinige Verschneidung, die die Südostwand des Piccolo Dain unterteilt und ist laut Bruno Detassis einer seiner schwierigsten neuen Wege. Die Kletterei ist anhaltend schwierig, die Absicherung ist schlecht und auch das Gestein ist ab und zu ziemlich brüchig. Die Route wird kaum wiederholt.

Zustieg: Von Sarche zunächst auf dem Wanderweg in Richtung Südwand des Piccolo Dain (Rückweg Klettersteig). Bei der seilversicherten Passage (Abzweigung Ranzo) weiter auf dem Weg zum Klettersteig. Kurz danach zweigt links eine Pfadspur ab, Steinmännchen, rote Markierungen und Fixseile leiten zum Einstieg der "Via Masud". Jetzt steigt man etwas ab und quert ein ausgesetztes, mit Seilen versichertes Band und erreicht dann den Einstieg der "Via Elia". Über Felsrampen und ausgesetzte Bänder steigt man dann höher bis zum Fuß der großen Verschneidung.

Abstieg: weiter hoch in den Wald und dann links querend auf einen Pfad, der westwärts nach unten führt. Man erreicht kurz darauf den Ausstieg der 'Via Loss' und den Abstiegsweg, der allen weiteren Routen gemeinsam ist.

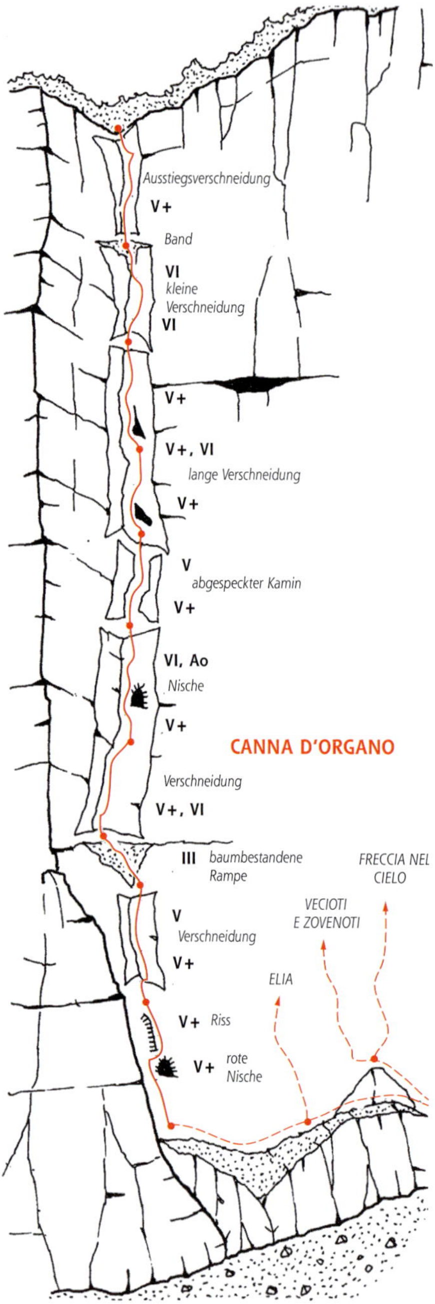

15
16
17
18
19

16 ELIA★★★

F. Milani, D. Lunel, U. Helfer 2008
400 m. (14SL)
VI+, A2/R3/III

Schöne, interessante, anspruchsvolle und abwechslungsreiche Alpinroute, die eine gewisse Lockerheit hinsichtlich künstlicher Kletterei und brüchigem Fels erfordert. Die Linie folgt meist den natürlichen Gegebenheiten der Wand (Risse, Verschneidungen) und schlängelt sich dann durch die Schlussüberhänge. Ausrüstung: ein kompletter Satz Friends, Steigleitern, Felshammer und Haken.

Zustieg: Von Sarche zunächst auf dem Wanderweg in Richtung Südwand des Piccolo Dain (Rückweg Klettersteig). Bei der seilversicherten Passage (Abzweigung Ranzo) weiter auf dem Weg zum Klettersteig. Kurz danach zweigt links eine Pfadspur ab, Steinmännchen, rote Markierungen und Fixseile leiten zum Einstieg der "Via Masud". Jetzt steigt man etwas ab und quert ein ausgesetztes, mit Seilen versichertes Band zum Wandfuß. Ein großer Busch mit einer weißen Schlinge bezeichnet den Einstieg.

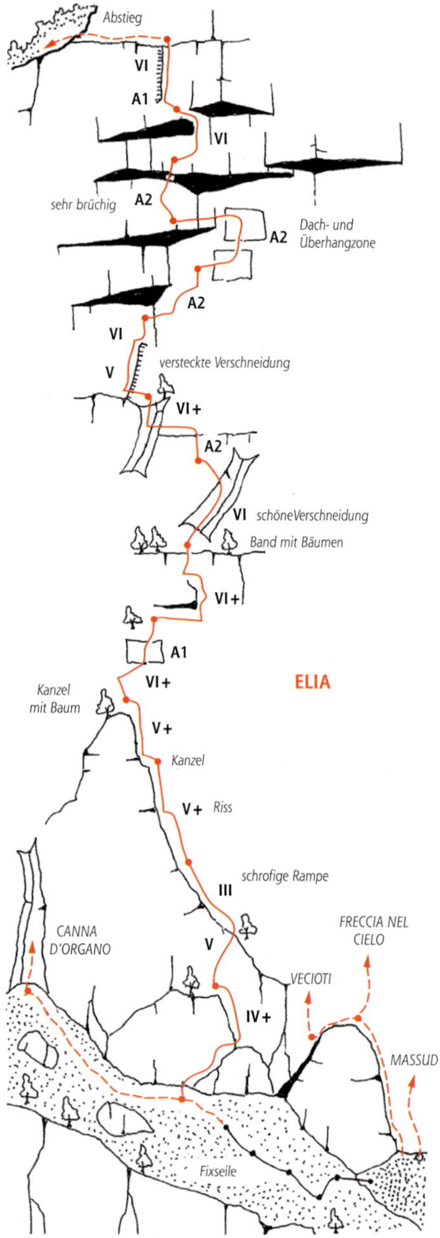

Ein paar Erinnerungen

Umberto Marampon

Seit 1973 klettere ich und fühle mich von Anfang an mit diesen drei Klettergebieten besonders verbunden: Santa Felicità bei Bassano del Grappa, Cismon im Valsugana (mit einer Länge von mehr als 15 km) sowie Arco und seiner wunderschönen Umgebung, wo ich zusammen mit meinem Freund Luca Zalian einige Routen eröffnen konnte.

Via Bepi Mazzotti, Piccolo Dain Südwand, 1985

Luca und ich bereiteten den vierten Biwakplatz auf dem Band unterhalb des großen Ausstiegsdaches vor. Einige Felsbrocken und viele Steine mussten weg.

"Was tun?" Einfach runter werfen?"

"Na klar! 19 Uhr, wer sollte da noch unter uns sein? In den vergangenen Tagen haben wir hier keine Menschenseele getroffen oder gesehen, also runter mit dem Zeugs..."

Leider dauerte es nicht lange, bis wir laute Schreie von unten hörten: „Was zum Teufel...?"

Mit bleichen, fast weiß gewordenen Gesichtern schauten wir uns an: „Das gibt es doch nicht, da ist jemand unter uns... und jetzt ist plötzlich gar nichts mehr zu hören!"

Bis zu unserer Rechten, gesund und munter in der Detassis-Verschneidung, drei Jungs auftauchen, verging leider einige Zeit. Und während sie höher kletterten, riefen wir immer wieder zu ihnen rüber: "Entschuldigung, Entschuldigung, Entschuldigung...!!"

Irgendwann schliefen wir dann aber doch ein. Bis... BUMMMM...ein Kanonenschlag mich schlagartig weckte ...

"Luca, Luca, Lucaaa!"

9 Uhr abends, nur Blitz- und Donnerschläge um uns herum.

Unser einziger Gedanke ist, so schnell wie möglich weg von dem ganzen Eisenzeugs, Haken, Karabiner usw.

Schnell steigen wir ein paar Meter höher, direkt unter das Dach, setzen zwei Haken, machen daran Stand und warten ab.

Doch, zum Teufel, das Gewitter will sich überhaupt nicht verziehen, scheint irgendwie böse auf uns zu sein. Das Spektakel mit Blitz und Donner ist riesig, riesig ist auch unsere Angst. Und so geht es weiter bis zum Morgengrauen...

Wenn ich richtig darüber nachdenke, dann war das die richtige Lektion für uns, die da heißt: Wirf niemals etwas nach unten, wenn du nicht absolut sicher bist, dass da niemand ist!

Via 8 e 80, Rupe del Castello Ostwand, 1986

Mittwoch, 1. Januar

Ich setze gerade Haken am über acht Meter weit ausladenden Dach, werfe einen Blick nach unten: Am Wandfuß streunt ein kleiner Junge herum. Etwas später vernehme ich ein lautes Pfeifen, dann schlägt wenige Meter von mir entfernt ein Stein auf. H....sohn! Ich habe dem Kletterer über mir aber gleich verziehen, denn irgendwie hat er mir auf seine Weise ein gutes neues Jahr gewünscht!

Via DDT, Colodri Ostwand, 1987

Samstag, 24. Mär, spät abends. An einer ziemlich unbequemen Wandstelle setze ich drei Haken, mache Stand, schlafe bald darauf ein. Gegen Mitternacht weckt mich der Regen, begleitet von Blitzen. Nein! Wieder mal ein Gewitter! Mir reicht es... ich schnappe meine Stirnlampe und meinen Rucksack und seile die 200 Meter zum Wandfuß ab. Um 2 Uhr nachts liege ich im Zelt und schlafe gut. Am Sonntag, den 11. Mai, ist auch diese Linie endlich eröffnet. Ich bin zufrieden. Die neue Route benenne ich spaßeshalber nach einem bekannten Insektizid, denn sie verläuft parallel zu "Zanzara" (it. "Stechmücke"), einer von Manolo erschlossenen Linie.

Via Cismon '93, Rupe Secca Ostwand, 1993

Immer, wenn ich den Blick auf die Rupe Secca warf, schien die Wand mit mir zu schmollen. Lag es vielleicht daran, dass ich - im Gegensatz zu den Wänden zur Rechten und Linken - hier noch keine Linie finden konnte?

Dieses Gefühl hatte ich jedes Mal, wenn ich hier vorbei kam. Nun gut, dann wollte ich also auch hier eine Route eröffnen und zwar über die schmale, überhängende Kante rechts der Stenico-Verschneidung.

In jenem Jahr klettere ich während einiger Tage immer wieder rauf und runter, setze Haken, seile ab. Eines Abends, es ist fast dunkel, klettere ich wieder mal ein Stück ab, etwa 15 Meter über dem Geröllfeld am Wandfuß klemme ich mir einen Finger ein und fluche lauthals wie ein Bierkutscher. Als ich wieder Boden unter den Füßen habe, nähert sich jemand, der mich schon lange Zeit beobachtet haben muss. "Guten Abend", sagt der Mann, "das sieht ganz schön anstrengend aus. Bravo!"

Ich schaue etwas genauer hin, es ist ein Pfarrer...

Ein großes Dankeschön an Diego Filippi für seine großartige Arbeit für den Klettersport im Sarcatal!

17 VECIOTI E ZOVENOTI ★★★

M. Furlani, I. Rabanser, A. Andreotti, F. Bretoni
1993
450 m. (12SL)
VI+, A1, A2/R3/IV

Schwieriger, alpiner Weg. Viele Büsche und schlechte Absicherungsmöglichkeiten wegen des brüchigen Gesteins (vor allem in der 8. und 9. Seillänge) machen die schöne Linie leider nicht gerade attraktiv. Auch Klemmkeile und Friends sind schwierig zu positionieren, aber wenigstens sind alle Standplätze vorhanden.

Zustieg: von der Abzweigung nach Ranzo noch etwas auf dem Weg weiter und bald darauf linkshaltend auf einen mit roten Markierungen und Steinmännern gekennzeichneten Pfad, der zum deutlich sichtbaren Einstieg des 'Pilastro Masud' führt. Nun noch weiter links queren und in dem ausgeprägten, tiefen Kamin bis zum kleinen Waldstück. Ein großer Baum mit Schlingen kennzeichnet den Einstieg von 'Freccia nel Cielo'. Hier lässt man sich einige Meter bis zu einem anderen kleinen Baum mit Schlinge ab. Der Einstieg beginnt mit einer Platte, ein Busch mit einer Schlinge ist zu sehen.

Abstieg: am besten vom Ausstieg der Route bis zum Gipfel des Piccolo Dain. Ein Drahtseil führt zu einer Lichtung am Waldrand. Von hier weiter auf dem bequemen Wanderweg Richtung Ranzo (2 Std. bis Sarche).

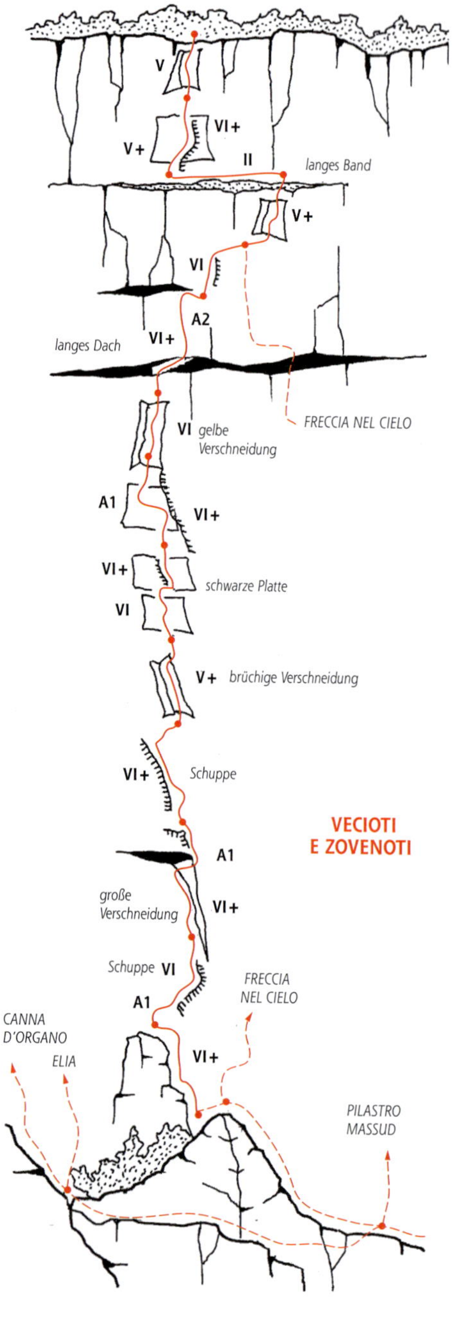

18 FRECCIA NEL CIELO ★★★★

I. Rabanser, S. Comploi, P. Mazzotti, M. Scarpellini 1992
450 m (15SL)
VI+, A0/R4/IV

Die Route führt über die Wand rechts der markanten Verschneidung ('Via Canna D'Organo') und folgt einer Linie, die den geringsten Widerstand verspricht. Die Dächer und Überhänge im mittleren Bereich werden über die rechte, am wenigsten steile Seite überwunden. Die Kletterei in meist festem Gestein ist interessant, ausgesetzt und weist auch schwierige Passagen auf. Die Erstbegeher beließen die Haken der Standplätze und einige Zwischenhaken. Ein Satz Klemmkeile, mittlere und große Friends und ein kleines Hakensortiment sollten mitgeführt werden.

SL1: Über einen kleinen Riss in der grauen Platte bis zu einem Busch (Schlinge), dann rechtshaltend und nach einem weiteren Busch (Schlinge) in einer kleinen Verschneidung bis zum Stand (2 Haken).

SL2: Über eine kurzen Überhang, dann linkshaltend, über eine kleine Verschneidung und dann wieder rechts queren (1 Haken). Über eine Schuppe piazend bis zu einem Vorbau mit Busch (1 Standhaken).

SL3: Über die leicht geneigte Platte bis zu einem diagonal verlaufenden Dach, auf der steilen Platte links queren und dann senkrecht hoch (1 Haken) bis zum Dach. Auf der linken Seite schwierig über dieses hinweg und über eine Verschneidung zum Stand an einem Busch.

SL4: Einer Schuppe folgen und schwierig bis zu einem Busch (Schlinge), dann rechtshaltend (brüchig und dreckig) und dann senkrecht bis zu einem großen Busch (2 Standhaken).

SL5: Schräg linkshaltend über zwei kleine Dächer, dann über einen überhängende Wandstelle (2 Haken) und bis zu einem Sims, der linkshaltend in leichteres Gelände führt. Nun rechtshaltend auf einem buschbestandenen Band bis zum Beginn einer ausgeprägten Verschneidung.

SL6: Über eine steile Platte in die Verschnei-

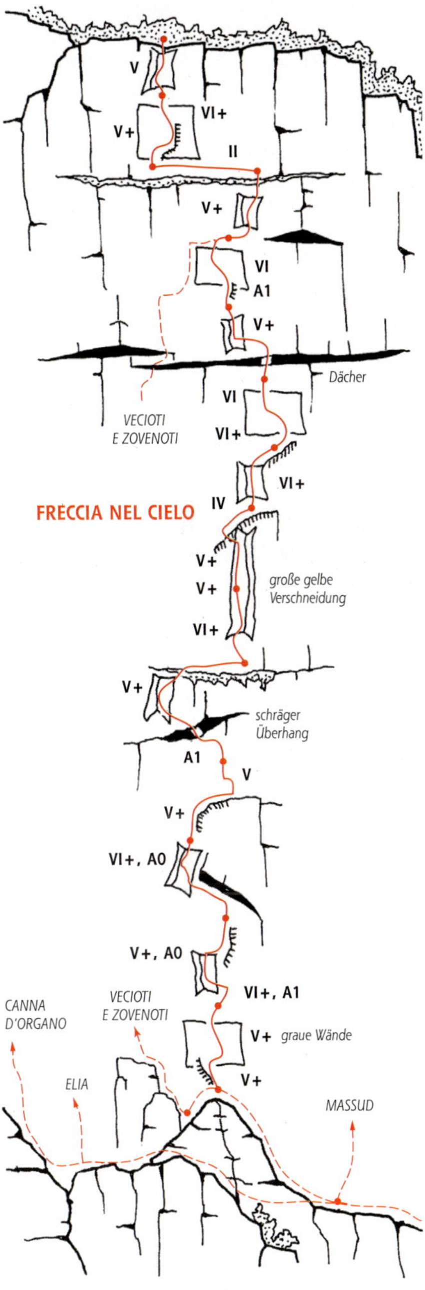

dung und darin weiter bis zum Stand an einem Baum.

SL7: Zuerst immer noch in der Verschneidung weiter, dann linkshaltend in Richtung eines abgestorbenen Baumes, weiter über eine wunderschöne Schuppe und den anschließenden Überhang bis zu einem schmalen Sims (3 Standhaken).

SL8: Über die teils überhängende Verschneidung, dann mit einer heiklen Passage rechtshaltend aus ihr heraus, und über die teils grasbewachsene Platte zum Stand (2 Haken).

SL9: Über die mit Grasbüscheln bewachsene Platte (2 H) bis zu einer kleinen brüchigen Terrasse, über der die markanten Dächer und Überhänge der Wandmitte aufragen (2 Standhaken).

SL10: Über ein kleines Dach, dann etwas links und in der kleinen Verschneidung bis zum Stand (2 Haken).

SL11: Dem kleinen Riss folgen, über eine Platte (2 H) und zu einem unbequemen Stand (2 Haken).

SL12: Jetzt leicht rechts und in der gelblichen Verschneidung hoch auf ein breites baumbestandenes Band (Biwakplatz der Erstbegeher).

SL13: Auf dem nach links enger werdenden Band bis zum Stand (1 H).

SL14: Jetzt direkt über die senkrechte Platte, die von einer kleinen grauen Verschneidung unterteilt wird (1 H). Eine gelbe Verschneidung und bewachsener Fels führen zum nächsten Stand mit nur einem Haken.

SL15: Durch die Schlussverschneidung mit zwei kleinen bauchigen Stellen zum Stand mit 2 Haken.

(Routenbeschreibung von Ivo Rabanser)

Zustieg: von der Abzweigung nach Ranzo noch etwas auf dem Weg weiter und bald darauf linkshaltend auf einen mit roten Markierungen und Steinmännern gekennzeichneten Pfad, der zum deutlich sichtbaren Einstieg des 'Pilastro Masud' führt. Nun noch weiter links queren und in dem ausgeprägten, tiefen Kamin bis zum kleinen Waldstück. Ein großer Baum mit Schlingen kennzeichnet den Einstieg.

Abstieg: entweder wie bei der vorhergehenden Route beschrieben oder nach dem Ausstieg schräg rechtshaltend über grasige Bänder zu einer tiefen Rinne, nach der man den Klettersteig „R. Pisetta" erreicht.

19 PILASTRO MASSUD★★★★

R. Galvagni, D. Filippi 2003
200 m. (8SL)
6a, 6c (6a obl.)/S1/II

Ein markanter großer Pfeiler kennzeichnet die Südwand des Piccolo Dain, kurz bevor sie in Richtung Norden etwas weniger steil wird. Über diesen Pfeiler führt diese schöne Linie (noch etwas weiter rechts davon ist der Klettersteig 'R. Pisetta'). Die 'Massud' ist ein klassischer, alpiner Weg entlang von Verschneidungen, Rissen und Kaminen. Im zumeist guten Fels, der nur ab und zu etwas Vegetation aufweist, sind die technischen Schwierigkeiten gemäßigt. Mit der perfekten Absicherung ist schönes, schnelles immer abwechslungsreiches Klettern gesichert. Die Route endet im Klettersteig, über den man dann wieder absteigt. Vorsicht: der Klettersteig ist sehr ausgesetzt und athletisch, weshalb man besser gesichert bleiben sollte. Am unteren Teilstück die linke Variante nehmen: sie ist leichter!

Zustieg: von der Abzweigung nach Ranzo noch etwas auf dem Weg weiter und bald darauf linkshaltend auf einen mit roten Markierungen und Steinmännern gekennzeichneten Pfad bis zum deutlich sichtbaren Einstieg.

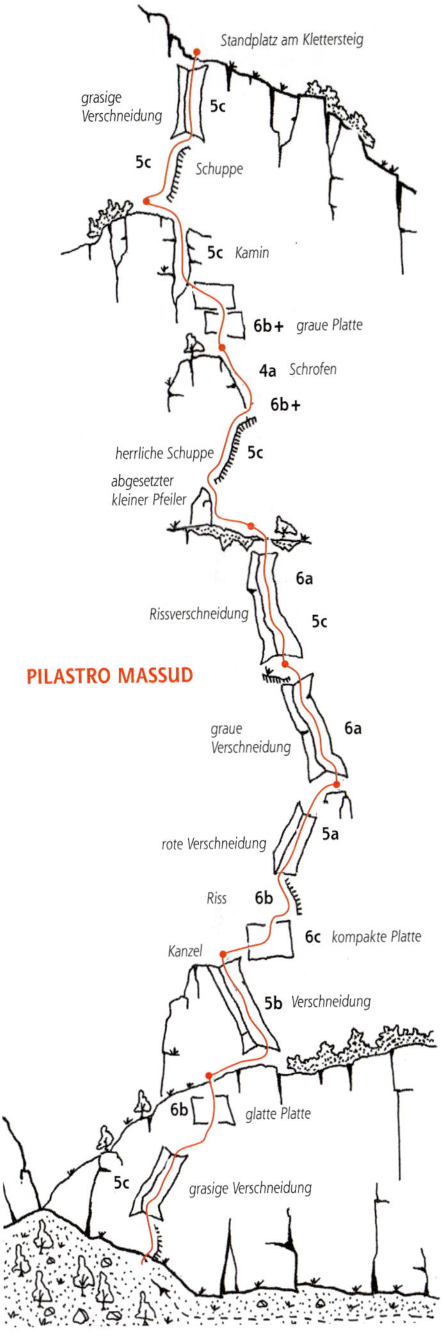

2 Vorbau

Piccolo Dain

0.20 h

0.40 h

200 m.

S

Kleiner, aber interessanter Felsabschnitt am Fuß der Südwand des Piccolo Dain. Ein eleganter Pfeiler zieht durch den zentralen Bereich, in dem auch einige lohnenswerte Routen eingerichtet wurden (sowohl freie als auch künstliche Kletterei). Im rechten Bereich wurde von F. Leoni der schöne Klettergarten "Babilonia" eingerichtet.

Zustieg
Vom Parkplatz in Sarche bei der Bocciaanlage zunächst links und auf einer Pfadspur an den großen Steinschlagnetzen vorbei, dann weiter auf dem Wanderweg, der durch den Wald in Richtung Wand führt bzw. zum Klettergarten "Babilonia". Kurz vor dem Klettergarten folgt man dann links einer Pfadspur, die fast eben zum Wandfuß führt.

Abstieg
Pfadspuren führen bergab in den Wald und zum gut sichtbaren Wanderweg nach Sarche.

20 LOTTA CON L'ALPE	**200 m.**	
21 MIRKO MINUZZO	**200 m.**	
22 ENRICO MAURO	**80 m.**	

22
21
20

20 LOTTA CON L'ALPE★★★★
D. Filippi, R. Galvagni 2007
200 m. (7SL)
6a, 2 Stellen 6b (6a obl.)/S1/I
Durch den oberen Bereich des Vorbaus verläuft eine sehr markante grau-gelbe Verschneidung. Die Route folgt dieser natürlichen Gegebenheit, ist ziemlich abwechslungsreich, gut abgesichert und weist solides Gestein auf. Die 4. Seillänge mit einer Platte und die 6. mit der Verschneidung sind wirklich schön.
Einstieg: Am Wandfuß angelangt, quert man nach links und steigt durch eine steile Rinne (Fixseil) zum Einstieg (Routenname angeschrieben).

21 MIRKO MINUZZO★★★
D. Filippi 2008
200 m. (7SL)
A1/R1/I
Schöne Route für technisches Klettern, mit soliden Bohrhaken ausgerüstet. Die logische Linie führt durch eine Reihe von Überhängen und kleinen Dächern, vor allem die zentrale Länge mit einer überhängenden Kante wird die Anwärter begeistern. Die Route eignet sich besonders für diejenigen, die erst einmal in diese Art von Kletterei reinschnuppern möchten. Die Route ist Mirko Minuzzo gewidmet, dem ersten italienischen Bergsteiger, der den Gipfel des Everest erreichte bzw. dem Erschließer vieler technischer Klettereien in den Dolomiten (u.a. "Camillotto Pellesier" und "Kennedy").
Einstieg: etwas rechts von "Lotta con L'Alpe", Routenname angeschrieben.

22 ENRICO MAURO★★
D. Filippi 2009
80 m. (2SL)
A1, IV/R1/I
Leichte, abwechslungsreiche und technische Kletterroute, die wegen ihrer kurzen Länge gut für den Einstieg in diese Art von Kletterei geeignet ist. Sie führt über den wunderschönen markanten Überhang rechts der "Mirko Minuzzo". Die erste Seillänge führt über hohe senkrechte Platten und eine ziemlich üble brüchige Passage. Die folgende Länge mit einem rötlichen Überhang weist dagegen perfektes Gestein auf. Die Route ist Enrico Mauro gewidmet, dem Seilgefährten von Mirko Minuzzo bei den Routen "Camillotto Pellesier" und "Kennedy".
Zustieg: wie zur "Via Minuzzo", auf dem Pfad dann weiter bis unterhalb des markanten gelben Dachs, kleines Schild mit Routenname.

PICCOLO DAIN

Vorbau

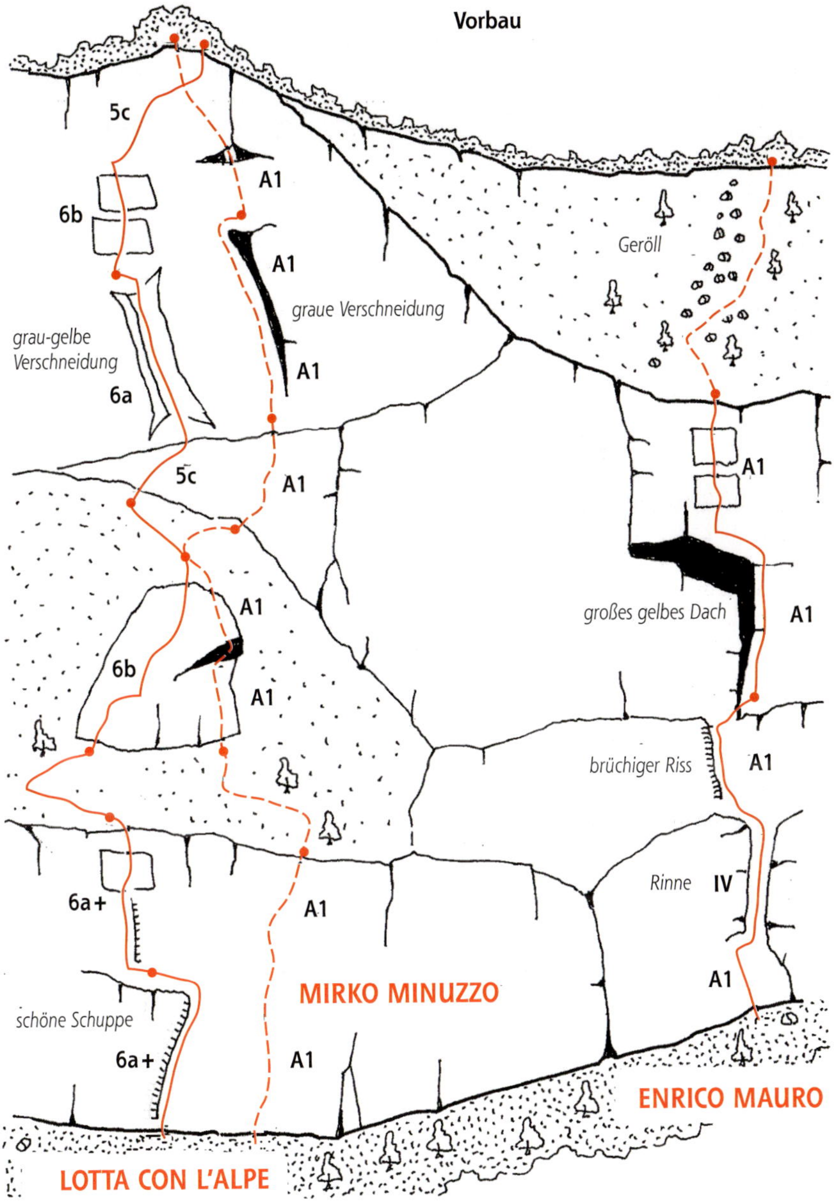

3 Parete del Limarò

Piccolo Dain

0.15 h

0.40 h

450 m.

SW

Wie ein riesiges offenes Buch steht diese Wand vor dem Betrachter, gekennzeichnet von einer im gesamten Alpenraum ziemlich einmaligen Verschneidung. Der Name rührt von der gleichnamigen Schlucht, die die Sarca hier gegraben hat. Cesare Maestri eröffnete entlang der langen großen Verschneidung eine schöne und anspruchsvolle Route. Links und rechts davon verlaufen in den steilen Wänden weitere sehr ernsthafte und anspruchsvolle alpine Wege und Sportkletterrouten.

Zustieg

Von Sarche in Richtung Madonna di Campiglio, kurz vor der Sarcabrücke dann links abzweigen auf eine kleine Straße und zum großen Parkplatz mit Brunnen und Spielmöglichkeiten. Zu Fuß auf der Hauptstraße weiter in Richtung Campiglio und an der ersten Kehre auf einem Schotterweg bergab in die Schlucht. Stützmauern erleichtern die Flussüberquerung, sofern dieser nicht zu viel Wasser führt.

Abstieg

Von den Ausstiegen der Routen durch den Wald in Richtung Osten und auf den Wanderweg, der hinunter nach Sarche führt.

23 EFFETTI COLLATERALI	**120 m.**
24 LA SALSA DELL'ORSO	**120 m.**
25 SPIGOLO DEL LIMARO'	**400 m.**
26 LUCE RIFLESSA	**400 m.**
27 VIA GADOTTI	**400 m.**
28 MITICA E NOCCIOLINA	**400 m.**
29 SPAZIO ALLA FANTASIA	**400 m.**
30 VIA PEGORETTI COVI	**400 m.**
31 LA CADUTA DEGLI DEI	**400 m.**
32 LA TIGRE IL DAINO E IL GLADIATORE	**400 m.**
33 DIEDRO MAESTRI	**400 m.**
34 VICOLO CIECO	**450 m.**
35 AMICO BERTO	**450 m.**
36 CONTATTO RADICALE	**450 m.**

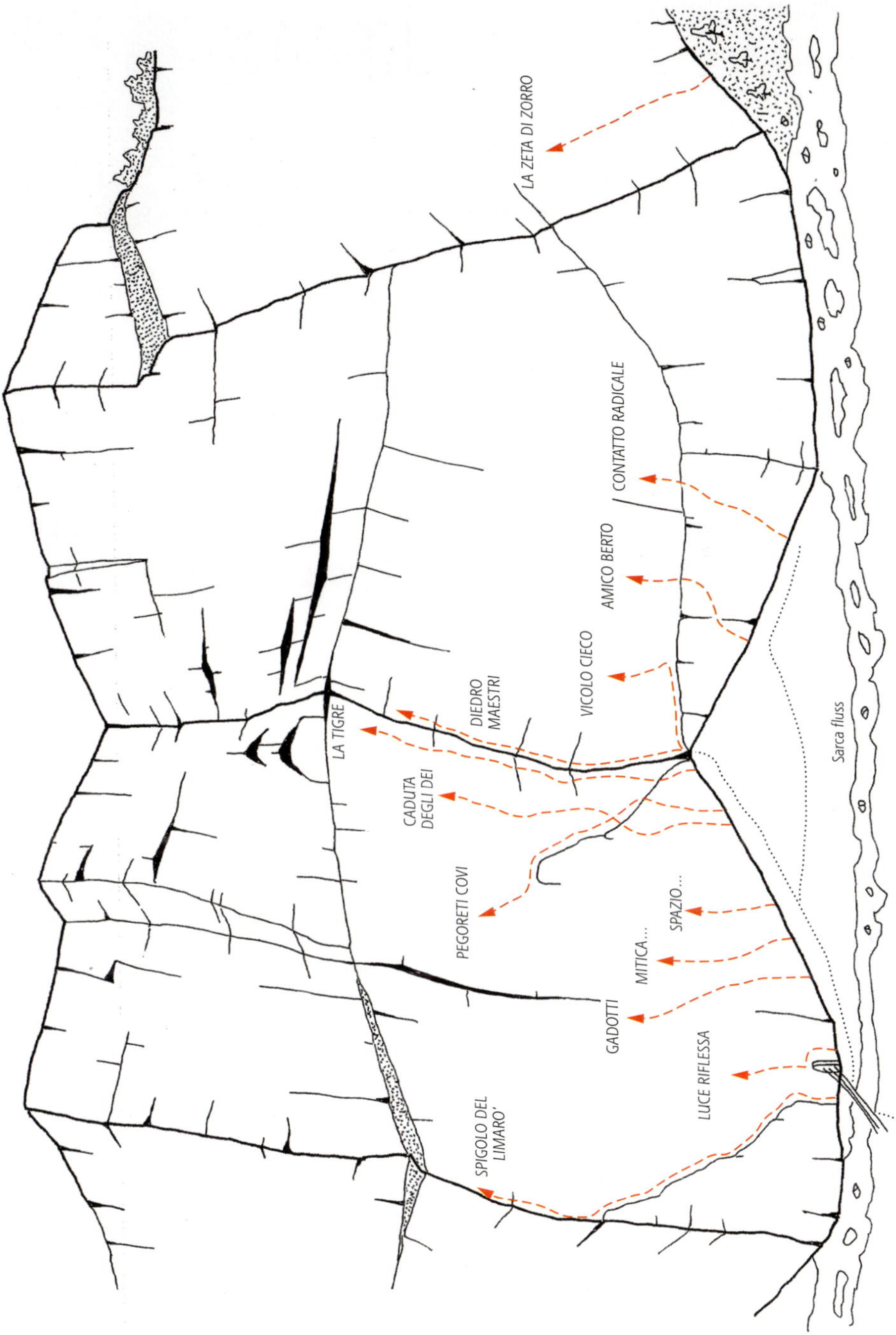
LA ZETA DI ZORRO
CONTATTO RADICALE
AMICO BERTO
VICOLO CIECO
DIEDRO MAESTRI
LA TIGRE
CADUTA DEGLI DEI
PEGORETI COVI
SPAZIO...
MITICA...
GADOTTI
LUCE RIFLESSA
SPIGOLO DEL LIMARO'
Sarca fluss

23 EFFETTI COLLATERALI ★★★★
D. Bonvecchio
120 m. (4SL)
7a, 7c (7b obl.)/S2/II
Herrliche senkrechte Plattenkletterei, Technik und Bewegungsgefühl sind unabdingbar. Vor allem die lange 2. Seillänge mit zwei harten obligatorischen Passagen ist sehr anspruchsvoll. Sehr gut, aber nicht üppig, abgesichert,.
Einstieg: gleich links von "La Salsa dell'Orso"

24 LA SALSA DELL'ORSO ★★★★
M. Maceri, E. Boldrin 2003
120 m. (7SL)
6b+, A2 (6b obl.)/S1/II
Hohe Wände mit charakteristischem gelbem Gestein, Überhängen und Dächern sind links der markanten Verschneidung zu sehen. An der linken Begrenzung entstand hier ein sehr origineller Weg für die Liebhaber technischer Kletterei. Wer einsame Begehungen und große Ausgesetztheit liebt, wird hier fündig. Der Fels ist fest, die Absicherung mit Bohrhaken ist perfekt, es werden nur Expressschlingen und zwei Trittleitern benötigt.
Zugang: von Vezzano nach Ranzo und nach dem Dorf bei einem Bildstock parken. Auf der Forststraße weiter bis zu einer Kurve mit Wegweiser (Beschriftung 'Pisetta') und ca. 70 m weiter. Rechts weist ein Steinmännchen auf den Zustieg zur Wand hin. Etwas unterhalb führt nun ein Fixseil bis zur ersten Abseilstelle. Man seilt nun vier Mal ab, zwei Mal an Bohrhaken, zwei Mal an Bäumen mit Schlingen. Jetzt am Wandfuß entlang bis zum Einstieg (gut sichtbare Bohrhakenplättchen). Achtung: Wenn man einmal abgeseilt hat, ist die Route der einfachste Weg, um wieder aus der Schlucht zu gelangen.

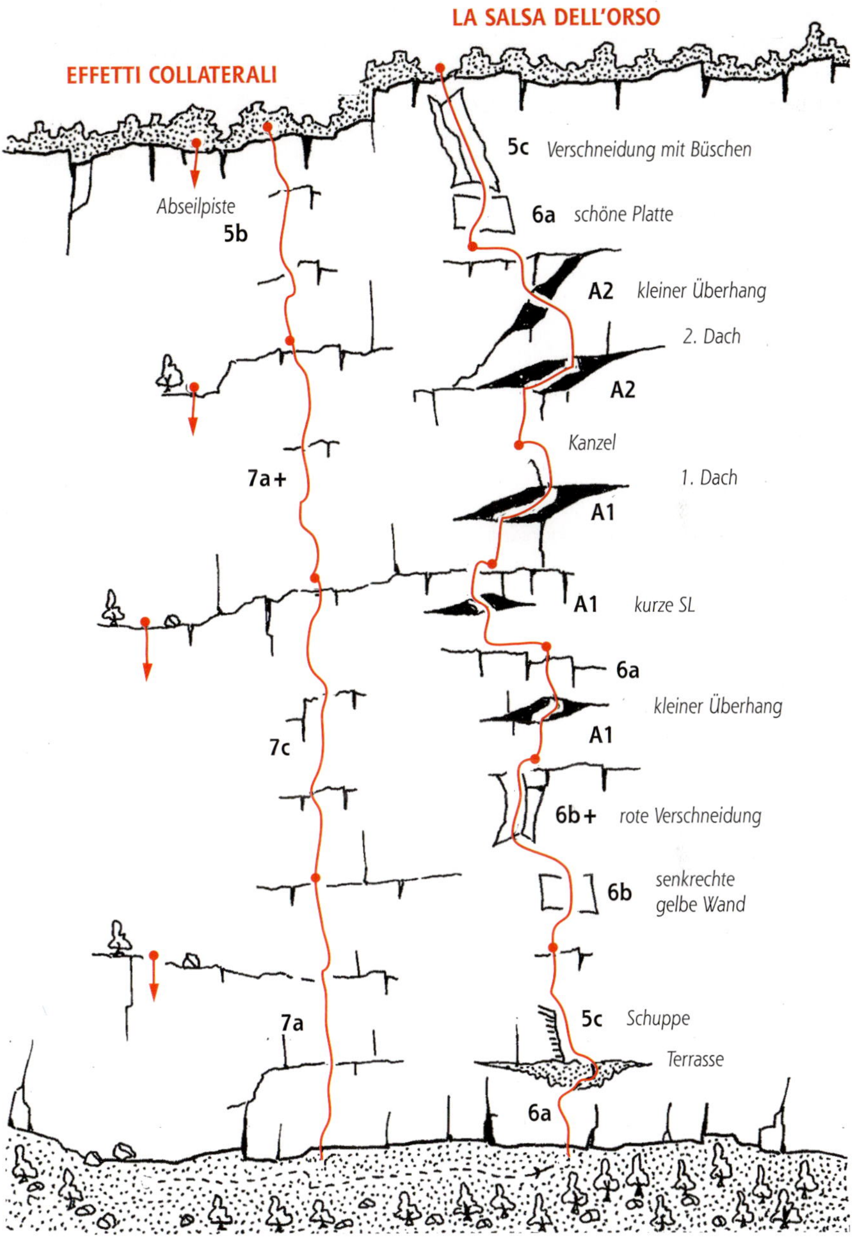

LA SALSA DELL'ORSO
EFFETTI COLLATERALI
5c Verschneidung mit Büschen
Abseilpiste
5b
6a schöne Platte
A2 kleiner Überhang
2. Dach
A2
Kanzel
7a+
1. Dach
A1
A1 kurze SL
6a
kleiner Überhang
A1
7c
6b+ rote Verschneidung
6b senkrechte gelbe Wand
5c Schuppe
7a
Terrasse
6a

25 SPIGOLO DEL LIMARO' ★★★

D. Filippi, unterer Teil 2007
P. Ravasio, C. Bonari, oberer Teil 1983
400 m. (14SL)
V+, VI+, A1/R2/III

Eine markante vertikale, schmale Felskante ist deutlich in der Wand oberhalb der Limarò-Schlucht zu erkennen. Diese Kante wird durch ein breites, bewaldetes Felsband geteilt: Im oberen Bereich ist ihre Form sehr ausgeprägt und schmal, im unteren Bereich verliert sie ihre markante Form immer mehr und die Vegetation nimmt überhand. Die Route hat einen deutlichen alpinen Charakter, ist sehr interessant und abwechslungsreich. Wer klassisches, alpines Klettern liebt, wird sich hier mit dem Wechsel von freier und technischer Kletterei in meist recht gutem Gestein ziemlich wohl fühlen. Wiederholer benötigen mindestens 15 Expressschlingen, 2 Steigleitern, ein paar Friends, Felshammer und Haken. Ein Handbohrer und Haken sind eventuell ebenfalls nötig, falls Expansionshaken ausgebrochen sein sollten. Ein bisschen Alpingeschichte: 1983 seilten sich P. Ravasio und C. Bonardi von oben in die Wand ab und eröffneten eine Linie entlang der Kante. Den unteren Teil der Wand betrachteten sie als unlohnend und ließen sie, damals vermutlich zu Recht, unberücksichtigt. Es blieb deshalb leider nur der Zugang von oben, der sehr umständlich und aufwändig war. Dass kaum jemand die Route wiederholte, war deshalb klar. Der jetzt mögliche Zugang von unten wartet sicherlich nicht mit schöner Kletterei auf, ist aber auch keinesfalls eine Horrorunternehmung und gestattet es, den schönen oberen Routenteil aus dem Tal zu erreichen.

Einstieg: gleich links der Stützmauern.

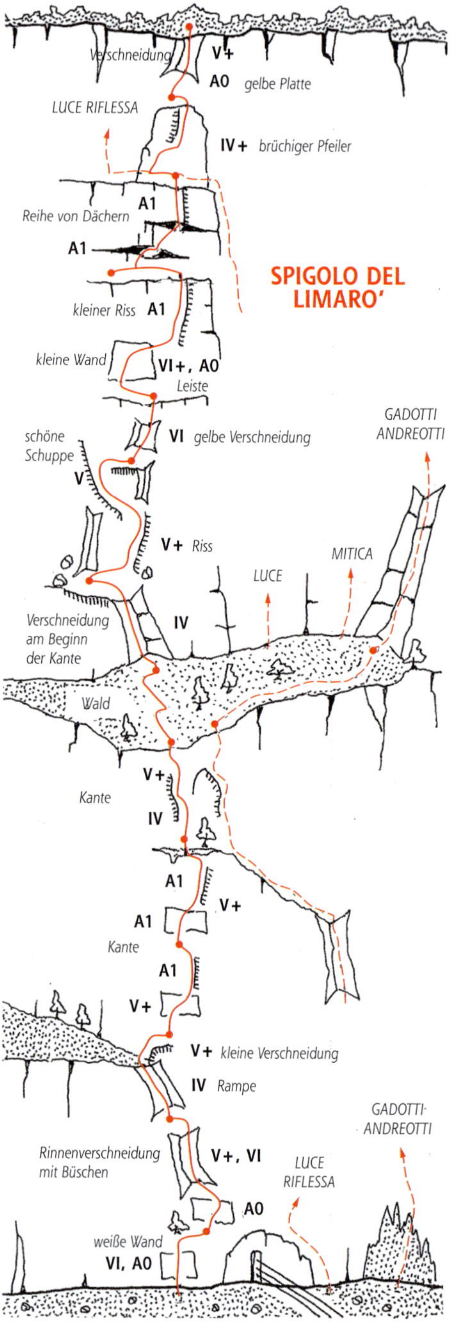

23
24
27
30
27a
27
25
26
27
28
29
30
31
32
33

26 LUCE RIFLESSA ★★★

M.Concini. 1998
400 m. (15SL)
7b+ (7a obl.)/S3/III

Anspruchsvolle, schwierige und lange Sportkletterroute in gutem Fels, teils mit weiter Absicherung. Wiederholer sollten den Grad 7a definitiv beherrschen. Wer "Caduta degli Dei" als Projekt hat, sollte sich zuerst an dieser Route hier versuchen, denn die diversen Felsbänder bieten immer wieder Fluchtmöglichkeiten.

Einstieg: gleich rechts der Stützmauern, ein Fixseil hilft bei den ersten Metern.

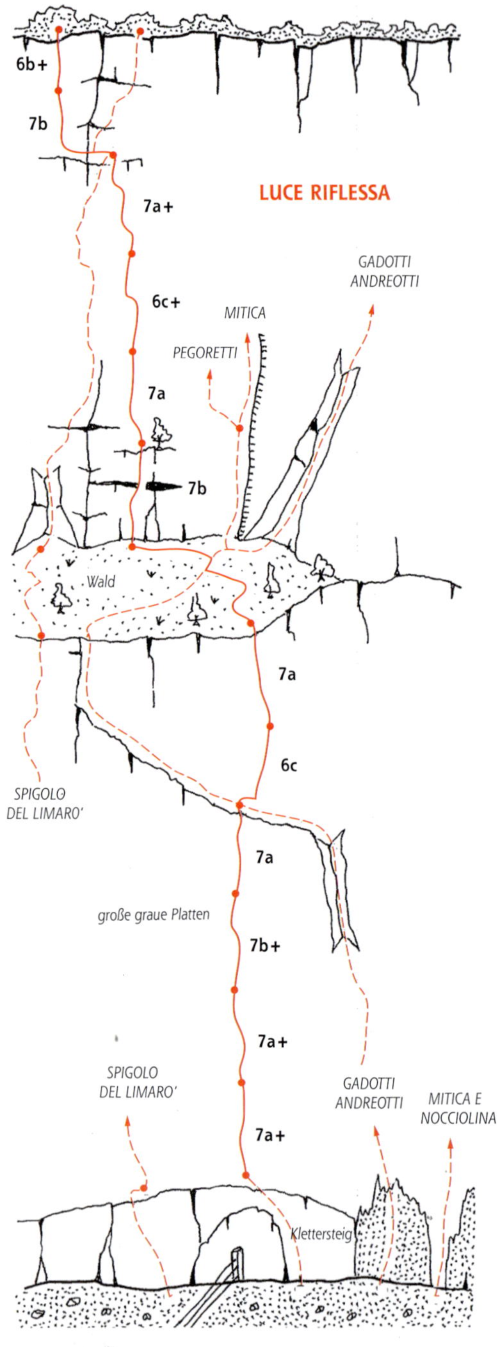

27 VIA GADOTTI★★★

A. Andreotti, F. Gadotti 1972
400 m (12SL)
VI+, A1/R3/III

Die Wand links der großen Verschneidung wird im oberen Bereich nochmals von einer grauen, geradlinigen Verschneidung unterteilt. Hier verläuft diese Route die in der senkrechten Verlängerung unterhalb dieser Verschneidung beginnt. Die ersten plattigen Wandbereiche werden mit vorwiegend technischer Kletterei überwunden. Mit einem weiten Bogen durch die baumbestandenen Zonen nach links erreicht man dann den unteren Teil der Verschneidung. Ab hier wird die Kletterei auch deutlich besser, weil guter Fels vorherrscht und die Ausgesetztheit zunimmt. Insgesamt gesehen ist dies ein großartiger Anstieg, zwar komplex und schwierig, aber äußerst befriedigend. Die Erstbegeher beließen vor allem in den ersten Seillängen viele Haken, weshalb nur Klemmkeile, Friends und wenige Haken für eine Wiederholung notwendig sind. Das Gestein ist meist fest, in einigen Bereichen sollte man auf lose Blöcke Acht geben.

Einstieg: etwa 70 m links der großen Verschneidung ('Diedro Maestri') bedeckt eine große Efeupflanze die Wand. Man steigt dort ein, wo das Efeu etwas zurückweicht. Nach ca. 35 m reiner „Efeukletterei" erreicht man den ersten Standplatz.

27a VARIANTE STENGHEL★★★

G. Stenghel, R. Vettori 1979
100 m. (2SL)
V+, VI/R3

Nach der langen und schwierigen Verschneidung führt die "Via Gadotti" linkshaltend weiter über leichte Rampen mit etwas Gebüsch. Die Variante "Stenghel" führt jedoch nach rechts und folgt der (logischen) Linie der Verschneidung. Eröffnet wurde die Variante anlässlich der ersten Wiederholung der "Gadotti", sie wird aber kaum begangen, da sie nicht viele Haken aufweist und zudem teilweise etwas brüchig ist.

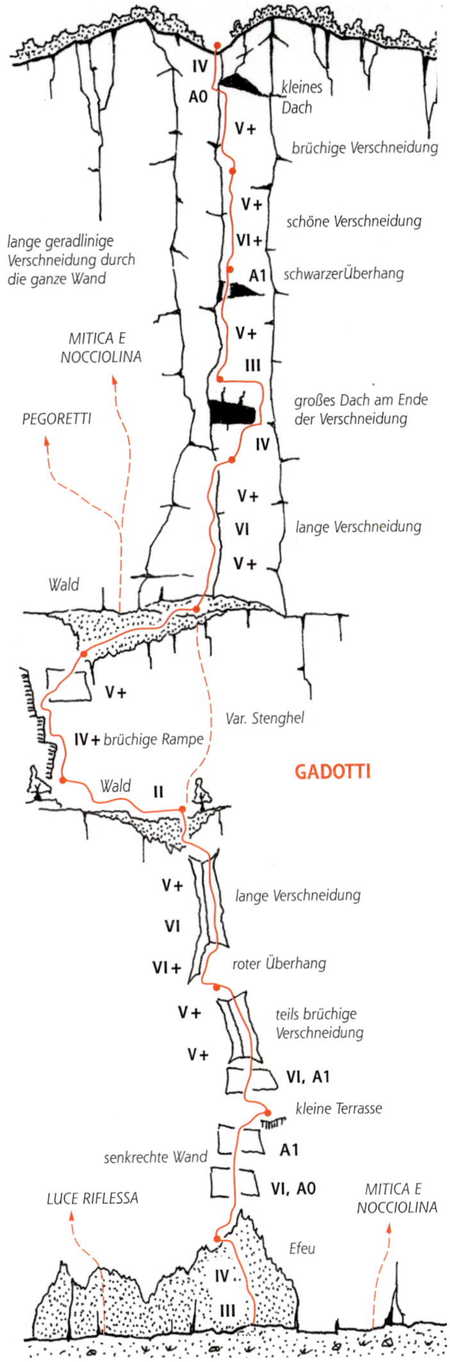

28 MITICA E NOCCIOLINA★★★★★
F. Giacomelli 2009
400 m. (12SL)
VI+, VII+, A1, A2/R4/IV
Grandiose Sportkletterroute, die der starke Kletterer Fabio Giacomelli im Alleingang von unten eröffnete. Die Linie führt zunächst entlang überhängender Plattenfluchten, im oberen Bereich folgt sie dann einem Risssystem links der breiten Verschneidung mit der Route "Gadotto Andreotti". Die Anforderungen sind hoch, sowohl was Ausdauer, Können und Ernsthaftigkeit betrifft, die Hakenabstände sind oftmals ziemlich weit. Meist wurden Normalhaken verwendet, es stecken nur wenige Bohrhaken. Friends, auch sehr kleine Größen, sowie Felshammer und einige Haken sind unabdingbar. Fabio widmete diese Route seinen Kindern.
Einstieg: am efeubewachsenen Einschnitt rechts der "Via Gadotti".

29 SPAZIO ALLA FANTASIA★★★★★
F. Giacomelli 2007
400 m. (12SL)
VI+, VII+, A2, A3/R4/IV
Ein weiteres Meisterwerk von Fabio Giacomelli: die sehr kühne Linie führt im unteren Bereich über gelbe kompakte und überhängende Plattenfluchten, weiter oben schlängelt sie sich durch eine Reihe von kleinen Dächern. Wie die vorherige Route ist auch diese hier sehr anspruchsvoll und fordert viel Ausdauer, die Schwierigkeiten sind hoch und die Absicherung ist nicht üppig. Es stecken meistens Normalhaken und nur wenige Bohrhaken. Mircrofriends und Friends, eine kleine Auswahl an Normalhaken (und Felshammer) sowie ein paar Cliffs sind ebenfalls notwendig.
Einstieg: über eine markante, kompakte graue Platte, ein geschlagener Haken ist sichtbar.

30 VIA PEGORETTI COVI★★★★
M. Pegoretti, E. Covi
400 m. (15SL)
VI+, A1/R3/IV
Diese ernsthafte und sehr ausdauernde Route folgt den natürlichen Gegebenheiten der Wand, die Felsqualität ist im Allgemeinen recht gut, aber die Absicherung lässt eher zu wünschen übrig. Wegen der schwierigen Orientierung und der hohen Schwierigkeiten sollte hier nur einsteigen, wer über ausreichende alpine Erfahrung besitzt. Die Linie führt anfangs mehr oder weniger durch den zentralen Wandbereich und verlässt dann diesen. Der Ausstieg ist links der "Andrea Gadotti". Detaillierte Informationen über die Route existieren leider nicht.
Einstieg: auf einer Kanzel etwa in Mitte der Rampe, die zum Einstieg der "Maestri" führt. Die ersten Haken sind rechts eines langen grauen Risses zu sehen.

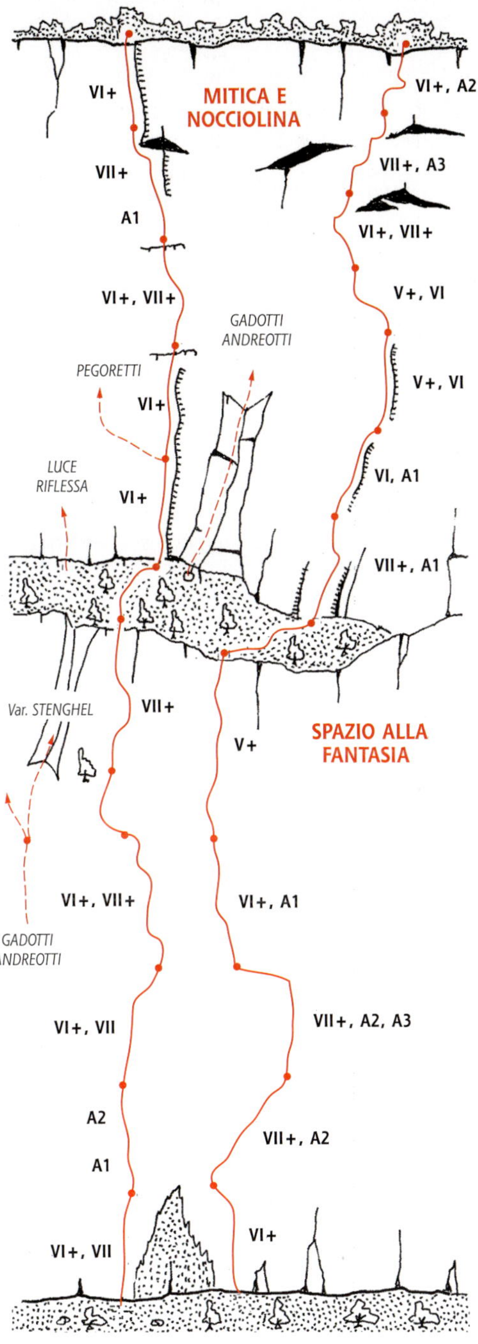
MITICA E NOCCIOLINA
VI+
VII+
A1
VI+, VII+
VI+, A2
VII+, A3
VI+, VII+
V+, VI
GADOTTI ANDREOTTI
PEGORETTI
VI+
V+, VI
LUCE RIFLESSA
VI+
VI, A1
VII+, A1
VII+
Var. STENGHEL
V+
SPAZIO ALLA FANTASIA
VI+, VII+
VI+, A1
GADOTTI ANDREOTTI
VI+, VII
VII+, A2, A3
A2
VII+, A2
A1
VI+
VI+, VII

31 LA CADUTA DEGLI DEI ★★★

M. Concini, B. Malfatti 1996
400 m. (13SL)
7c (7b obl.)/S3/III

Langer, schwieriger und Ausdauer fordernder Weg. Auch in den Ausstiegslängen ist die Beherrschung des Schwierigkeitsgrads 6c+ zwingend erforderlich. Die Route verläuft im senkrechtesten, am meisten ausgesetzten und spektakulärsten Bereich der ganzen Wand. Schöne und lohnende Kletterei, die laut einiger Wiederholer vor allem wegen der Länge derart schwierig ist.

Einstieg: gleich links der "Pegoretti-Covi", die ersten Bohrhaken sind zu sehen.

32 LA TIGRE IL DAINO E IL GLADIATORE ★★★★★

G. Canale, A. Mazzotti, F. Cavallaro 2010
380 m. (9SL)
7c+, 8a (7c obl.)/S3/IV

Herrliche Sportkletterroute mit anhaltend hohen Schwierigkeiten. Die Felsqualität lässt fast durchwegs nichts zu wünschen übrig, nur eine kurze Passage in der 6. Seillänge ist nicht ganz optimal und fordert Aufmerksamkeit. In der vierten Seillänge wird Ausdauer und Kraft benötigt, sie entschädigt dafür mit eleganter Linie. In der 6. Seillänge wartet ein ziemlich harte Einzelstelle auf die Wiederholer. Alle Standplätze außer dem zweiten (Baum) sind mit zwei Bohrhaken und Abseilring ausgestattet, Abseilen ist jedoch ziemlich schwierig und mühsam.

Einstieg: zehn Meter links der "Maestri"-Verschneidung, über kompakten grauen Fels.

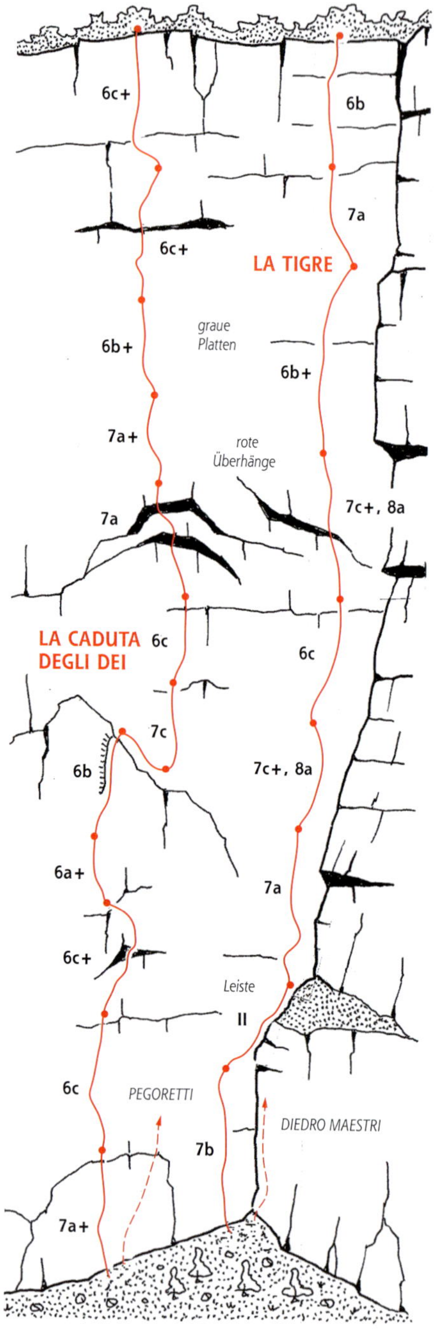

33 DIEDRO MAESTRI ★★★★★

C. Maestri, C. Baldessari 1957
400 m. (12SL)
VI+, A0/R3/III

Spektakuläre, grandiose Kletterei und aus alpinistischer Sicht äußerst interessant. Es ist unmöglich, diese riesige und elegante Verschneidung nicht zu bemerken, wenn man auf der Straße hoch in Richtung Campiglio fährt. Cesare Maestri benötigte vier ganze Tage mit viel technischer Kletterei, um diese Route zu bezwingen. Die Route ist anstrengend, schwierig und definitiv als klassisch zu bezeichnen mit den Verschneidungen und Kaminen sowie dem brüchigen Fels und der schlechten Absicherung.

Einstieg: in Falllinie der großen Verschneidung, über einen Riss, der weiter oben von einem Überhang begrenzt wird.

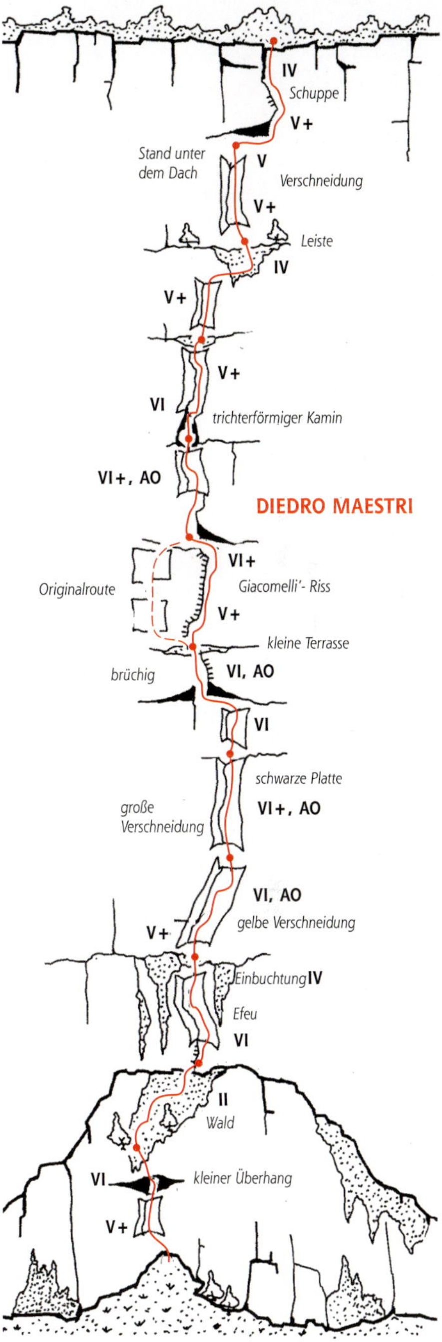

30
28
25
29
27
26
33
27a
29
31
28
30
32
26
27
25

33
34
35
36
37

34 VICOLO CIECO★★★

D. Filippi 2008
450 m. (13SL)
A1, A2, eine Stelle 6a/S1/III

Die Route weist ähnliche Charakteristika auf wie die nebenan gelegene "Amico Berti": zuerst viele geneigte Platten, dann überhängende gelbe Wände. Nur wenige Längen zu Beginn sowie die charakteristische Kaminverschneidung sind frei kletterbar, meist ist technische Kletterei angesagt. Die Felsqualität ist perfekt, das Gestein ist unglaublich kompakt und fest. Die Route ist perfekt mit vielen 8mm-Bohrhaken eingerichtet, auch die landschaftlich schöne Umgebung und das Rauschen des Flusses trägt dazu bei, dass sich die Wiederholer hier sehr wohlfühlen. An Ausrüstung benötigt man nur Expressschlingen und zwei Steigleitern. Zusammen mit der "Amico Berti" bietet sich hier eine perfekte Route für eine erste Begegnung mit dem technischen Klettern.

Einstieg: am Einstieg der "Maestri"-Verschneidung folgt man einem schmalen Band nach rechts.

35 AMICO BERTO★★★

D. Filippi 2007
450 m. (11SL)
A1, A2/S1/III

Die Route führt rechts der "Maestri"-Verschneidung durch die 450 Meter hohe Wand und weist zwei sehr unterschiedliche Bereiche auf: im unteren Teil herrschen graue, geneigte Platten und viel Vegetation vor, im oberen finden sich dagegen gelbe und überhängende kompakte Wände. Die komplette Linie wurde mit 8mm-Bohrhaken ausgerüstet, Wiederholer benötigen nur ca. 20 Expressschlingen sowie zwei Steigleitern. Wer sich also zum ersten mal in eine technische Route wagen will, wird hier einen guten Einstieg in diese Art von Kletterei vorfinden. Zudem stellt die Linie eine gute Vorbereitung für die anspruchsvolle "Via Vertigine" dar. Die Felsqualität in der sehr schönen Wand ist perfekt, und die herrliche landschaftliche Umgebung ist natürlich ebenfalls ein Pluspunkt, der für eine Wiederholung spricht.

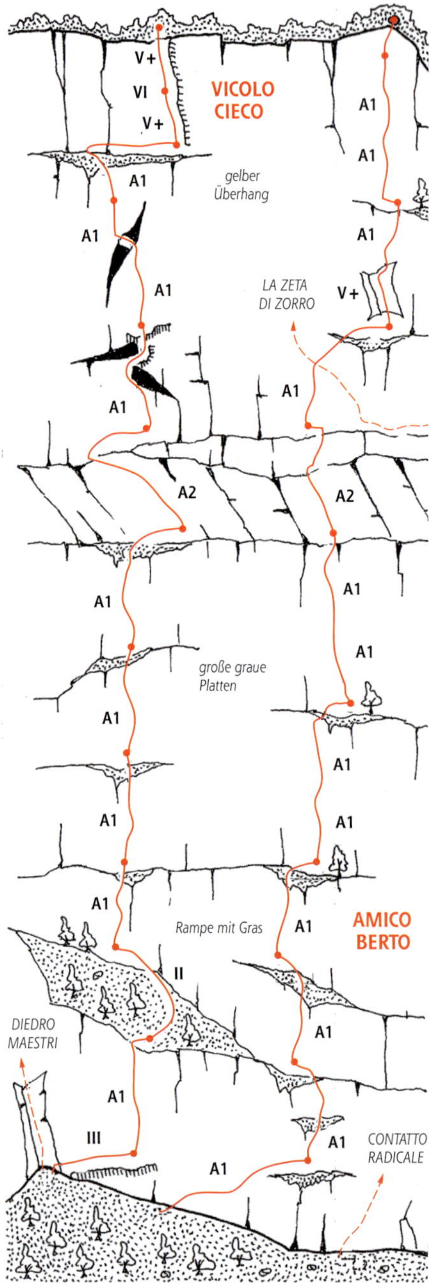

Achtung: Ab Routenmitte ist ein Rückzug durch Abseilen sehr problematisch.
Die Route wurde Umberto Marampon, einem fantastischen Erschließer und Freund, gewidmet.
Einstieg: etwa 50 Meter rechts der "Maestri"-Verschneidung. Routenname angeschrieben.

36 CONTATTO RADICALE ★★★

A. Toni Zanetti, M. Brighente 2010
450 m. (14SL)
6b, A1 (5c obl.)/S1/III
Wer technische und freie Kletterei in einer einzigen Route verbinden möchte, sollte sich an die Wiederholung dieser interessanten Route wagen. Die Linie folgt so weit wie möglich den schwachen Punkten der Wand, nämlich Felsbändern, Verschneidungen und Rissen. In fast jeder Seillänge wechseln technisch zu kletternde Stellen mit frei kletterbaren Passagen ab, die komplette Route ist gut mit Bohrhaken, die auch recht eng gesetzt wurden, abgesichert. Wiederholer benötigen also nur Expressschlingen und eventuell eine Steigleiter für die A1-Stellen. Am Anfang stört immer wieder leicht die Vegetation, aber weiter oben, in den gelben, überhängenden Wandbereichen folgt schönste, ausgesetzte und lohnende Kletterei. In der 10. und 13. Seillänge warten ziemlich exponierte , aber wunderschöne Quergänge.
Einstieg: etwas rechts der "Amico Berti", kleines Schild mit Routenname.

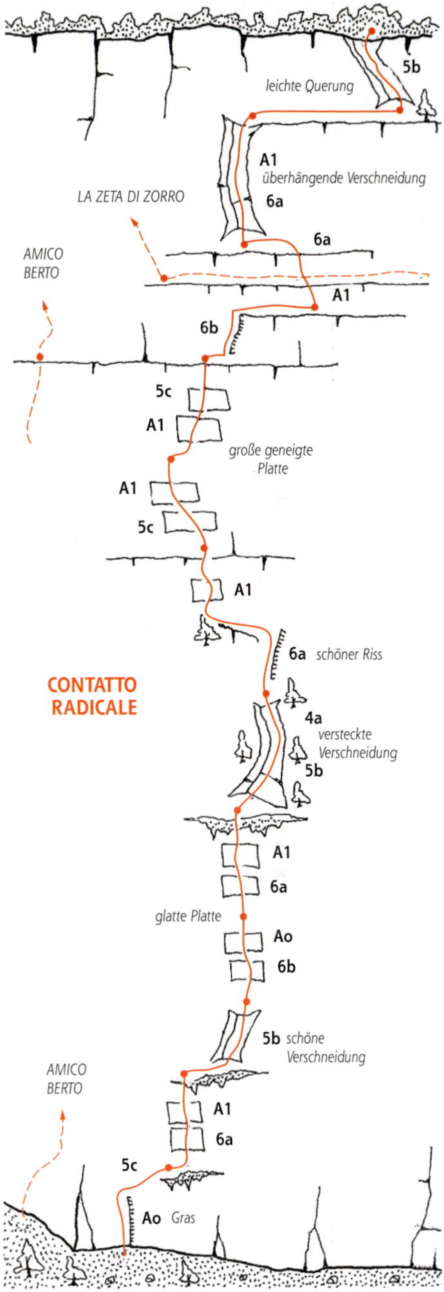

4 Parete della Centrale

Piccolo Dain

0.10 h

0.30 h

250 m.

SW

Die herrliche Felswand liegt direkt oberhalb des Flusses und in einer wunderschönen landschaftlichen, fast romantisch anmutenden Umgebung, die im Sarcatal ihresgleichen suchtt. Alle Routen bieten beste Kletterei in sehr guter Felsqualität und mit guter Absicherung. Auch der Zustieg ist bequem und aus all diesen Gründen zählt dieser Sektor zu den meistbesuchten im ganzen Sarcatal.

Zustieg

Von Sarche in Richtung Madonna di Campiglio, kurz vor der Sarcabrücke dann links abzweigen auf eine kleine Straße und zum großen Parkplatz mit Brunnen und Spielmöglichkeiten. Dann die Hauptstraße überqueren und rechts auf einer kleinen Straße in Richtung Wasserwerk. Die Routeneinstiege liegen entlang dieser kleinen Straße bis hin zum Gittertor.

Abstieg

Vom Ausstieg der Routen in Richtung Osten durch den Wald und bis zum Wanderweg, der zurück nach Sarche führt.

37 LA ZETA DI ZORRO	**450 m.**
38 VIA IL RAZZISMO DAL MODO	**300 m.**
39 AMAZZONIA	**250 m.**
40 ORIZZONTI DOLOMITICI	**250 m.**
41 MOON BEARS	**250 m.**
42 IL SOLE DI DAVID E MICHELANGELO	**250 m.**
43 LA SCUOLA PITAGORICA E HANS DULFER	**220 m.**
44 DODICI ALBERI	**220 m.**

44
43
42
41
40
39
38
37

37 LA ZETA DI ZORRO★★★★

Edy, Giacomo, Armando 2007
450 m. (12SL)
7a, 7b+ (7a obl.)/S3/III

In dieser langen Route in der Limarò-Schlucht stecken zwar Bolts, dennoch sollte die übliche alpine Ausrüstung mitgeführt werden: Ein Satz Friends, Schlingen, Reepschnüre, auch ein Felshammer und ein paar Haken können hilfreich sein. Zieht man die allgemeine Ernsthaftigkeit der kompletten Route in Betracht, ist eine Bewertung mit 7a (obligatorisch) durchaus gegeben. Die komplette Begehung dauert 6-7 Stunden. Insbesondere bei den grasigen Stufen sind brüchige Passagen nicht ungewöhnlich (Routenbeschreibung E. Boldrin).

SL1. Recht heikle Einstiegspassage, dann grasige Platten. Stand an Baum. 40 m. 5c.
SL2. Schöne senkrechte Platten. 40 m. 6a+.
SL3. Zuerst schräg linkshaltend, dann senkrecht hoch. 25 m. 6a.
SL4. Große gelbe Platte mit braune Flecken. 50 m. 6c, 7a+.
SL5. Die SL führt bis zum zentralen Wandbereich, auf das markante Felsband, das die Wand teilt. Heikle Aufschwünge mit etwas Vegetation. 40 m. 6b.
SL6. Lange Linkstraverse bis zur eigentlichen Wand. 40 m. II°
SL7. Hier beginnt der 2. Teil der langen Reise. Kurze Verschneidung, dann heikle Platte. 35 m. 6b+. 6c
SL8. Wunderschöne Linkstraverse. 40 m. 5c.
SL9. Direkt zum sehr bequemen Band. 20 m. 6a+.
SL10. Nach der Einstiegsverschneidung kreuzt die Linie die "Via Amico Berti" . Einen schwarzen Bolt mitbenutzen, danach linkshaltend weiter. 40 m. 6b, 6c+.
SL11. Links weiter über eine braune Platte, Ausstieg in Verschneidung. 30 m. 7a, 7b+.
SL12. Anfangs etwas brüchig, dann bessere Felsqualität. 50 m. 6b, 6c+.

Einstieg: etwa 200 m links von "Amazzonia".

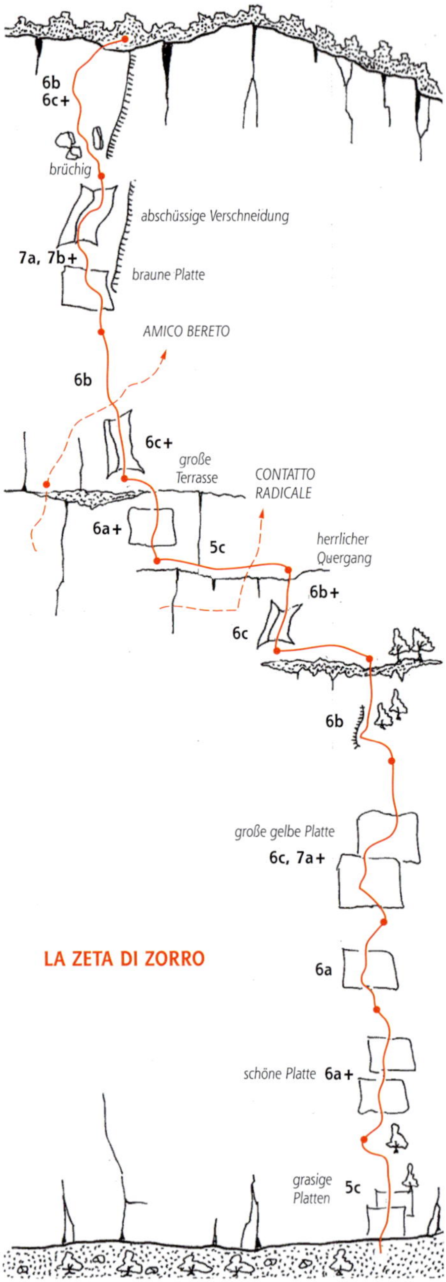

38 VIA IL RAZZISMO DAL MONDO ★★★★

G. Stenghel, F. Sartori 1983
300 m. (9SL)
V+, VI+/R3/II

Eine klassische 'Stenghel-Route', mit absolut logischer Linienführung, wenigen Sicherungsmöglichkeiten und schwierigen Passagen. Sie folgt fast durchgehend dem langen, grauen Riss, der am Anfang der Schlucht von Limarò beginnt und die ganze Wand unterteilt. Auch wenn viel Vegetation das Fortkommen manchmal behindert, so ist das Gestein doch meist gut bis sehr gut. Die Schlüsselseillänge ist sehr athletisch und verlangt viel Können beim Positionieren der Sicherungen. Die Ein- und Ausstiegsseillängen bleiben hingegen im klassischen Schwierigkeitsbereich und sind oft gut an Büschen und Bäumen abzusichern. Alle Stände sind an soliden Bäumen und im Allgemeinen bequem. Insgesamt eine sehr befriedigende Route in eindrucksvoller Umgebung. Das laute Rauschen des darunter liegenden Flusses macht die Verständigung manchmal schwierig. Die Erstbegeher widmeten diese Route Pater Renato Chizito Cerezo.

Einstieg: etwa 40 Meter nach dem Wasserwerk, markante Verschneidung mit Gebüsch.

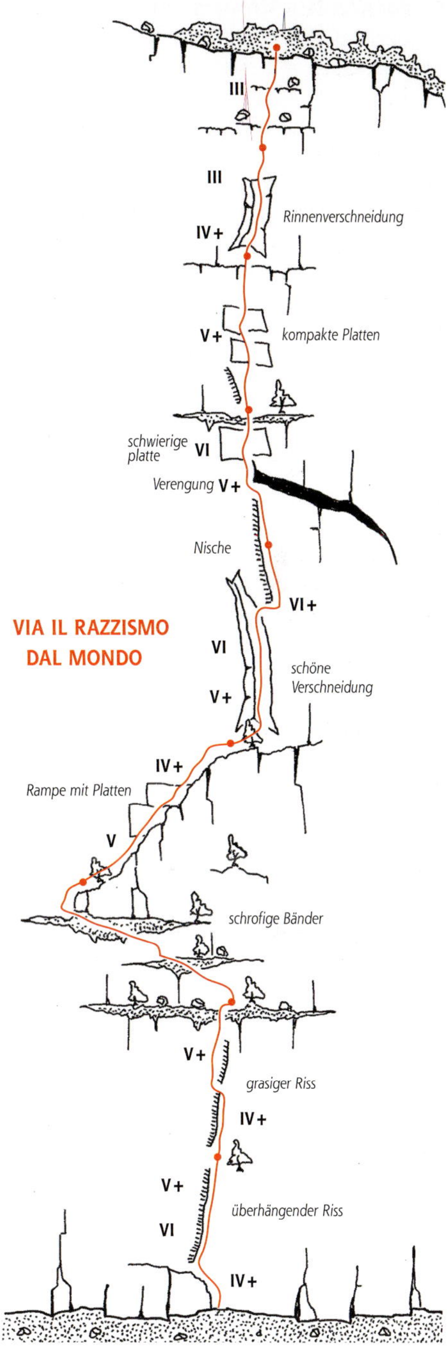

39 AMAZZONIA★★★★★

A. Zanetti 2005
250 m. (11SL)
5b, 5c/S1/I

Die schöne und genussvolle Route verläuft nahe bei und parallel zu 'Orizonti Dolomitici' und weist daher auch ähnliche Charakteristiken auf. Aus den einzelnen Seillängen in festen, senkrechten und ausgesetzten Plattenwänden ragt eindeutig die letzte, schwierige SL heraus: technisch anspruchsvolle und elegante Kletterei ist hier angesagt.

Einstieg: oberhalb des Gittertors beim Wasserwerk, die ersten beiden Längen verlaufen gemeinsam mit "Orizzonti Dolomitici".

40 ORIZZONTI DOLOMITICI★★★★

A. Zanetti 2003
250 m. (11SL)
5b/S1/I

Sehr schöne und genussvolle Kletterei entlang fester Platten. Die Route ist so etwas wie ein kleines Juwel im Sarcatal, sehr empfehlenswert, mit mittlerweile sehr vielen Begehungen, was auf Grund der sehr guten Absicherung auch in mittleren Schwierigkeitsgraden nicht verwunderlich ist. Wer einmal ganz relaxed und mit guter Absicherung klettern möchte, ist in dieser Route mit der wunderschönen Umgebung sehr gut aufgehoben.

Einstieg: oberhalb des Gittertors beim Wasserwerk.

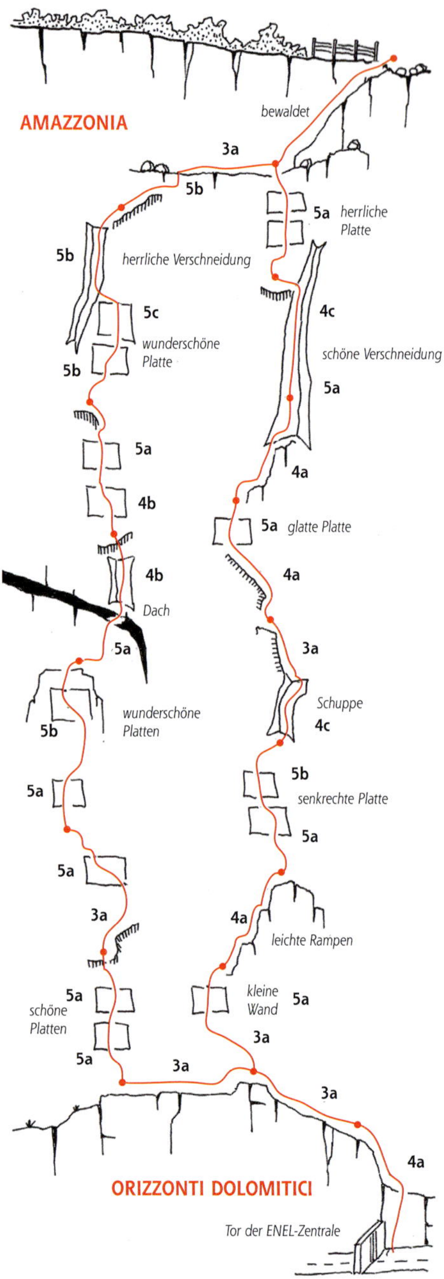

41 MOON BEARS★★★★

E. Salvaterra, M. Ghezzi 2011
250 m. (9SL)
5b, 5c/S1/I

Schöne und abwechslungsreiche Route mit logischer, eleganter Linienführung. Nur kurze plattige Passagen unterbrechen die meist vorherrschende Kletterei in Rissen und Verschneidungen. Die Felsqualität ist gut, die Absicherung mit Bohrhaken ist ausreichend.

Einstieg: oberhalb des Gittertors beim Wasserwerk, zuerst 2 SL gemeinsam mit "Orizzonti Dolomitici", dann zweigt die Linie davon ab.

42 IL SOLE DI DAVID E MICHELANGELO ★★★★

H. Grill, F. Kluckner 2009
250 m. (8SL)
V+, VI+/R2/II

Angenehme und abwechslungsreiche Kletterei über senkrechte graue Plattenfluchten. Vor allem die 3. und die 6. Seillänge mit bewegungstechnisch anspruchsvollen Passagen ragen heraus. Das zentrale Dach ist sehr athletisch, weist aber gute Griffe auf. Die Absicherung der gesamten Route ist perfekt: Bohr- und Normalhaken sowie einige Sanduhrschlingen. Ein paar kleine und mittlere Friends können dennoch hilfreich sein.

Einstieg: Kurz vor dem Gittertor, Routenname angeschrieben.

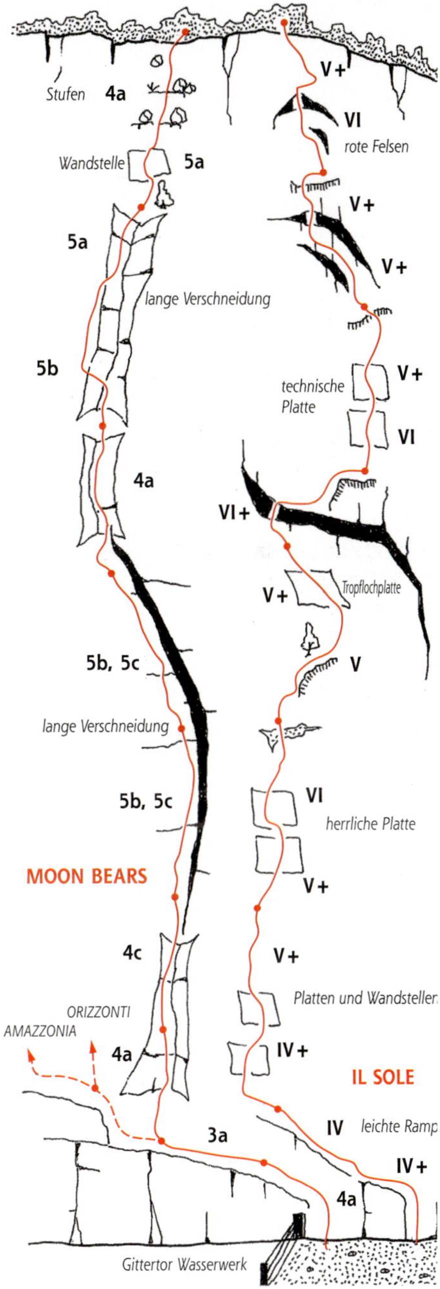

43 LA SCUOLA PITAGORICA E HANS DULFER★★★★

H. Grill, F. Kluckner, F. Heiss, S. Königseder
2009
250 m. (8SL)
V+, VI+, 2 Stellen VII-/R2/II

Herrliche Kletterei über kompakte senkrechte Plattenfluchten. Der erste Teil ist etwas strukturierter, dann folgt eine elegante und direkte Linienführung mit anhaltend hohen Schwierigkeiten. Die Absicherung mit Bohr- und Normalhaken und Sanduhrschlingen ist gut, bei einigen wenigen Passagen sind die Abstände auch etwas weiter. Kleine und mittlere Friends sind hilfreich. Die vorletzte Seillänge ist absolut fantastisch: eine steile, graue und kompakte Platte mit vielen Löchern und kleinen Griffmöglichkeiten.

Einstieg: kurz vor dem Gittertor, Routenname angeschrieben.

44 DODICI ALBERI★★★

H. Grill, F. Kluckner, U. Van Groten, F. Heiss
2006
220 m. (6SL)
V+, VI+, 1 Stelle VII-/R3/I

Lohnende, abwechslungsreiche Route in perfektem Fels. In den ersten, im Allgemeinen plattigen Seillängen finden sich auch interessante Passagen wie zum Beispiel das athletische Dach der zweiten Seillänge oder der schwierige schmale Riss in der dritten. Der zweite Teil der Route verläuft über ein unglaublich schönes, senkrechtes und athletisches Riss- und Verschneidungssystem. Ein kompletter Satz Friends (inkl. kleine Größen) ist wegen der spärlichen Absicherung dringend anzuraten.

Einstieg: etwa 30 m vor dem Gittertor, Routenname angeschrieben.

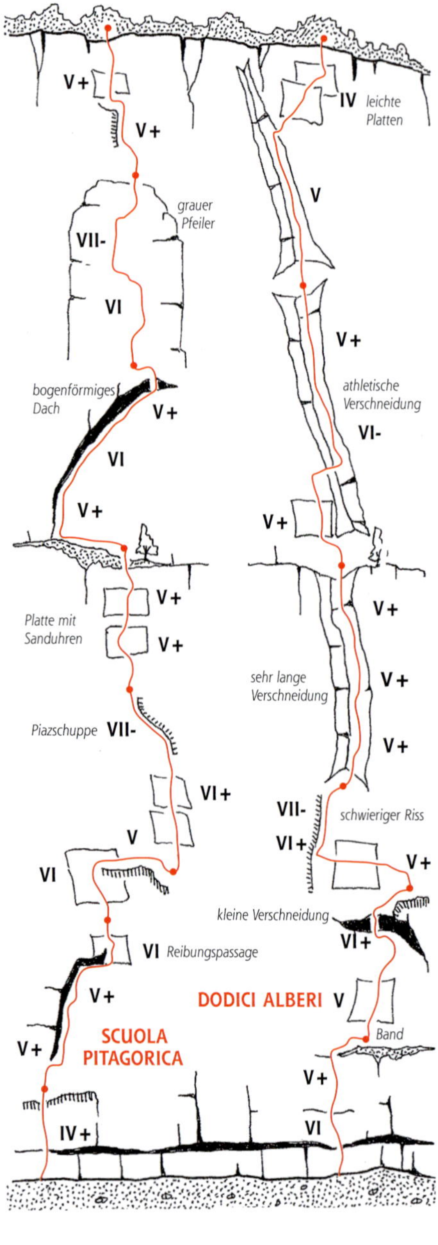

Claudia Farruggia, *Dodici alberi*, Piccolo Dain *(ph. sassbaloss.com)* →

Monte Casale

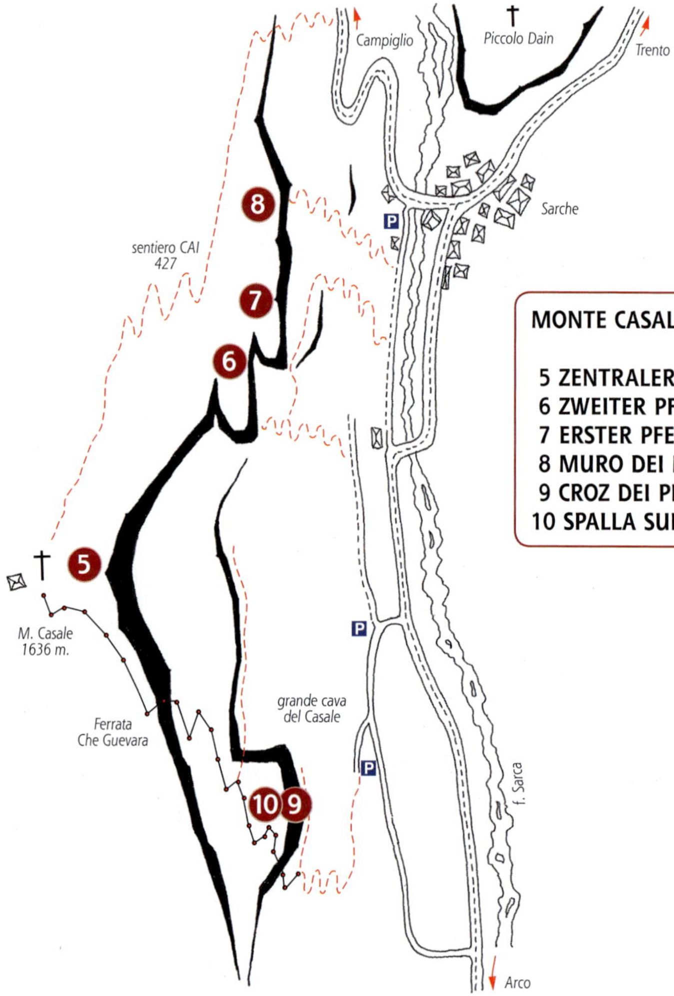

MONTE CASALE

- 5 ZENTRALER SEKTOR
- 6 ZWEITER PFEILER
- 7 ERSTER PFEILER
- 8 MURO DEI MERIDIANI
- 9 CROZ DEI PINI
- 10 SPALLA SUD

Die beeindruckendste Felswand des ganzen Sarcatals ist sicherlich die Ostwand des Monte Casale, die mit ca. 1500 Metern in die Höhe ragt. Die langen Routen in diesem riesigen Amphitheater sind nicht immer die angenehmsten, aber ihre historische und alpinistische Bedeutung ist immens. Die besten Linien führen über die senkrechten Pfeiler beidseits der hohen Wand. Hier verlaufen viele klassische und moderne Wege, die oft wiederholt werden.

Luca Galbiati, *Via del Missile*, Monte Casale *(ph. sassbaloss.com)* →

5 Zentraler Sektor

Monte Casale

1.00 h

2.30 h

1600 m.

O

Die Wand sieht aus wie eine senkrecht stehende riesige Schüssel, im Innern derer senkrechte Pfeiler, beeindruckende Überhänge und tiefe Schluchten die einzigen Orientierungspunkte darstellen, wenn man sich je darin verirren sollte. Die kaum wiederholten Routen in dieser Wand sind lang und komplex und bleiben Kletterern mit großer alpiner Erfahrung, Orientierungssinn und Ausdauer vorbehalten. Haken und Begehungsspuren sind meist bloßes Wunschdenken, denn die Linienführung der Routen folgt keiner zwingenden Logik.

Es ist fast unmöglich, die Routen genauer zu beschreiben, denn die Erstbegeher haben kaum dokumentiert, wie die Routen verlaufen und existierende Berichte sind verwirrend und wenig hilfreich. Darüber hinaus finden sich auch in älteren Führern kaum Übereinstimmungen der Linienführungen. Die 'Via Friederichen Miori' ist zum Beispiel die erste in dieser Wand eröffnete Route, ein Jahr später wurde sie von Detassis und Gefährten wiederholt. Später erkannte man, dass sie aber eine neue Route eröffnet hatten. Auch ein Solokletterer aus dem Trentino, F. Gadotti, war mit einem neuen Weg erfolgreich: Hier entdeckte man später, dass er in großen Zügen der Route von Detassis gefolgt war. Bis heute ist nicht ganz geklärt, worin nun eigentlich der Unterschied bei diesen beiden und der Route von Gadotti liegt. Vielleicht ist es auch ganz einfach: alle folgen mehr oder weniger der gleichen Linie. Später eröffneten weitere Seilschaften neue Routen in dieser Wand (z. B. 'via Fiore di melo' oder 'via Steinkotter Comper'), aber genau besehen verlaufen auch hier viele Passagen gemeinsam mit schon bestehenden Wegen.
Kurzum: die Wand ist einfach riesig, die Routen sind über 1400 m lang, die Schwierigkeiten sind eher gemäßigt, besondere Orientierungspunkte gibt es selten, auch zwingende Passagen findet man nicht oft und Begehungsspuren eigentlich gar keine... deshalb konnte so viel Verwirrung über die Routen in dieser Wand erst entstehen.

Zugang

Von Sarche in Richtung Arco und beim ersten Straßenschild "Pietramurata" rechts ab, gleich darauf folgt man an einer Abzweigung den Wegweisern "Via Ferrata" und "Sentiero Croz dei Pini". Parkmöglichkeiten gibt es am Gittertor des großen Steinbruchs (an Sonn-und Feiertagen kein Problem, an Werktagen die Zufahrt nicht behindern!). Jetzt folgt man dem Weg zum Klettersteig, beim Felsblock mit der Aufschrift "quota 550" quert man nach rechts zum Fuß der großen Felswand.

Abstieg

Von den Ausstiegen der Routen durch den Wald in Richtung Piccolo Dain und bis zum Wanderweg, der zurück ins Tal führt.

1 CHOBIN	**200 m.**
2 IPERCASALE	**1200 m.**
3 TRANSCASALE	**350 m.**
4 TRANSYLVANIA	**1200 m.**
5 DIRETTISSIMA VIA FOLLIA	**1400 m.**
6 FRIEDERICHEN-MIORI	**1400 m.**
7 DEPAOLI-D'ACCORDI	**1600 m.**
8 VIA DEL GRAN DIEDRO	**1400 m.**
9 VIA GADOTTI	**1400 m.**
10 FIORE DI MELO	**1400 m.**
11 STEINKOTTER COMPER	**1400 m.**
12 PILASTRO GOBBO	**900 m.**

14
7a
7
12
4
3
6
8
2
1
5
7

1 CHOBIN★★★★

S. Bazzanella, D. Filippi 1995

200 m. (7SL)

6b (6a+ obl.)/S2/II

Schöne Sportkletterroute über die festen Platten im mittleren Bereich des Wandsockels. Die weiße Wand in der 3. SL ist etwas schlecht abgesichert, darüber gibt es einige grasige Passagen. Abstieg durch Abseilen über die Route.

Zustieg: vom Parkplatz Richtung Klettersteig und beim Steinblock mit der Aufschrift „quota 550" rechtshaltend in Richtung eines kleinen Wäldchens am Wandfuß. Der Einstieg ist links am Waldrand bei einem am Vorbau angelehnten kleinen Pfeiler.

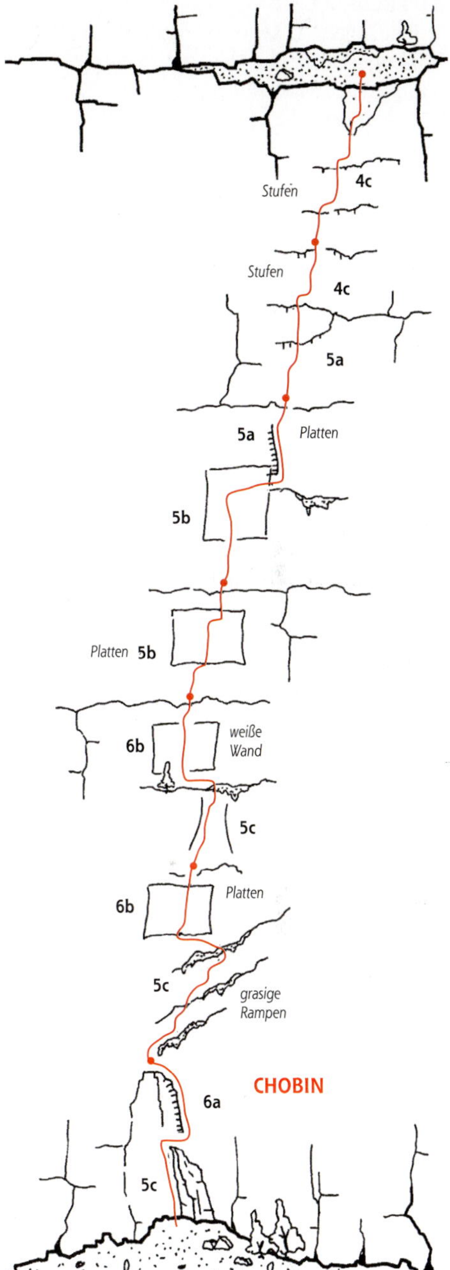

2 IPERCASALE ★★★

A. Toni Zanetti, F. Sartori, G. Bonvecchio 2010
1200 m. (28SL)
V+, VI, VII, Stellen A0/RS3/V

Grandiose Linie durch den zentralen Bereich der riesigen Wandflucht des Monte Casale. Obwohl die Route komplett mit Bohrhaken abgesichert ist und die klettertechnischen Schwierigkeiten nicht allzu hoch sind, sollte sie nicht unterschätzt werden. Es gibt immer wieder brüchige Passagen, die Routenlänge spricht ebenfalls für sich und zudem erfordern die anhaltenden Schwierigkeiten viel Ausdauer.

Der Aufstieg kann in drei Abschnitte unterteilt werden: Die ersten 10 Seillängen führen meist über geneigte Platten mit solidem, grauen Gestein. Im mittleren Teil führt die Route über den Zambaldi-Pfeiler und ist deutlich senkrechter und athletischer. Nach dem Pfeiler beginnt der anspruchsvolle Schlussteil mit alpinem Touch, die Umgebung wirkt majestätischer, die Felsqualität lässt nach und gleichzeitig macht sich hier dann die Müdigkeit bemerkbar. Wiederholer benötigen einen Satz Friends.

Einstieg: etwa in Mitte des Wandsockels, bei einem Pfeiler mit einer Verschneidung auf seiner rechten Seite.

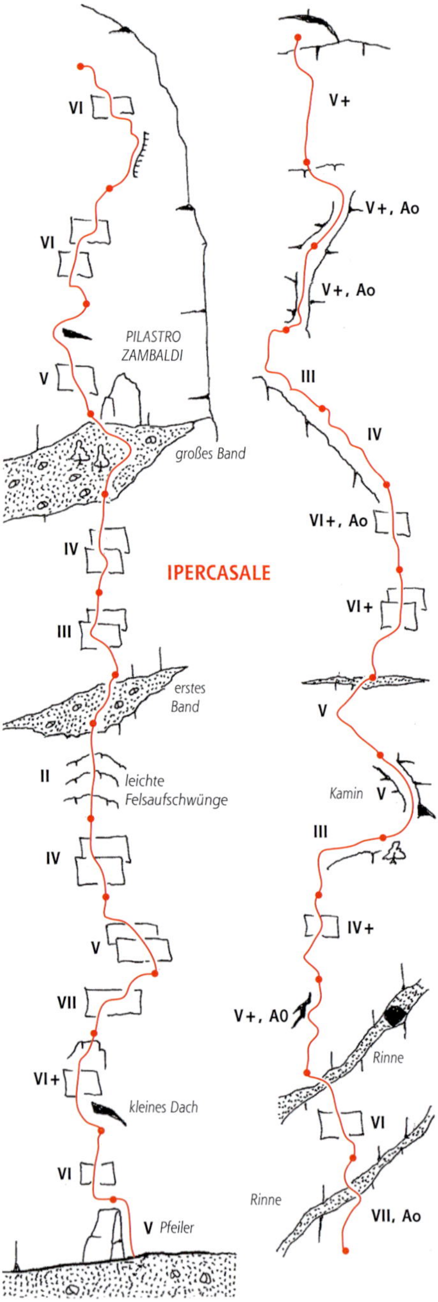

Der Weg ist das Ziel

Roly Galvagni

Es ist schwierig, ein langes Leben mit vielen Kletteraktivitäten in kurze Worte zu fassen.

Jede Route bedeutete für mich stets ein kleines Abenteuer, war wie ein Spiel, gleichsam auch eine gedankliche Rückkehr in meine Kindheit. Zusammen mit meinem Freund Diego hatte ich einen ganzen Klettergarten eingerichtet, was ich nie vergessen werde: Il giardino delle fragole, den wir in Erinnerung an einen Film von Ingmar Bergman so benannten (deutscher Titel: Wilde Erdbeeren, A.d.Ü.).

Diego, Florian, Luca, Massimo, Mateo, Michael.... Ich fand mit ihnen glücklicherweise Seilpartner, die beim Klettern ähnlich wie ich dachten und fühlten. Zusammen verbrachten wir meist sorglose, unbekümmerte Stunden, ja Tage, beim Erschließen von Routen. Aber immer wieder mussten wir auch unsere Grenzen erkennen, manchmal nahmen wir dies mit viel Ironie hin, oft endete es aber auch in fast tragikomischen Situationen.

Vor mehr als zwölf Jahren kletterte ich zum ersten Mal mit Diego. An einem milden Dezembertag stiegen wir, zusammen mit Sabrina, in die Tyskiewicz an der Rupe Secca ein. Am Gipfel kam ich auf die brillante Idee, über die Wand abzuseilen: "Ist schon ok, das hab ich schon ein paar Mal gemacht...". Ich weiß nicht mehr genau, was mich dabei geritten hat: Vielleicht wollte ich vor meinen Freunden den allwissenden Local spielen und sie zum Staunen bringen....Irgendwie ist das mir letztlich durchaus gelungen, doch leider nicht so, wie ich eigentlich wollte! Denn nach ein paar Stunden mit Abseilen an teils heiklen Abseilstellen und einigen schwierigen Pendelquergängen, waren wir bei Einbruch der Dunkelheit noch immer damit beschäftigt, den allerletzten Abseilstand zu finden, einzurichten und die Seile zu entwirren, die sich beim Abziehen ziemlich verwickelt hatten.

Auch erinnere ich mich an die Eröffnung der Route Transcasale, bei der mir in einer sehr schwierigen Passage plötzlich eine Natter wohl von einem Band weiter oben auf den Fuß fiel - ein lauter, lächerlicher Schrei ließ meine Seilpartner Diego und Matteo fast zur Salzsäule erstarren...

Genauso an einen Nachmittag, den ich damit zubrachte, die eine Woche zuvor am Einstieg von Mariposa versteckten Bohrhaken wiederzufinden (was mir im Übrigen nicht gelang!).

Oder an die Situation, als Michael und ich einen Stuhl zu einem Standplatz von Delta di Venere schleppten. Den Jägern, die uns dabei über den Weg liefen, sagten wir, dass wir diesen Stuhl beim Aufstieg zum Ausruhen bräuchten...

Vor Jahren hatte sich Diego in eine Englischlehrerin aus Denver verliebt. In dieser Zeit schlug ich ihm vor, doch mal nach Presles (Frankreich) zum Klettern zu fahren. Wir könnten im Auto schlafen oder im Zelt oder auch im Rifugio meines Bekannten Ezio. Aber Diego wollte davon nichts wissen, wir seien doch nicht mehr die Jüngsten, das Auto zu klein, das Zelt zu kalt, das Lager zu hart und deshalb würde das nur Rückenschmerzen bringen. Bald schon kam aber die für mich ernüchternde Wahrheit heraus: Er war kurz davor, einen Flug in die Staaten zu buchen und wollte natürlich fit für seine neue Liebe in Denver eintreffen. Sein Traum wurde aber leider nicht Wirklichkeit und um ihn aus seinem moralischen Tief herauszubringen, erschlossen wir zusammen mit Matteo die Linie Te la do io il Colorado (im übertragenen Sinne: "Ich schenke dir jetzt Colorado") an der Coste dell'Anglone. Und zwischen einem kleinen Geröllhagel auf seinen Rücken und dem Hochziehen des 20 kg schweren Haulbags gelang es auch Diego, seinen "Verlust" zu verschmerzen.

Mit viel Glück und etwas Können ist es uns gelungen, einige schöne und lohnende Routen im Sarcatal einzurichten. Vor allem im Sektor Cima alle Coste haben wir unzählige Klettertage verbracht und ich glaube, dass Casino Royale dort unsere wohl bezauberndste Linie ist: wegen ihrer Länge, der Art der Kletterei und der vielen schönen, abwechslungsreichen und nie ganz einfachen Seillängen.

Wie schon eingangs angedeutet, haben Klettern und Kindheit für mich etwas Gemeinsames: Wie mit Legosteinen kann ich mit meinen Routen etwas Eigenes bauen, errichten und verwirklichen, einen eigenen Weg gehen, mich ausdrücken, ohne auf Anderes oder Andere Rücksicht nehmen zu müssen.

Manchmal führen unsere Wege nicht auf einen wirklichen Gipfel, aber eines können wir immer aus unserer kleinen, persönlichen Erfahrung lernen: Der Weg ist das Ziel!

3 TRANSCASALE ★★★

R. Galvagni, D. Filippi, M. Paoletto 2007
350 m. (9SL)
V+, VI+/S3/III

Interessante Route durch den riesigen Wandsockel am Monte Casale. Auch wenn in der ganzen Route Bohrhaken stecken, ist sie als alpin einzustufen: es gibt einige brüchige Passagen und die Hakenabstände sind manchmal ganz schön weit. Meist herrscht Reibungskletterei in geneigten Platten vor, der eine oder andere Riss und einige Verschneidungen schaffen aber auch etwas Abwechslung. Wiederholer benötigen ausschließlich Expresssets sowie ein bisschen Erfahrung mit brüchigem Gelände; man sollte sich aber immer vor Augen halten, dass die Tour durch eine hohe alpine Felswand führt.

Einstieg: etwa in Mitte des Wandsockels, Routenname angeschrieben.

Abstieg: Abseilen über die Route, manchmal etwas schwierig.

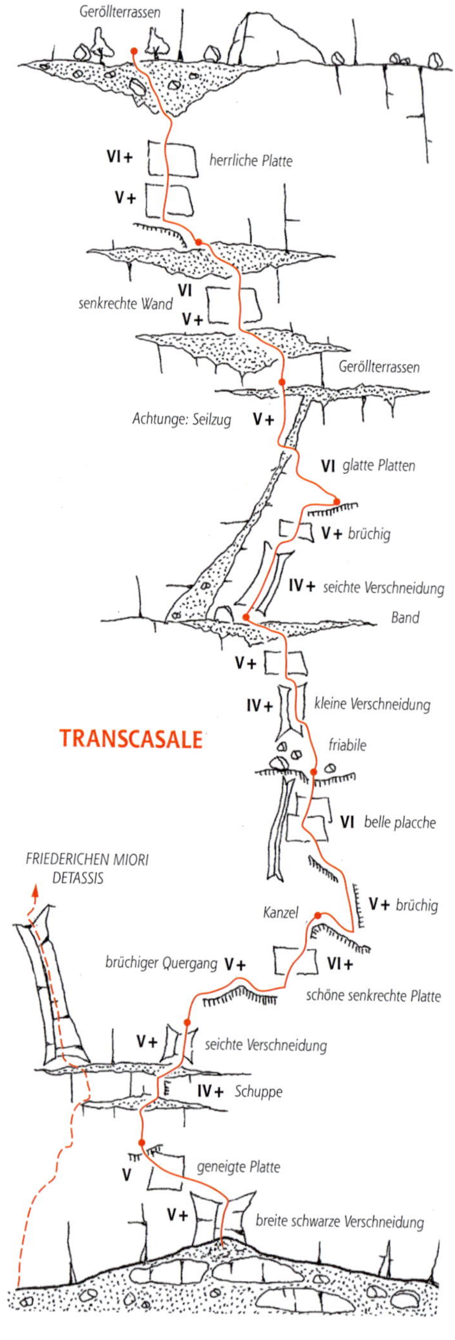

4 TRANSYLVANIA★★★★★

F. Ularu, S. Waldhausen 2007
1100 m. (22SL)
VI+, VII (VII obl.)/S4/IV

Herrliche Sportkletterroute, sicherlich die schönste und interessanteste am Monte Casale und wahrscheinlich im ganzen Sarcatal. Der hohe Einsatz wird sicherlich mit einer großer Zufriedenheit belohnt werden. Das Ambiente ist majestätisch und gleichzeitig ernst, das Risiko von Steinschlägen ist nicht zu unterschätzen. Trotz der Absicherung mit Bohrhaken ist dies definitiv eine alpine Route, bei einigen sehr brüchigen Passagen ist viel Vorsicht angebracht. Aspiranten sollten sich physisch gut vorbereiten, denn die Länge der Route (über 1000 Meter), der lange Zu- und Abstieg fordern einiges. Die Schwierigkeiten selbst halten sich in Grenzen, aber ohne ein gute Psyche ist hier bei den manchmal sehr weiten Hakenabständen nichts zu holen. Vor allem in den Passagen, in denen, keinerlei mobile Sicherungsmittel verwendet werden können. Wiederholer benötigen 10 Expressschlingen, einen Satz Friends, ein Felshammer und ein paar schmale Felshaken können hilfreich sein. Obligatorisch ist ein 60-Meter-Doppelseil, denn alle Seillängen sind 55-60 Meter lang.

Einstieg: am Einstieg der "Transcasale" (rot angeschrieben) auf dem ausgesetzten Band noch ca. 40 m nach rechts weiter bis zu einem Steinmännchen und einem Bohrhaken.

Abstieg: in nördlicher Richtung eben oder leicht absteigend durch den Wald und bis zum Wanderweg, auf diesem dann noch ca. 2 Std. bis nach Sarche.

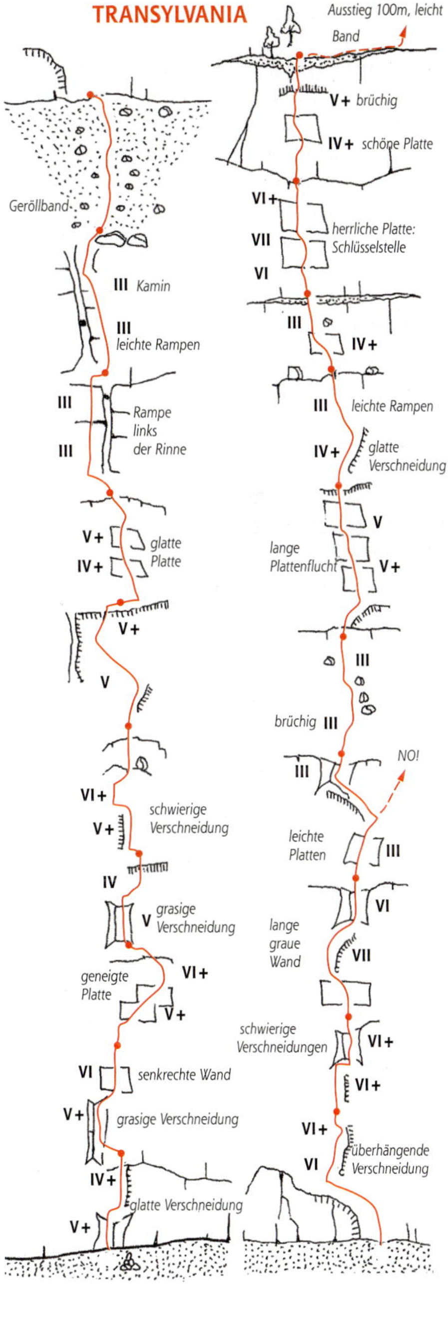

5 DIRETTISSIMA VIA FOLLIA★
G. Stenghel, F. Sartori, F. Nicolini, G. Gerola 1983
1400 m.
V+, VI/R4/V
Die schwierige bis extreme Route, die bislang wegen des brüchigen Gesteins nicht wiederholt wurde, ist Grace Kelly gewidmet. Sie führt im mittleren Bereich durch die gesamte Ostwand des Casale. Nur richtige Abenteurer sollten sich hieran versuchen, denn sie ist sicherlich die verrückteste Route im ganzen Tal, die so einfach nicht wiederholt werden wird. Vom Klettersteig aus hat man weit oben einen kleinen Einblick in die Schlüsselseillängen, die die überhängenden Bereiche durch die roten Verschneidungen überwinden. Ein Blick genügt, um jeden Gedanken an eine Wiederholung sofort sein zu lassen.

6 FRIEDERICHEN-MIORI★★
M. Friederichen, F. Miori 1933
1400 m.
IV+, V/R3/IV
Dieser Weg hat eine große historische Bedeutung, denn er war nicht nur die erste alpine Route in dieser Wand, sondern auch im ganzen Sarcatal. Trientiner Alpinisten erkannten daraufhin die Bedeutung dieser Wände und begannen mit ihrer Erforschung. Als erste Route in dieser Wand folgt die 'Friederichen- Miori' sicherlich der leichtesten kletterbaren Linie.
Einstieg: im zentralen Bereich des Wandsockels ist eine markanten grauen Verschneidung deutlich sichtbar. Etwa 50 Meter rechts der Falllinie dieser Verschneidung steigt man in die Wand ein, eine Rissverschneidung führt dann zu einem bequemen Band, auf dem man linkshaltend die graue Verschneidung erreicht.

7 DEPAOLI-D'ACCORDI★★
G. Depaoli, C. D'Accordi 1975
1600 m
IV+, V/R3/IV
Auch diese Route verläuft im interessantesten Bereich des Casale, aber durch dessen „schwächste" Zone und deshalb auch oft brüchiges Gelände. Wie bei den vorhergehenden Routen ist auch hier eine Absicherung kaum vorhanden und der Weg lang. Eine richtige Abenteurerroute.
Zustieg: bis zum Fuß des großen, vom Wasser ausgewaschenen Streifens in der Wandmitte. Einstieg links des Streifens bei einer breiten Verschneidung.

7a VARIANTE BORTOLAMEDI-VANZO
R. Bortolamedi, C. Colpo, M. Furlani, C. Vanzo 1978
300 m.
V+, VI/R3/IV
Sehr logische Variante. Nachdem man auf der 'Depaoli-Daccordi' die große Terrasse erreicht hat, steigt man rechtshaltend aus der Wand über einen tiefen und brüchigen Kamin aus.

8 VIA DEL GRAN DIEDRO★
B. Detassis, M. Stenico, R. Costazza 1935
1400 m.
V+, VI/R3/IV
Aus historischer und alpinistischer Sicht ein sehr bedeutender Weg durch diese Wand, der im oberenTeil in weiten Zügen der "Via Friederichen-Miori" folgt. Haken sind kaum vorhanden und der Fels ist teilweise brüchig. Alpine Entdeckerroute, die richtigen Abenteurern vorbehalten bleiben sollte.
Zustieg: Deutlich ist eine ausgeprägte Verschneidung im mittleren Bereich des Wandfußes erkennbar. Der Einstieg liegt ca. 50 m rechts der Falllinie dieser Verschneidung. Eine Rissverschneidung führt auf ein bequemes Band, das wiederum linkshaltend zu der o.a. Verschneidung führt.

9 VIA GADOTTI★
F. Gadotti in solitaria 1974
1400 m.
V+, VI/R3/IV
Im ersten Kletterführer über das Sarcatal, herausgegeben von der Sektion Arco, steht folgender Bericht: „Fälschlicherweise wurde die Erstbegehung der großen Verschneidung bisher dem starken Kletterer F. Gadotti aus dem

Trentino zugeschrieben. Diesem gelang im Jahre 1974 eine Solobegehung dieser Linie in Rekordzeit und mit einem einzigen Haken. Niemand kann seine Leistung schmälern, auch wenn ihm die Seilschaft Detasis-Stenico-Costazza ohne sein Wissen zuvorgekommen war. Erst vor kurzem wurde mittels eines Fotos bewiesen, dass Gadotti genau dieselbe Route kletterte wie Detassis und Gefährten 39 Jahre zuvor." Ich persönlich bezweifle, dass Gadotti nichts davon wusste, das bedeutet, dass er entweder eine Solobegehung machen oder doch einen eigenständigen Weg finden wollte. Niemand kann genau sagen, welchen Verlauf die Route von Gadotti hatte. Ich glaube deshalb, dass es richtig ist, seine Route als eigenständige Linie zu betrachten.

10 FIORE DI MELO★★★

G. Azzoni, V. Amigoni, A. Zanchi, S. Della Longa 1980
1400 m.
V+, VI/R3/IV

Der lange Weg führt durch den Mittelteil der Casale-Wand. Eine genaue Routenbeschreibung ist praktisch unmöglich. Riesige Plattenwände geben auf viele Seillängen hin nur grob die Richtung vor. Im allgemeinen ist die Felsqualität meist überall gut, Haken findet man fast keine. Wie die vorhergehenden Routen sehr alpin, nur etwas für Entdecker und Abenteurer und vielleicht zusammen mit der 'Via Steinkotter-Comper' die einzige Route in dieser riesigen Wand, deren Wiederholung lohnt.

Zustieg: wie bei 'Gran Diedro' ist deutlich eine ausgeprägte Verschneidung im mittleren Bereich des Wandfußes erkennbar. Der Einstieg liegt ca. 50 m rechts einer gedachten senkrechten Linie unterhalb dieser Verschneidung. Eine Rissverschneidung führt auf ein bequemes Band, das wiederum linkshaltend zu der o.a. Verschneidung führt.

11 STEINKOTTER-COMPER★★

H. Steinkotter, R. Comper 1970
1400 m.
V+, VI/R3/IV

Langer und schwieriger Aufstieg, der fast wie 'Fiore di melo' verläuft, diese Route auch immer wieder kreuzt und auch beinahe diesselben Charakteristika aufweist. Eine exakte Wiederholung der Route erscheint mir unmöglich, da der Verlauf über die riesigen Platten nicht zwingend vorgegeben ist und auch kaum Haken stecken. Beide Wege verlaufen aber über den interessantesten mittleren Wandbereich und bieten alles für Abenteurer.

Zustieg: vom Einstieg von 'Gran Diedro' und 'Fior di melo' rechtsquerend einige hundert Meter zu leichten Bändern, die zu einer deutlich sichtbaren Nische führen.

12 PILASTRO GOBBO★★

G. Groaz, P. Baldo, R. Bassi, F. Stedile 1981
900 m.
IV+, V/R3/IV

Eine graue, „buckelige" Kante begrenzt die tiefe Schlucht, die wiederum den zentralen Wandbereich des Casale vom „Zweiten Pfeiler" trennt. Die ausgesprochen alpine Route verläuft auf dieser scheinbar attraktiven Kante, wurde aber kaum oder gar nicht wiederholt. Das Gestein ist durchschnittlich, Haken findet man kaum. Die Schlusslängen mit Passagen durch steinschlaggefährdete Rinnen sind sehr gefährlich und brüchig. Wer seine alpine Erfahrung auskosten will, abenteuerlustig ist, gerne Haken setzt und sich in hohen Wänden wohl fühlt, ist hier am richtigen Platz.

Zustieg: wie bei 'Steinkotter-Comper'

6 Zweiter Pfeiler

Monte Casale

1.00 h

2.00 h

700 m.

O

Wunderschöner senkrechter und schlanker Pfeiler, der von der übrigen Wand durch eine tiefe dunkle Schlucht getrennt wird. Eine weite und breite, rinnenartige Verschneidung trennt diesen Pfeiler von seinem kleineren „Bruder", dem Primo Pilastro. Durch die breite, 700 m hohe Ostwand verlaufen mehrere schwierige und sehr anstrengende Routen.

Zugang

Von Sarche in Richtung Arco und beim ersten Wegweiser "Pietramurata" rechts ab, gleich darauf parkt man bei der ersten Kurve bei den Hinweisschildern "Via Ferrata" bzw. "Sentiero Croz dei Pini". Man folgt dann zu Fuß der aufsteigenden Straße, die in den Wald führt. Etwa 500 m weiter, nach einem flachen Bereich, erreicht man eine Wegverbreiterung. Hier beginnt ein mit gut sichtbaren, roten Punkten markierter Pfad, der über Geröllfelder und Lichtungen direkt zum Fuß des zweiten Pfeilers führt. Die Einstiege der Routen "Alba Chiara" und "Cristina" liegen ganz in der Nähe.

Abstieg

Vom Ausstieg der Routen durch den Wald in Richtung Piccolo Dain und bis zum Wanderweg, der zurück ins Tal führt.

13 VEDOVELLA	**700 m.**
14 MANI DI FATA	**300 m.**
15 VIAGGIO NEL PASSATO	**700 m.**
16 ALBA CHIARA	**700 m.**
17 SPIRITO LIBERO	**700 m.**
18 SUPERGRAFITE	**700 m.**
19 LE PLACCHE DI UGAND	**700 m.**

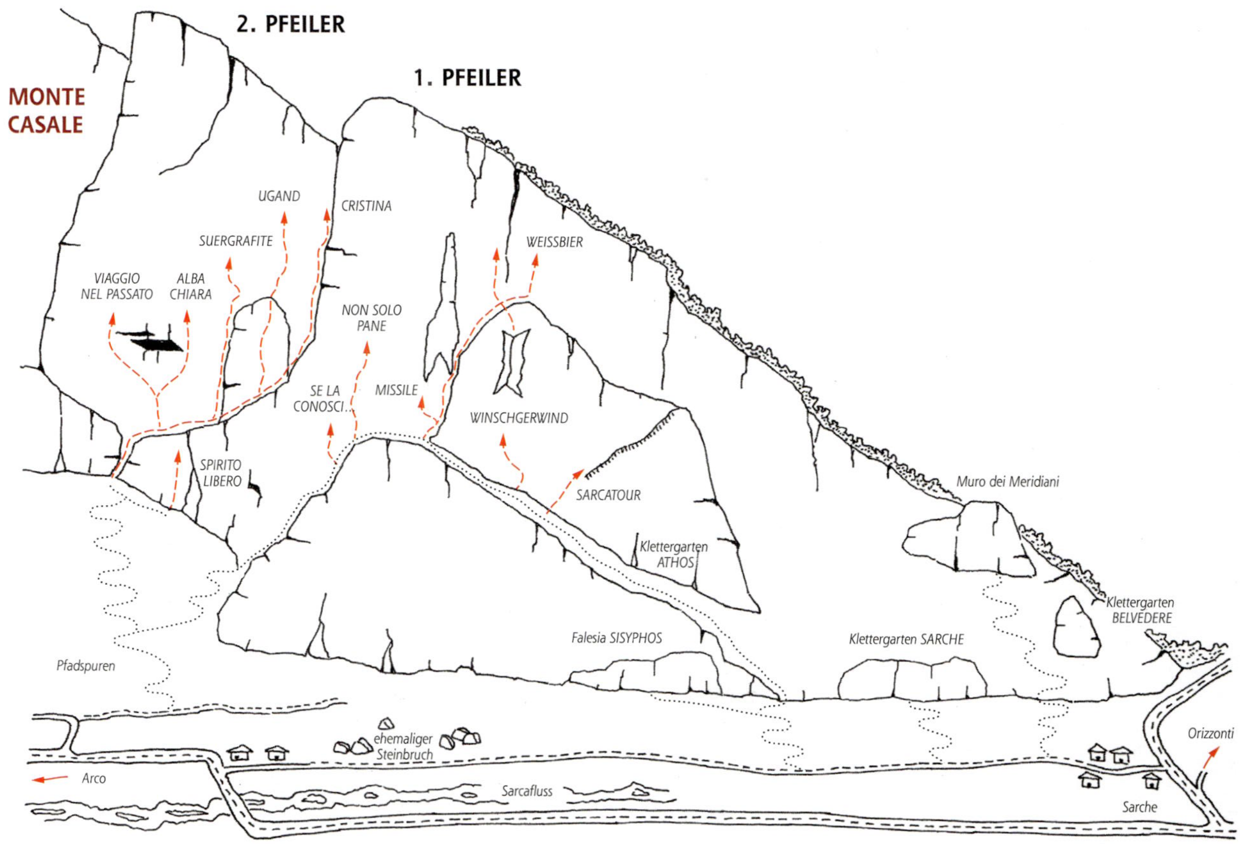
MONTE
CASALE
2. PFEILER
1. PFEILER
UGAND
CRISTINA
SUERGRAFITE
WEISSBIER
VIAGGIO
NEL PASSATO
ALBA
CHIARA
NON SOLO
PANE
SE LA
CONOSCI...
MISSILE
WINSCHGERWIND
SPIRITO
LIBERO
SARCATOUR
Klettergarten
ATHOS
Muro dei Meridiani
Klettergarten
BELVEDERE
Falesia SISYPHOS
Klettergarten SARCHE
Pfadspuren
ehemaliger
Steinbruch
Orizzonti
Arco
Sarcafluss
Sarche

13 VIA VEDOVELLA ★★★

M. Rossi, F. Gadotti 1976

700 m. (23SL)

V+, VI/R3/IV

Lange und schwierige Kletterei mit Passagen in unglaublich brüchigem Gestein. Die erste Route, die auf dem Pfeiler eröffnet wurde.

SL1: Wie bei den Routen 'Steinkotter-Comper' und 'Pilastro Gobbo' Einstieg über leichte Bänder auf geneigten Platten und zuerst linkshaltend einige und rechtshaltend wenige Seillängen aufwärts bis zu einer tiefen und ausgeprägten Nische.

SL2: Über eine brüchige Rampe rechtshaltend bis zu einer schwarzen Kaminverschneidung

SL3: Über den Kamin und kleine Schluchten erreicht man eine große Geröllterrasse. Hier führt die 'Via Pilastro Gobbo' direkt senkrecht weiter.

SL4: Von der Terrasse rechtsquerend über die brüchige Schlucht und über eine kleine Verschneidung auf einen Rücken. Jetzt hat man die Kante des Secondo Pilastro erreicht.

SL5: Von der Kante in Richtung einiger Kamine, die den darüber liegenden Wandbereich teilen. Durch diese sehr brüchigen Kamine und an deren Ende linksquerend wieder in Richtung der Kante.

SL6: Über grasbewachsene und brüchige Platten bis zum Ausstieg.

Einstieg: wie bei der Route 'Steinkotter-Comper'.

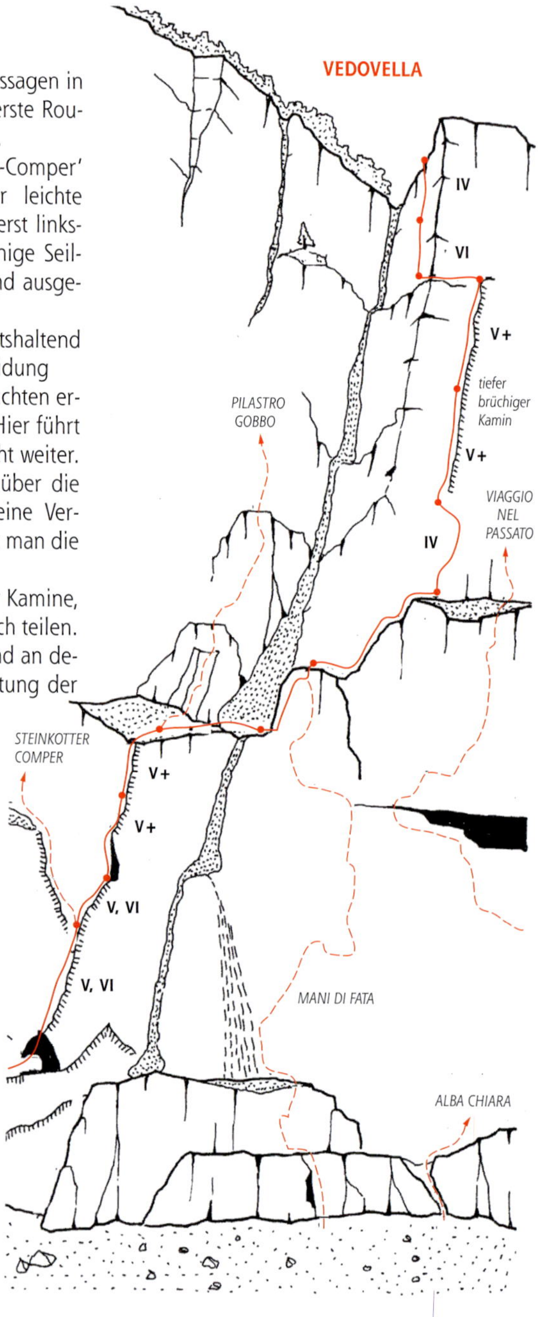

13
16
19
15
18
14a
20
14
17

14 MANI DI FATA ★★★★

D. Filippi, S. Bazzanella 1997
300 m. (12SL)
6b+, A0 (5c obl.)/S2/II

Schöne Sportkletterroute, die leider wegen möglichen Steinschlags auf den ersten Seillängen etwas gefährlich ist (Helm). Meist Plattenkletterei in festem Gestein. Eine gewisse alpine Erfahrung ist erforderlich, um auf den Schuttbändern und beim Abseilen zurecht zu kommen.

Einstieg: etwas links von 'Cristina' und 'Alba Chiara' auf einer von einer Verschneidung geteilten Platte (schwarze Bohrhaken).

Abstieg: Abseilen über die Route.

14a VARIANTE DEGLI ELFI

D. Filippi, S. Bazzanella 1997
150 m.
V+, VI/R3

Nach der Einstiegsrinne von 'Cristina', 'Alba Chiara' usw. schräg linkshaltend über Platten und senkrechte Wandstellen bis zum großen Schuttband und der Route 'Mani di Fata'.

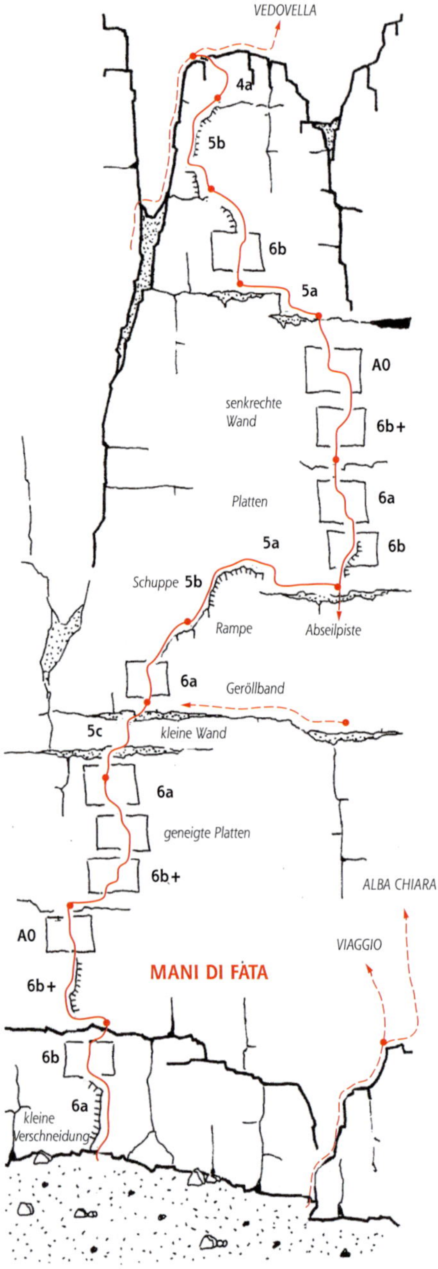

15 VIAGGIO NEL PASSATO ★★★★

R. Larcher, D. Sebastiani 1988
700 m (18SL)
VI+, VII/R3/IV

Die Route ist Andrea Schernia gewidmet, einem jungen Kletterer aus dem Trentino, der am 1. Juni 1986 bei der Rückkehr von der Cima Tosa tödlich verunglückte. Einige Passagen im Grad VI+ bis VII sind schwer abzusichern, deshalb gehört diese Route zu den schwierigeren im Sarcatal. Charakteristisch ist die ca. 70 m lange Verschneidung im mittleren bis oberen Bereich der Wand. Klemmkeile und Friends in allen Größen sind unerlässlich, die Standplätze müssen meistens zusätzlich abgesichert werden. Die Route würde mehr Begehungen verdienen, aber die wenigen Haken scheinen viele Kletterer von dieser Route fernzuhalten. Mit wenigen Ausnahmen klettert man aber in festem Gestein.

SL1: Wie bei 'Alba Chaura' durch die Verschneidung/Rinne

SL2-SL3: Vom Band in Richtung des gut sichtbaren Streifens auf der linken Seite, der unterhalb der Überhänge endet. Stand an einem Baum.

SL4: Über die heikle Wand (1 Haken) oberhalb des Standes, aus der Rinne/dem Riss heraus und linksquerend über grasbewachsene Platten zum Stand.

SL5: Direkt aufwärts über eine Platte links der Verschneidung, nach ca. 20 Metern in die Verschneidung und bis zu einem guten Haken. Ab hier schwierig nach links querend bis zum Stand.

SL6: Direkt hoch in Richtung eines Hakens, um die Kante herum und mit einer langen Linksquerung zum Stand über den Dächern (40m).

SL7: Über nicht gerade guten Fels gerade hoch, mit Hilfe einer überstehenden senkrechten Schuppe über das kleine Dach und auf der Platte sehr exponiert weiter. Nach dem zweiten Haken 10 Meter nach rechts queren und hoch zum Stand. Diese Seillänge ist sehr anstrengend, wegen des kompakten Gesteins kaum abgesichert und ähnelt sehr den besten Seillängen in der Marmolada.

SL8: In einer Verschneidung weiter und dann

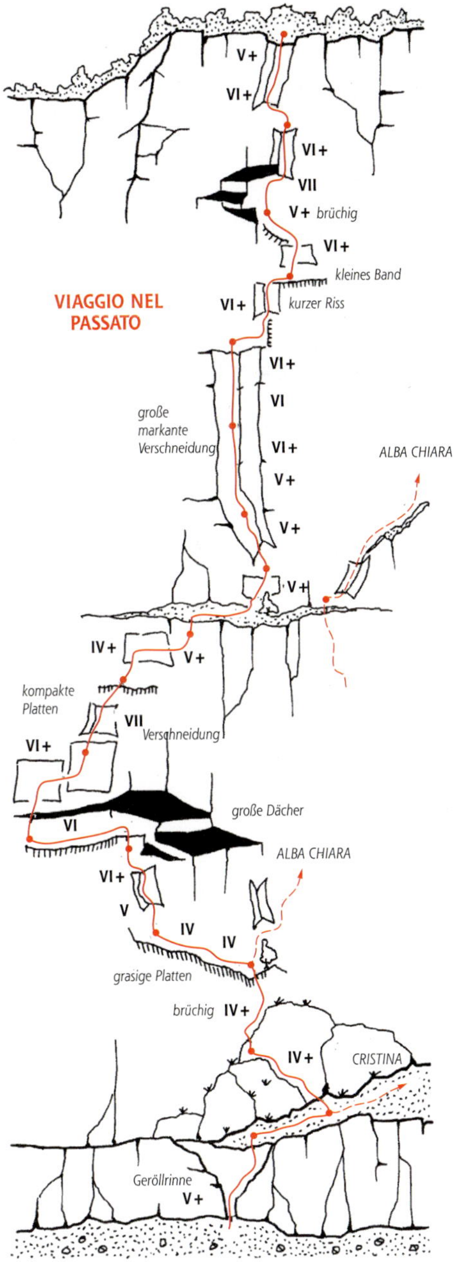

ganz leicht rechtshaltend über eine leichte Platte bis zum Stand.
SL9: Über etwas brüchigen Fels gerade hoch bis zu einem Ringhaken, weiter zum nächsten Haken und über eine heikle Stelle in kompaktem Fels. 10 Meter nach rechts queren und weiter in Richtung des großen Bands aufsteigen. Stand knapp unterhalb des Bandes.
SL10: Auf dem Band ganz nach rechts bis zu einem Baum, hier schräg rechtshaltend in Richtung der großen Verschneidung, zuerst in einer Rinne, dann über unterbrochene Platten, hoch.
SL11: Verschneidungskletterei bis zum Stand
SL12-13: Jetzt folgen zwei anstrengende SL in der fantastischen, überhängenden Verschneidung, die schon vom Tal aus gut zu sehen ist. In fast durchwegs athletischer Piazkletterei überwindet man diese SL, zur Absicherung werden Friends gebraucht.
SL14: Vom Stand 5 Meter nach rechts queren und über einen kurzen Riss hoch, dann über eine Verschneidung weiter bis zu einem kleinen Band und rechts zum Stand.
SL15: Rechts von einer Grasrinne gerade hoch. Dann schräg nach links queren und gerade hoch über etwas brüchigen Fels in Richtung eines breiten Risses, rechts von kleinen Dächern. Etwas darüber ist der Stand.
SL16: Direkt bis unterhalb des Daches, rechts daran vorbei und auf der Kante bis zu einem Riss in einer Platte. Im Riss hoch und in einer kurzen Verschneidung weiter bis zum Stand.
SL17: Vom Stand auf die linke Kante und weiter hoch bis zu einem Haken, dann in die Schlussverschneidung und zum Ausstieg.
Zustieg: wie bei 'Alba e Chiara' zum Beginn der gelben Verschneidung, dann über eine graue Platte nach links.

16 VIA ALBA CHIARA★★★★

M. Furlani, V. Chini, M. Degasperi, R. Mazzalai
1981
700 m. (22SL)
VI+, A1/R3/IV

Grandioser, klassischer Weg, der die senkrechte Ostwand des Zweiten Pfeilers (Secondo Pilastro) genau in der Mitte überwindet. Platten, Risse und Verschneidungen: alles ist hier zu finden, aber die schlechte Felsqualität erfordert besondere Vorsicht und Erfahrung. Alle Seillängen sind zusätzlich selbst abzusichern.

Einstieg: eine Reihe gelber Dächer über einer großen schwarzen Plattenwand kennzeichnet den „Secondo Pilastro" im seinem unteren Wandbereich. In Falllinie der Dächer steigt man bei einem grauen Streifen, der zum großen Schuttband führt, ein (Vorsicht bei einer schwierigen Passage im Einstiegsbereich). Auf dem Band ca. 50 m rechts weiter und dann in Richtung einer großen gelben Verschneidung unterhalb der Überhänge.

Anmerkung: im Jahr 2012 durchstiegen F. Heiss und F. Kluckner die Route mehrmals, verbesserten die Absicherung und richteten die Standplätze mit Bohrhaken ein. Die Route ist dadurch deutlich sicherer und empfehlenswerter, bleibt aber dennoch ein ernsthaftes Unternehmen.

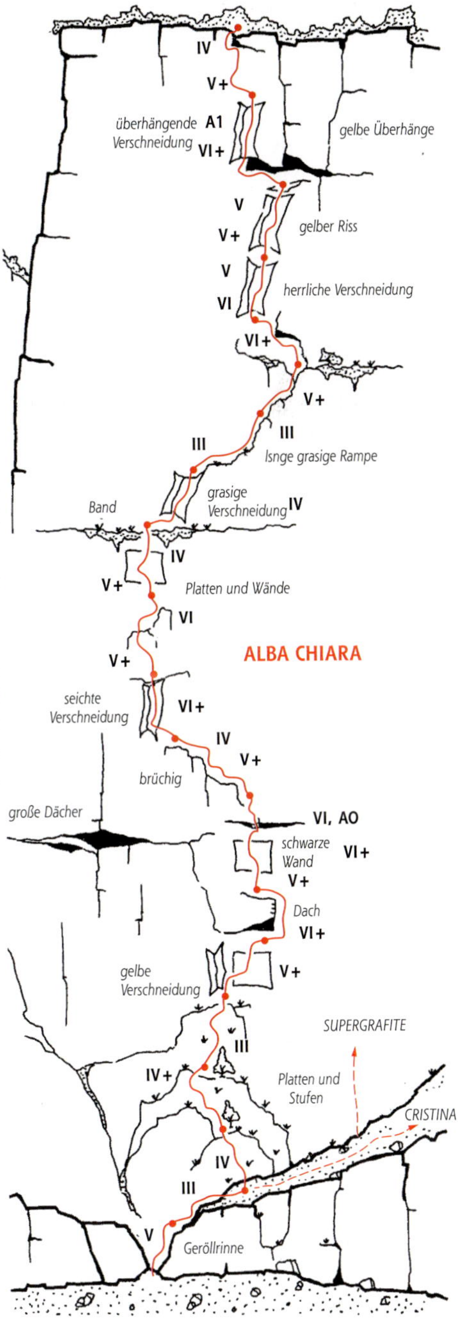

17 SPIRITO LIBERO★★★★★

C. Dalbosco, S. Matassoni e amici 2006
700 m. (17SL)
7b, 7c+, A3 (7b obl.)/S3/IV

Alpin angehauchte, mit Bohrhaken abgesicherte Sportkletterroute, die von unten eingebohrt wurde. Wunderbare Kletterei, die jedoch physisch und psychisch alles fordert. Leicht geneigte, glatte Platten wechseln ab mit senkrechten Wänden, mit Leisten und Rissen durchzogen. Auch einige kleine Überhänge fehlen nicht. Wegen der weiten Hakenabstände sollte man einige Felshaken dabei haben. In der Ausstiegslänge ist ein Friend mittlerer Größe von Nutzen, aber ansonsten sind Keile und Friends nicht gerade zur Absicherung zu gebrauchen: eine schöne Herausforderung! Aber wenigstens kann über die Route abgeseilt werden (Beschreibung der Erstbegeher).

18 SUPERGRAFITE★★★

M. Pegoretti, E. Covi
700 m. (20SL)
VI+, A1/R3/IV

Die extreme Route ist ein weiterer Meilenstein der Seilschaft Pegoretti-Covi. Sie führt in freier Kletterei über die großen, grauen Plattenfluchten rechts von 'Alba Chiara' und 'Viaggio nel passato'. Die Absicherung und auch die Felsqualität sind nicht gerade gut.

Zustieg: über den gleichen Streifen wie bei 'Alba Chiara' und 'Viaggio nel passato' zum großen Schuttband, dann rechts bis unterhalb der grasigen Verschneidung, die eine schildförmige Plattenwand auf der linken Seite abgrenzt.

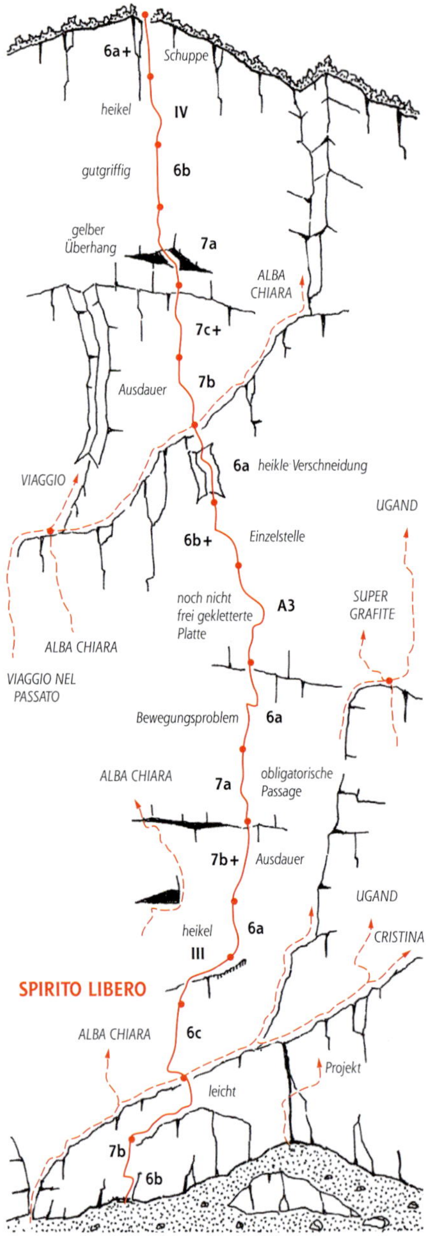

19 LE PLACCHE DI UGAND★★★★

A. Zanetti, U. Elfer 1993
700 m. (18SL)
VII, A2/R2/III

Schöner und schwieriger Weg über eine lange Reihe von Platten. Auch wenn die Absicherung und die Gesteinsqualität (bis auf die letzten Seillängen) gut sind, so sollte diese Route doch nicht unterschätzt werden.

Zustieg: wie bei den anderen Routen auf das Schuttband und weiter bis unterhalb der schildförmigen Platten.

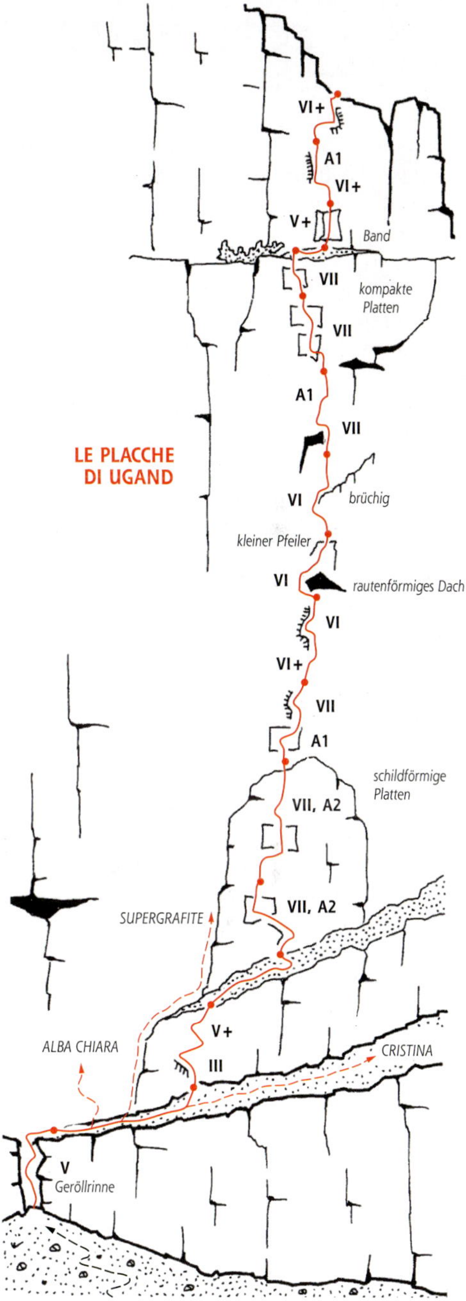

7 Erster Pfeiler

Monte Casale

1.00 h

2.00 h

450 m.

O

Ein Hauptpfeiler („Pilastro Cristina") und eine hohe senkrechte Wand („Pilastro Giusti") sind formgebend für den Primo Pilastro del Casale. Auf dem Pilastro Giusti verlaufen auch die schönsten und interessantesten Routen, allesamt in gutem Gestein und sehr abwechslungsreich. Die 'Via del Missile' gehört sicherlich zu den besten Routen im Sarcatal. Auf dem eigentlichen Pilastro Cristina gibt es hingegen nur wenige Routen. Von den hier oft brüchigen Routen ist eigentlich nur die 'Via Cristina' empfehlenswert.

Zugang

Es gibt zwei Möglichkeiten: Zu den Routen am Pilastro Cristina (Via Cristina bis Via Se la Conosci la Eviti) benutzt man am besten den gleichen Weg wie zum Secondo Pilastro del Casale (s. Zugang dort) und quert dann oben zum Wandfuß des Primo Pilastro (Erster Pfeiler). Zum Pilastro Giusti (Via Non solo Pane bis Via Gonniti) fährt man besser erst einmal in Richtung Madonna di Campiglio, biegt gleich nach der Sarcabrücke links ab und parkt hier. Man folgt dann der langen Straße (vorbei an Häusern und durch Felder) bis zu einem ehemaligen Steinbruch. Kurz davor beginnt ein gut sichtbarer, rot markierter Pfad, der zum Klettergarten Sisiphos führt. Diesen lässt man links liegen und steigt steil weiter hoch (Fixseile) zum Klettergarten Athos. Steigspuren führen danach weiter hoch und bis zum Fuß des Pilastro Giusti.

Abstieg

Vom Ausstieg der Routen durch den Wald in Richtung Piccolo Dain und bis zum Wanderweg, der zurück ins Tal führt.

20 VIA CRISTINA	**400 m.**
21 UGO MERZ	**450 m.**
22 POLENTA E CAVALETE	**400 m.**
23 SE LA CONOSCI LA EVITI	**400 m.**
24 NON SOLO PANE	**400 m.**
25 GIUMA	**400 m.**
26 VIA DEL TRICE	**350 m.**
27 VIA DEL MISSILE	**400 m.**
28 WEISSBIER	**400 m.**
29 VINSCHGERWIND	**350 m.**
30 SARCATOUR	**350 m.**
31 NAPPULE	**180 m.**
32 GORMITI	**440 m.**

A
20
21
B
C
22
23

Via del Missile

Giuliano Stenghel

Wenn es mir gelingt, eine lange alpine Route frei zu klettern, fühle ich mich fast so, als könnte ich die Welt beherrschen. Alles, was tief in mir steckt, kann ich am besten bei einer Neutour zum Ausdruck bringen. Eine neue Linie zu erschließen bedeutet mir viel mehr, als eine Route zu wiederholen: Ein neuer Aufstieg ist vielleicht vergleichbar mit dem, was ein Bildhauer mit einer Statue oder ein Maler mit einem Bild erschaffen. Ich bezeichne meinen Stil des Alpinismus gerne als Kunst: Die Kunst, dem Leben zu begegnen und mein Leben zu führen, zu verstehen; Meter für Meter zu entdecken; meine Ideen, meine Prinzipien, meine Werte zu äußern. Die Kunst, einem Traum eine Form zu geben oder kurzum: Die Kunst, meinem Herzen und meinen Gefühlen zu folgen.

"Ich weiß, wie schwer deine Routen sind. Und du hast sie alle quasi so nebenbei eröffnet. Ich finde es gut, wenn du die neue Linie Massimo, der vor kurzem verstorben ist, widmest. Das spornt auch mich an, deshalb würde ich dich sogar auf den Mond begleiten!" Diese Worte meines Seilpartners Alessandro begleiten mich, während ich immer wieder den Pendelquergang versuche, um auf die kleine Terrasse zu kommen, wo ich den Standplatz einrichten kann. Es ist ein sonniger Spätherbsttag, die Luft herrlich klar, vom wolkenlosen Himmel strahlt eine noch wärmende Sonne. Als wir beide endlich am Stand angelangt sind, frage ich: "Was tun wir?" Und etwas besorgter: "Es ist schon spät, wir haben nur ein T-Shirt an, ein Sweatshirt um den Bauch gewickelt, nichts zu Essen und erst recht nichts zu Trinken dabei. Eine Biwaknacht wäre unmöglich." Ich blicke nach oben und meine: "Mir scheint das aber machbar".

"Wenn wir weitermachen, müssen wir den Gipfel erreichen", gibt mir mein Seilpartner Alessandro zu verstehen.

Ich schließe meine Augen und meine Gedanken irren umher. Ich denke über meinen Stil nach; immer am Limit, mit Enthusiasmus auch schwierigste Prüfungen annehmen. Hier bin ich nun, fasziniert von der Kletterei, und ohne vorher einen Gedanken an die Linie verschwendet zu haben. Unbekanntes wartet auf uns, einziges Ziel scheint es, den Gipfel des 'Missile', eines Pfeilers, der aussieht wie eine Rakete, zu erreichen.

Mein Leben in den Bergen ist von Extremen gezeichnet, immer auf der Suche nach Abenteuern. Diese Geisteshaltung treibt mich um, auch oft vergessene Gipfel ohne wohlklingende Namen ziehen mich an.

Und deshalb blicke ich auf die vor uns liegende Wand, überlege, ob ein Aufstieg noch bei Tageslicht möglich ist. Meine Stimme klingt etwas unsicher: "OK, probieren wir es!"

Die Wand bleibt auch weiter oben sehr steil, die Schwierigkeiten werden nicht geringer, die Ausgesetztheit beeindruckt unser Gemüt und beflügelt unsere Kletterei. Trotzdem zeige ich mich nicht besorgt, steige sogar entschlossen und schnell weiter. In einer schwierigen Passage setze ich ein paar Haken, Seillänge um Seillänge geht es voran. Meine Uhr sagt: Es ist schon spät. Am Morgen noch schien genügend Zeit zu sein, jetzt verfliegt sie. Ich muss eine Lösung finden, wir müssen so schnell wie möglich weiter; die Sonne geht schon langsam unter. Auf die Gipfel strahlt ein letztes Licht, unsere Wand liegt schon im Schatten, einige senkrechte Wandstellen liegen noch vor uns, bevor wir den Gipfel erreichen werden.

"Ich habe mich glaub ich etwas verschätzt", sage ich zu meinem Seilpartner, und, vielleicht rechtfertigend, füge ich hinzu: "Um die Routenlinien kümmere ich mich nie so genau, ich klettere eher impulsiv, lasse mich oft von meinem Instinkt leiten."

"Ich hab schon verstanden, du willst mir sagen, dass wir in der Sch... stecken?"

"Hm, ...ich weiß nicht...", gebe ich etwas durcheinander zurück. Alessandro schaut mich ziemlich erregt an: "Wenn wir hier nicht weiterkommen, dann..."

"Werden wir erfrieren!?"

Eigentlich gelang es uns bisher immer, einen

gewissen Enthusiasmus zu behalten, aber dieses Mal macht uns die Situation einen Strich durch die Rechnung. Wir sind müde und merken auch fast schmerzhaft, dass wir nichts zu essen dabei haben.

"Du bist ein bisschen... nee, du bist echt verrückt", antwortet Alessandro mit einem gequälten Lächeln.

Glücklicherweise reflektiert das helle Gestein noch etwas vom Abendlicht, das macht Mut und ich klettere so schnell es geht weiter. Es ist wie ein Lauf gegen die Zeit, die zumindest heute viel zu schnell vergeht. Meine Hände und Füße fliegen über den Fels, mein Herz rast, meine Lungen bersten fast. Es ist, als säße ich in einer Falle. Eine neue, noch nie dagewesene Herausforderung für mich, die Ausgesetztheit ist beeindruckend!

Am Stand auf einer bequemen Terrasse versuche ich, zu Atem zu kommen. Als auch Alessandro dort ankommt, liegt etwas Angst in seinem Blick. Wir schauen uns an, kein einziger Ton kommt über meine Lippen. Stille. Diese Konzentration nutze ich und klettere gleich weiter. Blicke, Worte, auch diese Stille sagen mir: Wir sind in keiner angenehmen Situation, müssen das hier so schnell wie irgend möglich beenden.

Der allerletzte Schimmer des Tageslichts verschwindet hinter den Bergen, im Tal sind die ersten Lichter der Häuser zu sehen. Es wird kühl und ganz still.

Entschlossen klettere ich den folgenden Riss, in der Dunkelheit macht sich die Müdigkeit noch mehr bemerkbar. Und trotz Kontaktlinsen scheine ich jetzt nicht mehr so gut zu sehen, taste mich mehr voran, als dass ich klettere, in dem Bewusstsein, dass nun im Dunkeln und mit der Müdigkeit vieles passieren könnte. Ich versuche einen Überhang, klettere wieder zurück, mein Herz schlägt bis zum Hals. Auf kleinsten Tritten stehend versuche ich immer wieder, einen Haken zu setzen. Es gelingt mir nicht. Meine Beine zittern vor Anstrengung, so stark, dass ich die Augen schließen muss. Relax! Ich lege meine Stirn an die Felswand, Zweifel zehren an meiner Moral, schlechte Gedanken gehen mir durch den Kopf.

Um uns herum ist nur Stille, ab und zu von Alessandros Stimme unterbrochen. "Auf geht's , Giuliano, du machst das schon!" Da er kein Seil ausgeben muss, spürt er intuitiv die Schwierigkeiten und die Gefahr.

Ich nehme mich zusammen, spreche zu mir selbst: "Tu was!"

Mit geschlossenen Augen gehe ich die nächsten Züge durch, konzentriere mich so gut wie möglich. Meine Hände finden den nächsten guten Griff. Ich kämpfe mit dem Fels, ziehe wie ein Verrückter und bin bald an der kritischen Stelle. Ich schnappe nach Luft und keuche vor Anstrengung. Trotz der nächtlichen Kühle laufen mir Schweißtropfen über Stirn und Rücken. Irgendwo halte ich mich krampfhaft fest, eine Umkehr ist unmöglich, ein Sturz wäre eine Katastrophe.

"In so vielen Jahren habe ich doch gelernt, auch in extremen Situationen Ruhe zu bewahren. Also muss ich das doch jetzt auch hinbekommen, so klettern, als wäre der Boden nur wenige Meter unter mir." Ich klemme, ich ziehe, ich mache mich so lang es geht, finde endlich einen guten Griff und klettere weiter. Ich fühle mich wie von einer mysteriösen Kraft nach oben gezogen.

Der 1. Pfeiler am Monte Casale ist jetzt bezwungen, viel Entschlossenheit, Mut und Leidenschaft waren nötig. Hoch über mir sind nur der Himmel, die ersten Sterne und ein fantastischer Mond: Ich bin auf dem Gipfel! Mein Seilpartner nimmt mir mit seiner starken Umarmung fast den Atem. "Müde warst du, Giuliano, hast dir diesen Überhang ganz alleine und ohne Absicherung erkämpft. Ich hab dich reden hören, vielleicht mit dir selbst oder auch mit dem Fels, und dann gespürt, wie sich die Seile bewegten, ganz, ganz langsam...".

Er spricht weiter: "Nach kurzer Zeit konnte ich die Seile wieder schneller ausgeben, plötzlich war Schluss und ich hörte deine beruhigende und aufrüttelnde Stimme: 'Ich bin oben, ich bin am Gipfel'. Erst dachte ich, die Felskanzel unter mir würde sich auflösen. Ich hing allein am Abgrund, plötzlich kam aber Zug auf's Seil und ich stieg hinterher."

Der Vollmond gibt uns in seinem diffusen Licht ein großartiges Gefühl von Frieden und Freiheit und die Dunkelheit ist nicht mehr gleichbedeutend mit Angst. Es bleibt uns nur eine kurze Rast auf dem Gipfel, wir haben noch einen langen Abstieg vor uns. Doch das macht nichts, wir sind glücklich. Ich muss mich nicht mehr abrackern, alles geben, in tiefster Dunkelheit, quasi den Tod vor Augen.

Die Sterne, der Mond, ein paar kleine Wolken sind zu sehen, und sogar einige Glühwürmchen schwirren umher. Schon bald werden wir ein kühles, durstlöschendes Bier und eine leckere Pizza mit pikanter Salami, Schinken und Mozzarella genießen.

20 VIA CRISTINA★★★★

M. Furlani, L. Puiatti 1980
400 m. (12SL)
V+, VI/R3/III

Verschneidungs- und Risskletterei in meist festem Gestein. Nur eine einzige brüchige Passage, die aber sehr gefährlich ist, findet sich in den ersten Seillängen. Die insgesamt schöne und empfehlenswerte Route ist ein weiteres gutes Beispiel für die klassische alpine Kletterei im Sarcatal.

Zustieg: senkrecht unterhalb der Dächer des Secondo Pilastro über die rinnenartige Verschneidung zum Schuttband, dann ganz nach rechts bis einem grasigen Kamin.

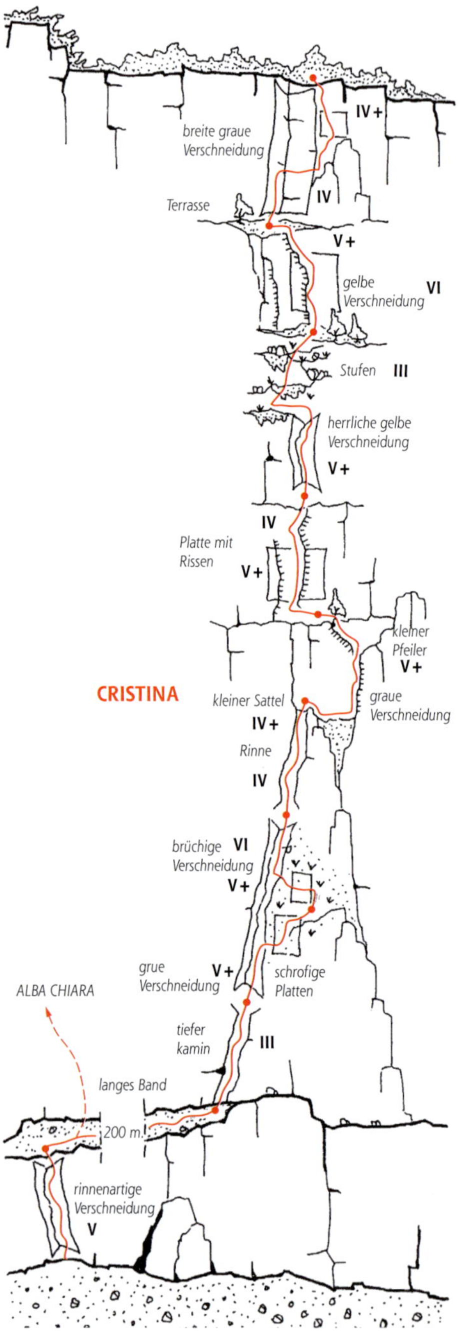

21 UGO MERZ ★★

R. Larcher, S. Ventura 1983
450 m. (15SL)
V+, VI/R3/III

Die Route ist Ugo Merz gewidmet, der in jungen Jahren in der Monzoni-Gruppe sein Leben ließ. Die direkteste Linie am Pilastro Cristina verläuft in klassischer Kletterei durch Verschneidungen, Kamine und Risse. Nachdem die Linie die 'Via Cristina' kreuzt, wird der Fels etwas brüchig, davor ist seine Qualität gut. Fast alle Standplätze befinden sich an Bäumen bzw. Büschen und nur wenige Haken wurden belassen. Wer sich hier „auf die Reise" begibt, wird die ursprünglichste Art der Kletterei im Sarcatal auf interessante Art und Weise kennen lernen.

Einstieg: in Falllinie des charakteristischen gelben Flecks, der durch eine Verschneidung geteilt wird. Eine Rampe führt rechtshaltend zur gelben Verschneidung, wo die eigentliche Route beginnt.

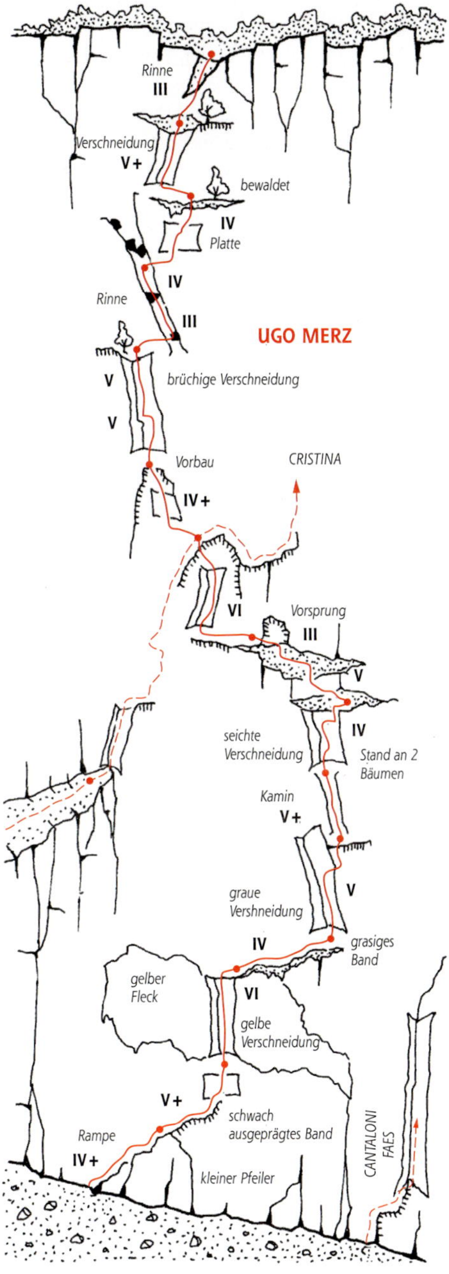

22 POLENTA E CAVALETE★★★

I. Feller, C. Masera 2010
400 m. (12SL)
6c, 7b (6c obl.)/S3/IV

Athletische Sportkletterroute, moralisch und physisch sehr anstrengend, mit schöner Linienführung über den linken Bereich des Giusti-Pfeilers. Der untere Teil führt über eine lange, charakteristische, rote Plattenflucht. Anhaltend schwierige Kletterei in bestem Fels mit relativ guter Absicherung mit Bohrhaken. Man benötigt 12 Expressschlingen sowie ein paar Friends mittlerer Größe.

Einstieg: am tiefsten Punkt des Pfeilers, ca. 100 m links der Route "Se la Conosci la Eviti", bei einem Baum. Kleines Schild am Einstieg.

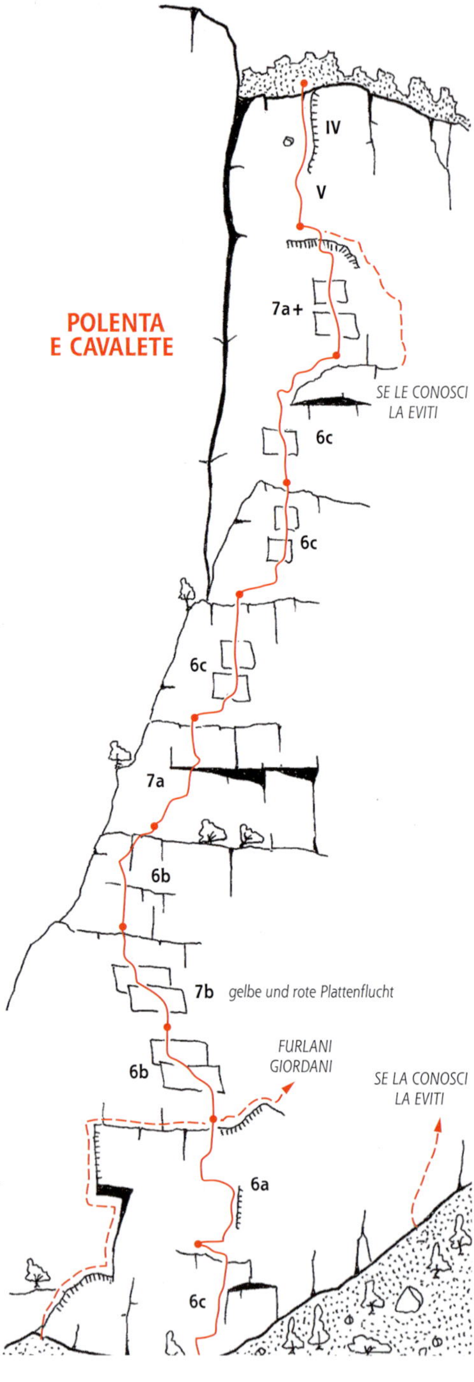

23 SE LA CONOSCI LA EVITI ★★★★

E. Boldrin, G. Damian, M. Peretto 1994
400 m. (16SL)
VI, A0/R2/III

Gut abgesicherte alpine Route in festem Gestein, die wegen der schönen Kletterpassagen zu den interessantesten im Tal gehört. Die traditionelle Absicherung ist ausreichend und gepflegt, dennoch sollten ein paar Haken mitgeführt werden... (Beschreibung S. Scalet).

Zustieg: auf dem bewaldeten Wandsockel über stufiges Gelände und Pfadspuren bis zum Einstieg, knapp unterhalb eines Felsaufschwunges im Wald.

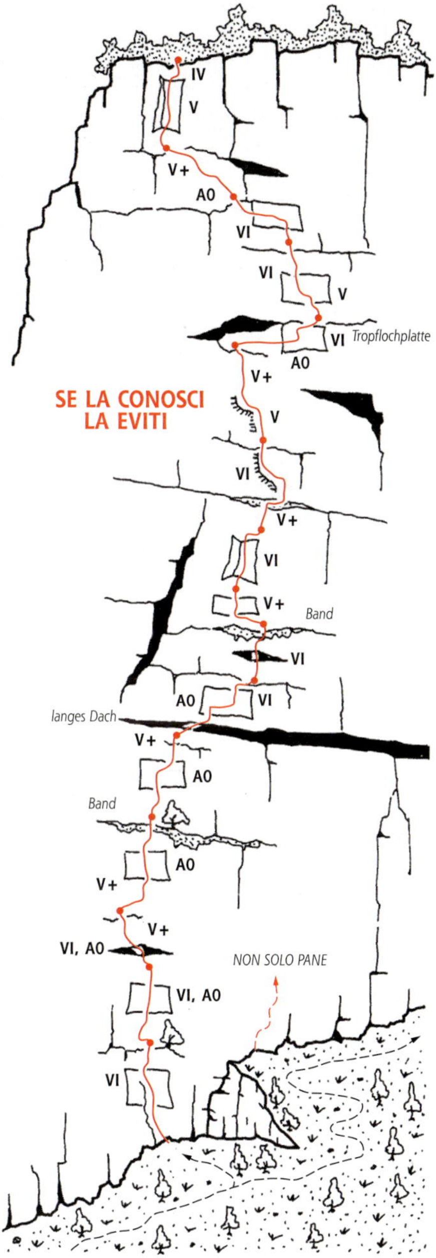

24 NON SOLO PANE ★★★★★

E. Boldrin, G. Damian 1992
400 m. (14SL)
VI+, A1/R2/III

Einer der schönsten Wege im Sarcatal: Der gute Fels, die perfekte Absicherung und die besonders elegante Kletterei lassen nichts zu wünschen übrig. In der 4. SL benötigt man zum Überwinden eines Daches eventuell zwei Trittleitern. Frei geklettert fordert das Dach die Beherrschung des Grades 7b+.

Zustieg: auf dem bewaldeten Wandsockel über stufiges Gelände und Pfadspuren bis in Falllinie des gelben und weit ausladenden Daches. Einstieg links davon über eine graue Platte und grasige Risse.

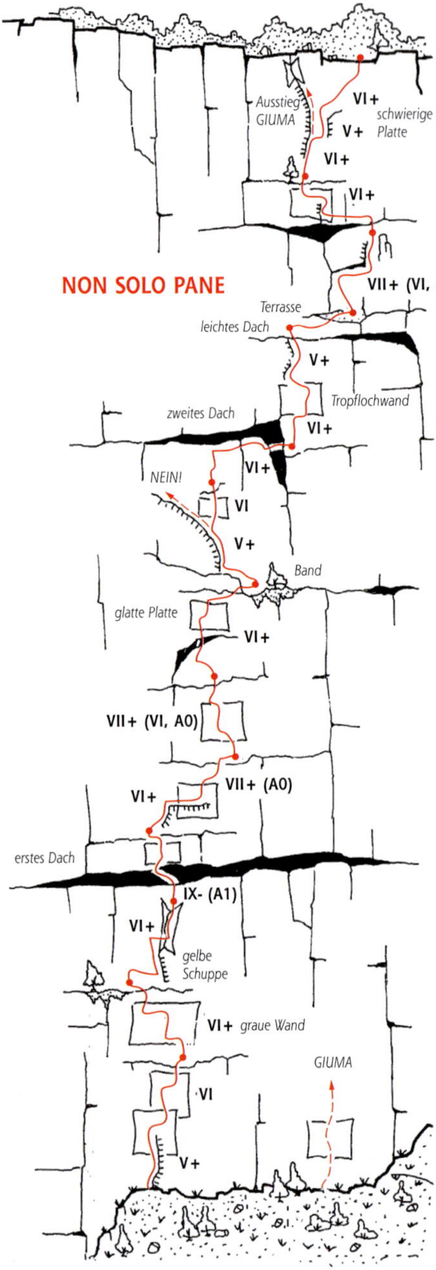

27
28
24
25
26
23

25 GIUMA ★★★★

A. Andreotti, F. Bertoni 1998
400 m. (11SL)
VII+, A1 eine Passage A2/R3/III

Insgesamt schöne, sehr athletische und anstrengende Route. Die Felsqualität ist sehr gut, aber die Absicherung ist wegen der alten, nicht mehr sehr vertrauenswürdigen Haken als schlecht zu bezeichnen. Eine komplette Sanierung wäre sehr wünschenswert.

Einstieg: etwa 20 m rechts von "Non solo Pane", in einer grauen Platte ist weiter oben ein geschlagener Haken zu sehen.

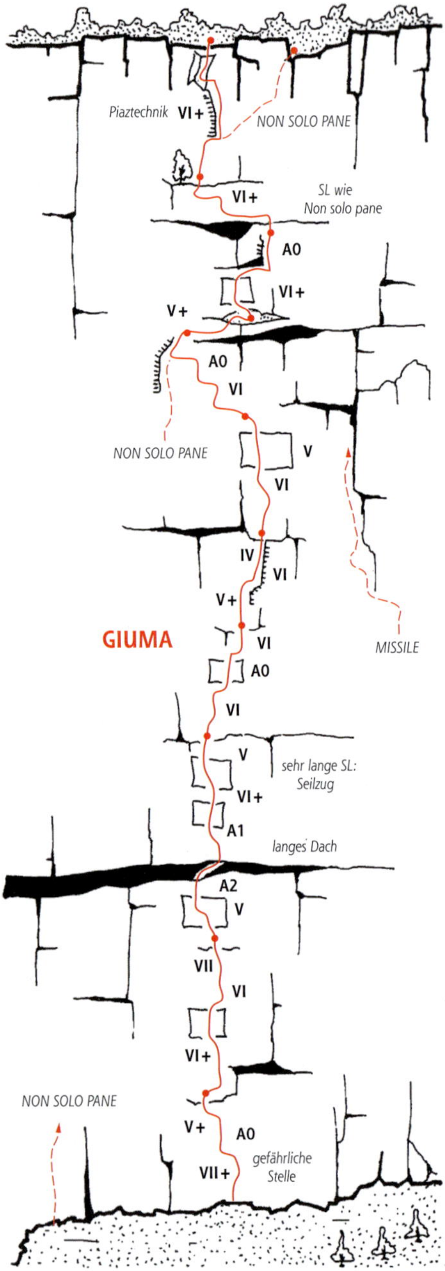

26 VIA DEL TRICE★★★

I. Feller, C. Masera 2010
350 m. (12SL)
6b, 7a (6b + obl.), Stellen A1/S2/III

Diese schwierige und anstrengende Linie ist zwar mit Bohrhaken abgesichert, dennoch weist sie einen sehr alpinen Charakter auf: Im ersten Teil ist der Fels ziemlich brüchig und einige schwierige Passagen lassen sich kaum absichern. Im zweiten Teil verbessert sich die Felsqualität deutlich und bietet deshalb lohnende bis herrliche Kletterei. Ein Satz Friends sollte auf alle Fälle mitgeführt werden. **Einstieg:** kleines Schild mit Routenname, etwas rechts der Via Giuma.

27 VIA DEL MISSILE★★★★★

G. Stenghel, A. Baldessarini 1981
400 m. (11SL)
V+, VI+, Stellen A0/R3/III

Ein Meisterwerk der Logik und Intuition. Bester Fels und beispielhafte Linienführung machen den Aufstieg spektakulär und äußerst genussvoll.

Zustieg: vom Einstieg von 'Non solo pane' und 'Giuma' noch etwas weiter rechts, auf der bewaldeten Rampe hoch, bis kleine Bänder zum ersten Kamin führen.

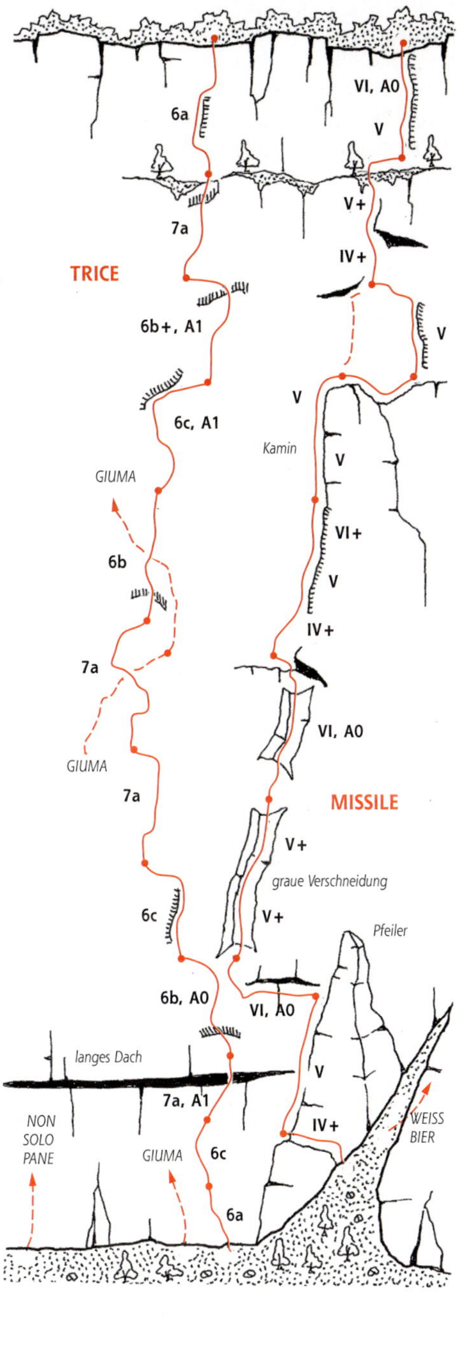

28 WEISSBIER★★

C. Baratto, D. Filippi 1994
400 m. (10SL)
V+, VI/R3/III

Route, die Entdeckerqualitäten fordert. In den ersten Seillängen in der Rinne stört die dichte Vegetation sehr, erst die Ausstiegslängen mit Platten und kurzen Verschneidungen sind schöner. Vorsicht: die erste SL ist brüchig und gefährlich.

Einstieg: wie 'Via del Missile', dann weiter durch die mit Bäumen bestandene Rinne.

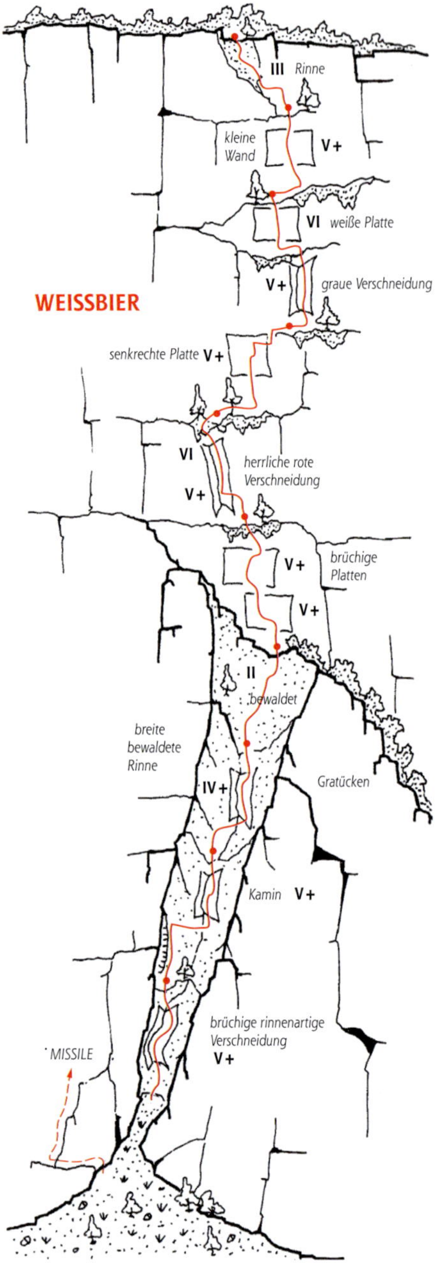

Luca Galbiati, *Via del Missile*, Monte Casale *(ph. sassbaloss.com)* →

29 VINSCHGERWIND★★★★

H. Schnitzer, M. Abler, W. Mairosl, M. Huber
2005
350 m. (14SL)
V, VI, VII+/R3/III

Schöner und schwieriger Weg, rechts der 'Via del Missile', mit logischer Linienführung entlang einer Verschneidung und dem folgenden großen Pfeiler. In der Route wurden geschlagene Haken und Bohrhaken zur insgesamt ausreichenden Absicherung der Risse, Platten und Verschneidungen verwendet. Zusätzlich können aber auch Keile und Friends gelegt werden. Die große Verschneidung im mittleren Teil ist nur schlecht absicherbar: hier ist deshalb etwas Vorsicht angebracht. Nur selten ist das Gestein etwas brüchig.

Zustieg: Kurz vor dem ehemaligen Steinbruch von Pietramurata beginnt ein gut sichtbarer, rot markierter Pfad, der zum Klettergarten Sisiphos führt. Diesen lässt man links liegen und steigt steil weiter hoch (Fixseile) zum Klettergarten Athos. Steigspuren führen danach weiter bergauf. Der Einstieg liegt in Falllinie eines markanten gelben Daches, eine rampenartige Verschneidung führt nach rechts oben.

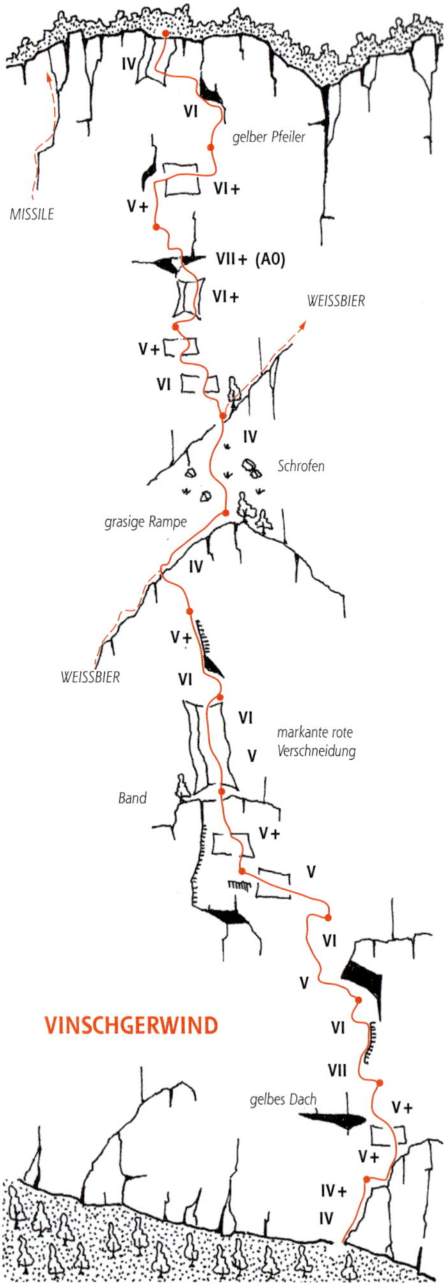

32
31
30
29
28
27

30 SARCATOUR★★★

R. Iacopelli, A. Zanetti, C. Gianola 1994
350 m. (12SL)
VI, A1/R3/III

Im Grunde genommen eine Entdeckerroute und eigentlich als klassisch zu bezeichnen, wenn nicht ab und zu moderne Sicherungsmethoden verwendet worden wären. Hier ist fast alles zu finden: freie und technische Kletterei, Bohrhaken und Holzkeile, kompakter Fels und grasige Rampen... kurzum, Langeweile kommt nicht auf. Die Linienführung ist ziemlich klar und folgt den schwachen Stellen der Wand. Der unbequeme Zustieg und der lange Abstieg sind nur das i-Tüpfelchen bei dieser schwierigen, wenn auch nicht gerade homogenen Unternehmung. Mehrere Seilschaften gleichzeitig wird es hier wohl nie geben (Beschreibung von F. Milani).

Zustieg: Kurz vor dem ehemaligen Steinbruch von Pietramurata beginnt ein gut sichtbarer, rot markierter Pfad, der zum Klettergarten Sisiphos führt. Diesen lässt man links liegen und steigt steil weiter hoch (Fixseile) zum Klettergarten Athos. An diesem vorbei und weiter hoch zu einem markanten grauen Vorbau der Wand. Der Einstieg beginnt bei einer nach rechts hoch führenden Rampe.

31 NAPPULE★★★★

D. Bonvecchio, R. Pedrotti 1999
180 m. (4SL)
7c+ (7b obl.)/S2/II

Herrliche und schwierige Kletterei, die viel Technik und Bewegungsgefühl erfordert. Alle Seillängen fordern wegen ihrer Länge viel Ausdauer, zudem sollte der obligatorische Grad beherrscht werden. Die Absicherung mit Bohrhaken ist gut, aber nicht exzessiv, auch die Felsqualität ist als gut zu bezeichnen. **Abstieg:** Abseilen über die Route.

Zustieg: Kurz vor dem ehemaligen Steinbruch von Pietramurata beginnt ein gut sichtbarer, rot markierter Pfad, der zum Klettergarten Sisiphos führt. Diesen lässt man links liegen und steigt steil weiter hoch (Fixseile) zum Klettergarten Athos. Der Einstieg zu dieser Route liegt etwa

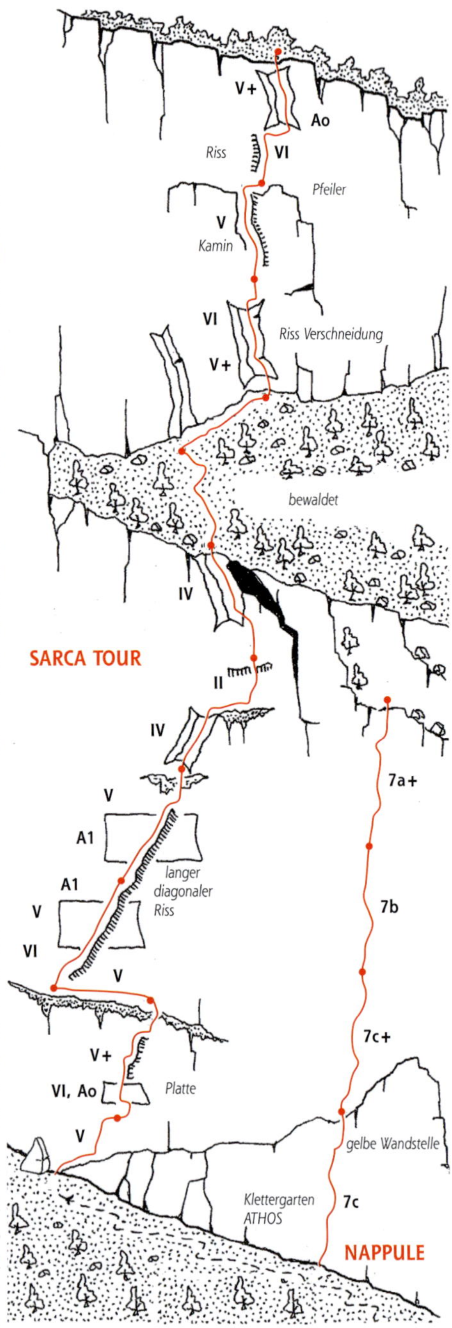

in Mitte des Klettergartens, bei einer schönen gelben Wand, zwischen den Routen "Ultimo Volo" und "Rancoroso" ("Nappule" ist die einzige Route, deren Name nicht angeschrieben ist).

32 GORMITI★★★

I. Feller, C. Masera 2009
440 m. (13SL)
6b, 7a (6b+ obl.)/S2/III

Die logische, lange und anstrengende Linie führt durch einen kaum besuchten, fast wilden Bereich der Wand. Abwechslungsreiche Kletterei mit Platten, Verschneidungen und Überhängen, Wiederholer benötigen nur Expressschlingen und einige mittlere Friends.
Zustieg: Kurz vor dem ehemaligen Steinbruch von Pietramurata beginnt ein gut sichtbarer, rot markierter Pfad, der zum Klettergarten Sisiphos führt. Diesen lässt man links liegen und steigt steil weiter hoch (Fixseile) zum Klettergarten Athos. Rechts davon, bei einer rampenartigen Verschneidung, findet man das kleine Schild, das den Einstieg bezeichnet.

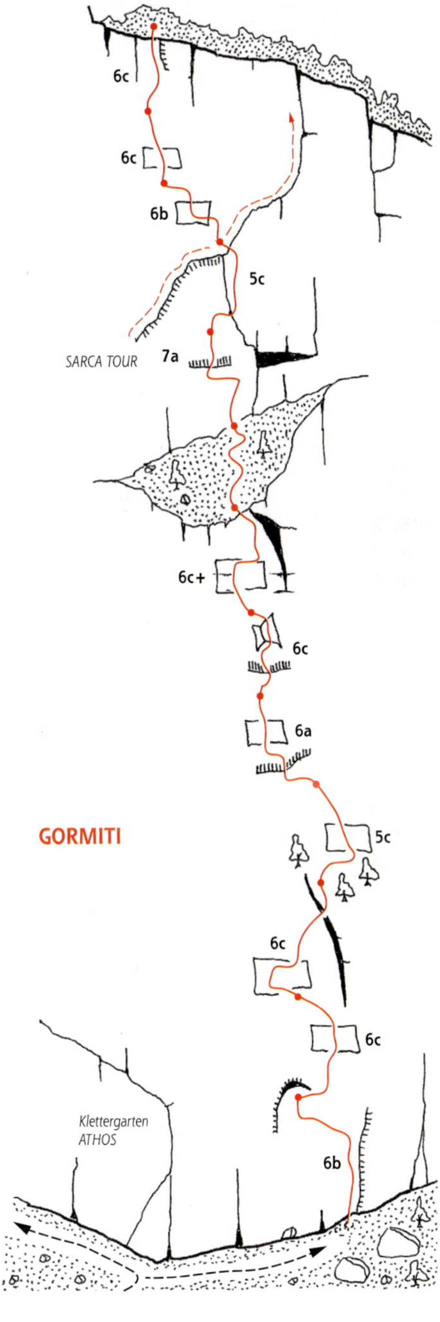

Weitere Routen:

A - VIA DELLA DISPERAZIONE: M.Giordani und R. Manfrini 1982. Eine breite, brüchige und grasige Rinnenverschneidung trennt Primo und Secondo Pilastro. Vom langen Band der 'Via Cristina' erreicht man den Beginn der Verschneidung und steigt darin hoch. Entdeckerroute, von geringem alpinistischen Interesse. 500 m. V+
B – CANTALONI - FAES: M. Cantaloni, C. Faes, S. Fruet, F. Toldo 1981. Rechts des Einstieges von 'Cristina' und links von einer großen roten Wandtafel teilt eine lange, sehr geradlinige Verschneidung die Wand. Die Linie führt durch diese Verschneidung und über die folgenden Risse. Brüchiger Fels. 450 m. V+,VI
C – FURLANI – GIORDANI: M. Furlani und M. Giordani 1988. Entdeckerroute, die sich weiter oben mit den anderen Wegen verbindet. Brüchiger Fels und schlechte Absicherung. 300 m. V+, VI.

8 Muro dei Meridiani

Monte Casale

0.40 h

0.30 h

140 m.

0

Die Höhe des Primo Pilastro del Casale wird Richtung Sarche (nach dem Wandteil mit der 'Via Sarcatour') immer geringer und die Felswand weist einige interessante Formen auf. Genau oberhalb des Klettergartens 'Panoramica' befindet sich eine kleinere, aber wunderschöne Wand, durchzogen von horizontalen Rissen, die an Meridiane erinnern.
In dieser Wand verlaufen einige schöne, sehr lohnende Routen in bestem Fels und einer perfekten Absicherung mit nahen Hakenabständen.

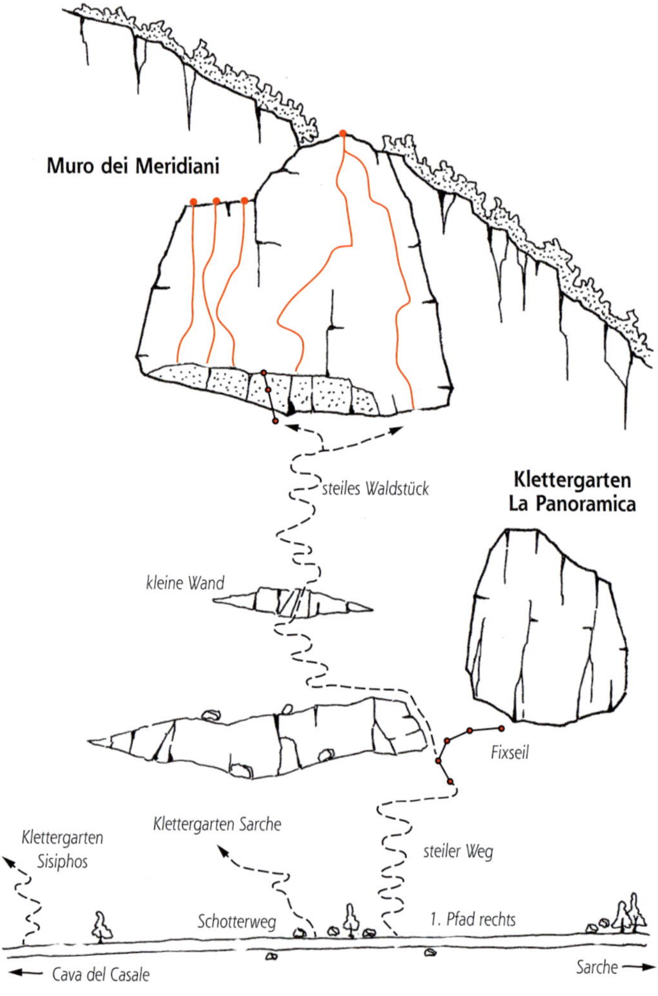

Zustieg
Von Sarche Richtung Campiglio, nach der Brücke links und gleich parken. Auf der Straße in Richtung der hohen Wände weiter und auf den ersten Pfad, der steil in den Wald führt (Zustieg zum Klettergarten). Dann bei den ersten Fixseilen nach links (und nicht rechts zum Klettergarten) und über stufiges Gelände steil durch den Wald zum Wandfuß. Zum Einstieg von 'Equinozo delle banane' zum rechten Wandteil, zu allen anderen Routen linkshaltend mit Hilfe eines Fixseils über einen kleinen brüchigen Vorbau.

Abstieg
Bei 'Le Fate ignoranti' und 'Equinozo delle banane' nach rechts queren, durch den lichten Wald und dann in Richtung der Straße absteigen, bis man auf den Wanderweg trifft. Dieser führt zurück nach Sarche. Bei allen anderen Routen abseilen.

33 NEW ENTRY	**90 m.**	
34 POPOL WUH	**80 m.**	
34a VAR. HOMO SAPIENS	**35 m.**	
35 EUPHORYA	**90 m.**	
36 LE FATE IGNORANTI	**140 m.**	
37 EQUINOZIO DELLE BANANE	**140 m.**	

33 NEW ENTRY ★★★★
R. Galvagni, D. Filippi 2004
90 m. (3SL)
5c, 6a+ (6a obl.)/S1/I
Wunderschöne, leider sehr kurze Kletterei in bestem Tropflochfels mit kurzen Verschneidungen. Nur beim Ein- bzw. Ausstieg ist etwas Vorsicht wegen des etwas losen Gesteins geboten.

34 POPOL WUH ★★★★★
R. Galvagni 2004
80 m. (3SL)
6b+ (6a obl.)/S1/I
Drei außergewöhnliche Seillängen in traumhaftem Fels. Technisch anspruchsvolle Kletterei, die viel Sinn für Bewegung und Gleichgewicht fordert.

34a VAR. HOMO SAPIENS ★★★★★
R. Galvagni 2005
35 m. 6c
Variante von 'Popol Wuh', ohne deren ersten beiden Seillängen. Technisch anspruchsvolle, elegante und kurze Route mit vielen Gleichgewichtspassagen. Verbunden mit der 3. SL von 'Popol Wuh' ist dies zweifellos die spektakulärste und ästhetischste Linie der ganzen Wand.

35 EUPHORYA ★★★★★
R. Galvagni 2004
90 m. (3SL)
6c (6a obl.)/S1/I
Nach der ersten kurzen Seillänge beginnt die herrliche "Reise", erst über eine griffige Wand, dann Leisten- und Risspassagen.

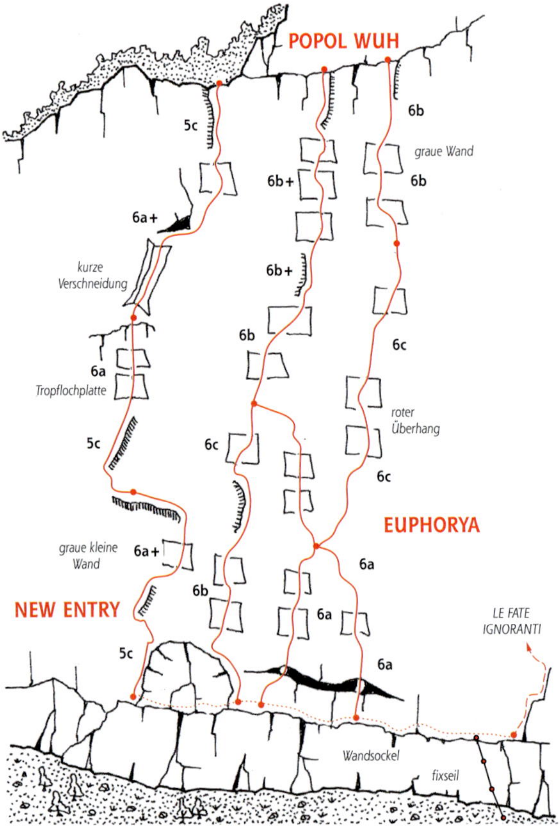

36 LE FATE IGNORANTI★★★★

R. Galvagni, D. Filippi 2004
140 m. (5SL)
6c (6a obl.)/S1/I

Die schöne und stark gegliederte Route in fantastischem Gestein verläuft über den zentralen Wandbereich. Die erste Seillänge ist etwas athletisch, die zweite über die Platte hingegen sehr technisch. Die dritte SL endet auf einer schönen Terrasse. In der 4. SL klettert man über einen kleinen Überhang und dann eine technisch sehr schwierige und sehr anspruchsvolle Platte. Die Ausstiegslänge ist dann wieder leichter.

37 EQUINOZIO DELLE BANANE★★★★

R. Galvagni, D. Filippi 2005
140 m. (5SL)
6c (6a obl.)/S1/I

Wunderschöne Route am rechten Rand der Wand. Hier herrscht Plattenkletterei in sehr gutem Fels vor. Die 4. SL, in der ein Überhang rechts umgangen wird, ist sehr spektakulär. Nur selten ist wegen brüchiger Passagen etwas Vorsicht geboten.

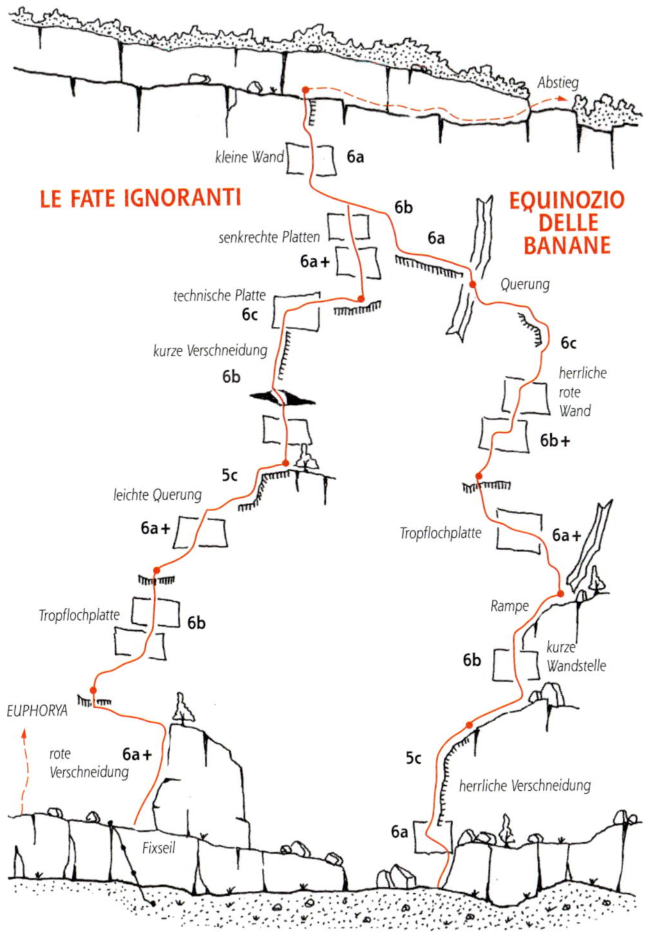

9 Croz dei Pini

Monte Casale

0.30 h

1.00 h

400 m.

0

Die große südliche Bergrücken des Monte Casale weist in Richtung Tal einige sehr interessante Bereiche auf, die gemeinhin als „avancorpo" (Vorbau) bezeichnet werden. In Richtung Osten ist dies der „Croz dei Pini", links oberhalb von diesem sind es die Plattenfluchten des „Spalla Sud".

Im Vergleich mit der großen zentralen Wand oder den senkrechten Pfeilern scheint dieser Sektor fast verschwindend klein zu sein. Es gibt hier jedoch Routen, die alles andere als kurz oder leicht sind. Wegen der Nähe des Steinbruchs ist es nicht gerade schön hier, aber der perfekte Fels und die wunderschönen kurzen und langen Routen sind allemal einen Besuch wert.

Zugang

Von Sarche in Richtung Arco und bei ersten Straßenschild "Pietramurata" rechts ab, gleich darauf folgt man an einer Abzweigung den Wegweisern in Richtung Via Ferrata und Sentiero Croz dei Pini. Parkmöglichkeiten gibt es am Gittertor des großen Steinbruchs (an Sonn-und Feiertagen kein Problem, an Werktagen bitte die Zufahrt nicht behindern!). Jetzt folgt man dem Weg zum Klettersteig, bei den ersten Seilversicherungen quert man nach rechts zum Fuß der großen Felswand und den verschiedenen Einstiegen.

Abstieg

Vom Ausstieg der Routen rechtshaltend dem gesicherten Steig folgen.

38 PUSSY POWER	**240 m.**
39 PEACE ON EARTH	**240 m.**
40 STENGHEL MANIA	**240 m.**
41 IL PARADISO PUO' ATTENDERE	**350 m.**
42 L'IMPERO DEI SENSI	**400 m.**
43 HASTA SIEMPRE COMANDANTE	**400 m.**
44 VIA EINSTEIN	**350 m.**
45 TUTTO RELATIVO	**350 m.**

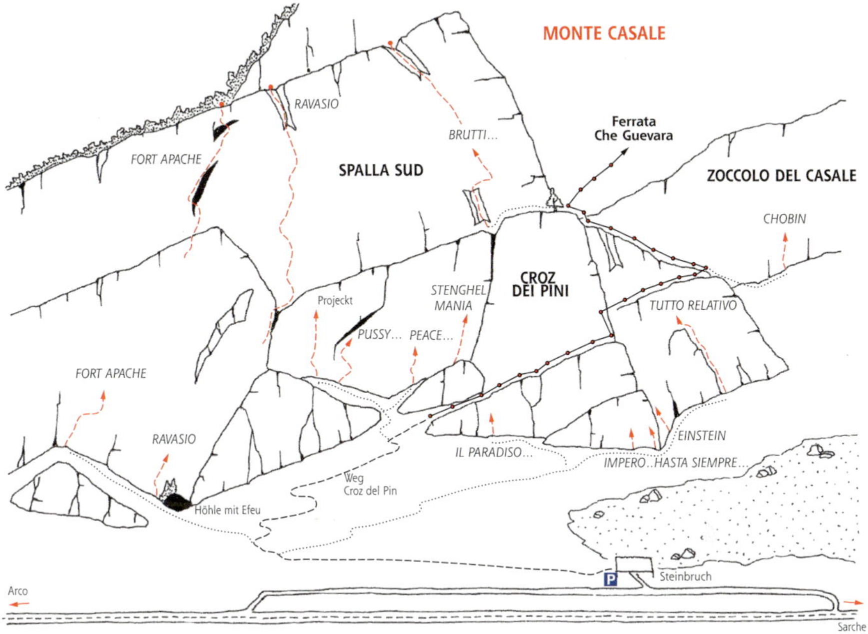
MONTE CASALE
RAVASIO
FORT APACHE
BRUTTI...
SPALLA SUD
Ferrata
Che Guevara
ZOCCOLO DEL CASALE
CHOBIN
CROZ
DEI PINI
STENGHEL
MANIA
Projeckt
PUSSY...
PEACE...
TUTTO RELATIVO
FORT APACHE
RAVASIO
IL PARADISO...
EINSTEIN
IMPERO..HASTA SIEMPRE...
Weg
Croz del Pin
Höhle mit Efeu
P
Steinbruch
Arco
Sarche

Via ferrata
Via ferrata
39
40
41
42
43
44
45

38 PUSSY POWER★★★

D. Filippi, A. Zanetti, M. Paoletto 2005
240 m. (8SL)
V+, VI+, A0/R2/II

Der Weg ist aus alpinistischer Sicht zwar logisch und auch interessant, wer allerdings guten Fels sucht, sollte hier nicht einsteigen. Die Linie zieht mit Verschneidungen und Bändern durch die gelbe überhängende Wand.
In den mittleren Seillängen ist sie ziemlich ausgesetzt, mit einer akrobatischen Pendelpassage erreicht man die leichten Ausstiegsrampen. Relativ kurze Route, komplett mit Bohrhaken abgesichert und ideal für einen kurzen Wintertag. Der Fels ist meist fest und mittlerweile geputzt, Wiederholer brauchen nur Expresssets. Einige Büsche, brüchiger Fels und lose Blöcke fordern im Ausstieg etwas Vorsicht.**Zustieg:** vom Parkplatz in Richtung 'Croz dei Pini' und kurz bevor der Klettersteig beginnt, links auf einen Pfad mit gelben Markierungen und Steinmännchen. Nach einer Rinne (Fixseil) erreicht man den Wandfuß. Abstieg über den Klettersteig.

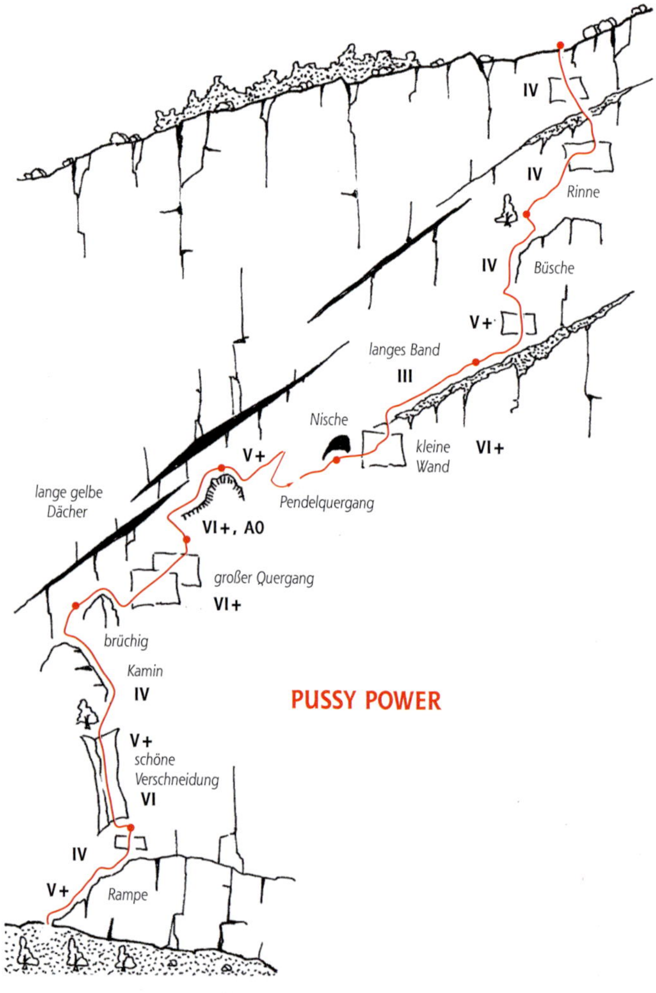

39 PEACE ON EARTH★★★

S. Bailoni, A. Tizzoli, P. Bailoni 2002

240 m. (6SL)

VI+, A1/R3/II

Schön, interessant und anstrengend führt die Linie entlang von Verschneidungen und Rissen. Die lange 3. Seillänge in der rissdurchzogenen Platte ist charakteristisch für die Art der Kletterei. Das Gestein ist meist gut, aber die Absicherung etwas ungenügend: ein kleines Hakensortiment, Friends und Klemmkeile sollten mitgeführt werden.

Zustieg: wie bei 'Pussy Power', aber am Ende der Fixseile, statt nach links, im Wald rechtshaltend noch etwas weiter hoch bis zu einer gut sichtbaren Rissverschneidung.

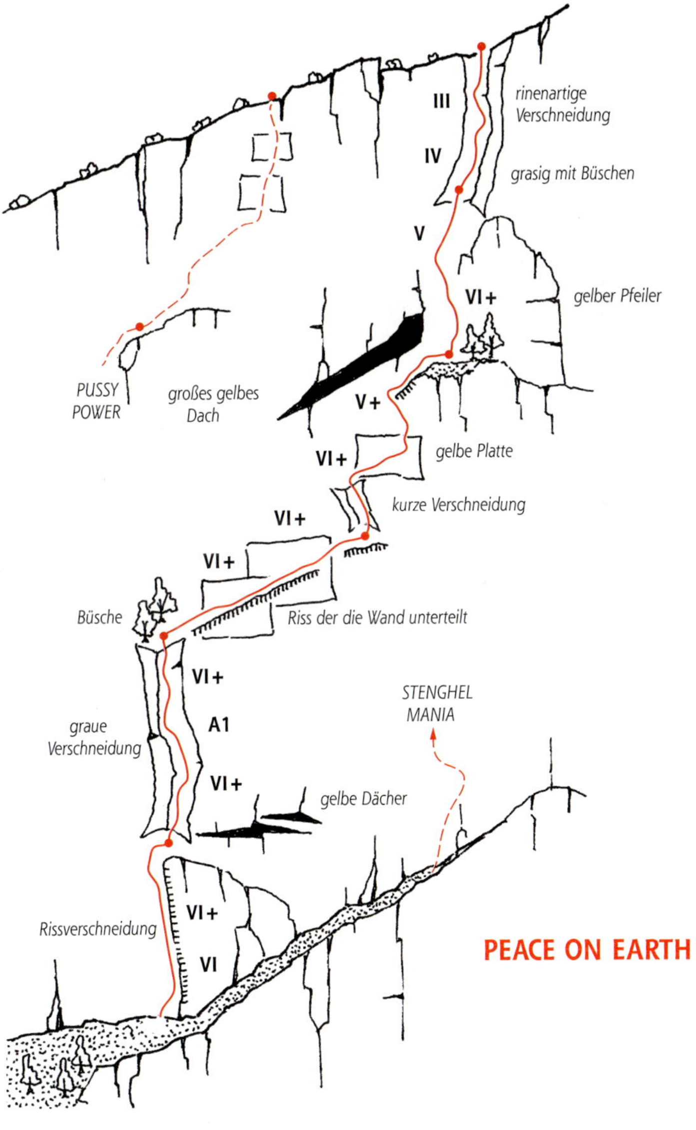

40 STENGHEL MANIA★★

D. Filippi, L. Pilati 2009
240 m. (6SL)
V+, VI+, eine Stelle A1/R3/II

Abenteuerlust und Mut sollte man für diese anspruchsvolle Route auf alle Fälle mitbringen, dann aber ist für Spaß gesorgt. Die logische Linie folgt einem System von Rissen und Verschneidungen im linken Bereich des Pilastro Einstein. Die Felsqualität ist meist gut, aber einige sehr brüchige und gefährliche Passagen trüben den guten Gesamteindruck. Der mittlere Teil mit der roten Verschneidung und der überhängenden Kaminverschneidung ist definitiv schön und lohnenswert. Die Ausstiegslängen weisen einige brüchige und grasige Passagen auf. Die Route ist wenig abgesichert, ein paar größere Friends und Keile sowie einige Haken sollte man auf jeden Fall dabei haben.

Einstieg: vom Parkplatz folgt man den Wegweisern "Croz dei Pini", kurz vor dem Klettersteig dann links einer mit roten Punkten und Steinmännern markierten Pfadspur. Nach einer seilversicherten Rinne erreicht man den Wandfuß (links geht es zur Route "Pussy Power"), jetzt geht es rechts weiter bis zum Ende des Bandes. Einstieg bei einer brüchigen Verschneidung.

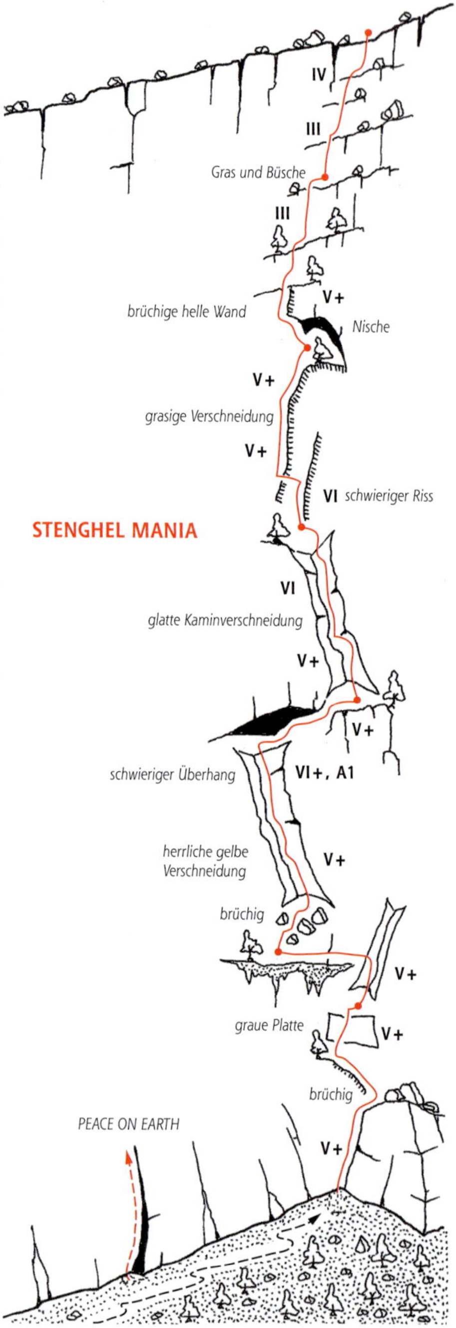

41 IL PARADISO PUO' ATTENDERE ★★★★

M. Maceri, R. Comis 1999

350 m. (11SL)

VI+, A1/R2/II

Schöne, logische und alpine Route, die mit vielen Normalhaken abgesichert ist. Sie führt in schöner Kletterei über den linken senkrechten Bereich des Vorbaus.

Einstieg: vom Wanderweg kommend ist es die erste Route.

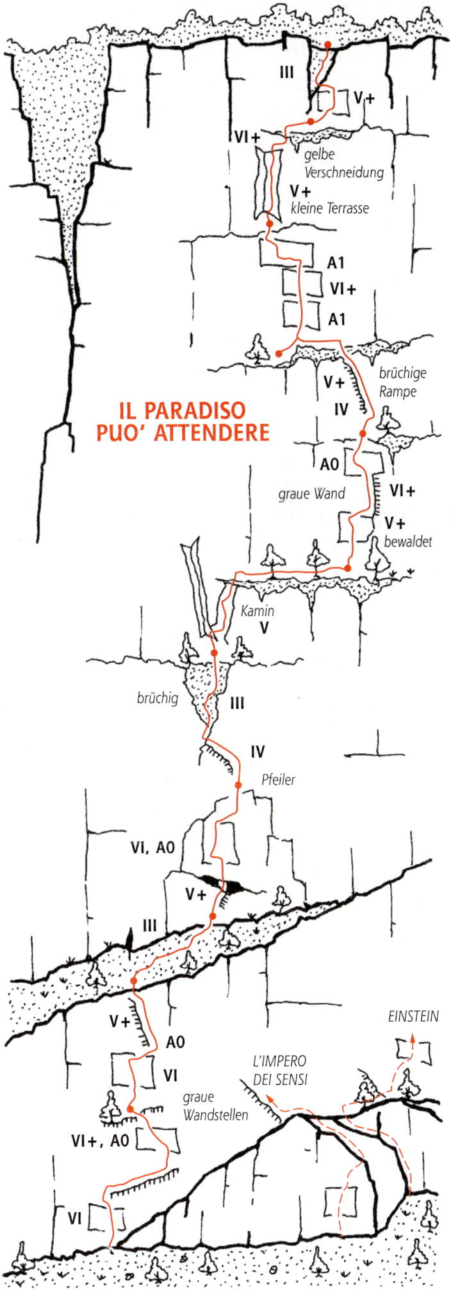

42 L' IMPERO DEI SENSI ★★★★★

R. Galvagni, M. Pfitscher 1996
400 m. (12SL)
6a, 6b+, eine Passage 7a (6b+ obl.)/S2/II
Herrliche Sportkletterroute über Plattenfluchten mit vielen Löchern und Leisten. Immer sehr abwechslungsreiche und lohnende Linie, aber auch anhaltend schwierig (außer der ersten Seillänge). Die Absicherung mit 10mm-Bohrhaken ist perfekt. Es scheint zwar nicht so, aber eine sehr gute Ausdauer ist hier unbedingt Voraussetzung!
Einstieg: über eine sehr schöne, kompakte graue Platte, Routenname angeschrieben.

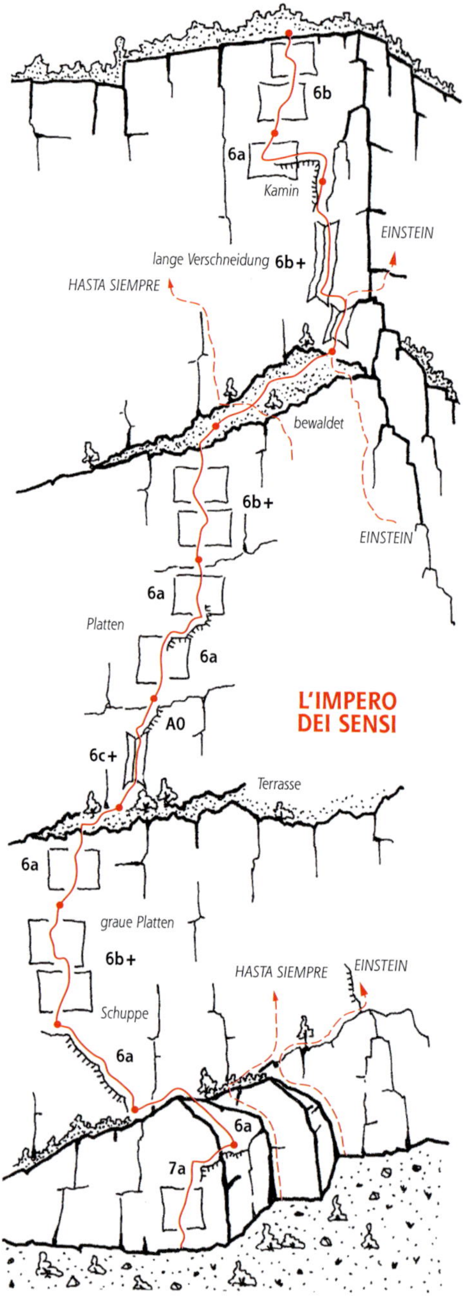

43 HASTA SIEMPRE COMANDANTE★★★★

R. Galvagni, D. Filippi 2005

400 m. (13SL)

6b (6a obl.)/S2/II

Platten, Verschneidungen und Risse sind kennzeichnend für diese Route, die auch nicht ganz so schwer ist wie die Nachbarroute 'Impero dei Sensi'. Der Kletterstil wechselt zwischen senkrechter Plattenkletterei, die technisch schwierig und auch anstrengend ist, und reiner Reibungskletterei in seichten Verschneidungen. Aber wegen dieser Abwechslung ist die Route auch nie richtig ermüdend und macht richtig Spaß. Einige Seillängen sind besonders schön, wie z.B. die vierte mit der Schuppenpassage, die sechste mit der seichten Verschneidung oder auch die Ausstiegslänge. Der Kamin in der vorletzten Seillänge ist leider etwas brüchig und einige große Blöcke sind zudem gefährlich. Aber ansonsten klettert man fast immer in sehr festem Gestein und auch die Absicherung mit Bohrhaken ist sehr gut.

Einstieg: gleich rechts von "Impero dei Sensi", über eine senkrechte Verschneidung; Busch am Einstieg.

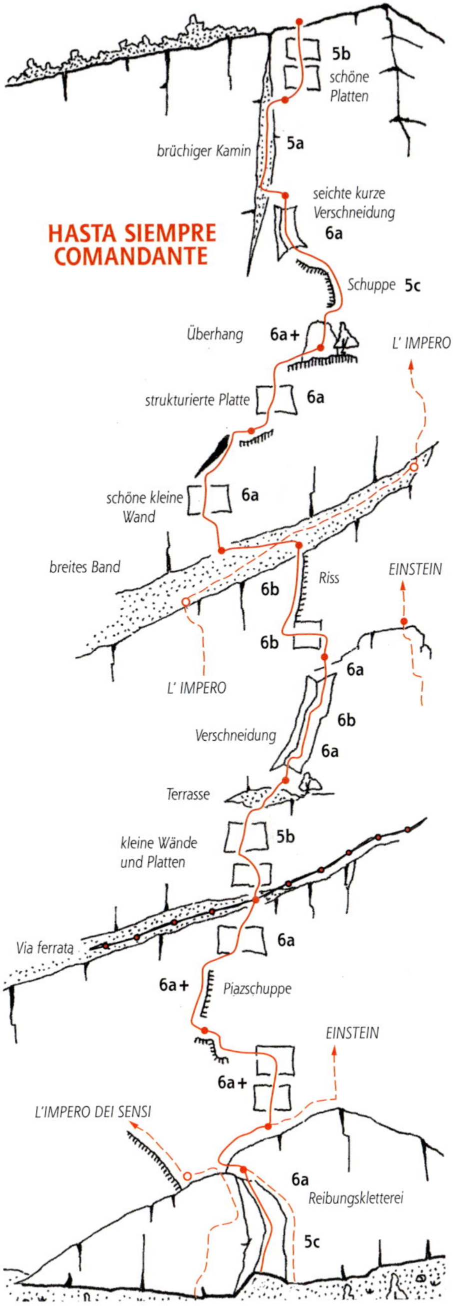

44 VIA EINSTEIN ★★★★★

G. Stenghel, F. Sartori 1982
350 m. (10SL)
V+, VI+, A0/R3/II

Absolut herrliche Kletterei mit logischer, aber auch überraschender Linienführung, nicht nur deshalb sicherlich eine der besten Routen im Sarcatal. Die zentrale Felskante des Vorbaus gibt die Linie vor, die immer den schwächsten Punkten der Wand folgt. Die Platte der 4. Seillänge ist sehr schön, die Risse in den Ausstiegslängen sind einfach herrlich. Leider wurde dieses Meisterwerk durch den neuen Klettersteig, der durch die ganze 4. Seillänge verläuft, stark in Mitleidenschaft gezogen.

Einstieg: an den Einstiegen von "L'Impero dei Sensi" und "Hasta Siempre", dann in einer markanten Kaminverschneidung höher.

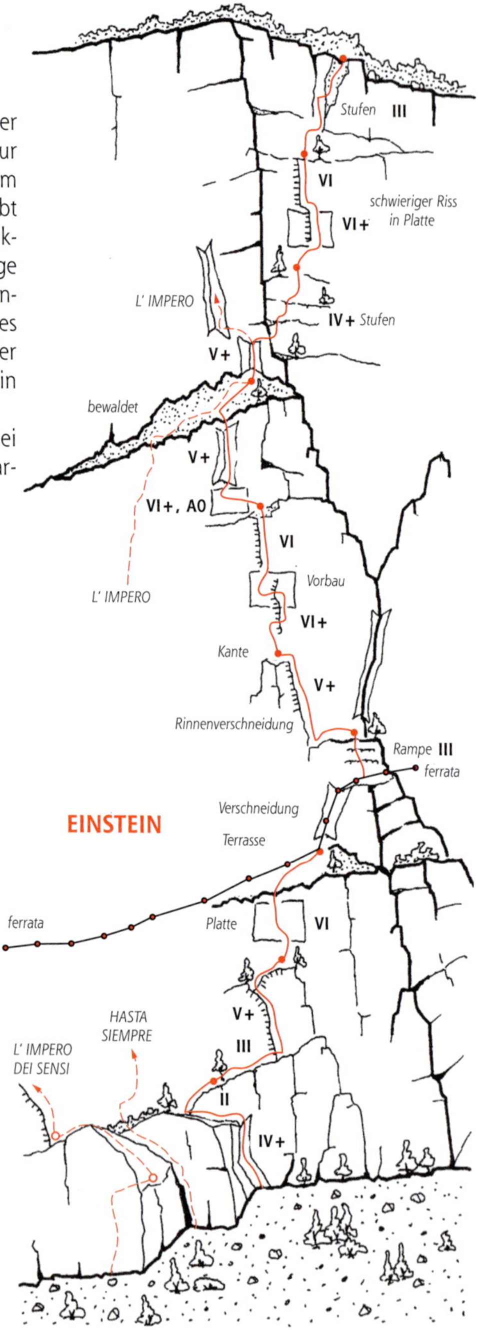

45 TUTTO RELATIVO★★★★

S. Bazzanella, D. Filippi 1999
350 m. (10SL)
VI+, VII, eine Passage A1/R3/II

Klassischer, abwechslungsreicher Weg entlang von Verschneidungen und Rissen. Die Schlüsselseillänge liegt in der langen, schönen Verschneidung im oberen Wandbereich. Hier benötigt man Friends mit kleinen Größen.

Einstieg: von 'Impero dei Sensi' und 'Einstein' nach rechts bis zu einer gut sichtbaren Verschneidung. Die Route beginnt hier.

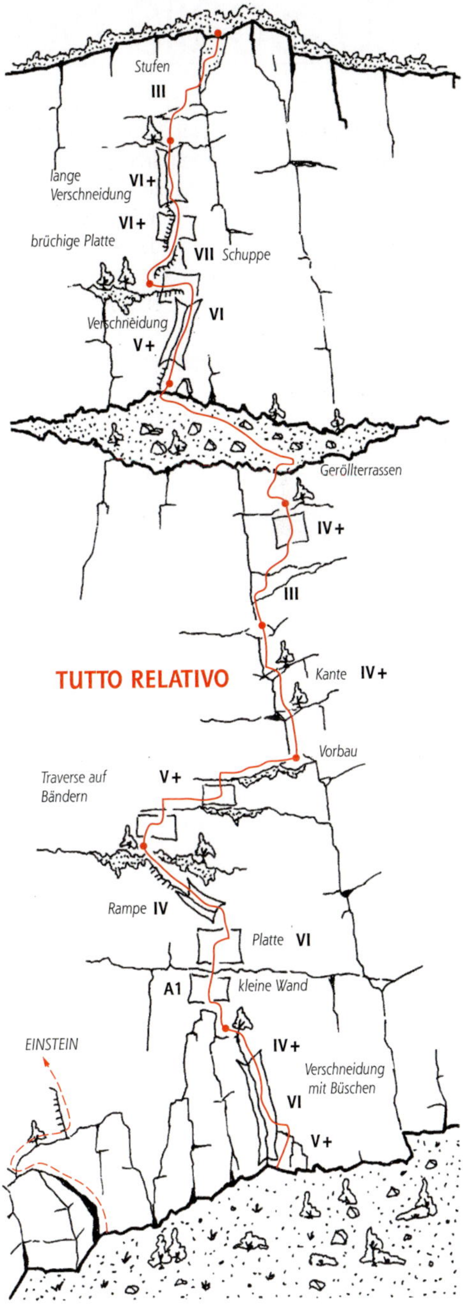

10 Spalla Sud

Monte Casale

0.30 h
1.00 h

1.30 h

600 m.

O

Die große südliche Bergrücken des Monte Casale weist in Richtung Tal einige sehr interessante Bereiche auf, die gemeinhin als „avancorpo" (Vorbau) bezeichnet werden. In Richtung Osten ist dies der „Croz dei Pini", links oberhalb von diesem sind es die Plattenfluchten des „Spalla Sud".

Diese große und unverwechselbare graue Plattenflucht liegt links oberhalb des Avancorpo (Vorbaus) Croz dei Pini

Zugang
Von Sarche in Richtung Arco und bei ersten Straßenschild "Pietramurata" rechts ab, gleich darauf folgt man an einer Abzweigung den Wegweisern in Richtung "Via Ferrata" und "Croz dei Pini". Parkmöglichkeiten gibt es am Gittertor des großen Steinbruchs (an Sonn-und Feiertagen kein Problem, an Werktagen bitte die Zufahrt frei halten!). Jetzt folgt man dem Weg zum Klettersteig, wenig später erreicht man die charakteristische Grotte mit Efeustrauch. Für die Routen "Fort Apache" und "Gianpaolo Ravasio" verlässt man jetzt den Weg und steigt direkt zum Wandfuß. Zur Route "Brutti Sporchi e Cattivi" geht man auf dem versicherten Weg weiter bis zum Gipfelaufbau des Croz dei Pini.

Abstieg
Durch eine steile, schwierige Felsrinne, die sehr gestuft und mit Bäumen bestanden ist. Am besten hält man sich immer auf der linken Seite. Nicht zu tief in die Rinne, denn wegen sehr rutschiger Passagen muss dann abgeseilt werden.

46 FORT APACHE	**500 m.**
47 GIANPAOLO RAVASIO	**600 m.**
48 BRUTTI SPORCHI E CATTIVI	**300 m.**

48
48a
48
38
39
46
47

48 VIA DEI BRUTTI, SPORCHI E CATTIVI

★★★

M. Cantaloni, S. Fruet 1981
300 m. (10SL)
V+, VI/R3/III

Logischer, schöner Weg. Er führt zu Beginn über eine Verschneidung, die wegen ihrer Brüchigkeit Respekt einflößt. Dann folgen aber viel kompaktere Plattenbereiche, die den Aufstieg doch noch angenehm machen.

Normalerweise wird nur der obere Teil dieser Route wiederholt. Die Originalführe beginnt eigentlich zwischen den Routen "Ravasio" und "Pussy Power" und quert nach dem Erreichen des großen Bands nach rechts zur langen Verschneidung. Dieser Einstieg ist aber aus alpinistischer Sicht nicht sehr interessant und wurde/wird deshalb kaum begangen.

Einstieg: vom Parkplatz folgt man den Wegweisern "Sentiero Croz dei Pini" und steigt hoch bis zum kleinen Gipfelaufbau des Croz dei Pini. Hier ist lange Verschneidung gut zu sehen. Man steigt ab in die Rinne und dann in Falllinie der Verschneidung wieder in einer grasigen Rinne hoch.

48a VARIANTE ALDO E LISA ★★

D. Bonvecchio, M. Fronza 1990
200 m. (5SL)
VII, A3/R4/III

Kurze, dennoch ausgesprochen alpine Route, mit hohen Schwierigkeiten in technischer und freiklettertechnischer Hinsicht. Diese Variante von "Brutti Sporchi e Cattivi" wurde den jeweiligen Kindern der Erstbegeher gewidmet.

Einstieg: vom großen Felsband mit dem oberen Einstieg von "Brutti Sporchi e Cattivi" steigt man etwa 100 m ab, die Route beginnt in eine grasige Rinne in Falllinie eines überhängenden Wandbereichs mit schwarzen Felsen.

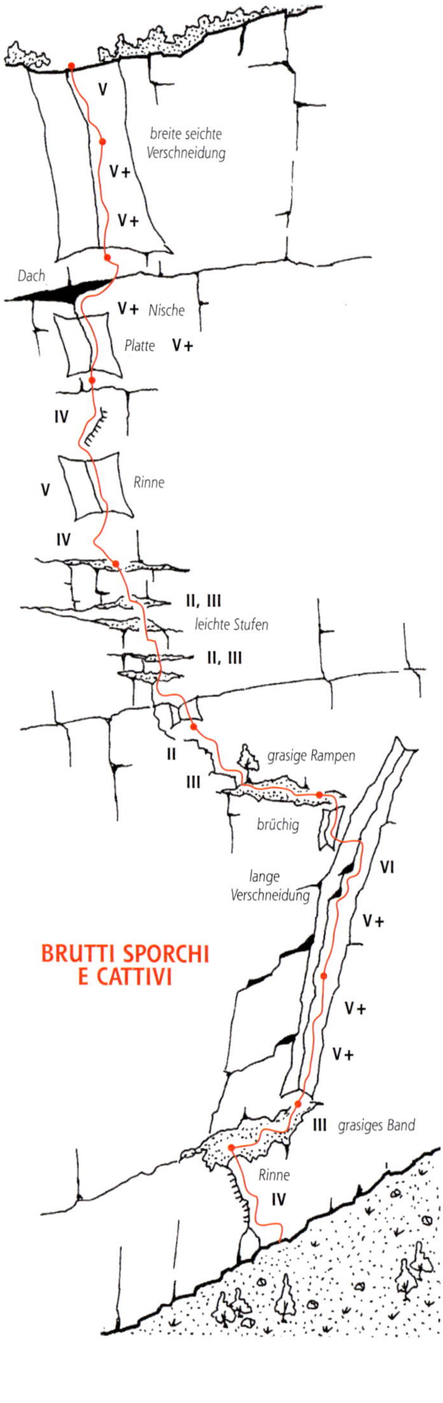

Weitere Routen:

A – PARETE SUD EST (Südostwand): G. Groaz, P. Baldo und H. Steinkotter 1980. Die Hauptwand des Casale wird im Norden von einem großen Kamm begrenzt: in der Wand links davon verläuft diese Route. Zu Beginn führt sie durch die breite Rinne, die zum „Spalla Sud" (Südgrat) führt. Man verlässt die Rinne am logischsten Punkt und wechselt in die darüber liegende Wand. Reine Entdeckerroute, brüchig mit viel Gras und Schrofen. 800m. IV.

B - CRESTA SUD EST (Südgrat): H. Steinkotter solo 1981. Über den langen Grat, der die Hauptwand des Casale nach Süden abschließt. Wie bei der vorhergehenden Route zunächst durch die breite Rinne, die zum „Spalla Sud" führt (diese Rinne wird für den Abstieg von den Routen 'Fort Apache' u.a. benutzt). Am Ende der Rinne schwierig auf die eigentliche Gratkante und auf dieser hoch (kleine Wäldchen und Felspassagen) bis zu den Wiesen auf dem Gipfel. 1200 m. III,V

Pian dela Paia

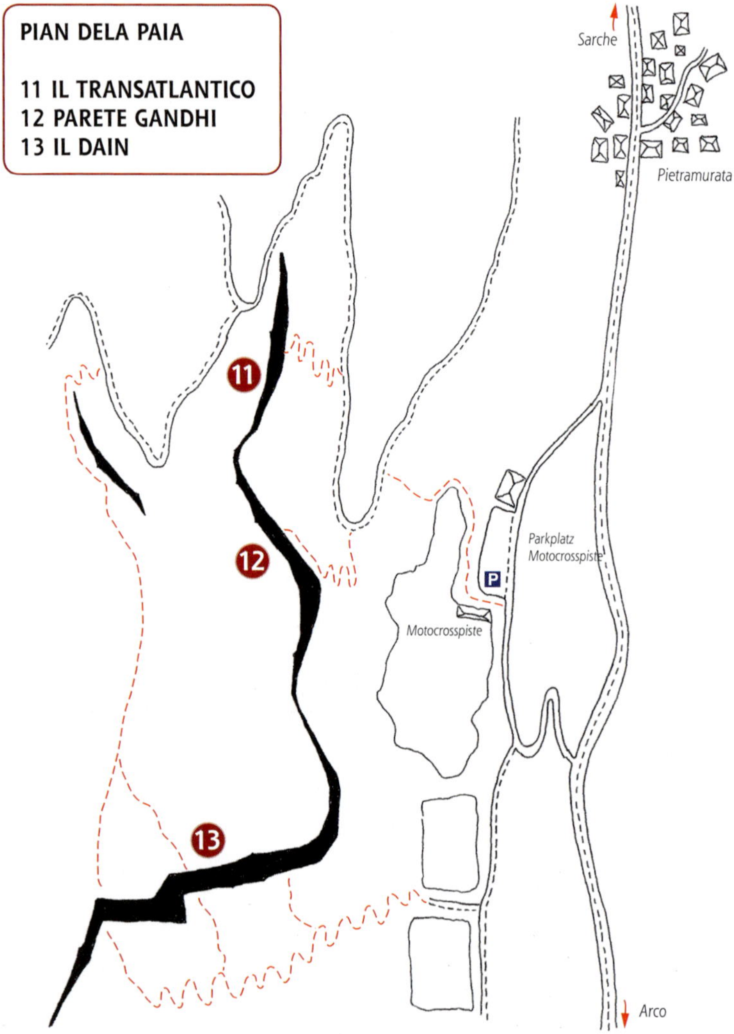

Am Fuße der kleinen bewaldeten Hochebene liegen kleine Felswände, die aus Klettersicht äußerst interessant sind. Eine unglaubliche Anzahl unterschiedlicher Routen kennzeichnet diesen Bereich: schöne Plattenrouten in der Parete Gandhi, Verschneidungen und Risse in der Wand des Dain und extreme Sportkletterrouten im Sektor Transatlantico.

Luca Pilati, Impronte digitali, *Il Dain (ph. Diego Filippi)* →

11 Il Transatlantico

Pian dela Paia

0.30 h

0.45 h

100 m.

0

Kleines Massiv mit senkrechten und überhängenden Wänden und deshalb extremen und sehr ästhetischen Routen. Die Wand war immer vernachlässigt worden, bis eines Tages Roly Galvagni, einer der aufmerksamsten und gewissenhaftesten Erschließer im Tal, sich an die Arbeit machte und hier mehrere Routen eröffnete, allesamt in sehr gutem Fels und perfekt mit Bohrhaken eingerichtet.

Zustieg

Vom Parkplatz der Motocrosspiste von Pietramurata auf einem Fahrweg an der Piste entlang, am Ende der Piste dann auf einem steilen Pfad hoch in den Wald und zu einer Forststraße. Hundert Meter nach der ersten Kehre führt auf der linken Seite eine steile Pfadspur dann zum Wandfuß.

Abstieg

Normalerweise über die Routen abseilen. Alternativ durch den Wald in Richtung Monte Casale und bis zu einer Forststraße, die zurück ins Tal führt.

1 FRUIT & VEGETABLE	100 m.	
2 ONANATOR	100 m.	
3 MURUROA	100 m.	
4 IL DELTA DI VENERE	100 m.	
5 VOLO FELICE	80 m.	
6 LA FATTORIA DEGLI ANIMALI	80 m.	
7 LAND ART	80 m.	
8 CONTROVENTO	80 m.	
9 NIBBIO	90 m.	
10 QUARTO POTERE	60 m.	
11 PANGEA	60 m.	

1 FRUIT & VEGETABLE ★★★★★
R. Galvagni 1994
100 m. (5SL)
7a (6b obl.)/S1/I
Schöne Genussroute. Die 3. Seillänge mit der grauen Wand ist technisch sehr anspruchsvoll.

2 ONANATOR ★★★★★
F. Gerwald, C. Danker 2003
100 m. (5SL)
7b, 7c (7a obl.)/S1/I
Die Route führt zwischen 'Mururoa' und 'Fruit & Vegetable' hoch (Einstieg gemeinsam mit 'Mururoa', kurz nach dem 1. Stand dann links; Wandbuch am letzten Standplatz). Perfekt mit Bohrhaken eingerichtet,14 Expresssets reichen völlig aus. Es kann über die Route abgeseilt werden.

3 MURUROA ★★★
B. Malfatti, A. Nobile 1995
100 m. (5SL)
7b (6b obl.)/S1/I
Die ersten beiden Seillängen machen viel Spaß, dann folgt eine anstrengende SL über eine überhängende Platte.

4 IL DELTA DI VENERE ★★★★★
R. Galvagni, M. Pfitscher 1995
100 m. (5SL)
6c (6b obl.)/S1/I
Mit Sicherheit die schönste Route in diesem Sektor. Technisch schwierige Wände und eine schöne Piazpassage im Ausstieg.

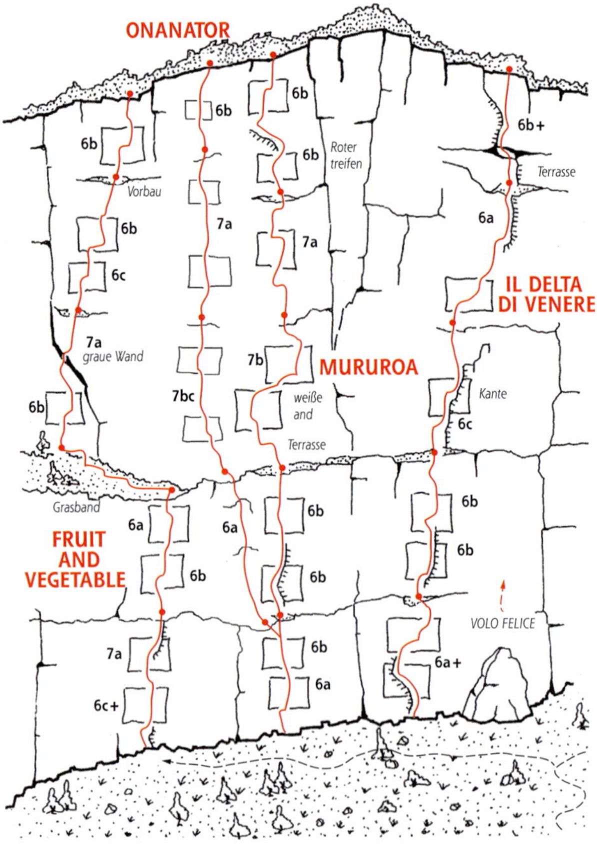

5 VOLO FELICE ★★
B. Malfatti, M. Concini 1996
80 m. (3SL)
7b+ (6c obl.)/S1/I
Sehr technische senkrechte Platten.

6 LA FATTORIA DEGLI ANIMALI ★★★★★
R. Galvagni 1995
80 m. (4SL)
7a (6c obl.)/S1/I
Wunderschöne Kletterei über Platten und entlang von Rissen.

7 LAND ART ★★★★★
D. Bonvecchio 1995
80 m. (4SL)
7c (7b obl.)/S2/I
„Sehr schwierige Route, die aber in der ersten SL in einer Passage eine ziemlich erzwungene Linienführung hat. Wenn die Route von unten eingebohrt worden wäre, dann wäre diese Passage wohl nicht möglich gewesen. Von oben, durch Abseilen eingebohrte Wege spiegeln bei der Linienführung leider den Willen des Erschließers und nicht die natürlichen Gegebenheiten wider" (R. Larcher).

8 CONTROVENTO ★★★★★
R. Larcher, R. Galvagni, M. Cagol 1996
80 m. (3SL)
7c+ (7c obl.)/S2/I
„Entgegen der allgemein üblichen Praxis wurde diese Route absichtlich von unten eingebohrt. Sie ist hart und anstrengend, vor allem in den obligatorischen Passagen. Die Felsqualität ist perfekt" (R. Larcher).

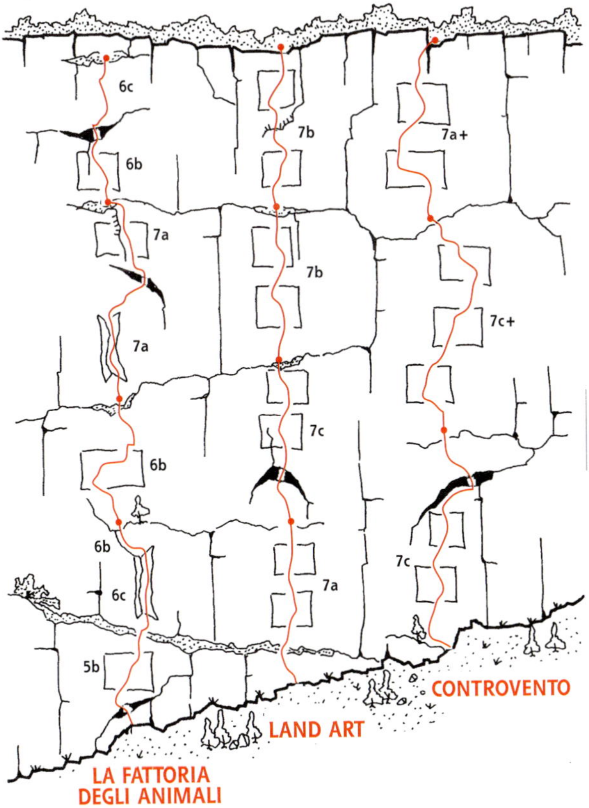

9 NIBBIO ★★★
K. Vinatzer, O. Renzler 1986
90 m. (3SL)
VI+, VII/R4/III
Die Route wurde als erste in diesem kleinen Sektor eröffnet und folgt daher einer sehr logischen, natürlichen Linie, d.h. der Verschneidung im rechten Bereich der Wand. Die traditionelle Absicherung mit weit auseinander liegenden und unsicheren Normalhaken sowie die recht hohen Schwierigkeiten bieten eine echte alpine Herausforderung, die Route gilt deshalb auch als kleines Meisterstück der Erschließer. Wiederholer sollten einen Satz Friends, Keile, ein paar Haken und vor allem sehr gute Nerven mitbringen.

10 QUARTO POTERE ★★★★★
R. Galvagni, M. Pfitscher 1995
60 m. (3SL)
6b+ (5c obl.)/S1/I
Zuerst zwei super schöne Plattenseillängen, dann eine wunderschöne Ausstiegsverschneidung.

11 PANGEA ★★★★★
R. Galvagni. 1996
60 m. (2SL)
6c+ (6a obl.)/S1/I
Einstieg mit schwieriger Passage, dann schöne Genusskletterei.

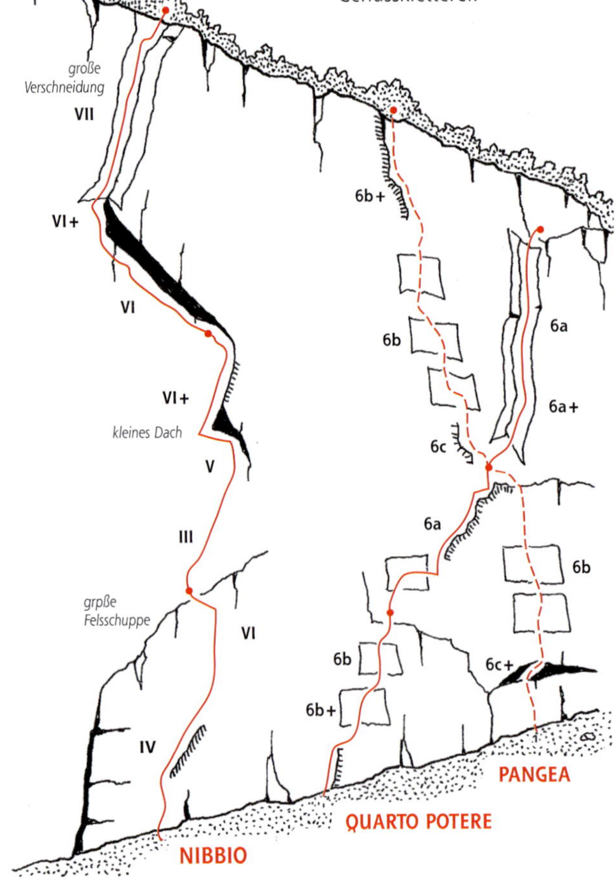

Enrico Baistrocchi, "il destino di un uomo", 8a (fa) - Cesnola (Piemonte) - ph: M. Malpezzi

12 Parete Gandhi

Pian dela Paia

0.30 h

0.45 h

350 m.

NO

Schöne Wand aus grauem Gestein mit kurzen und schönen Routen. Die kompakten Platten (über die einige Sportkletterrouten verlaufen) werden von Rissen und grasigen Verschneidungen durchzogen, durch die wunderschöne alpine Wege führen. G. Stenghel ist es zu verdanken, dass in dieser Wand diese außerordentlich schönen, klassischen Routen entstanden sind.

Zustieg

Vom Parkplatz der Motocrosspiste von Pietramurata auf einem Fahrweg an der Piste entlang, am Ende der Piste dann auf einem steilen Pfad hoch in den Wald und zu einer Forststraße. Bei der ersten Kehre in den Wald und auf einem bequemen Pfad dann zum Wandfuß.

Abstieg

Im Wald in Richtung Monte Casale queren und bis zur Forststraße, die zurück ins Tal führt.

12 VIA DELLA FORBICE	**350 m.**
13 VIA IL CASINO DAL CICLAMINO	**250 m.**
14 ASTRONOMY	**200 m.**
15 ANDREA CALLIARI	**250 m.**
16 NIKOTINA	**200 m.**
17 DIANA	**200 m.**
18 VIA IL MAGNESIO DALLA ROCCIA	**200 m.**
19 RAFFAELLLA	**200 m.**
20 VIA DEL CANALE	**150 m.**
21 ALESSANDRO AVANCINI	**150 m.**

15
13
12
12
13

12 VIA DELLA FORBICE★★★

F. Milani, D. Lunel 2001
350 m. (10SL)
V, VI/R3/II

Die Route führt im unteren Teil links von 'Via il casino dal Ciclamin' und im oberen Teil rechts davon hoch. Auf dem großen Band geht man 60-70 m abwärts bis zu einer schwarzen Verschneidung (am Rand einer Platte). Nach der Verschneidung dann ca. 100 m schräg rechtshaltend bis zur Kante des Vorbaus (mit der 'Via Calliari') und dann linkshaltend bis zum Gipfel.

Zustieg: Als Orientierungspunkt dient unabhängig vom Parkplatz ein kleiner sumpfiger See zwischen dem Parkplatz, der innerhalb der Motocrosspiste liegt, und einem umzäunten Feld mit Apfelbäumen. Von hier steigt man in Falllinie eines Pfeilers, der links von einem baumbestandenen Kamin abgegrenzt wird, hoch bis zum Wandfuß. Der Vorbau mit der Route 'Calliari' befindet sich noch weiter rechts, nach der Wandkante. Der Einstieg ist am linken Rand eines an der Wand angelehnten Felsblocks, der für den Seilzweiten besten Schutz bietet. In ca. 3 Meter Höhe ist eine rote Sanduhrschlinge zu sehen.

SL1: Über den Block, dann rechts und in eine kleine Verschneidung, die zu einer Zone mit kleinen Aufschwüngen führt. Dann rechtshaltend hoch und Stand bei den ersten großen Bäumen. Dies SL verläuft teilweise gemeinsam mit 'Via il casino dal Ciclamino'. 50m. V/V+. 1 Haken (H), 1 Sanduhr (SU).

SL2: Linkshaltend aufsteigen, um die Bäume herum und bis unter eine Platte. Wieder links zu einer Verschneidung und einem Riss. Dann rechtshaltend zu einem Baum (Stand). 40m. V,V+. 2 H.

SL3: Rechtshaltend hoch bis unter ein Dach, das rechts in einem Riss umgangen wird. Dann gerade hoch bis zu einer Rissverschneidung. In dieser wenige Meter hoch, dann nach rechts auf die Platte und nach einer schwierigen Passage zum bewaldeten Band. 35m. V,VI. 2 H.

SL4: Auf dem Band durch Bäume und Gebüsch 60-70 abwärts bis zum rechten Rand der großen Platte, bei einer schwarzen Rissverschneidung. 70m. Leicht.

SL5: Hoch zu einem Baum, weiter durch eine Verschneidung und bis zu einem Band. Stand links. In dieser SL wurden ein Keil und eine Sanduhrschlinge von einer früheren Begehung gefunden, die vermutlich über die darüber liegende Verschneidung führt. 25m. VI. Klemmkeil.

SL6: Auf dem Band nach rechts und in einen langen, diagonal nach rechts führenden Riss. Nach einer letzten kleinen Wand erreicht man ein mit Bäumen bestandenes Band. 50m. IV. 1 SU.

SL7: Nochmals rechtshaltend über einen diagonalen Riss bis zur Kante des Vorbaus (und der 'Via Calliari'). Über rissdurchsetzte Platten links davon gerade hoch zu Stand an einem Baum. 50m. V.

SL8: Über eine kleine Wand und einen kleinen Pfeiler, dann linkshaltend und leicht zu Bäumen. Gleicher Stand wie 'Via Calliari'. 25m. IV. 1 SU.

SL9: Weiter wie 'Calliari', nach ca. 15m (2 H) nach links zu Büschen. An ihnen vorbei und linksquerend zu einem Einschnitt in der Kante (am Beginn der Traverse wurden 2 Haken einer direkteren Variante gefunden.. vielleicht durch die schwarze Verschneidung?). 40m. V,V+. 1 H.

SL10: Über dem Stand linkshaltend und dann wieder rechts über eine strukturierte Wand. Linkshaltend über eine letzte kleine Platte zu einem Band mit Bäumen. 25m. V.

SL11: Auf dem Band nach rechts, an Bäumen vorbei und über einen brüchigen Bereich zum Wald auf dem Gipfel. 50m. Leicht.

(Beschreibung von Franco Milani)

13 VIA IL CASINO DAL CICLAMINO★★★

F. Milani, R. Ribiani 2001
250 m. (7SL)
IV, V/R3/II

Die Route entstand eher aus Zufall an einem Februarsamstag. Sie führt über die Wand links von 'Calliari' und wird unterteilt von einem großen bewaldeten Band, das nach rechts unten bis zum Wald am Wandfuß reicht. Den ersten Teil erklettert man senkrecht bis zu einer Kante an einem Pfeiler, dann rechtshaltend zu besagtem Band. Der zweite Teil beginnt etwas höher auf dem Band, folgt einem diagonalen Riss nach links und führt dann durch leichteres, gestuftes Gelände.

Zustieg: wie bei der 'via Forbice'. Einstieg 15 m

rechts eines angelehnten Felsblocks und in Falllinie eines schönen Baumes. In etwa 3 m Höhe ist eine gelbe Reepschnur im Riss zu sehen..
SL1: Über Platten, eine überhängende kleine Verschneidung und einen Riss zum Stand. 25m. V, V+.
SL2: Links zu einem Band, dann rechtshaltend in eine kleine Rinne und über kurze Wände zum Stand an einem Baum, unterhalb einer schwarzen Platte bei der Kante. 50m. III, IV.
SL3: Über die Platte und dann rechts von der Kante auf dieser höher bis zu einer Platte, die man rechts bis zu einem kleinen Band erklettert. Jetzt wieder links und auf der Kante bis zum Pfeilergipfel. 50m. V,V+. 1 Haken.
SL4: Über bewaldetes Gelände nach links in Richtung eines diagonalen Risses auf der linken Seite einer großen Plattenzone.
SL5: Über eine kurze Platte hoch und zu einer Verschneidung, von der man nach links in den Hauptriss gelangt. Über diesen zum Stand an einem Baum. 25m. V.
SL6: Links zu einer Verschneidung, die leicht überhängend zu einer geneigten Wand führt. 25m. V.
SL7: Über einen Riss und die Platte, dann rechtshaltend zu einer Zone mit Felsaufschwüngen. Über diese hoch und dann rechts zu einem kleinen Baum auf einem bequemem Band inmitten der Wand. 50m. V, dann III.
SL8: Über die leichten und schönen Stufen zu einer bewaldeten Rinne, die aus der Wand heraus führt. 50m. III, IV.
(Beschreibung von F. Milani)

14 ASTRONOMY★

Erstbegeher unbekannt
200 m. (8SL)
6b, 6c, eine Passage 7c+, A0 (6b obl.)/S1/II
Die Linie ist sehr erzwungen und nicht gerade homogen, manchmal etwas brüchiges Gestein. Die beiden letzten Seillängen verlaufen im Originalausstieg von 'Andrea Calliari'.
Zustieg: von der bewaldeten Rampe der 'Calliari' ca. 30m nach links absteigen bis zu den ersten sichtbaren Haken.

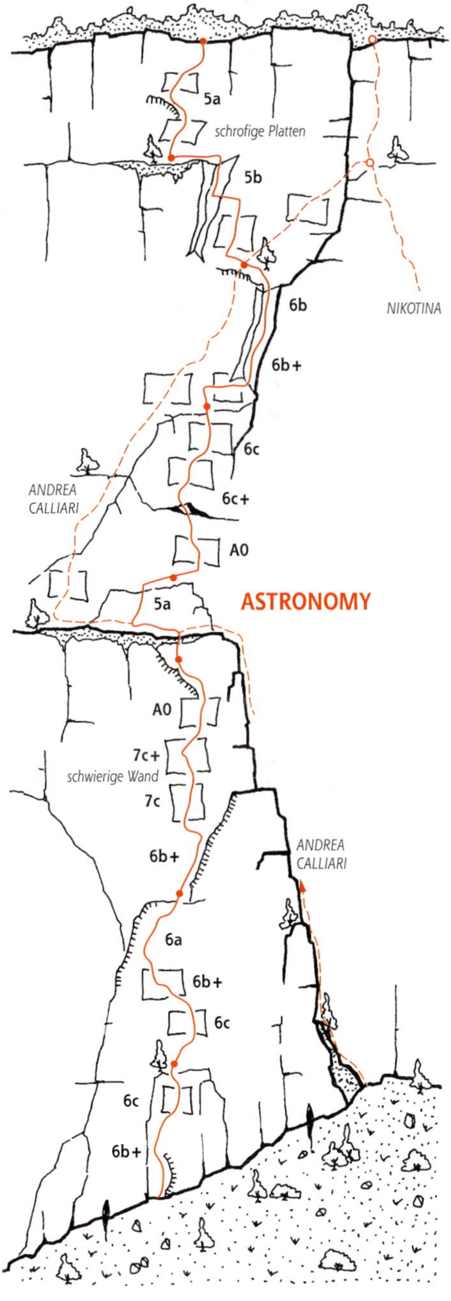

15 ANDREA CALLIARI ★ ★ ★ ★

G. Stenghel, F. Sartori, A. Baldessari 1981
250 m. (8SL)
V+, VI/R3/II

Sehr logische und schöne Linie, die nach dem ersten Teil in ermüdenden Kaminen über kompakte, schöne Platten führt. In der 3. SL verläuft der Originalweg tief im engen und oft nassen Kamin (alte Haken). Vorsicht beim Ausstieg aus dem Kamin: brüchige Passage.

Zustieg: im linken Teil der 'Parete Gandhi' erkennt man einen Bergrücken mit markanten Kaminen und Verschneidungen. Über die grasige Rampe erreicht man den Einstieg am ersten unteren Kamin.

15a VARIANTE DI PRIMAVERA ★ ★ ★ ★

S. Bazzanella, D. Filippi 2000
200 m.
V+, VI/R3/II

Die schöne Variante vermeidet die Kamine der Originalroute und führt über schöne und kompakte Platten. Vom Einstieg der Via Calliari' bis zu den ersten Haken der 'Via Astronomy' absteigen. Ein Riss führt linkshaltend nach oben.

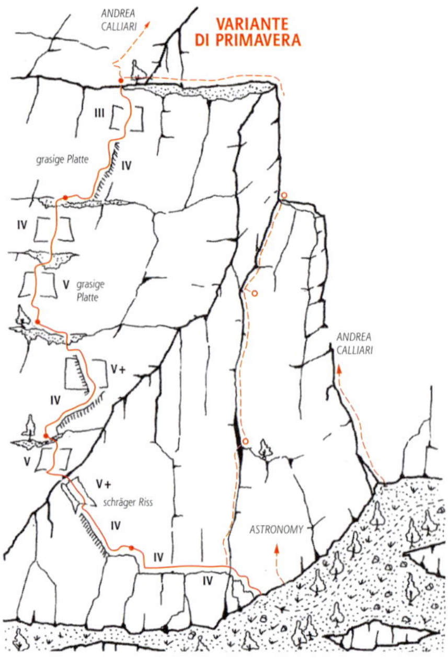

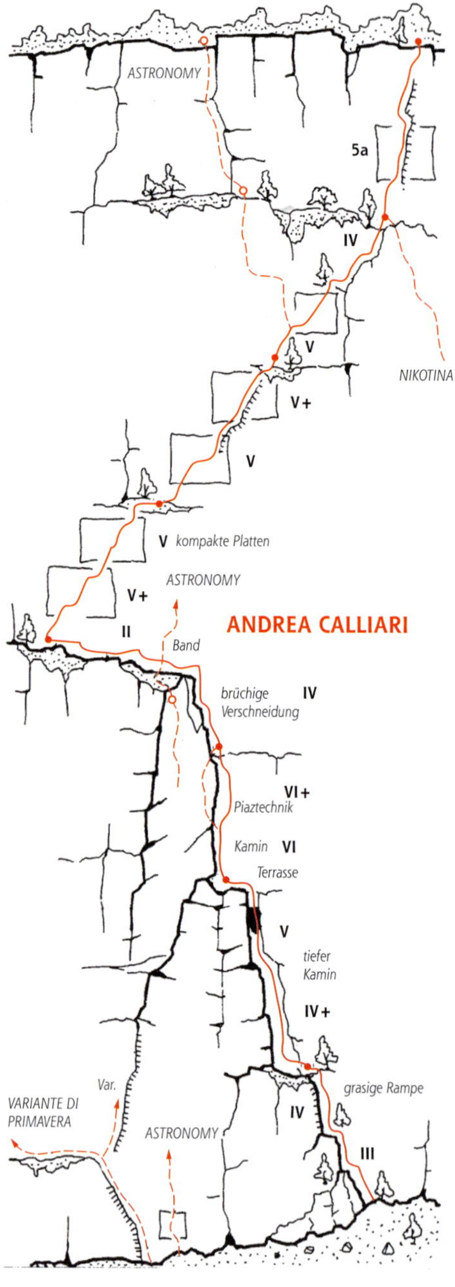

21
20
19
18
18a
17
16
15
14
15a
15

16 NIKOTINA★★★★

M. Maceri, E. Filippi, G. Damian 1994
200 m. (7SL)
6c+ (6a obl.)/S2/II
Wunderschöne Route über Platten, Verschneidungen und Risse mit festem Gestein und sehr guter Absicherung. In der Verschneidung der 2. SL können Friends mittlerer Größe hilfreich sein.
Zustieg: rechts der 'Via Calliari', in Falllinie eines weiten Dachs. Einstieg bei einem Riss, der an einem kleinen Dach endet.

17 DIANA★★★

E. Meirginter, L.Breitenberger 1998
200 m. (7SL)
7a+, A0 (6b obl.)/S2/II
Schöner Weg mit wunderschönen Plattenpassagen: die technisch anspruchsvolle Kletterei bereitet viel Spaß.
Zustieg: etwas rechts von 'Nikotina' in der Nähe einiger angelehnter großer Felsblöcke

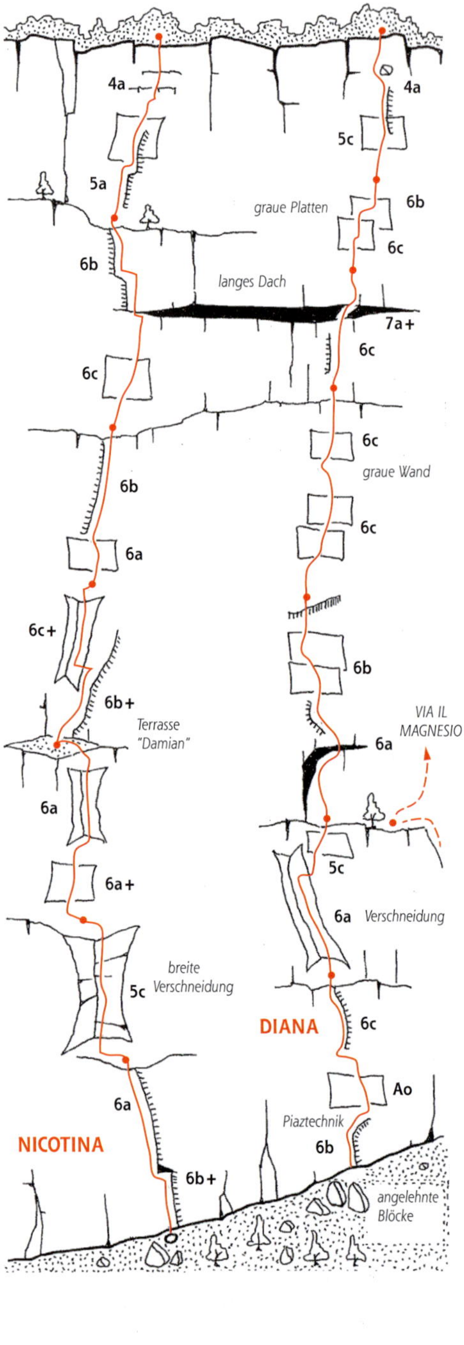

18 VIA IL MAGNESIO DALLA ROCCIA★★★★★

G. Stenghel, F. Sartori, F. Nicolini 1983
200 m. (6SL)
V+, VI+/R3/II

Die Route hat auch den Namen 'Via Tenente Torretta', die Linienführung ist meisterhaft, logisch und schön. Die klassische Kletterei führt durch Verschneidungen, über Platten und Risse hoch. Die Piazpassage in der 4. SL ist einfach herrlich.
Zustieg: am Wandfuß nach rechts queren bis zu einer Rinne mit Büschen. In dieser etwas hoch. Einstieg links über eine Rampe mit Bäumen.

18a VARIANTE DELL' ERBA★★★★★

Erstbegeher unbekannt
200 m.
VI+/R3/II

Im rechten Teil der Parete Gandhi erkennt man zwei deutliche graue Rippen. In der Verschneidung, die die linke Rippe begrenzt, führt diese wunderschöne, klassische Route in gutem Fels hoch. Eine Seillänge verläuft gemeinsam mit der 'Via Torretta'. Nach der schwierigen Platte verlässt man diese Route nach rechts zu grasigen Bändern und steigt zum Beginn der Verschneidung hoch.

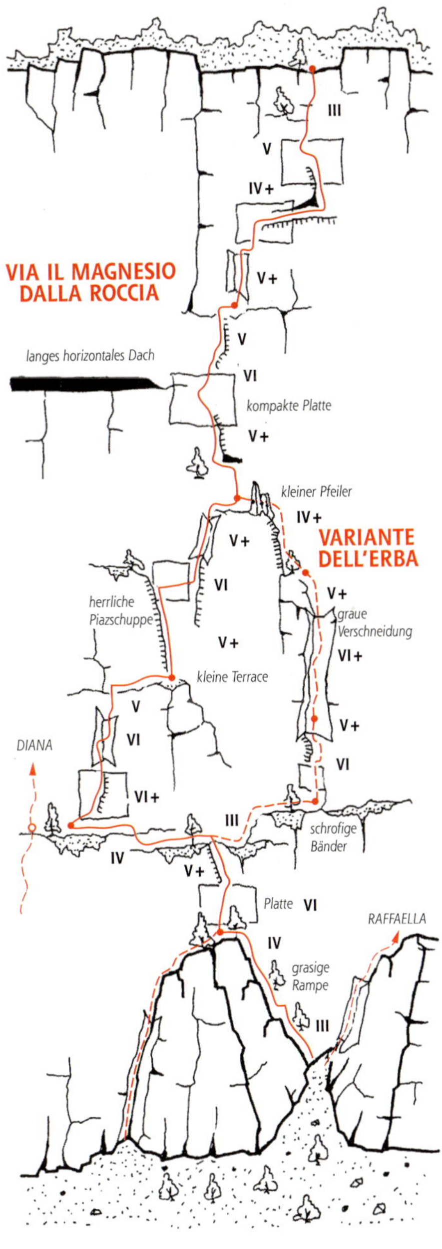

19 RAFFAELLA★★★★★
G. Stenghel, W. Gobbi 1983
200 m. (6SL)
V+, VI+/R3/II
Der logische und schöne Weg folgt der rechten der beiden grauen Rippen, die die Wand kennzeichnen. Passagen mit viel Vegetation wechseln mit fantastischen Seillängen (z.B. in der letzten Platte) ab. Nach der ersten Rampe folgt die Schlüsselseillänge mit einem schwierigen Pendelquergang.
Zustieg: wie zur 'Via Torretta' und nach der Rinne rechts in einen engen Kamin.

20 VIA DEL CANALE★
G. Stenghel, G. Emanuelli 1983
150 m. (3SL)
IV+/R3/II
Die Linie folgt der breiten Verschneidungsrinne rechts von "Raffaela", bietet etwas Abenteuerfeeling und teils brüchigen Fels mit einiger Vegetation. Als Trainingsroute für schwierige und lange Routen mit ähnlichen Charakteristika ist sie durchaus geeignet.
Einstieg: am rechten Rand der Wand; ein großer abgesetzter Pfeiler bildet hier mit der Wand eine Art Kamin. An einem Bäumchen ist die erste Schlinge zu sehen.

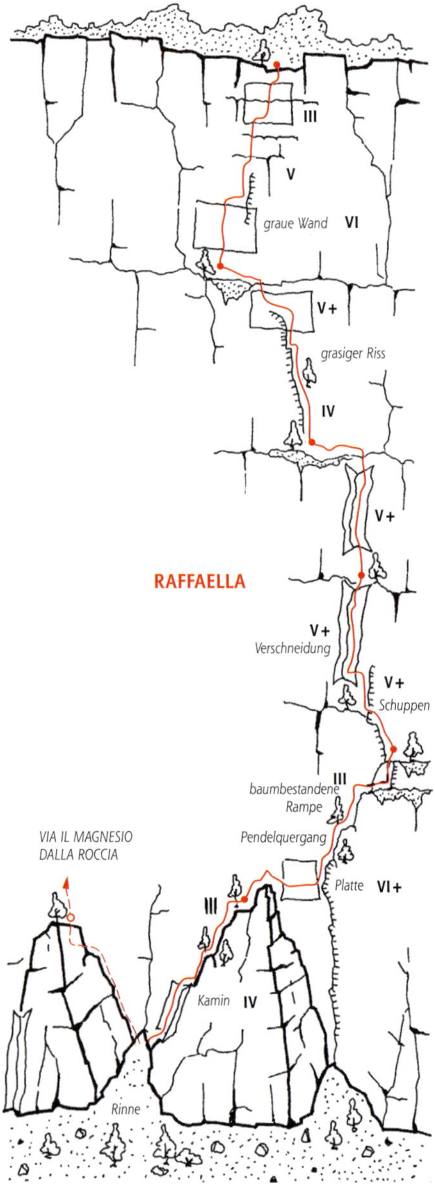

21 ALESSANDRO AVANCINI ★★★★

L. Pilati 2011
160 m. (5SL)
5c, 6a (5c obl.)/S1/I

Wunderschöne, abwechslungsreiche und lohnende Kletterei. Die Linie folgt im ersten Teil einer Reihe von senkrechten und strukturierten Pfeilern. Der zweite Teil ist gekennzeichnet durch herrliche lange Quergänge über sehr solide Plattenbereiche. Perfekte Absicherung mit Bohrhaken, es werden nur Expressschlingen benötigt. **Einstieg:** hat man auf dem Zustiegspfad den Wandfuß erreicht, quert man etwa hundert Meter nach rechts und steigt dann noch kurz bis zum Fuß des ersten Pfeilers ab. Routenname angeschrieben.

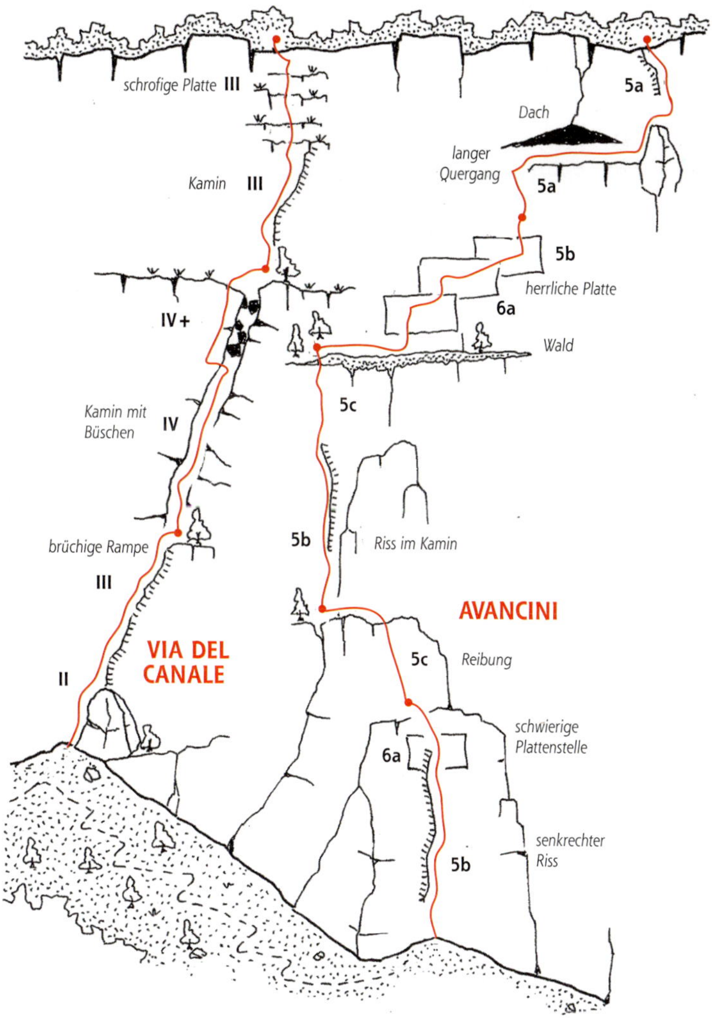

13 Il Dain

Pian dela Paia

0.45 h

1.00 h

350 m.

S

Eine der schönsten und beeindruckendsten Wände im Sarcatal. Viele tiefe Kamine und die scharfen Kanten lassen die großen Pfeiler noch deutlicher hervortreten. Eine große, gut sichtbare, graue Verschneidung teilt die Hauptwand und den „Pilastro sud" (südl. Pfeiler). H. Holzer und R. Reali waren 1967 die ersten Erschließer und schufen Wege, die noch heute als sehr ernsthafte und schwierige Unternehmungen gelten.

Zustieg

Vom Parkplatz der Motocrosspiste von Pietramurata auf der Straße in Richtung Süden (Arco) weiter, an der Abzweigung dann rechts auf die Schotterstraße. Nach einer Obstplantage zweigt wiederum rechts eine Pfadspur ab (rot markiert) und führt steil aufwärts. Weiter oben quert man dann zum Wandfuß.

Abstieg

Durch den Wald in Richtung Monte Casale und bis zu einem gut sichtbaren Pfad, auf diesem dann um einen senkrechten Aufschwung herum und zur Forststraße. Diese führt bequem zum Parkplatz zurück. In einigen Kehren führt ein Wanderweg steiler und kürzer nach unten.

Luca Galbiati, *Via dell'Angelo*, Il Dain *(sassbaloss.com)* →

22 HOLZER-REALI	250 m.
23 VEGETABLE	300 m.
24 VIA DEI NONNI	300 m.
25 GRAN DIEDRO	300 m.
26 CHARLIE BROWN	300 m.
27 VIA DELLA FESSURA	300 m.
28 23 SETTEMBRE	300 m.
29 TRAUDI	300 m.
30 VIA DELL'ANGELO	300 m.
31 BIG BANG	300 m.
32 IL VOLO DELL'AIRONE CENERINO	350 m.
33 CESARE LEVIS	300 m.
34 LUNA DI MIELE	300 m.
35 KEROUAC	300 m.
36 FACTOTUM	300 m.
37 EMANUELE ZENATTI	300 m.
38 BALDO-GROAZ	300 m.
39 VIA LUISA	300 m.
40 PAR CONDICIO	300 m.
41 SIEBENSCHLAFER	300 m.
42 IMPRONTE DIGITALI	350 m.
43 GENOMA	350 m.
44 VIA DELLO SPIGOLO	350 m.

IL DAIN

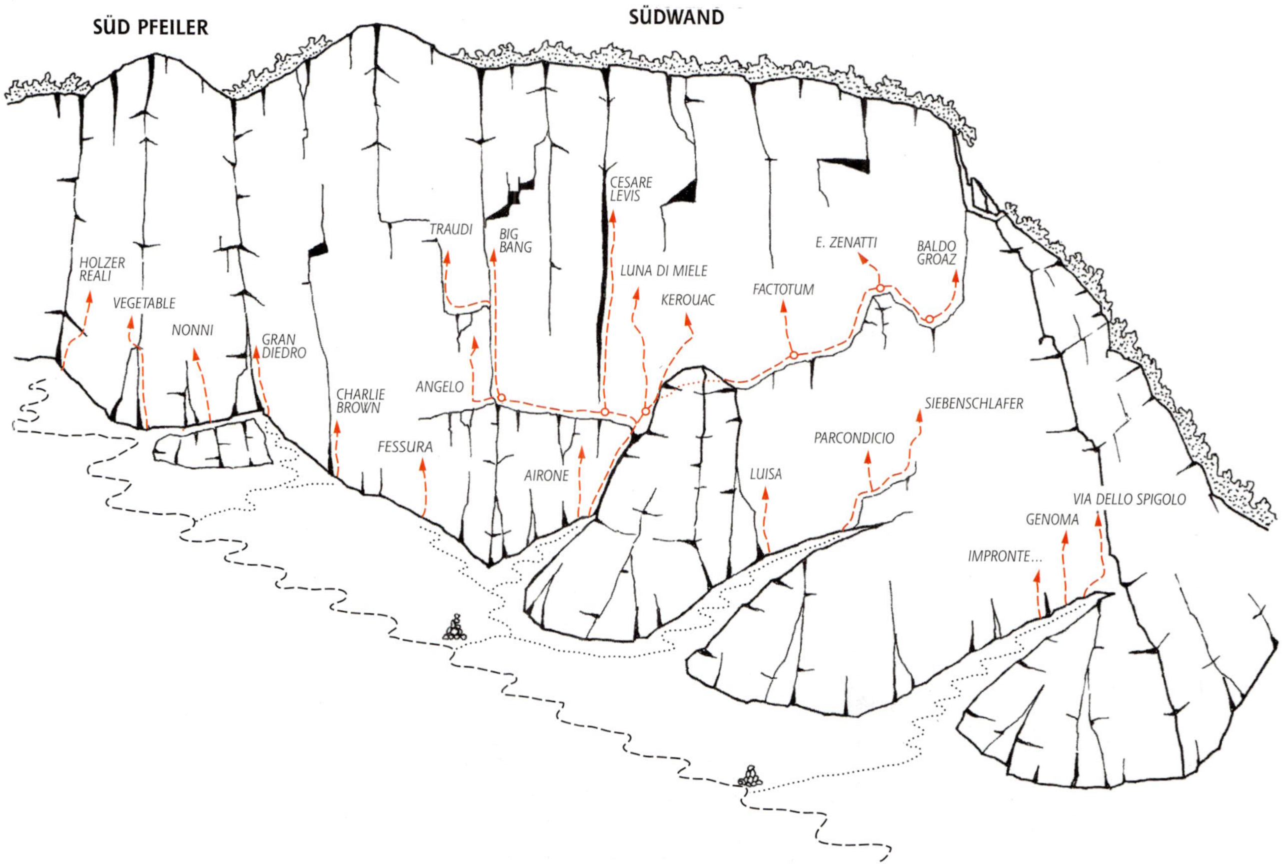

SÜD PFEILER
SÜDWAND
HOLZER REALI
VEGETABLE
NONNI
GRAN DIEDRO
CHARLIE BROWN
FESSURA
ANGELO
TRAUDI
BIG BANG
AIRONE
CESARE LEVIS
LUNA DI MIELE
KEROUAC
FACTOTUM
E. ZENATTI
BALDO GROAZ
LUISA
PARCONDICIO
SIEBENSCHLAFER
IMPRONTE...
GENOMA
VIA DELLO SPIGOLO

22 HOLZER-REALI ★★★

H. Holzer, R. Reali 1967
250 m. (7SL)
IV+, V+/R3/II

Dies war eine der ersten Routen im Sarcatal und ist deshalb als historisch zu bezeichnen. Sie folgt einer logischen Linie von Verschneidungen und Rampen links des schlanken südlichen Pfeilers. Die ersten 5 Seillängen sind eher ungemütlich mit sehr viel Vegetation und manchmal brüchigem Fels. Nur die letzten beiden SL machen die Route wenigstens etwas interessant und schön. Hier lassen sich aber allemal alpine Erfahrungen sammeln und die Ausstiegslänge lässt vieles verschmerzen. Die Absicherung ist in den schwierigeren Passagen ausreichend, die Stände sind bis auf den in der Grotte immer an soliden Bäumen eingerichtet.

Zustieg: vom Einstieg von 'Vegetable' noch etwas im Wald höher und bei einer grasigen Rampe einsteigen (Schlinge an einem Busch).

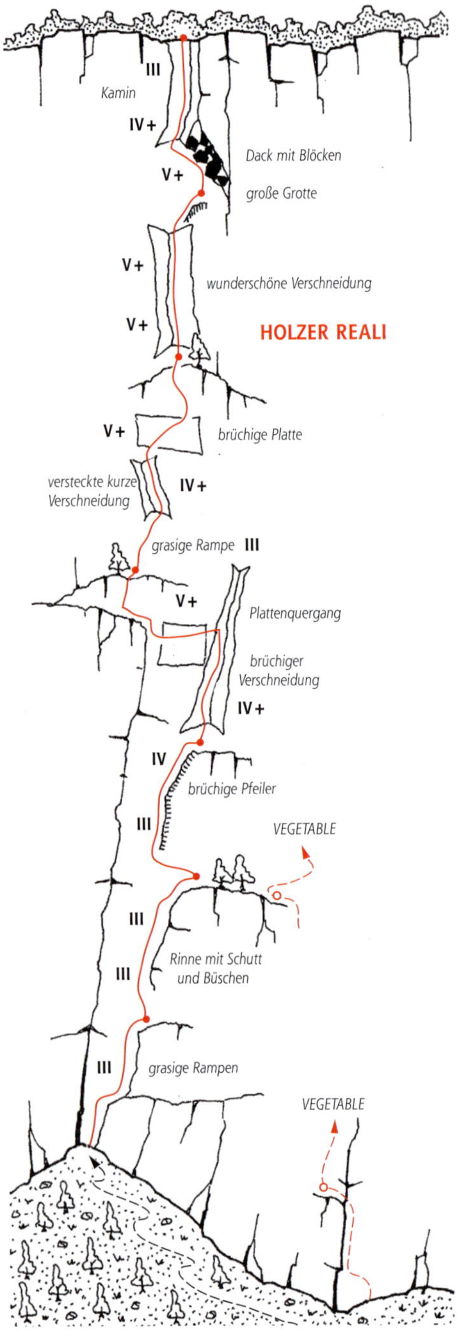

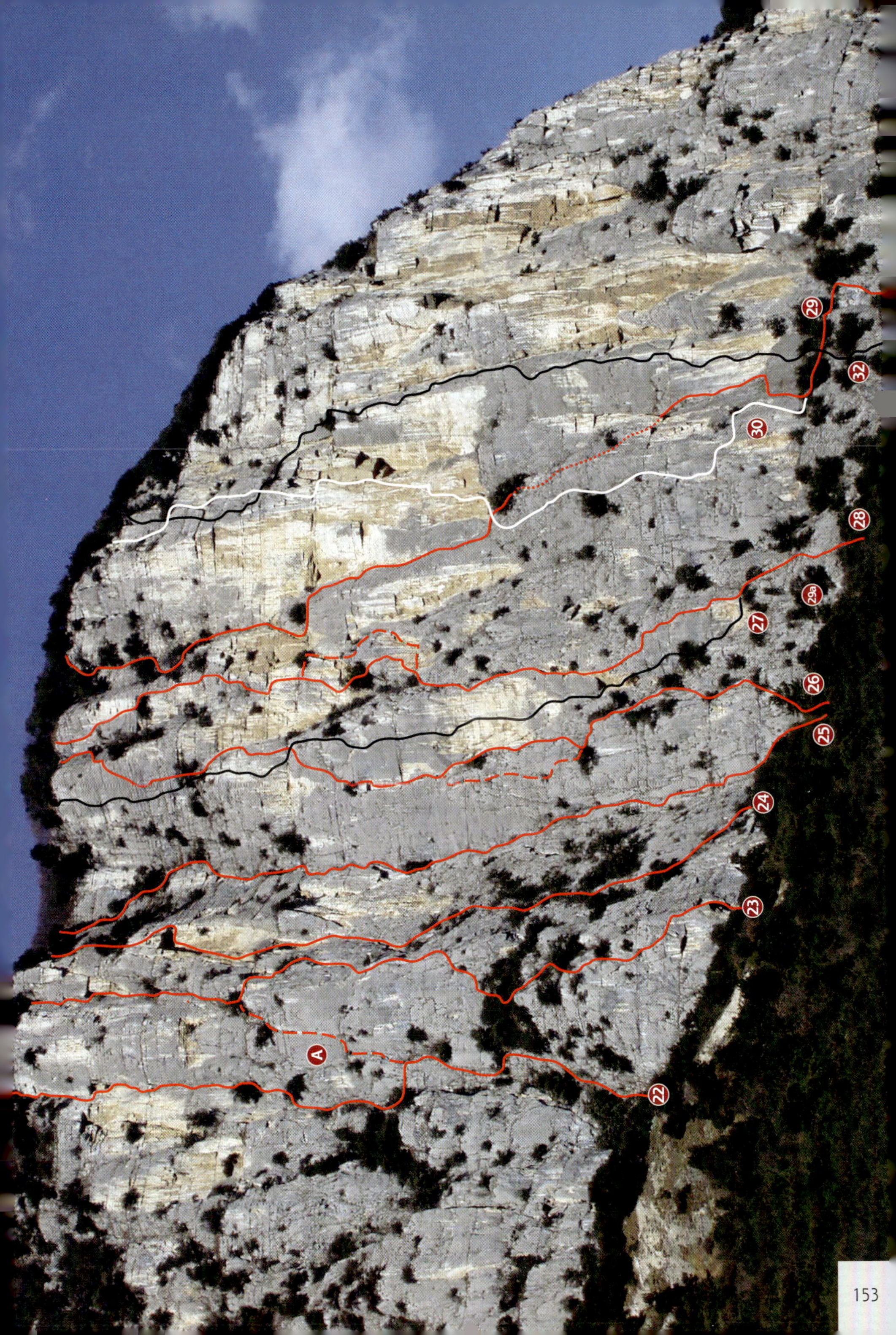
29
32
30
28
29a
27
26
25
24
23
A
22

23 VEGETABLE★★★★

G. Groaz, P. Baldo, L. Massarotto 1981
300 m. (10SL)
V+, VI/R3/II

Die Route führt über die schmalste und attraktivste Seite des südlichen Pfeilers bzw. seine ausgesetzte Kante. Klassische alpine Kletterei, typisch für das Sarcatal, über Platten, Verschneidungen und Risse. Die Absicherung ist in den schwierigeren Seillängen gut und das Gestein meist fest. Die ersten beiden schwierigen Seillängen folgen einer Variante, die eine Passage mit brüchigem und grasigem Fels vermeidet und die Schwierigkeiten dadurch etwas homogener macht. Diese Variante führt zu einer Zone mit brüchigem Gestein, Geröllterrassen und Büschen am Fuße des gut sichtbaren grauen Pfeilers, an dem sie wieder auf die Originalroute trifft. Achtung: die Kante wird heute über die steilen Platten auf der linken Seite erklettert. Dann führt die Route wieder nach rechts (deutliche und logische Linie). Schöne und schwierige Seillängen folgen, und auch der abweisend aussehende Kamin in der Ausstiegslänge ist leichter und schöner als vermutet.

Zustieg: auf dem rot gekennzeichneten Hauptweg bis in Falllinie des Pfeilers. Links eines breiten Wandsockels mit Geröll und Büschen und nahe am Pfeiler ist der Einstieg. Der erste Haken ist sichtbar und der Routenname ist angeschrieben.

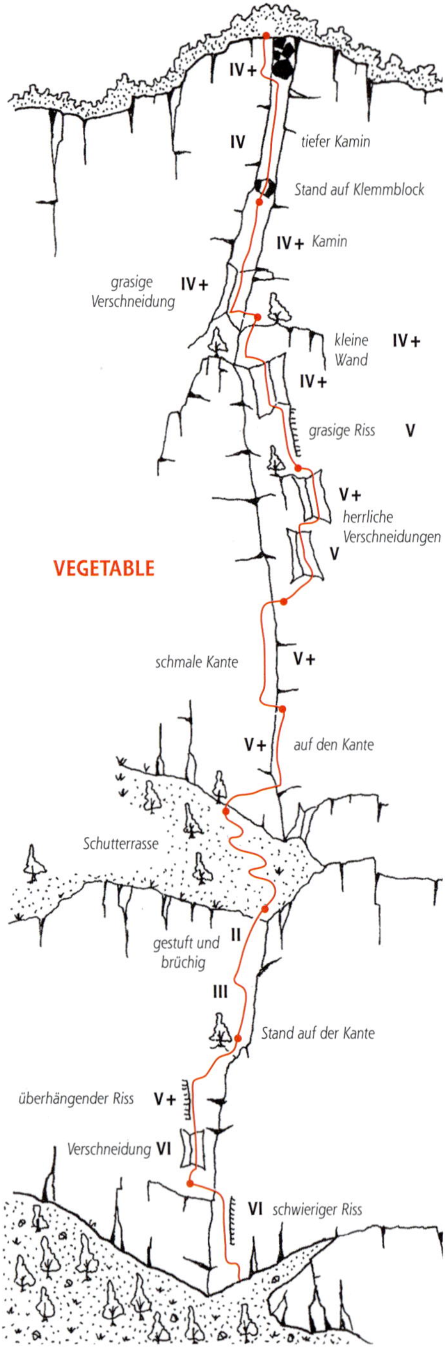

24 VIA DEI NONNI★★★

F. Salvaterra, S. Bianchi 2011
300 m. (9SL)
VI+, VII/R4/III

Schwierige und sehr anstrengende Alpinroute mit ungewönlicher, aber dennoch logischer Linienführung. Zwischen der Kante mit der "Via Vegetale" und der Route "Gran Diedro" verläuft eine gelbe Verschneidung mit sehr klaren Formen, die von einem Dach abgeschlossen wird. Die ersten Seillängen mit den sehr kompakten, grauen Platten fordern definitiv Einiges ab. Danach folgt ein leichterer Bereich mit viel Vegetation, bevor die Abschlusslängen mit Rissen und gelben Verschneidungen wieder schöne Kletterei bieten. Die Felsqualität ist im Allgemeinen recht gut, nur wenige Passagen sind brüchig. Haken stecken nur wenige, es muss zusätzlich mit Keilen und Friends abgesichert werden, auch ein paar Haken (und ein Hammer) könnten hilfreich sein.

Einstieg: gleich links der Einstiegsrinne von "Gran Diedro", über kompakte Platten.

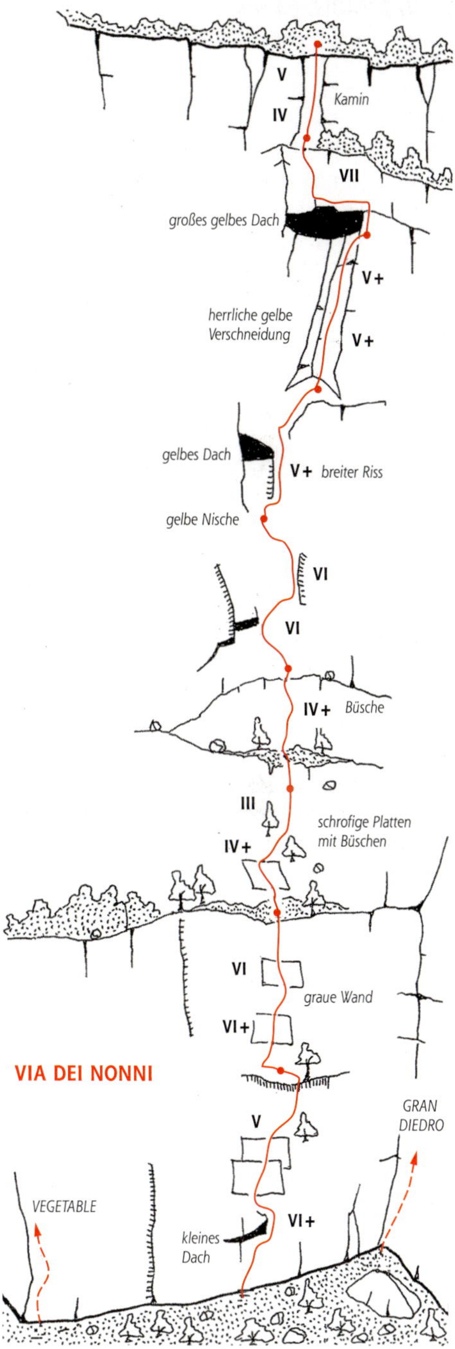

25 GRAN DIEDRO★★

H. Holzer, A. Tscholl, R. Reali 1967
Variante Stenghel 1983
300 m. (10SL)
V+, VI+, 2 Stellen A1/R3/III

Klassische Alpinroute, eine der ersten, die im Sarcatal eröffnet wurde. Sie folgt der offensichtlichsten und logischsten Möglichkeit in der Wand, nämlich der gleichmäßigen, perfekten grauen Verschneidung der Südwand des Pian dela Paia. Die Verschneidung und die Kamine sind oft recht brüchig mit viel Vegetation. Dennoch sind einige der Seillängen sehr interessant und weisen höhere Anforderungen auf, wie beispielweise die "Variante Stenghel" im unteren Bereich oder die schwierige Ausstiegsverschneidung. Die Stenghel-Variante mit einer etwas logischeren Linienführung fordert mehr Ausdauer und verläuft durch einen engen, glatten Kamin, der mit einem Überhang mit Rissen abschließt. Die Originallinie meidet diese sehr schwierige Passage und führt über die Risse auf der rechten Seite. Insgesamt gesehen ist diese Route zwar schwierig und teilweise auch gefährlich, aber nach einem Durchstieg ist die Befriedigung umso höher.

Anmerkung: Einige Passagen in der Stengel-Variante können auch technisch mit Hilfe von mittleren Friends und Keilen geklettert werden, wobei es nicht immer einfach ist, diese gut zu platzieren.

Einstieg: In Falllinie der breiten Verschneidung. Nach der ersten leichten Seillänge mit Büschen und gestuftem Fels hält man sich immer in der rinnenartigen Verschneidung.

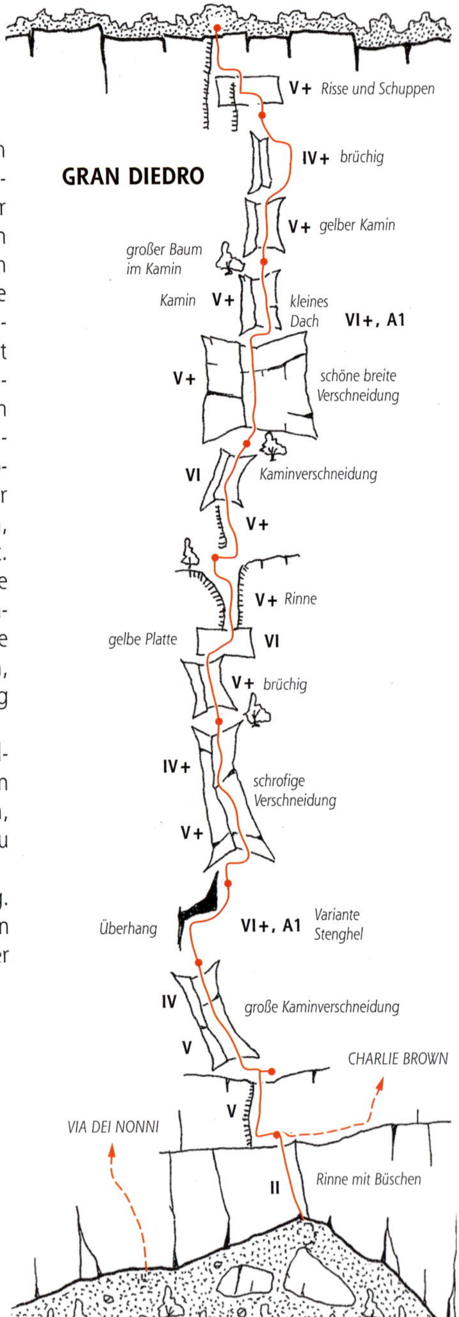

26 CHARLIE BROWN★★★★

M. Pegoretti u. Gef. 1978
Varianten: H. Grill, J. Blummel 2001
300 m. (10SL)
VI+, A0/R3/III

Schöne, sehr anstrengende und harte Route mit definitiv alpinem Charakter. Direkte und logische Linienführung mit klassischer Kletterei entlang von Verschneidungen und Rissen. Rechts der Route "Gran Diedro" führt eine klar geformte, gelbe Verschneidung durch die grauen Plattenfluchten, die die Routenlinie vorgibt. Der erste Teil mit nicht eindeutigem Routenverlauf führt über kleine Wände, Risse und gestuftes Gelände mit viel Vegetation. Fantastische Kletterei bietet dann die gelbe Verschneidung im mittleren Wandbereich. Der Schlussteil ist gekennzeichnet von grauen Platten, die von kleinen Rissen durchzogen sind. Hier sind die Schwierigkeiten auch am höchsten. Die Felsqualität ist im allgemeinen recht gut, aber die Absicherung lässt zu wünschen übrig. Ein Satz Klemmkeile, Friends und eine kleine Hakenauswahl sollten nicht fehlen. Alle Standplätze befinden sich an großen Bäumen. Im Jahr 2001 eröffnete H. Grill einige Varianten, die den Aufstieg abwechslungsreicher und schwieriger gestalten.

Einstieg: gemeinsam mit "Gran Diedro". Nach der ersten SL mit Vegetation und Stufen dann entschieden nach rechts und in Richtung der sehr markanten Verschneidung inmitten der grauen Plattenflucht.

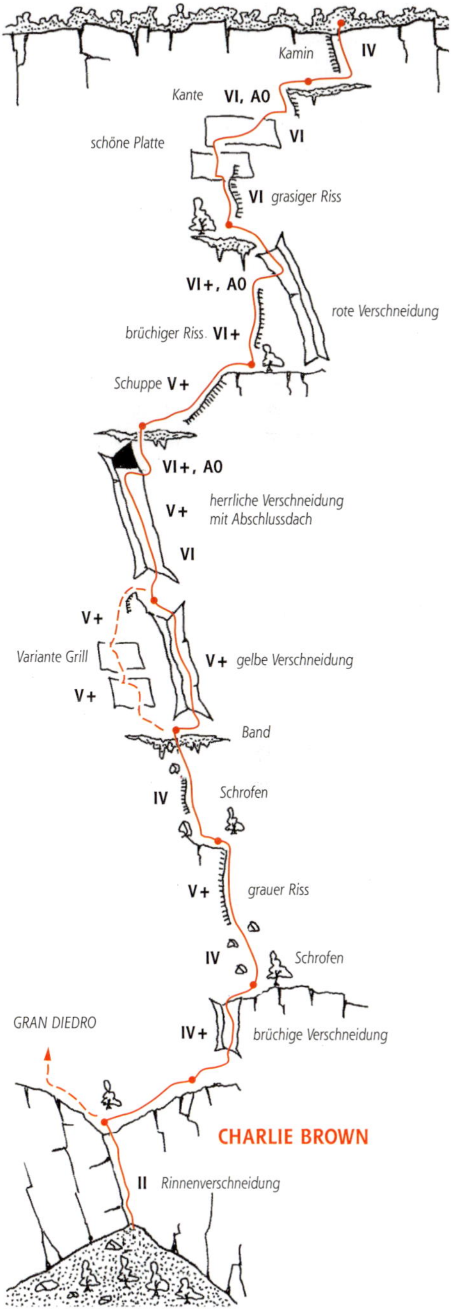

27 VIA DELLA FESSURA ★★★★

H. Grill, F. Heiss, F. Kluckner, I. Rabanser, P. Himmel, B. Holzer 2011
350 m. (14SL)
VI+, VII, Stellen A0/R4/III

Bis zur Mitte der Route lohnt eigentlich nur die zweite Seillänge. Nach der sechsten, nicht leichten und etwas erzwungenen Länge (eine brüchige Verschneidung wird damit umgangen), wird die Route aber interessant und abwechslungsreich. Es folgen eine herrliche, rote Wandstelle, Platten, Verschneidungen und Risse, wobei es unabdingbar ist, mit mobilen Sicherungsmitteln umgehen zu können. Die Crux bleibt die 9. Seillänge mit einem breiten Riss, der schwierig abzusichern ist (Friend BD Gr. 4): Entscheidungsfreudigkeit und Mut sind hier absolute Voraussetzung für das Weiterkommen. Die plattige Ausstiegslänge ist das Sahnehäubchen dieser insgesamt schwierigen und fordernden Alpinroute (Beschreibung nach einer Wiederholung von M. Loss).

Einstieg: rechts der Rinne mit "Gran Diedro", Routenname angeschrieben.

28 23 SETTEMBRE ★★★★

I. Rabanser, H. Grill, F. Heiss 2011
350 m. (12SL)
VI+, VII, Stellen A0/R3/III

Herrliche klassische alpine Route, die in eleganter Weise und ziemlich anstrengend die Verschneidungen und Risse der Wand nutzt. Die Linie ist nicht übermäßig mit Haken abgesichert, zusätzliche mobile Absicherung mit Friends und Keilen ist deshalb notwendig. Auch einige Haken und ein Felshammer sollten mitgeführt werden. Die Standplätze sind mit Bohrhaken eingerichtet oder befinden sich an Bäumen. In einigen Seillängen sollte der geforderte Schwierigkeitsgrad absolut beherrscht werden, zudem braucht man ein belastbares Nervenkostüm: einige obligatorische VIIer-Stellen weisen weite Hakenabstände auf. Die Felsqualität ist gut bis sehr gut, brüchiger Fels und Erde wurden aus der Route entfernt. Die 4. Seillänge stellt hohe Anforderungen, denn die ausgesetzte Kante ist recht brüchig und die Haken stecken weit

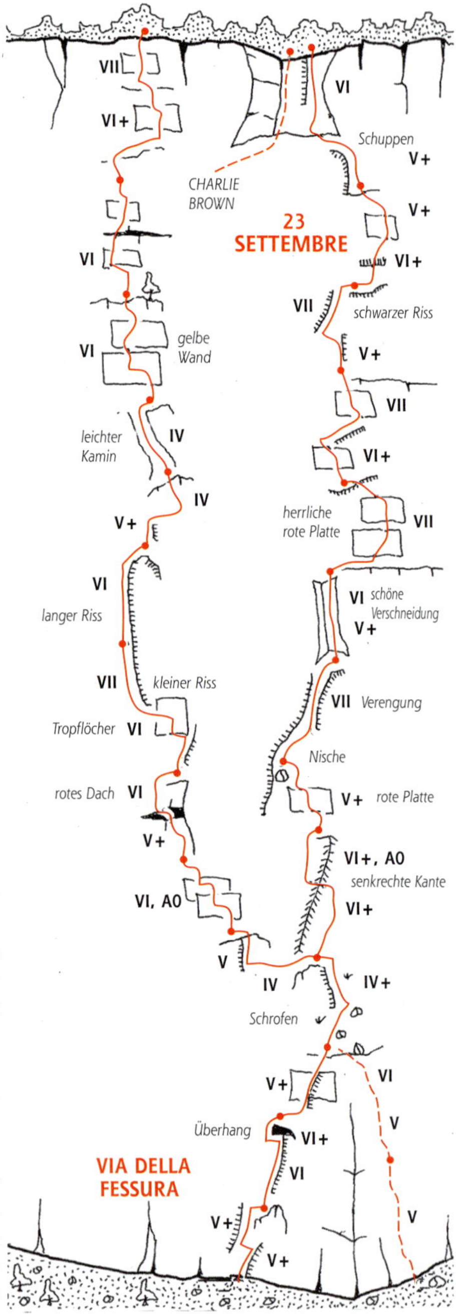

auseinander. In der Seillänge mit der Engstelle sind ein paar Microfriends hilfreich. Achtung in der Ausstiegslänge: nicht in der linken, schönen Verschneidung weiter (Ausstieg von "Charlie Brown"), sondern über die Schuppe in der rechten, grauen Platte.

Einstieg: rechts der Rinne mit der Route "Gran Diedro" steht "Via della Fessura" angeschrieben. Noch etwas weiter rechts davon erklettert man einen Vorbau mit grauem Fels und steigt dann in die plattige Wand mit einigen Rissen und etwas Vegetation ein.

29 TRAUDI ★★★

H. Holzer, R. Reali 1967

300 m. (9SL)

V+, VI+, A0/R3/III

Diese grandiose, klassische Alpinroute bietet potenziellen Wiederholern ganz sicher viel Spaß. Sie zählt zu den ersten im Sarcatal eröffneten Routen und ihre Linienführung gilt als perfekt: Von Anfang bis Ende folgt sie einer fast ununterbrochenen Reihe von Rissen und Verschneidungen. Die Anforderungen sind in allen Seillängen sehr hoch, vor allem wegen des brüchigen Gesteins mit relativ viel Vegetation, zudem ist die Absicherung unzureichend und heikel. Die mittleren Seillängen sind aber wunderschön, hier trifft man auf ein herrliche, senkrechte, gelbe Verschneidung mit sehr kompaktem Fels. Der Pendelquergang zum tiefen Kamin ist etwas ganz Besonderes, nach dem Kamin erreicht man das mittlere Band. Achtung in der vorletzten Seillänge: Sie ist besonders brüchig und es ist schwierig, für eine gute Absicherung zu sorgen. Wiederholer benötigen (neben einem Mindestmaß an Erfahrung in brüchigem Gelände) Klemmkeile, Friends und eine kleine Auswahl an Normalhaken.

Einstieg: unterhalb des Dain liegt der breite Wandsockel mit grasdurchsetzten Platten. Über diesen Sockel auf einer Rampe weiter zu einem Kamin, der durch einen abgesetzten Pfeiler gebildet wird. Von hier führt ein Band nach links zu einer breiten Verschneidung, die weiter oben von einer Reihe von Dächern abgeschlossen wird.

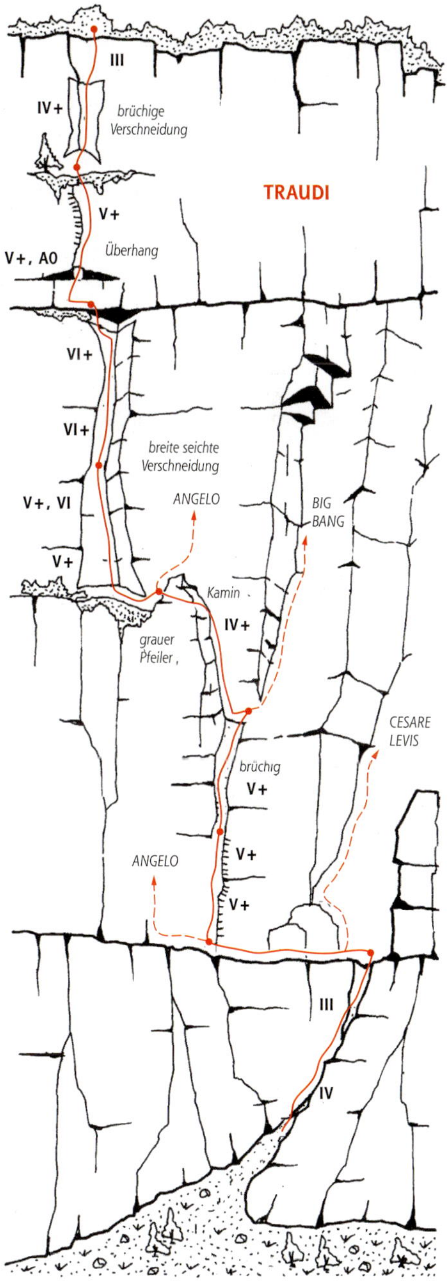

Der Einstieg befindet sich bei einem grasigen Riss, der zu dieser Verschneidung führt.

29a VARIANTE LILLI ★★

M. Pegoretti, E. Covi, M. Cagol, S. Zenatti 1985
150 m.
V+, VI/R3

Der Einstieg zu dieser Variante liegt direkt senkrecht unterhalb der breiten Verschneidung. Über Platten und grasige Risse erreicht man die Verschneidung und vermeidet dadurch den Rechtsschlenker. Direkter, aber schwieriger.

30 VIA DELL'ANGELO ★★★★

H. Grill, J. Blummel 2000
300 m. (11SL)
VI+, A1/R3/III

Die wunderschöne, klassische Route folgt einer logischen, gewagten und doch verlockenden Linie entlang des Pfeilers, der zwischen der Wand mit der 'Via Traudi' und der rinnenartigen Verschneidung mit der 'Via Big Bang' empor geht. Die ersten Seillängen sind manchmal etwas brüchig, aber mit der Höhe wird auch der Fels deutlich besser. Die Passage in Höhe der Dächer der 'Via Big Bang' ist wirklich eindrucksvoll und die oberen Plattenbereiche sind äußerst schön. Die Absicherung ist im allgemeinen gut, auch an vielen Büschen und Sanduhren sind Schlingen zu finden. Dennoch sollte eine kleine Auswahl an Haken, Klemmkeilen und Friend nicht fehlen.

Zustieg: links vom Einstiegsriss von 'Big Bang' sieht man mit Büsche mit Schlingen.

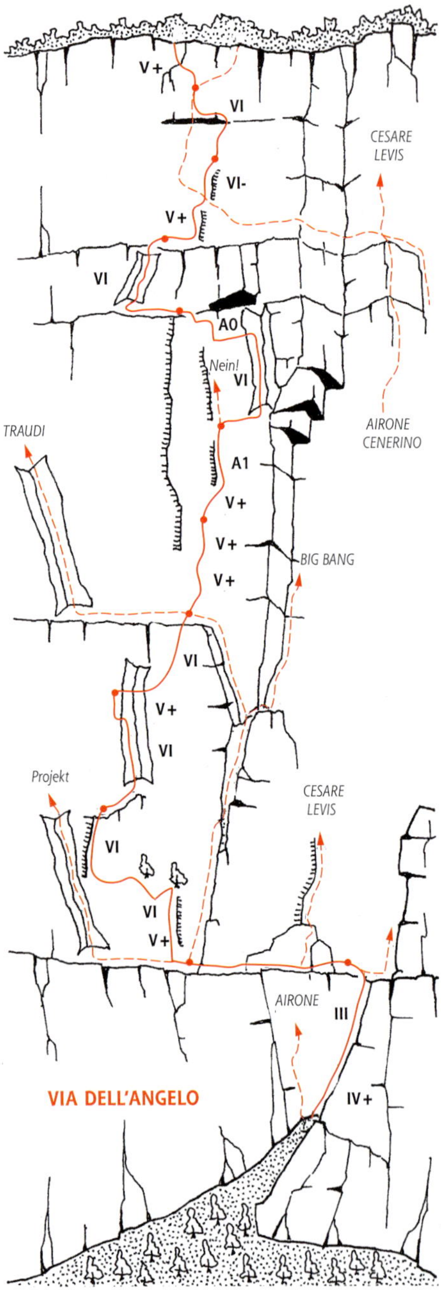

37a
39
40
37
31
41
36a
38
29
35
36
34
33
41
30
40
32
29
39

31 BIG BANG★★★

G. Stenghel, A. Baldessarini 1980
Erste freie Begehung: Mirco Corn 2013
300 m. (7SL)
VI+, VII, A0 (7a)/R4/III

Ernsthafte und extreme Route in brüchigem Gestein, mit prekärer Absicherung und in sehr wildem und bedrückendem Ambiente. Die Erstbegeher schlugen nur wenige Haken und hinterließen damit hier eine der schwierigsten Routen im Tal. Die Linie folgt der Rinnenverschneidung, die von einer Reihe von Dächern abgeschlossen wird.

Zustieg: wie zur 'Via Traudi' und in dieser Route, nach dem Band, zwei SL hoch. Danach nicht links in den brüchigen Kamin, sondern rechts in die Verschneidung.

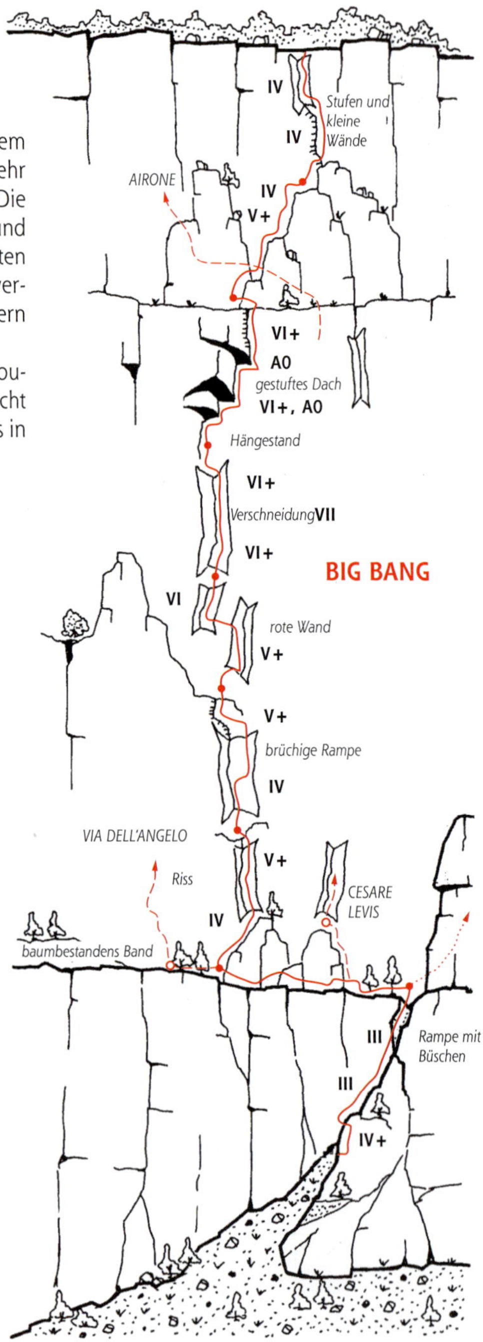

32 IL VOLO DELL'AIRONE CENERINO★★★★

A. Zanetti, D. Filippi 2006
350 m. (11SL)
6b, 7a+, (6b obl.)/S2/II

Diese Linie zieht über die elegante und scharfe graue Kante zwischen den Pfeilern namens 'Big Bang' und 'Manolo'. Die lohnende und elegante Route in gutem bis fantastischem Fels ist sehr gut mit Bohrhaken abgesichert. Die schwierigsten Passagen können A0 geklettert werden. Die Route ist den Fischreihern, die über den Fischzuchtbecken fliegen, gewidmet.

Ein wenig Geschichte: schon in den neunziger Jahren begannen Zanetti und Sebastiani mit der Erschließung dieser Route und erreichten den oberen Teil der Kante. Unbekannte Kletterer versahen dann die ersten beiden Seillängen des Sockels bis zum Beginn der Kante mit Haken. Nachdem wir dann die Route begangen und dabei die alten Haken ersetzt hatten, fügten wir die letzten Seillängen hinzu. Die Linie wurde somit in insgesamt drei Zeitfenstern erschlossen und weist deshalb unterschiedliche Arten der Absicherung auf.

Zustieg: über die deutlich sichtbare Rampe, die zu den Hauptrouten der Wand ('Cesare Levis', 'Kerouac' u.a.) führt. Der Einstieg befindet sich kurz vor der der senkrechten Wand, wo üblicherweise angeseilt wird, bei einer mit Bohrhaken abgesicherten Platte auf der linken Seite.

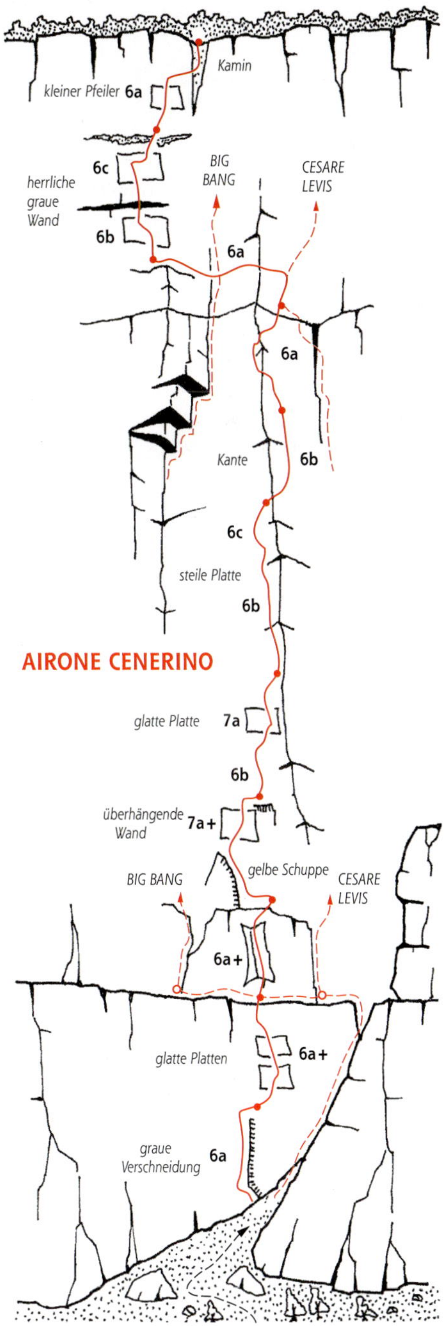

33 CESARE LEVIS★★★★★

M. Zanolla, G. Groaz, M. Furlani 1978
300 m. (8SL)
V+, VII+, eine Passage A0/R3/III

Die fantastische Route trägt auch den Namen 'Diedro Manolo' und verläuft über eine unglaubliche Reihe von Rissen und Verschneidungen. Sehr empfehlenswerte Genusskletterei in gutem Fels und mit guter Absicherung.

Zustieg: wie bei 'Traudi' bis zum Band. Dann nach links queren und über eine kleine Platte. Einstieg bei einem großen Riss, der die roten Überhänge von einem schlanken grauen Pfeiler trennt.

33a VARIANTE DI USCITA★★

G. Stenghel, R. Vettori, A. Baldessarini 1981
100 m.
V+/R3

Am Ende der 5. SL, unterhalb des Daches, statt nach links nach rechts aussteigen und über grasige Platten zum Wäldchen auf dem Gipfel.

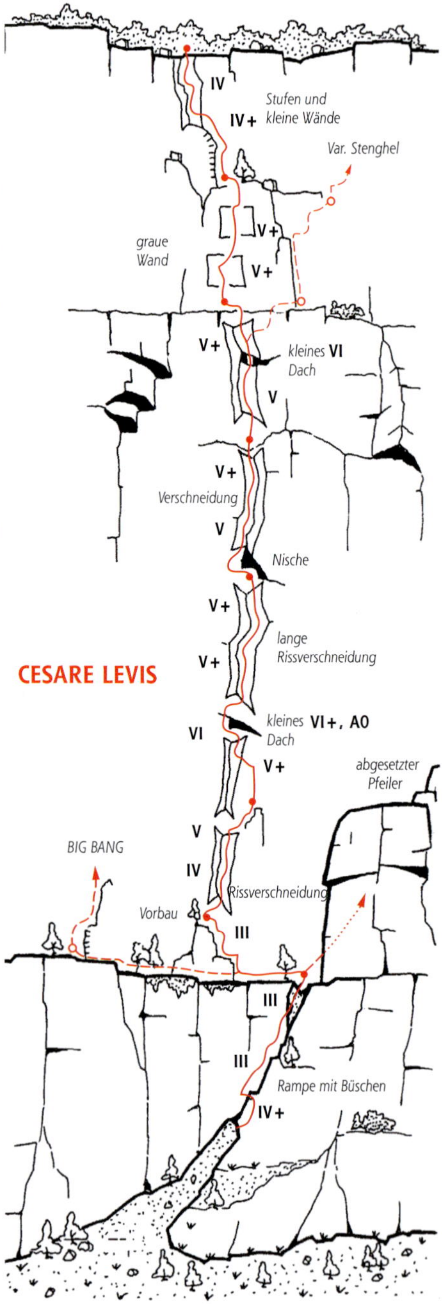

34 LUNA DI MIELE★★★

M. Pegoretti, E. Covi 1980
300 m. (7SL)
VI, VII, A1/R3/III

Anhaltend schwierige und Ausdauer fordernde, schöne Linie mit meist guter Felsqualität. Einige brüchige Passagen verlangen Mut und Entschlossenheit. Auch einige athletische Stellen müssen kraftvoll in freier Kletterei überwunden werden. Die Absicherung als alpin zu bezeichnen, es stecken nur wenige Haken, zusätzliche mobile Absicherung mit Keilen und Friends ist obligatorisch. Auch ein Felshammer und diverse Haken sind notwendig, denn in der technisch zu kletternden Seillänge sind viele der Haken von zweifelhafter Qualität. Insgesamt ist diese Route also als sehr intensiv und trotzdem sehr lohnend zu bezeichnen.

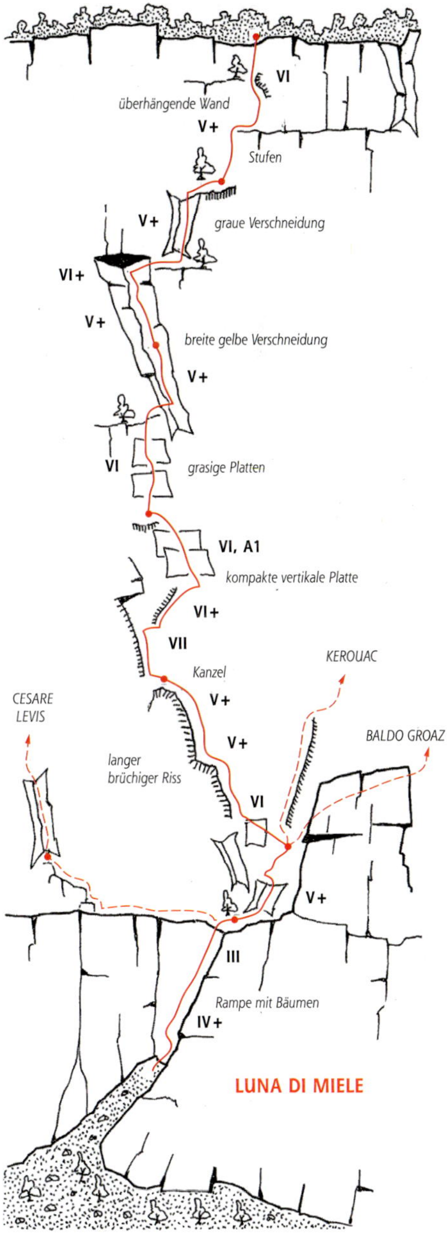

35 KEROUAC★★★★
G. Groaz, P. Baldo, L. Massarotto 1981
300 m. (7SL)
VI+, A0/R3/III
Schöne und schwierige Route mit viel Risskletterei. Vor allem die Einstiegslänge entlang roter, abgesetzter Schuppen, die sehr viel Vorsicht erfordern, ist sehr beeindruckend. Die 4. Seillänge mit einem Mix aus technischer und freier Kletterei bietet definitiv die schönste Passagen.
Einstieg: Wie bei "Traudi" bis zum Grasband, dann rechtshaltend zum Kamin beim abgesetzten Pfeiler. In den Kamin und links zu einer markanten roten Schuppe mit Riss.

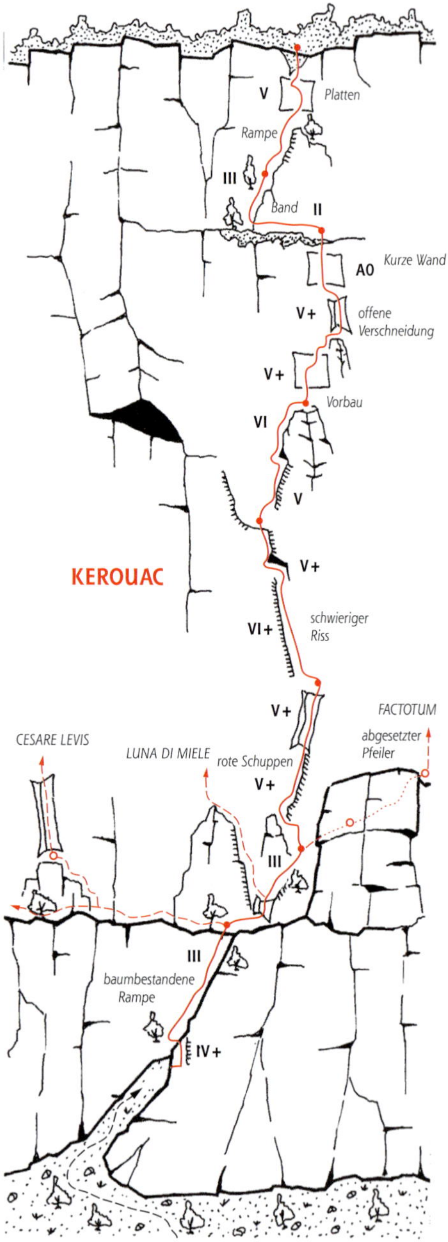

41
39
40
42
43
44

36 FACTOTUM ★★★

M. Zanolla, A. Leviti 1978
300 m. (8SL)
V+, VI/R3/III

Die Schönheit dieser Route wird durch die besonders wildnishafte und eindrucksvolle Umgebung bestimmt. Die Linie folgt Verschneidungen und Rissen, die mal brüchig, mal wieder unglaublich fest sind.
Vorsicht nach der ersten Seillänge: schöne Platten verleiten leicht zu einer Rechtstraverse (Var. FB)

Zustieg: wie bei 'Traudi', dann 2 SL durch den Kamin bei dem einzelstehenden Pfeiler. Bei einer Terrasse dann direkt in die Wand mit grauen und brüchigen Rissen einsteigen.

36a VARIANTE F.B. ★★

D. Filippi, C. Baratto. 1994
40 m.
V+, VI/R3

Diese Variante entstand als Verhauer bei einer Wiederholung von "Factotum".
Nach der Seillänge mit den brüchigen Rissschuppen erreicht man mit dieser schwierigen, aber schönen Traverse die 'Via Zenatti'.

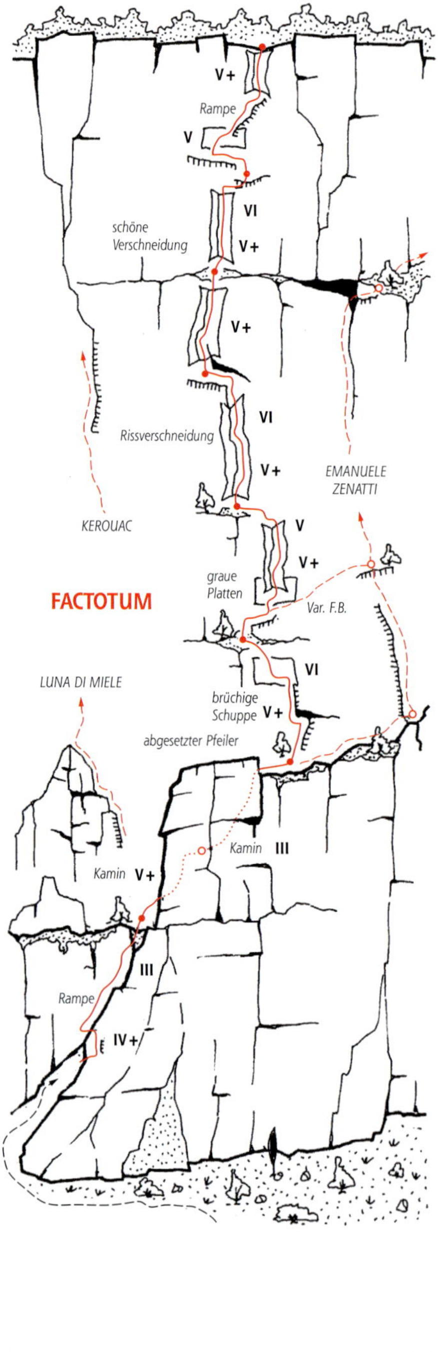

37 EMANUELE ZENATTI ★★★

G. Stenghel, F. Zenatti 1981
300 m. (8SL)
V+,VI/R3/III

Außergewöhnlicher Weg über wunderschöne rote Verschneidungen. Die Kletterei im festen Fels ist recht athletisch, leider ist die Absicherung nicht gerade gut.

Zustieg: Wie bei 'Traudi' und 'Factotum' bis zur Terrasse, dann auf dem Band und der folgenden Rampe nach rechts queren und über einen Vorbau. Einstieg bei einem nach links führenden gelben Riss.

37a VARIANTE DI USCITA ★★★★

D. Filippi, S. Bazzanella 1999
40 m.
VI/R3

Unter dem Abschlussdach bis zu dessen Ende nach links queren und auf eine kleine Terrasse. Standplatz in einer kleinen Verschneidung, selbst einzurichten. Mit einer weiteren kurzen Traverse erreicht man die Verschneidungen der 'Via Factotum'.

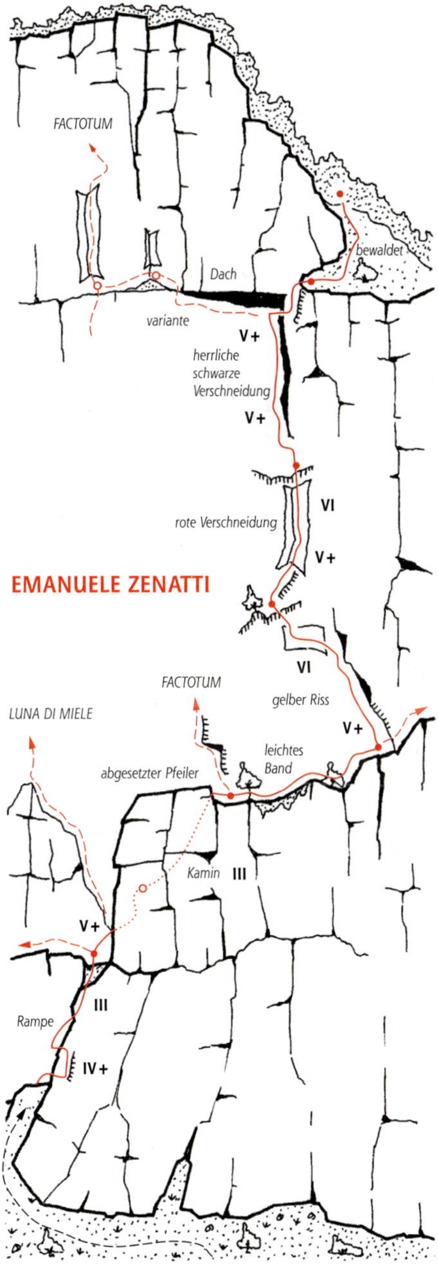

38 BALDO GROAZ★★★

G. Groaz, P. Baldo 1978

350 m. (9SL)

IV+, V+/R3/III

Leichte, typisch klassische Genusskletterei entlang von Kaminen, Verschneidungen und Rissen. Die leichteste Route der Wand ist ein perfekter Einstieg für die alpinen Routen im Sarcatal, sollte aber dennoch nicht unterschätzt werden. Vorsicht sollte man auch bei den Kaminen in den ersten Seillängen walten lassen: hier liegen große, wenig vertrauenerweckende Blöcke herum.

Zustieg: wie zu 'Traudi' und 'Emanuele Zenatti', dann noch weiter rechts (am Einstieg von 'Par Condicio' vorbei) queren. Einstieg bei einer grauen, rinnenartigen Verschneidung mit instabilen Blöcken.

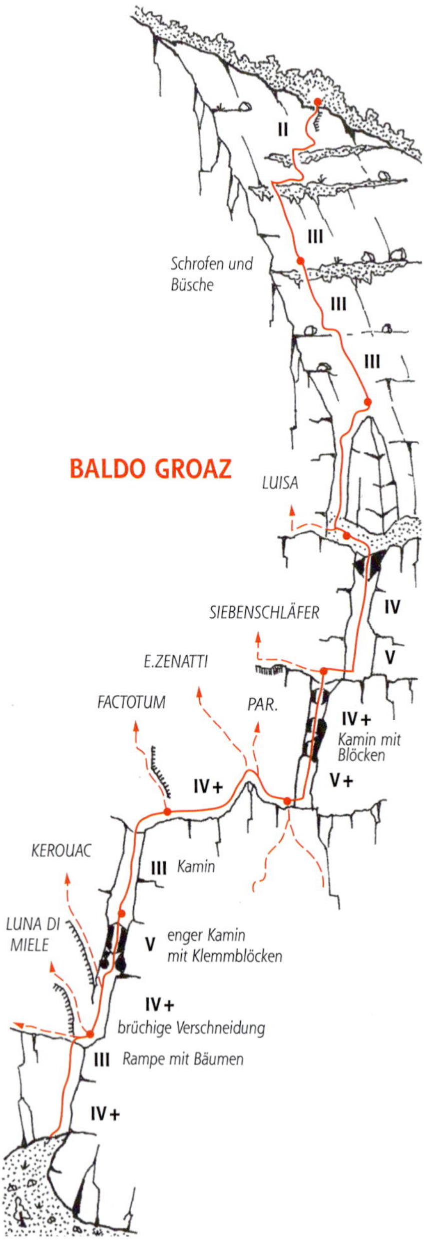

Ristorante Pizzeria Pace

... In der Altstadt von Arco, einem einladenden Ambiente, findest du viele leckere, im Holzofen gebacken, Pizzen und eine raffinierte Küche mit viel Liebe fürs Detail, die in der Lage ist jeden

Ristorante Pizzeria Pace climbers' first choice ...

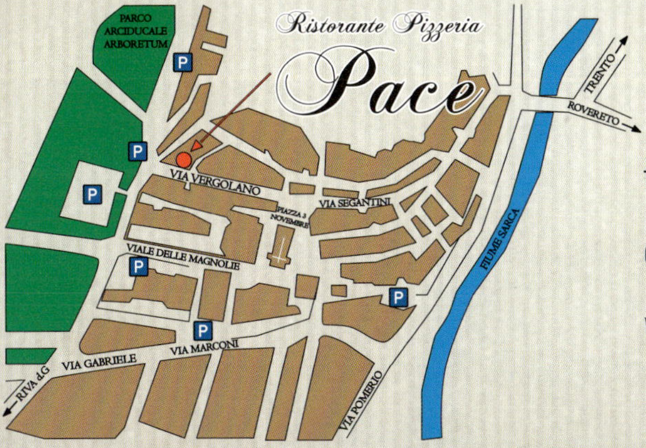

38062 Arco (TN)

Via Vergolano, 42

tel/fax (+39) 0464 519495

email: info@pizzeriapace.it

web: www.pizzeriapace.it

39 VIA LUISA★★

F. Miori e D. Zampiccoli 1982
300 m. (9SL)
V+, VI/R3/III

Klassische alpine Kletterei mit meist gemäßigten Schwierigkeiten. Nur die erste und die sechste Seillänge fallen etwas aus dem Rahmen: in der ersten klettert man über heikle, weil brüchige Stellen. Die sechste Seillänge bietet wunderschöne, aber auch anhaltend schwierige Verschneidungskletterei in festem Gestein. Der Ausstieg aus dem Dach am Ende dieser Verschneidung ist die schwierigste Passage in der gesamten Route. Die 'Via Luisa' verläuft in den ersten Seillängen zwar eigenständig, benutzt dann aber den grauen Kamin der 'Via Baldo Groaz' und später auch die schöne rote Ausstiegsverschneidung der 'Via Siebenschläfer'. Insgesamt eine nicht sehr schöne, sehr alpine, klassische Route, die aber trotz des Entdeckungscharakters gewissen Genuss bieten kann.

Zustieg: wenige Meter unterhalb der großen Rampe, die zur 'Via Cesaris' und den anderen Routen führt, beginnt eine weitere baumbestandene Rampe. Diese führt zu einer markanten, brüchigen und mit Büschen bestandenen Rinnenverschneidung. Diese Verschneidung kann man auch daran erkennen, dass sie sehr deutlich die Platten mit der 'Via Parcondicio' vom großen einzelstehenden Pfeiler trennt.

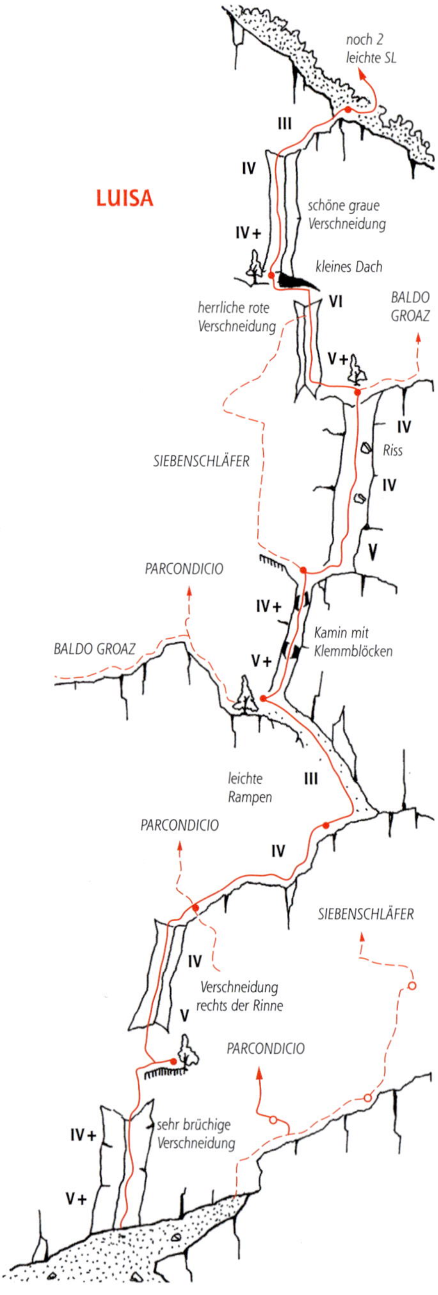

40 PAR CONDICIO ★★★★

M. Maceri, R. Cosmis 2000

300 m. (8SL)

VI+, A0/R1/III

Interessante und lohnende Route, eine Mischung zwischen Alpin- und Sportkletterei. Im unteren Teil folgt die Linie herrlichen Rissen, im oberen Bereich folgen überhängende glatte Wandteile mit sehr hohen Schwierigkeiten, aber engen Hakenabständen. Die Felsqualität ist im Allgemeinen als gut zu bezeichnen, die Route ist gut mit Bohrhaken abgesichert. Für die Einstiegsrisse sind ein paar Friends ziemlich hilfreich.

Zustieg: bei der Rampe der 'Via Traudi' etwas abwärts und auf der folgenden Rampe empor. Einstieg rechts einer Grasrinne, in Falllinie zweier kleiner und charakteristischer Dächer („Par" steht angeschrieben).

41 SIEBENSCHLÄFER ★★★★

T. Zuech, M. Camper 1983
300 m. (9SL)
V+, VI/R3/III

Die spektakuläre Linie ist einer der schönsten Wege im ganzen Sektor und zieht in fantastischer Kletterei über Risse und Verschneidungen in bestem Fels hoch. Es wurden wenige Haken belassen, aber die Absicherung mit Klemmkeilen und Friends ist sehr einfach.

Einige Passagen in den breiten Rissen (z.B. in der 4. und 8. SL) sind mit ihren ungewöhnlichen Körperklemmern sehr mühsam. Die Route verläuft mehr oder weniger parallel zu 'Parcondicio', einige Standplätze haben die Routen gemeinsam.

Einstieg: auf den ersten 10 Metern wie 'Par condicio', dann auf dem Band weiter bis zum Beginn einer deutlichen Verschneidung. Stand an einem Baum.

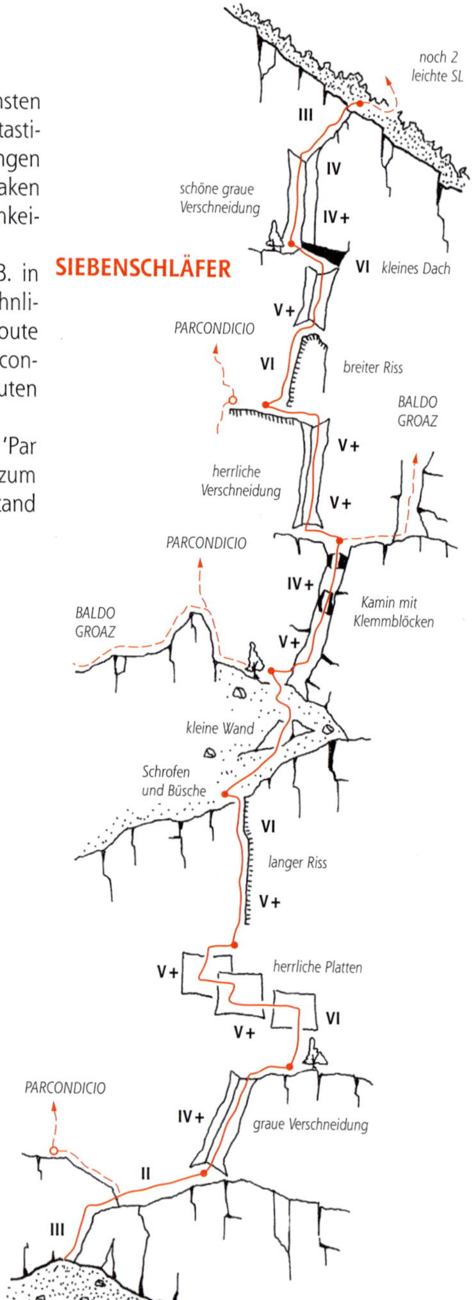

42 IMPRONTE DIGITALI ★★★★

M. Maceri, R. Cosmis, M. Zadra 2001

350 m. (11SL)

VI+, A0, Stellen A1/R1/II

Schöne Route mit Sportklettercharakter über sehr kompakte Platten. Einige grasige Passagen geben ihr dennoch einen alpinen Touch. In der Gesamtlänge sind auch die letzten vier Seillängen von 'Par condicio' mit eingeschlossen.

Zustieg: auf dem steilen Pfad, der durch den Wald führt, nicht zu weit hoch, sondern bald über das Geröllfeld queren (gelbe Markierungen und Steinmänner). Über diesen schrofigen und mit Büschen bestandenen Wandsockel erreicht man direkt den Einstieg der Route.

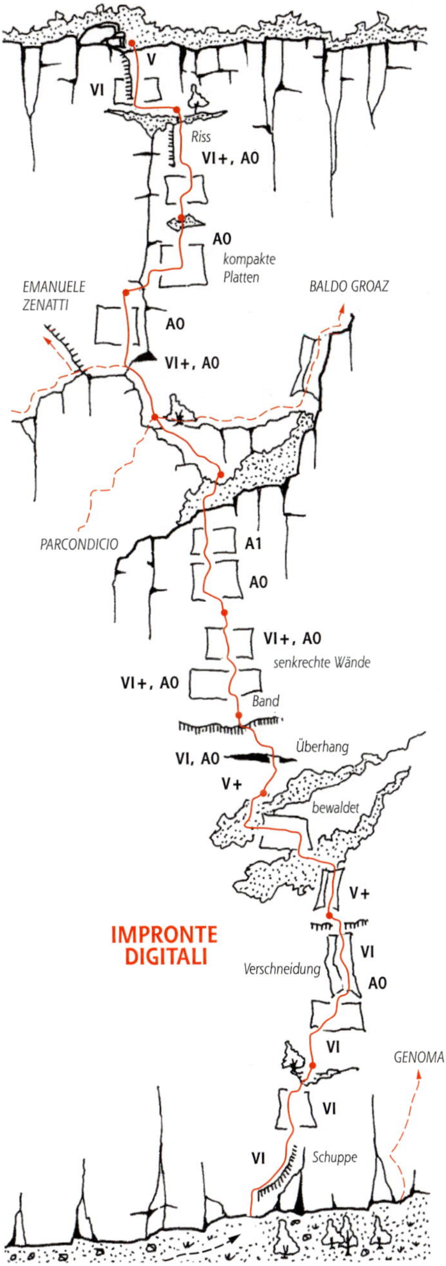

43 GENOMA ★★★★★

M. Maceri, C. Zadra, A. Todesco, R. Lisciotto
2000
350 m. (11SL)
6b, A0 (6a obl.)/S2/II

Diese wunderschöne Route führt in den ersten Seillängen über sehr kompakte Tropflochplatten und folgt dann sehr logisch einer Reihe von Verschneidungen und Rissen. Abwechslungsreiche Kletterei, gut, aber manchmal etwas weit, mit Bohr- und Normalhaken abgesichert. Friends mittlerer Größe sind empfehlenswert. Die Route endet bei der Kaminverschneidung der 'Via Baldo Groaz', über die man mit drei Seillängen leicht auf den Gipfel aussteigt. Dennoch ist hier wegen der instabilen Blöcke und vielen Büsche Vorsicht angebracht.

Einstieg: etwas rechts von 'Impronte Digitali'.

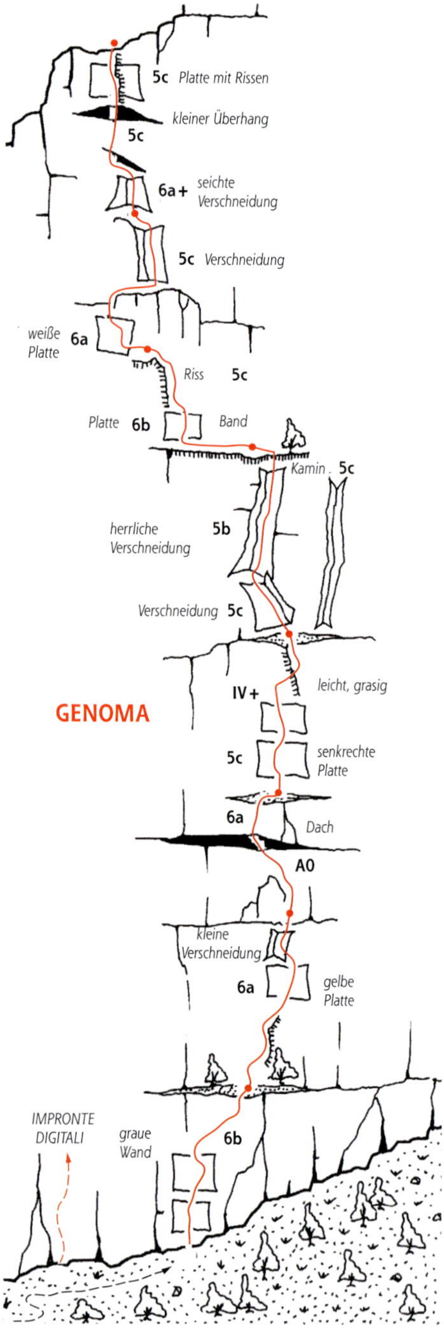

44 VIA DELLO SPIGOLO★★★★

H. Grill, F. Kluckner, F. Heiss, L. Heiss 2005
350 m. (14SL)
V+, VI, A0/R3/III

Logische, elegante und wunderschöne Alpinroute, die mit klassischer Kletterei über Verschneidungen, Risse und Platten aufwartet und sehr empfehlenswert ist.

Die Route ist im Allgemeinen recht gut mit Bolts und geschlagenen Haken abgesichert. Erhöhte Vorsicht ist nur bei der 4. Seillänge erforderlich, hier sind die Hakenabstände etwas weiter und eine bessere Absicherung, auch mit mobilen Sicherungsmitteln, ist nicht möglich.

Im Allgemeinen ist die Absicherung mit Normalhaken gut. In der kompakten Platte der 4. SL sollte man vorsichtiger sein: die Hakenabstände sind etwas weit und Möglichkeiten für eine zusätzliche Absicherung gibt es nicht. Die Standplätze an Bäumen und Büschen sind gut, sollten aber manchmal zusätzlich abgesichert werden. Vorsicht bei einigen losen Blöcken im Verlauf der Route.

Einstieg: etwas rechts von 'Genoma'.

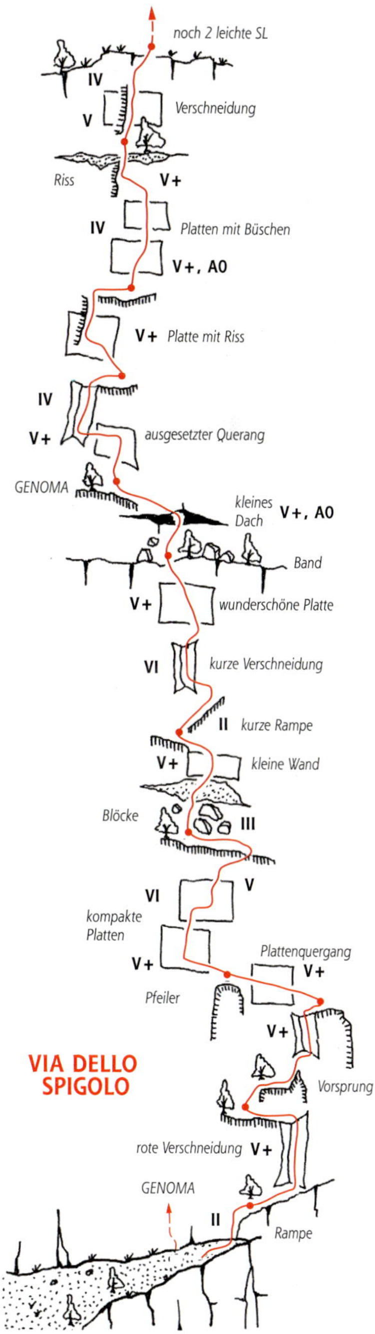

Parete Zebrata (Sonnenplatten)

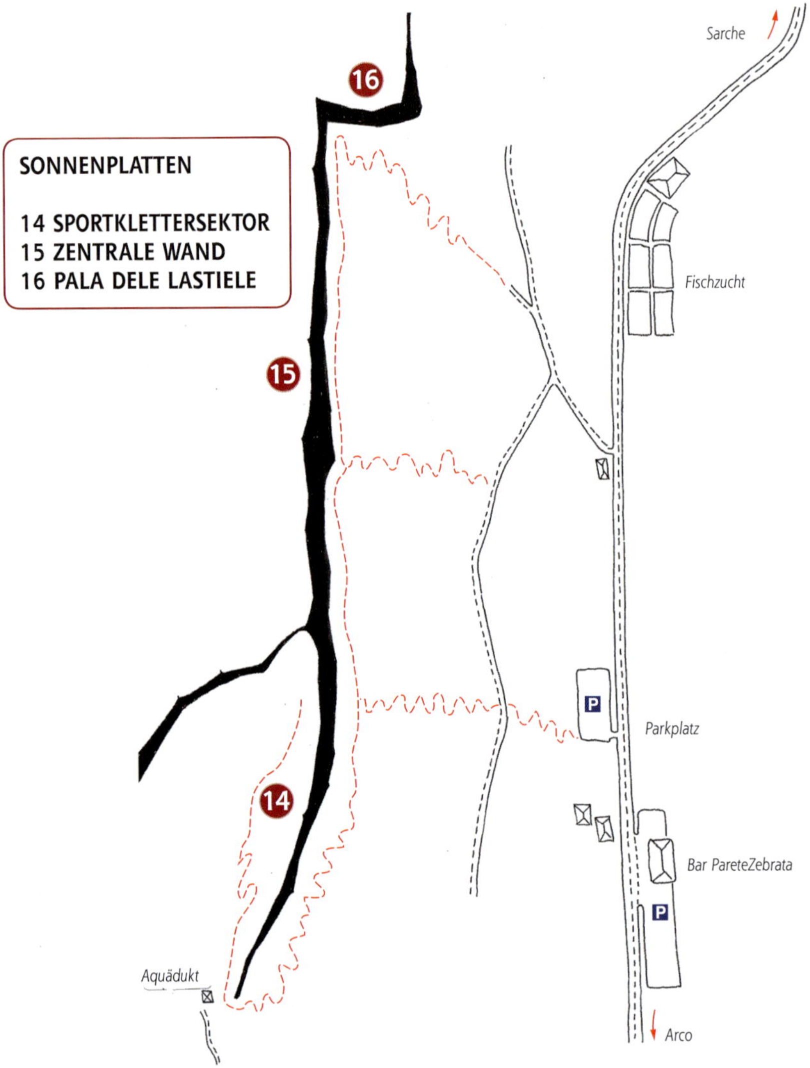

Der italienische Name der Wand (zebrata = gestreift) bezieht sich auf die vielen grau-schwarzen Streifen in der riesigen Plattenflucht. In der durchschnittlich 60° steilen Wand findet man typische Reibungsklettereien mit jeder Länge und in jedem Schwierigkeitsgrad.

Matteo Bertolotti, *Perla bianca*, Sonnenplatten, Zentraler Sektor *(sassbaloss.com)* →

14 Sportklettersektor

Parete Zebrata

0.20 h

0.40 h

400 m.

O

Früher gab es hier nur alpine Routen mit spärlicher Absicherung und den logischen Folgen. Seit der Sektor aber plaisirmäßig eingebohrt wurde, verzeichnet er ein sehr hohes Besucheraufkommen. Auch der bequeme Zustieg ist ein großer Vorteil. Wegen der darüber liegenden Geröllfelder besteht aber nach wie vor ein sehr hohes Steinschlagrisiko. Die Zustiegswege und der Abstieg verlaufen in diesen Zonen mit sehr viel losem Gestein. Beim Abstieg lösen Kletterer immer wieder Steinschlag aus, der genau in die Kletterrouten fällt. Deshalb sollte man sehr früh in die Routen einsteigen, möglichst als erste Seilschaft. Genauso wichtig ist es, beim Ausstieg aus den Routen und beim Abstieg größtmögliche Vorsicht walten zu lassen. Mit „46o parallello" erschloss Heinz Steinkotter im Jahre 1969 als Erster eine Route in diesem Bereich. Andrea Andreotti und Marcello Rossi gaben mit der Eröffnung der Route „Rita" den Anstoß zur Erschließung der gesamten Wand. In den vergangenen Jahren wurden alle Routen saniert und damit jedermann zugänglich gemacht. Wir möchten dennoch daran erinnern, dass A. Giovannetti in der 4. Seillänge der Route „Gabri-Camilla" nur einen einzigen Haken zur Absicherung verwendet hat. Heute findet man hier wenigstens zehn Haken!
Alle Routen sind schön, abwechslungsreich und mit eleganter Linienführung.

Zustieg
Vom großen Parkplatz in der Nähe der Wand führt ein bequemer und gut sichtbarer Weg zum Wandfuß und den verschiedenen Einstiegen. Eine weitere Parkmöglichkeit befindet sich bei der nahe gelegenen Bar Parete Zebrata.

Abstieg
Vom Ausstieg der Routen links auf einen Weg und durch die Geröllfelder bis zu einer Wasserleitung. Ab hier nicht auf dem Forstweg weiter, sondern scharf linkshaltend und auf dem Pfad über steile Geröllfelder weiter abwärts bis ins Tal.

1 MARA	70 m.	
2 RIGOLA PRECOCE	70 m.	
3 OPERA PRIMA	100 m.	
4 VIA DELLE MIMOSE	120 m.	
5 DONNE IN CERCA DI GUAI	120 m.	
6 ZO LE MAN	120 m.	
7 GINO GIANNA	150 m.	
8 GIUSY	150 m.	
9 TRENTO	180 m.	
10 46° PARALLELO	180 m.	
11 MAN ILIA	200 m.	
12 OLOCAUSTO	180 m.	
13 D.C.P.E	180 m.	
14 ARRIVEDERCI MARCO	200 m.	
15 CANE TRIPPA	200 m.	
16 SOUTH PARK	240 m.	
17 VIA DEL 2 AGOSTO	250 m.	
18 MON CHERY	300 m.	
19 ULTIMO TANGO	300 m.	
20 VIA DELL'AMICIZIA	350 m.	
21 GABRI-CAMILLA	300 m.	
22 SOLARIS	300 m.	
23 GIOCHI DI SILVIA	350 m.	
24 SIMILAUN	350 m.	
25 RITA	400 m.	
26 TERESA	400 m.	
27 LUNA 85	400 m.	
28 CLAUDIA	400 m.	

1 MARA ★★★
R. Galvagni, D. Filippi 2009
70 m. (2SL)
6b/S2/I
Schöne Plattenkletterei in der ersten Seillänge. Die zweite Länge ist leicht und teilweise etwas grasig.
Einstieg: Routenname angeschrieben.

2 RIGOLA PRECOCE ★★★
R. Galvagni, D. Filippi 2009
70 m. (2SL)
6b/S3/I
Durch die Einstiegsplatte zieht eine schöne Rinne. Lange und ungesicherte Passage vor dem ersten Standplatz. Die zweite Länge bietet schöne und lohnende Kletterei.
Einstieg: Routenname angeschrieben.

3 OPERA PRIMA ★★★
100 m. (3SL)
5b/S3/I
Sehr kurze und leichte Kletterei und sehr gut für einen ersten Gesamteindruck in die Routen an der Parete Zebrata geeignet. Zum Einstieg steigt man das gesamte Geröllfeld hoch, fast bis zum Ende der eigentlichen Wand. Kurz vor großen Büschen sind die Klebehaken dann zu sehen.

4 VIA DELLE MIMOSE ★★★
120 m. (3SL)
5b/S3/I
Die Route beginnt mit einer wunderschönen seichten Verschneidung und führt dann über leichtere Platten. Einstieg etwas rechts der Route „Opera Prima".

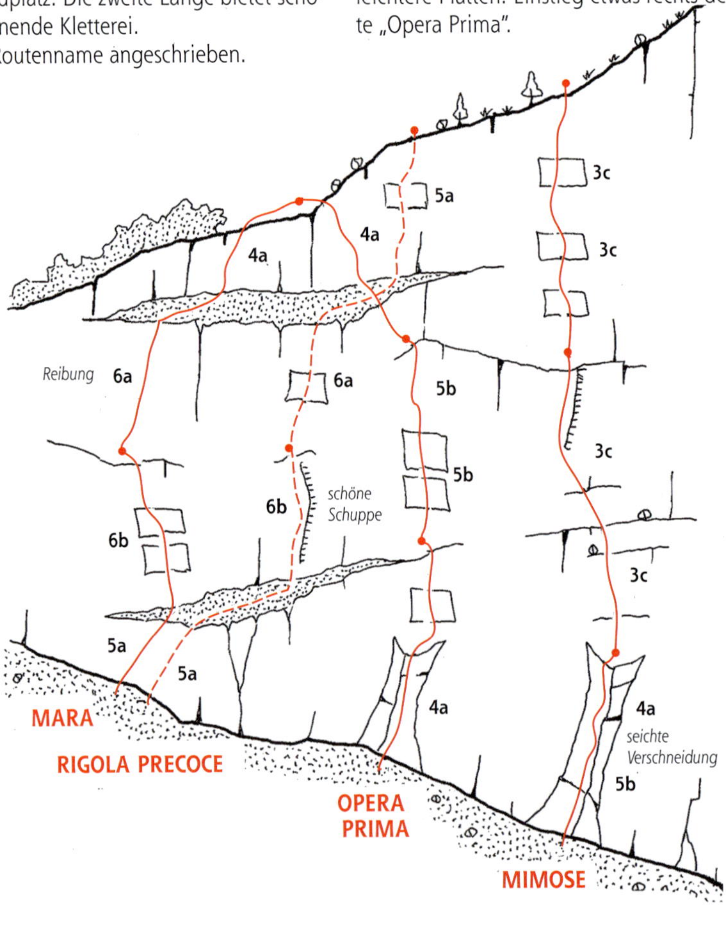

1
2
3
4
5
6
7
8
9
10
11
12
13
14
15
16
17

5 DONNE IN CERCA DI GUAI ★★★

O. Piazza, I. Mascivecchio 1990
120 m. (3SL)
5b/S3/I

Leichte und lohnende Plattenkletterei mit teilweise etwas weitem Hakenabstand. Vor allem die erste Seillänge mit einer sehr ästhetischen Plattenpassage ist sehr schön. Vorsicht in der letzten Seillänge mit sehr weitem Hakenabstand: über die markante Kaminrinne aussteigen.

Einstieg: Routenname angeschrieben.

6 ZO LE MAN ★★★

D. Pinamonti, V. Degasperi 2011
120 m. (3SL)
5b/S1/I

Schöne Linie zwischen den Routen "Donne in cerca di guai" und "Gino Gianna". Lohnende, leichte Plattenkletterei in strukturiertem Fels mit sehr guter Qualität. Crux in der Platte in der ersten Seillänge.

Einstieg: Routenname angeschrieben.

7 GINO GIANNA ★★★

150 m. (4SL)
4c/S3/I

Die schöne Route beginnt mit einer charakteristischen Querung über eine glatte Platte. Einstieg etwas unterhalb von „Donne in cerca di guai" und ca. 50 m links von „46o parallelo".

Einstieg: Routenname angeschrieben.

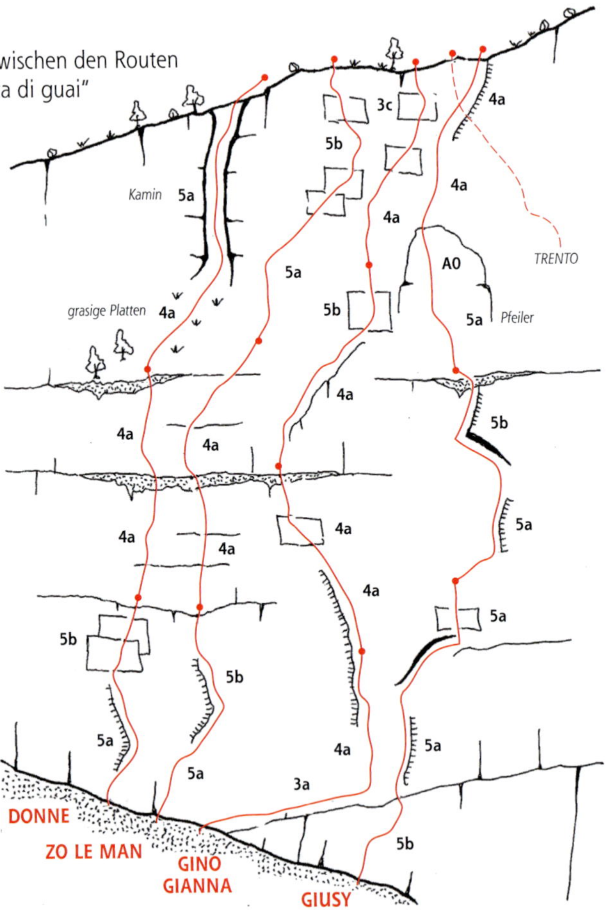

8 GIUSY★★★

D. Filippi 2012

150 m. (3SL)

5b, eine Stelle A0/S1/I

Schöne Route in der Rinne zwischen "Gina Gianna" und "Trento". Beste Felsqualität, sehr strukturiert mit vielen Sanduhren. immer sehr homogen und abwechslungsreich. Nur eine schwierige, technisch (A0) zu kletternde Passage in der 3. Seillänge.

Einstieg: Routenname angeschrieben.

9 VIA TRENTO★★★

180 m. (5SL)

5b/S3/II

Zwei schöne Seillängen mit absoluter Reibungskletterei. Die Route folgt den Platten links der deutlich sichtbaren und ausgeprägten Grasrinne der 'Via del 46° Parallelo'.

Einstieg: Routenname angeschrieben.

10 VIA DEL 46° PARALLELO★★★

H. Steinkotter 1969

180 m. (6SL)

4a/S3/II

Diese Route war nicht nur die erste an der Parete Zebrata, sondern sie ist auch eine der ältesten im ganzen Tal. Sie folgt der unverwechselbaren und gut erkennbaren grasigen Rinne, die den oberen Teil der Wand kennzeichnet. Diese Rinne ist ein sehr guter Bezugspunkt für die Lokalisierung der Einstiege der weiteren Routen.

Einstieg: Routenname angeschrieben.

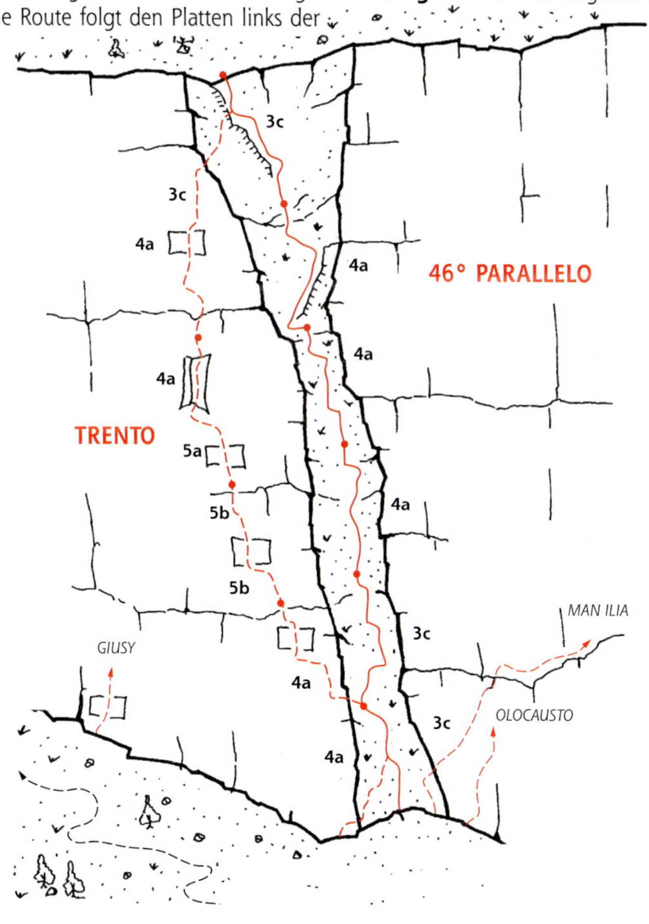

11 MAN ILIA★★★
200 m. (6SL)
5a/S3/II
Lange Querungen kennzeichnen diese Route. Vorsicht ist in den letzten Seillängen geboten: hier kreuzt sie andere Wege. Einstieg rechts der Rinne von „46o parallelo".
Einstieg: rechts von der Rinne mit der Route "46° Parallelo". Routenname angeschrieben.

12 OLOCAUSTO★★★★★
180 m. (6SL)
7a (6b obl.)/S2/II
Diese Route bietet mit die höchsten Schwierigkeiten von allen Linien dieser Wand. Mit extremster Reibungskletterei führt die Linie über die glatten Plattenfluchten rechts Rinne mit der Route "46° Parallelo".
Einstieg: gleich rechts von "Man Ilia"

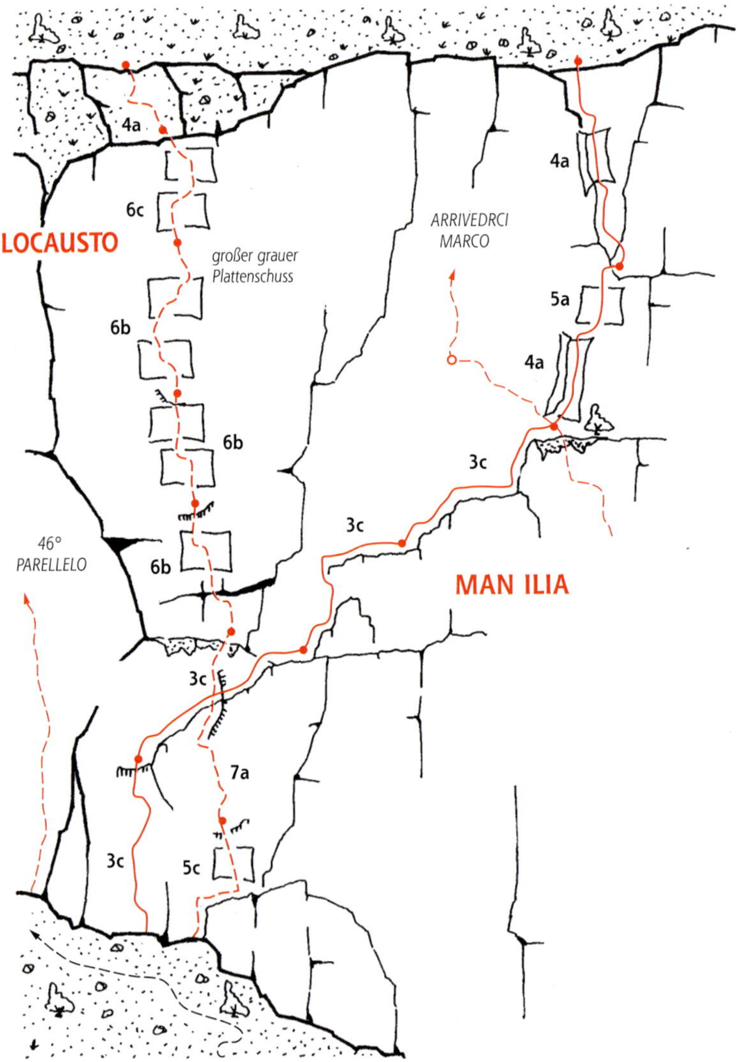

13 D.C.P.E. ★★★★★

Federico e Tommy 2006
180 m. (6SL)
6c+, A0 (6b+ obl.)/S2/II

Schöne, schwierige und homogene Route, die sehr empfehlenswert ist. Die 3. und die 4. Seillänge z.B. sind wegen der ästhetischen Kletterei sehr spektakulär. Sehr charakteristisch für die Route sind die vielen auf Grund des weiten Hakenabstands obligatorischen Passagen. Die Platten weisen sehr oft auch Löcher und kleine Dellen auf, weshalb nicht ausschließlich Reibungskletterei angesagt ist, sondern auch viel Fingerkraft erforderlich ist. Einige Passagen, die wohl schwer frei zu klettern sind, überwindet man A0.. Anm.: D.C.P.E bedeutet DuodenoCefaloPancreasEctomia.

Einstieg: etwas rechts von 'Olocausto'. Routenname angeschrieben.

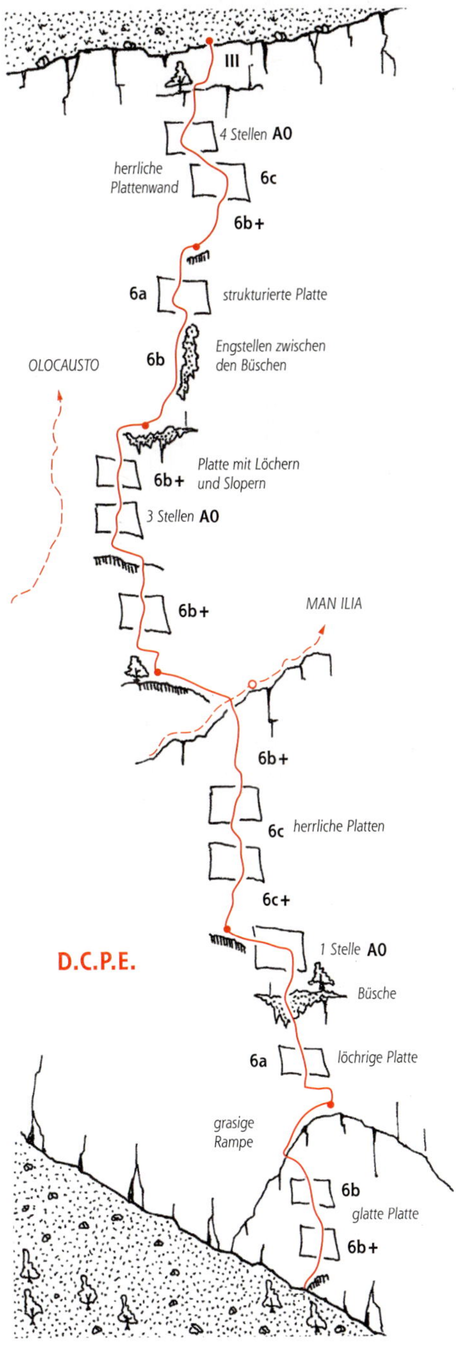

14 ARRIVEDERCI MARCO ★★★★

200 m. (8SL)

6c, A0 (6a obl.)/S2/II

Wunderschöne Route mit abwechslungsreicher Kletterei. Die erste Seillänge ist etwas erzwungen (einigen Stellen A0), dafür sind die Ausstiegslängen umso schöner, um nicht zu sagen fantastisch. Am Einstieg steht mit roter Farbe der Routenname angeschrieben.

15 CANE TRIPPA ★★★

200 m. (7SL)

5c/S3/II

In der ersten Seilänge ist eine schwierige Reibungsstelle zu überwinden. Danach wird die Route leichter und abwechslungsreich. **Einstieg:** etwas rechts von "Arrivederci Marco".

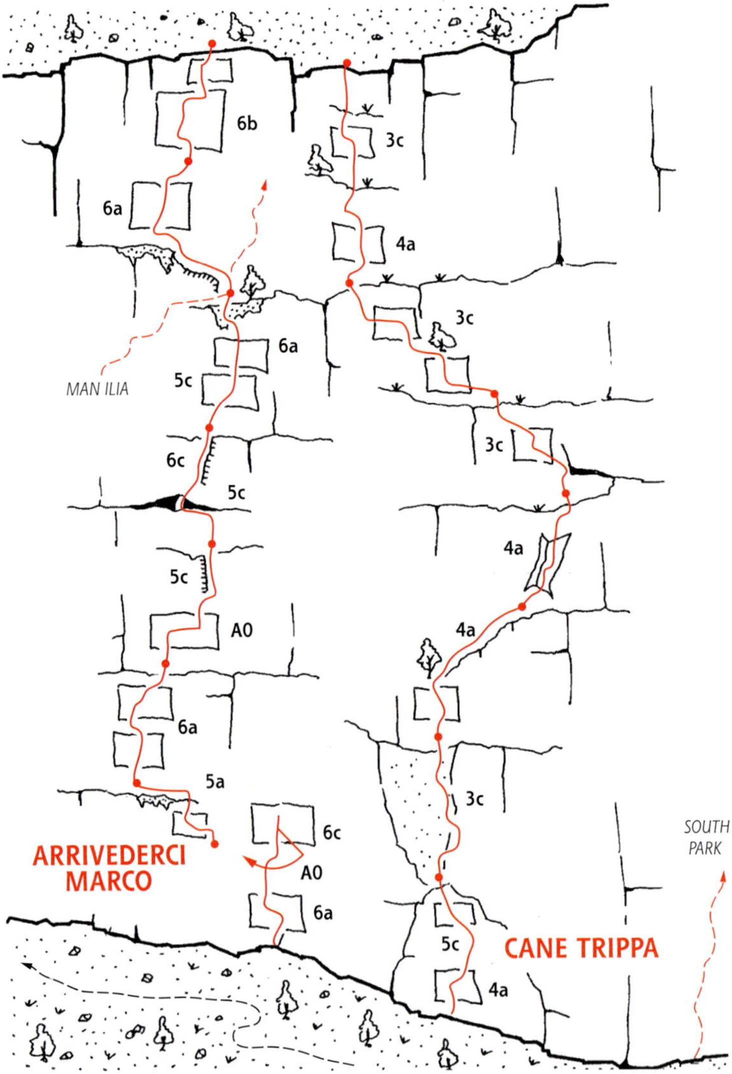

16 SOUTH PARK★★★
R. Galvagni, D. Filippi 2003
240 m. (8SL)
6b, 6c+ (6b obl.)/S2/II
Schöne Linie über kompakte und ohne viel Vegetation Platten, zwischen 'Cane Trippa' und 'Due Agosto'. Sie weist deshalb auch eine ähnliche Charakteristik auf. In der ersten SL können einige schwierige Stellen auch A0 überwunden werden. Der mittlere Teil ist leicht und macht Spaß. Die letzten drei SL sind einfach perfekt!
Einstieg: wenige Meter links von "Due Agosto". Routenname angeschrieben.

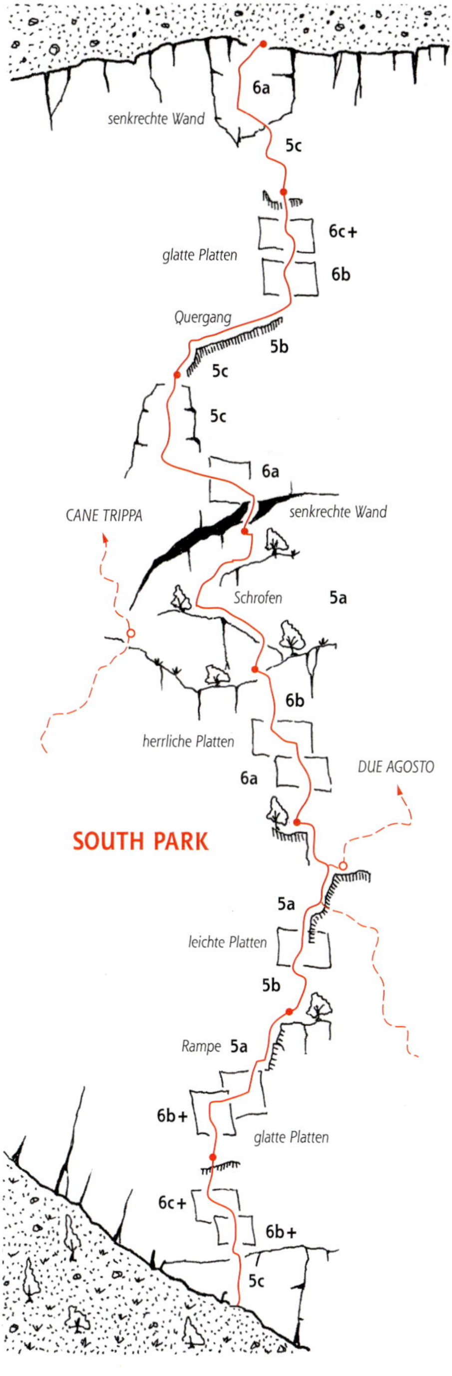

17 DUE AGOSTO★★★

250 m. (8SL)

6b (5c obl.)/S3/II

Lohnende und schöne Kletterei. Es scheint fast unmöglich, die vorletzte Seillänge frei klettern zu können, so glatt sieht dieser plattige Abschnitt aus... Mit großer Überraschung stellt man dann aber fest, dass das Gestein besonders rau ist. Beinahe enthusiastisch klettert man dann über diese Stellen, die einem von unten fast unüberwindbar erschienen.

Einstieg: Routenname angeschrieben.

17a VARIANTE INFERNO★★★

U. Lombardo 2000

80 m. (2SL)

6c

Schwierige Variante von "Due Agosto". In der 2. Seillänge ist ein markanter Überhang zu überwinden.

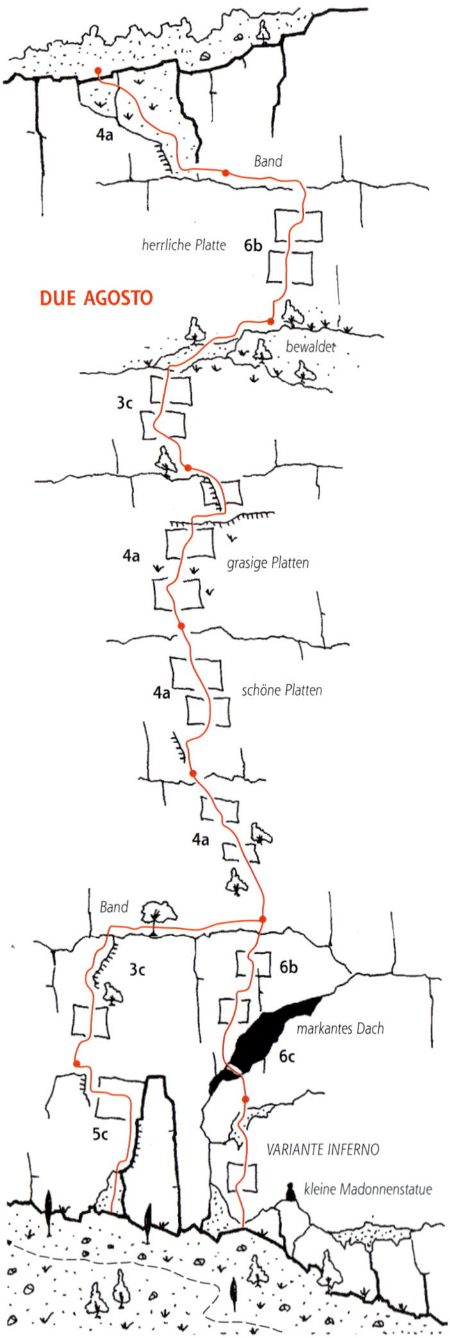

28
27
26
25
24
20
23
22
21
20
19
18

18 MON CHERI ★★★★★

Erstbegeher unbekannt
300 m. (8SL)
6b+ (6a obl.)/S3/II

Spektakuläre und fantastische Kletterei über kompakte, geradlinige Platten. Die schwierige Ausstiegslänge zählt zu den schönsten der gesamten Wand: eine steile, schwarze und sehr strukturierte Platte mit vielen kleinen Löchern und Leisten.

Einstieg: in etwa 50 Meter Höhe ist eine markante schwarze Verschneidung zu erkennen. In Falllinie davon liegt der Einstieg, Routenname angeschrieben.

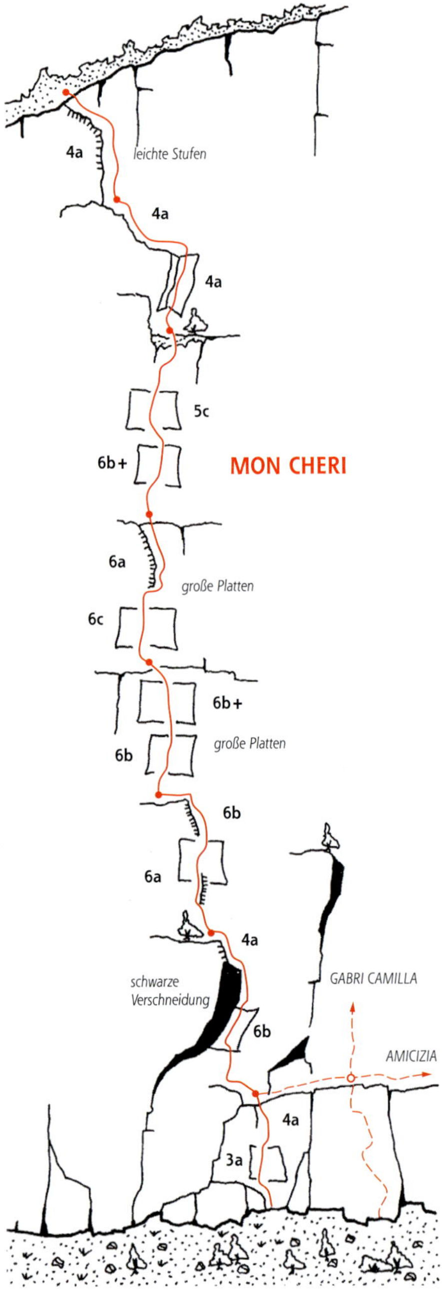

19 ULTIMO TANGO★★★★★

M. Rivadossi, R. Steinhilber, M. Reboldi, C. Tonini 2003
300 m. (9SL)
6b+, 6c+ (6b obl.)/S2/II

Wunderschöne Route, mit eine der schönsten und interessantesten in diesem Sektor. Die logische und elegante Linie ist nie erzwungen und führt über den engen Korridor zwischen der 'Via Mon Cherie' und der 'Via Gabri-Camilla'. „Ein Tanz auf Reibungsplatten, immer auf der Suche nach den kletterbaren Stellen auf dem kompaktesten Wandbereich der Parete Zebrata. Man kann sie als schwierige Variante von 'Mon Cherie' ansehen, mit der sie die beiden Anfangs- und die Schlussseillänge gemeinsam hat. Sie wurde von unten mit der Steigleiter eingebohrt und es wurden gerade so viele 8mm-Haken gesetzt, wie für ein sicheres Klettern notwendig sind... 11 Expressschlingen reichen aus: nun tanzt mal schön!" (Beschreibung von M. Rivadossi).

Einstieg: über die ersten beiden SL von 'Mon Cherie' und dann rechtshaltend.

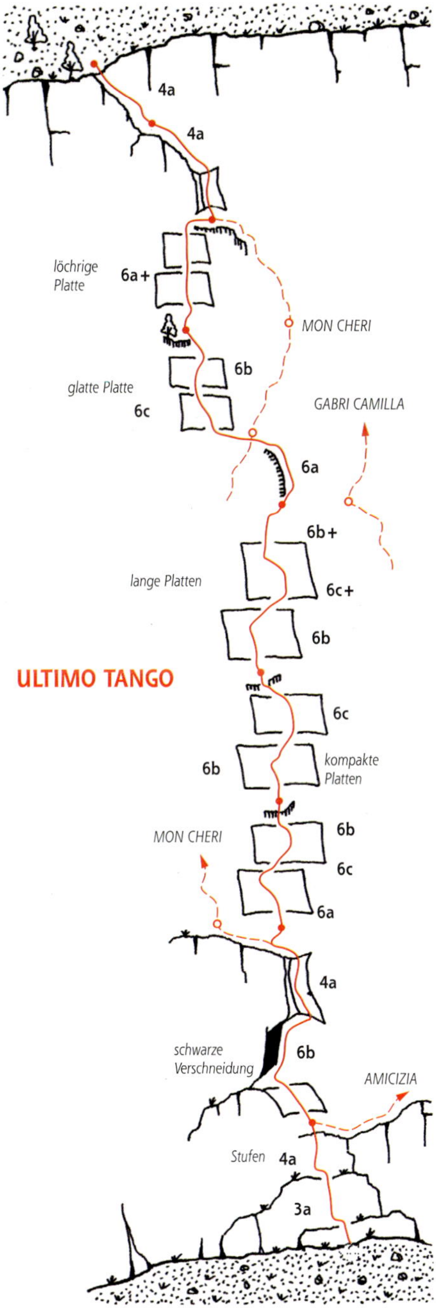

20 VIA DELL'AMICIZIA ★★★

M. Furlani, T. Weiss 1978
350 m. (12SL)
6b, A0 (5c obl.)/S3/II

Diese schöne, logische Route wird ebenfalls oft geklettert. Die erste Seillänge beginnt gemeinsam mit „Mon Cherie", danach folgen eine lange Traverse nach rechts und immer kompakter werdende Plattenzonen. In der 7. Seillänge muss man mit einem Spaß machenden Pendelquergang nach links, um wieder leichtere plattige Abschnitte zu erreichen.

Einstieg: Routenname angeschrieben.

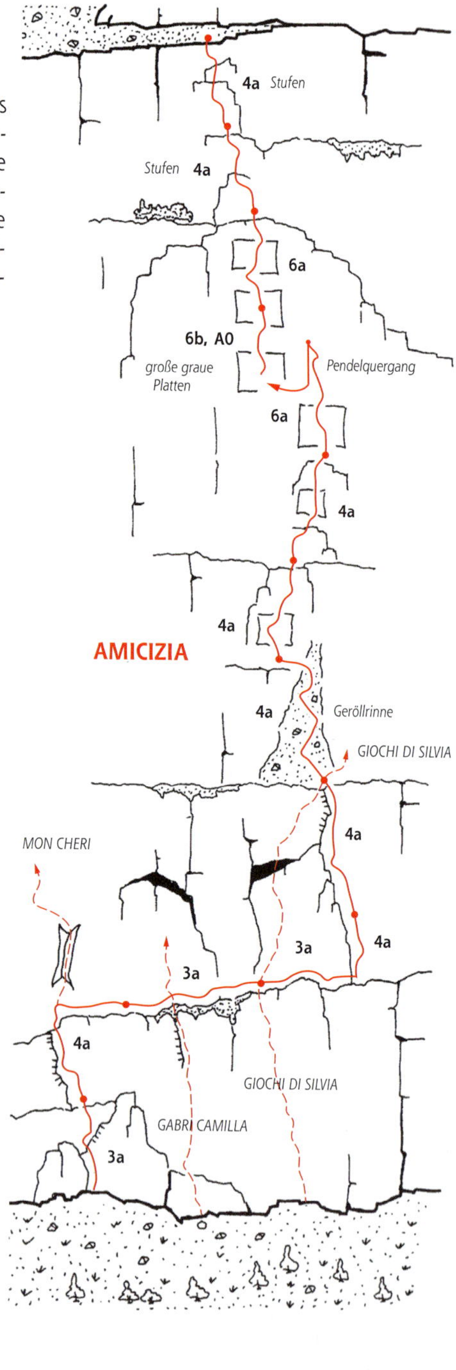

Claudia Farruggia, *Gabri Camilla (sassbaloss.com)* →

21 GABRI CAMILLA★★★★★
A. Giovanetti, M. Cagol 1979
300 m. (9SL)
6b (5c obl.)/S3/II
Vor der Sanierung war dies jahrelang ein richtiges Testpiece für Reibungskletterer. Die weiße Platte in der 4. Seillänge wurde tatsächlich mit nur einem geschlagenen Haken abgesichert bzw. geklettert! Auch heute sind die Überbleibsel dieses Hakens in etwa ¾ Höhe dieser Seillänge noch zu sehen. Jetzt ist dieser Abschnitt auch fast A0 kletterbar.
Einstieg: Routenname angeschrieben.

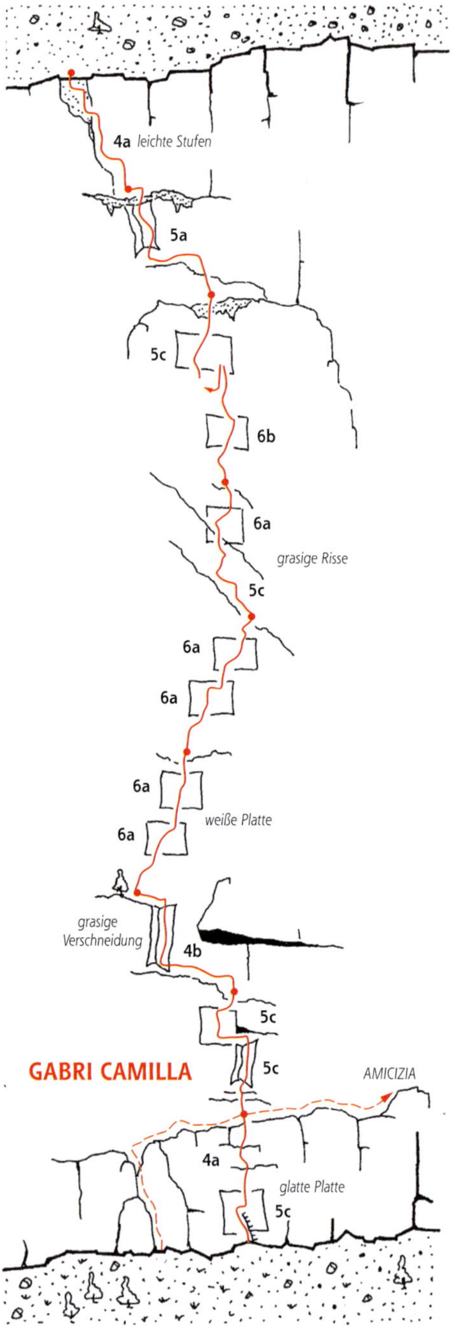

22 SOLARIS★★★★★

R. Galvagni, D. Filippi 2003

300 m. (9SL)

6b, 6c (6b obl.)/S2/II

Weitgehend parallel zur 'Via Amicizia' und links davon verläuft diese Route, eine der schönsten der Wand. Nach den ersten drei Seillängen, die durch senkrechte kleine Wände und Querungen sehr gegliedert sind, folgt eine lange Reihe sehr kompakter Platten. Die schwierigsten Passagen in der anhaltend schweren und prächtigen Route sind aber nie obligatorisch, die Absicherung ist immer perfekt (letzter Stand gemeinsam mit 'Amicizia').

Einstieg: zwischen 'Gabri Camilla' und 'Giochi di Silvia', Routenname angeschrieben.

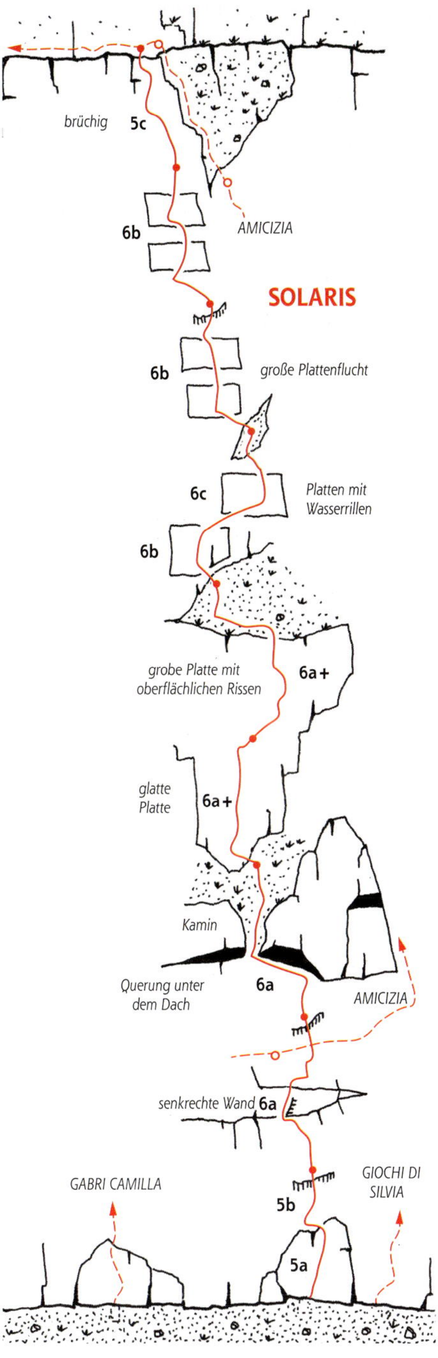

23 GIOCHI DI SILVIA ★★★★★

Erstbegeher unbekannt
350 m. (12SL)
6b+, 6c+ (6a obl.)/S3/II

Diese lange und schwierige Route ist eine der schönsten im ganzen Wandbereich und bietet extreme Reibungskletterei mit teils weiten Hakenabständen. In der 3. Seillänge fordert ein markantes Dach athletische Züge. Vorsicht nach der 4. Seillänge: Nicht geradeaus weiter über die Route "Amicizia", sondern rechts queren und dann über die rundliche Kante höher.

Einstieg: etwas links von "Similaun", Routenname angeschrieben.

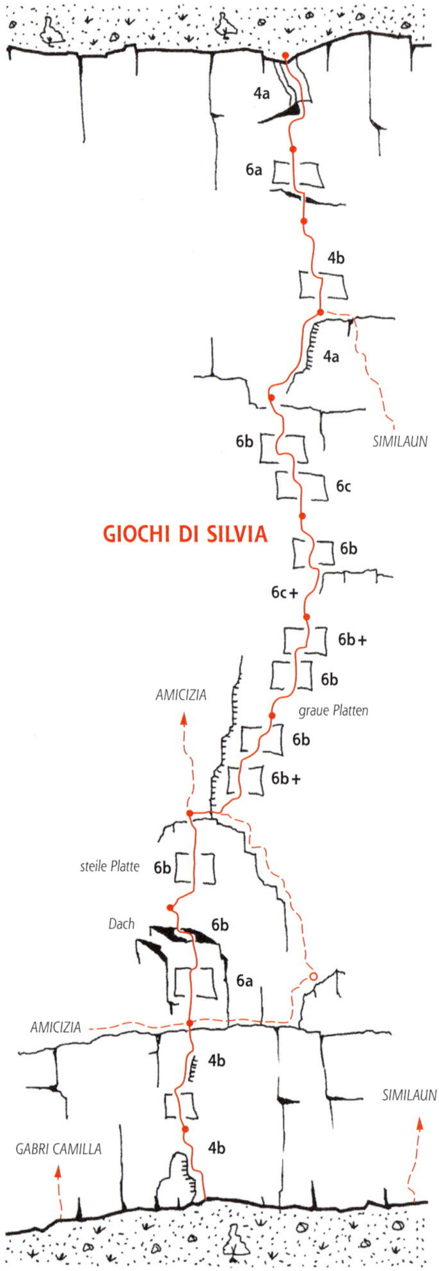

24 SIMILAUN ★★★

A. Giovanetti, F. Stedile 1981
350 m. (10SL)
6a (5c obl.)/S3/II

Der mittlere Bereich der Parete Zebrata wird durch eine weit ausgedehnte Plattenzone charakterisiert. Hier sind die interessantesten Routen wie z.B. „Mon Cheri" oder „Gabri Camilla" zu finden. Die „Similaun" führt in unterhaltsamer Kletterei und gemäßigten Schwierigkeiten durch den rechten Teil dieser riesigen Plattenflucht. In ca. 40 m Höhe vom Wandfuß erkennt man eine weiße, abgegrenzte, dreieckige Plattenzone in der Form eines Bügeleisens. Direkt unterhalb dieser beginnt die Route mit einem kleinen Riss.

Anmerkung: der Originaleinstieg erfolgte direkt über diese Platte. Heute benutzt man dagegen die Verschneidungen im linken Teil.

Einstieg: Routenname angeschrieben.

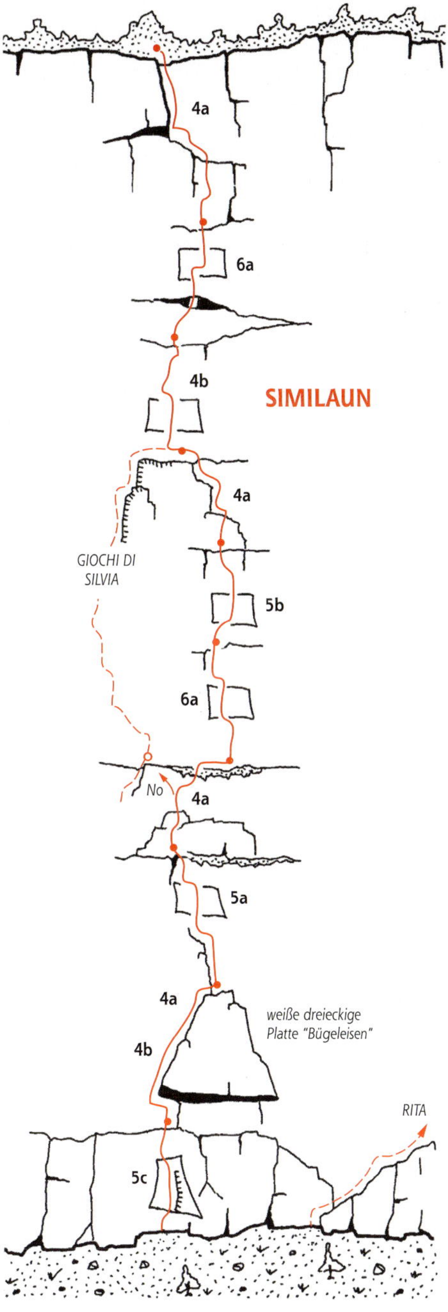

25 RITA★★★★

A. Andreotti, M. Rossi 1971

400 m. (16SL)

5c/S3/II

Nach „46° parallelo" war dies die zweite Route, die in der Wand eröffnet wurde. Sehr logische Wegführung: von unten zielt sie genau auf den langen und markanten Kamin, der den oberen Bereich der Wand unterteilt. Leichte und abwechslungsreiche Kletterei. Die Seillängen im Kamin sind wirklich überwältigend.

Einstieg: etwas rechts von "Similaun", Routenname angeschrieben.

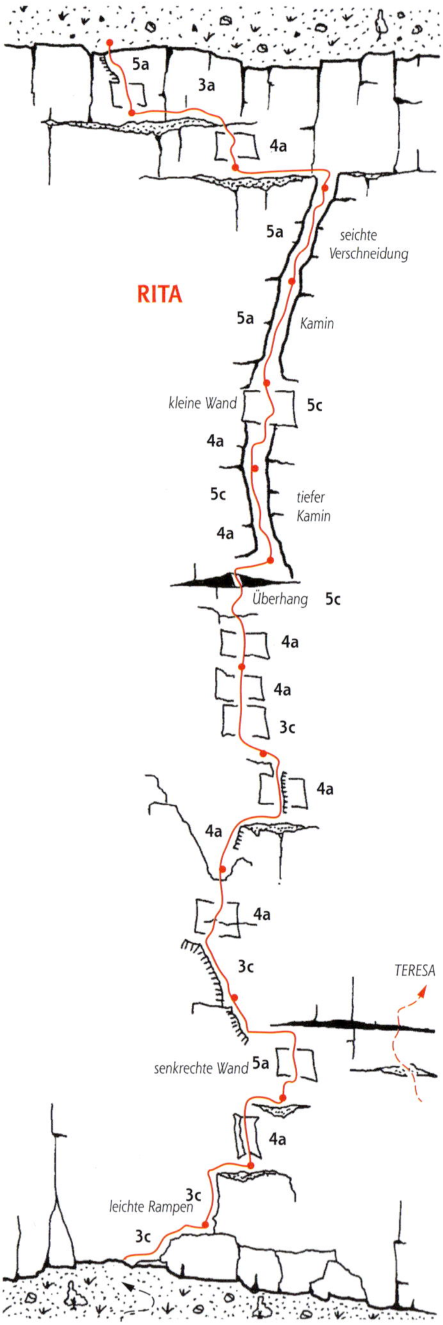

26 TERESA ★★★★

M. Furlani, R. Bassi 1979
400 m. (15SL)
5c/S3/II

Herrliche, abwechslungsreiche Linie in strukturierte Wand. Die sehr kompakten Plattenbereiche werden mit spektakulären Quergängen umgangen.

Einstieg: rechts von "Rita", in einer breiten Rinne, die durch die Wassermassen geformt wurde.

26a VARIANTE FG ★★★★

F. Leoni e G. Bagattoli 1981
80 m. (2SL)
5a/S3/I

Interessante und schöne Variante über kompakte Platten, die ersten leichten Seillängen werden dadurch umgangen.

Einstieg: gleich rechts von "Teresa".

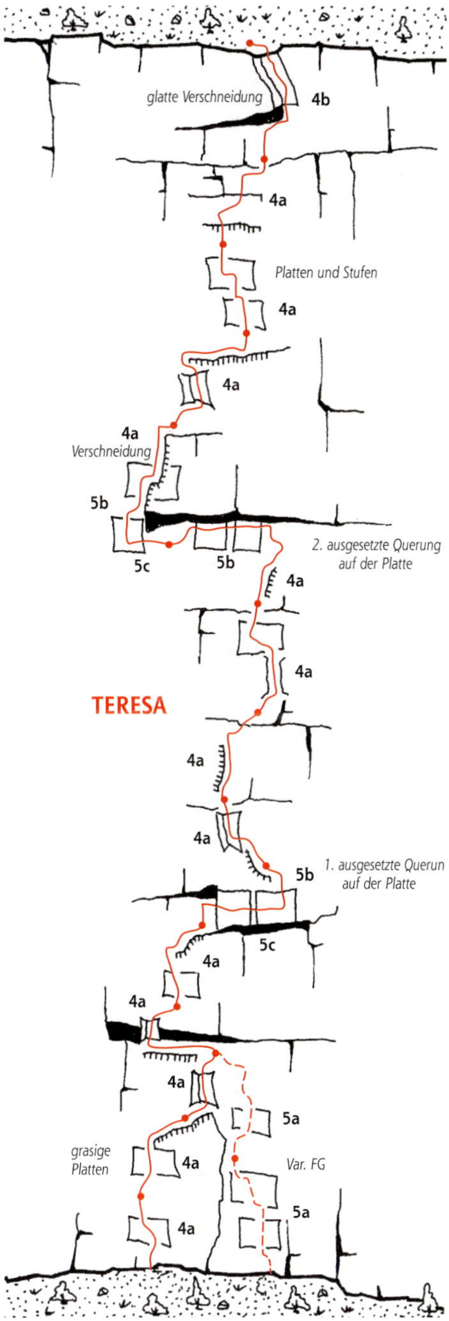

27 LUNA 85 ★★★★★
M. Pegoretti, E. Covi 1985
400 m. (13SL)
5c, 6a, eine Passage 6c (5c obl.)/S3/II
Eine der schönsten Routen der Wand, die Linie führt konstant über lange, graue und sehr kompakte Platten. Die Crux in einer extrem glatten, knapp 10 Meter langen Platte, kann auch technisch (A0) geklettert werden.
Anmerkung: die Variante "Full" wurde 1986 von A. Tamanini von unten eingebohrt. Sie weist die Schwierigkeiten 6c+ auf und begradigt die Einstiegslänge.
Einstieg: Routenname angeschrieben.

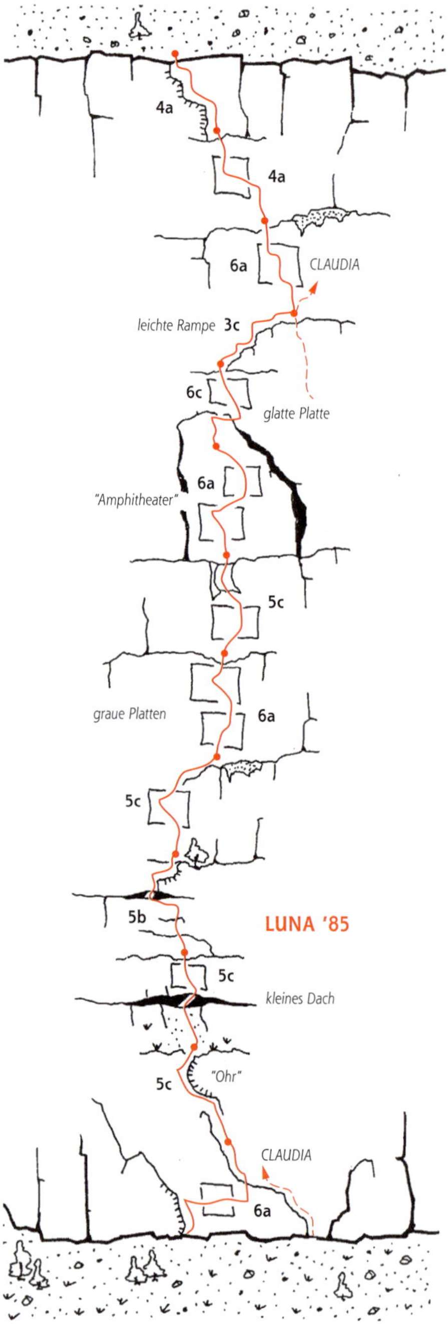

28 CLAUDIA ★★★★

R. Bertoldi, A. Bertoldi, R. Zeni, C. Colpo 1978
400 m. (14SL)
5a/S3/II

Ein weiterer Klassiker unter den Routen in dieser Wand. Konstante Schwierigkeiten und die Länge kennzeichnen diesen Weg. Einstieg rechts von „Luna 85" auf einer von den vielen Wiederholungen ziemlich abgespeckten Platte. Diese Route im äußersten rechten Wandbereich wurde als letzte mit Klebehaken saniert.

Anmerkung: die Route folgt in der 9. Seillänge nicht der ursprünglichen Wegführung, sondern in Wirklichkeit der Variante „Superclaudia", die von A. Andreotti und M. Rossi 1979 im Zuge einer der ersten Wiederholungen eingebohrt wurde. Der Originalweg führte nach rechts auf grasbewachsene Platten, weshalb er bald aufgegeben wurde. Eine weitere Variante („Oceano Sahariano", von R. Bassi und S. Fruet) beginnt ca. 30 m rechts des eigentlichen Einstiegs. Sie trifft in der 4. Seillänge wieder auf die Originalführe. Nach der 7. Seillänge (im mit von Rissen durchzogenen plattigen Bereich) geht sie dann links weg und trifft weiter oben dann auf die „Superclaudia".

Einstieg: Routenname angeschrieben.

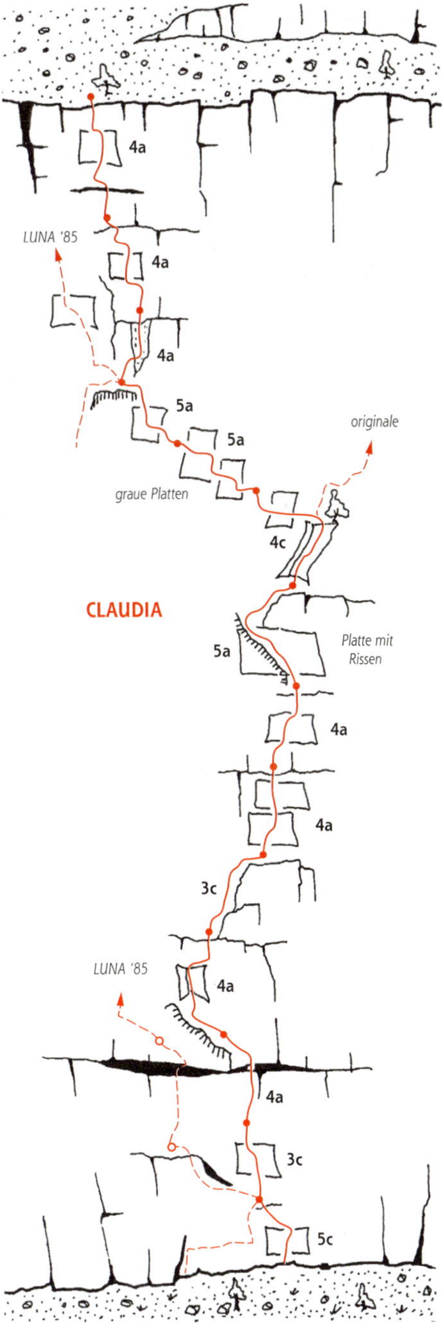

Weitere Routen:

A - ABBRACADAVERE: R.Bassi, 1982. Einseillängenroute mit nur 4 Haken, von R. Bassi 1982, während der goldenen Jahre der Sportkletterei im Sarcatal, von unten eingebohrt. 40 m. VII.

B – RIBALTONI: Nach der ersten Seillänge der „Olocausto" führt diese extreme Route nach rechts weg. Diffizile Reibungskletterei kennzeichnet diesen Weg. 150 m. 7a.

C - CARNEVALADA: M.Furlani und E.Piffer, 1979. Die Route geht mehr oder weniger parallel zu „Similaun" empor und ab und zu kreuzen sich die beiden Wege einander sogar. 350 m. V+.

15 Zentraler Sektor

Parete Zebrata

0.30 h

0.30 h

500 m.

0

Dieser Wandteil liegt zwischen der „Via Claudia" (letzte Route mit Klebehaken im Sportklettersektor) und dem „Pala delle Lastiele", dem senkrechten Vorbau, der die langen Plattenfluchten der Parete Zebrata nach Norden abschließt. Die hohe und sehr breite Wand wird durch die großen glatten Plattenbereiche gekennzeichnet. Diese Zonen sind oft von einzelnen, mit Büschen bestandenen Bereichen unterbrochen. Die alpinen Routen sind sehr anspruchsvoll und lang, die Sportkletterrouten dagegen leicht und ansprechend. Die „Via Miralda" und die „Via Pus" waren die ersten Wege, die in diesem Sektor begangen wurden. Danach geriet dieser Teil für lange Zeit in Vergessenheit. Durch die Eröffnung vieler sehr schöner neuer Wege in den vergangenen Jahren zieht es wieder mehr Kletterer in diesen immer noch etwas „wilden" Sektor.

Zustieg

Vom großen Parkplatz in der Nähe der Wand führt ein bequemer und gut sichtbarer Weg zum Wandfuß. Eine weitere Parkmöglichkeit befindet sich bei der nahe gelegenen Bar "Parete Zebrata". Am Wandfuß führt ein Pfad dann rechts an der ganzen zentralen Wand (Parete Centrale) entlang. Bei fast allen Linien ist der Routenname angeschrieben.

Abstieg

Abseilen über die jeweiligen Routen.

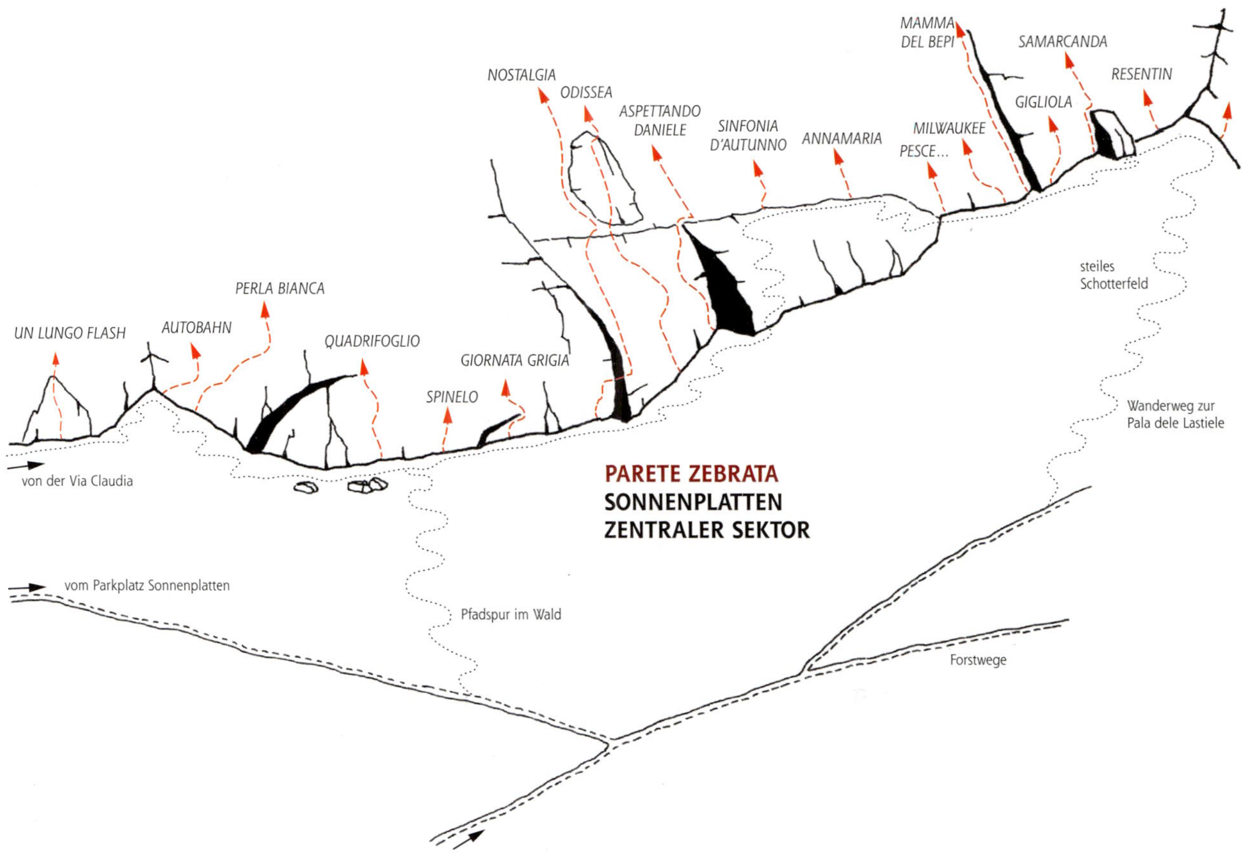
PARETE ZEBRATA
SONNENPLATTEN
ZENTRALER SEKTOR
UN LUNGO FLASH
AUTOBAHN
PERLA BIANCA
QUADRIFOGLIO
SPINELO
GIORNATA GRIGIA
NOSTALGIA
ODISSEA
ASPETTANDO DANIELE
SINFONIA D'AUTUNNO
ANNAMARIA
PESCE...
MILWAUKEE
MAMMA DEL BEPI
GIGLIOLA
SAMARCANDA
RESENTIN
von der Via Claudia
vom Parkplatz Sonnenplatten
Pfadspur im Wald
Forstwege
steiles Schotterfeld
Wanderweg zur Pala dele Lastiele

29 MIRALDE	500 m.
30 OCEANO	500 m.
31 UN LUNGO FLASH	500 m.
32 NANE LINO	350 m.
33 SILWIOSKY	130 m.
34 FANTATITOLI	200 m.
35 NADIA E PATTY	300 m.
36 AUTOBAHN	400 m.
37 PERLA BIANCA	400 m.
38 QUADRIFOGLIO	350 m.
39 SPINELO	220 m.
40 GIORNATA GRIGIA	100 m.
41 NOZZE D'ARGENTO	200 m.
42 EL ZUGO	350 m.
43 NOSTALGIA	500 m.
44 ODISSEA	500 m.
45 VIA DELLE ROSE	250 m.
46 ASPETTANDO DANIELE	450 m.
47 SINFONIA D'AUTUNNO	260 m.
48 ANNAMARIA	260 m.
49 UN PESCE D'ACQUA DOLCE	180 m.
50 VIA DELLE GROSTE	140 m.
51 MILWAUKEE	280 m.
52 MAMMA DEL BEPI	400 m.
53 GIGLIOLA	400 m.
54 SAMARCANDA	300 m.
55 X FACTOR	330 m.
56 RESENTIN	300 m.

29
30
31
32
33
34

29 VIA DELLE MIRALDE ★★

A. Andreotti, M. Rossi, G. Cantaloni 1972

500 m. (14SL)

IV+, V/R3/II

Absolute Entdeckerroute in durchschnittlichem Fels und mit keinerlei Absicherung: Die Linie verläuft in der Wand zwischen der 'Via Claudia' und der 'Via Oceano'. Jeder Meter muss praktisch entdeckt werden, denn es gibt keine logische Linie und die Platten sind voller Vergetation. Die wenigen Bezugspunkte dienen ebenfalls nicht als Hilfe und man klettert etwas „blind". Die einzige zwingende Passage ist eine brüchige Verschneidung etwa in der Wandmitte. Oberhalb des Waldes wird der Fels besser und bietet einige schöne, abwechslungsreiche Seillängen. Nur Kletterer mit Entdeckergeist werden sich in dieser Route wohl fühlen.

Einstieg: ca. 100m rechts der 'Via Claudia' und links von 'Oceano'.

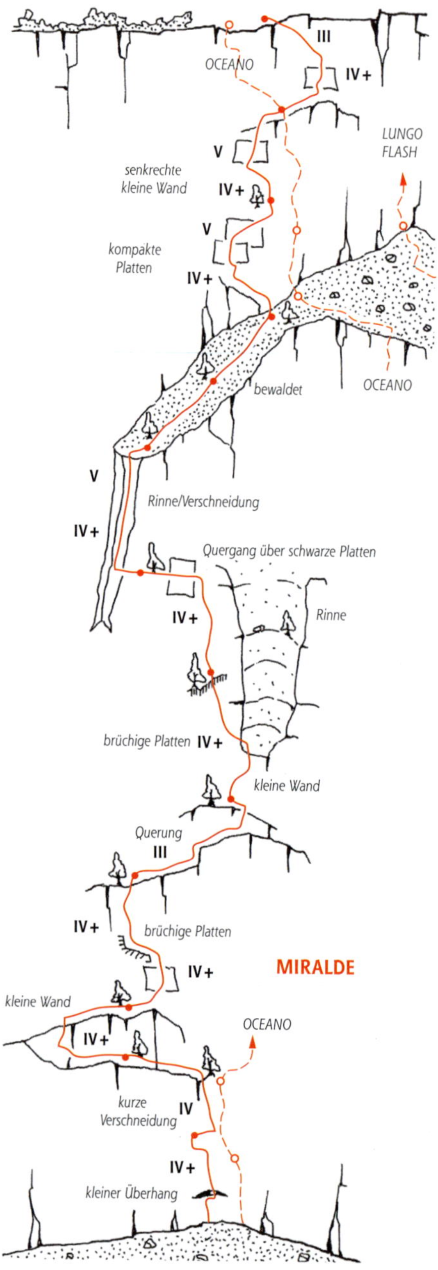

34
35
36
37
38a
38

30 VIA OCEANO ★★★

U. Lombardo, M. Miori, M. Franceschini, G. Pisoni 2000
500 m. (19SL)
6b, 6c (5c obl.)/S2/II

In dieser langen Route wechseln schöne und schwierige, plattige Abschnitte mit ziemlich uninteressanten Seillängen ab. Einige leichtere und grasige Wandbereiche sowie ein bewaldetes Band geben dem Ganzen einen etwas alpinen Touch. Die Orientierung wird durch einige rote Markierungen erleichtert. Die Standplätze sind für den Fall, dass abgeseilt werden muss, eingerichtet.

Einstieg: rechts von 'Claudia', Routenname angeschrieben.

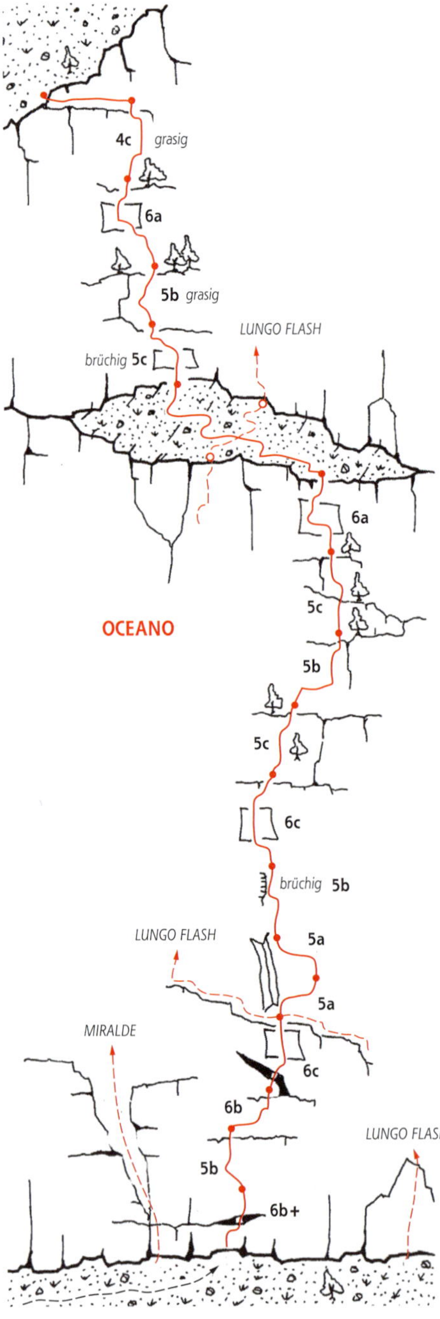

31 UN LUNGO FLASH ★★★★★

A. Tamanini e Compagni 1989
500 m. (12SL)
VI+,VII+/R2/II

Super schöne Kletterei, halb alpin, halb sportklettertechnisch, mit geschlagenen Haken und Bohrhaken abgesichert. Die Linienführung wurde etwas erzwungen, ist aber dennoch logisch und elegant. Im oberen Teil ist die Umgebung der Route besonders schön und beeindruckend. Arturo Tamanini hat diese Route von unten eingerichtet. Ohne Akkubohrer, nur mit Hammer und Handbohrgerät und auf den unglaublich glatten Platten nur auf Reibung antretend, war dies eine riesige Leistung von ihm.

Einstieg: ca. 100 m rechts von 'Claudia'. Am Einstieg zu 'Oceano' vorbei und bis zu einer gut erkennbaren dreieckigen Plattenzone. Routenname angeschrieben.

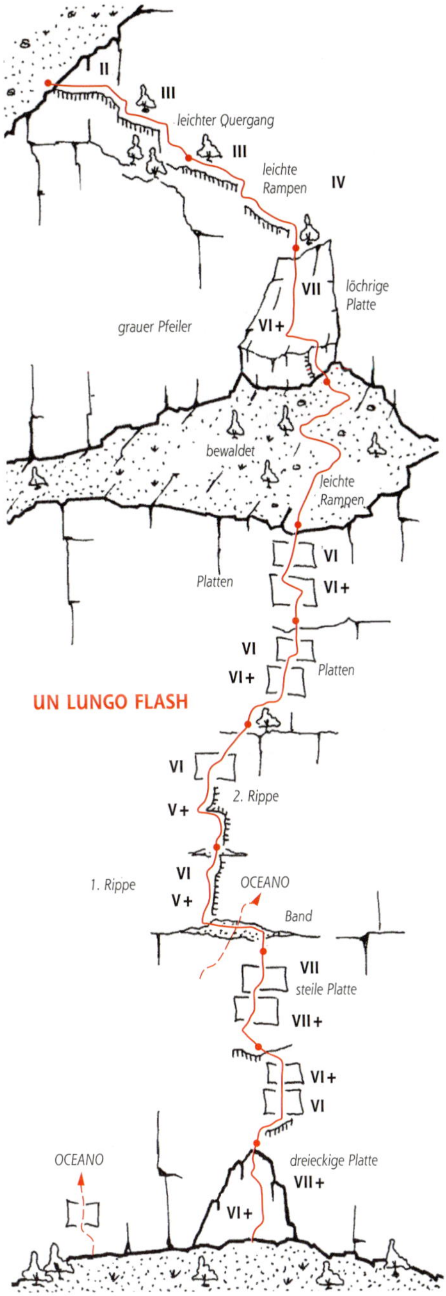

32 NANE LINO★★
A. Toni Zanetti, M. Brighente 2011
350 m. (10SL)
5b, 6a (5b obl.)/S2/II
Die ziemlich gesuchte, aber recht originelle Linienführung dieser leicht alpin angehauchten Route lässt sie anfangs wegen der grasigen Passagen wenig interessant erscheinen. Weiter oben verbessert sich die Felsqualität aber zusehends und die Linie gewinnt deutlich an Schönheit, besonders in den beiden letzten Seillängen.
Abstieg: Abseilen über die Route
Einstieg: Routenname angeschrieben.

33 SILWIOSKY ***
A. Toni Zanetti 2012
130 m. (5SL)
6b+, Stellen A0 (6a obl.)/S1/I
Eine relativ kurze Route mit schönen Passagen, vor allem in den zentralen Seillängen haben gute Reibungskletterer einen großen Vorteil. Gute Absicherung mit engen Bohrhakenabständen. Die beiden letzten Seillängen bieten herrliche Kletterei. "Silwiosky" ist auch als Einstiegsvariante von "Nane Lino" tauglich, damit können nämlich die wenig interessanten Einstiegslängen dieser Route umgangen werden.
Einstieg: gleich rechts von "Nane Lino".

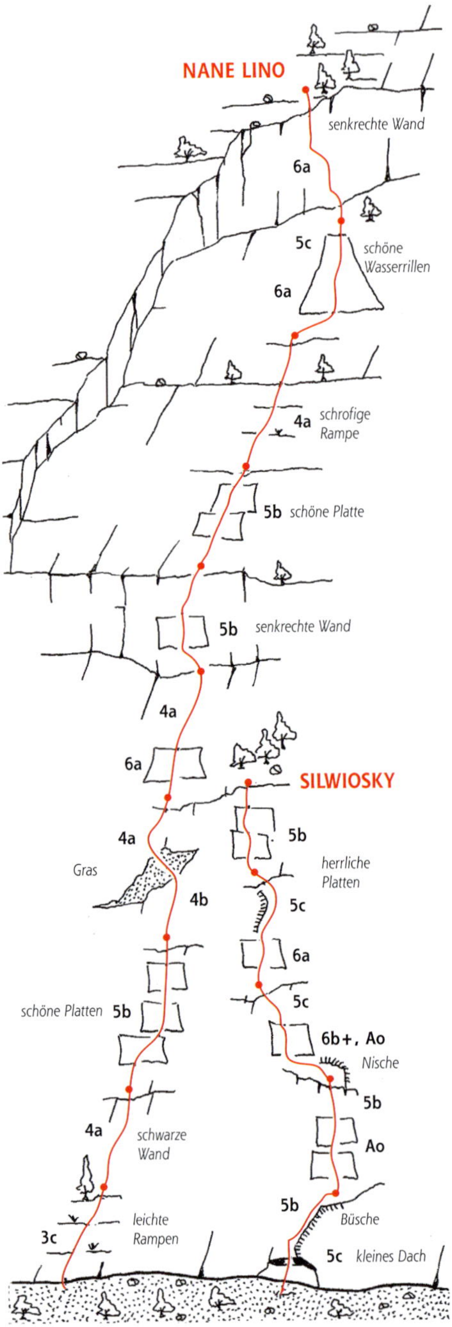

34 FANTATITOLI ★★★★

L. Pilati, F. Demetri, E. Presutti 2011
200 m. (6SL)
5b, 6a, 2 Stellen A0 (5c obl.)/S2/I

Wunderschöne Plattenkletterei, sehr lohnend und empfehlenswert. Die plattigen Bereich sind sehr strukturiert, die Schwierigkeiten gemäßigt, dennoch fordern einige Passagen auch gute Reibungskletterer etwas heraus. Die schönste Seillänge ist die zweite, die über einer schwarze Platte führt und sich im Ausstieg senkrecht aufsteilt. **Abstieg:** Abseilen über die Route.

35 NADIA E PATTY ★★★

M. Brighente, A. Toni Zanetti 2008
300 m. (6SL)
6b+, 6c+ (6b obl.)/S2/II

Abwechslungsreiche und lohnende Plattenroute mit einigen herrlichen Passagen, wie z.B. der löchrigen Platte in der 3. Seillänge oder der langen Wasserrinne in der 4. Meist herrscht Reibungskletterei in kompakten und glatten Fels vor. Einige wenige grasige Passagen stören kaum. Die Absicherung ist immer gut und ausreichend, Wiederholer benötigen nur Expressschlingen. Achtung: 60-Meter-Doppelseil erforderlich. **Abstieg:** Abseilen über die Route. **Einstieg:** gleich links von "Autobahn", Routenname angeschrieben.

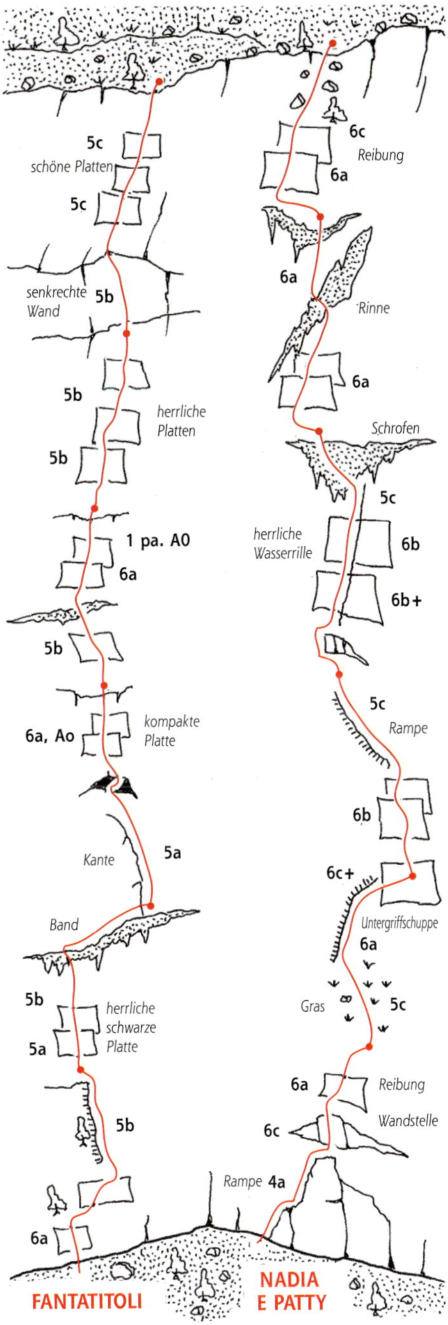

36 AUTOBAHN ★★★★

R. Galvagni, D. Filippi 2002
400 m. (12SL)
6b, 6c, Stellen A0 (6b obl.)/S2/II

Ein großer, dreieckig geformter Bereich in der Mitte der Wand hat als Spitze einen weißen Fleck (große abgebrochene Schuppe) und als Grundlinie eine schwarze, steile Wand mit einer dünnen, weißen Linie. Dieser Teil erinnert in der Tat an eine Autobahn und die Route verläuft genau über diese Platten. Die Route ist sehr spektakulär, die Schwierigkeiten in den Reibungsplatten sind außergewöhnlich homogen und hoch. Mindestens 16 Expressschlingen sind notwendig.

Einstieg: beim Einstieg der 'Via Claudia' auf Pfadspuren noch weiter rechts, an den Einstiegen von 'Oceano' und 'Un lungo Flash' vorbei bis zum grünen Autobahnsymbol.

Abstieg: Abseilen über die Route. Vorsicht nach der 2. Abseilstelle: nicht linkshaltend, sondern direkt entlang der Rinne, außerhalb derer dann der Stand zu finden ist.

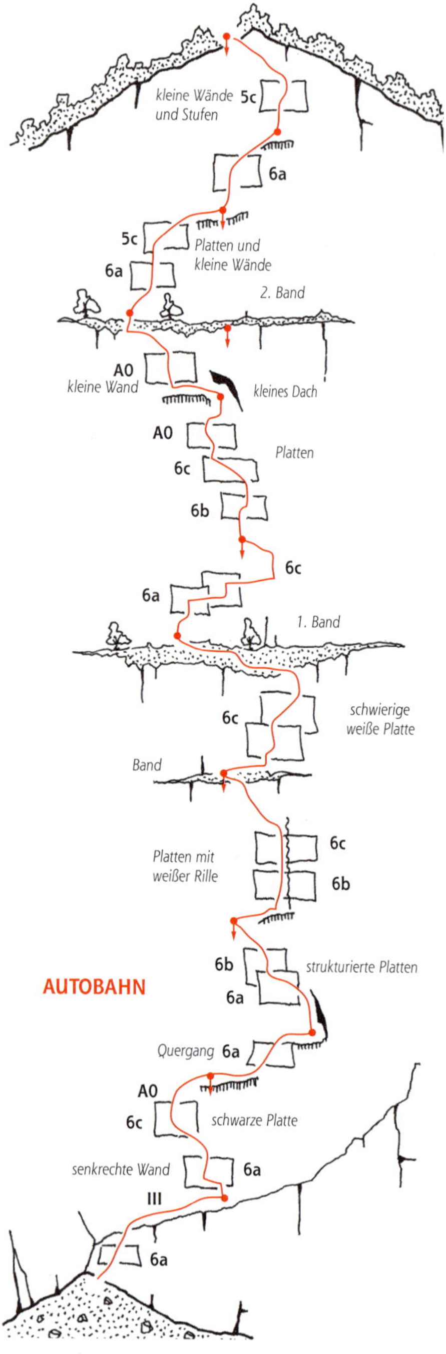

37 PERLA BIANCA★★★★

M. Brighente, G. Bogoni, D. Dal Cere 2003
400 m. (11SL)
6a, 6b, Stellen A0 (6a obl.)/S1/II

Wunderschöne Reibungskletterei über kompakte und perfekte Platten. Nur die ersten beiden Seillängen über grasige Platten und Rampen fallen etwas ab, aber dann wird man für alles entschädigt. Die Schwierigkeiten in diesem rauen Fels mit Wasserrillen und Auflegern sind anhaltend hoch, die Absicherung mit Bohrhaken ist perfekt.

Einstieg: etwas rechts von 'Autobahn', Routenname angeschrieben.

Abstieg: abseilen über die Route.

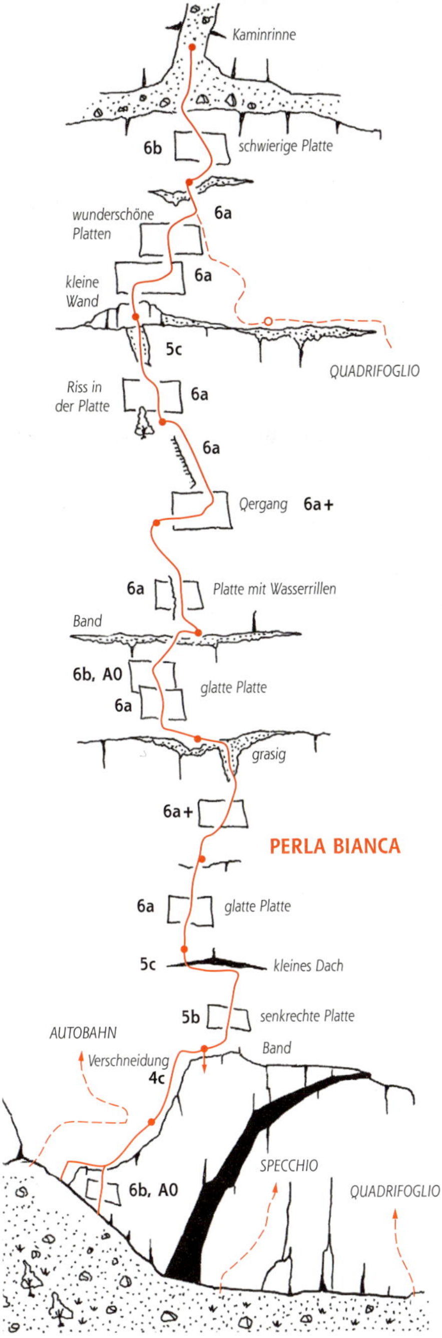

38 QUADRIFOGLIO★★★★★

M. Brighente, P. Bottegal, G. Bogoni, D. Dal Cere 2004
350 m. (12SL)
6b, 6c, Stellen A0 (6a obl.)/S1/II
Langer, schöner und abwechslungsreicher Weg, einer der interessantesten und lohnendsten in der Parete Zebrata. Sehr homogene Linie, die nur ab und zu von stufigem Gelände mit Büschen und Schrofen unterbrochen ist. Empfehlenswerte Kletterei mit sehr guter Absicherung und in festem Gestein.
Einstieg: vom Einstieg von 'Autobahn' und 'Perla Bianca' ca. 80 m absteigend dem Wandfuß folgen, Routenname angeschrieben.
Abstieg: abseilen über 'Perla Bianca'.

38a VARIANTE SPECCHIO★★★

M. Brighente, G. Bogoni 2006
200 m. (7SL)
6b, A0 (6a obl.)/S1/II
Diese interessante Route wird auch als Einstiegsvariante von "Quadrifoglio" begangen. Einige der Seillängen sind wirklich schön und abwechslungsreich (vor allem die letzte), die A0-Stellen in freier Kletterei zu überwinden ist aber recht schwierig. Die Felsqualität ist meist gut und die Absicherung perfekt. Wer nicht über "Quadrifoglio" aussteigen will, kann problemlos abseilen.
Einstieg: zwischen "Perla Bianca" und "Quadrifoglio".

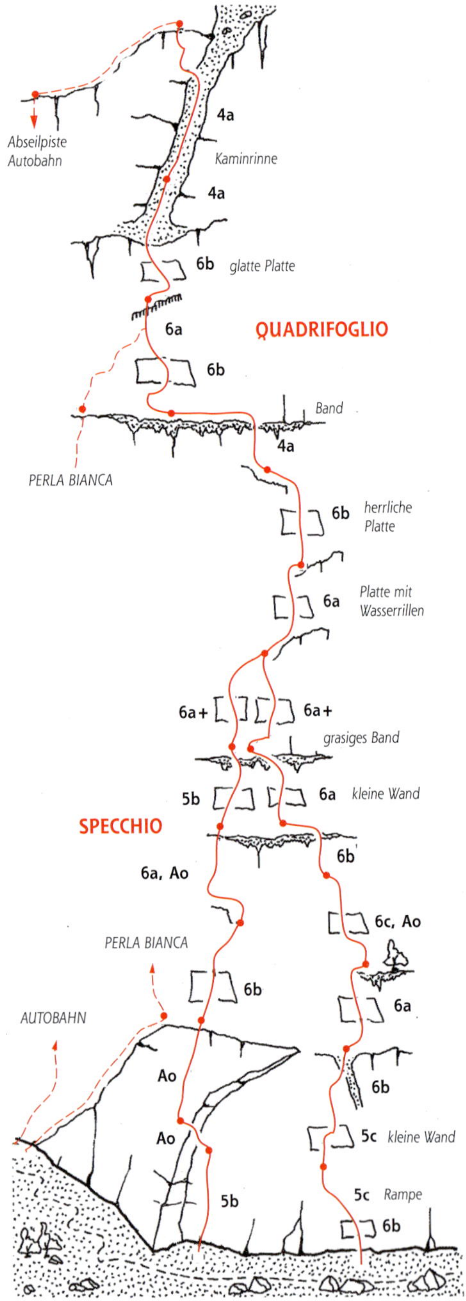

Alessandro Spinelli, *Perla bianca (sassbaloss.com)* →

39 SPINELO★★★★

M. Brighente, G. Bogoni, D. Dal Cere 2003
220 m. (7SL)
5c, 6a (6a obl.)/S1/II

Schöner, oft begangener Weg mit abwechslungsreicher und interessanter Kletterei. Er folgt einer Reihe von Platten, die inmitten der Vegetation liegen, das Gestein ist immer fest und die Absicherung sehr gut. Die Route ist wirklich empfehlenswert, auch wenn ab und zu Rinnen mit viel Bewuchs auftauchen. Die perfekten plattigen Abschnitte entschädigen aber dafür.

Einstieg: von 'Quadrifoglio' noch 50 m weiter, Routenname angeschrieben.

Abstieg: 5 mal über die Route abseilen. Die letzte Abseillänge führt nicht mehr über die Route.

39a VAR. PICCOLA GIULIA★★★

M. Brighente, P. Bottegal 2005
90 m. (3SL)
6b, A0 (6a obl.)/S1/II

Kurze Variante mit drei Seillängen, die die 'Via Spinelo' begradigt. Schwierige, reine Reibungskletterei mit einigen Passagen in A0.

Einstieg: 30 m rechts von 'Spinelo'.

39b VAR. VIA DEL TOPO★★★

M. Brighente, G. Bogoni 2005
120 m. (3SL)
6c (6a obl.)/S1/II

Schöne, interessante und dankbare Variante. Die 2. SL beginnt mit einer schwierigen Gleichgewichtspassage, dann folgt eine schöne Platte. Statt am Ende der Route abzuseilen, besser zum 4. Stand von 'Spinelo' queren und über diese Route aussteigen.

Einstieg: 50m rechts von 'Spinelo'.

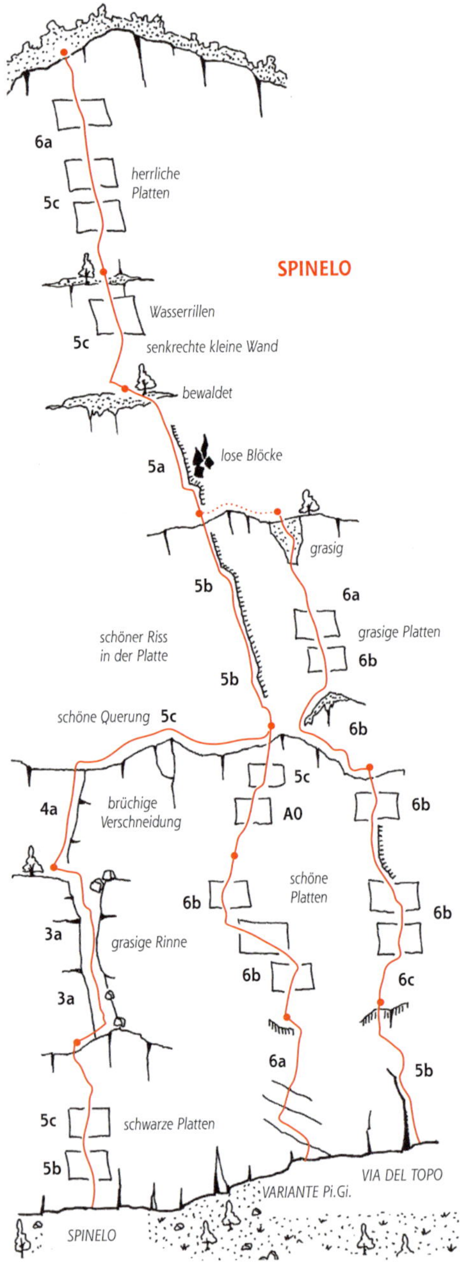

41
39b
39
39a
40

40 GIORNATA GRIGIA ★★★★★

D. Filippi, S. Bazzanella 1998.
100 m. (3SL)
6a, 6b+ (6b+ obl.)/S3/I

Kurze und schwierige Route über herrliche, kompakte Platten. In vielen obligatorischen Passagen, die auch noch weite Hakenabstände aufweisen, ist extreme Reibungskletterei geboten. Vor allem eine Stelle in der zweiten Seillänge ist äußerst anspruchsvoll. Die Absicherung mit 10mm-Bohrhaken ist gut, man seilt über die Route ab.

Einstieg: wo die Wand eine Art Dach bildet, das am Boden beginnt und weiter oben einen markanten Bogen formt. Routenname angeschrieben.

41 NOZZE D'ARGENTO ★★★★

M. Brighente, G. Barchiesi, S. Gianesini 2010
200 m. (6SL)
6a+, eine Stelle A0 (5c obl.)/S1/II

Schöne, abwechslungsreiche und lohnende Kletterei, absolut empfehlenswert. Sehr homogene Schwierigkeiten in allen Seillängen (meist 5c-6a) und bestens abgesichert. Nur eine Passage in der 1. SL ist schwierig und wird meist technisch (A0) geklettert. **Abstieg:** Abseilen über die Route, am besten mit 60-Meter-Doppelseil. **Einstieg:** Routenname angeschrieben.

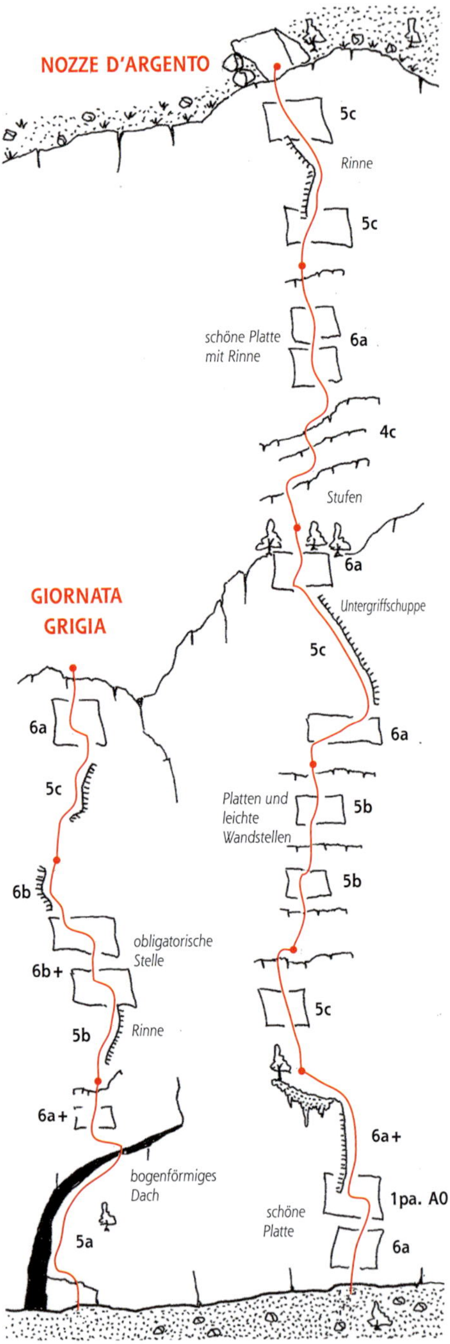

48
47
46
45
44
43
42
41
40

42 EL ZUGO★★★

M. Brighente, G. Bogoni 2007
350 m. (9SL)
6a, eine Passage 6b (6a obl.)/S1/II

Die insgesamt schöne Route besticht vor allem durch die letzten Seillängen mit einigen sehr interessanten Stellen. Einige dieser Passagen bieten einfach herrliche Kletterei, so z.B. die kleine Wand mit den senkrechten Rinnen in der 7. SL oder auch die lange, plattige Schlusswand. Die Absicherung mit Bohrhaken ist gut und volkommen ausreichend.

Abstieg: Abseilen über die Route.

Einstieg: links von "Nostalgia", Routenname angeschrieben.

43 NOSTALGIA ★★★★

D. Filippi 1994
500 m. (14SL)
VI+, A2/R2/III

Nachdem die klassischen Routen alle mit Klebehaken saniert wurden, fällt einem bei dieser Route die Erinnerung an die „guten alten Zeiten" leicht.... Diese lange und sehr alpine Route führt durch einen kompakten, hoch oben liegenden Wandteil. Der gute Fels und die ausreichende Absicherung machen die Kletterei aber immer genussvoll. Passagen in mit Gras durchsetztem Fels, die frei kletterbar sind, wechseln mit sehr kompakten Platten, die für technische Kletterei eingerichtet wurden. Dennoch kann man hier sicherlich auch einige Abschnitte, sofern man möchte, frei klettern. Abstieg durch Abseilen über die Route an nur teilweise eingerichteten Standplätzen. Einige Schlingen/Reepschnüre können eventuell hilfreich sein.

Einstieg: Vom Parkplatz ist eine unverwechselbare, weiße Platte am rechten äußeren Ende der Wand gut zu sehen. Zunächst auf Wegen dort hin und bis in Falllinie dieser Platte. Bei dem großen Überhang in Form eines nach unten gedrehten Bogens, und ca. 50 m links einer Verschneidung, ist der Einstieg. Die Route beginnt mit einer schönen grauen Platte, eine Sanduhr dient zur Absicherung, dann folgen zwei geschlagene Haken.

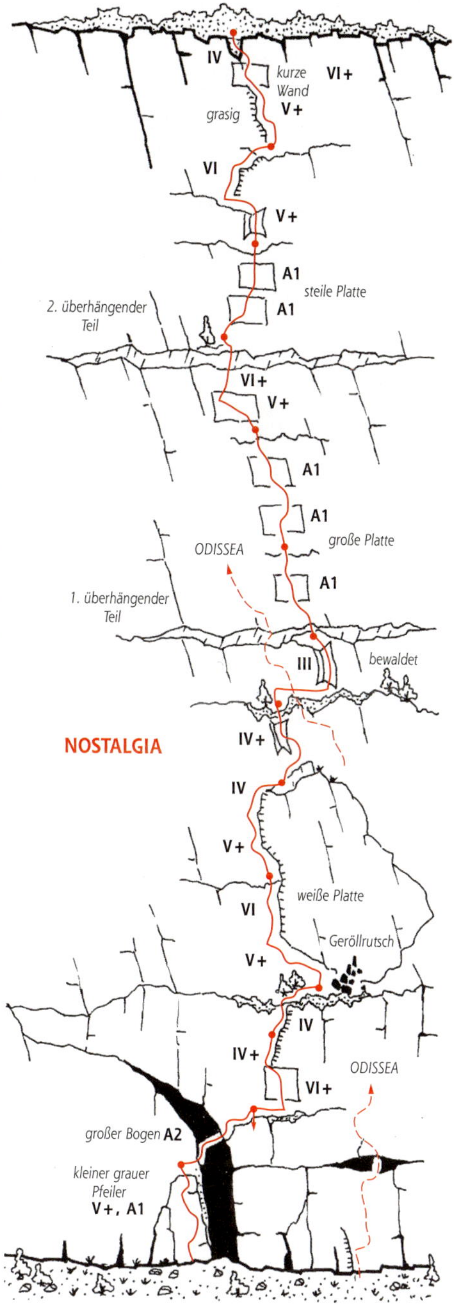

44 ODISSEA★★★★★

T. Quecchia, M. Rivadossi, A. Tonoli 1997
500 m. (15SL)
VII+, A3/R2/III

Diese wunderschöne Plattenroute ist sicherlich der schwierigste Anstieg in der ganzen Parete Zebrata. Gut mit Bohrhaken abgesicherte Passagen mit schwierigster Reibungskletterei wechseln mit klassischen Seillängen, in denen die Absicherung mit geschlagenen Haken oft auch noch weit auseinander liegt. Man beginnt mit einigen sehr schwierigen, frei kletterbaren Stellen und steigt dann abwechselnd mit Hilfe von Bohrhaken und Cliffs nach oben. Manchmal sind auch zwischen zwei Bohrhaken obligatorische technische Passagen zu finden: Ein Weiterkommen ist hier nur mit einem Cliff in kleinen, kaum erkennbaren Löchern möglich. Die Kletterei ist deshalb nicht unbedingt objektiv gefährlich, aber unglaublich grenzwertig. Obligatorische Ausrüstung: zwei Trittleitern und Cliffs in verschiedenen Größen. Empfehlenswert sind auch zwei so genannte Talons. Abstieg durch Abseilen über die Route (Material zur Verstärkung der Standplätze empfehlenswert). Erste Wiederholung durch D. Filippi und S. Scalet. Routenname angeschrieben.

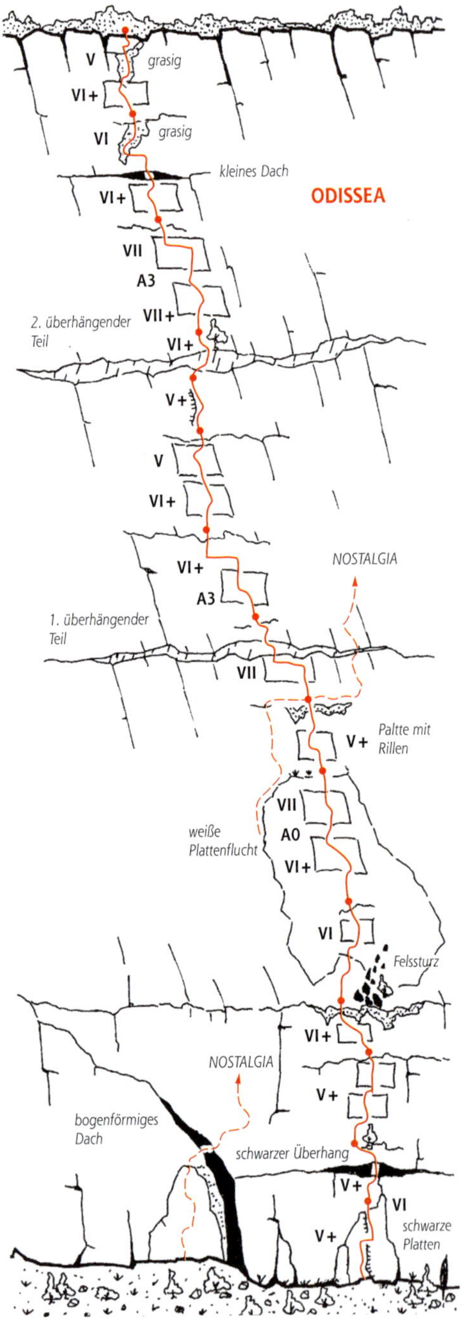

45 VIA DELLE ROSE★★★

M. Brighente, G. Bogoni 2009
250 m. (8SL)
5b, 6a+ (5c obl.)/S1/II

Lohnende, relativ kurze Route, die sich in einem Bereich mit viel Vegetation einen Weg über die kompakten, glatten Plattenfluchten sucht. Die Einstiegslängen sind nicht gerade interessant, aber der obere Teil bietet schöne Reibungskletterei in bestem, strukturiertem Fels. Einfach herrlich ist die vorletzte Seillänge. Gute und ausreichende Absicherung mit Bolts.

Abstieg: Abseilen über die Route.

Einstieg: zwischen "Odissea" und "Aspettando Daniele", Routenname angeschrieben.

46 ASPETTANDO DANIELE★★★

M. Brighente, G. Bogoni, D. Dal Cere 2006
450 m. (14SL)
6a, 6b, Stellen A0 (5c obl.)/S1/II

Route, in der Entdeckerqualitäten gefordert sind und das Klettern oft von der überreichlichen Vegetation gestört wird. Die Linie führt über sehr kompakte Platten mit fantastischen Wasserrillen und ist immer wieder von brüchigen und schrofigen Abschnitten unterbrochen. Die Ausstiegslängen verlaufen in einem einzigartigen Ambiente, ein insgesamt empfehlenswerter Weg mit ein bisschen von allem: zwingende Passagen in freier Kletterei, schrofige Platten, technisch zu kletternde Passagen und Grasrampen... Der überhängende Riss im oberen Teil der Route ist wirklich sehr schön.

Die Absicherung ist ausreichend und das Gestein meistens gut. Man seilt über die Route ab.

Zustieg: rechts von 'Odissea', bei einer Verschneidung, die von der Wand und einem angelehnten Vorbau geformt wird. Routenname angeschrieben.

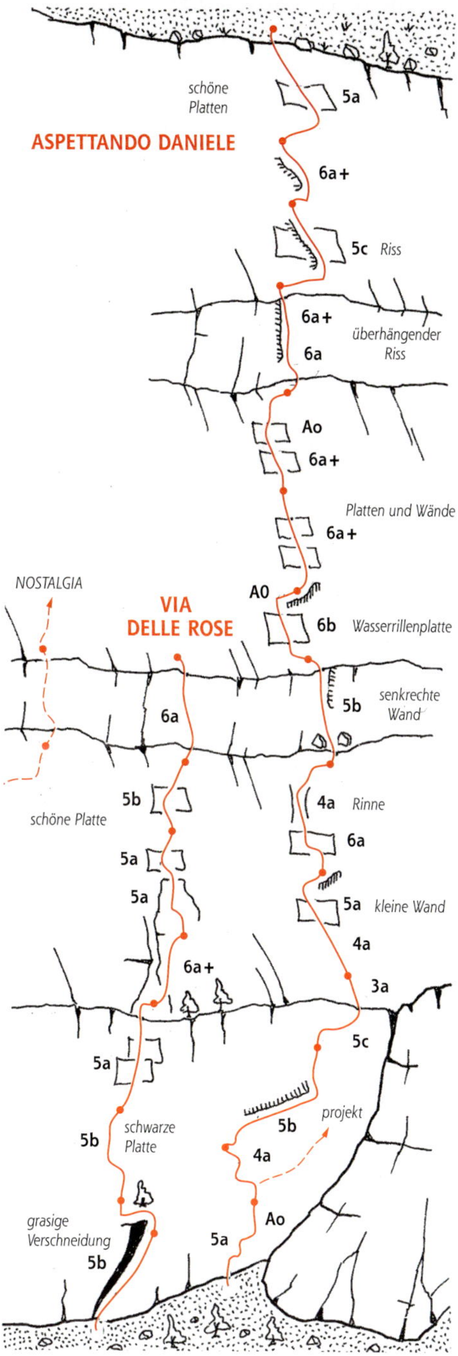

47 SINFONIA D'AUTUNNO★★★★★

D. Ballerini, G. Castellini, C. Stefani 1996

260 m. (7SL)

6b+ (5c obl.)/S2/II

Wunderschöne Route, nicht zu extrem und sehr abwechslungsreich. Die zweite Seillänge ist unglaublich ästhetisch! Abstieg durch Abseilen über die Route. Die vorletzte Abseillänge ist wegen des schrägen Routenverlaufs nicht unproblematisch, das Einhängen von Expressschlingen durch den Abseilersten ist empfehlenswert.

Einstieg: Der Wandfuß des zentralen Wandteils wird durch einen bewaldeten Vorbau gekennzeichnet und liegt ca. 150 m links von der Pala delle Lastiele (dem Wandrücken, der die Parete Zebrata nach Norden hin abschließt). Oberhalb dieses Vorbaus und auf seiner linken Seite beginnt die Route. Vom Parkplatz geht man am besten bis zur Pala delle Lastiele, kehrt dann etwas linkshaltend zurück und steigt den steilen Vorbau hoch. Die erste Route, auf die man trifft, heißt 'Annamaria', die zweite 'Sinfonia d'Autunno'.

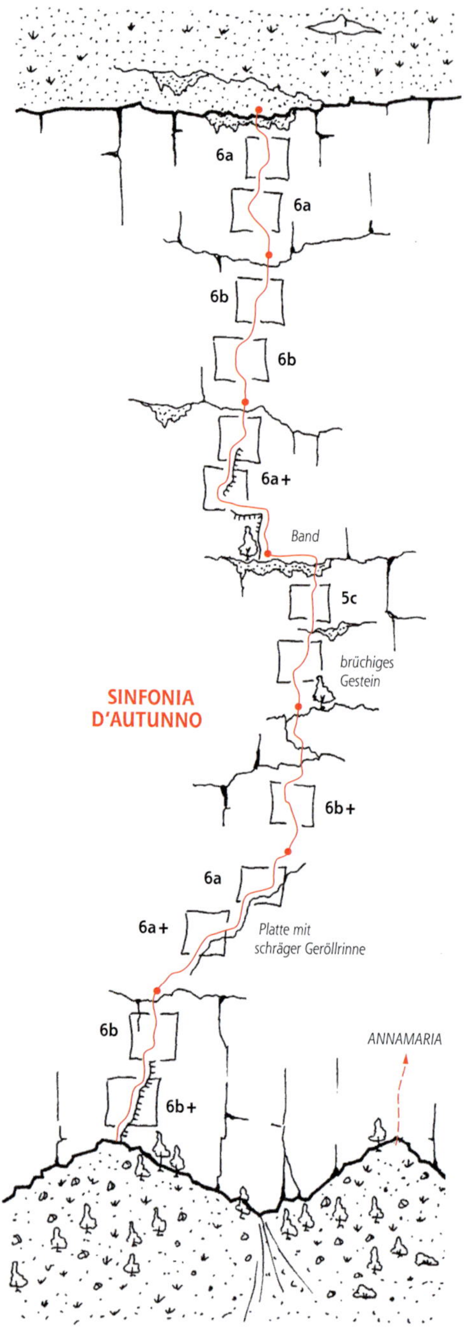

48 ANNAMARIA★★★

T. Quecchia, D. Ballerini, C. Stefani 1996
260 m. (6SL)
VII+, A0/R2/II

Schwierige Route, in der sich sportklettermäßig eingerichtete und ausgesprochen alpine Abschnitte abwechseln. Nach einigen Seillängen mit guter Absicherung folgt ein stark grasbewachsener Abschnitt, in dem ein senkrechter Wandbereich nur mit geschlagenen Haken abgesichert ist. Hier sind einige Klemmkeile hilfreich. Der Rest der Route verläuft über außergewöhnlich schöne Platten mit wunderschöner Reibungskletterei. Abstieg durch Abseilen über die Route, Reepschnüre zur zusätzlichen Absicherung der Abseilstellen sind empfehlenswert. **Einstieg:** wie zu 'Sinfonia d'Autunno', ca. 30 m rechts davon zunächst über eine schwierige, mit Bohrhaken abgesicherte Platte. Den ersten großen Busch umgeht man links.

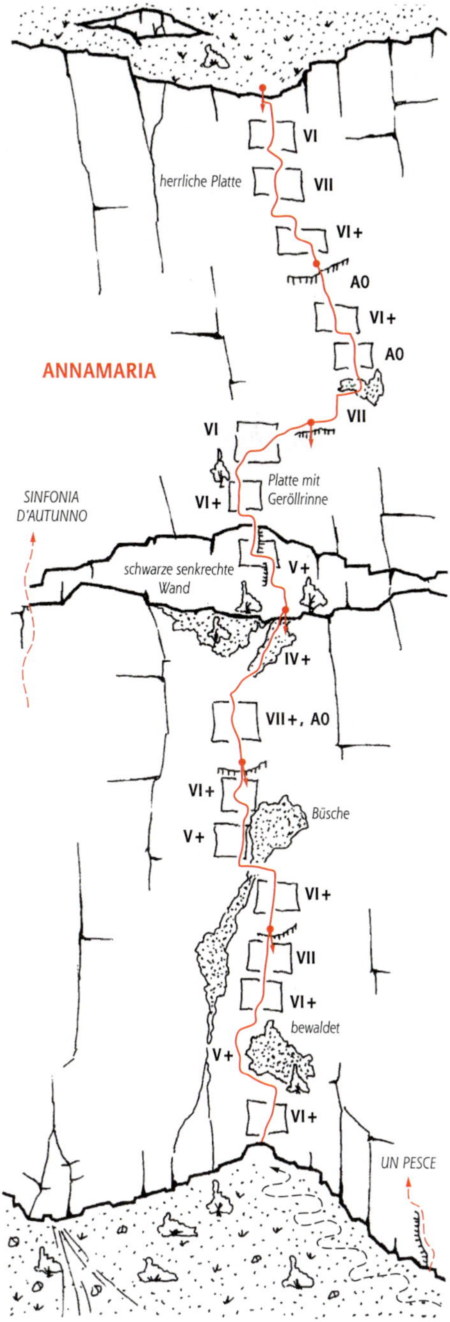

49 UN PESCE D'ACQUA DOLCE ★★

A. Damioli 1997
180 m. (6SL)
6b (5c obl.)/S2/I

Kurze und leichte, sehr schöne Route. In der zweiten und dritten Seillänge führt sie über eine sehr steile und kompakte Platte.

Einstieg: zunächst zum Gratrücken der Pala dele Lastiele und dann linkshaltend zurück in Richtung des bewaldeten Vorbaus (oberhalb dessen die Routen "Sinfonia" und "Annamaria" beginnen). Direkt am Beginn der Rampe zum Vorbau folgt man zunächst einem Riss in der Einstiegsplatte

49a VARIANTE LEON ★

A. Damioli 1997
100 m. (3SL)
6b (5c obl.)/S2/I

Kurze Route, deren erste Seillänge zusammen mit derjenigen von 'Un pesce d'acqua dolce' verläuft. Dann über einen rundlichen Pfeiler inmitten einer Plattenzone und schließlich über leichtere und grasbewachsene Platten zum Ausstieg.

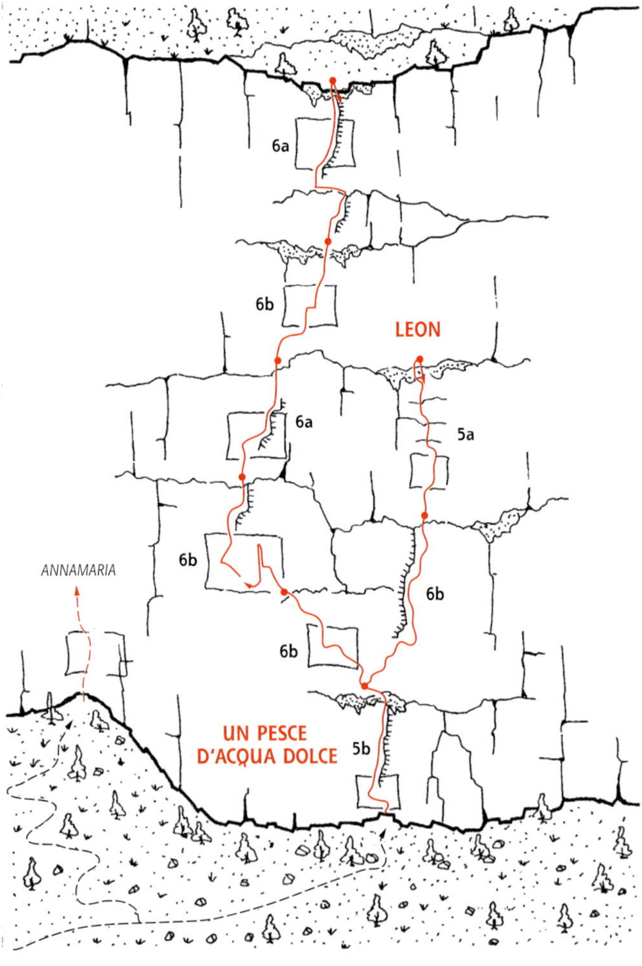

48
49a
49
52
50
51
53
54
55
56
57

50 VIA DELLE GROSTE★★★

M. Brighente, G. Bogoni 2006
140 m. (5SL)
6b, 6c (6a obb)/S1/II
Schöne, kurze Route mit sehr technischen Reibungskletterpassagen, perfekt geeignet für einen halben Tag. Sehr guter Fels und gute Absicherung mit kurzen Hakenabständen.
Einstieg: etwas links von 'Milwaukee'.

51 MILWAUKEE★★★

A. Toni Zanetti e G. Bonvecchio 2004
280 m. (6SL)
6b+ (6b obl.)/S3/II
Empfehlenswerte, schöne Plattenroute. Die ersten drei Seillängen verlaufen auf glatten Platten mit Wasserrillen, die drei Ausstiegslängen sind jedoch weniger schön mit sehr leichter Kletterei auf vegetationsreichen Platten. Der Fels ist durchwegs fest, die Absicherung mit Bohrhaken bis auf die letzten Seillängen gut.
Einstieg: etwas links der breiten Rinnenverschneidung mit der 'Via Mamma del Bepi'.
Abstieg: Abseilen über die Route.

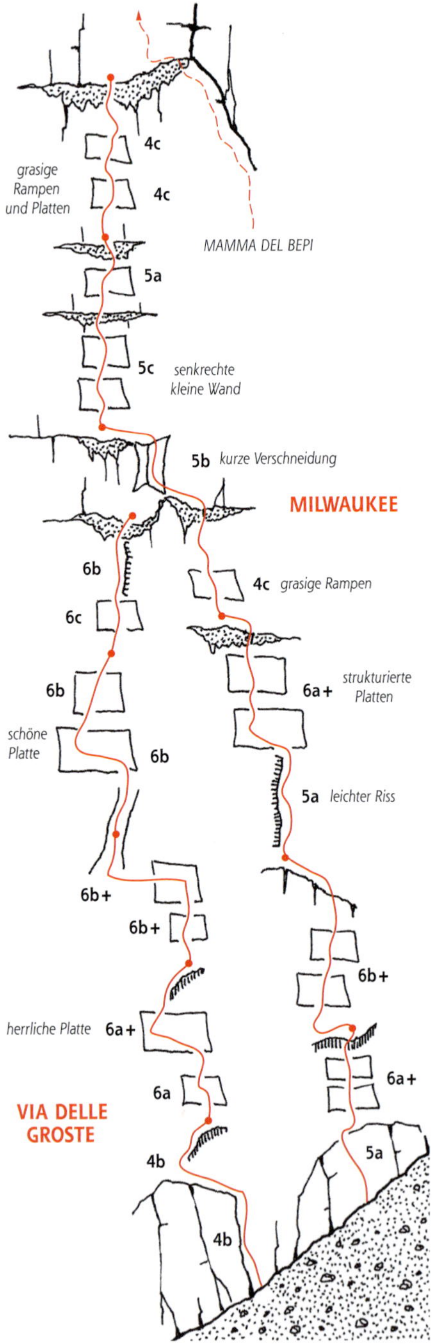

52 *VIA MAMMA DEL BEPI* ★★★
G.Stenghel, W.Gobbi 1983
400 m. (10SL)
V+, VI, A1/R3/II

Kurz vor dem nördlichen Abschluss mit der Pala dele Lastiele läuft ein deutliches Riss- und Kaminsystem durch die gesamte Parete Zebrata. Zu Beginn von einer Reihe von Rampen und grasigen, geneigten Verschneidungen durchzogen, wechselt diese Route schnell ihr Gesicht, wird steiler und bald senkrecht. Dieser Abschnitt mit den tiefen Kaminen und den Abschlussverschneidungen scheint sehr abweisend, ist aber in der Tat am interessantesten. Die sehr klassische Kletterei ist von vielen vegetationsreichen Bereichen geprägt, die Absicherung heikel und kaum vorhanden. Dennoch fallen einige schöne Passagen ins Auge, wie z.B. die große Grotte in der 8. Seillänge. Die beiden Ausstiegslängen sind zwar schwieriger, aber das Gestein ist sauber und fest.

Einstieg: deutlich zu sehen, am Beginn der breiten Rinnenverschneidung.

Abstieg: vom letzten Stand erreicht man mit dreimaligem Abseilen an Bäumen (Schlingen) den letzten Stand der Route 'Milwaukee'. Von hier wiederum sechs Mal an eingerichteten Stand-/Abseilstellen abseilen.

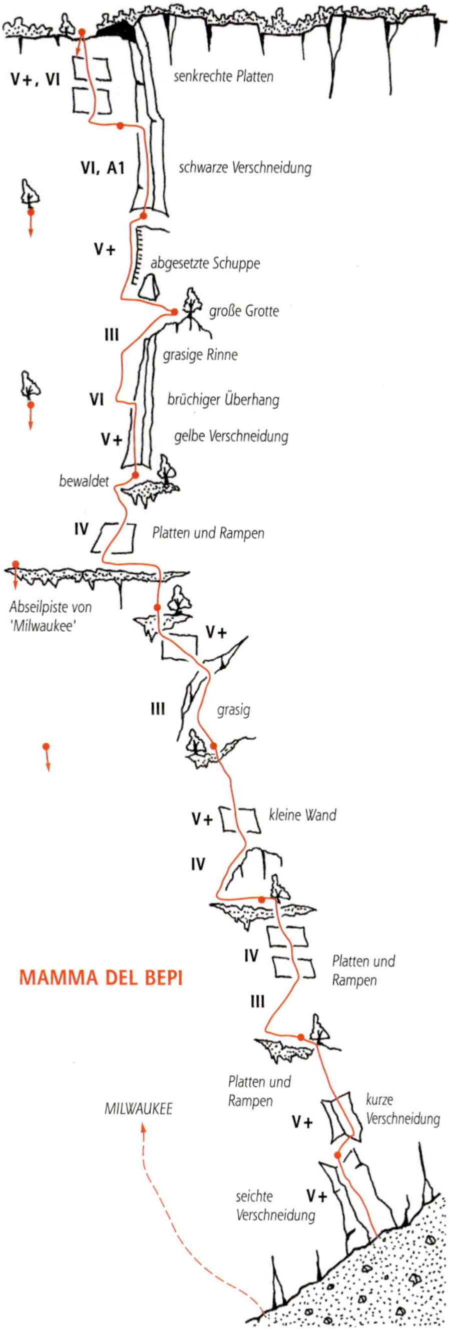

53 GIGLIOLA ★★★

M. Giordani, F. Zenatti 1983
400 m. (12SL)
VI+, A2/R3/II

Langer und schwieriger Weg, der kaum (oder überhaupt keine) Wiederholer findet. Der Fels ist manchmal brüchig und die Absicherung schlecht. Die Route geht über den Wandbereich, der sich zwischen dem Wandrücken der Pala delle Lastiele und der 'Via Mamma del Bepi del Colodri' befindet (die 'Mamma' verläuft in dem sehr klar erkennbaren Riss- und Kaminsystem nach oben).

Einstieg: Wenig rechts von 'Mamma del Bepi del Colodri' über eine graue kleine Verschneidung direkt auf die Kante. Weiter oben dann in den schwierigen und brüchigen Plattenbereich.

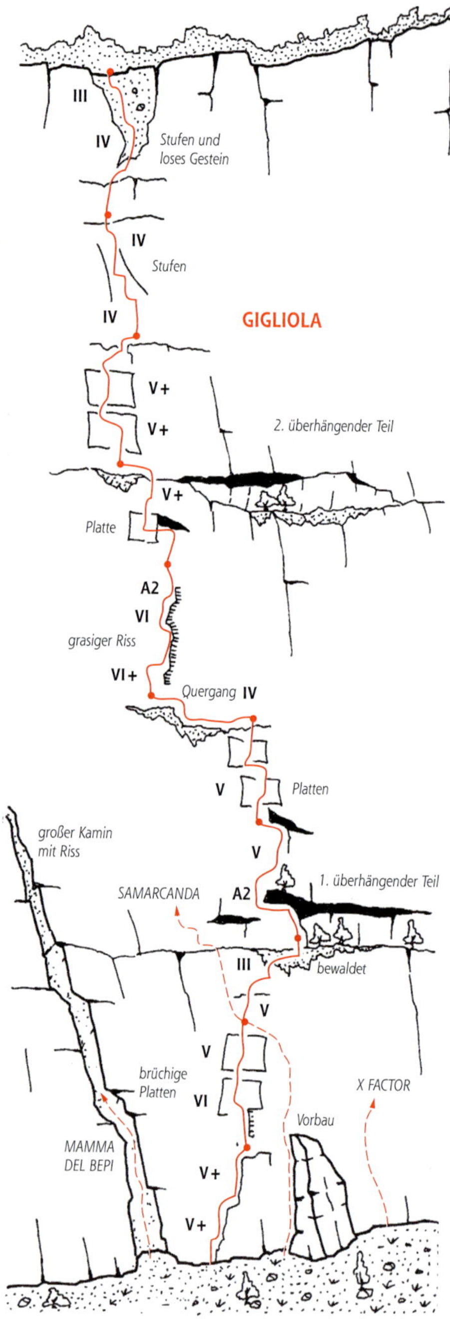

54 SAMARCANDA★★★★

A. Toni Zanetti e G. Bonvecchio 2006
300 m. (8SL)
6c, A0 (6a obl.)/S2/II

Die Route verläuft über den steilsten Bereich der Parete Zebrata. Steile Platten- und senkrechte Wandkletterei herrscht hier vor. Der Fels ist einfach perfekt: glatt in den steilen Platten und mit vielen Leisten in den senkrechten Wandteilen. Am schönsten sind die Einstiegsverschneidung sowie die senkrechte Wand in der vorletzten Seillänge. Die Absicherung mit Bohrhaken ist perfekt und mehr als ausreichend. Fast alles kann frei geklettert werden, nur einige wenige und sehr kurze Passagen widerstehen bislang. Eventuell sind einige kleine Friends von Nutzen.

Einstieg: rechts von 'Mamma del Bepi', in der großen Verschneidung.

Abstieg: Abseilen über die Route.

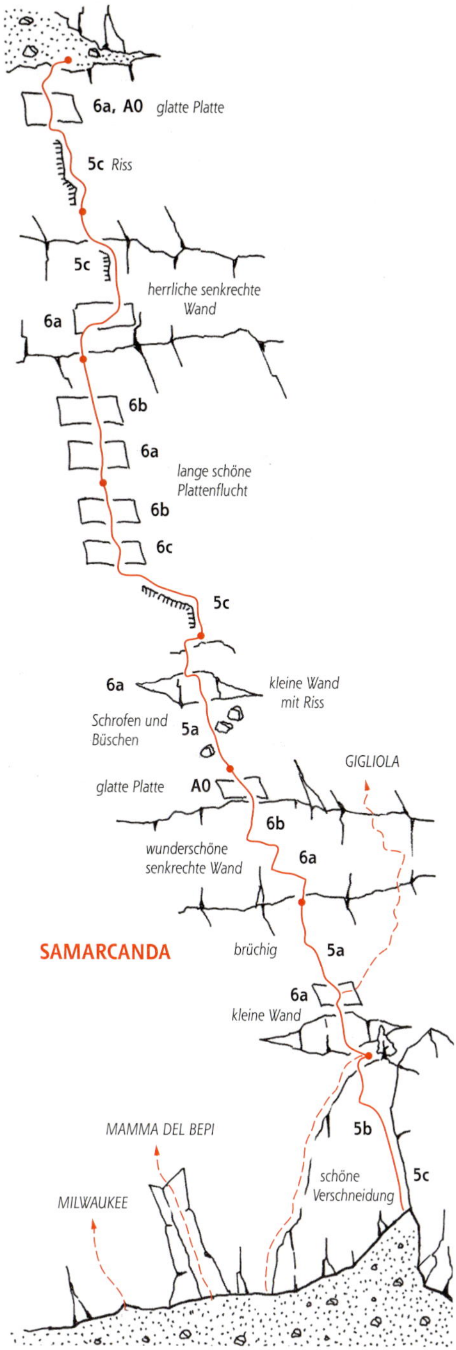

55 X FACTOR★★★

A. Toni Zanetti, G. Bonvecchio 2009
330 m. (8SL)
6a, 6b+, A1 (6b obl.)/S2/II

Die Linie folgt den sehr kompakten und glatten Plattenfluchten, die durch einen Korridor in der Wand ziehen. Die schwierigsten Stellen werden technisch A1 geklettert, hier könnte eine Steigleiter hilfreich sein. Die Route mit vielen Reibungsplatten und überhängenden Wandstellen ist sehr abwechslungsreich und immer sehr lohnend. In der zweiten Seillänge folgt man entweder einer grasigen Rinne oder klettert rechts und etwas schwieriger über die Platte. Vorsicht bei einigen brüchigen Passagen in der 3. und 5. Seillänge. Ausreichende Absicherung mit gut eingebohrten Haken.

Abstieg: Abseilen über die Route.

Einstieg: rechts von "Gigliola", nach dem Vorbau.

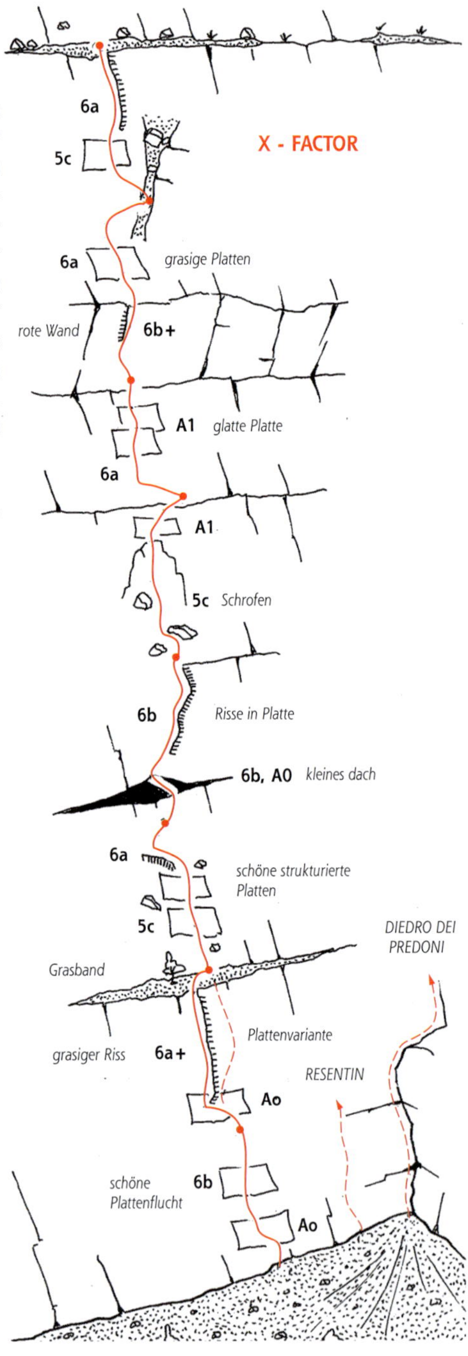

56 RESENTIN★★

A. Toni Zanetti e G. Bonvecchio 2004
300 m. (6SL)
6b+, A1 cilff (6b, A1 cliff obl.)/S3/II

Die Route verläuft rechts der 'Via Gigliola', über eine oft unterbrochene und stufige Plattenflucht. Die Route ist etwas für Entdecker und durchwegs schwierig. Die glatten Plattenbereiche werden in schwieriger freier Kletterei und mit heiklen Passagen an Cliffs überwunden. Auch vegetationsreiche Verschneidungen und Risse erfordern viel Können und Vorsicht. Insgesamt eine Route mit einem gewissen Etwas (vor allem hinsichtlich der Schwierigkeiten der freien und technischen Kletterstellen), die einen sehr abweisenden Bereich der Wand überwindet. Die Hakenabstände sind zwar manchmal etwas weit, aber die Haken gut gebohrt und der Fels ist im Allgemeinen fest. Wiederholer können eventuell einige Friends mittlerer Größe einsetzen, unabdingbar sind Cliffs (für gebohrte 6mm-Löcher) und eine Trittleiter. Die Erstbegeher widmeten diese Route dem Alpinisten Arturo Tamanini.

Einstieg: rechts der 'Via Giglíola', nach dem Vorbau, Routenname angeschrieben.

Abstieg: abseilen über die Route.

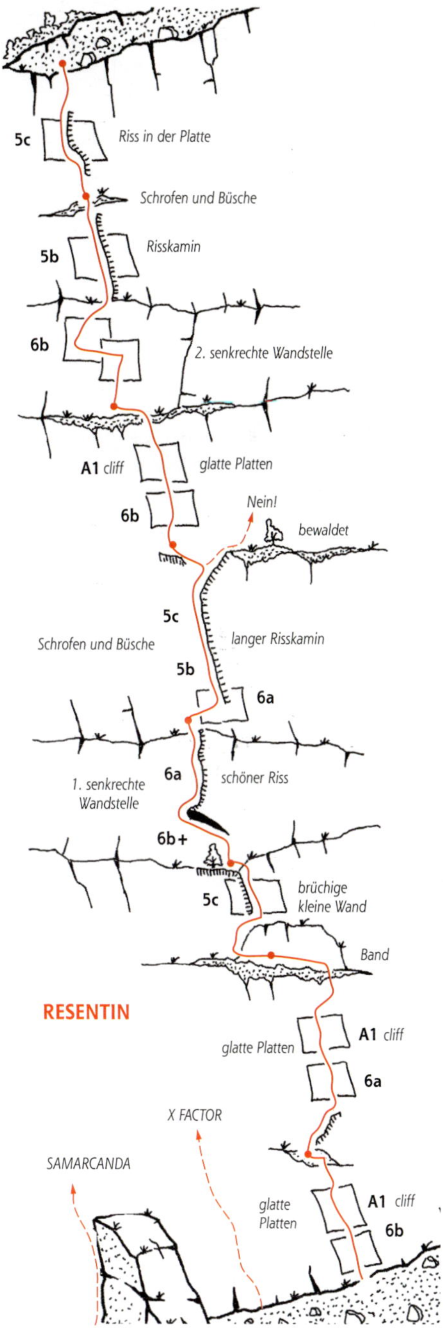

Weitere Routen:

A – GRANO SARACENO: R. Bassi und Gefährten. Einstieg rechts der 'Via Claudia' und dann über eine gut sichtbare und grasbewachsene Verschneidung. Vier Seillängen. Abstieg durch Abseilen über die Route. 150 m. V+, VI.

B – VIA PUS: G. Groaz und P. Baldo. Die lange und schwierige Route fordert ziemliche Entdeckerqualitäten.

16 Pala dele Lastiele

Parete Zebrata

0.45 h

1.00 h

350 m.

S

Als 'Pala dele Lastiele' wird der Gratrücken bezeichnet, der die lange Parete Zebrata in Richtung Norden abschließt. Eine einzige Wand, die nach Süden ausgerichtet und ca. 250 m hoch ist, ist hier zu finden. Sie scheint für Kletterer wenig attraktiv zu sein, aber über einen senkrechten und exponierten Pfeiler verlaufen doch einige sehr interessante Routen.

Zustieg

Vom großen Parkplatz in der Nähe der Wand führt ein bequemer und gut sichtbarer Weg zum Wandfuß (eine weitere Parkmöglichkeit befindet sich bei der nahe gelegenen Bar "Parete Zebrata"). Ein Pfad führt dann rechts an der ganzen zentralen Wand (Parete Centrale) entlang. Zum Schluss über ein steiles Geröllfeld bis zum Wandfuß.

Abstieg

Der normale Abstiegsweg führt lang und etwas mühsam zum höchsten Punkt des Gratrückens und von dort dann ins Tal zurück (ca. 2 Std.). Es empfiehlt sich deshalb , über die Routen abzuseilen. Die beste Abseilmöglichkeit besteht über die Route "Emodialisi", nach dem Ausstieg aus den Routen "Olimpos" und "Nagual" seilt man besser über "Baci di Carta" ab.

57 DIEDRO DEI PREDONI	**450 m.**
58 EMODIALISI	**350 m.**
59 BACI DI CARTA	**200 m.**
60 PILASTRO OLIMPOS	**250 m.**
61 ISOLA DI NAGUAL	**250 m.**
62 IL GATTO HERO	**200 m.**
63 ROBERTO TONSORI	**300 m.**

57
58
59
60
61
62
63

57 DIEDRO DEI PREDONI ★

D. Filippi, L. Pilati 2008
450 m. (11SL)
V+, VI+, A1/S2/R2

Wo Parete Zebrata und Pala dele Lastiele aufeinandertreffen, führt eine markante Verschneidungsrinne durch die Wand. Die Linie ist daher eigentlich logisch und auch das Ambiente ist schön, aber klettertechnisch lohnt die Route eigentlich kaum. Oft ist das Gestein brüchig und die starke Vegetation stört sehr, in den ersten Seillängen besteht hohe Steinschlaggefahr- insgesamt gesehen ist dies also eine Unternehmung für Mutige. Die Route wurde komplett mit Bohrhaken eingerichtet, Wiederholer benötigen mindesten 20 Expressschlingen (für die A1-Länge) sowie eine große Leidenschaft für brüchiges Abenteuergelände. Wer sich für anspruchsvollste, alpine Wege interessiert und sich dafür fit machen will, kann hier dennoch eine gute Trainingsroute vorfinden. Die Grotte am Stand nach der 2. SL ist mehr als 60 Meter tief. Erste Wiederholung durch A. Toni Zanetti und G. Bonvecchio.

Einstieg: klar ersichtlich am Beginn der Verschneidungsrinne.

Abstieg: rechtshaltend bergab, immer in der Nähe der Wand. Nach einer steilen Stelle findet man etwas unterhalb am Rand der Wand den letzten Standplatz der Route "Emodialisi", von hier dann über diese abseilen.

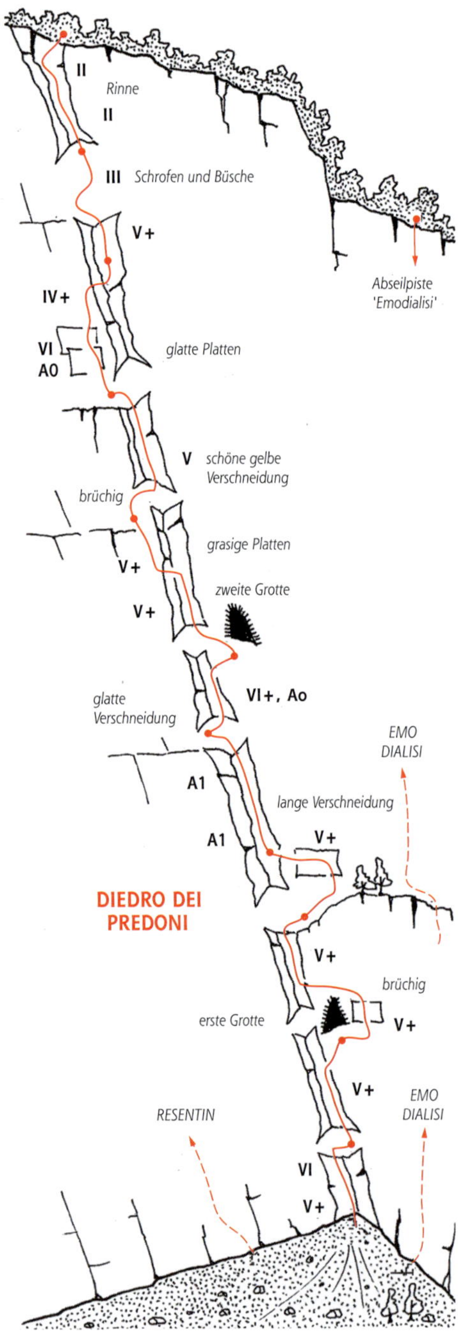

58 EMODIALISI ★★★

A. Toni Zanetti e G. Bonvecchio 2005

350 m. (9SL)

6b, 6c (6a obl.)/S3/II

Vor allem im oberen Bereich sehr schöne, abwechslungsreiche und empfehlenswerte Route. Mal sportklettermäßig, mal alpin orientiert, verläuft sie über kompakte Platten und kurze, leicht brüchige oder grasige Bereiche. Leider ist die Absicherung nicht sehr gut, oft werden Bohrhaken verwendet, aber auch Normalhaken sind zu finden und bei einigen Passagen sollte zusätzlich mit kleinen Keilen abgesichert werden. Alles in allem eine Route mit viel technisch anspruchsvoller, freier Kletterei.

Zustieg: wie bei 'Baci di Carta'. Wenige Meter rechts der großen Verschneidung, die durch das Aufeinandertreffen der beiden Wände Parete Zebrata und Pala dele Lastiele entsteht. Die ersten Haken sind sichtbar.

Abstieg: abseilen über die Route, 5 mal 55m, leicht und schnell.

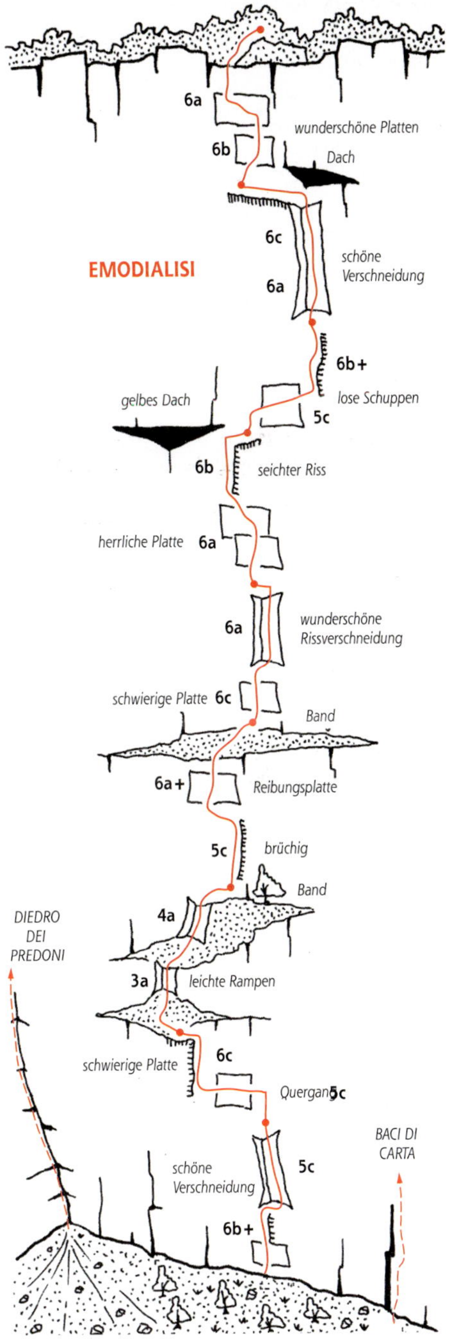

59 BACI DI CARTA ★★★★★

M. Maceri, R. Comis, M. Zadra 1999
200 m. (6SL)
VI+, VII, A0/R2/III

Die Linie verläuft über den steilsten und kompaktesten Teil der Wand und ist wegen des guten Gesteins und der sehr guten Absicherung unbedingt eine Wiederholung wert. Sehr abwechslungsreiche alpine Kletterei über Platten, Risse, Kamine und die typischen schrofigen Passagen.

Zustieg: auf einer Schotterrinne hoch bis zum Wandfuß und dem Beginn der großen Verschneidung, dann am Wandfuß entlang wieder absteigen. Am ersten Riss, auf den man trifft, ist der Einstieg. Dieser Riss wird von einem Dach abgeschlossen, Haken sind zu sehen.

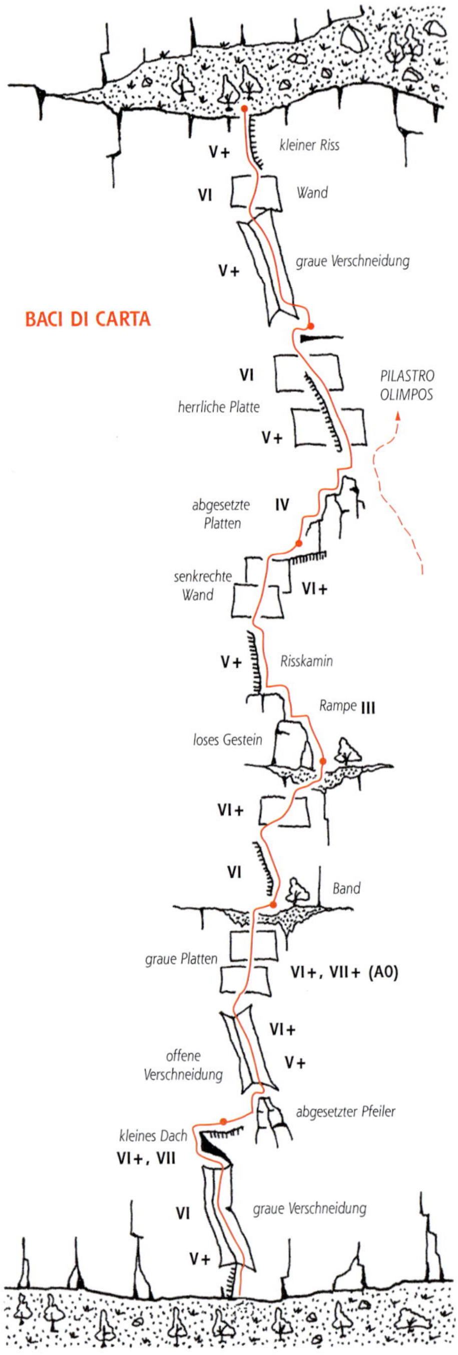

60 PILASTRO OLIMPOS★★★★★

G. Stenghel, G. Groaz, A. Baldessarini 1984
250 m. (8SL)
V+, VI+/R3/III

Die Erstbegeher nannten diese Route auch 'Pilastro maledetto' (verdammter Pfeiler), weil sie unzählige Versuche benötigten, bis ihnen der Durchstieg gelang. Später widmeten sie die Route der Göttin ('Dea') Fortuna. Die sehr abwechslungsreiche und interessante alpine Kletterei im mittleren Bereich wird etwas vermiest durch die Ein- und Ausstiegslängen mit brüchigem und grasbedecktem Fels. Normalhaken, Keile und Friends sollten unbedingt mitgeführt werden. Im Allgemeinen ist die Felsqualität aber gut. (Beschreibung von S. Scalet).

Zustieg: wie zu 'Baci di Scalet' und noch weiter am Wandfuß entlang abwärts bis zu einer breiten, markanten Verschneidung. Hier beginnt die Route 'Isola di Nagual'. Noch etwas weiter links und über Stufen zu einer kleinen, steilen und grasigen Rissverschneidung.

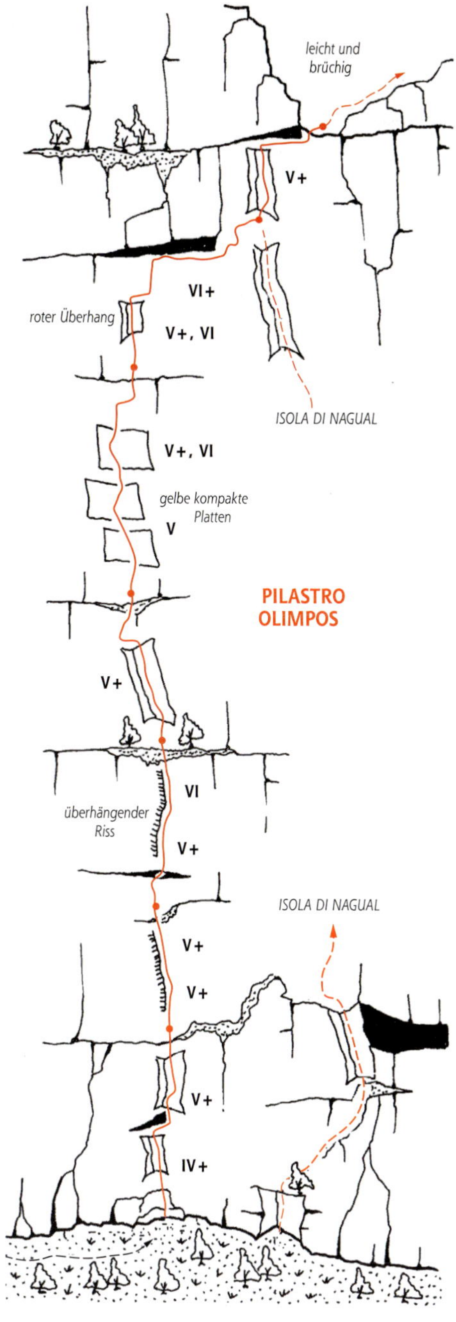

61 ISOLA DI NAGUAL ★★★★★

V+, VI/2 Stellen A0/R3/III

Wunderschöne Route, exponiert und elegant, die viel Spaß macht: eine wahre Perle des Sarcatals. Klassische alpine Kletterei über kompakte und senkrechte Verschneidungen. Die Absicherung ist eher spärlich, aber in den Rissverschneidungen können perfekt sichere Klemmkeile gelegt werden. In der 5. SL macht einem eine technisch anspruchsvolle Platte etwas zu schaffen.

Zustieg: wie bei 'Baci di Scalet' und noch weiter am Wandfuß entlang und abwärts bis zu einer breiten, markanten Verschneidung. Hier beginnt die Route ('Nagual' steht angeschrieben). Man erklettert die kurze Verschneidung und steigt über gelbe, brüchige Felsen in Richtung einer Nische unterhalb eines Überhangs hoch (Schlingen sichtbar).

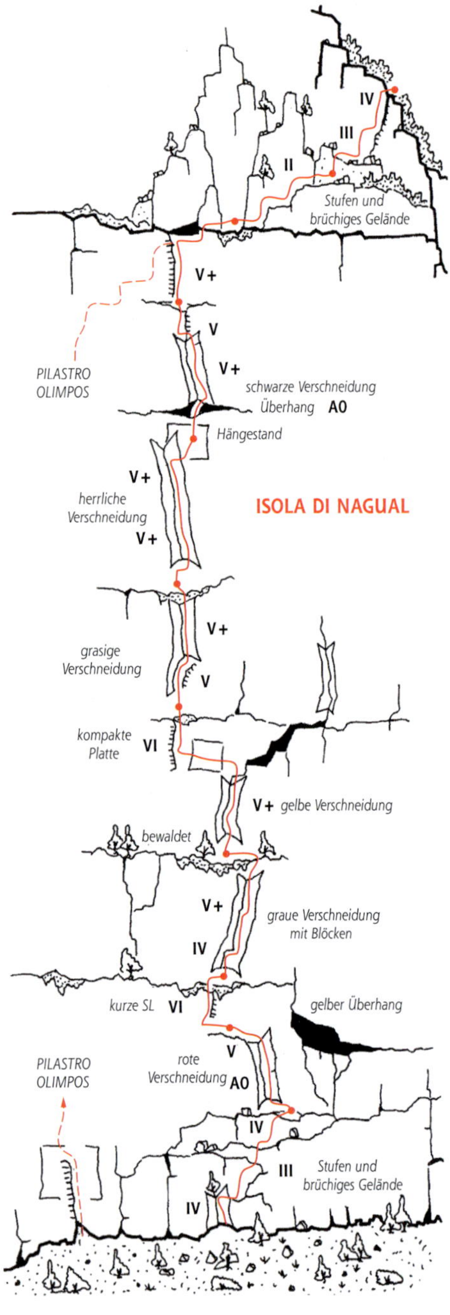

62 IL GATTO HERO ★★★★

I. Kovacs, G. Babcsan 2005

200 m. (7SL)

7a, 7b (7a obl.)/S4/III

Der schwierige Weg mit vielen obligatorischen Passagen führt über die letzten Plattenbereiche in der Wand. Das Gestein ist meist gut, aber die Absicherung unterschiedlich und weit auseinander. Genauere Informationen gibt es über diese Route nicht.

Einstieg: ca. 30m rechts von 'Isola di Nagual', über einen Pfeiler mit Büschen.

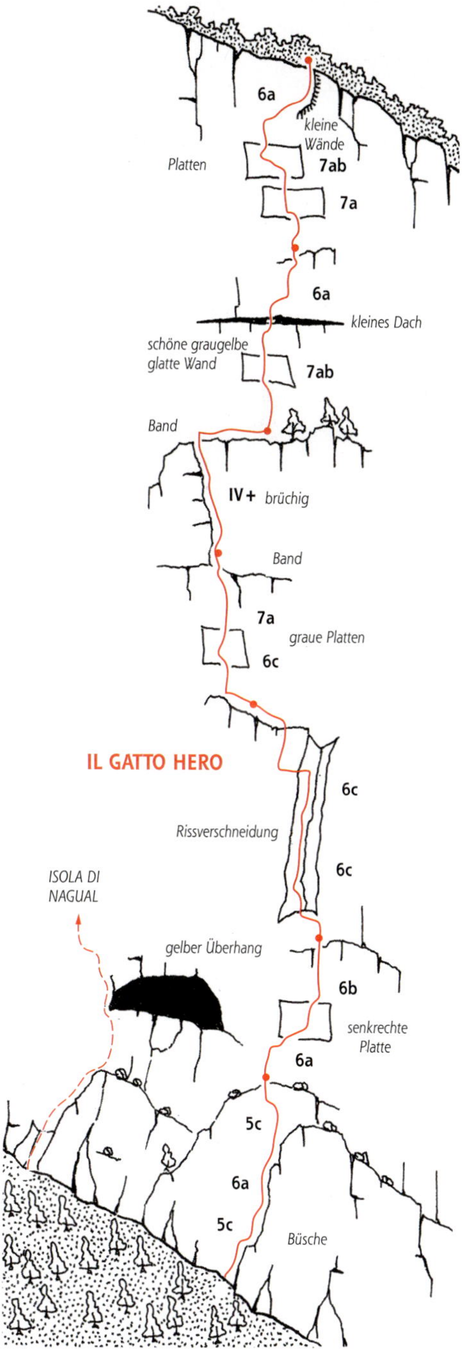

63 ROBERTO TONSORI ★★

G. Stenghel, G. Groaz 1983.
300 m. (7SL)
IV+, V+/R3/III

Auch diese Route ist etwas für Abenteurer, die sich nicht an Vegetation und brüchigem Gestein stören. Die Linie selbst ist durchaus logisch und führt entlang eines Riss- und Verschneidungssystems durch die Wand. Wer Erfahrung in alpinem Gelände sammeln will, kann hier also gern einsteigen.

Einstieg: rechts des Hauptpfeilers mit den interessantesten Routen wird die Wandhöhe geringer. Vor einem gelben Wandbereich am Fuß des Ostpfeilers liegt eine steile, breite Rinne. In Falllinie dieser Rinne steigt man zuerst über eine Rampe und dann in Richtung eines Strauchs oberhalb einer markanten Verschneidung.

Abstieg: Abseilen über die Route "Emodialisi". Zuerst zum Wald, dann immer nahe der Wand bergauf bis zu einer Ebene mit wenig Vegetation. Etwas unterhalb am Rand der Wand findet man den letzten Standplatz von "Emodialisi", über diese Route abseilen.

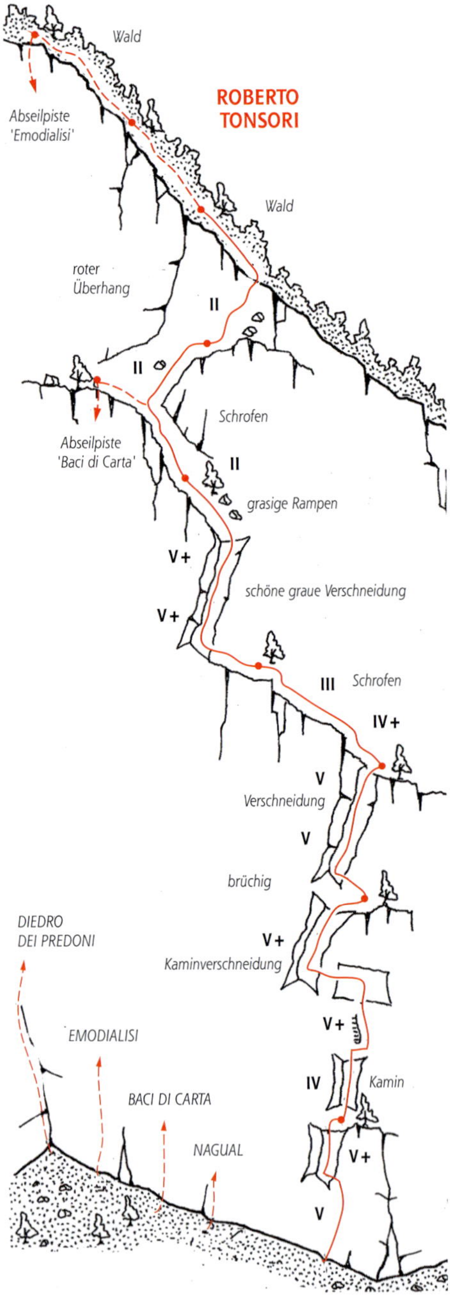

Matteo Bertolotti, *Isola di Nagual*, Pala dele Lastiele (sassbaloss.com) ↗

Weitere Routen:

A – VIA TE-HENUA: G. Stenghel und G. Groaz 1983.Die leichte Route führt mit etwas Entdeckergeist über den markanten, aber etwas schrofigen Südostpfeiler der Pala del Lastiele. In der Nähe des Pfeilerfußes erkennt man einen gelben, senkrechten Wandbereich. Hier steigt man über brüchigen und etwas grasbedeckten Fels ein, erklettert einen leichten Vorbau und erreicht ein langes Band, das links zu einem Kamin führt. Nun durch den Kamin und linkshaltend zum eigentlichen Pfeiler. Auf diesem über Felsaufschwünge und durch kurze bewaldete Zonen hoch und bis zum Gipfel der Pala. 250m. IV+,V.

B – VIA CHIARA: G. Emanuelli und A. Vecchi 1983. Die ziemlich uninteressante Route verläuft rechts des Südostpfeilers der Pala in einer schrofigen Rinne, in der sich Felsaufschwünge mit bewaldeten Bereichen abwechseln. 250. IV.

Monte Brento

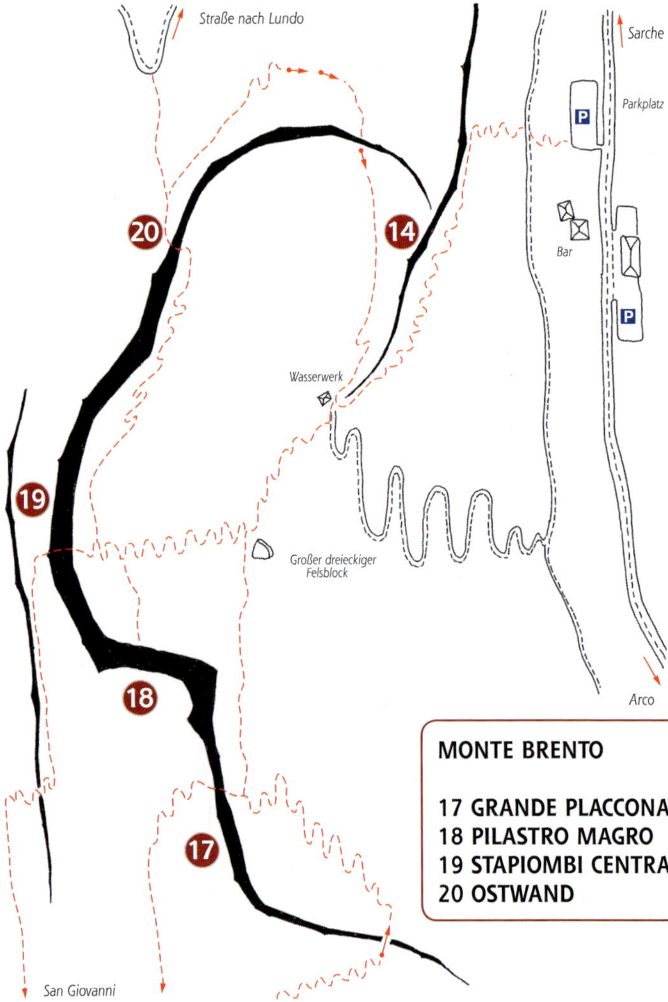

MONTE BRENTO

17 GRANDE PLACCONATA
18 PILASTRO MAGRO
19 STAPIOMBI CENTRALI
20 OSTWAND

Zusammen mit dem Monte Casale formt der Monte Brento den langen Bergrücken, der das Sarcatal vom Val Lomasona, einem Seitental der Valli Giudicarie ('Judikarischen Täler'), trennt. Die breite, kompakte und beeindruckende Ostwand des Monte Brento fällt steil ins Tal ab. Ein breiter Wandbereich wird von einem absolut senkrechten Pfeiler gestützt und die außergewöhnlichen zentralen Überhänge werden von einer hohen, riesigen Wand flankiert. Klettertechnisch gesehen ist die Wand sehr schwierig und wegen des Steinschlags sehr gefährlich, aber nichtsdestotrotz wegen der vielfältigen Formen und Farben des Gesteins sehr attraktiv und schön.

MONTE BRENTO

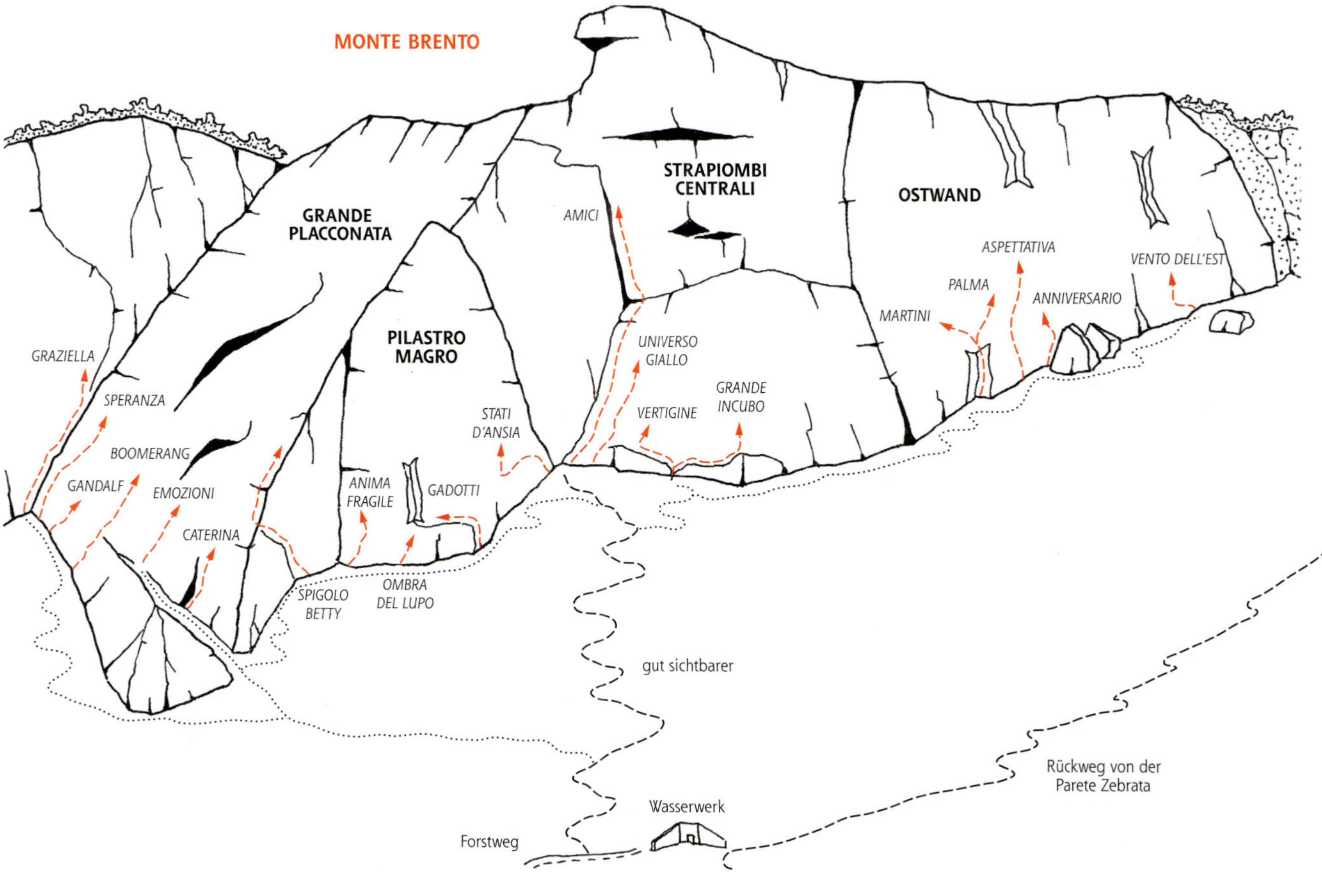

17 Grande Placconata

Monte Brento

1.30 h

1.00 h
2.30 h

1300 m.

0

Die unendliche, riesige graue Wand aus Kalk ist über 1000 m hoch! Verschiedene Kletterwege führen durch sie, die alle sehr ernsthafte Unternehmungen sind und viel Ausdauer erfordern. Die Reibungskletterei ähnelt derjenigen an der Parete Zebrata. 'Graziella' von A. Andreotti und M. Rossi war die erste Route, die hier entstand. Sie verläuft über den linken Wandbereich und verlangte den Erstbegehern zwei volle Tage mit Verschneidungs- und Risskletterei in manchmal extrem brüchigem Fels ab. Bis heute zählt diese Route nur ganz wenige Wiederholungen. Wie bei allen weiteren Sektoren dieser Wand ist auch hier definitiv alpine Kletterei angesagt: langer Zustieg, schwierige und komplexe Routen und ein genauso langer und ermüdender Abstieg.

Zustieg

Der Sektor Grande Placconata am Monte Brento ist einer der am einsamsten gelegenen im ganzen Sarcatal. Man erreicht ihn entweder von der Höhe oder vom Tal aus. In beiden Fällen beträgt der Zustieg eine gute Stunde, von oben ist er zwar etwas komplexer, aber weniger mühsam und somit insgesamt bequemer.

Zustieg von oben: man parkt in San Giovanni und geht beim Schild "San Giovanni" auf einer Forststraße weiter, bis rechts der Wanderweg Nr. 425 nach Dro abzweigt. Diesem folgt man ca. 10 Min., dann geht man auf einem rot markierten Forstweg weiter bis zu einer markanten Kurve mit einem Steinmännchen und einem roten Pfeil. Hier führt eine Pfadspur zu einer steilen Grasrinne, in der man absteigt und danach wieder bergauf und über die Geröllfelder zum Wandfuß (1 Std.).

Zustieg von unten: zunächst wie zum Sportklettersektor der Parete Zebrata (Sonnenplatten), dann über das ganze Geröllfeld hoch bis zur Wasserleitung, wenige Meter auf der Straße bergab und gleich rechts abzweigen auf einen Pfad, der rechtshaltend bergauf führt. Man steigt dann mühsam über die Geröllfelder weiter hoch in Richtung eines Felspfeilers, dem Pilastro Magro. Hat man die Felswand fast erreicht, quert man horizontal links zur Grande Placconata (1,5 Std.).

Abstieg

Rückweg nach San Giovanni: zuerst hoch in den Wald, dann linkshaltend queren bis zu einem rot markierten Pfad. Diesem leicht aufsteigend folgen, dann auf einem Wanderweg und später einer Forststraße bis nach San Giovanni (1 Std.).

Rückweg ins Tal: vom Ausstieg der Routen durch Wald in Richtung Süden und immer leicht absteigend bis fast zur Ebene bei der Cima delle Coste (bis hierher ca. 1 Stunde). Ab hier quert man dann entweder weiter in Richtung

Claudia Farruggia, *Via della speranza*, Monte Brento *(sassbaloss. com)* →

des Wanderwegs Sentiero Scaloni und steigt dann ins Tal, oder man steigt in Richtung Norden bis zum Rand eines hohen Felsaufschwungs. Dieser Aufschwung ist eigentlich die Fortsetzung der Grande Placconata, die nach Osten abfällt und sich mit der Cima alle Coste verbindet. Hier sucht man dann die einzige steile, grasige Rinne, und seilt oder steigt in dieser ab bis zu den Geröllfeldern am Wandfuß (2,5 Std.).

1 VIA GRAZIELLA	**1000 m.**
2 VIA DELLA SPERANZA	**900 m.**
3 GANDALF IL MAGO	**900 m.**
4 DREAMS OF INFINITY	**800 m.**
5 VIA DEL BOOMERANG	**1000 m.**
6 EMOZIONI	**600 m.**
7 SPIGOLO BETTY	**1300 m.**

1 VIA GRAZIELLA ★★★

Bislang wurde diese lange und schwierige Route noch nicht wiederholt. Die Linie führt über den riesigen Wandbereich links der eigentlichen Plattenfluchten. In dieser grandiosen Wildnis werden sich nur Alpinisten mit Entdeckergeist zurecht finden.

Routenbeschreibung:

SL1: Drei oder vier SL über Risse und seichte Verschneidungen gerade hoch bis zu einem langen Band.

SL2: Auf dem Band bis ganz nach links zu einem Baum queren.

SL3: Über Platten und kleine Verschneidungen rechtshaltend in Richtung einer Rinne. Ca. 6 SL.

SL4: In der Rinne hoch, dann nach links zu einer Terrasse.

SL5: Linkshaltend 4 weitere SL über Bänder und Rinnen bis zu einer weiteren Terrasse am Fuße einer gelben Verschneidung.

SL6: In der sehr brüchigen Verschneidung hoch, dann 4 oder 5 SL über glatte Verschneidungen und Platten zu einer Terrasse unterhalb eines Überhangs (Biwak der Erstbegeher).

SL7: Von der Terrasse einige SL nach rechts bis zum Fuß einer langen, links aufwärts führenden Rampe.

SL8: Die gesamte Rampe hoch und nach 6 SL aus der Wand aussteigen.

Einstieg: Am linken Rand der Wand sieht man ein markantes, bogenförmiges Dach. Unterhalb einer senkrechten Linie zwischen diesem Dach und den schwarzen Wasserstreifen rechts davon führt eine seichte kleine Verschneidung nach oben. Hier ist der Einstieg.

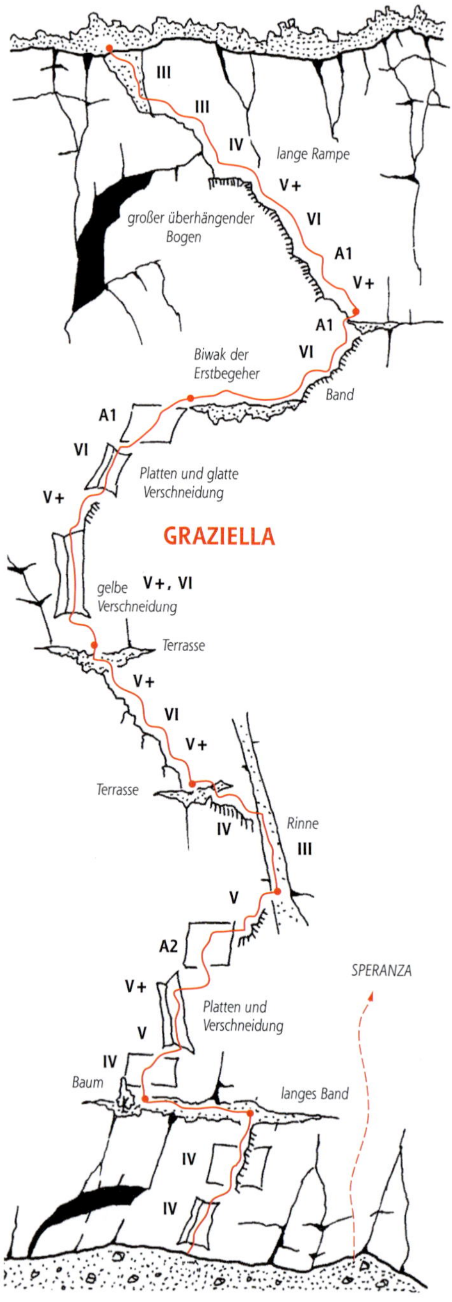

12
7
A
6
4
5
3
2
1

2 VIA DELLA SPERANZA★★★

H. Grill, F. Kluckner 2002
900 m. (18SL)
V+, VI, Stellen A0/R3/IV

Die herrliche Route führt über den linken Bereich der Grande Placconata. Der breite Korridor zwischen der "Via Graziella" und der "Via Bumerang" ist durch kompakte und breite Plattenfluchten gekennzeichnet. Die Kletterei in meist festem Fels ist lohnend und abwechslungsreich. Die Absicherung erfolgt mit Bohr- und Normalhaken, für die Wiederholung benötigt man ein 60-Meter-Doppelseil, Expressschlingen und ein paar mittlere Friends (Informationen von H. Grill).

Einstieg: Routenname angeschrieben.

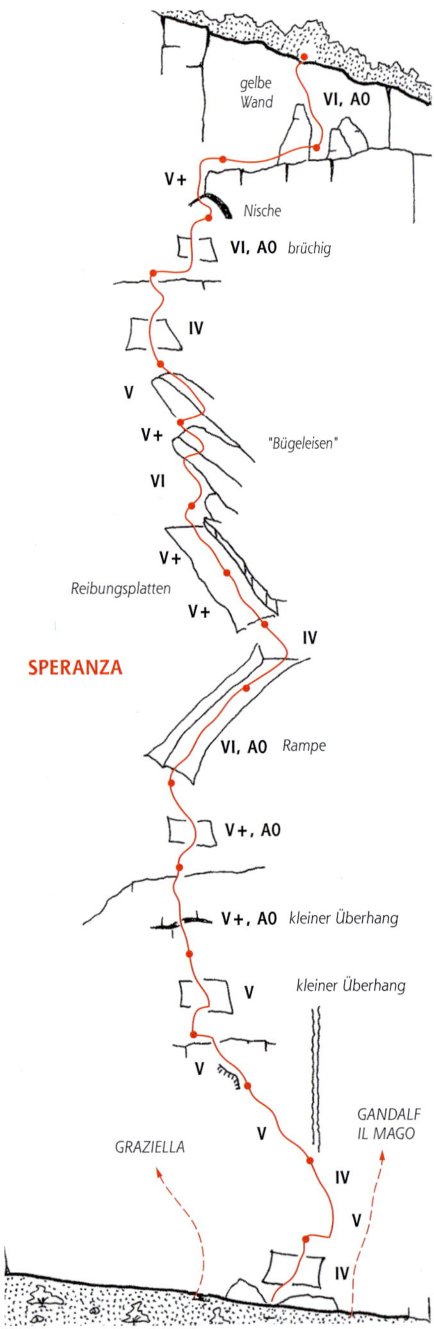

Luca Galbiati, *Via della speranza*, Monte Brento *(sassbaloss.com)* →

3 GANDALF IL MAGO★★★

D. Sebastiani, V. Chini, F. Leoni, M. Cagol

900 m. (20SL)

V+,A1/R3/IV

Äußerst schwierige Kletterei in traditionellem Stil, die über den steilsten und kompaktesten Bereich der Wand führt. Das Gestein ist überwiegend fest und die Route ist wegen der spärlichen Absicherung, der Orientierungsschwierigkeiten und Länge nur alpin sehr erfahrenen Kletterern zu empfehlen.

Einstieg: gleich rechts der "Via Speranza".

Anmerkung: mittlerweile sind die Standplätze eingebohrt, auch dazwischen steckt der eine oder andere Bohrhaken.

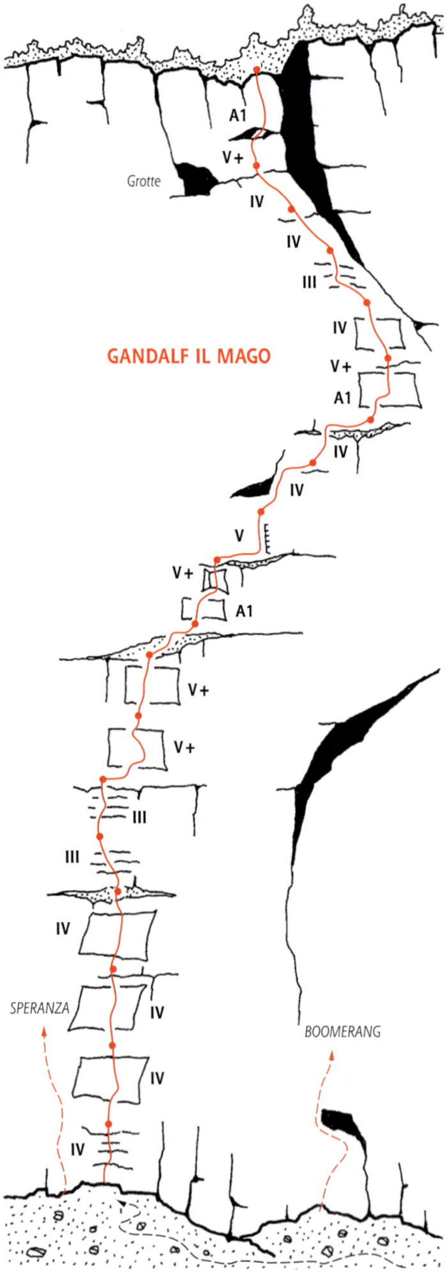

4 DREAMS OF INFINITY★★★★★
P. Geipel, F. Heiss, P. Moll 2010
800 m. (20SL)
VI+, VII/S2/IV

Die schöne Linie durch die Placconata zählt dank der relativ gemäßigten Schwierigkeiten und guten Absicherung mit Bohrhaken zu den interessantesten Wegen in diesem Sektor. Der Einstieg liegt rechts der "Boomerang", nach zwei Seillängen kreuzt sie diese Route und bleibt bis zum Ausstieg links davon. Die Linie ist logisch und leicht zu finden, Wiederholer benötigen nur Expressschlingen und eventuell ein paar kleinere Friends.

Einstieg: rechts von "Boomerang".

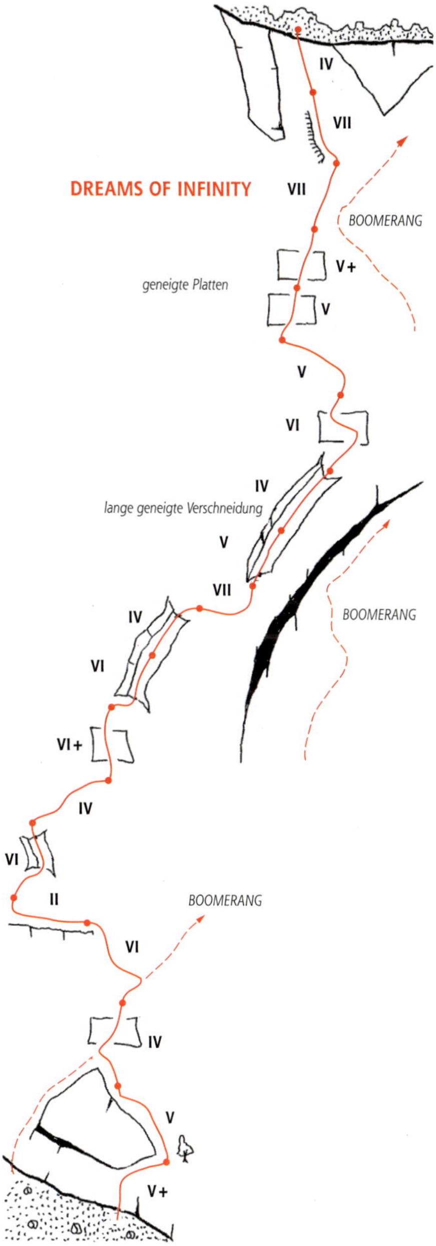

5 VIA DEL BOOMERANG★★★★

M. Furlani, V. Chini, M. Degasperi, R. Mazzalai
1979
1000 m. (20SL)
V+ eine Passage VI/R3/IV

Ein Klassiker und eine der berühmtesten Routen im Sarcatal, auch unter dem Namen 'Via della nuova generazione' bekannt. Die Linie verfolgt den logischen und leichtesten Weg über die großen Plattenfluchten.

Die Absicherung ist fast immer gut und das Gestein fest. Der Ausstieg ist aber schwierig zu finden: verschiedene Möglichkeiten bieten sich an, einen klaren, offensichtlichen Weg gibt es nicht und es besteht deshalb die Gefahr, dass man in sehr brüchiges Gelände gelangt. Äußerste Aufmerksamkeit ist deshalb beim Ausstieg aus der Wand vonnöten.

Zustieg: inmitten der großen Plattenflucht erkennt man das große, bogenförmige Dach. Unterhalb dessen ist ein weiteres, aber kleineres Dach in Form eines Ohres zu sehen. Der Einstieg erfolgt über glatte Platten in Richtung dieses kleinen Daches.

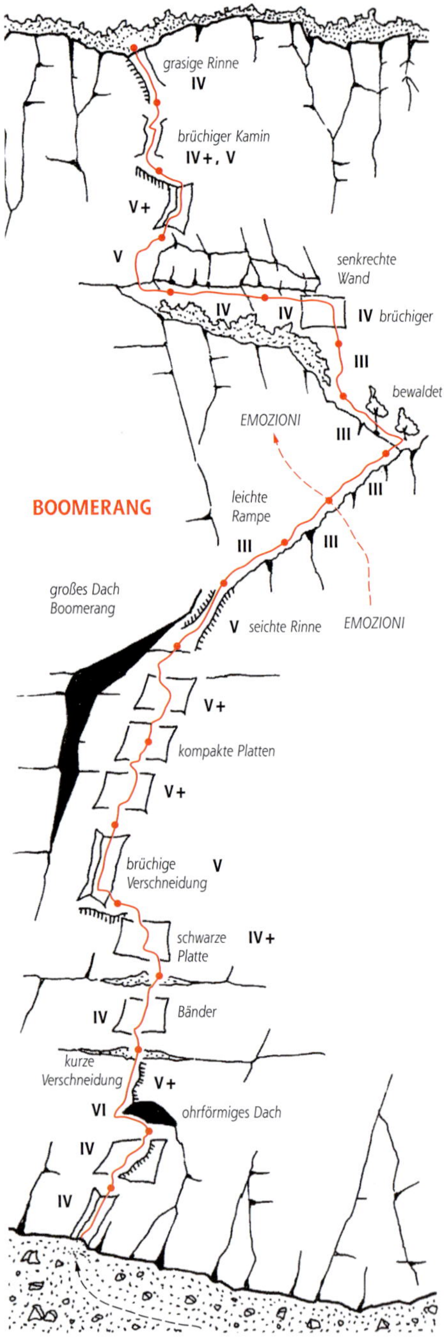

6 EMOZIONI★★★★★

A. Tamanini und Gef. 1994
600 m. (16SL)
VII+, VIII/R1/IV

Die schöne und elegante Route führt über sehr glatte und kompakte Plattenzonen. Die typische Reibungskletterei ist manchmal sehr extrem und verlangt viel technisches Können und Erfahrung. Sogar ein Hauch von Sportkletterfeeling kommt hier wegen der guten Absicherung und des perfekten Gesteins auf. Aber der lange Zustieg, die insgesamt schwierige Kletterei und das nicht immer einfache Abseilen weisen eindeutig auf den alpinen Charakter der Route hin. Einige große Friends, ein Sortiment Klemmkeile und einige Haken sollten mitgeführt werden.

Zustieg: nicht klar ersichtlich. Vom Einstieg von 'Boomerang' nach rechts queren und über einen kleinen Vorbau. Bei einem Busch sind weiter oben die ersten Haken sichtbar.

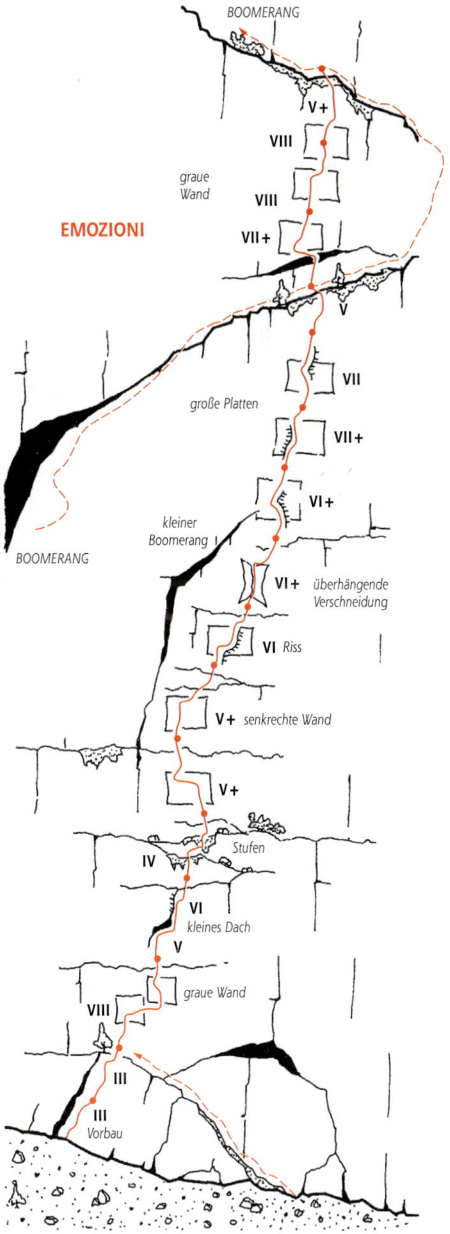

7 SPIGOLO BETTY★★★★

M. Rossi, G. Cantaloni 1975
1300 m. (35SL)
V+, A1/R3/IV

Die lange Kante des Monte Brento teilt auf natürliche Weise die Plattenzone auf der linken vom Überhangbereich auf der rechten Wandseite. Über diese Kante führt diese unendlich lange Route hoch, wobei viel Spürsinn für die Wegfindung, viel alpine Erfahrung und noch mehr Wasservorrat nötig sind. Das erste Wanddrittel wird von einem Vorbau eingenommen, wo schon das Auffinden des Einstiegs Schwierigkeiten bereitet und die Felsqualität nicht die beste ist. Im mittleren Bereich kann man dann endlich klettern, die Stände an Bäumen sind gut und man erreicht relativ schnell den Biwakplatz der Erstbegeher. Von hier ist es auch möglich, weiter nach links zur 'Via del Boomerang' queren. Im letzten Wanddrittel mit dem manchmal etwas heiklen Fortkommen ist die Aussicht am schönsten und der bis dahin lange Anstieg zahlt sich endlich aus. Die Linie führt immer an der Kante entlang, am „Pilastro Magro" (Schmaler Pfeiler), den „Grandi Nicchie" (Großen Nischen) und verschiedenen Abgründen vorbei und dann in technischer Kletterei durch die beiden Austiegsseillängen. In dieser Route gibt es nur eines: pausenlos voran, wenn auch in langsamen Tempo, und das Ganze ca. 30 Seillängen lang. Mit einem Biwak sollte man rechnen, eventuell auch erst im Wald auf dem Gipfel, und vor allem, wenn die Tage kürzer werden (Beschreibung von F. Milani).

SL1: Durch Verschneidungen und über Geröllterrassen 3 oder 4 SL hoch bis zu einem langen Band, das unterhalb des schwarzen, giebelförmigen Wasserstreifens liegt.

SL2: So gut es geht auf den eigentlichen Grat. Wegen des brüchigen Gesteins ziemlich gefährliche Passage. Hier ist sehr viel alpine Erfahrung nötig, um den richtigen Weg zu finden.

SL3: Auf der Kante nun 6 bis 7 SL über die schwächsten Stellen aufwärts bis zu einer bequemen kleinen Terrasse in der Nähe der Kante. Biwakplatz der Erstbegeher.

SL4: Durch den Kamin, dann rechtshaltend 3

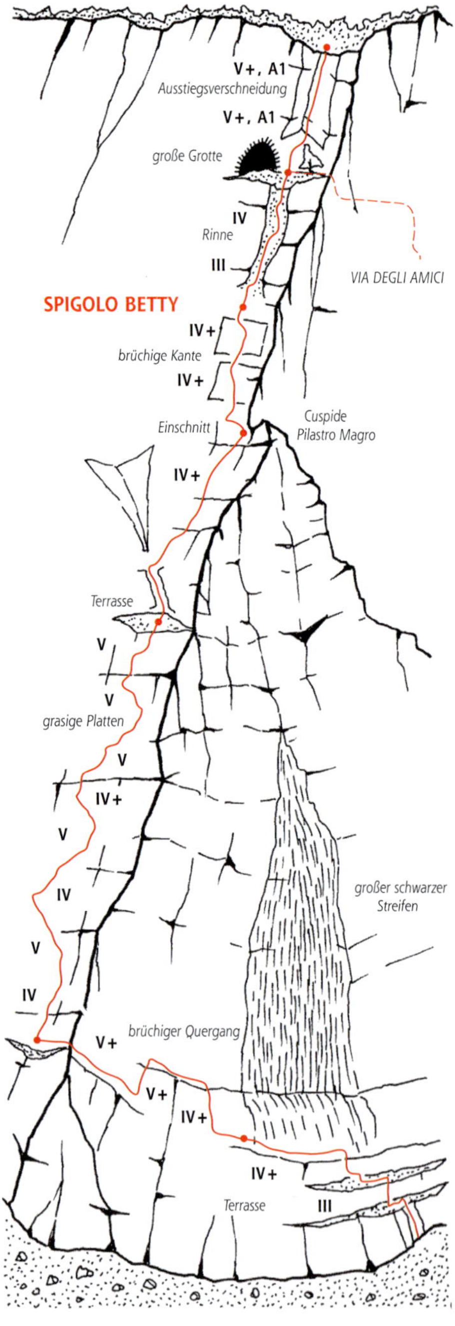

bis 4 SL über den Grat bis zu einem Einschnitt (bzw. Gipfel des Pilastro Magro).
SL5: Vom Einschnitt linkshaltend, über den brüchigen Grat 3 SL hoch bis zum Beginn einer Rinne.
SL6: In der Rinne 3 SL hoch bis zu einer großen, baumbestandenen Nische
SL7: Von der Nische 70 m durch die schwierige Schlussverschneidung.

Weitere Routen:

A – VIA CATERINA: A. Tazzoli , solo, 1989
Die Route führt beinahe immer links der Kante („Spigolo Betty") und insgesamt ca. 1000 m aufwärts. Die Schwierigkeiten liegen meist zwischen IV und V, aber auch ein paar Ver- und VIIer-Stellen sowie eine A1-Passage sind zu meistern.

B – VIA VIPÉRIDE: von G. Groaz und P. Baldo, Die Linie links und parallel des Spigolo Betty führt zur Ausstiegsverschneidung der Via degli Amici. Schwierigkeiten IV+ bis V, mit Einzelstellen V+. Kletterlänge ca. 1000 Meter.

18 Pilastro Magro

Monte Brento

1.30 h

3.00 h

600 m.

NO

Aus meiner Sicht ist dies der schönste und auch wildeste Winkel im ganzen Sarcatal. Von unten sieht der Pfeiler gedrungen und gar nicht schlank aus, aber vom großen Band der 'Via Vertigine' oder 'Via Steinkotter' aus erscheint er senkrecht und schmal. Von beiden Seiten wird der Pfeiler von großen schwarzen Streifen begrenzt, die nichts anderes als der Schlussteil zweier langer und tiefer Rinnen sind, über die aus dem oberen Wandbereich Schutt und Wasser „abgeladen" wird. Die Besonderheit der Wand liegt darin, dass sie eine wenig anziehende Wirkung hat, nur brüchige Rinnen, grasige Verschneidungen und abstoßende Überhänge scheint es hier zu geben. Aber genau hierin liegt ihre Magie, die sie im Übrigen mit dem nebenan liegenden überhängenden Massiv gemeinsam hat. Im Winter, erst recht mit einem Hauch von Schnee bedeckt, erscheint sie aus alpinistischer Sicht dagegen wie ein Wunder. Wer hier im Winter klettern kann, wird sicherlich eine seiner schönsten Erfahrungen im Sarcatal machen. Alle Routen sind wegen ihrer Länge, des manchmal brüchigen Gesteins und der mangelnden Rückzugsmöglichkeiten schwierig. Sie verschaffen aber große Befriedigung und sind deshalb sehr empfehlenswert.

Zustieg
Wie zum Sportklettersektor der Parete Zebrata und auf dem Schotterfeld bis zur Wasserleitung. Wenige Meter auf dem Forstweg abwärts und rechts auf einer Pfadspur über die Schotterfelder hoch. Jetzt wählt man die Spuren, die sich langsam dem Pfeiler nähern, steigt dann so weit wie möglich in Richtung der großen Rinne mit der 'Via degli Amici' hoch und quert dann zum Pfeilerfuß.

Abstieg
Zuerst entlang der Kante Spigolo Betty 4-5 Mal abseilen (an Bäumen oder teils zu verstärkenden Abseilstellen), danach weiter entlang des Spigolo Betty, aber jetzt über die Route "Anima Fragile" und deren Standplätze an Bohrhaken. Wer auf den Gipfel aussteigen will, sollte 5-6 Seillängen und ca. 2 Stunden Kletterzeit einplanen.

8 VIA ANIMA FRAGILE	**400 m.**	
9 VIA GADOTTI	**600 m.**	
10 L'OMBRA DEL LUPO	**600 m.**	
11 STATI D'ANSIA	**600 m.**	

8
10
9
11

8 VIA ANIMA FRAGILE ★★★

S. Banal, D. Filippi 2002
400 m (13SL)
6b, 6c, A0 (6a obl.)/S2/III

Es ist leicht zu erkennen, dass der Pilastro Magro auf seiner linken Seite von einem Grat gestützt wird. Dieser Grat mit Namen 'Pilastro Anoressico' weist in seiner unteren Hälfte ein deutlich sichtbares Riss-System auf, über das diese Route führt. Die Linienführung und die Schwierigkeiten sind als klassisch einzustufen, aber die Absicherung ist modern. Die gesamte Route wurde mit Bohrhaken versehen. Dennoch ist dieser Weg nicht zu unterschätzen: Das Terrain ist rau und wild, die Felsqualität lässt oft zu wünschen übrig und der Abstieg ist ziemlich lang.

Für Entdecker ist die Route in einer der schönsten und eindrucksvollsten Umgebungen des Sarcatals aber durchaus schön und empfehlenswert.

Zustieg: Vom Fuß des Pilastro Magro nach links queren und dort, wo der Wandfuß wieder nach unten führt, zu einer Verschneidung: Hier ist der Einstieg.

Abstieg: Die Route endet auf dem Spigolo Betty und man seilt über diesen 7 mal an eingerichteten Abseilstellen ab. Die erste Abseillänge reicht weit und lang nach links (Süden), alle anderen verlaufen ziemlich senkrecht. Auch ein Rückzug aus der Route ist möglich: vom 8. Standplatz erreicht man mit 5-maligem Abseilen (außerhalb der Route) wieder sehr schnell den Wandfuß.

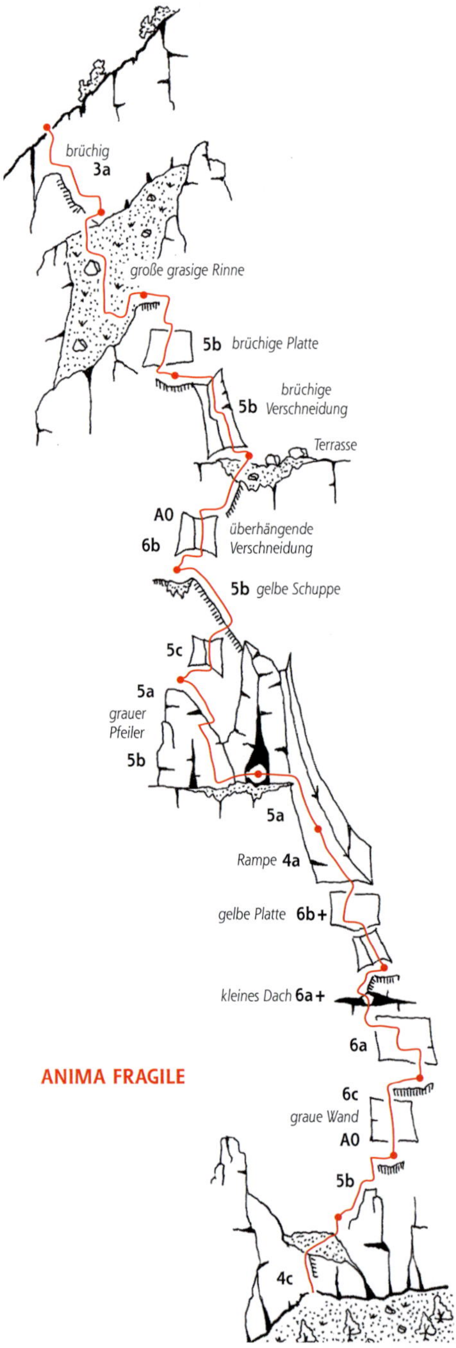

9 VIA GADOTTI ★★★★

M. Zanolla, G.Groaz 1978
600 m. (18SL)
V+, VI+/R4/IV

Der Weg führt durch eine logische Linie in der Wand, entlang von Verschneidungen und Rissen, und er hat große alpinhistorische Bedeutung. Der Aufstieg erweist sich als insgesamt schwierig, die Absicherung ist sehr heikel, die klettertechnischen Schwierigkeiten sind hoch und brüchige Zonen wechseln mit kompakteren und sehr schönen ab. Ein einzigartiges, wildes und einsames Ambiente trägt dazu bei, dass die Route nicht so selten begangen wird (viele Haken mitnehmen!).

Zustieg: inmitten der Wand führen einige Grasbänder in etwa 30 m Höhe zu einer ersten, markanten Verschneidung. Die Bänder erreicht man von rechts, genau da, wo die Wand eine deutliche Kante formt (alte Haken sichtbar). Sehr ungemütlich steigt man hinter einem großen Baum über eine sehr brüchige Kante hoch und quert dann linkshaltend etwas heikel über graue Wände zu den Grasbändern.

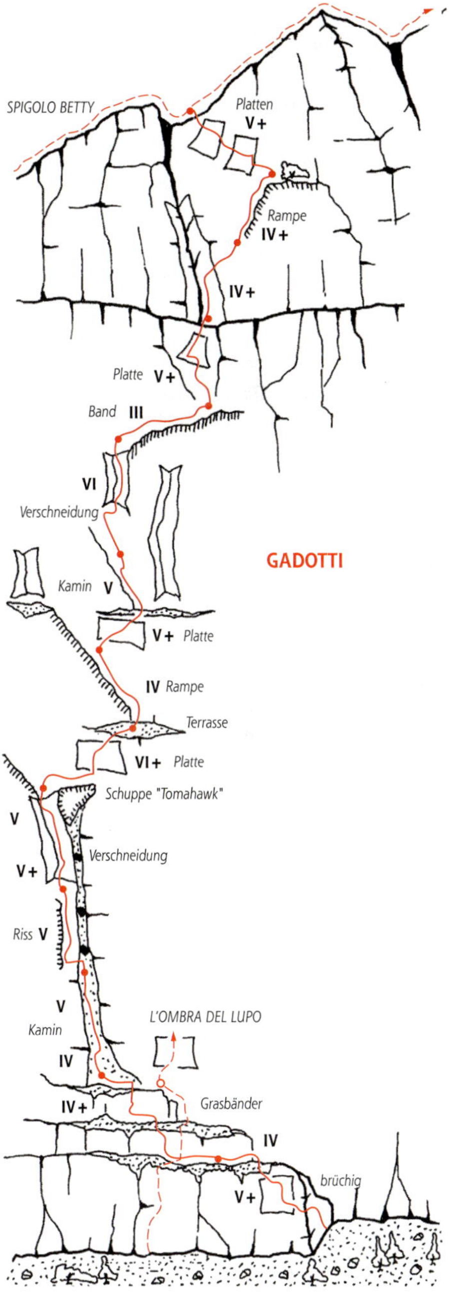

10 L'OMBRA DEL LUPO ★★★★

D. Filippi 1996
600 m. (20SL)
VI+, A3/R3/IV

Der sehr ausgesetzte Aufstieg führt in vorwiegend technischer Kletterei über die direkteste Linie bis zum Gipfel und ähnelt deswegen fast einer „Direttisima", wie sie in den 60er Jahren in den Dolomiten üblich waren. Die durchgängig elegante Linie folgt immer den schwächsten, aber kompaktesten Stellen der Wand. Viele Normal- und Bohrhaken wurden in der Wand belassen, dennoch müssen einige Stellen für eine Wiederholung nochmals abgesichert werden. Immer wieder wechseln freie und technisch zu kletternde Passagen ab. Oft (und vor allem im stark überhängenden Bereich in Wandmitte) ist ein Weiterkommen nur technisch mit Cliffs in natürlichen und gebohrten Löchern möglich. Diese Passagen sind aber nicht sehr lang, und mit den vielen vorhanden Haken kommt man sogar einigermaßen schnell und sicher voran. Wer die Senkrechte liebt, gerne lang in der Wand ist und mit technischer Kletterei etwas anzufangen weiß, wird hier viel Vergnügen haben, zumal der Monte Brento mit seiner Atmosphäre und seinen Wänden landschaftlich äußerst reizvoll und beeindruckend ist.

Der zentrale Überhang wird von beiden Seiten von zwei grauen, sehr glatten und kompakten Plattenzonen eingeschlossen. Hier überwindet man in exponierter, technischer, aber gut abgesicherter Kletterei den schönsten Teil der Route. Viele Normalhaken, große Friends und drei Cliffs (z.B. „Grappling Hooks" von Black Diamond) sollten auf alle Fälle mitgeführt werden. Auch für eine eventuell notwendiges Biwak sollte man vorsorgen.

Zustieg: an der Wand linkshaltend entlang bis zu der Stelle, an der ein grasiger Vorbau sie begrenzt. Kurz vorher sind auf einer grauen Platte Haken zu sehen. Hier ist der Einstieg. Nicht weiter rechts einsteigen: hier beginnt ein Projekt, das mit schwarzen Bohrhakenplättchen eingebohrt wurde.

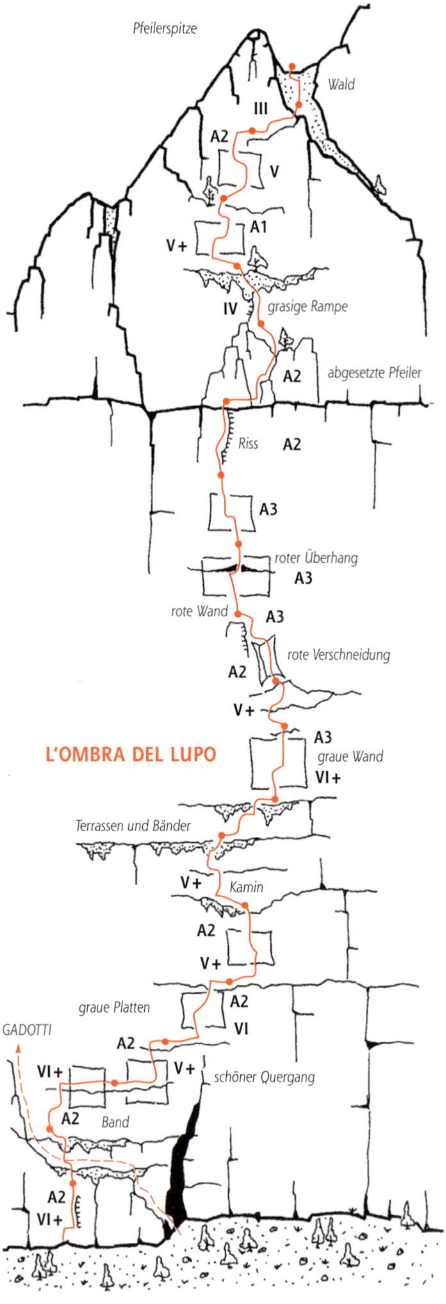

11 STATI D'ANSIA ★★★★★

D. Filippi, A. Zanetti 1994

600 m. (18SL)

VI + ,A2/R3/IV

Unglaublich ästhetische und wunderschöne Linie, logisch und voller Überraschungen. Mit einer schönen, langen Querung erreicht man die eigentliche Wand und vermeidet so einen, wegen seines brüchigen Gesteins, unmöglich zu ersteigenden Wandsockel. Am Ende der Traverse klettert man in Richtung eines schönen Pfeilers, der auf seiner rechten Seite von festen und kompakten Verschneidungen und Rissen begrenzt wird. Den letzten überhängenden Bereich ersteigt man zunächst über einen markanten Riss und dann in einer Seillänge mit spektakulärer, ausgesetzter technischer Kletterei. Dann folgen bis zum Kamm zwischen Gipfel und Spigolo Betty noch etliche Kamine, Rampen und kleine Wäldchen.

Zustieg: bis zum Fuß der großen rinnenartigen Verschneidung der 'Via degli Amici'. Hier beginnt ein deutlicher, grasiger Riss, der links aufwärts führt. Schwieriger Einstieg.

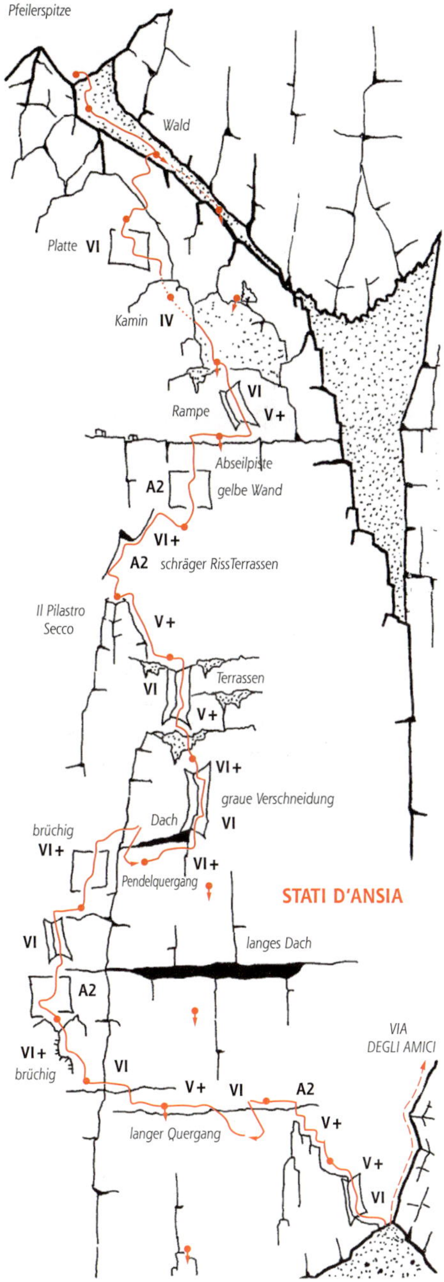

19 Strapiombi Centrali

Monte Brento

1.30 h

1.30 h

1200 m.

0

Sicherlich die schönste Wand im Sarcatal! Unglaublich spektakulär und attraktiv, wenn sie von der Sonne beschienen wird, aber auch sehr drückend und wildnishaft, wenn sie durch die Winternebel kaum sichtbar ist. Ein Sockel mit grauen Plattenfluchten stützt den markanten und riesigen, überhängenden Wandbereich. Die vielen Überhänge sind kaum zählbar und weisen alle nur möglichen Formen, Farben und Größen auf. Angeführt von Heinz Steinkotter, erkundeten zu Beginn der 70er Jahre einige Seilschaften aus dem Trentino die Möglichkeit, einen neuen Weg durch diese Überhänge zu finden. Sie erreichten das große zentrale Band, biwakierten hier und begannen, einen langen und markanten Riss mit Haken zu versehen. Dieser Riss schien die beste und einfachste Möglichkeit, die darüber liegenden großen Überhänge zu erreichen. Zwischen der langen Verschneidung der 'Via degli Amici' und den ersten größeren Dächern der 'Via Vertigine' ist dieser Riss sehr gut zu sehen. Man kam nur langsam voran, weil man die Bohrlöcher von Hand setzte und musste immer wieder abseilen und mit Fixseilen wieder hoch klettern.
Die einzige Möglichkeit des Weiterkommens bestand darin, Haken zu setzen und die Steigleitern zu benutzen. Am Ende des Tages war man dann gerade mal vielleicht 30 Meter höher gekommen. Diese Belagerung dauerte eine ganze Klettersaison lang und schließlich gaben sie sich geschlagen. Zum langsamen Fortkommen kam nämlich nicht nur der im weiteren Verlauf sehr brüchige Fels, sondern auch die häufige Begehung der äußerst steinschlaggefährdeten Rinne im Wandsockel. Und so verzichtete man auf das „universo giallo", das gelbe Universum, wie Steinkotter die Route nannte. In der Zwischenzeit erkannte man aber, dass auf der linken Wandseite ein tiefer Kamin einen Zugang zum oberen Bereich der Wand bot. Es dauerte nicht lange, bis daran „gearbeitet" wurde. Und so enstand eine spektakuläre, fantastische, lange und schwierige Route in einer sehr beeindruckenden Umgebung. Die 'Via degli Amici' war geboren.
Seit einigen Jahren sieht man in dieser Wand nicht nur Alpinisten, sondern auch Basejumper, die hier jedes Wochenende ihrem Sport frönen und sich vom Gipfel aus ins Nichts stürzen.... Manche sagen, dass dieser Sprung einer der schönsten und sichersten auf der ganzen Welt sei, weil derart steile Wände sonst kaum zu finden sind. Was nur noch deutlicher vor Augen führt, wie stark diese Wand überhängt.

Zustieg

Wie zum Sportklettersektor der Parete Zebrata und auf dem Schotterfeld bis zur Wasserleitung. Wenige Meter auf dem Forstweg abwärts und rechts auf einer der Pfadspuren über die Schotterfelder hoch und bis zum grauen Wandsockel.

Franco Milani, *Via degli amici*, Strapiombi centrali Monte Brento *(ph. Diego Filippi)* →

Abstieg

Durch den steilen Wald hoch bis zu einem Pfad bei einem langen Felsschild. Diesem dann linkshaltend (Richtung Süden) und ziemlich flach folgen. Nach einer steilen Scharte, Wiesen und kleinen Wäldern erreicht man den markierten Wanderweg nach San Giovanni, wo man eventuell schon ein Fahrzeug für die Rückkehr bereit gestellt hat. Dieser Weg ist gut sichtbar und wird vor allem von den Basejumpern am Monte Brento benutzt.

12 VIA DEGLI AMICI	**1000 m.**
13 UNIVERSO GIALLO	**1000 m.**
14 VIA VERTIGINE	**1000 m.**
15 IL GRANDE INCUBO	**1200 m.**
16 BRENTO CENTRO	**500 m.**

12 VIA DEGLI AMICI ★★★★★

G. Groaz, F. Gadotti, G. Cantaloni, H. Steinkotter 1974
1000 m. (28SL)
VI+, A1/R3/IV

Klassische Route entlang der logischsten Linie durch die Wand. Der Einstieg ist links auf dem Wandsockel, die Route führt durch die breite Rinne und im weiteren Verlauf mit mehreren Seillängen durch einen tiefen und üblen Kamin. Dann folgt der vielleicht schönste Abschnitt mit langen Traversen auf sehr kompakten Platten, bevor der Ausstieg in Richtung Spigolo Betty führt. Nur wer auch andere alpine Routen im Sarcatal kennt, sollte hier einsteigen, der komplexe und schwierige Weg fordert alles. Wegen des ab und zu brüchigen Gesteins und der oft heiklen Absicherung kommt man nur langsam voran. Deshalb und wegen der Länge sollte man sich sehr früh auf den Weg machen, wenn möglich sogar noch bei Dunkelheit und mit Stirnlampe.

Einstieg: sehr klar. Vom höchsten Punkt des dreieckigen Schotterfelds auf dem Wandsockel wenige Meter nach rechts queren zu einer leichteren Zone. Dann direkt durch die Rinne, immer auf der kompaktesten und sichersten Linie bleibend.

„Obwohl diese Route nicht die hohen Schwierigkeitsgrade der moderneren Sportkletterwege in dieser Wand erreicht (meist Schwierigkeiten um die VI, A1), so ist sie doch wegen der großen Länge (ca. 22 SL), der einsamen Umgebung und der heiklen Absicherung (immer noch die der Erstbegeher) eine insgesamt sehr schwierige Unternehmung. Wer sich aber gut vorbereitet und ein gutes Orientierungsvermögen besitzt, wird hier wie bei den schönsten klassischen Dolomitenrouten belohnt werden" (P. Piacini).

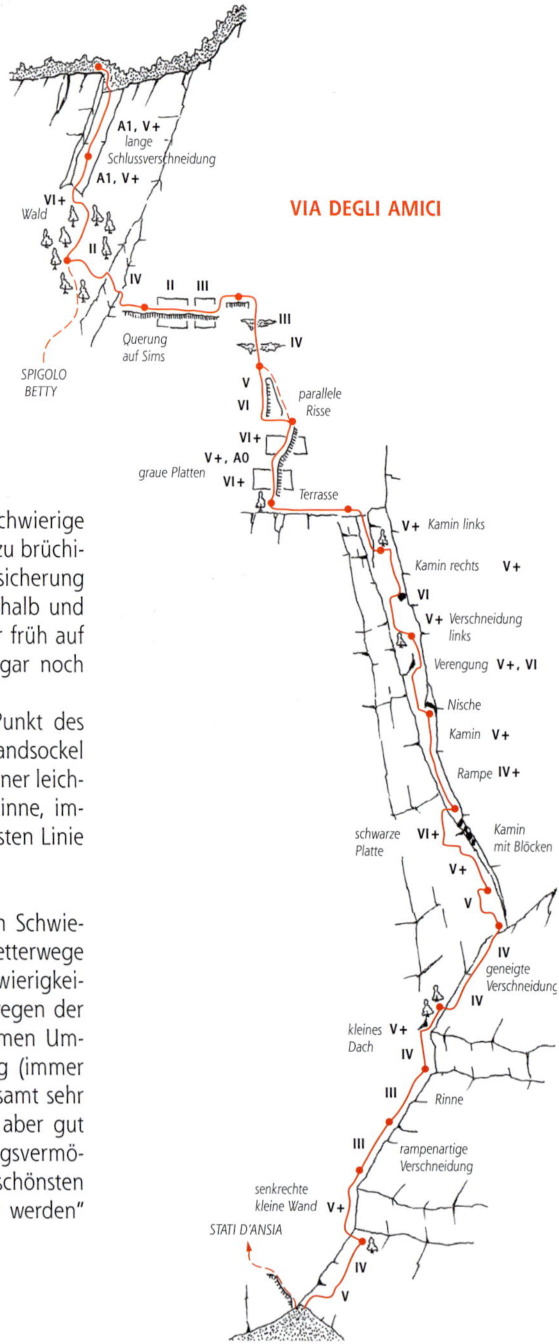

13
14
12
15
14
15
12
13
14

13 UNIVERSO GIALLO★★★★★

D. Filippi u. F. Sartori 2007
1000 m. (27SL)
VI+, VII, A1, A2/R2/IV

Diese Linie führt durch die Ostwand des Monte Brent und folgt wie die Routen "Vertigine" und "Grande Incubo" dem geneigten grauen Wandsockel, bevor sie durch die die gelbe, riesige und überhängende Wand zieht. Der Einstieg liegt links von "Vertigine", sie kreuzt diese Route etwa in Mitte des Überhangs, die Ausstiegslängen führen nahe bei "Grande Incubo" nach oben. Die ersten sieben Seillängen im Überhäng folgen dem Verlauf des ersten Versuchs von H. Steinkötter aus dem Jahr 1975. Steinkötter benannte diesen Wandteil "Universo Giallo" ("Gelbes Universum") und wir fühlten uns verpflichtet, diesen Namen beizubehalten, vor allem weil sein Versuch für uns ein Ansporn war. Die Route ist komplett eingebohrt, an den Standplätzen mit 10mm-Bohrhaken, dazwischen stecken 8mm-Bohrhaken. Wiederholer benötigen Steigleitern und mindestens 20 Expressschlingen. Die originale Absicherung in den ersten 7 Seillängen des Überhangs wurde fast immer belassen, d.h. es stecken die alten Normalhaken und 8mm-Stiftbohrhaken. Vor allem letzteren ist oft nicht zu trauen, weshalb empfohlen wird, Hammer, Bohrhakenmeisel und einige Bohrhaken mitzunehmen.

Der Wandsockel mit den 10 Seillängen ist komplett frei kletterbar mit durchschnittlichen Schwierigkeiten von IV und V, nur die beiden senkrechten Wände fordern Schwierigkeiten bis VI+ und VII. Die obligatorischen Passagen sind aber nicht höher als VI, einige Stellen sind leicht technisch (A0) machbar. Die Felsqualität im Bereich des Wandsockels ist sehr gut, die Absicherung ist hier gut und sicher und weist bei schwierigen Stellen kurze Abstände auf. Auf dem bewaldeten Band in der vorletzten Seillänge des Sockels gibt es ein paar gute Stellen zum Biwakieren.

Der überhängende obere Teil mit seinen 17 Seillängen ist nur technisch mit Schwierigkeiten von A1 und A2 kletterbar. In den ersten sieben Seillängen stecken noch viele Stiftbohr-

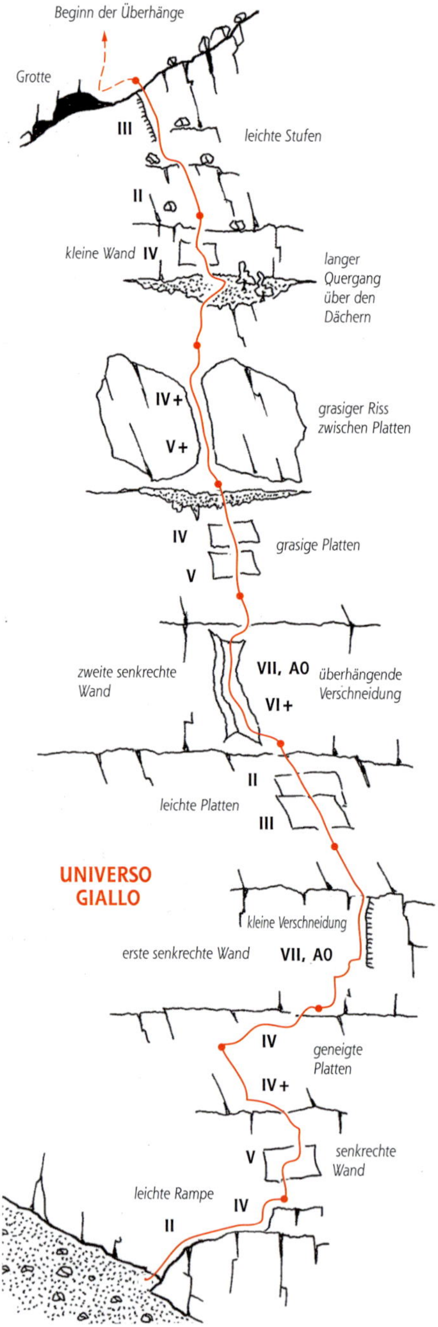

haken, teilweise dazwischen sowie immer an den Standplätzen wurden aber zusätzliche neue Bohrhaken gesetzt, um etwas mehr Sicherheit zu bieten. In den letzten 7 Seillängen stecken immer neue 8mm-Bohrhaken.
Wegen der engen Hakenabstände und der vertrauenswürdigeren Absicherung ist diese Route sicherlich leichter als "Vertigine", der Gesamtanspruch beider Routen ist aber dennoch ziemlich dahin ist die Wand nämlich noch ziemlich senkrecht. Ab dem zentralen Dach bis zum Ausstieg ist dies nicht mehr möglich, die Wand hängt dann beeindruckend weit über! Eine gute Physis und viel Erfahrung mit Steigleitern sind hier unabdingbar. Die sehr athletisch und spektakuläre Route weist eine unglaubliche Ausgesetztheit auf, zudem ist das Ambiente absolut einzigartig.

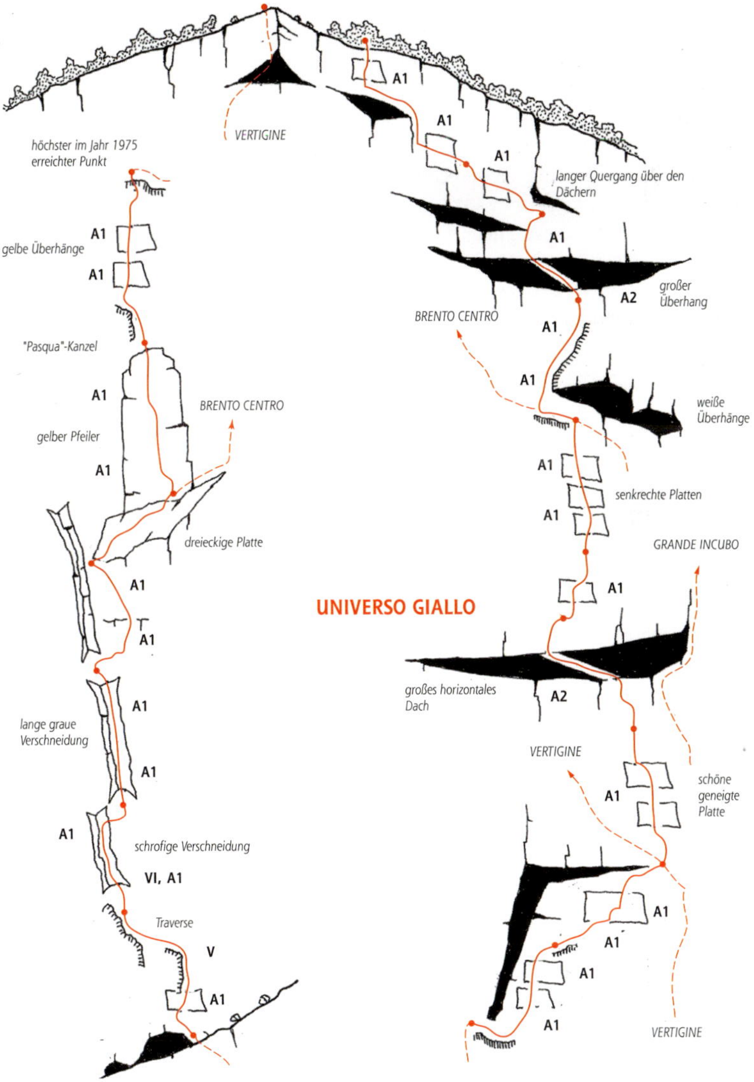

14 VIA VERTIGINE ★★★★★

M. Furlani, D. Filippi, A. Andreotti
H. Steinkotter, F. Bertoni, G. Gottardi 1992
Prima rip. F. Leoni, D. Zampiccoli 1992
1000 m. (30SL)
VI+, A1, A2/R1/V

Die Ausgesetztheit und die Tiefe machen diese Route zu einem absolut spektakulären Erlebnis, zudem ist die Linienführung auch sehr logisch und elegant. Obwohl sie mitten durch die Überhänge führt, verläuft die Linie nicht gerade, sondern folgt den schwächeren Stellen der Wand. Die Route ist komplett mit Haken versehen, verlangt aber ein äußerst hohes Maß an Technik und Kraft bei den Trittleiterpassagen und ein Biwak sollte immer mit eingerechnet werden.

Eine wunderschöne, gut eingerichtete Route in solidem Fels für die Liebhaber technischer Kletterei, die durchaus auch noch viel Zeit lässt, um die einzigartige Umgebung und Aussicht zu genießen.

Wiederholer sollten den guten Biwakplatz auf dem Band nutzen und früh in die Route einsteigen. Viel Wasser, ein paar Normalhaken inkl. Handbohrer und ein paar V-Haken sollten ebenfalls dabei sein, Friends und Klemmkeile sind dagegen überflüssig. Alle Stände sind perfekt mit 2 oder 3 Bohrhaken ausgestattet. Zum Zeitrahmen: Für den Wandsockel sind ca. 3, für den Überhangbereich 12 und für den Abstieg 2 Stunden einzurechnen. Ein Auto, das im Ort S. Giovanni geparkt wird, erspart den Rückweg zu Fuß.

Zustieg: in der Mitte und am Fuße des grauen Wandsockels auf einer markanten, schräg nach links führenden Rampe hoch. Bei einer bequemen Terrasse weist eine Standplatzkette auf den Einstieg hin.

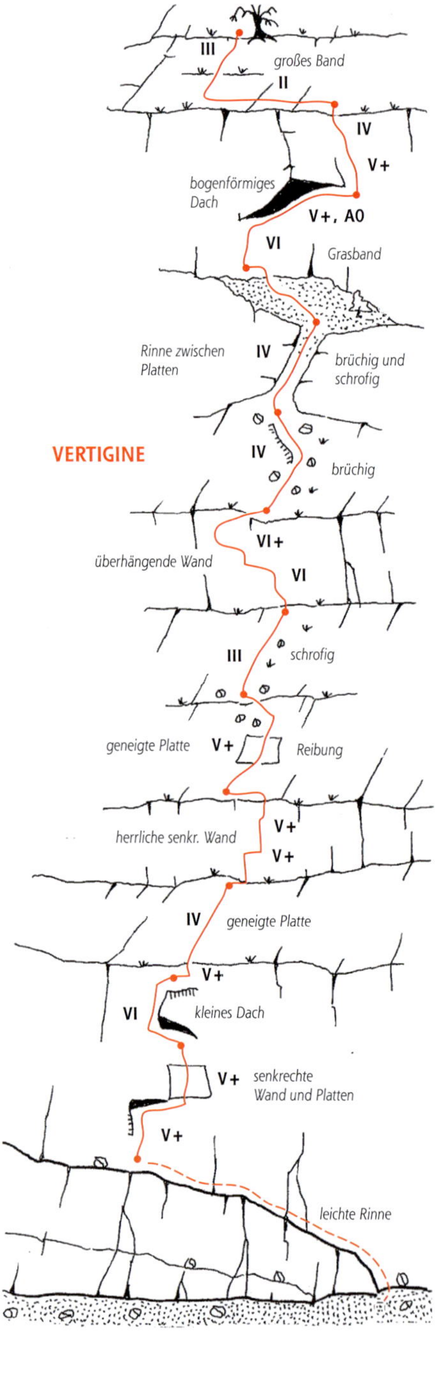

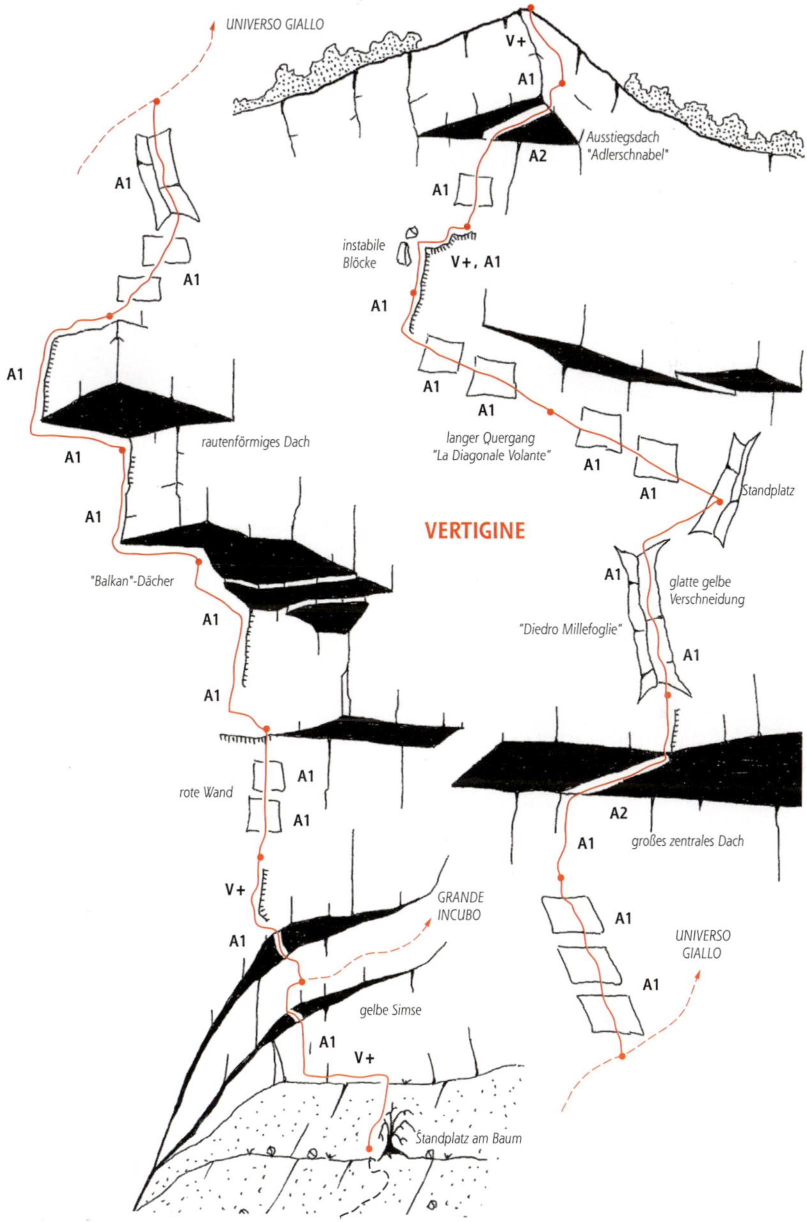

UNIVERSO GIALLO
V+
A1
Ausstiegsdach
"Adlerschnabel"
A2
A1
A1
instabile
Blöcke
V+, A1
A1
A1
A1
A1
A1
rautenförmiges Dach
langer Quergang
"La Diagonale Volante"
A1
A1
Standplatz
A1
VERTIGINE
"Balkan"-Dächer
A1
glatte gelbe
Verschneidung
A1
"Diedro Millefoglie"
A1
A1
A1
rote Wand
A1
A2
A1
großes zentrales Dach
V+
GRANDE
INCUBO
A1
A1
UNIVERSO
GIALLO
A1
gelbe Simse
A1
V+
Standplatz am Baum

15 IL GRANDE INCUBO ★★★★★

D. Filippi, A. Zanetti 1997
Prima rip. F. Leoni, M. Girardi 2000
1200 m. (32SL)
VI+,VII, A2, A3/R3/V

Grandiose, technische Kletterei, die der logischen Abfolge von Rissen und Verschneidungen rechts der Dächer und der 'Via Vertigine' folgt. Die Route ist sehr ausgesetzt, schwierig und quert nach der ersten gemeinsamen Seillänge mit der 'Vertigine' nach rechts in Richtung überhängender Simse. Dann führt sie senkrecht hoch zu einer großen Nische unterhalb eines Daches und über eine brüchige, gefährliche Passage zu einer Reihe von schönen Verschneidungen. Kompakte Platten, steile Dächer und überhängende Risse kennzeichnen den weiteren Weg zu den beiden riesigen, charakteristischen Grotten unterhalb des großen, letzten Daches: Dies ist sicherlich der schönste und lohnendste Teil der Route. Sehr exponiert und über weitere Überhänge und durch Verschneidungen erreicht man dann schließlich den Wald im Gipfelbereich.

Die Route ist durchgängig mit Normalhaken eingerichtet worden, gut 35 Tage Arbeit und 17 Biwaknächte in der Wand waren dafür notwendig. Man wollte möglichst wenige, von Hand gebohrte Löcher und Haken setzen und natürliche Risse und Löcher für das Anbringen der Haken nutzen, weswegen viel Zeit für das Suchen der möglichen Sicherungspunkte und das Putzen der Route nötig war. Ein großer Teil des Hakenmaterials wurde in der Route belassen. Wiederholer sollten am Besten auf dem großen Band biwakieren und die ersten 200 Meter der Route mit Fixseilen ausstatten. So ist einigermaßen gewährleistet, dass der Durchstieg mit maximal einem weiteren Biwak in den Überhängen erfolgen kann.

Zustieg: wie bei 'Vertigine', aber nicht auf die nach links, sondern auf die nach rechts führende Rampe bis zum einem horizontalen, grasigen Band und zu einem Stand mit 2 Normalhaken.

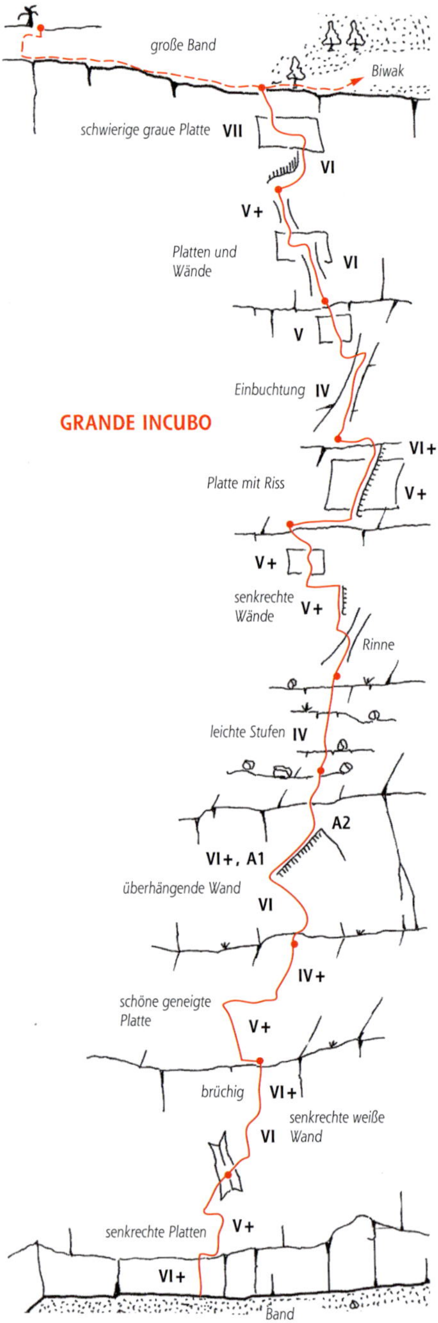

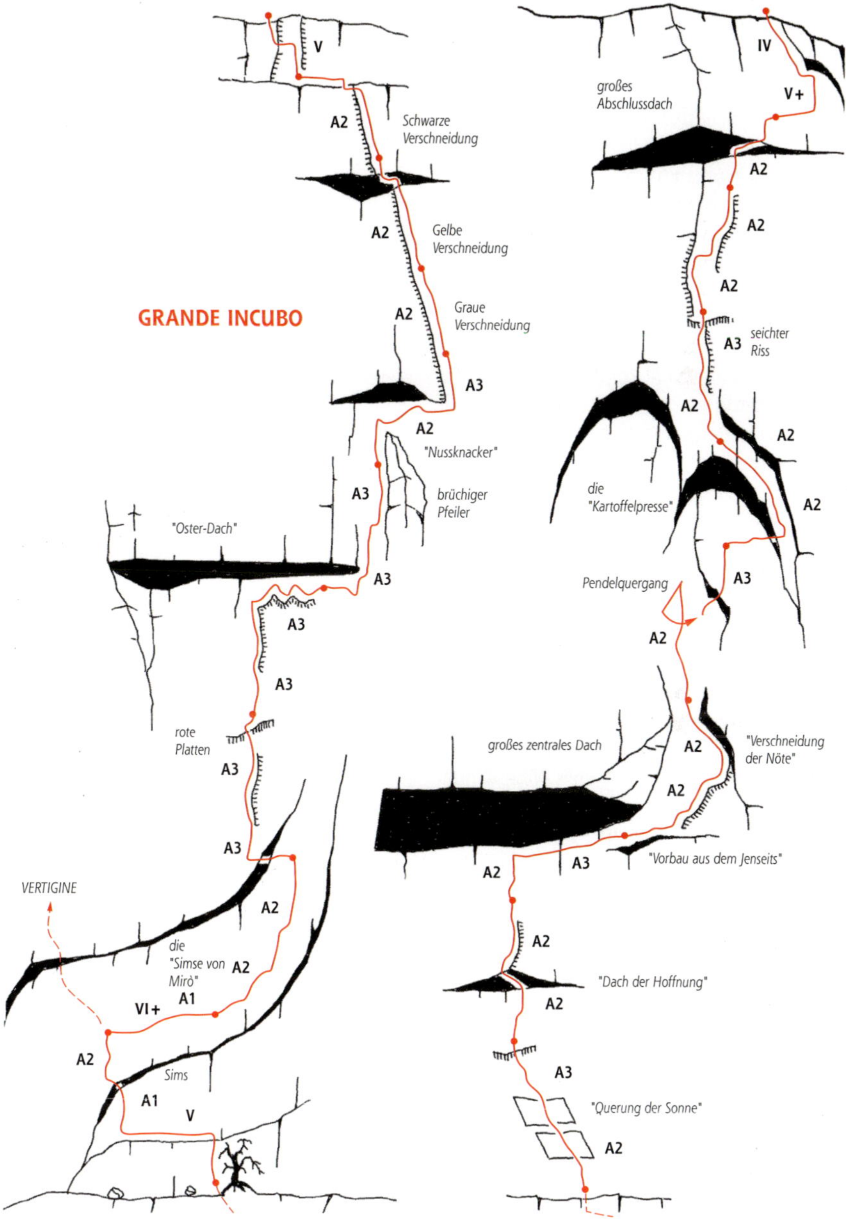
GRANDE INCUBO
V
A2
Schwarze Verschneidung
A2
Gelbe Verschneidung
A2
Graue Verschneidung
A3
A2
"Nussknacker"
A3
brüchiger Pfeiler
"Oster-Dach"
A3
A3
A3
rote Platten
A3
A3
A2
VERTIGINE
die "Simse von Mirò"
A2
VI+
A1
A2
Sims
A1
V
IV
V+
großes Abschlussdach
A2
A2
A2
A3
seichter Riss
A2
A2
die "Kartoffelpresse"
A2
A3
Pendelquergang
A2
A2
"Verschneidung der Nöte"
großes zentrales Dach
A2
A3
"Vorbau aus dem Jenseits"
A2
A2
"Dach der Hoffnung"
A2
A3
"Querung der Sonne"
A2

16 BRENTO CENTRO★★★★★

J. Verhoeven, D. Lama 2010

500 m. (20SL)

8a, 8b (7b obl.)/RS3/VI

In sportklettertechnischer und athletischer Hinsicht genießt diese alpine Route schon jetzt eine sehr hohe Wertschätzung. Ein ganz großes Kompliment an die beiden Erstbegeher, die hier viel Mut, Kühnheit und Entschlossenheit bewiesen und ein überaus ambitioniertes Projekt zu Ende gebracht haben. Vor allem für diejenigen, die die Wand kannten, erschien es unmöglich, hier eine frei kletterbare Linie zu finden. Sie führt über riesige Überhänge, ist extrem ausgesetzt und zudem schafft die schlechte Felsqualität vielerlei Probleme. Die Routenlänge und die hohen Schwierigkeiten erfordern ein mehrtätiges Bleiben in der Wand, Bigwall-Erfahrung ist hier also unbedingt nötig.

Im Großen und Ganzen folgt die Linie den schwächsten Stellen, die die Wand bietet. Die ersten fünf Seillängen verlaufen gemeinsam mit "Universo Giallo" und damit meistens den senkrechten, grauen Verschneidungen. Hierdurch können die ersten, riesigen Überhänge vermieden werden. Im mittleren Teil folgen die weit ausladenden gelben Überhänge, danach ein riesiges horizontales Dach. Nach einigen gemeinsamen Längen mit der "Grande Incubo" führt die Linie wieder nach links, überwindet die Ausstiegsüberhänge und endet am Becco dell'Aquila. In dieser in jeglicher Hinsicht (Felsqualität, Absicherung, Länge, Logistik) sehr anspruchsvollen Route ist ein Rückzug immer schwierig, wenn nicht komplett unmöglich. Sie sollte also nur dann angegangen werden, wenn wirklich alle Voraussetzungen stimmen.

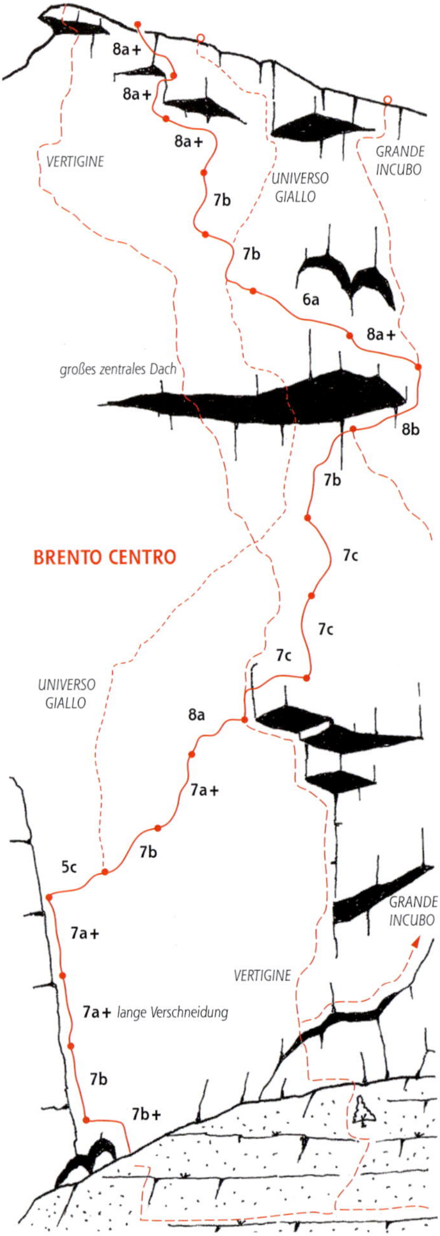

16
14
13
16
15
14
12
13
15
14
13

20 Ostwand

Monte Brento

1.30 h

2.00 h

900 m.

0

Die riesige Wand reicht vom großen Überhangbereich nordwärts und fällt dann schnell in Richtung der Parete Zebrata ab. Ein tiefer und markanter Riss teilt die Ostwand vom restlichen, überhängenden Bereich. Nur wenige Routen wurden in diesem extrem brüchigen und sehr ernsthaften Sektor eingerichtet, und nur Wenige hatten den Mut, diese technisch und physisch schwierigen Wege zu wiederholen. Nur die 'Via dell'Anniversario' macht eine Ausnahme: Hier findet man meist festen Fels.

Zustieg

Wie zum Sportklettersektor der Parete Zebrata, dann auf dem Schotterfeld hoch und bis zur Wasserleitung. Jetzt nicht direkt zur Wand, weil die steilen Schotterfelder sehr mühsam zu durchqueren sind, sondern zunächst zum Fuß des grauen Wandsockels und dann an der Wand entlang zu den diversen Einstiegen.

Abstieg

Abstieg in Richtung Lundo: horizontal oder leicht aufsteigend in Richtung Norden queren, teils ist die Pfadspur mit Steinmännchen markiert. Man erreicht einen kleinen Einschnitt am Nordgrat des Monte Brento und steigt dann kurz auf der anderen Seite zu einer Forststraße ab. Diese führt bequem in ca. 2 Std. Fußmarsch zum kleinen Ort Lundo (wo man am besten ein Auto geparkt hat).

Abstieg ins Sarcatal: im Großen und Ganzen entlang der Nordostkante bis zum Wandfuß absteigen. Vom Ausstieg der Routen über Felsen und durch Wäldchen bergab, manchmal weisen Steinmännchen und Pfadspuren den Weg. Im letzten Teil des Abstiegs seilt man ein paar mal über eine rote Felswand ab. Danach geht man in Richtung der Kante der Felswand und erreicht nach dreimaligem Abseilen die Geröllfelder am Wandfuß. Eventuell müssen diese Abseilstellen mit Schlingen verstärkt werden.

17 MARTINI STEDILE	**900 m.**
18 VIA PALMA	**800 m.**
19 L'ASPETTATIVA DEI MONDI SUPERIORI	**800 m.**
20 VIA DELL'ANNIVERSARIO	**800 m.**
21 VENTO DELL'EST	**450 m.**

19a
17
18
19
20
21

17 MARTINI STEDILE★

S. Martini, F. Stedile 1982
900 m. (25SL)
V+,VI/R4/IV

Grandioser Aufstieg, aber mit unzähligen Unwägbarkeiten. Neben diversen, teils dramatisch gescheiterten Versuchen ist bislang ist nur eine gelungene Wiederholung bekannt. Die Linie zieht durch die schwachen Stellen der Wand, ist mit ziemlich viel Vegetation bedeckt und auch brüchig. Vom Tal aus gesehen erscheint die Linie logisch und anziehend, sie ist in Wirklichkeit aber schwierig zu finden, sehr lang und komplex. Man sollte sich auf keinen Fall verirren! Aus diesen Gründen bleibt diese Route wohl absoluten Abenteurern vorbehalten, die solche Bedingungen kennen und mit ihnen umzugehen wissen.

SL1: Durch die erste Verschneidung und über geneigte Platten weiter zu einer Verschneidung, die in eine Rinne übergeht.

SL2: Über grasige Platten in Richtung der schon von unten sichtbaren großen Grotte (10 SL).

SL3: Rechts an der Grotte vorbei und über Risse und durch brüchige Verschneidungen 4-5 SL bis zu einer schwierigen Verschneidung, die von einem Dach abgeschlossen wird.

SL4: Durch die Verschneidung und die folgende Verengung, dann rechtshaltend 3-4 SL über leichte Rampen und schließlich durch eine kompakte Verschneidung.

SL5: Einige SL über schmale Rinnen und Risse, dann durch eine weiße Verschneidung und links aus dieser heraus.

Zustieg: Am Wandfuß erkennt man einen großen, gelben und überhängenden Fleck. Rechts davon führt eine graue, deutliche Verschneidung zu den darüber liegenden Platten. Am Beginn dieser Verschneidung ist eine Erinnerungsplakette angebracht.

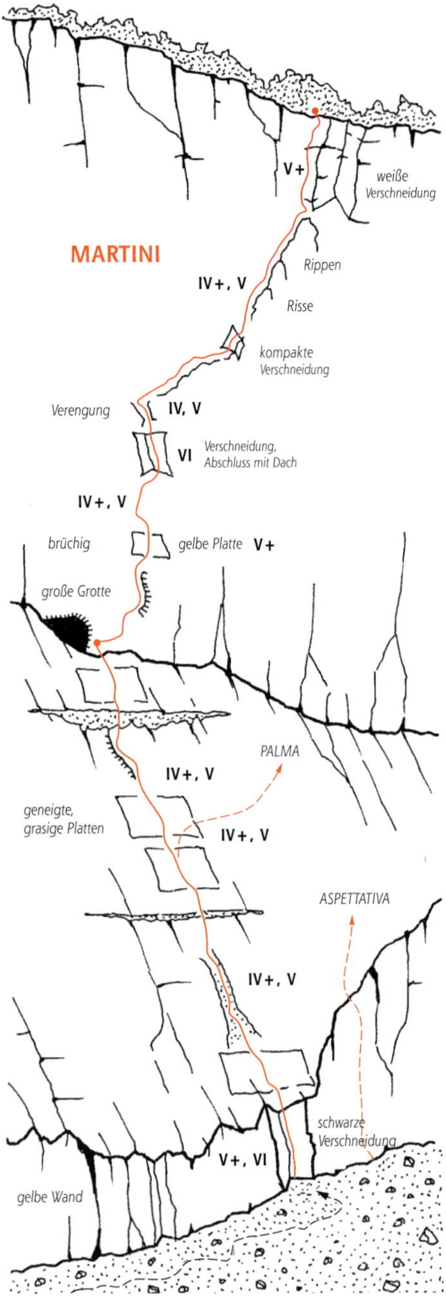

18 VIA PALMA★

G. Groaz, M. Zanolla, P. Baldo 1978
800 m. (20SL)
V+,VI/R4/IV

Über eine Reihe von Kaminen, Verschneidungen und Rissen führt diese Route in einer logischen Linie durch die Schwachstellen der Ostwand. Wie die ' Via Martini-Stedile' sollte auch dieser Weg echten Abenteurern vorbehalten bleiben.

SL1: Durch die erste Verschneidung und 300 m über grasige Platten und Stufen hoch in Richtung eines kleinen Waldes.

SL2: Vom Wald folgt man dann einer Reihe von Kaminen und erreicht eine Terrasse am Beginn einer großen, gelben und überhängenden Verschneidung ('via dell'Anniversario').

SL3: Nach rechts queren und weiter durch eine Reihe von Kaminen und Verschneidungen bis zu einer Terrasse unterhalb eines Daches. Am Dach rechts vorbei und durch einen Kamin zum Ausstieg.

Zustieg: wie zur 'Via Martini', Einstieg durch dieselbe Verschneidung und zu den Plattenbereichen. Jetzt nicht gerade hoch, sondern rechtshaltend in die ersten Kamine.

„Die Einstiegsverschneidung im V. Grad weist die höchsten Schwierigkeiten der gesamten, wenig wiederholten Route auf. Wichtiger ist es deshalb zu wissen, wie Standplätze eingerichtet werden, wie man sich in brüchigem Gelände fortbewegt, Steinschlag vermeidet und seine Sicherungen legt. Eine sehr gute physische Konstitution ist von Vorteil, da die Route über 800 m Kletterlänge und 500 m Höhenunterschied aufweist. Und schließlich sollte man nicht vergessen, dass der Abstieg sehr lang und ermüdend ist" (P. Picarini, vermutlich zusammen mit C. Sommadossi erster Wiederholer).

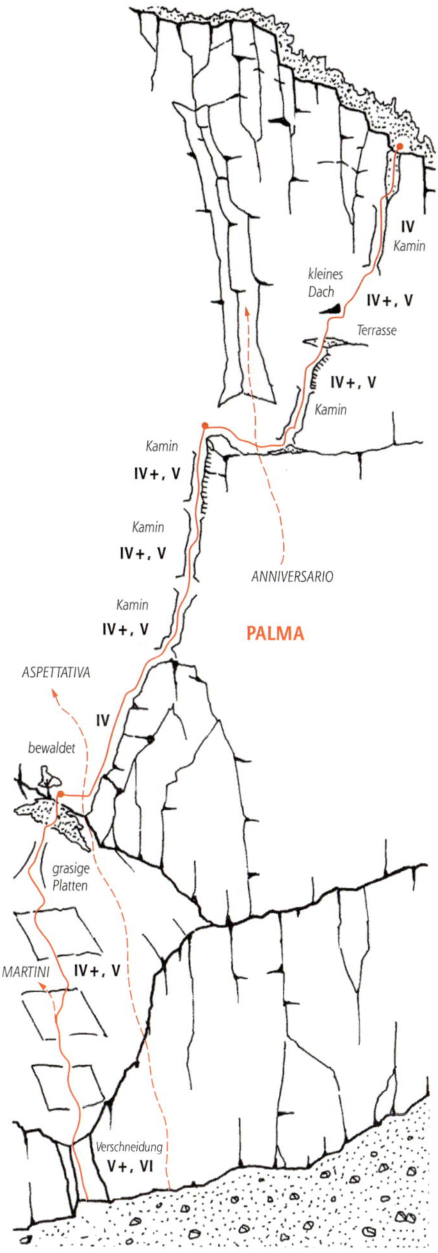

19 L'ASPETTATIVA DEI MONDI SUPERIORI

★★★★★

H. Grill, F. Kluckner 2009

800 m. (20SL)

VI+, A1/RS3/IV

Herrliche Route entlang kompakter, grauer Plattenfluchten durch die Ostwand des Monte Brento. Sie wurde mittlerweile schon oft wiederholt und zählt sicher zu den schönsten Wegen in diesem Wandbereich. Die Kletterei mit vielen Platten, Verschneidungen und Rissen ist sehr abwechslungsreich, die Felsqualität ist meist gut, die Absicherung mit Normal,- Bohrhaken und Sanduhrschlingen ist ausreichend. Wiederholer sollten einen Satz Friends und Klemmkeile dabei haben. Der Einstieg ist recht hart, danach folgen leichtere, geneigte Platten bis zum Beginn der Variante "Sole Caldissimo" mit einer sehr schönen Verschneidung. Nach einer Reihe von Kaminen folgt genussvolles, fantastisches Klettern mit anhaltenden Schwierigkeiten durch den oberen Wandbereich.

Einstieg: 10 Meter rechts von "Martini Stedile".

19a VARIANTE SOLE CALDISSIMO ★

H. Grill, J. Blummel, F. Kluckner, F. Heiss 1998

600 m. (14SL)

VI, A1/R4/IV

Früher bot diese Linie eine schwierige, lohnenswerte Variante zur "Via dell Anniversario". Aber wegen der schlechten Felsqualität und den hohen technischen Schwierigkeiten wurde sie kaum wiederholt. Zudem entstand mit der Route "Aspettativa..." eine wunderschöne Linie, die diese Variante teilweise benutzt und deshalb komplett uninteressant macht. Die alpinhistorische Bedeutung von "Sole Caldissimo" bleibt dennoch erhalten: Mit ihren hohen freiklettertechnischen Schwierigkeiten, der äußerst spärlichen Absicherung und sehr brüchigem Fels wird sie heutigen Anforderung aber nicht mehr gerecht.

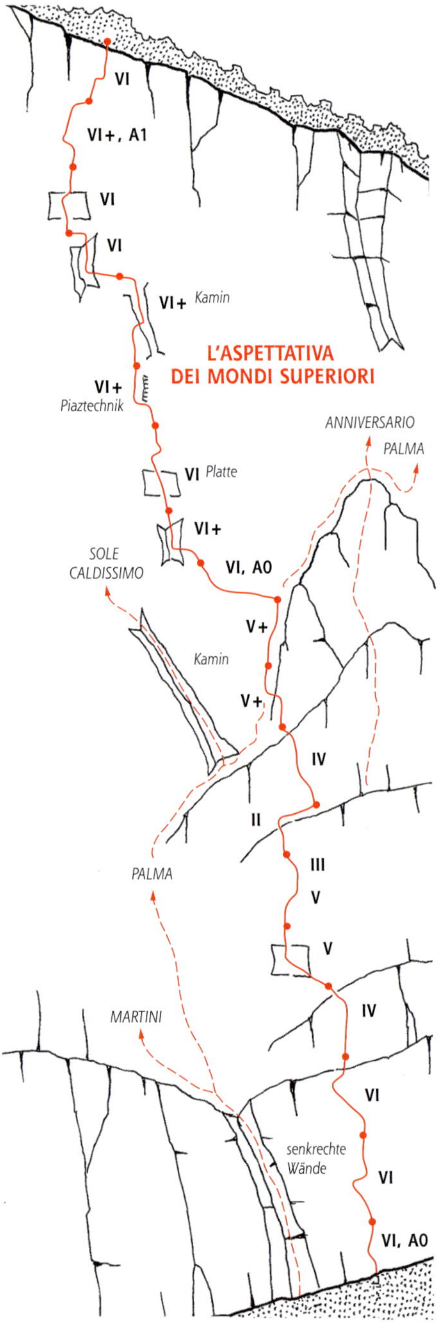

20 VIA DELL' ANNIVERSARIO★★★★

M. Furlani, V. Chini, F. Corn 1983
800 m. (20SL)
VI+, A2/R3/IV

Eine herrliche, schmale, gelbe Verschneidung teilt den oberen Bereich der Ostwand des Monte Brento. Die schöne, elegante Route führt durch diesen Wandbereich, der hier vermutlich die beste Felsqualität aufweist.

Einstieg: Am Einstieg von 'Martini' und 'Palma' vorbei, am Wandfuß entlang und in einer Geröllrinne zwischen der Wand und den davor liegenden Pfeilern hoch. Der Einstieg ist bei mehreren grauen und brüchigen Rippen.

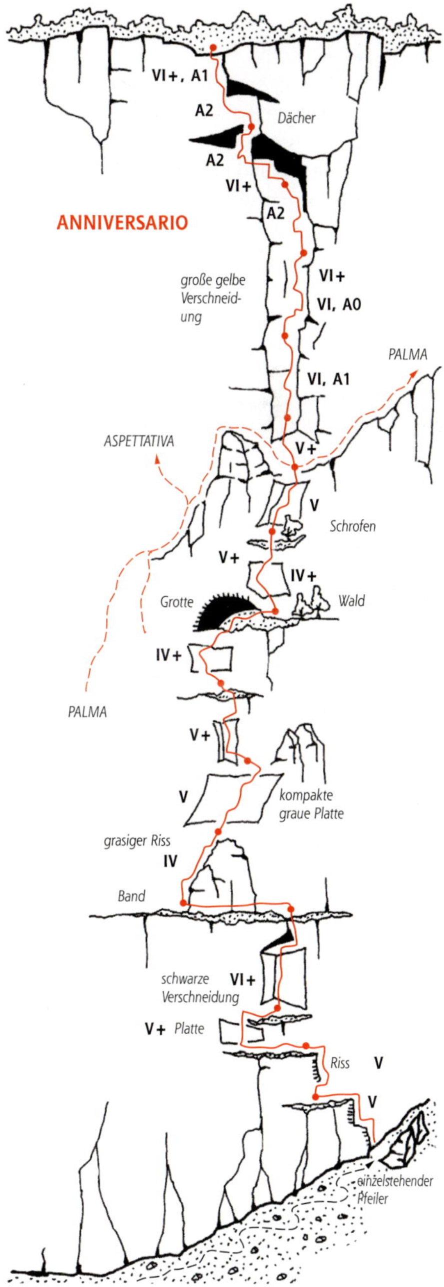

21 VENTO DELL'EST★★★★

F. Giacomelli, F. Stedile 1994
450 m. (12SL)
VI+, VII+, A1/R4/IV

Rechts der 'Via dell'Anniversario' führt diese extreme und gewagte Route durch Verschneidungen und über Risse durch die Wand. Mehrmals müssen schwierige und obligatorische Passagen mit Normalhaken bewältigt werden. Insgesamt wurden ca. 50 Haken in meist festem Gestein geschlagen und dort belassen. Wiederholer benötigen Klemmkeile und Friends (Info F. Giacomelli).

Zustieg: Am Einstieg der 'Via dell'Anniversario' vorbei und bis unterhalb markanter Verschneidungen. Einstieg bei einer kompakten grauen Platte.

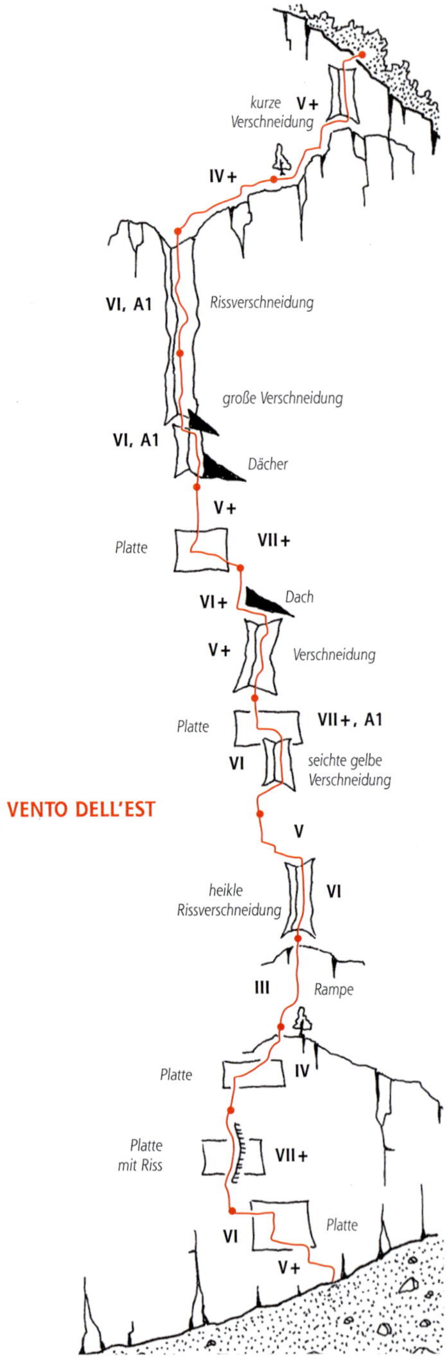

David Lama, *Brento Centro*, Monte Brento *(ph. Heiko Wilhelm)* →

Cima alle Coste

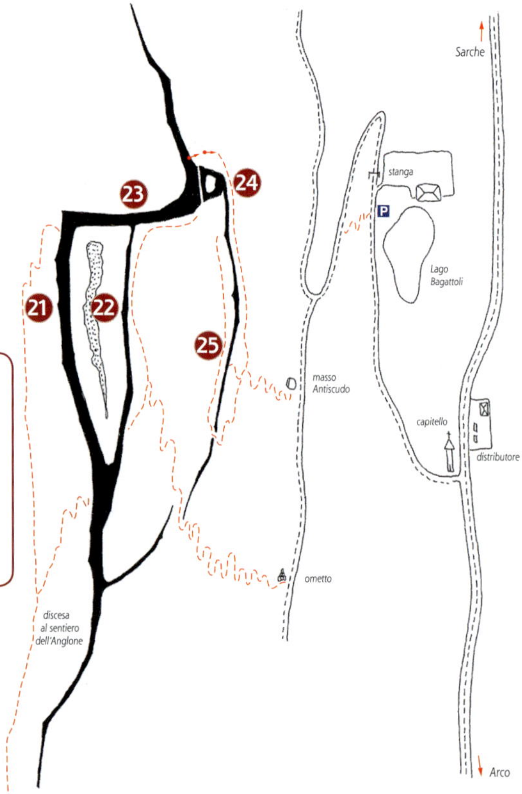

CIMA ALLE COSTE

21 ZENTRALER SEKTOR
22 LO SCUDO
23 SÜDWAND
24 GUGLIA SOLIDARNOSC
25 L'ANTISCUDO

Die Wand wird auch „Gran diedro di Dro" genannt und in der Tat sieht sie auch eher wie eine riesige Verschneidung (it. 'diedro') aus. Geformt wird sie von zwei Wandteilen: der hohen, senkrechten Südwand mit den berühmt/berüchtigten, brüchigen und extremen Routen und der Ostwand (auch Zentralen Wand), die viel zugänglicher und einfacher ist. Wegen der guten Felsqualität der Ostwand wurden in den letzten Jahren hier viele neue Routen eröffnet und im Sockelbereich entstanden viele Sportkletterwege. Der Sockel, auch „Lo Scudo" (der Schild) genannt, wird mittlerweile wegen der vielen Routen als eigenständiger Sektor betrachtet.
Ein langer und schmaler Grat, der an seiner Basis in einen Pfeiler übergeht, grenzt die Südwand im Osten ab. Dieser Pfeiler trägt den Namen „Guglia (Turm/Pfeiler) Solidarnosc" und an seiner ins Tal gerichteten Seite entstanden einige interessante Routen. Durch die große Verschneidung führt eine der ältesten Routen des Sarcatals (H. Steinkotter und Gef., 1966), die aber wegen des brüchigen, schrofigen Gesteins heute nur noch im unteren Teil begangen wird.

Claudia Farruggia, *Diedro Martini*, Cima alle Coste *(sassbaloss.com)* →

21 Zentraler Sektor

Cima alle Coste

0.40 h

2.00 h

750 m.

O

Die sehr charakteristische Wand wird durch eine Reihe horizontaler Grasbänder in zwei Hälften geteilt. Der untere Teil (Lo Scudo), besteht aus einer 250 m hohen und glatten Wandtafel, in der typische Reibungskletterei gefragt ist. Der obere, 200 m hohe Teil ist viel steiler und gegliederter, athletische Kletterei in Rissen und Verschneidungen herrscht hier vor. Insofern weisen alle Routen hier in etwa die gleichen Charakteristika auf: im unteren Kletterei auf geneigten Platten, im oberen Bereich Riss- und Verschneidungskletterei.

Zustieg

Man parkt kurz vor der Schranke an der Forststraße zum Lago Bagattoli (oder besser: bei der Tankstelle an der Hauptstraße, aber vorher um Erlaubnis fragen!). Auf der Forststraße dann weiter bis zur 2. Kehre und dann links. Nach einem Steilstück zweigen rechts Pfadspuren ab, hier mühsam bergauf bis zu einer breiten Felsflanke. Über Bänder quert man diese und erreicht damit den Wandfuß.

Abstieg

In östlicher Richtung durch den Wald und auf einen ebenen Wanderweg, dem man nach Süden bis zu einem Grenzstein folgt. Auf einer Forststraße dann 600 m in Richtung Südwesten. Bei einer Kreuzung auf einem Bergrücken dann links abwärts in Richtung Dro (Wanderweg Nr. 425) und bis ins Tal.

1 OASI DI PACE	650 m.
2 SPECCHIO DI OSIRIDE	600 m.
3 SOLE NASCENTE	600 m.
4 DESTINAZIONE PARADISO	600 m.
5 LA LUNA E I FALO’	750 m.
6 DIEDRO MARTINI	500 m.
7 CLESSIDRA	500 m.

5
4
B
7
6
4
1
A
2a
B
3
24
6
2
17
18
5
4
23
20
19
16

1 OASI DI PACE★★★★★

M. Bozzetta, M. Furlani 1994
650 m. (23SL)
VII, A1/R3/III

Lange und schöne Route, die zunächst in Reibungskletterei über die schwierigen Platten führt und dann steiler und athletischer wird. Im oberen Bereich zielt die Linie auf eine Zone mit gelben Felsen, umgeht diese dann aber (logischerweise) links. Durchwegs fester Fels mit guter Absicherung.

Zustieg: Ein breiter Wandsockel, ca. 50 m hoch, lehnt sich an die eigentliche Wand. Zur Wand hin formt der Sockel leichte Grasrampen, über die man zum Einstieg bei einem Riss aufsteigt.

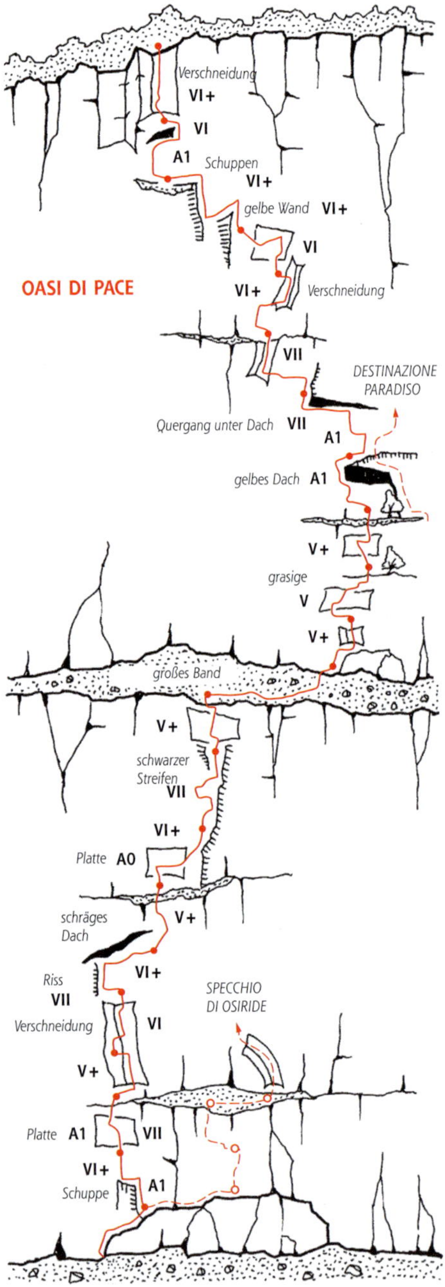

2 SPECCHIO DI OSIRIDE★★★

A. Zanetti, G. Dalfovo, C. Baratto 1993
600 m. (17SL)
VII, A2/R3/III

Die interessante Route verläuft über den linken Wandbereich. In der ersten Seillänge muss eine schwierige Platte erklettert werden, die zweite SL und die Querung auf dem Band verlaufen gemeinsam mit der Route 'Sole Nascente'. Ab der Grasterrasse folgt 'Specchio di Osiride' dann einer schwarzen, wenig ausgeprägten und überhängenden Verschneidung, während 'Sole Nascente' die Kante rechts umgeht und dann eine brüchige Platten erreicht.

Zustieg: wie bei 'Oasi di Pace' über die Rampen weiter aufwärts bis zum höchsten Punkt des Vorbaus. Einstieg (Ringhaken ist sichtbar) bei einem schwierigen Riss in der Platte.

2a VARIANTE GIOLEO★★★★

M. Giordani, F. Leoni 1993
100 m. (3SL)
VI+

Nach dem Band und der überhängenden Verschneidung verläuft diese Variante über den schwierigen Korridor aus glatten Platten zwischen 'Specchio' und 'Sole'.

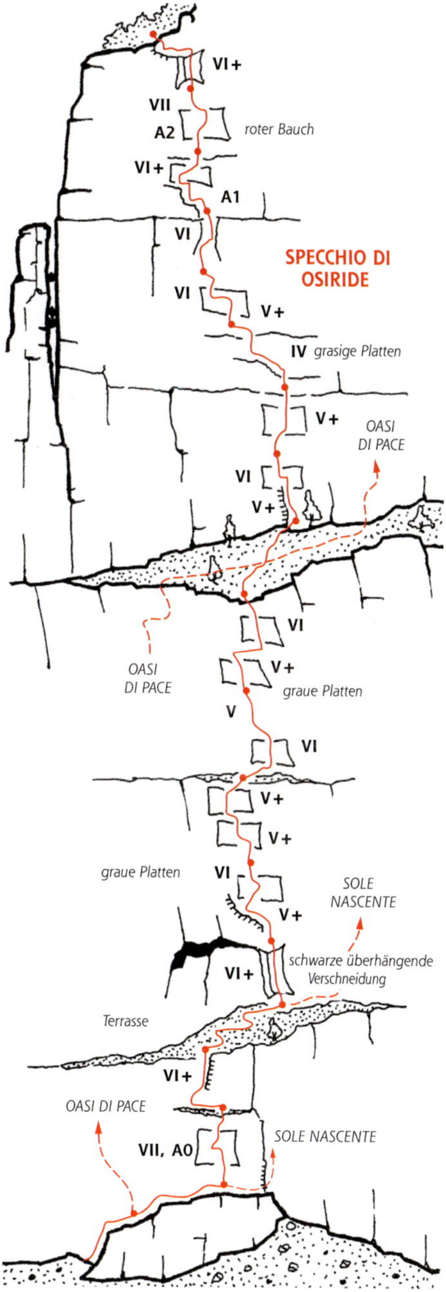

3 SOLE NASCENTE ★★★★

E. Salvaterra, A. Leviti 1980
600 m. (17SL)
VI+, Stellen A0/R4/III

Die aus alpinistischer Sicht historische Route wird wenig wiederholt. Nach den ersten Seillängen über kompakte, aber kaum abgesicherte Platten, führt die Linie in Richtung der gestuften, gelben Dächer in der Wandmitte. Einige sehr brüchige Passagen im oberen Wandbereich erfordern viel Erfahrung mit solchem Gelände.

Zustieg: wie bei den vorhergehenden Routen. Vom Einstieg von 'Specchio di Osiride' noch einige Meter rechts weiter und in einen senkrechten, schwierigen Riss.

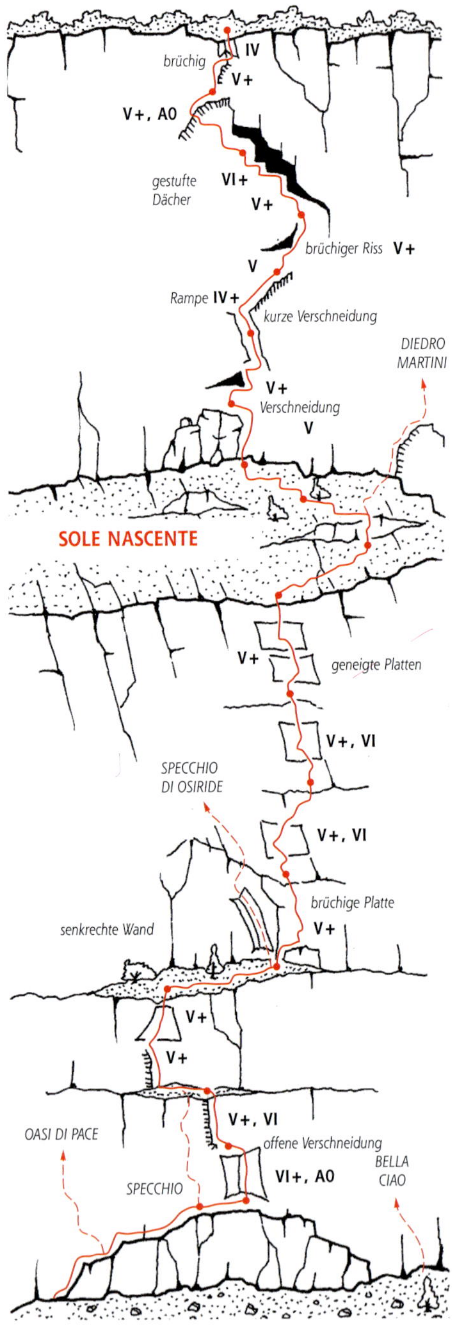

4 DESTINAZIONE PARADISO★★★★★

T. Quecchia, D. Ballerini, C. Stefani, F. Prati, F. Culazzu 1995

600 m. (16SL)

VI+, VII+, Stellen A1/RS2/III

Sicherlich die schönste der modernen Routen in dieser Wand. Der plattige Bereich des Sockels ist sportklettermäßig abgesichert, mit vielen Bohrhaken und perfekten Standplätzen, die gleichzeitig als Abseilstellen dienen. Deshalb könnte man den unteren Teil als eigenständige Route ansehen, in der nur Expressschlingen benötigt werden. Im oberen Teil benötigt man dagegen Klemmkeile und Friends für die Risspassagen, wobei die gebohrten Stände und das feste Gestein auch hier fast Sportkletterfeeling aufkommen lassen. Die Route sollte dennoch nicht unterbewertet werden: sie ist lang, in den Ausstiegslängen etwas brüchig und für die Querung der Bänder im Mittelteil benötigt man durchaus alpine Erfahrung.

Zustieg: etwa 50 m rechts der großen rinnenartigen Verschneidung formt ein an die Wand angelehnter kleiner Vorbau eine breite Verschneidung, nach der sich auch der erste Standplatz der Route befindet. Der Einstieg ist rechts unterhalb davon, Bohrhaken sind zu sehen, schwierige Einstiegspassage. Am Einstieg kleines Schild mit Routenname.

Anmerkung: der untere Teil wurde komplett mit 10mm-Inoxbohrhaken saniert.

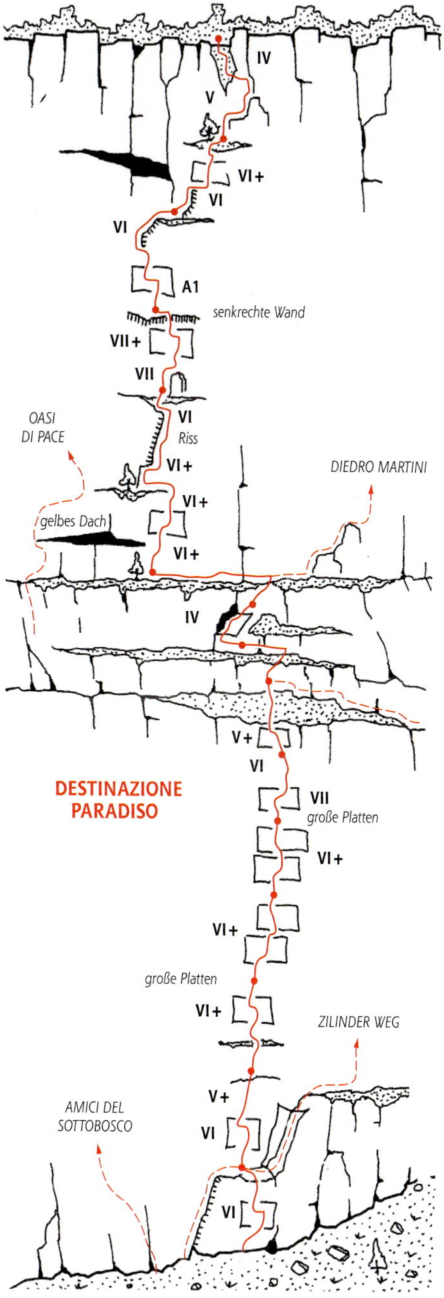

5 LA LUNA E I FALO' ★★★★★

S. Scalet, M. Pegoretti, L.Turato, E. Covi 1998
750 m. (20SL)
VII+, A2/R2/III

Route mit wechselndem Charakter: sportklettermäßig im ersten und alpin im zweiten Teil. Mit steigender Höhe wird sie immer schwieriger, durch die gute Absicherung mit Normal- und Bohrhaken klettert man aber immer gut abgesichert. Kleine und mittlere Friends, Klemmkeile und ein paar Haken sollten aber dennoch mitgeführt werden. Das Gestein ist im unteren Bereich sehr fest, im oberen Teil ist nur eine kurze Passage in der 10. SL etwas brüchiger (Beschreibung S. Scarlet).

Einstieg: etwas rechts von 'Destinazione Paradiso'

6 DIEDRO MARTINI ★★★★★

S. Martini, M. Tranquillini, M. Protoni 1972
500 m. (16SL)
V+, VI+/R3/III

Der große Klassiker in der Cima alle Coste folgt einer logischen, perfekten Reihe von Rissen und Verschneidungen im oberen Plattenbereich der Wand. Die Route scheint fast die natürliche Verlängerung der großen Verschneidung mit der 'Via Steinkotter' zu sein, ist aber in Wirklichkeit eine direkte Variante der letzteren. Weil der obere Teil der 'Steinkotter' aber nicht mehr geklettert wird, ist aus dem unteren Teil der logische und bequeme Zustieg zur 'Martini' geworden. Die begeisternde Linie verläuft meist in gutem Fels, die Absicherung ist zwar etwas heikel, aber in die kompakten Risse lassen sich perfekt viele Klemmkeile legen.

Einstieg: durch die große rinnenartige Verschneidung. Vorsicht wegen Steinschlags (vor allem nach starken Regenfällen).

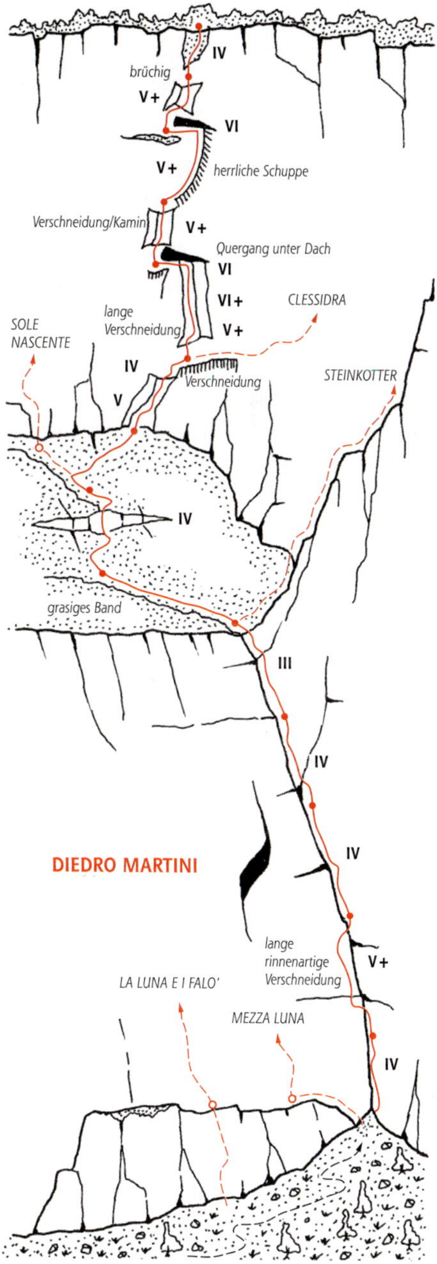

7 VIA DELLA CLESSIDRA ★★★★★

M. Giordani, R. Manfrini 1985

500 m. (16SL)

V+, VI+/R4/III

Absolut logische Linie, die über die Wandmitte und dann schräg durch zwei überhängende Bereiche zieht und schließlich nach einer schwierigen Ausstiegsseillänge im Wald auf dem Gipfel endet. In den ersten Längen ist die Felsqualität noch durchschnittlich, aber dann ist das Gestein einfach perfekt. Viel alpine Erfahrung wird hier verlangt, da in der Route kaum Haken stecken und einige Passagen gar nicht abgesichert werden können.

Einstieg: zunächst durch die große Verschneidung/Rinne, dann eine Seillänge gemeinsam mit der Route 'Martini', dann rechtshaltend über Grasbänder.

Weitere Routen:

A - GIU' LE ZAMPE: M. Giordani, M. u. D. Mabboni 1995. Variante von 'Oasi di Pace'. Die Route führt vom Band in Wandmitte weg und folgt dann einem markanten Kamin im ganz linken Wandbereich. 300m. VI+, VII.

B - MUCCA PAZZA: D. Mabboni und M. Girardi 1996. Einstieg bei einer grauen Schuppe, zwischen 'Nuvole bianche' und ' Direttissima Giordani'. Die Route führt in schwierigster Kletterei und kaum abgesichert über die Platten und verläuft im oberen Bereich parallel und links zu 'Sole Nascente'. 600m. VI+,VII.

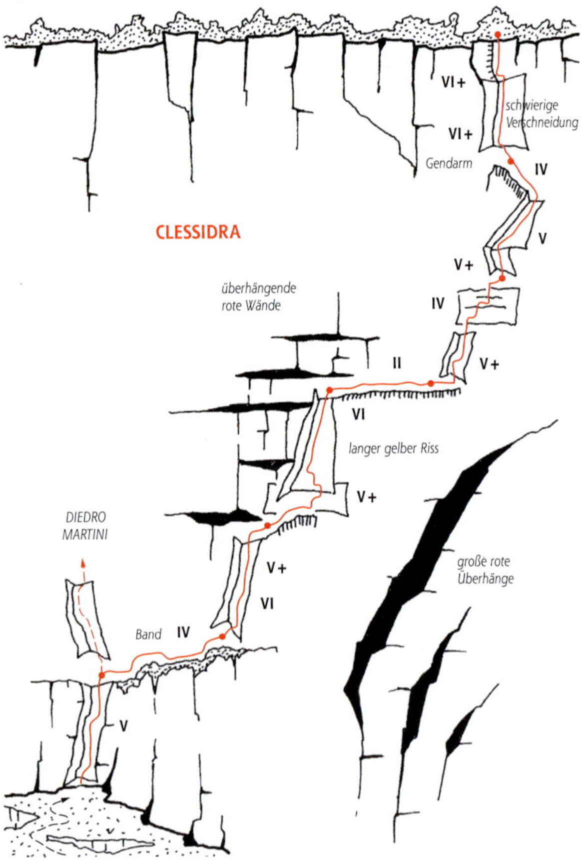

Via della clessidra, aus Zufall entstanden...

Maurizio Giordani

Meine Touren in den Bergen bereite ich selten in irgendeiner Art und Weise zu Hause vor. Wenn keine prinzipiellen oder schwierigen Logistikprobleme zu erwarten sind, überlasse ich gerne alles dem Zufall. Vielleicht erweist sich oft gerade deshalb ein scheinbar einfacher Aufstieg als wirkliche und meist angenehme Überraschung.

Als wir an einem Frühlingstag im Jahr 1985 an der Cima alle Coste eintrafen, wollten wir eigentlich keine neue Route eröffnen.

Ein paar Tage zuvor war ich schon mal dort und hatte free solo und in kurzer Zeit die "Via Martini" wiederholt. Es hatte mir so viel Spaß gemacht, dass ich mit Rosanna, mit der ich damals die meiste Kletterzeit verbrachte, dorthin zurückkehren wollte.

Es war eine gute Zeit, wir waren voller Enthusiasmus, durchtrainiert, schnell und entschlossen...

Vielleicht hatte sich bei mir der Gedanke, einen Weg zwischen den Überhängen auf der rechten Seite zu finden, schon festgesetzt - ich suche zwischen den bestehenden immer nach neuen Linien und diese war mir nicht entgangen. Und vermutlich bin ich damals deshalb gleich nach dem Riss in der ersten Seillänge ohne Nachzudenken nach rechts weiter traversiert, mit nur wenigen Normalhaken und Friends am Gurt.

Anfangs war es ganz schön heikel, sogar gefährlich, doch nach ein paar seichten Rissen erreichten wir die Passage zwischen den beiden sanduhrförmigen, schrägen Überhängen. Es lief gut, die Kletterei war angenehm, nie zu schwierig, die Linie da, wir mussten ihr nur folgen...

Rechterhand der große "Schnabel", das Dach an der Kante mit der Route "Rinascita", einer Route, die ich wenige Jahre zuvor zusammen mit Franco eröffnet hatte. Darunter die riesige graue Platte. Auch diese mit Erinnerungen, z.B. in der "Direttissima", die ich noch mit Bergstiefeln erstbegangen hatte, lange bevor Reibungskletterschuhe in Mode kamen. Erinnerungen an senkrechte Risse, mühsam in Piaztechnik erstiegen; an glatte, kompakte und rötliche Platten, ohne Möglichkeit, einen Normalhaken zu setzen, in denen das Weiterkommen wie das Ergebnis einer Wette mit dir selbst ist, Schritt für Schritt.

Die schwierige Ausstiegsverschneidung forderte nochmals alles, dann standen wir im kleinen Wald und suchen einen Abstiegsweg, um in der beginnenden Dunkelheit schnell ins Tal zu gelangen.

Seither sind beinahe dreißig Jahre vergangen, aber diese Route habe ich nie wiederholt. Meine Neugier treibt mich inzwischen zu anderen Zielen, zu neuen Gebieten. Und das Sarcatal bietet davon noch genug.

Im Grunde genommen habe ich nie mit dem Klettern aufgehört. Ich klettere noch immer mit viel Vergnügen und Leidenschaft, in fast jeder freien Minute. Vielleicht ist nun auch die Zeit gekommen, zu meinen Wurzeln zurückzukehren, die Erinnerung an die Vergangenheit mit dem Bewusstsein an die Gegenwart zu verbinden und wieder mal die alten Routen zu klettern wie z.B. "Clessidra","Fiore di Corallo", "Ombre Rosse", "Rinascita", "Genghiz Kan", "Direttissima", "Rosmau", "Charlie Chaplin", "Black Hole" und viele andere, die sich immer wieder neu entdecken lassen.

Die Erinnerung an die Routen ist zwar geblieben, wenn auch inzwischen etwas verblasst. Zeit, sie aufzufrischen...!

22 Lo Scudo

Cima alle Coste

0.40 h

1.00 h

450 m.

0

Als SCUDO wird der glatte Wandsockel der großen Ostwand bezeichnet. Dieses Felsschild mit sehr kompaktem Gestein bietet bestens abgesicherte Sportkletterrouten und empfehlenswerte und interessante alpine Wege.
Hier ist hauptsächlich Reibungskletterei angesagt. Das herrliche Ambiente, der kurze Zustieg und der bequeme Abstieg lassen diesen Sektor fast wie einen Klettergarten erscheinen. Man befindet sich aber in alpinem Gelände: Vorsicht vor Steinschlag aus den weiter oben liegenden Bändern!

Zustieg
Man parkt kurz vor der Schranke an der Forststraße zum Lago Bagattoli (oder besser: bei der Tankstelle an der Hauptstraße, aber vorher um Erlaubnis fragen!). Auf der Forststraße dann weiter bis zur 2. Kehre und dann links. Nach einem Steilstück zweigen rechts Pfadspuren ab, hier mühsam bergauf bis zu einer breiten Felsflanke. Über Bänder quert man diese und erreicht damit den Wandfuß.

8 DIEDRO MASSIMILIANO	**150 m.**
9 PASSEGGIATA DI PASQUA	**300 m.**
10 DINOSAURI	**450 m.**
11 MAS QUE NADA	**350 m.**
12 PROFONDO BUSH	**350 m.**
13 CASINO' ROYALE	**450 m.**
14 DINO SOTTOVIA	**300 m.**
15 BELLA CIAO	**280 m.**
16 UMMAGUMMA	**280 m.**
17 DIRETTISSIMA	**300 m.**
18 NUVOLE BIANCHE	**300 m.**
19 TRANSEAMUS	**300 m.**
20 SESTO GRADO	**300 m.**
21 MARIPOSA LIBRE	**280 m.**
22 AMICI DEL SOTTOBOSCO	**280 m.**
23 ZILINDER WEG	**280 m.**
24 VIA DELLA MEZZA LUNA	**250 m.**

Abstieg

Vom Ausstieg der Routen des linken Bereichs (Via dei Dinosauri bis Via Casinò Royale) quert man linkshaltend den breiten Lichtungs- und Felsgürtel und erreicht am Ende einen rot markierten Pfad. Dieser führt zum Wanderweg "Sentiero Scagloni" und dann weiter ins Tal.

CIMA ALLE COSTE

LO SCUDO
Linker Sektor

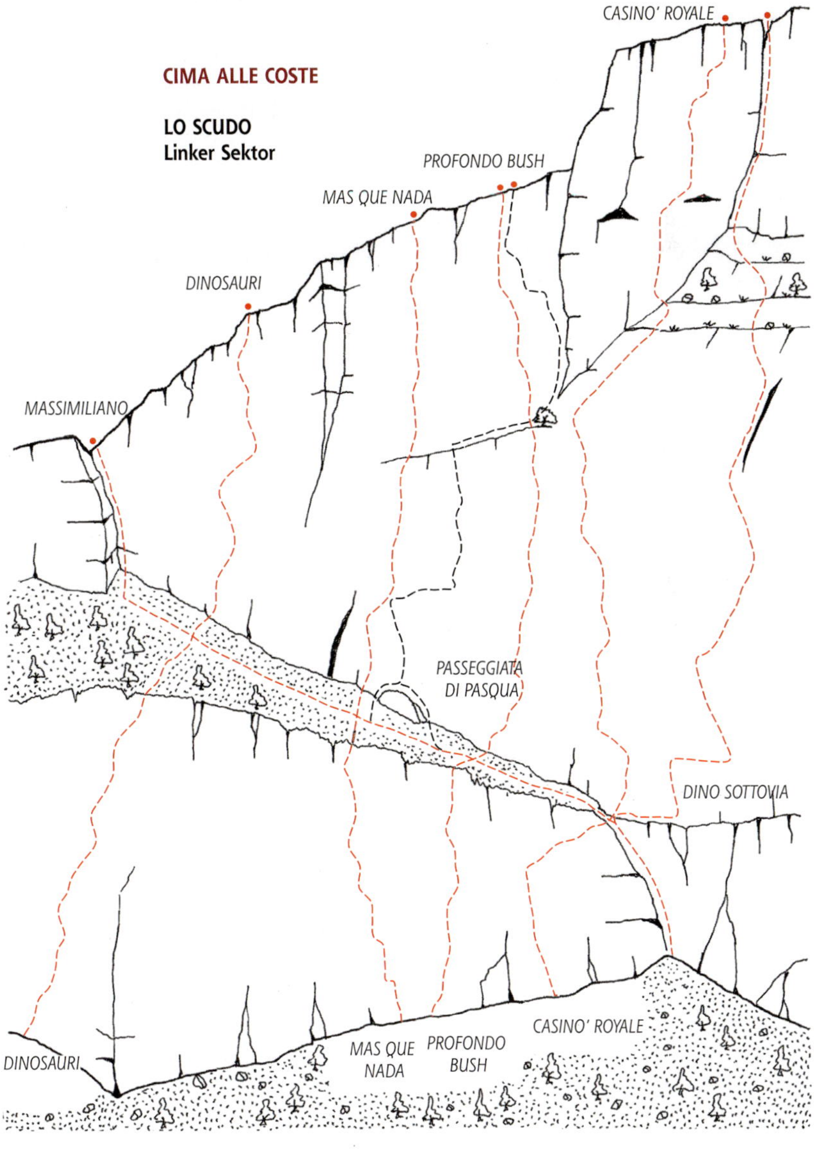

8
10
11
9
12
13
14
65 Anglone

8 DIEDRO MASSIMILIANO★★

G. Stenghel, A. Baldessari 1982
150 m + 200 Meter Wandsockel (7SL)
V, VI+/R3/II

Traditionelle Route, die sehr viel Abenteuergeist erfordert. Sie führt durch die markante, schwierige, aber kurze Verschneidung im linken Wandteil. Zwischen teils brüchigen Passagen und viel Vegetation lassen aber die interessanten Felsbereiche auch schöne Kletterei zu. Nach der ersten Seillänge mit nicht eindeutigem Routenverlauf zwischen Gebüsch und losen Blöcken führt die Linie deutlich logischer entlang von Verschneidungen, Rissen und Kaminen. Sehr schön ist die Ausstiegslänge mit einem tiefen, sehr strukturierten Kamin.

Einstieg: der Wandfuß des "Scudo" schließt auf seiner linken Seite mit einem schrofigen und grasigen Vorbau ab. Hier sucht man die leichteste Einstiegsmöglichkeit, die sich gleich links von einer schwarzen Verschneidung in Form eines Felsbugs befindet. Nach ca. 60m besteht an einem Baum (mit Schlinge) eine Standplatzmöglichkeit. Von hier folgt man dem langen Band bis zu seinem Ende am Beginn der markanten, großen Verschneidung.

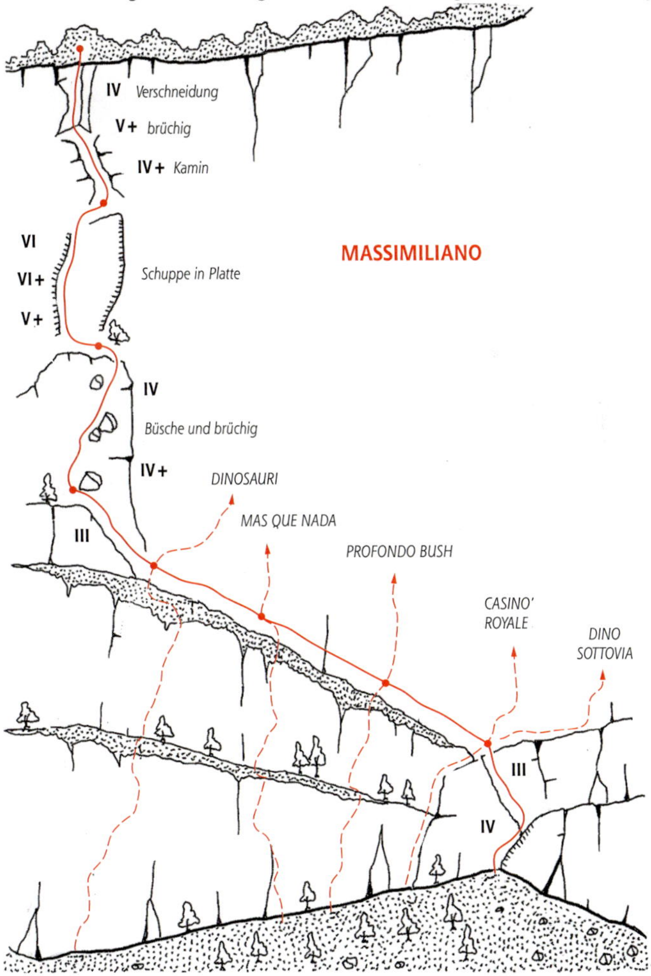

9 PASSEGGIATA DI PASQUA ★★★

R. Goedeke, S. Hor 1985
300 m. (10SL)
V+, VI/R3/II

Die aus alpinistischer Sicht schöne und lohnende Route weist eine logische Linienführung und gemäßigte Schwierigkeiten auf. Die Felsqualität ist in den ersten Seillängen recht gut, zum Schluss ist das Gestein etwas brüchig. Leider stört in vielen Passagen die massive Vegetation, was aber auch Vorteile hat, den an den kleinen Stämmen kann mit Schlingen gut abgesichert werden. Nur in den schwierigen Passagen stecken genügend Haken. Die Schlüsselpassage ist eine Rissverschneidung mit brüchigem Fels, aber dennoch lassen sich genügend gute mobile Sicherungen legen. Links und recht dieser Linie verlaufen einige Sportkletterrouten, über die man im Notfallfall abseilen könnte.

Einstieg: der Wandfuß des "Scudo" schließt auf seiner linken Seite mit einem schrofigen und grasigen Vorbau ab. Hier sucht man die leichteste Einstiegsmöglichkeit, die sich gleich links von einer schwarzen Verschneidung in Form eines Felsbugs befindet. Nach ca. 60 m besteht an einem Baum (mit Schlinge) eine Standplatzmöglichkeit. Von hier folgt man dem langen Band bis einem charakteristischen Kamin auf der rechten Seite. Die erste Seillänge durch den Kamin lässt sich auch leicht links umgehen.

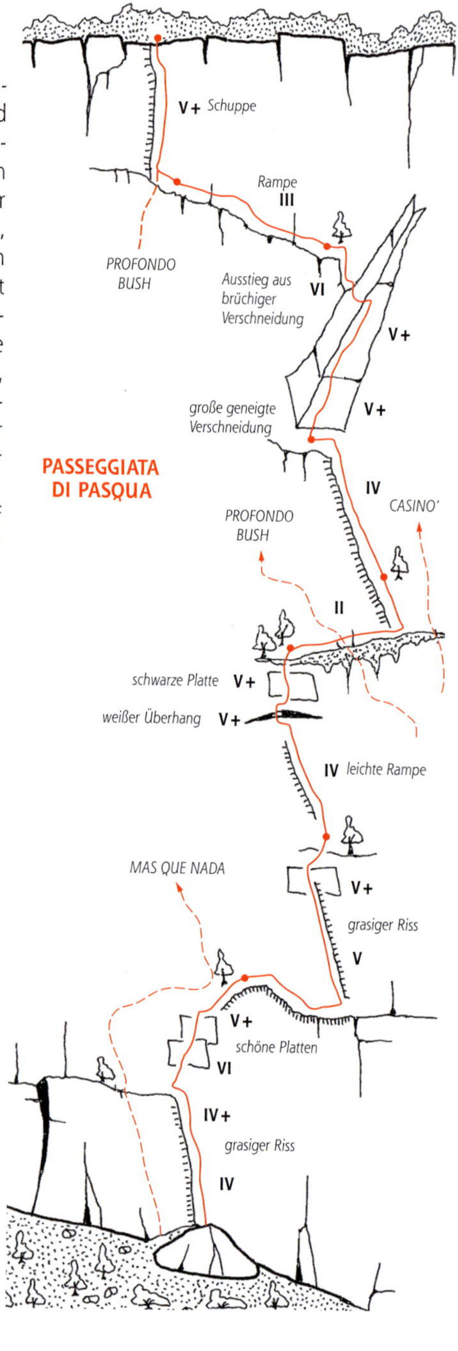

10 DINOSAURI ★★★

L. Pilati, A. Michelotti 2012 ***

450 m. (14SL)

5c, 6a, eine Stelle 6b,A0 (5c obl.)/S2/II

Schöne Route im linken Bereich des "Scudo". Die ersten Seillängen führen über einen langen, etwas grasigen, aber leichten Wandsockel mit einigen schönen Plattenpassagen. Im zweiten Teil der Route wird die Kletterei deutlich interessanter, hier folgt die Linie einem herrlichen Risssystem, das senkrecht und ziemlich ausgesetzt ist. Auch die Felsqualität lässt hier nichts zu wünschen übrig. Absolut spektakulär ist die letzte Seillänge. Die Absicherung ist sehr gut, Expressschlingen reichen aus.

Einstieg: der Wandfuß des "Scudo" schließt auf seiner linken Seite mit einem schrofigen und grasigen Vorbau ab. Bis hierher, dann am Einstieg von "Mas que Nada" vorbei und an der Wand bergab bis zum Einstieg.

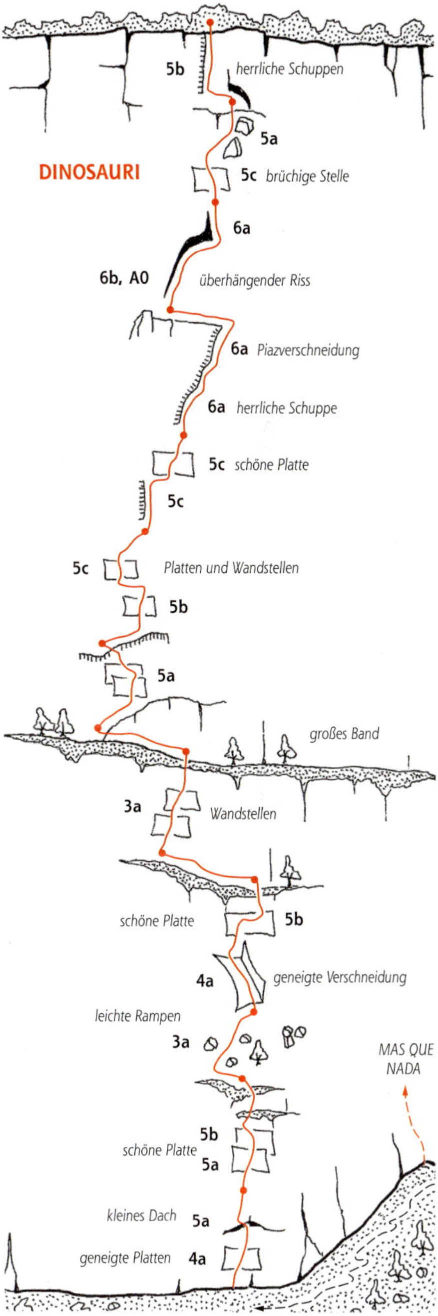

11 MAS QUE NADA ★★★★

R. Galvagni, selbst gesichert 2006
350 m. (10SL)
6b, 6c+ (6b obl.)/S2/II

Schwierige, ausdauernde und sehr schöne Plattenkletterei. Die ersten Seillängen führen über einen leichten Wandsockel mit Stufen und Bäumen, nach dem großen Felsband folgt aber begeisternde, elegante Kletterei. Hier ist Kletter- und Bewegungstechnik gefragt, der Fels ist meist rau und strukturiert, aber auch typische Reibungskletterpassagen sind anzutreffen. Sehr gute Absicherung mit Bohrhaken.

Einstieg: der Wandfuß des "Scudo" schließt auf seiner linken Seite mit einem schrofigen und grasigen Vorbau ab. Bis hierher und dann an der Wand bergab bis zum Einstieg. Routenname angeschrieben.

Abstieg: Abseilen über die Route. Vom Ausstieg zuerst 10 Meter nach rechts queren bis zum ersten Abseilstand. Von hier dann bis zum großen Band abseilen. Auf dem Band weiter an der Wand entlang gehen und dann über Stufen und leichten Fels bis zu einem Abseilstand (Standplatz von "Casinò Royale"). Von hier noch ein Mal bis zum Wandfuß abseilen.

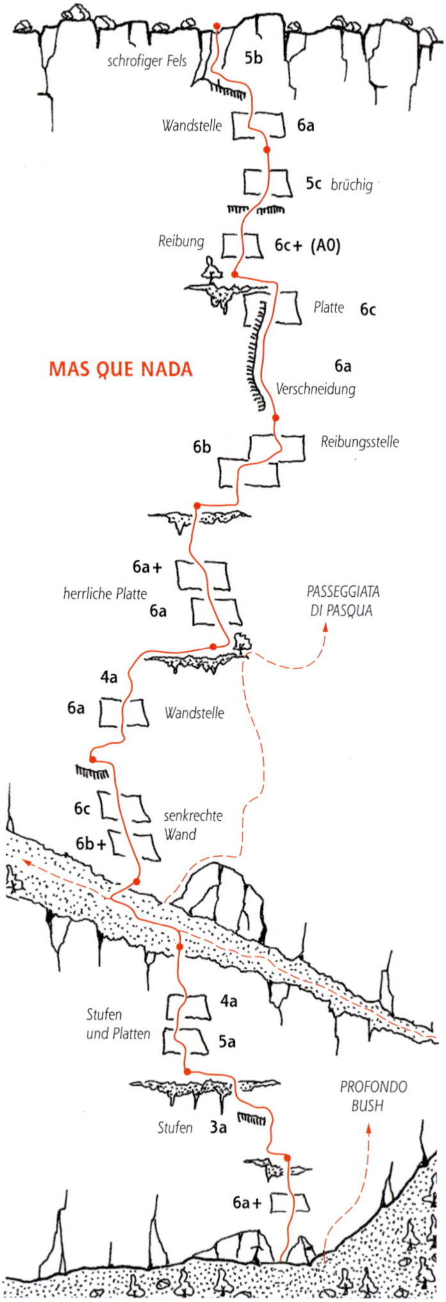

12 PROFONDO BUSH★★★★★

A. Zanetti, C. Groaz 2004

350 m. (12SL)

6b, 6c (6b obl.)/S2/II

Wunderschöne, technisch anspruchsvolle und lohnende Route in sehr gutem Fels und mit perfekter Absicherung. Nach der ersten schönen und senkrechten Seillänge quert man eine leichtere Zone mit geneigtem Fels und Büschen. Dann folgt in der 5. SL eine schöne Platte und in der nächsten SL eine athletische Passage über ein kleines Dach. An sehr guten Griffen bewältigt man entschlossen und elegant diese Stelle. Dann folgen weitere SL in Plattengelände, sehr technisch und mit kleinen Leisten. Die härteste Passage der gesamten Route mit schwierigster Reibungskletterei befindet sich am Ende der 9. SL. Die Ausstiegslängen mit Rissen und Schuppen sind dann wieder leichter. Diese Route ist ein „Muss", denn eine solch schöne und lohnende Kletterei findet man selten.

Einstieg: der Wandfuß des "Scudo" schließt auf seiner linken Seite mit einem schrofigen und grasigen Vorbau ab. Bis hierher und dann an der Wand bergab bis zum Einstieg. Routenname angeschrieben.

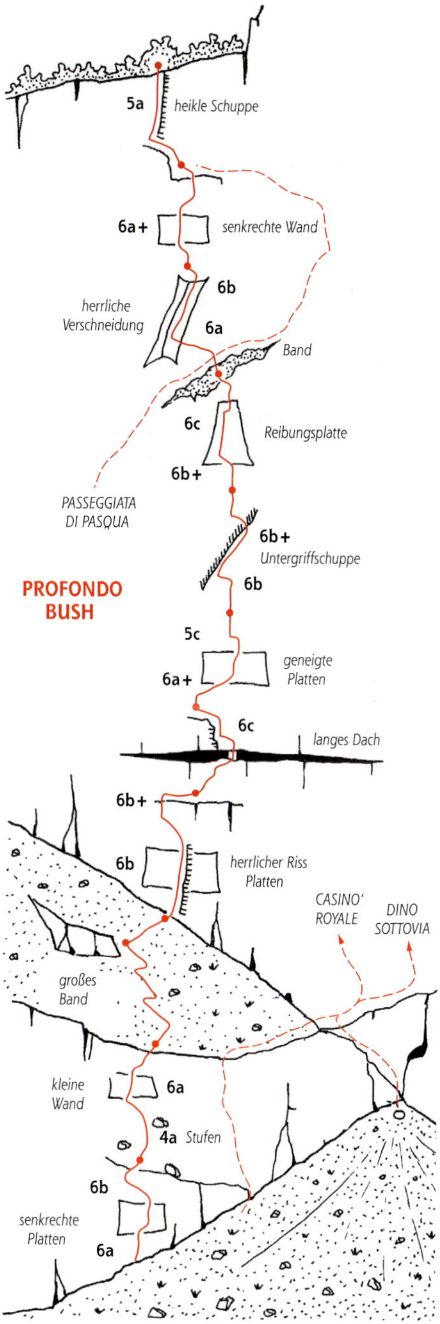

13 CASINO' ROYALE ★★★★

D. Filippi, R. Galvagni 2007
450 m. (14SL)
6a, 6b+ (6b obl.)/S2/II

Die Linie zieht zwischen "Profondo Bush" und "Dino Sottovia" über einen plattigen Korridor, danach folgen noch drei Seillängen mit senkrechter Verschneidungs- und Risskletterei. Die Route und die Linienführung sind sehr abwechslungsreich mit einigen herrlichen Passagen. Im Allgemeinen ist Reibungskletterei angesagt, bei ein paar Stellen ist aber auch viel Fingerkraft nötig. Die Felsqualität ist absolut perfekt: kompakt und doch mit vielen feinen Strukturen. Vorsicht im Ausstieg, hier gibt es ein paar ganz kurze, brüchige Passagen. Die Absicherung mit Bohrhaken ist sehr gut, aber in den Ausstiegsverschneidungen muss zusätzlich mobil (Camalot Gr. 1und 2) abgesichert werden.

Einstieg: der Wandfuß des "Scudo" schließt auf seiner linken Seite mit einem schrofigen und grasigen Vorbau ab. Bis hierher und dann an der Wand bergab bis zum Einstieg. Routenname angeschrieben.

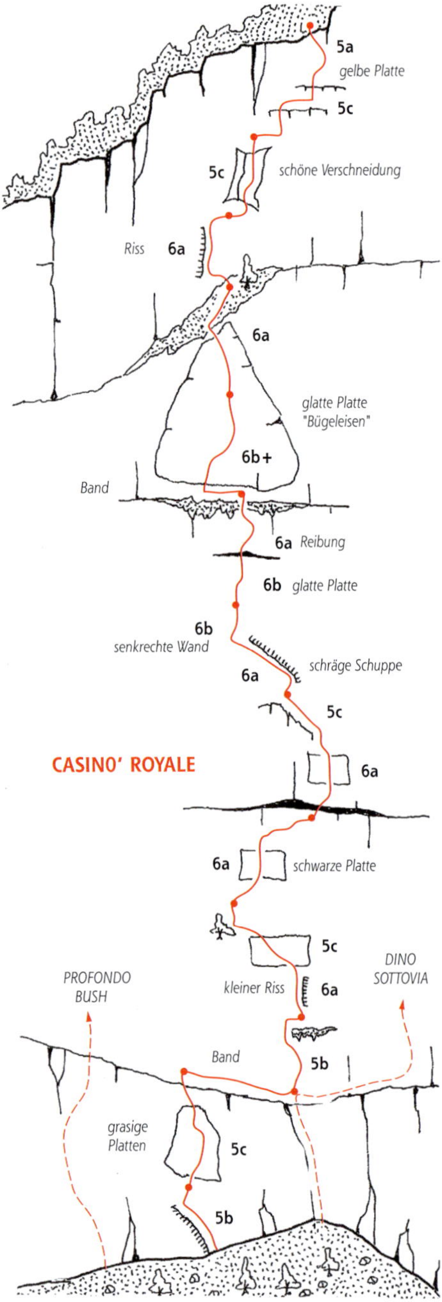

14 DINO SOTTOVIA ★★★★★

C. Paris, M. Pegoretti, E. Degasperi 1981
300 m. (10SL)
V+, VI, A0/R3/II

Die schöne, logische und elegante Route ist wegen der herrlichen Kletterei in festem Fels und mit guter Absicherung sehr empfehlenswert. Die Platte in der 4. SL wurde von den Erstbegehern ohne Absicherung durch Bohrhaken erstiegen. Nach dem großen Band in der Wandmitte folgt die Originalroute einem brüchigen, abweisenden Kamin. Dieser Ausstieg wird aber wegen seiner Gefährlichkeit schon lange nicht mehr begangen. Wenn man das Band erreicht hat, quert man nach rechts und seilt über 'La luna e i falò' ab. Die erste Abseilstelle ist auf einem Band, kurz bevor man die große Verschneidung/Rinne erreicht.

Zustieg: ein grasiger Vorbau mit Felsblöcken schließt den Wandfuß des „Scudo" auf seiner linken Seite ab. Etwas links einer bugförmigen Verschneidung ist der Einstieg. Nach ca. 60 m erreicht man einen Baum mit Schlingen. Rechts davon sieht man Haken, die in einem schmalen Riss stecken.

14a VARIANTE ZENGIO ★★★★

M. Giordani, F. Zenatti 1984
240 m. (5SL)
V+

Nach dem schönen Riss in der Platte der 3. SL quert man nicht rechts, sondern steigt gerade hoch in einen plattigen Bereich mit Rissen und seichten Verschneidungen. Diese Variante verbindet sich auf dem Band wider mit der Originalroute.

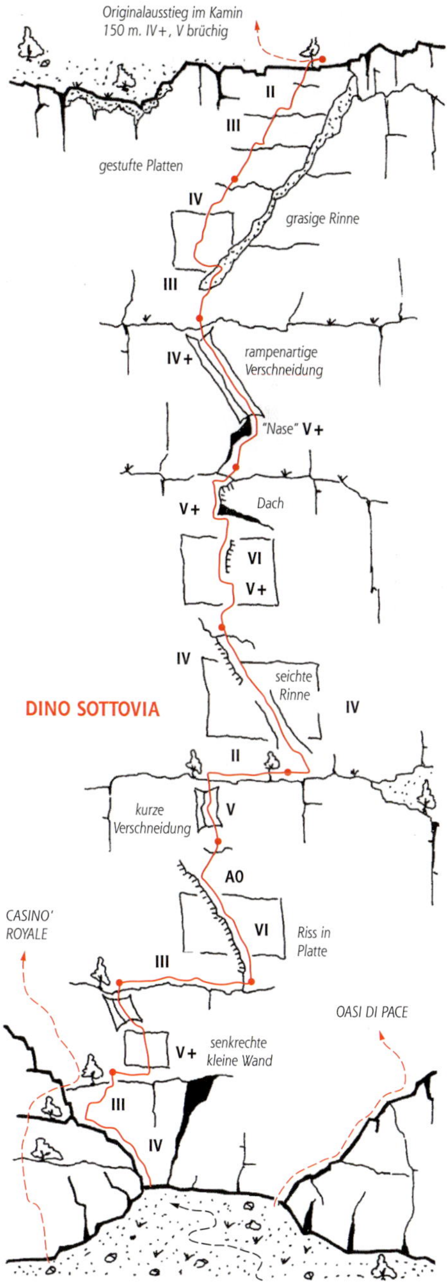

15 BELLA CIAO★★★★

R. Galvagni, D. Filippi 2008
280 m. (10SL)
6a, 6b, eine Stelle 6c (6b obl.)/S2/II

Zwischen "Sole Nascente" und "Ummagumma" blieb noch Platz für diese außergewöhnliche Route, die mit bester, feinstrukturierter Felsqualität aufwartet. Auf den Reibungsplatten sind gutes Gleichgewichtsvermögen und Bewegungstechnik gefragt: wer diese Voraussetzungen hat, wird vor allem in der zweiten und dritten Seillänge viel Spaß haben. Die Absicherung mit Bohrhaken ist sehr gut, aber die Abstände eher weit. In dieser Route sind also viele obligatorische Passagen zu finden.

Einstieg: links von "Ummagumma"; die ersten Bohrhaken sind leicht zu erkennen.

Abstieg: Abseilen über die Route, der 7. Abseilstand liegt außerhalb der Aufstiegslinie. Nach dem 6. Mal Abseilen also nicht diagonal nach links, sondern direkt nach unten. Am Band befindet sich der nächste Abseilstand.

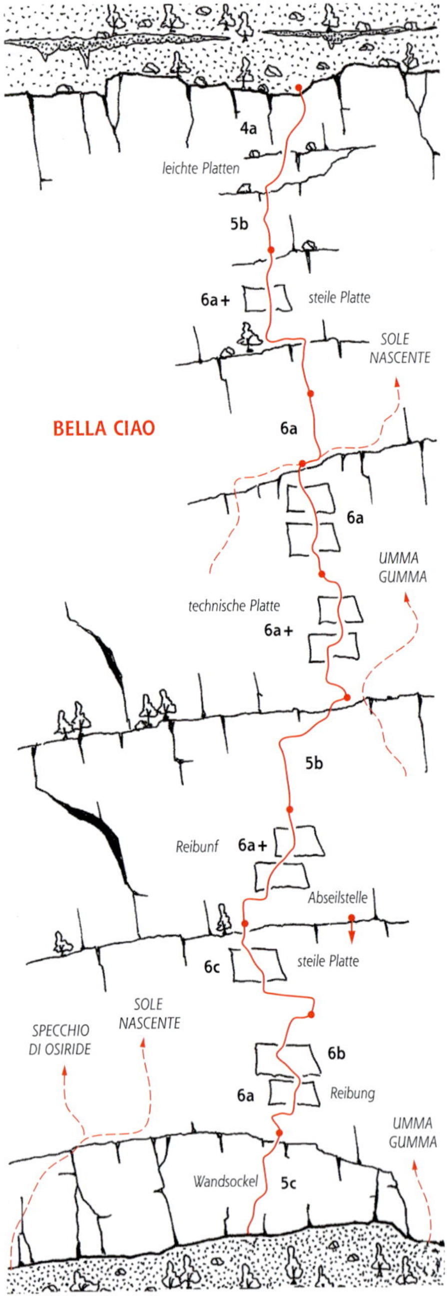

16 UMMAGUMMA★★★★

G. Dalfovo, A. Conz 1996

280 m. (7SL)

7a (6a obl.)/S2/II

Schöne Sportkletterroute in perfektem Fels, durchgängig gut abgesichert, auch wenn in einigen wenigen Passagen die Bohrhaken etwas weit auseinander liegen. Die 7a-Stelle in der 2. Seillänge ist nicht obligatorisch.

Zustieg: am Wandfuß lehnt ein breiter, ca. 50 m hoher Sockel. Einstieg rechts davon über einen schrofigen kleinen Pfeiler.

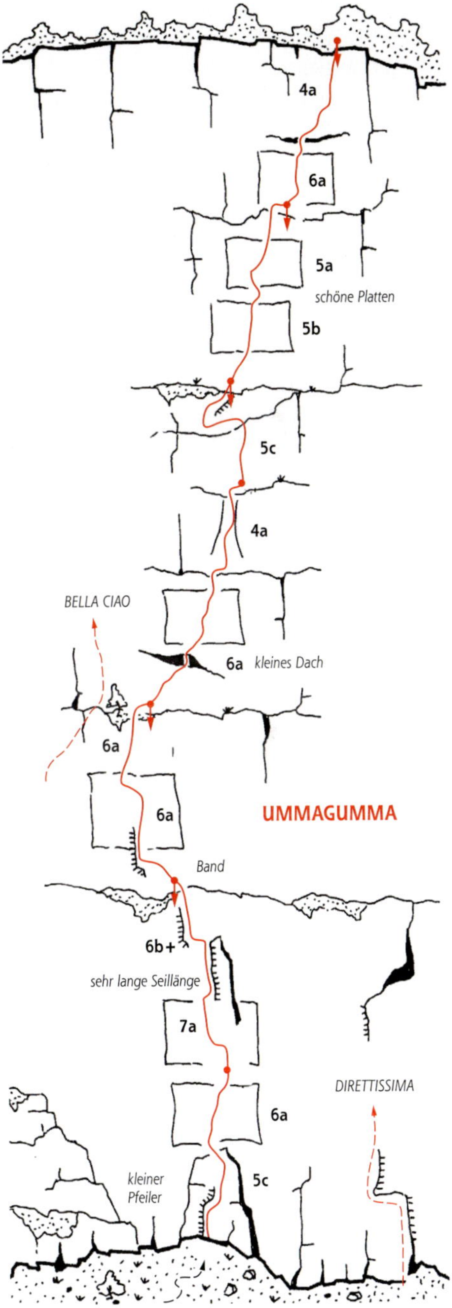

17 DIRETTISSIMA★★★★★

M. Giordani, F. Zenatti 1982
300 m. (11SL)
VI+, VII, A1/R3/II

Äußerst lohnende Route, traditionell abgesichert, die durch die gesamte Plattenflucht führt und große Schwierigkeiten aufweist. Die Crux in der 3. SL ist eine Platte mit schwierigster Reibungskletterei, eventuell kann diese Stelle auch mit Hilfe eines Cliffs bewältigt werden. Diese Passage ist die schönste und schwierigste in der ganzen Route und ich wünsche mir, dass niemand mit einem Bohrer in der Hand dies verändert.

Abstieg durch Abseilen an einem Baum zum ersten Abseilstand von 'Nuvole bianche'.

Zustieg: wie bei 'Ummagumma'. Gleich rechts des breiten Sockels Einstieg bei einem grasigen kleinen Riss, in Falllinie eines kleinen, nasenförmigen Daches.

17a VARIANTE ORIGINALE★★★★★

M. Giordani, F. Zenatti 1982
100 m. (3SL)
VI+

Nach der 7. SL stiegen die Erstbegeher direkt in die sehr schwierigen Platten rechterhand ein. Schwierige Kletterei mit weiter Absicherung.

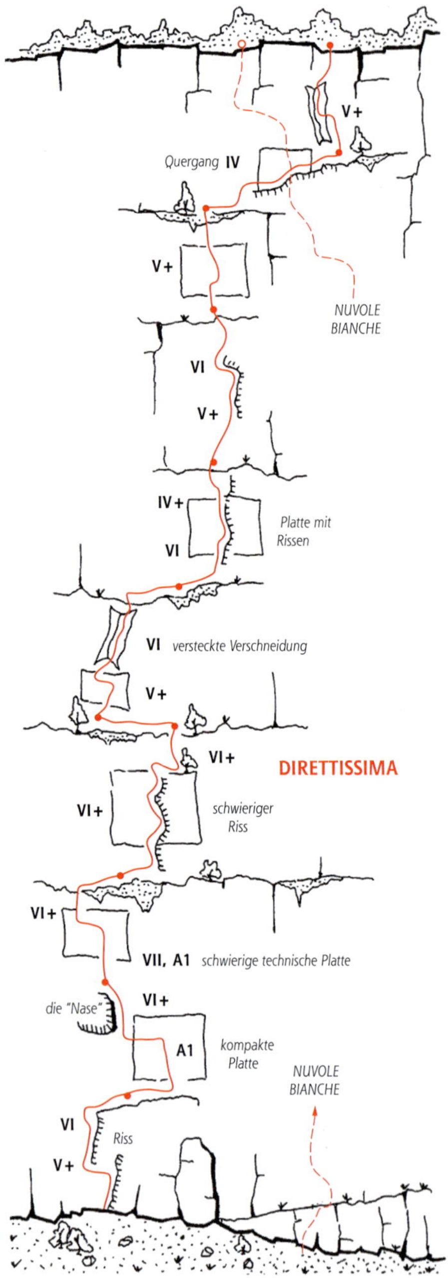

12
12
14a
12
9
14
2
1
2
3
15
16
17
B
18
19
20
21
22
23
4
5
24
6
12

18 NUVOLE BIANCHE ★★★★★

S. Bazzanella, D. Filippi, G. Francomanno 1994
300 m. (10SL)
6c (5c obl.)/S2/II

Dies war die erste Sportkletterroute in diesem Sektor und sie ist deshalb vielleicht auch die schönste. Die ersten Seillängen führen über die schwachen Stellen der steilen Anfangsplatten, der Fels ist fest und kompakt und die Absicherung gut. Die Route wurde vor kurzem komplett mit 10mm-Bohrhaken saniert.

Einstieg: kleines Schild mit Routenname.

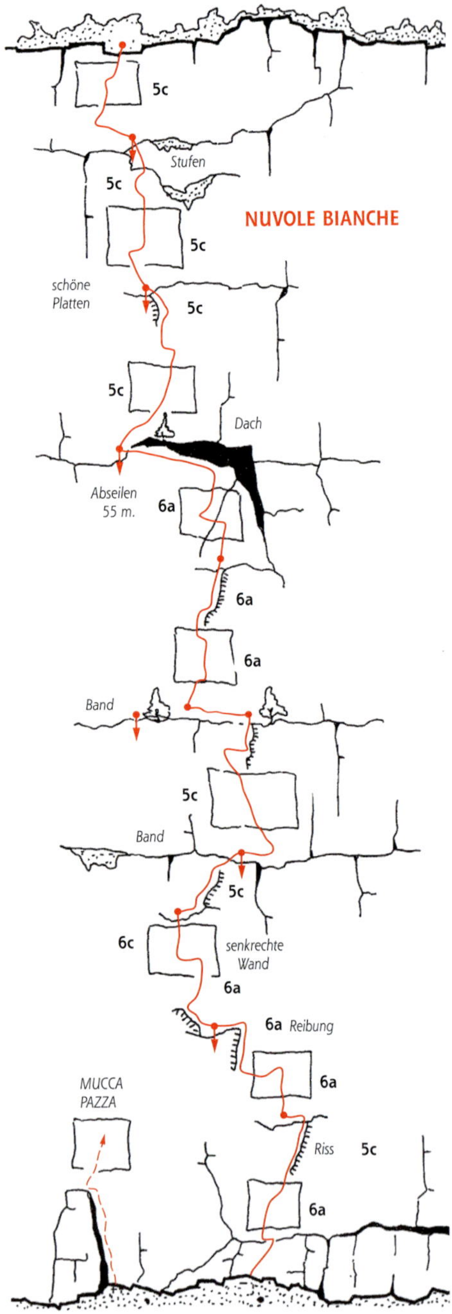

19 TRANSEAMUS★★★★★

R. Galvagni, M. Maceri 2001
280 m. (9SL)
6a, 6b (6a obl.)/S2/II

Eine der schönsten und interessantesten Sportkletterrouten in diesem Sektor mit anhaltend schwieriger, aber schöner und lohnender Kletterei. Die Platte in der 2. SL ist mit Eleganz und Technik zu überwinden. Fels und Absicherung sind durchwegs sehr gut, man seilt über die Routen ab.

Einstieg: zwischen 'Nuvole bianche' und 'Sesto Grado', ein blauer Haken weit oben weist den Weg.

20 SESTO GRADO★★★★★

W. Schonauer, H. Long, K. Zehedner 1994
300 m. (7SL)
V+, VI/S4/II

Außergewöhnliche Linie über kompakte, glatte Platten mit fantastischem Gestein. Aber leider sind die Hakenabstände ziemlich groß. Trotz der recht gemäßigten klettertechnischen Schwierigkeit sind hier gute Nerven und viel Selbstvertrauen bei den langen, nicht mobil absicherbaren Passagen gefragt. Wer über diese Voraussetzungen verfügt, findet hier eine definitiv empfehlenswerte und lohnende Route vor. Die zweiten Seillänge bietet herrliche Quergänge, in der vorletzten Länge benötigt man Mut und Entschlossenheit. Die Schwierigkeiten sind zwar nicht hoch, aber der nächste Haken ist oft nicht zu sehen...

Einstieg: ca. 30 Meter rechts von "Nuvole Bianche" Eine etwa 10 Meter hohe Platte führt zu einem schrägen Band, etwas höher davon ist ein oranger Bohrhaken zu sehen. Kleines Schild mit Routenname am Einstieg. **Abstieg:** Abseilen über die Route (sanierte Standbohrhaken).

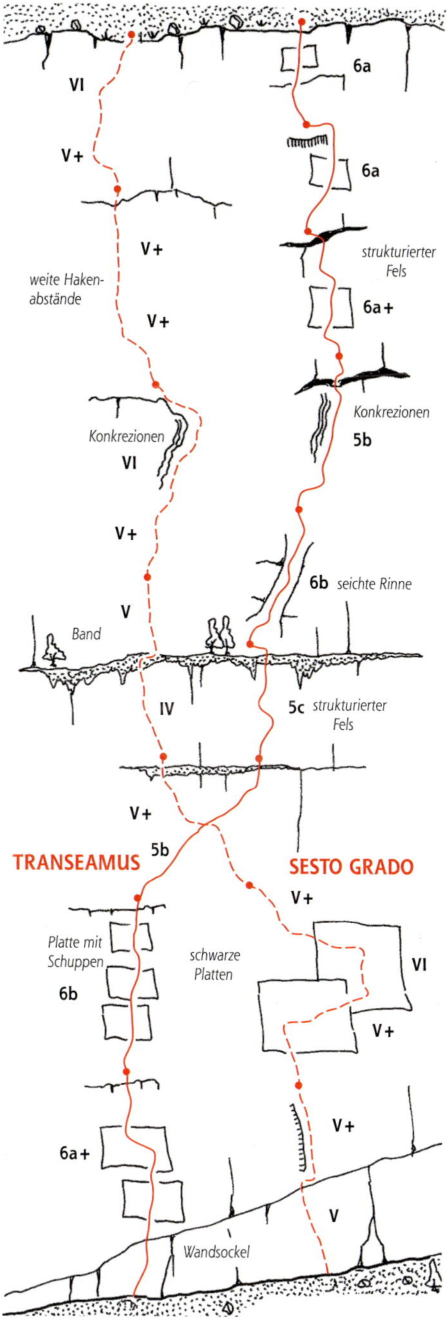

21 MARIPOSA LIBRE ★★★★

R. Galvagni, D. Filippi 2007
280 m. (8SL)
5c, 6a, Stellen 6b (6a obl.)/S3/II

Schöne Plattenkletterei in fantastischem Fels und sehr empfehlenswert. Die Linie führt zwischen "Transeamus" und "Destinazione Paradiso" nach oben, charakteristisch sind die gemäßigten Schwierigkeiten und die weiten Hakenabstände. In der ganzen Route stecken zwar Bolts, aber eine zusätzliche mobile Absicherung ist nicht möglich. Dennoch kann man beruhigt klettern, denn die sehr gute Felsqualität erlaubt genussvolles Steigen. Die mittleren Seillängen lassen sich durchaus als fantastisch bezeichnen. Abstieg durch Abseilen über die Route.

Einstieg: rechts von "Sesto Grado", kleines Schild mit Routenname.

22 AMICI DEL SOTTOBOSCO ★★★★

R. Galvagni, D. Filippi 2010
280 m. (9SL)
5c, 6a (5c obl.)/S2/II

Man könnte diese Route fast als "Zwillingsschwester" der "Mariposa Libre" bezeichnen, nicht unwichtig ist aber, dass in der "Amici" die Hakenabstände geringer sind. Ansonsten trifft hier die gleiche Routencharakteristik zu: herrliche, technisch anspruchsvolle Reibungskletterei über sehr kompakte graue Platten. Die letzten drei Seillängen sind absolut herausragend. Bestens mit Bohrhaken abgesicherte Route, es werden nur Expressschlingen benötigt. Abstieg durch Abseilen über die Route.

Einstieg: rechts von "Mariposa Libre", kleines Schild mit Routenname.

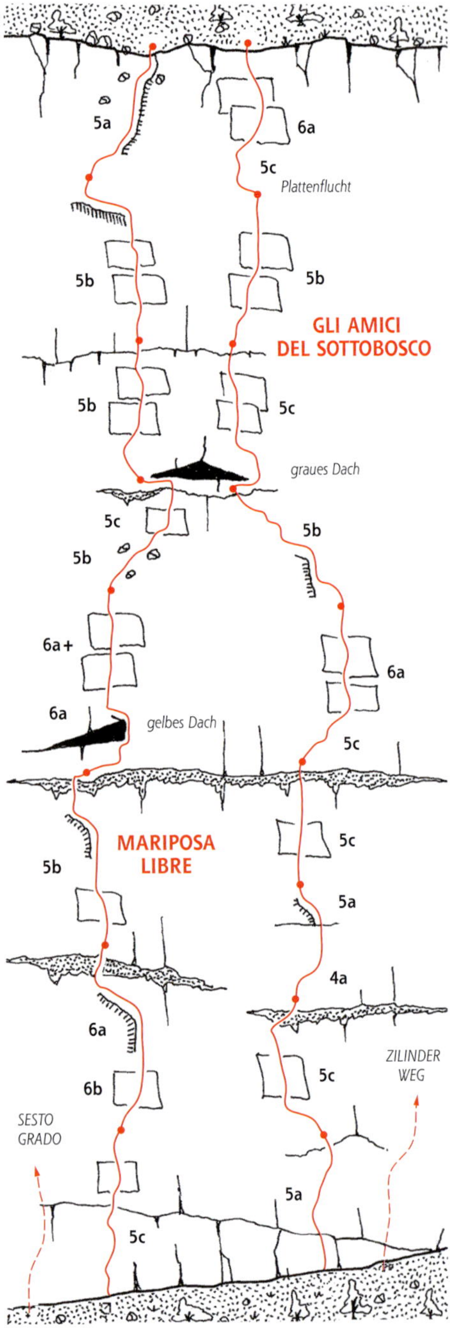

23 ZILINDER WEG ★★★★★

L. Reiser, H. Enthofer 1981
280 m. (8SL)
V+, VI/R3/II

Schöne Route im klassischen Alpinstil. Die Linie ist zwar logisch, aber schwierig nachvollziehbar. Lohnend und befriedigend bei dieser Route ist deshalb vor allem das Auffinden der Schwachstellen der Wand. Während der ersten Wiederholungen wurden in der Schlüsselseillänge Bohrhaken gesetzt und damit der Charakter dieses kleinen alpinistischen Meisterwerks zerstört.

Abstieg: vom letzten Stand nach rechts zur Kette von 'La luna e i falò' queren.

Einstieg: etwa 50 m links der großen Verschneidung/Rinne lehnt am Wandfuß ein kleiner Vorbau, der auf seiner linken Seite eine breite, geradlinige Verschneidung aufweist. Ein schmaler Riss führt zu dieser hin. "Z.W" am Einstieg angeschrieben.

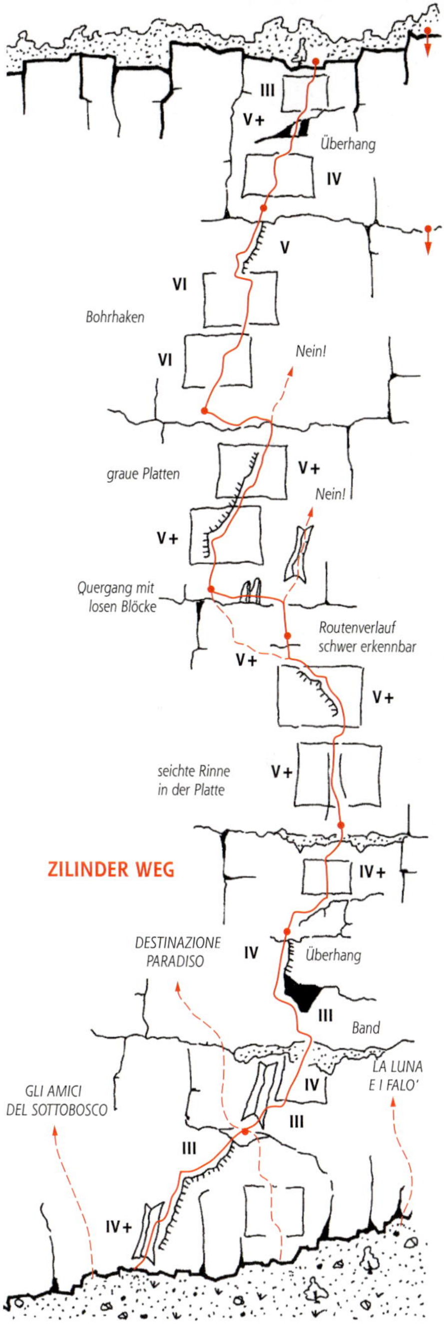

24 VIA DELLA MEZZA LUNA★★★★★

D. Filippi 1993
250 m. (7SL)
VI+, A2/R3/II

Die klassische alpine Route führt direkt zum halbmondförmigen Überhang in der Wandmitte, wenige Meter von der großen Verschneidung/Rinne entfernt. Diesen Überhang erklettert man technisch, während alle anderen Passagen meist schwierige Reibungskletterei aufweisen. Insgesamt eine zwar kurze, aber lohnende Route.

Abstieg: vom letzten Stand nach links zur Kette von 'La luna e i falò' queren.

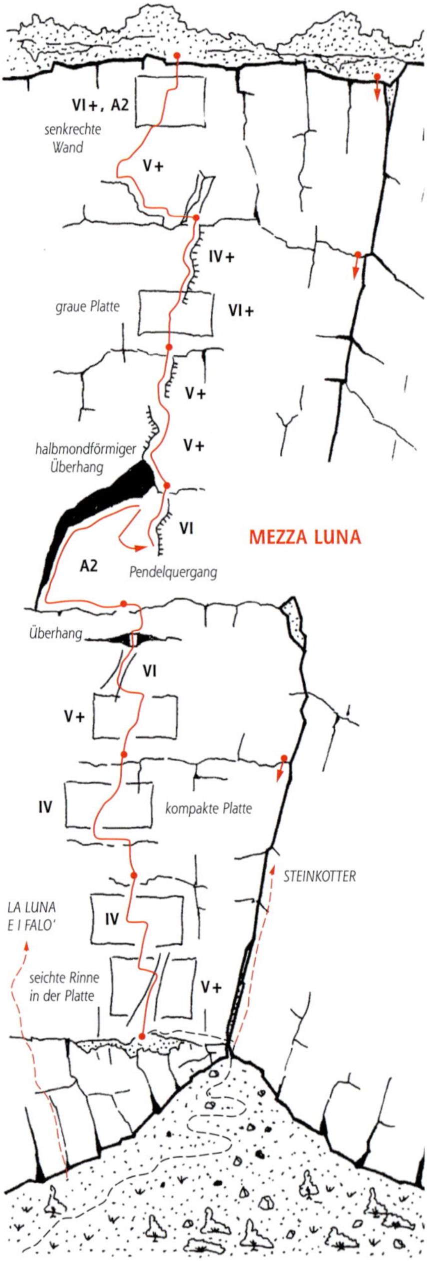

Weitere Routen:

A - VIA DEL VENTO: I. Rabanser und S. Comploi 1987. Traditionell abgesicherte Route, jetzt überlagert von der Sportkletterroute 'Sesto Grado' und deshalb nicht mehr vorhanden. 250m. VI+.

Luca Galbiati, *Diedro Martini (sassbaloss.com)* →

23 Südwand

Cima alle Coste

0.40 h

2.00 h

700 m.

S

Diese hohe, senkrechte und abweisende Wand bleibt ausschließlich den Abenteuer suchenden Alpinisten vorbehalten. Die einzige Schwachstelle im oberen Bereich erkannte die Seilschaft Steinkotter-Holzner-Messner, die 1966 als erste hier zugange war. In der brüchigen Wand verlaufen zwei der schwierigsten und meist gefürchteten Routen des Sarcatals: die 'Via Rinascita' und die 'Via Sodoma e Gomorrah'.
Rechts der vorherigen Routen bietet die Via Pispistrei den leichtesten, aber einen durchwegs anspruchsvollen und immer gut abgesicherten Weg durch die Südwand

Zustieg

Man parkt kurz vor der Schranke an der Forststraße zum Lago Bagattoli (oder besser: bei der Tankstelle an der Hauptstraße, aber vorher um Erlaubnis fragen!). Auf der Forststraße dann weiter bis zur 2. Kehre und dann links. Nach einem Steilstück zweigen rechts Pfadspuren ab, hier mühsam bergauf bis zu einer breiten Felsflanke. Über Bänder quert man diese und erreicht dann den Wandfuß.

Abstieg

Man quert den Wald in Richtung Westen und trifft dann auf einen ebenen Wanderweg, der in Richtung Süden bis zu einem Grenzstein führt. Auf einer Forststraße dann 600 m in Richtung Südwesten bis zu einer Wegkreuzung auf einem Geländerücken. Hier links auf dem Wanderweg 425 bergab weiter in Richtung Dro bzw. ins Tal.

25 VIA STEINKOTTER	**700 m.**
26 VIA DELLA RINASCITA	**650 m.**
27 SODOMA E GOMORRAH	**650 m.**
28 PIPISTREI	**650 m.**

7
5
25
26a
28
29
25
6
26
27
5

25 VIA STEINKOTTER ★

H. Steinkotter, H. Holzer, R. Messner 1966
700 m. (20SL)
V+/R3/IV

Entdeckerroute mit großer historischer Bedeutung. Dies war die erste Route in dieser Wand, sie folgt deshalb logischerweise den schwächsten Stellen. Nach der langen, großen Verschneidung/Rinne führt sie schräg nach rechts zu einer brüchigen, baumbestandenen Rampe. Über diese Rampe erreicht man den Ostgrat und quert auf einem Band in die Nordseite. Über brüchige Felsen erreicht man schließlich den Wald auf dem Gipfelplateau. Aus klettertechnischer Sicht hat die Route wenig Bedeutung, Haken sind praktisch kaum zu finden.

Einstieg: durch die große Verschneidung/Rinne aufwärts.

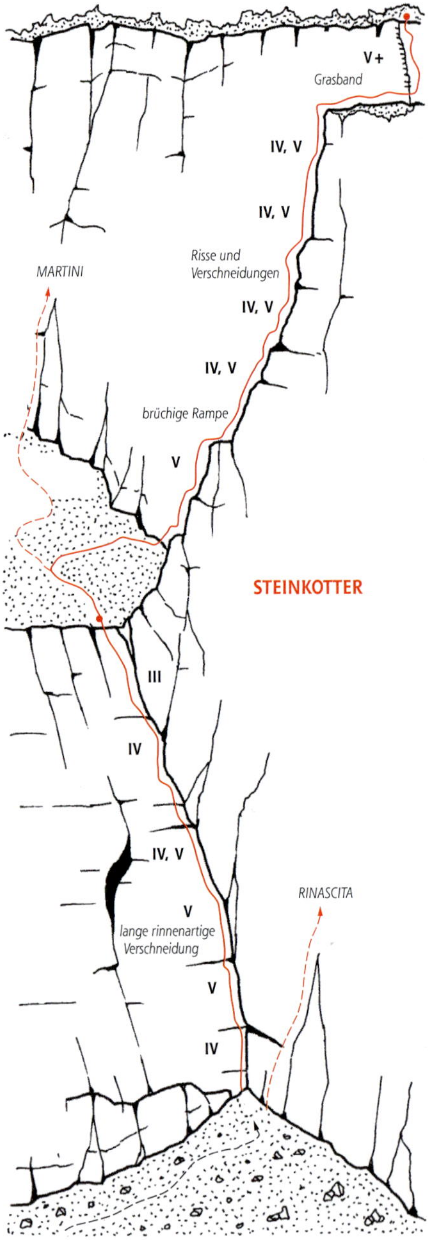

26 VIA DELLA RINASCITA★★★★

M. Giordani, F. Zenatti 1983
650 m. (16SL)
VI+/R4/IV

Eine der schwierigsten, ernsthaftesten und gefährlichsten Anstiege im Sarcatal. In der Mitte der Wand teilt eine senkrechte und deutliche Verschneidung zwei gelbe Dächer voneinander ab. Hierher führt diese Linie, und geht dann in Richtung des großen, waagrechten Daches an der Ostkante. Das Dach umgeht man links und steigt dann direkt hoch zum Gipfel. In der Route wechseln geneigte Platten mit überhängenden Rissen, brüchige Passagen mit unglaublich kompakten Stellen, die kaum abgesichert werden können. Nur erfahrene Alpinisten sollten deshalb hier einsteigen, zumal die bestehende Absicherung auch noch sehr heikel ist.

Einstieg: bei der großen Verschneidung/Rinne über Bänder und Stufen in Richtung Wandmitte, direkt unterhalb eines senkrechten Wandbereiches.

26a VARIANTE DEI 5

M. Giordani, F. Zenatti 1983
100 m. (3SL)
V, VI+

Einstiegsvariante zu 'Rinascita'. In der Mitte der großen Verschneidung/Rinne in Richtung der 'Via Rinascita' und der Verschneidung, die die beiden gelben Dächer voneinander trennt.

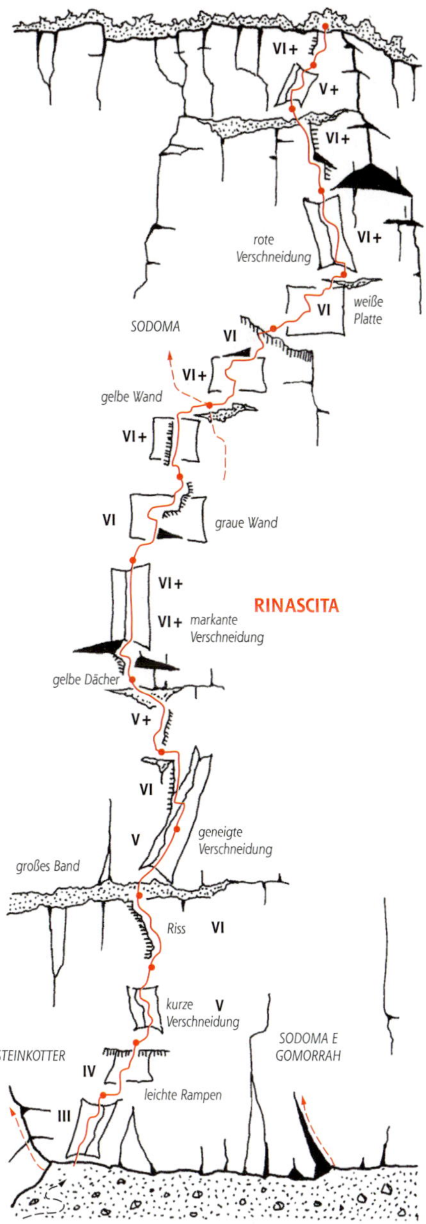

27 SODOMA E GOMORRAH ★★

L. Reiser, R. Sulzenbacher 1982
650 m. (16SL)
VI+,VII/R4/IV

Die Route verläuft parallel zu 'Rinascita' und weist deshalb ähnliche Merkmale auf. Unterhalb des Daches am Ostgrat folgt die Route einem Riss- und Verschneidungssystem. Äußerst schwierige Kletterei in meist brüchigem Fels mit sehr heikler Absicherung.

Einstieg: in Falllinie des großen Daches am Ostgrat, über eine leichte Rampe rechts einer deutlichen Kante.

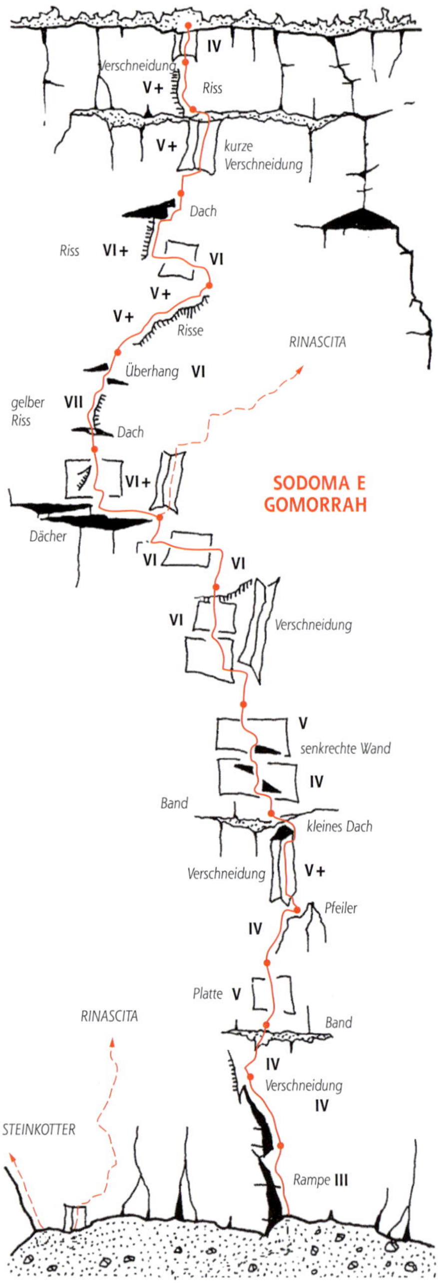

28 PIPISTREI ★★★

A. Toni Zanetti, F. Sartori, G. Bonvecchio 2011
650 m. (15SL)
VI+, VII, Stellen A0/S2/III

Von der Cima alle Coste kennt man meist nur den Bereich des "Scudo", des riesigen Felsschilds. Die Südwand, die an der rechten Seite fast rechtwinklig zu ihm steht, ist dagegen deutlich abweisende, sie wirkt fast mysteriös. Obgleich von der Sonne verwöhnt, haben die beiden Routen, die durch die Wand ziehen, keinen guten Ruf: die Felsqualität ist gerade mal ausreichend und Haken stecken fast gar keine. Dies trifft auf die Via Pipistrei aber nicht zu, wegen der guten Absicherung mit Bohrhaken kann man diese Route im ganz rechten Bereich der Wand ohne große Sorgen angehen. Die Linie zielt auf das große dreieckförmige Dach an der Kante, viele Passagen sind zwar etwas brüchig, können aber immer recht gut eingeschätzt und zusätzlich mobil abgesichert werden. Alles in allem also bleibt die Route trotz der Bohrhaken also eine durchaus alpine Unternehmung (Routenbeschreibung von M. Loss).

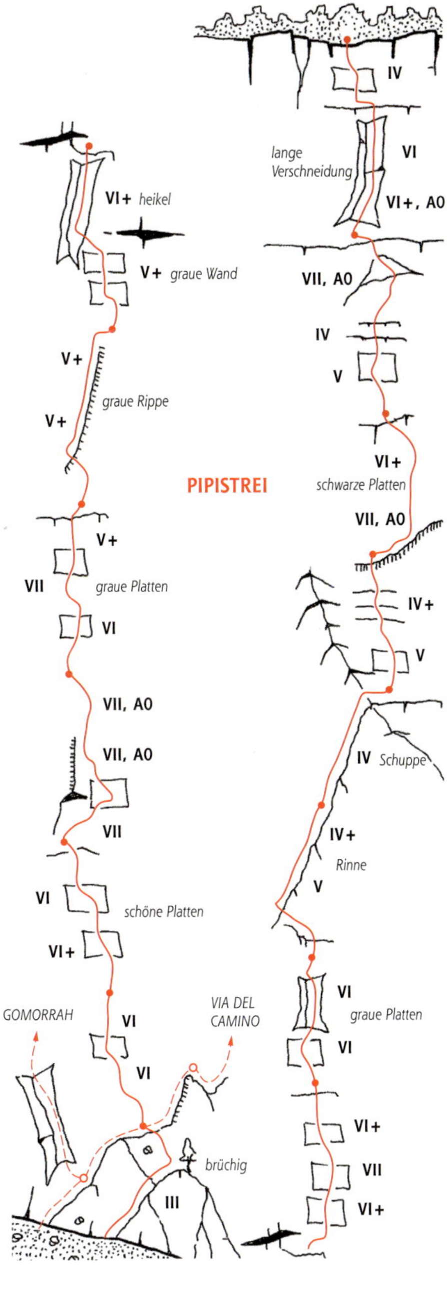

24 Guglia Solidarnosc

Cima alle Coste

0.45 h

1.00 h

400 m.

0

Am Fuße des Ostgrats der Cima alle Coste steht eine schöne, schlanke Felsnadel, die von G. Stenghel den Namen "Guglia Solidarnosc" erhielt. In Richtung Süden zeigt sie sich als nicht sehr hohe Wand mit brüchigem Gestein, dort verläuft auch der Normalweg entlang eines tiefen Kamins. In Richtung Osten fällt dagegen eine über 300 Meter hohe, senkrechten und kompakte Wand ab: auch hier verlaufen einige interessante Sportkletterrouten.

Zustieg

Man parkt kurz vor der Schranke an der Forststraße zum Lago Bagattoli (oder besser: bei der Tankstelle an der Hauptstraße, aber vorher um Erlaubnis fragen!). Auf der Forststraße dann weiter bis zur 2. Kehre und dann links. Nach einem Flachstück zweigt bei einem großen Felsblock mit der Aufschrift "Antiscudo" rechts ein Pfad ab, führt in den Wald und zum Wandfuß (Sektor Antiscudo). Jetzt rechtshaltend bergauf am Wandfuß entlang und bis zu den verschiedenen Einstiegen.

Abstieg

Vom Gipfel rechtshaltend (Richtung Norden) aufsteigen und über leichten, brüchigen Fels zu einem Wäldchen. Durch dieses dann steil bergab, immer (und besser angeseilt) an der Südwand entlang bis zur ersten Abseilstelle, die hinter einer Kante versteckt liegt. Von hier 3 Mal (15m, 55m, 55m) an gut eingerichteten Abseilständen bis zum Wandfuß abseilen.

29 VIA DEL CAMINO	**200 m.**
30 VIA DEI TIPOGRAFI	**200 m.**
31 TINTO BRASS	**400 m.**
32 BUON NATALE 2008	**350 m.**
33 MARINA	**250 m.**

29
29
29a
31
32
33
29a
50
31
32

29 VIA DEL CAMINO★★

Erstbegeher unbekannt
200 m. (5SL)
IV, V+/R3/I

Wie schon der Name ("Kaminroute") sagt, bietet diese Linie eine kurze, klassische Aufstiegsmöglichkeit durch einen eigentlich wunderschönen Kamin auf den Gipfel. Leider ist die Felsqualität sehr mäßig: viel brüchiger Fels macht die Route ziemlich unsicher und teilweise nicht ungefährlich. Mit den ersten Seillängen über leichte und grasbedeckte Stufen erreicht man den tiefen Kamin, der dann mit zwei Seillängen bis zum Gipfel führt. Alle Standplätze sind eingebohrt oder befinden sich an Bäumen. Zusammen mit dem spektakulären Abstieg durch Abseilen bietet die Route jedoch ein unvergessliches Erlebnis, das in alpiner klettertechnischer Hinsicht für das Sarcatal typisch ist.

Einstieg: anders als bei allen anderen Routen der Guglia liegt der Einstieg gleich rechts von der großen Südwand der Cima alle Coste (s.a. Einstiege dort). Man folgt zunächst einer grasigen und leichten Rinne, die zum markanten Kamin führt.

29a VARIANTE DEL PASCOLO★

D. Filippi, D. Pinamonti 2010
200 m. (7SL)
V+, VI/R3/II

Eigentlich wegen der Felsqualität eine wenig attraktive, aber schwierige Variante, die aber eine interessante Alternative bis zum Einstieg des Normalwegs bietet. Sie startet direkt am Wandfuß der Ostwand der Felsnadel. Hierdurch wird der Normalweg deutlich länger und anspruchsvoller, bleibt insgesamt gesehen aber homogen hinsichtlich Schwierigkeit und Felsqualität.

Einstieg: in der Mitte des Wandfußes der Ostwand steigt man zunächst über eine grasige Platte und ein horizontales Band höher. Routenname angeschrieben, Schlinge an Baum.

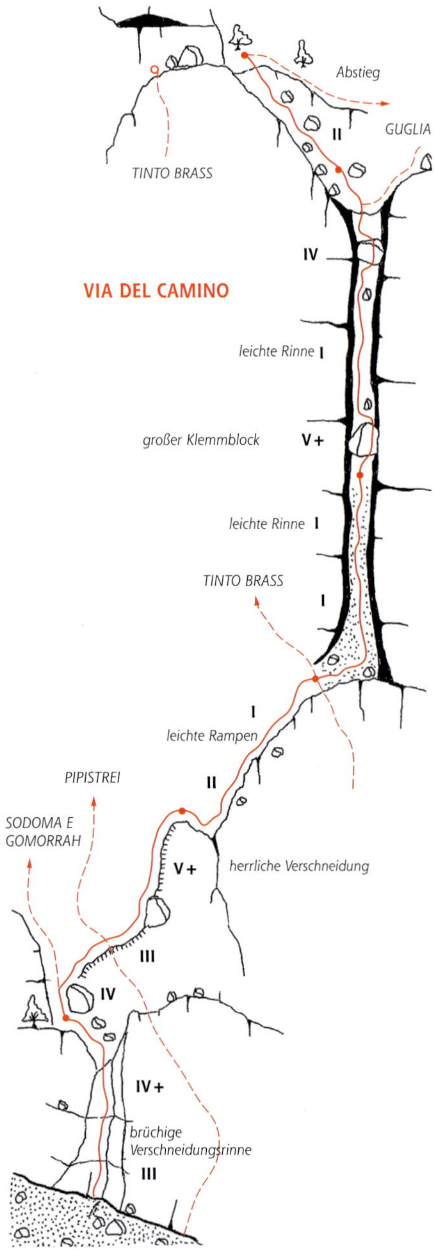

30 VIA DEI TIPOGRAFI ★★★

A. Andreotti, D. Zenatti, G. Stenghel 1980
200 m. (5SL)
V+, VI/R3/II

Die Linie führt über die schmale, senkrechte Kante an der Südostseite der Guglia. Kurze und schwierige Kletterei über brüchigen Fels und Risse, vermutlich gar nicht oder kaum wiederholt.

Einstieg: wie beim Normalweg zuerst über brüchigen Fels höher. Am Beginn des großen Kamins dann weiter über die Kante rechts.

31 TINTO BRASS ★★★

R. Galvagni, M. Maceri 2007
400 m. (12SL)
5a, 6a, eine Stelle 6b (6a obl.)/S2/II

Eine schöne und originelle Route mit logischer und eleganter Linienführung entlang von Rissen, Kaminen und Verschneidungen. Die ersten Seillängen führen über kompakte, schöne Platten, danach folgt ein klassisch alpiner Abschnitt mit brüchigem und teils gefährlichem Fels. Hier ist der Routenverlauf auch nicht ganz einfach zu finden. Die drei letzten Seillängen entschädigen dafür aber ganz sicher - in herrlicher Kletterei führen sie über den Pfeiler namens Pilastro Tinto. Auch wenn die klettertechnischen Schwierigkeiten eher gemäßigt sind, sollte diese mit Bohrhaken abgesicherte Route nicht unterschätzt werden: viele Passagen fordern Erfahrung in alpinem Gelände. **Abstieg:** vom letzten Stand quert man nach rechts und steigt soweit es geht in einem steilen Waldstück ab. An seinem Ende befindet sich auf einem ausgesetzten Band die erste Abseilstelle (drei Mal bis zum Wandfuß abseilen).

Einstieg: an der Talseite der Felsnadel erkennt man eine schöne, senkrechte Wand. Am Fuß dieser Wand, auf der rechten Seite einer großen, grauen Platte, führt ein Riss nach oben. Routenname angeschrieben.

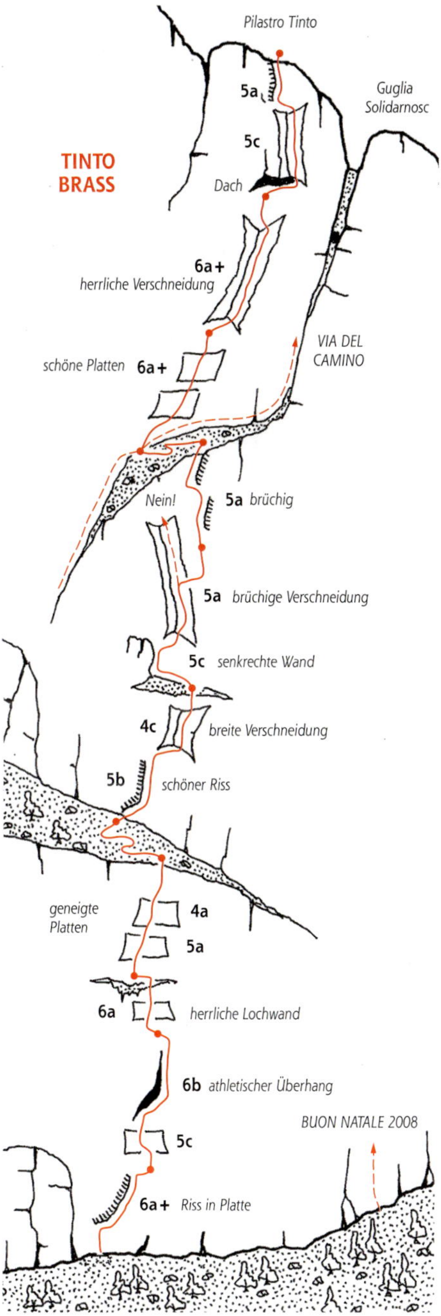

32 BUON NATALE 2008★★★

I. Feller, C. Masera 2008
350 m. (12SL)
6b, 7a (6b obl.)/S2/II

Die herrliche Linie führt über die Ostwand der Felsnadel, meist über kompakte, senkrechte und graue Platten. Die Felsqualität lässt sich im Allgemeinen als gut bezeichnen, in den ersten drei Seillängen sogar als fantastisch. Nur wenige Passagen erfordern erhöhte Aufmerksamkeit. In der Route stecken sichere Bohrhaken, in den leichteren Seillängen sind sie manchmal auch etwas weiter voneinander entfernt.

Einstieg: kurz nach "Via Tinto Brass", Routenname angeschrieben.

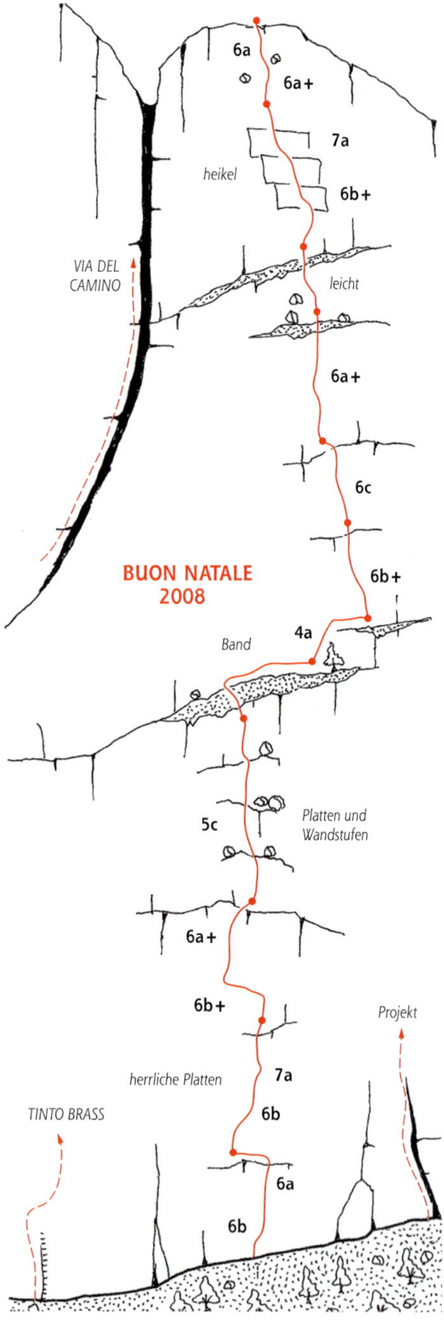

33 MARINA★★★

G. Stenghel, A. Baldessari 1981
250 m. (6SL)
IV, V+, eine Stelle VII/R3/II

Absolut alpine, lohnende Route mit meist recht guter Felsqualität, aber wenigen Haken. In den ersten Seillängen stört die Vegetation etwas, die Passage mit dem überhängenden Riss ist sehr anstrengend und athletisch. Die Linie zieht durch den rechten der beiden Risse, die in der Nordseite der rundlichen Kante zu sehen sind.

Einstieg: vom Sektor Antiscudo aus am Wandfuß entlang nach rechts bis zu ein paar Grasterrassen, die in Falllinie einer grau-gelben Verschneidung liegen. Den Wandsockel ersteigt man über ein System von mit Bäumen bestandenen Bändern. Routenname angeschrieben.

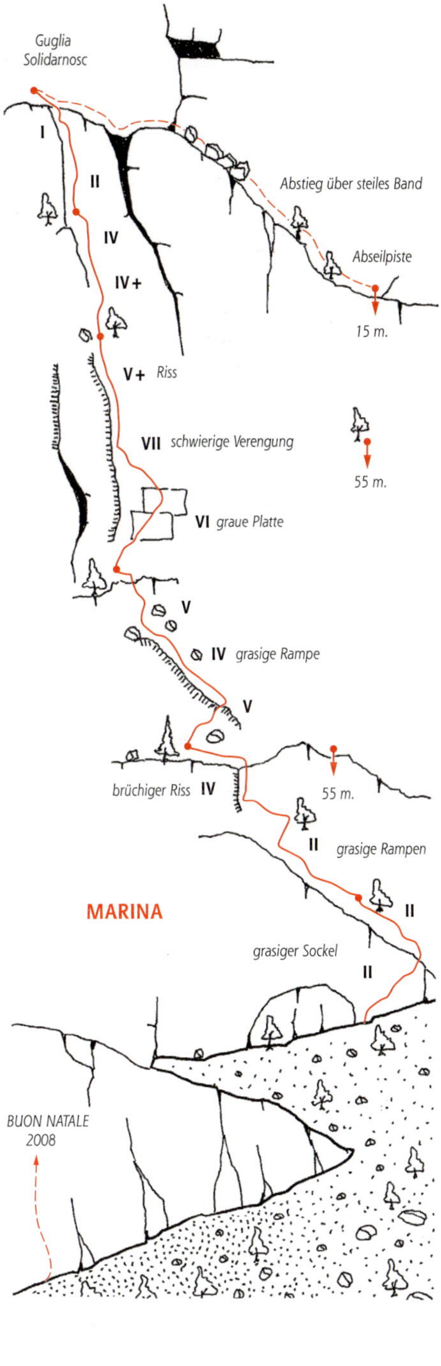

25 L'Antiscudo

Cima alle Coste

0.30 h

0.40 h

130 m.

0

Als "Antiscudo" wird der kaum erkennbare, aber doch charakteristische Felsriegel bezeichnet, der beim Zustieg zur Cima alle Coste umgangen werden muss. Durch die kompakten, grauen Platten verlaufen einige schöne, lohnende Routen, die von R. Galvagni und M. Maceri entdeckt und erschlossen wurden. Wegen der Ausrichtung bietet sich diese Wand für die späten Herbst- und die sonnigen Wintertage an. Es ist klar, dass hier Reibungskletterei vorherrscht, aber ein paar Riss- und Verschneidungspassagen sind ebenfalls zu finden. Die Absicherung mit Bohrhaken ist meist sehr gut und mehr als ausreichend.

Zustieg
Man parkt kurz vor der Schranke an der Forststraße zum Lago Bagattoli . Auf der Forststraße dann weiter bis zur 2. Kehre und dann links. Nach einem Flachstück zweigt bei einem großen Felsblock mit der Aufschrift "Antiscudo" rechts ein Pfad ab, führt in den Wald und zum Wandfuß.

Abstieg
Normalerweise über die Routen abseilen. Alternativ auch zu Fuß: man folgt linkshaltend am Rand der Wand einer Pfadspur bis zu Steinmännchen, hier dann steil in der Rinne bergab (Fixseile) und relativ schnell bis zum Wandfuß.

34 OTRA VEZ	**80 m.**
35 AGUAS DE MARZO	**120 m.**
36 TEMPESTA ORMONALE	**120 m.**
37 DIEDRO BEPI FLOR	**120 m.**
38 L'INVERNO DEI MOICANI	**90 m.**
39 PROGETTO DHARMA	**120 m.**
40 OVER THE RAINBOW	**120 m.**
41 INVISIBILE TOUCH	**120 m.**
42 JEAN JEAN	**120 m.**
43 BARBIE GIRL	**120 m.**
44 PREMIATA FORNERIA	**120 m.**
45 FONDAZIONE LEBOWSKI	**120 m.**
46 POPOLARE NETWORK	**120 m.**
47 CANE CICO	**120 m.**
48 LO STAFFODROMO	**130 m.**
49 SHANGAI	**120 m.**
50 CARLO MAGNO	**120 m.**

48
47
45
46
46
45
44
43
42
41
40
39
38
37
36
35
34

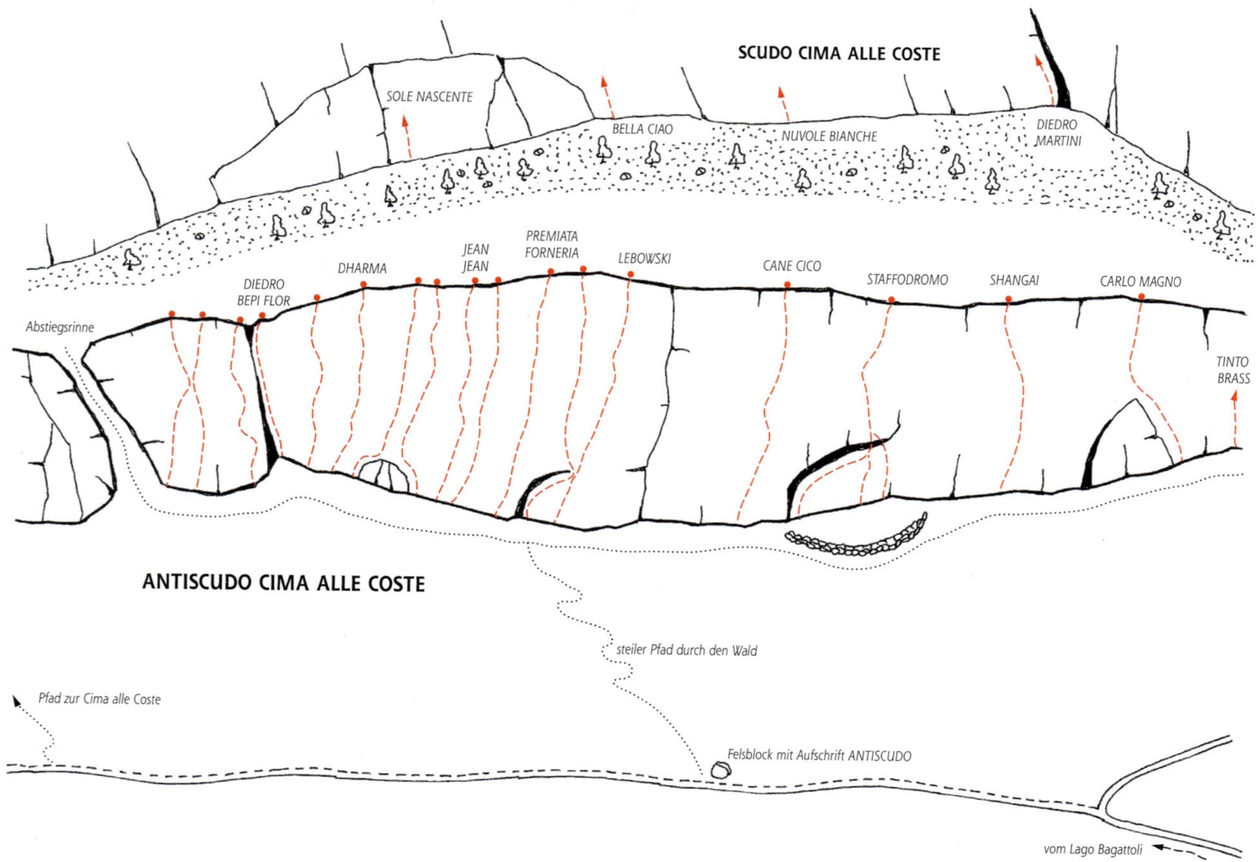
SCUDO CIMA ALLE COSTE
SOLE NASCENTE
BELLA CIAO
NUVOLE BIANCHE
DIEDRO MARTINI
DIEDRO BEPI FLOR
DHARMA
JEAN JEAN
PREMIATA FORNERIA
LEBOWSKI
CANE CICO
STAFFODROMO
SHANGAI
CARLO MAGNO
TINTO BRASS
Abstiegsrinne
ANTISCUDO CIMA ALLE COSTE
steiler Pfad durch den Wald
Pfad zur Cima alle Coste
Felsblock mit Aufschrift ANTISCUDO
vom Lago Bagattoli

34 OTRA VEZ★★★★
R. Galvagni 2008
80 m. (3SL)
6c, 7a/S1/I
Ein in diesem Gebiet untypische Kletterei mit Löchern und Leisten. Die Ausstiegslänge fordert Technik und Bewegungsgefühl. **Einstieg:** die erste Route auf der linken Wandseite.

35 AGUA DE MARZO★★★★
R. Galvagni 2008
120 m. (4SL)
6b+/S1/I
Sehr abwechslungsreiche und schöne Route mit logischer Linie entlang von Schuppen. Bei einigen seichten Rissen ist viel Balancegefühl erforderlich.

36 TEMPESTA ORMONALE★★★★
R. Galvagni 2007
120 m. (5SL)
6c+/S1/I
Die absolut schönste Route dieses Sektors mit einer herrlichen ersten Seillänge. Sehr ausgesetzt und oft senkrecht entlang von überhängenden Verschneidungen.
Einstieg: Routenname angeschrieben.

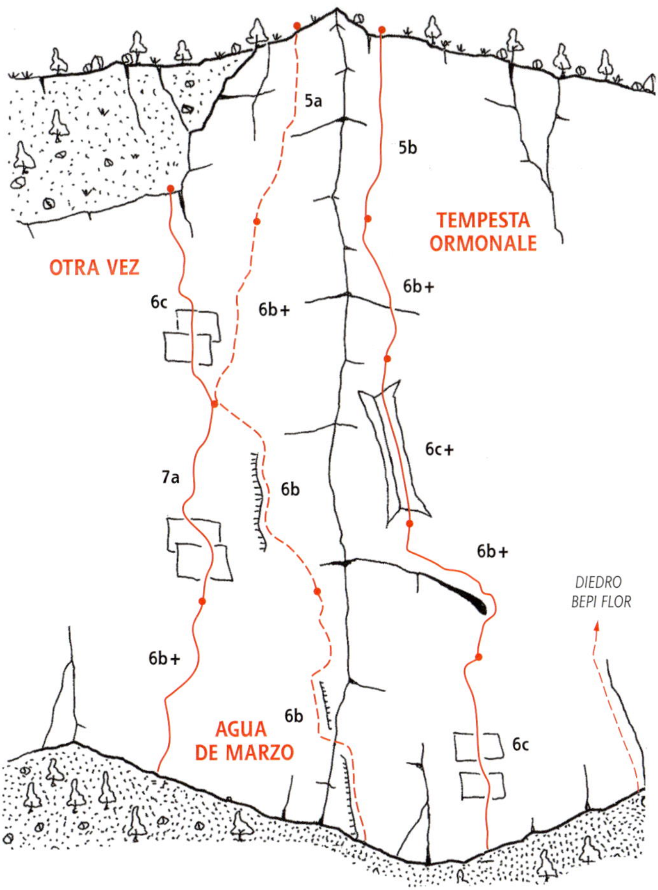

37 DIEDRO BEPI FLOR★★★
R. Galvagni, M. Maceri 2007
120 m. (3SL)
6a+/S2/I
Typische Verschneidungskletterei, manchmal etwas mühsam, aber immer lohnend. Der Ausstieg aus der Verschneidung in der letzten Seillänge ist sehr spektakulär. Einige kleine bis mittlere Friends könnten hilfreich sein.
Einstieg: Routenname angeschrieben.

38 L'INVERNO DEI MOICANI★★★
R. Galvagni 2008
90 m. (3SL)
6b+/S2/I
Zunächst führt die Linie über geneigte Platten mit einigen sehr schwierigen Reibungspassagen. In der Ausstiegslänge herrliche Kletterei in einer senkrechten Platte mit eleganten und technisch schwierigen Bewegungen.
Einstieg: Routenname angeschrieben.

39 PROGETTO DHARMA★★★★
R. Galvagni 2011
120 m. (3SL)
6b/S2/I
Die Tour zählt zu den schönsten des Sektors: die zweite Seillänge bietet außergewöhnliche Kletterei in einer Platte mit vielen Leisten und Löchern.

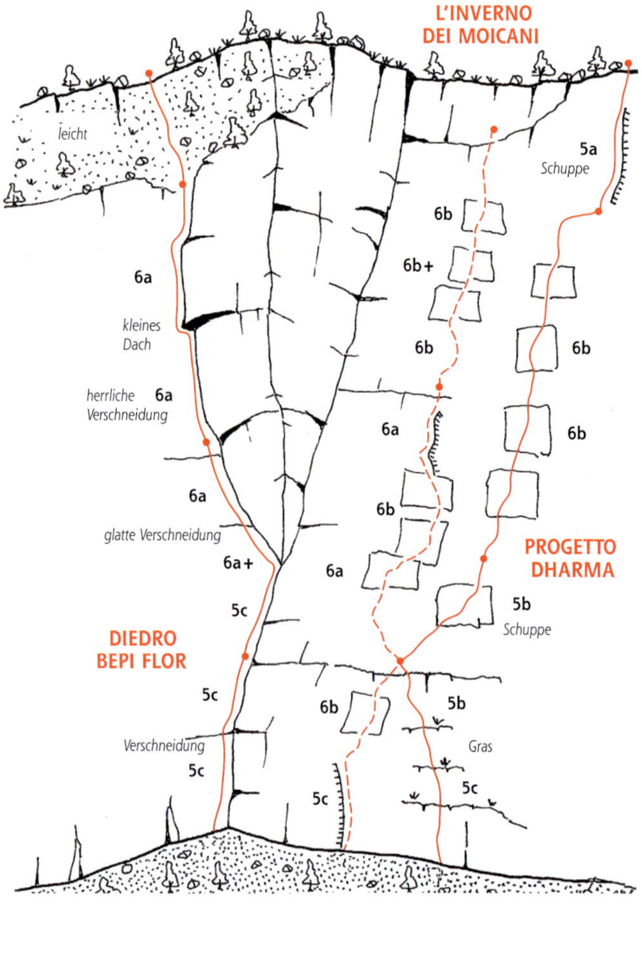

40 OVER THE RAINBOW ★★★
M. Maceri 2007
120 m. (4SL)
6b+/S1/I
Die wunderschöne Platte in der dritten Seillänge fordert viel Bewegungsgefühl und eine gute Reibungstechnik. In den ersten Längen führt die Linie über leichte, schöne Platten, eine Rissverschneidung führt aus der eigentlichen Wand heraus.
Einstieg: Routenname angeschrieben.

41 INVISIBILE TOUCH ★★★
M. Maceri 2007
120 m. (4SL)
6b+/S1/I
Im Allgemeinen leichte, lohnende Plattenkletterei mit einigen schwierigen Reibungsstellen in der 3. und 4. Seillänge.
Einstieg: Routenname angeschrieben.

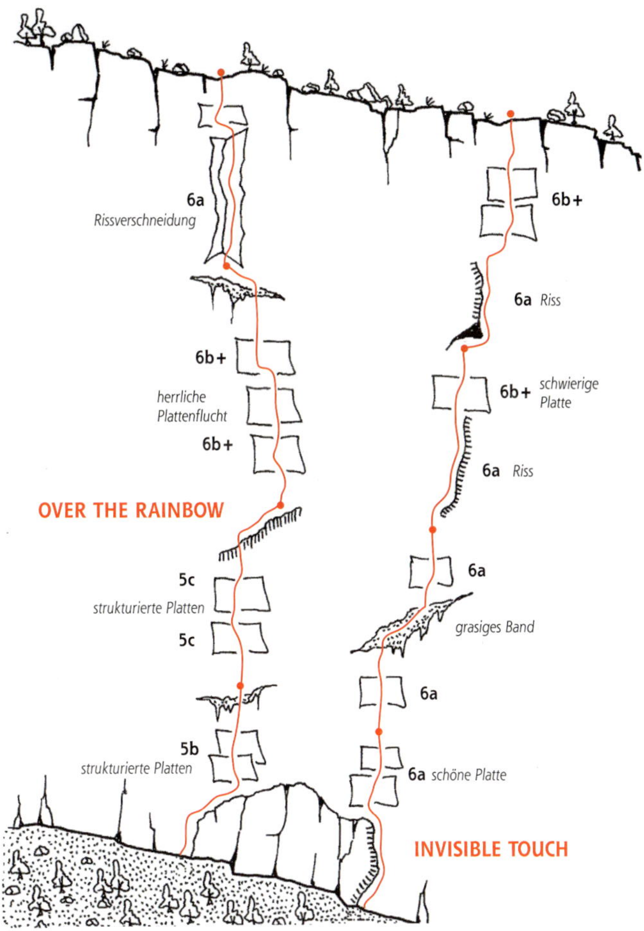

42 JEAN JEAN★★★

M. Maceri 2007
120 m. (5SL)
6b, 6c+/S1/I

Genusskletterei in bestens strukturiertem Fels, vor allem die 2. und 3. Seillänge mit der Rissverschneidung sind sehr lohnend. Die schwierige Ausstiegsplatte kann auch technisch A0 geklettert werden.

Einstieg: Routenname angeschrieben.

43 BARBIE GIRL★★★

M. Maceri 2007
120 m. (5SL)
6c, Ao/S1/I

Schöne Linie mit technisch sehr schwierigen Plattenpassagen. Der lange Riss in der 2. Seillänge bietet herrliche Kletterei.

Einstieg: Routenname angeschrieben.

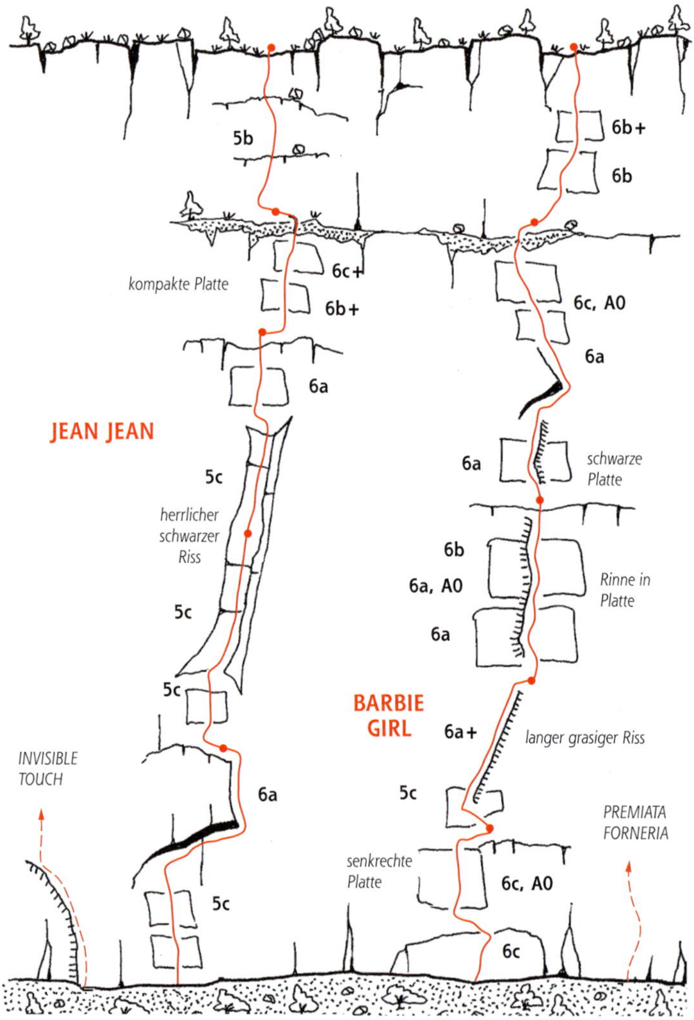

44 PREMIATA FORNERIA PFITSCHER ★★★

R. Galvagni 2008
120 m. (4SL)
6b/S1/I

Abwechslungsreiche Genusskletterei entlang von mit Rissen durchzogenen Platten. In der zweiten Seillänge einige schwierige Reibungsstellen.

Einstieg: Routenname angeschrieben.

45 FONDAZIONE LEBOWSKI ★★★

R. Galvagni 2008
120 m. (4SL)
6b+/S1/I

Die schönsten Passagen sind der charakteristische Einstieg unter dem Dach und die herrliche Schuppe in der 2. Seillänge. Die beiden Ausstiegslängen bieten schönen Plattenkletterei.

Einstieg: Routenname angeschrieben.

46 POPOLARE NETWORK ★★★

R. Galvagni 2008
120 m. (5SL)
6b+/S1/I

Herrliche Route mit bester Felsqualität, vermutlich die schönste Route dieses Sektors. Die 3. Seillänge bietet sehr athletische und abwechslungsreiche Kletterstellen, die Ausstiegsplatte ist einfach herrlich.

Einstieg: Routenname angeschrieben.

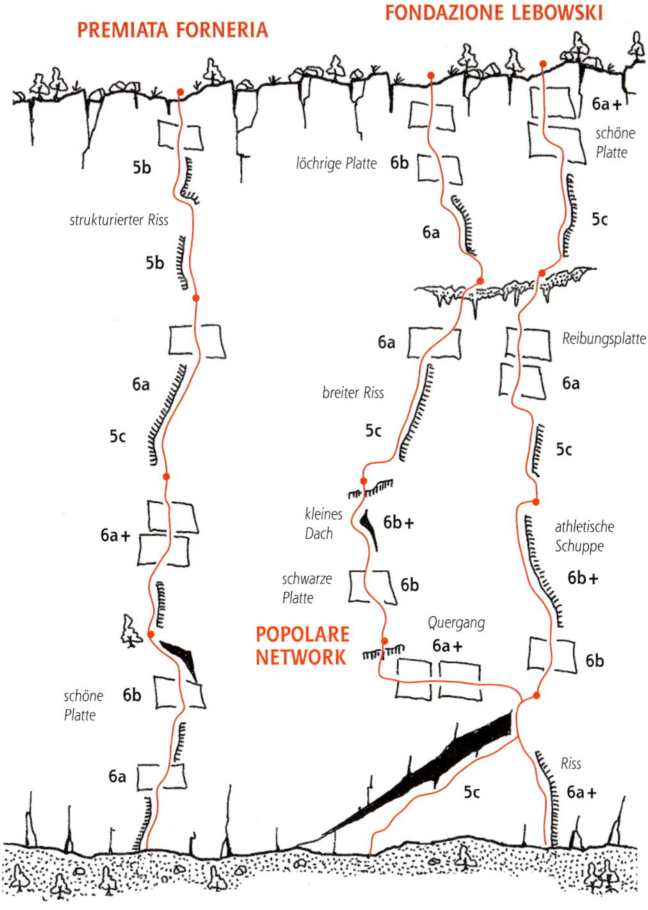

47 CANE CICO★★★★
R. Galvagni 2009
120 m. (4SL)
6a+/S1/I
Schöne, abwechslungsreiche Route mit athletischen Risspassagen und technisch schwierigen Stellen in den Plattenbereichen. Eine der schönsten Routen in diesem Sektor.
Einstieg: Routenname angeschrieben.

48 LO STAFFODROMO★★★
D. Filippi 2012
130 m. (4SL)
A1, A2, IV+/S1/1
Die Lehr- und Lernroute für technische Kletterei mit Steigleitern: nur zu diesem Zweck wurde diese Linie eingerichtet. Vom Einstieg weg folgt die Linie einem langen, anstrengenden schrägen Überhang, danach senkrechten oder auch geneigten Platten.
Einstieg: Routenname angeschrieben. Die schwierige Einstiegslänge kann auch über die "Variante Facile" (10 Meter weiter rechts) umgangen werden. Nochmals etwas rechts davon beginnt die "Variante H20", ebenfalls eine Techno-Route (25m, A2, Friends und Keile, Devigli/Demetri, 2012).

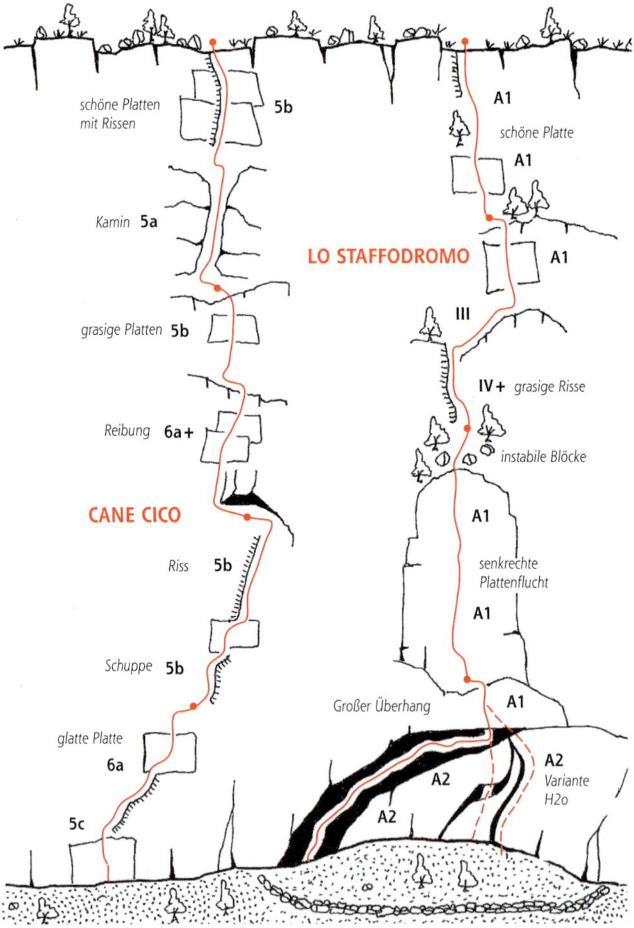

49 SHANGAI★★★
M. Maceri 2007
120 m. (6SL)
V+, VI/S2/I
Die leichteste Route in diesem Sektor führt anfangs sehr logisch entlang seichter Risse, später über Platten und leichte, grasige Felsstufen.

50 CARLO MAGNO★★
Erstbegeher unbekannt
120 m. (4SL)
VI, eine Stelle VII, A0/R3/I
Aus alpinistischer Sicht ist die Route sehr interessant: Sie beginnt mit einem kaum absicherbaren Kamin mit recht glatt geschmirgeltem Gestein, danach (in der sehr schwierigen Variante "Micromamici", Devigli/Fillippi, 2012) folgt ein abweisender Riss in einer Platte, der mit Friends abgesichert werden muss. Die beiden Ausstiegslängen sind nicht besonders schwierig und führen über grasige Platten mit ein paar brüchigen Passagen. Routenname angeschrieben.

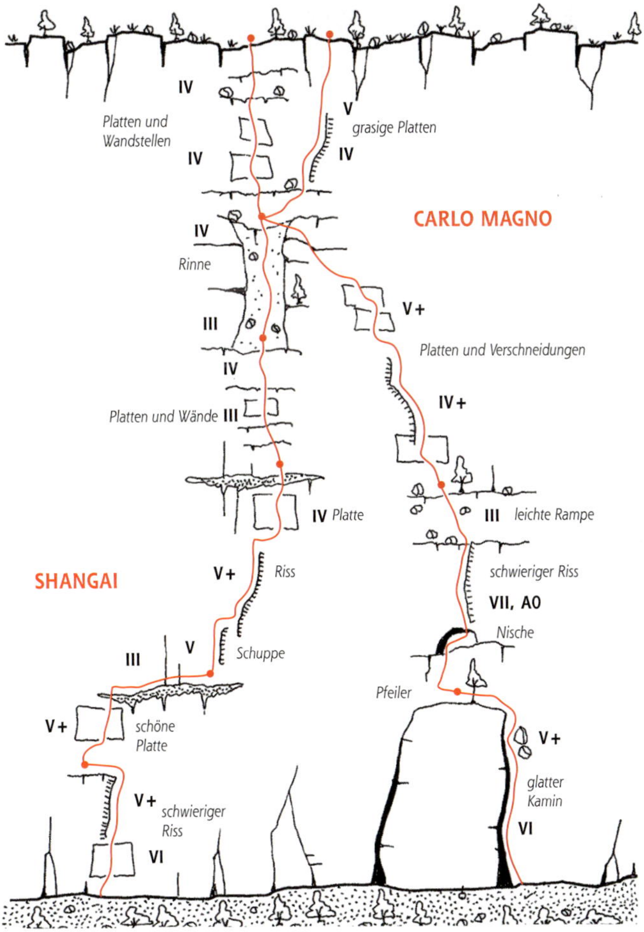

Coste dell'Anglone

COSTE DELL'ANGLONE

26 SASS DELA VECIA
27 ANGLONE SÜD
28 ANGLONE NORD
29 CA' DEL LISCIO
30 PIRAMIDE LAKSHMI

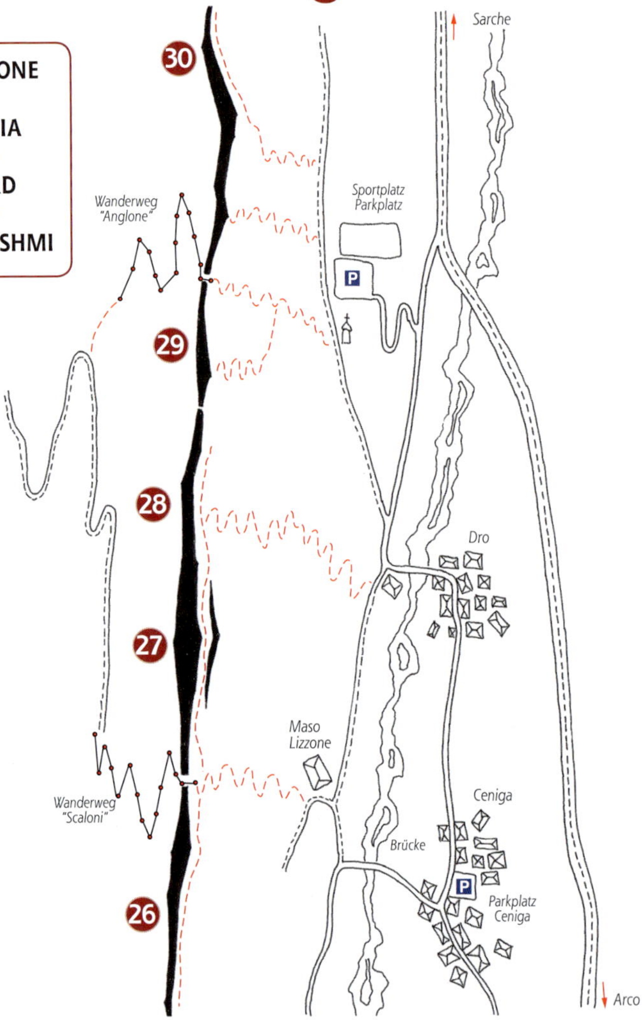

Dieser lange Felsriegel verläuft in südlicher Richtung zwischen der Cima alle Coste und der Felswand von Mandrea, oberhalb der Orte Ceniga und Dro. Die Wand ist nicht sehr hoch, oft zerklüftet oder brüchig, weist viel Vegetation auf und schien deshalb aus Sicht der Kletterer uninteressant. Dem ist in Wirklichkeit aber nicht so und durch die großartige Arbeit einiger Erschließer (insbesondere Heinz Grill) entstanden hier in den letzten Jahren einige definitiv lohnende und interessante Routen.

COSTE DELL'ANGLONE

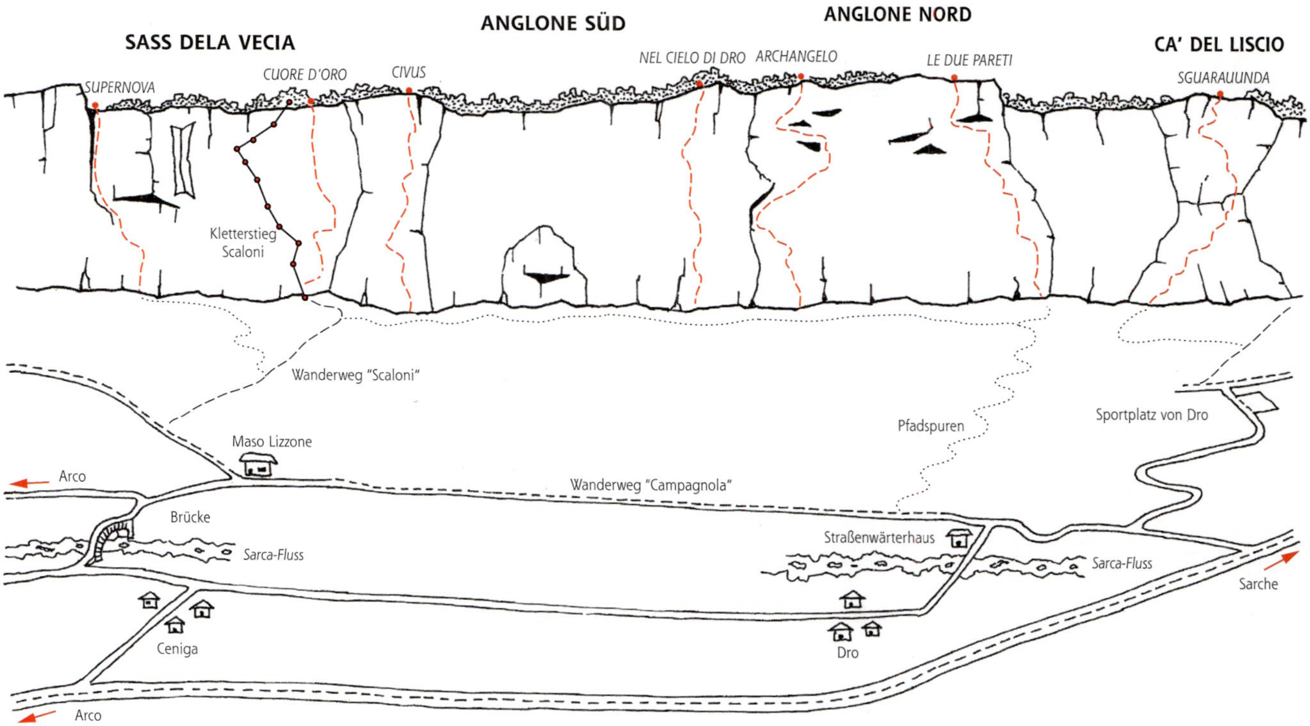

26 Sass dela Vecia

Coste dell'Anglone

0.30 h

1.00 h
2.00 h

450 m.

O

Schon in den 1980er Jahren erschloss G. Stenghel als einer der Ersten die natürlichen, logischen Linien in dieser Wand, wie beispielsweise "Supernova" und Mario Centi". Danach geriet dieser Sektor wieder in Vergessenheit, denn er bot scheinbar keine Erschließungsmöglichkeiten mehr. Erst mit dem Aufkommen des Sportkletterns wurde das Potenzial dieser Wand wieder entdeckt und viele neue, interessante und sehr lohnende Routen eingebohrt. Aber auch wegen der Ruhe und des schönen Ambientes ist ein Besuch dieses Sektors empfehlenswert.

Zustieg

Am besten parkt man auf dem großen Platz im Ortszentrum von Ceniga, bei der Abzweigung zur Ponte Romano und zum Agriturismo Maso Lizzone. Dann folgt man den Hinweisschildern zum Maso Lizzone, beim Agriturismo dann den Schildern zum Sentiero Scaloni (rot-weiße Markierungen). Kurz darauf zweigt links eine Pfadspur ab, die zum Wandfuß in der Nähe des Klettergartens "Fattoria degli Struzzi" führt. Hier geht man dann links am Wandfuß entlang weiter zu den verschiedenen Einstiegen.

Abstieg

Pfadspuren führen durch den Wald und zum Wanderweg (Sentiero Scaloni) bzw. zurück ins Tal. Bei einigen Routen seilt man aber besser ab. Bei den Routen Sass dela Vecia und Libertà folgt man den Steigspuren bis zur Straße nach San Giovanni. Auf dieser dann 15 Min. weiter bis der rechts ein Wanderweg ("Ceniga-Sentiero degli Scaloni") abzweigt. Auf diesem in ca. 1,5 Std. zurück ins Tal.

Luca Galbiati, *Cuore d'oro*, Sass dela Vecia *(sassbaloss.com)* →

1 SUSPIRIA	200 m.
2 SUPERNOVA	200 m.
3 EL SASS DELA VECIA	300 m.
4 VIA DELLA LIBERTA'	300 m.
5 THE BASTARD	540 m.
6 MARIO CENTI	200 m.
7 LA SELVAGGIA	200 m.
8 MASTRO BIRRAIO	450 m.
9 DIEDRO BALDESSARINI	230 m.
10 ANCHE LE DONNE VOGLIONO ARRAMPICARE	250 m.
11 LA VIA DEGLI ESSERI BRUTTI	280 m.
12 OKSANA	200 m.
13 TRAVERSI PERVERSI	160 m.
14 SCALONI REVERSI	140 m.
15 NONNA EVELINA	100 m.
16 CUORE D'ORO	300 m.

1
2
3
4
5
6
7
8
8
9
10

1 SUSPIRIA★

S. Bailoni, G. Cretti, L. Gelmini 1995
200 m. (6SL)
VI+, VII, Stellen A0/R2/II

Die sehr eigenartige Route weist mal richtig alpine, dann wieder sportklettermäßige Passagen auf. Schrofige Bereiche wechseln mit kompakten, gut eingebohrten Platten und Rissverschneidungen, die komplett selbst abzusichern sind. Leider endet die Route dann auch noch in einer alten Route von G. Stenghel. Nur die 3. SL ist etwa interessanter, denn hier erklettert man in schwieriger Piaztechnik eine schöne Rissverschneidung, die mit Friends und Keilen abgesichert werden muss. Achtung: Manchmal liegen die Sicherungspunkte sehr weit auseinander.

Einstieg: direkt unterhalb der großen Verschneidung mit der 'Via Supernova'. Einstieg links eines Überhangs auf einer eingebohrten Platte.

Abstieg: Abseilen über die Route.

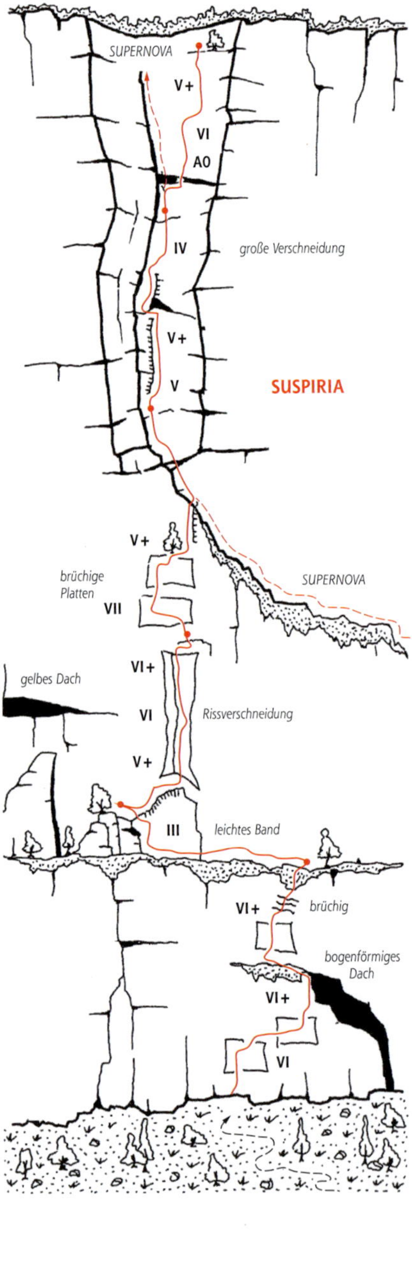

2 SUPERNOVA ★★★
G. Stenghel, R. Vettori 1980
200 m. (6SL)
V+, VI/R3/II
Die eleganteste und logischste Linie der Wand führt zu der großen, markanten, grauen Verschneidung in der oberen Wandmitte. Zuerst klettert man einige SL über grasigen Fels. Dann folgt die schöne und tiefe Verschneidung, die bald in eine Rinne übergeht. Hier ist ein Weiterkommen wegen der vielen kleinen Bäumchen und dornigen Büsche heutzutage nicht mehr möglich, weshalb man wieder abseilt.
Einstieg: Direkt unterhalb der Verschneidung rechts an der Wand entlang weiter, Einstieg beim ersten grasigen Riss, der zum darüber liegenden Band führt. In den schrägen Rissen in Richtung der Verschneidung hoch.

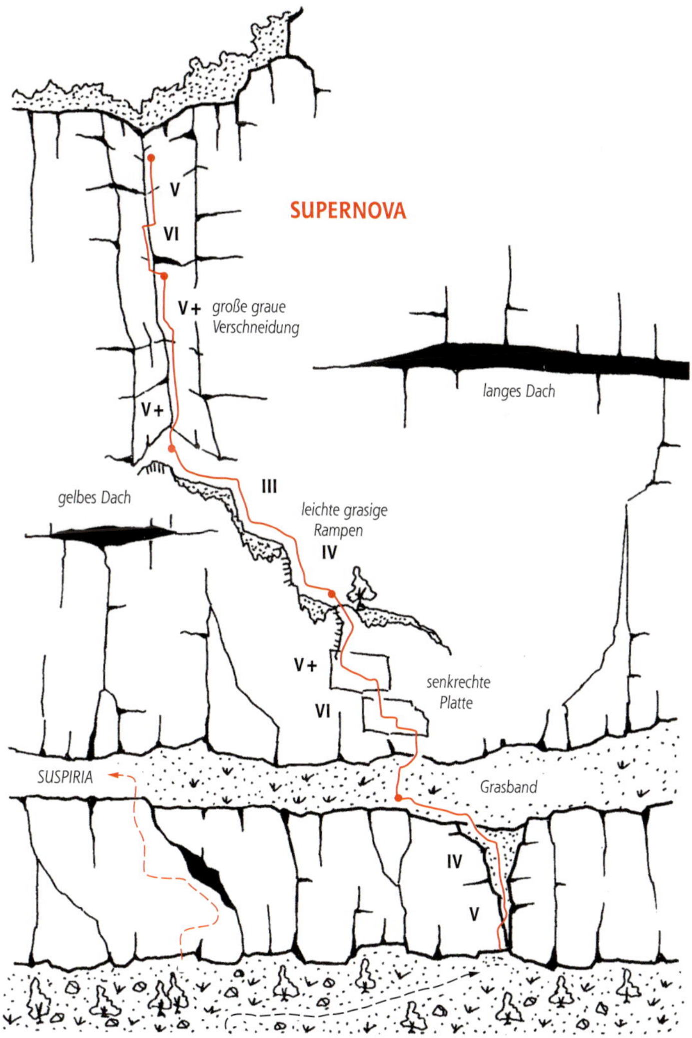

3 EL SASS DELA VECIA★★★

A. Tony Zanetti, F. Sartori 2011
300 m. (13SL)
6a, 6c, A1 (6a obl.)/S2/II

Die schöne, aber anstrengende Linie führt mit anhaltend hohen Schwierigkeiten über eine Reihe von sehr kompakten Platten an den markanten Überhängen vorbei. Anfangs trifft man auf herrliche, senkrechte Platten, die alle frei geklettert werden können. Nur eine Seillänge fordert technisches (A1) Klettern, sie ist sehr anstrengend und eine Trittleiter könnte sehr hilfreich sein. Im zweiten Teil der Route werden die Platten geneigter und die Schwierigkeiten geringer, dennoch ist hier viel Technik und Balancegefühl gefragt. Die Felsqualität ist gut und die Hakenabstände sind gering, mobile Sicherungsmittel sind nicht notwendig.

Einstieg: in Falllinie des großen Daches, großes Schild am Einstieg.

Abstieg: obwohl etwas mühsam, wird empfohlen, über die Route abzuseilen. Der Abstieg zu Fuß ist sehr lang und dauert mind. 2 Stunden. Man steigt steil im Wald nach oben und hält sich immer links eines Felsaufschwungs. Pfadspuren, Steinmännchen und ein paar Fixseile leiten in ca. 30 Minuten bis zur Straße nach San Giovanni. Auf dieser geht man dann 15 Min. weiter bis der rechts ein Wanderweg ("Ceniga-Sentiero degli Scaloni") abzweigt, der in ca. 1,5 Std. zurück ins Tal führt.

4 VIA DELLA LIBERTA'★★★

F. Sartori 2011
300 m. (10SL)
6a, 6b+, A1, A2 (6a l)/S2/II

Der parallele Verlauf zur vorherigen Linie gibt einen Hinweis darauf, dass die Routencharakteristik ähnlich ist: sehr athletische Kletterei, meist gute Felsqualität und gute Absicherung mit Bohrhaken. Zum Überwinden des großen, zentralen Daches ist eine gewisse Unbefangenheit bei der Verwendung von Trittleitern erforderlich. Ansonsten reichen mindestens 15 Expressschlingen aus.

Einstieg: vom Schild der Route "Sass dela Vela" noch 50 Meter nach rechts und dann in einer

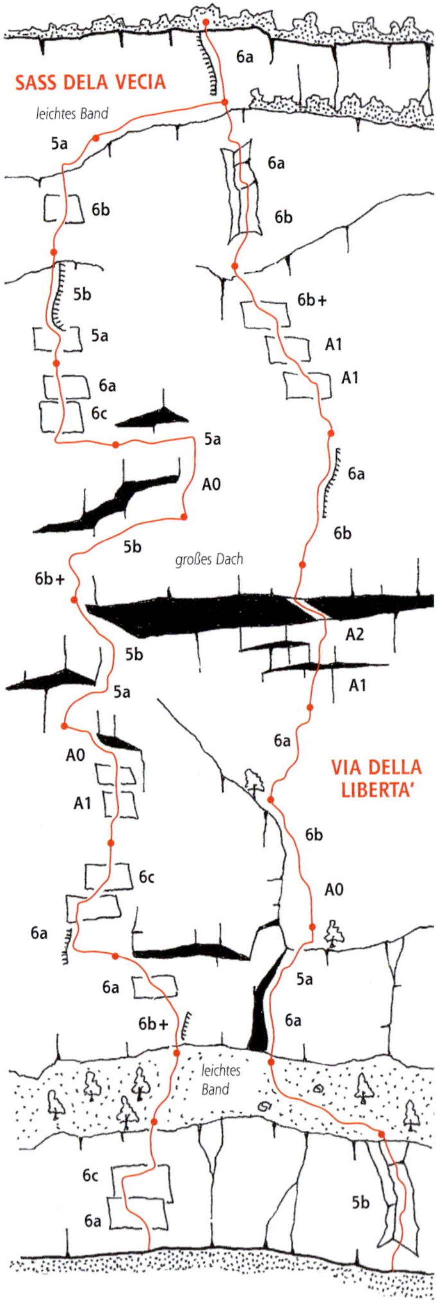

kleinen Verschneidung hoch.
Abstieg: wie bei der vorherigen Route.

5 THE BASTARD

I. Feller, D. Feller 2009
540 m. (15SL)
6b, 7a+ (6b+ obl.)/S2/II
Diese Linie führ durch den abweisendsten Teil der Wand, meist herrscht Platten- oder Überhangkletterei vor. Die mittleren Seillängen schlängeln sich in herrlicher Kletterei durch die Überhänge. Die hohen Anforderungen resultieren aus der Länge der Route und den anhaltend hohen Schwierigkeitsgraden. Nur auf den Felsbändern muss mit etwas brüchigem Gestein gerechnet werden, ansonsten ist die Felsqualität gut. Die Absicherung mit Bohrhaken ist ausreichend, manchmal aber etwas weit. Wiederholer benötigen Expressschlingen und ein paar kleine bis mittlere Friends.
Einstieg: nicht gut ersichtlich, über einen grauen Pfeiler mit Rissen, der sich wenig rechts Einstiegsverschneidung der "Via della Liberà" befindet.

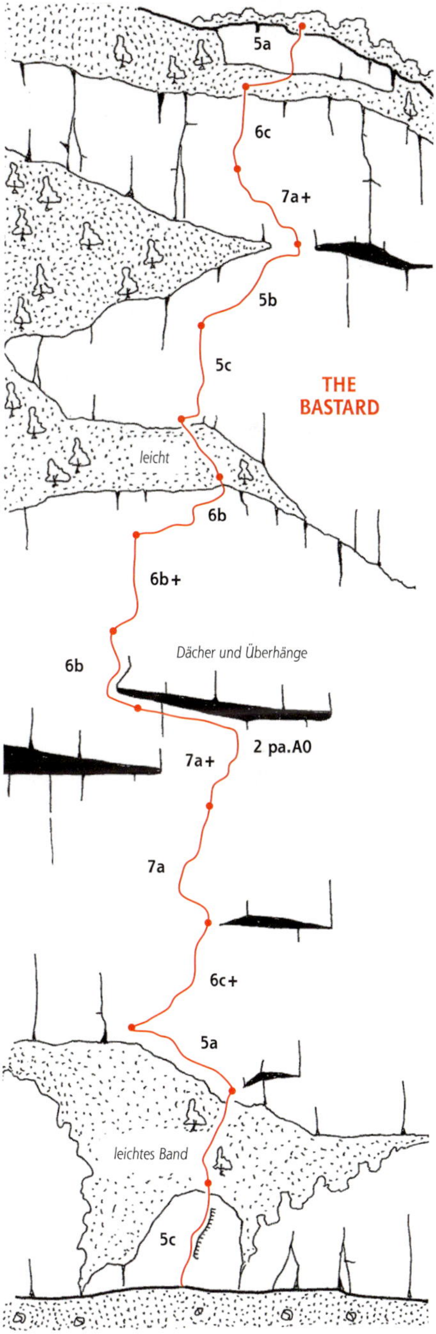

6 MARIO CENTI ★★★

G. Stenghel, A. Baldessarini, F. Sartori 1982
200 m. (5SL)
VI+, VII/R3/II

Kurze, extreme Route mit einer athletischen Verschneidung, hohe Schwierigkeiten, bester Fels, aber praktisch keine Absicherung. Wiederholer benötigen auf alle Fälle einen Satz Friends sowie einige Normalhaken. Die herrliche Verschneidung erreicht man leider nur über einen grasigen und brüchigen Felssockel.

Einstieg: am Einstieg des "Diedro Baldassarini" folgt man linkshaltend einer Rampe und dann den Stufen zum Wandfuß und den Einstiegen von "Mastro Birraio" und "Selvaggia". Hier dann nochmals linkshaltend über grasige Rampen bis zur Einstiegsplatte (Sanduhr mit Schlinge).

Abstieg: eine Pfadspur leitet nach rechts, dann ab- und wieder aufsteigend in kurzer Zeit zum Wanderweg (Sentiero Scaloni) und dann zurück ins Tal.

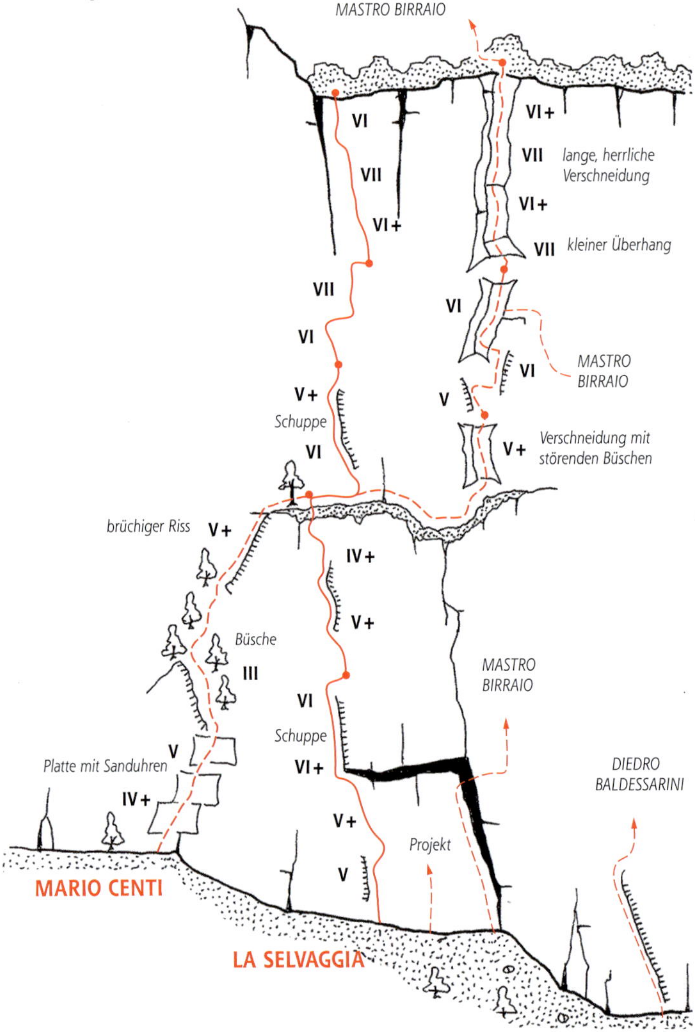

7 LA SELVAGGIA★★★★

S. Michelazzi, E. Lavo, A. Gogna 2012
200 m. (5SL)
VI+, VII/R4/II

Kurz, sehr alpin, schwierig und kaum abgesichert: dies sind die "Zutaten" für diese Route mit meist recht guter Felsqualität. Wiederholer brauchen einen Satz Klemmkeile und Friends und vor allem gute Nerven in der Ausstiegslänge, die zwar wirklich schön, aber kaum absicherbar ist.

Einstieg: am Einstieg des "Diedro Baldessarini" folgt man linkshaltend einer Rampe und dann den Stufen zum Wandfuß mit dem Einstieg von "Mastro Birraio" sowie eines alten Projekts (Bohrhaken). Links davon weist ein Normalhaken mit einer roten Schlinge auf den Einstieg von "Selvaggia" hin.

Abstieg: eine Pfadspur leitet nach rechts, dann ab- und wieder aufsteigend in kurzer Zeit zum Wanderweg (Sentiero Scaloni) und zurück ins Tal.

8 MASTRO BIRRAIO

L. Gaspari, M. Vedovelli, S. Giarola, E. Perolo 2010
450 m. (15SL)
VI+, VII, A1/R3/II

Lange und anspruchsvolle, definitiv alpine Route. Man sollte sich nicht täuschen lassen von der leichten Einstiegslänge mit vielen Bohrhaken: die Schwierigkeiten steigen deutlich an, gleichzeitig werden die Bolts weniger. Wirklich anspruchsvoll ist die 4. Seillänge, die hier dem Verlauf der "Mario Centi" folgt. Die Felsqualität ist meist gut, aber die Absicherung (wie schon erwähnt) ziemlich sparsam. Ein Satz Friends und eventuell ein paar Haken sind sehr hilfreich.

Einstieg: am Einstieg des "Diedro Baldessarini" folgt man linkshaltend einer Rampe und dann den Stufen zum Wandfuß. Routenname angeschrieben.

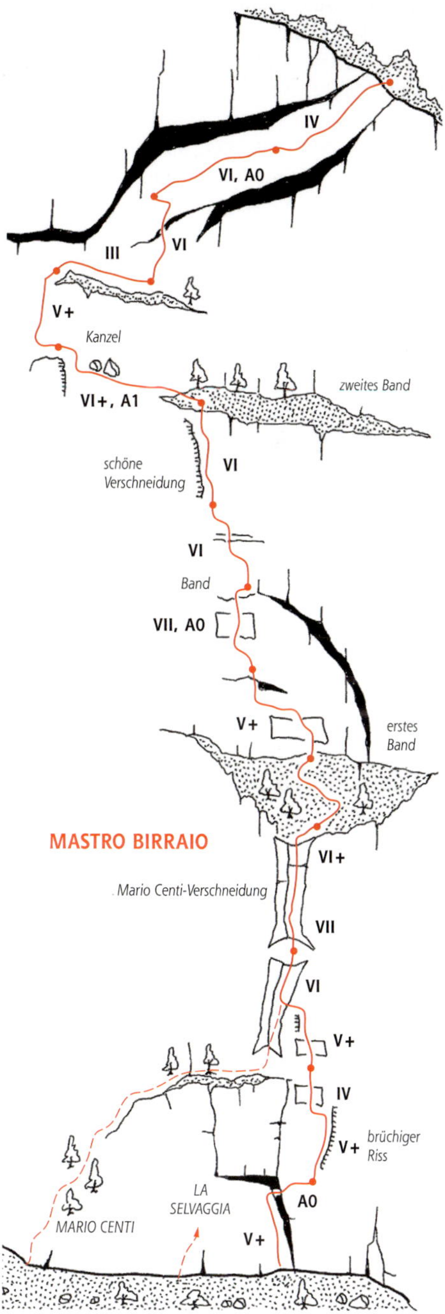

9 DIEDRO BALDESSARINI

A. Baldessarini u. Gef. 1982
Variante F. Heiss u. D. Pinamonte 2011
230 m. (7SL)
VI, VI+/R3/II

Die aus alpiner Sicht interessante Route führt durch die markanteste Verschneidung der Wand. Lange Zeit blieb die Linie unbekannt, erst nach einer Putzaktion und der Eröffnung von schönen, direkteren Varianten wurde sie öfter wiederholt. Die breite Verschneidung fordert viel Athletik und Ausdauer. Ein Satz Friends ist unabdingbar, einige Haken könnten hilfreich sein.

Einstieg: vom Agriturismo Maso Lizzone folgt man den Schildern Sentiero Scaloni (rot-weiße Markierungen) und kurz darauf links einer Pfadspur, die zum Wandfuß (beim Klettergarten "Fattoria degli Struzzi") führt. Links entlang weiter und bis zum Einstieg, Routenname angeschrieben.

Abstieg: eine Pfadspur leitet nach rechts, dann ab- und wieder aufsteigend in kurzer Zeit zum Wanderweg (Sentiero Scaloni) und dann zurück ins Tal.

10 ANCHE LE DONNE VOGLIONO ARRAMPICARE ★★★

H. Grill, F. Kluckner 2011
250 m. (8SL)
6a, 6b (6a obl.)/S2/II

Interessante, schöne Route, abwechslungsreich und mit einigen athletischen Passagen. Der Quergang in der 3. und die lange graue Verschneidung mit Tropflöchern in der 5. Seillänge ragen eindeutig heraus. Die Felsqualität ist sehr gut, die Route ausgeputzt und gut mit Bolts und Sanduhrschlingen abgesichert. Einige kleine bis mittlere Friends sollten mitgeführt werden.

Einstieg: vom Agriturismo Maso Lizzone folgt man den Schildern Sentiero Scaloni (rot-weiße Markierungen) und kurz darauf links einer Pfadspur, die zum Wandfuß (beim Klettergarten "Fattoria degli Struzzi") führt. Links entlang weiter und bis zum Einstieg, Routenname angeschrieben.

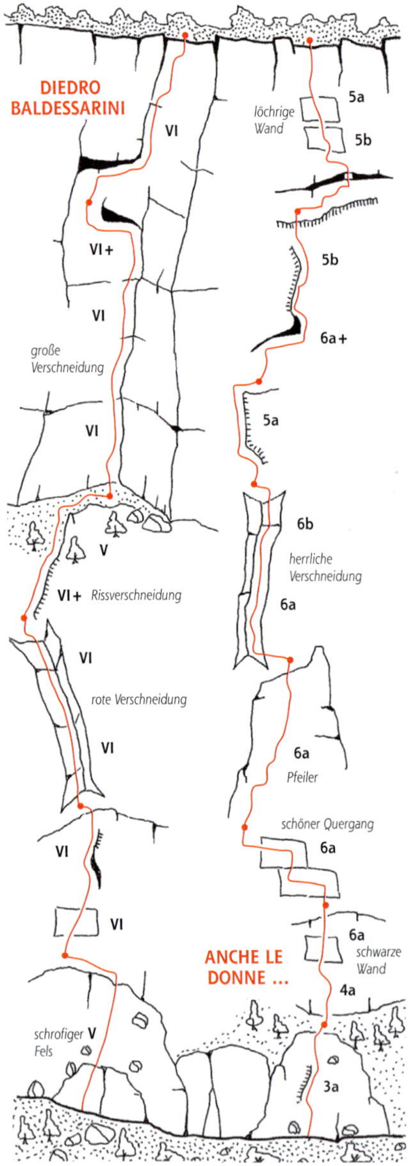

Abstieg: eine Pfadspur leitet nach rechts, dann ab- und wieder aufsteigend in kurzer Zeit zum Wanderweg (Sentiero Scaloni) und dann zurück ins Tal.

Luca Galbiati, *Anche le donne vogliono arrampicare*, Sass dela vecia *(sassbaloss.com)* →

11 LA VIA DEGLI ESSERI BRUTTI★★★

H. Grill, F. Heiss, B. Holzer, P. Himmel 2011
280 m. (9SL)
V+, VI+, eine Stelle A0/R4/II

Klassisch alpine Route mit viel athletischer Kletterei entlang von Verschneidungen und Rissen sowie diversen überhängenden Passagen. Bei einigen obligatorischen VIer-Stellen, die nicht absicherbar sind, ist erhöhte Vorsicht geboten. Die Verschneidung in der 4. Seillänge ist wenig abgesichert und fordert viel Kraft. Alle Standplätze sind mit nur einem Bolt ausgestattet, dazwischen stecken nur wenige Normalhaken. Wiederholer benötigen einen kompletten Satz Friends (auch kleine Größen).

Einstieg: vom Agriturismo Maso Lizzone folgt man den Schildern Sentiero Scaloni (rot-weiße Markierungen) und kurz darauf links einer Pfadspur, die zum Wandfuß (beim Klettergarten "Fattoria degli Struzzi") führt. Links entlang weiter und bis zum Einstieg, Routenname angeschrieben.

Abstieg: eine Pfadspur leitet nach rechts, dann ab- und wieder aufsteigend in kurzer Zeit zum Wanderweg (Sentiero Scaloni) und dann zurück ins Tal.

12 OKSANA★★★★

G. Mantovani 2012
200 m. (8SL)
6a, 6b (6a obl.)/S1/I

Die Tour führt meist über Platten, aber eine Seillänge bietet auch eine herrliche Verschneidung. Allein schon wegen dieser lohnt eine Wiederholung! Die Felsqualität reicht von gut bis sehr gut, die Absicherung mit Bolts ist gut und weist geringe Abstände auf. Man benötigt nur Expressschlingen. In den beiden letzten Seillängen sind zwei kleine athletische Überhänge zu klettern, diese sind aber recht gutgriffig.

Einstieg: vom Agriturismo Maso Lizzone folgt man den Schildern Sentiero Scaloni (rot-weiße Markierungen) und kurz darauf links einer Pfadspur, die zum Wandfuß (beim Klettergarten "Fattoria degli Struzzi") führt. Links entlang weiter und bis zum Einstieg, kleines Schild mit Routenname.

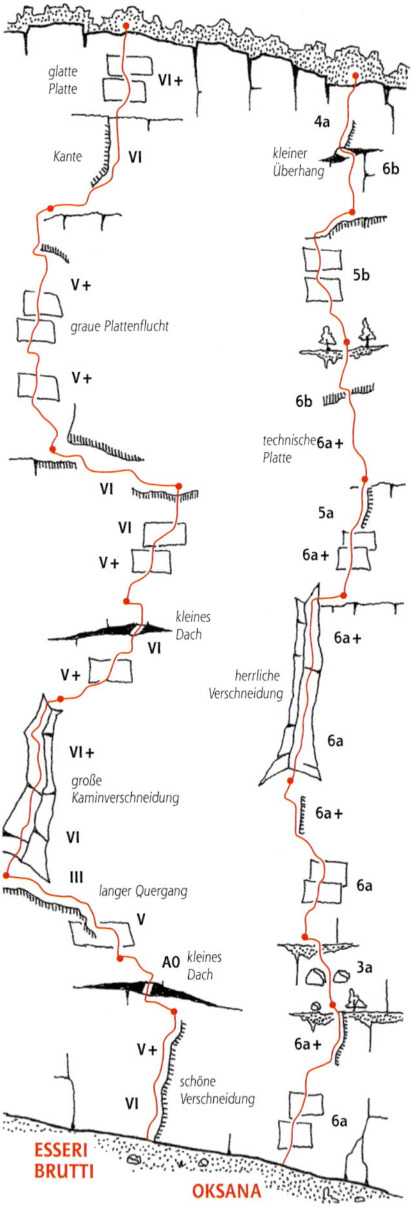

Abstieg: kurz im Wald absteigen und zum bequemen Wanderweg.

16
13
15
14
14
13
12
11
10
9

13 TRAVERSI PERVERSI ★★★★
D. Filippi, L. Pilati 2012
160 m. (5SL)
5c, 6a+/S1/I
Wunderschöne Kletterei in bestem Tropflochfels, einige lange Quergänge und eine herrliche überhängende Verschneidung sind das Markenzeichen dieser Route. Bestens abgesichert, nur Expressschlingen sind nötig.
Einstieg: Routenname angeschrieben
Abstieg: kurz im Wald absteigen und zum bequemen Wanderweg.

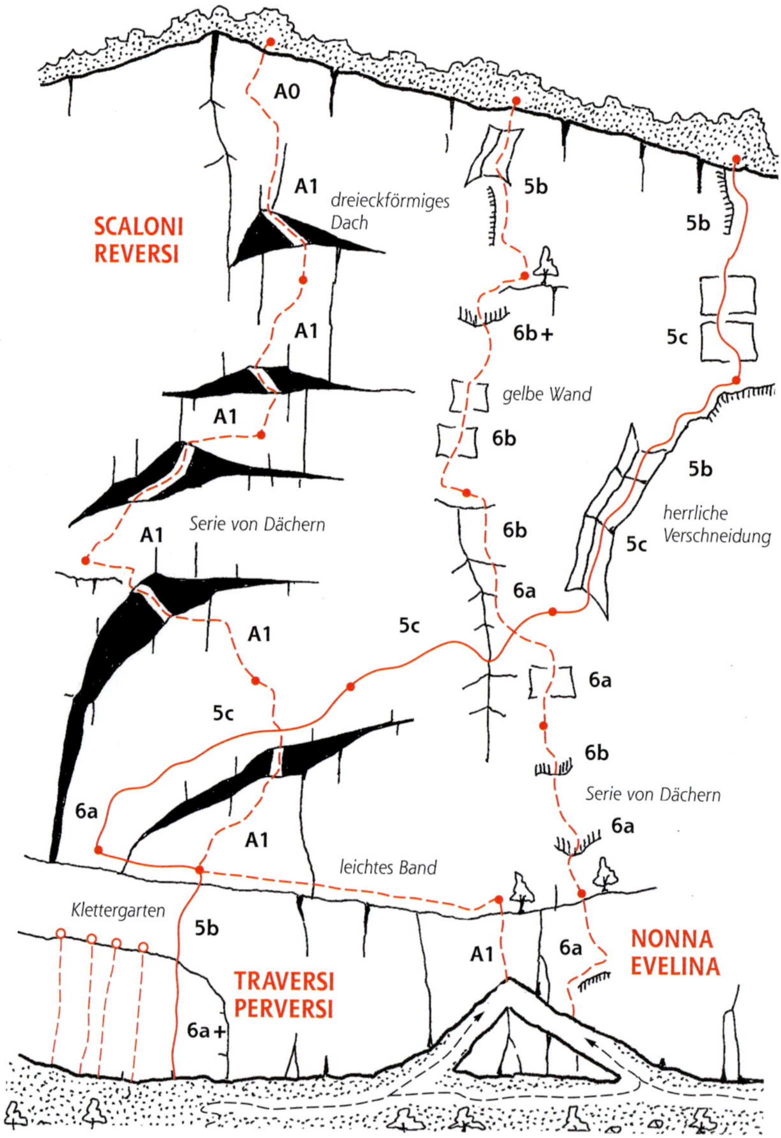

14 SCALONI REVERSI ★★★

D. Filippi 2012

140 m. (6SL)

A1/S1/I

Die leichte Techno-Route über gelbe Überhänge und in fantastischem Fels wurde mit 8mm-Bohrhaken eingebohrt, die Abstände sind gering. Alle Standplätze liegen an bequemen kleinen Terrassen, die beiden letzten Seillängen können auch an einem Stück geklettert werden.

Einstieg: rechts vom Klettergarten steigt man in einer Rinne mit kleinen Bäumen und Fixseil höher.

Abstieg: kurz im Wald absteigen und zum bequemen Wanderweg.

15 NONNA EVELINA ★★★★

N. Mantovani 2012

100 m. (5SL)

6a, 6b+ (5c obl.)/S1/I

Steile Tropflochplatten kennzeichnen diese lohnende und schöne Route, die bestens abgesichert ist. Nur Expressschlingen sind notwendig.

Einstieg: rechts vom Klettergarten, kleines Schild mit Routenname.

Abstieg: kurz im Wald absteigen und zum bequemen Wanderweg.

16 CUORE D'ORO ★★★★

H. Grill, S. Königseder, F. Kluckner

300 m. (11SL)

V+, VI, eine Stelle VI+/R2/II

Elegante, logische Linie, die sich anfangs durch die gelben Überhänge schlängelt. Der zweite Teil folgt dagegen den grauen Plattenfluchten. Herrliche Felsqualität erwartet die Wiederholer in dieser lohnenswerten Route. Die Absicherung erfolgt mit Bolts und Normalhaken, teilweise sind die Abstände etwas weit. Ein paar Friends kleiner bis mittlerer Größe sind eventuell hilfreich.

Einstieg: Am Agriturismo Maso Lizzone links auf der kleinen Straße und dem folgenden Wanderweg weiter zum Klettersteig. Nach hundert Metern auf dem Steig ist der Einstieg auf der rechten Seite gut zu erkennen. Routenname angeschrieben.

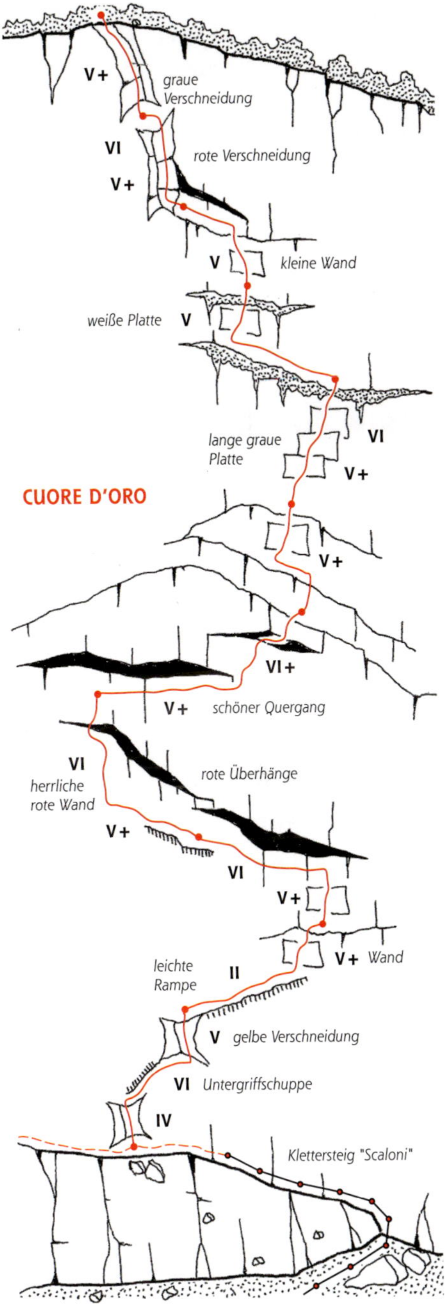

27 Anglone Süd

Coste dell'Anglone

0.30 h

1.00 h

350 m.

O

Diese Wand liegt zwischen dem gesicherten Steig Sentiero Scaloni und den gelben Überhangen mit der Via dell'Arcangelo. Herrliche Linien führen durch sie, alle sehr lohnend und bestens abgesichert. Ein breiter, schrofiger, teils grasiger Geröllsockel liegt unterhalb der Wand, den man aber umgehen kann: ein teilweise mit Fixseil ausgestattetes, ausgesetztes Band führt zu den verschiedenen Einstiegen.

Zustieg

Am besten parkt man auf dem großen Platz im Ortszentrum von Ceniga, bei der Abzweigung zur Ponte Romano und zum Agriturismo Maso Lizzone. Dann folgt man den Hinweisschildern zum Agriturismo, bei diesem den Schildern zum Sentiero Scaloni (weiß-rote Markierungen). Wo der gesicherte Steig beginnt, folgt man einem Pfad nach rechts, der an der ganzen Wand entlang führt. Bei einigen ausgesetzten Passagen (Fixseile) ist Vorsicht geboten.

Abstieg

Deutlich sichtbare Pfadspuren führen hoch in den Wald und zur Forststraße. Jetzt links auf der Forststraße weiter bis zu ihrem Ende und auf dem gesicherten Wanderweg (Sentiero Scaloni) wieder ins zurück ins Tal. Bei einigen Routen seilt man besser ab.

17 CLIVUS	**350 m.**
18 LUNA CALANTE	**300 m.**
19 MINUETTO A CENIGA	**300 m.**
20 CODICE KAPPA	**200 m.**
21 LA VIA DEGLI IGNORANTI	**180 m.**
22 STELLE DI POLVERE	**300 m.**
23 LA PICCOLA VERTICALITA'	**300 m.**
24 DALL'ANTISTORIA ALLA STORIA	**250 m.**
25 LUCE E COLORI	**250 m.**
26 IL GIGANTE	**200 m.**
27 VECCHI TEMPI	**250 m.**
28 SINTESI	**250 m.**
29 NEL CIELO DI DRO	**350 m.**
30 IL FUOCO E L'ALCHIMIA DELLO SPIRITO	**300 m.**

17
18
19
20
21
22

17 CLIVUS★★

M. Brighente, G. Bogoni, D. Dal Cere 2005
350 m. (10SL)
5c, 6a+, Stellen A0 (5c obl.)/S1/II

Die alpine Route verläuft über einige wenig steile und mit viel Vegetation bedeckte Platten, weist aber auch Passagen in gutem Fels auf. Sie ist deswegen nicht gerade schön, aber die gute Absicherung und die Umgebung lohnen den Einstieg doch. Die letzten drei Seillängen durch Verschneidungen und Kamine sind sehr schön.

Einstieg: bei einem kleinen Überhang, Routenname angeschrieben.

Abstieg: im Wald weiter hoch und bald darauf auf eine Forststraße, hier links und an deren Ende auf einen Weg, der teils gesichert wieder zurück nach Maso Lizzone führt.

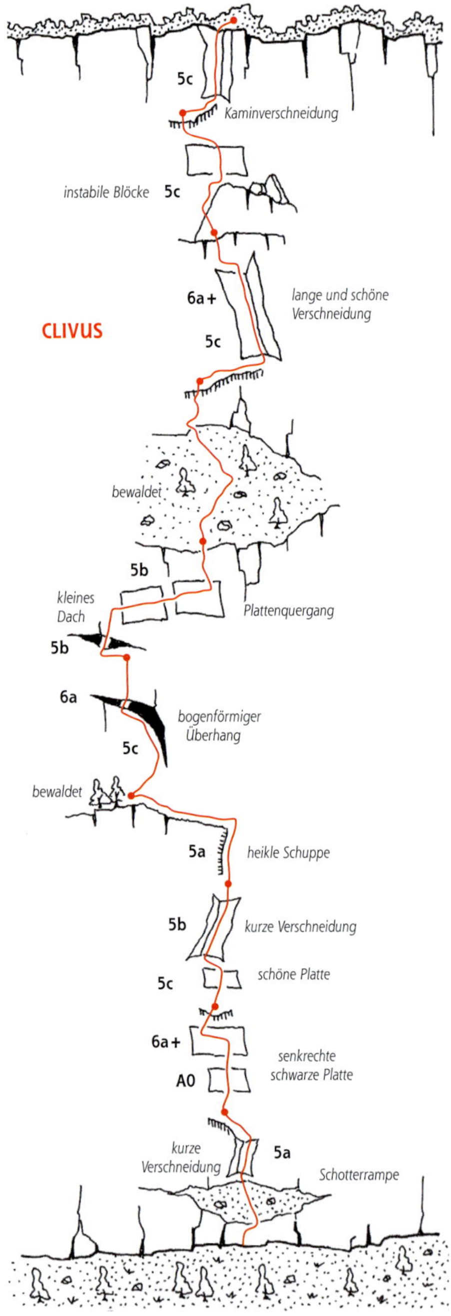

18 LUNA CALANTE★★

D. Cabas, P. Masera, S. Martini 2009
300 m. (11SL)
VI, VII, A1/R2/II

Anspruchsvolle Alpinroute, bei der sehr anstrengende, mit Bolts gesicherte Passagen abwechseln mit komplett traditionell abzusichernden Seillängen. Deshalb und auch wegen des teilweises brüchigen Gesteins wird diese Linie im Augenblick kaum begangen. Eine Sanierung wäre wirklich wünschenswert. Wiederholer benötigen ein paar Haken und einen Satz Friends. **Einstieg:** rechts von "Clivus".

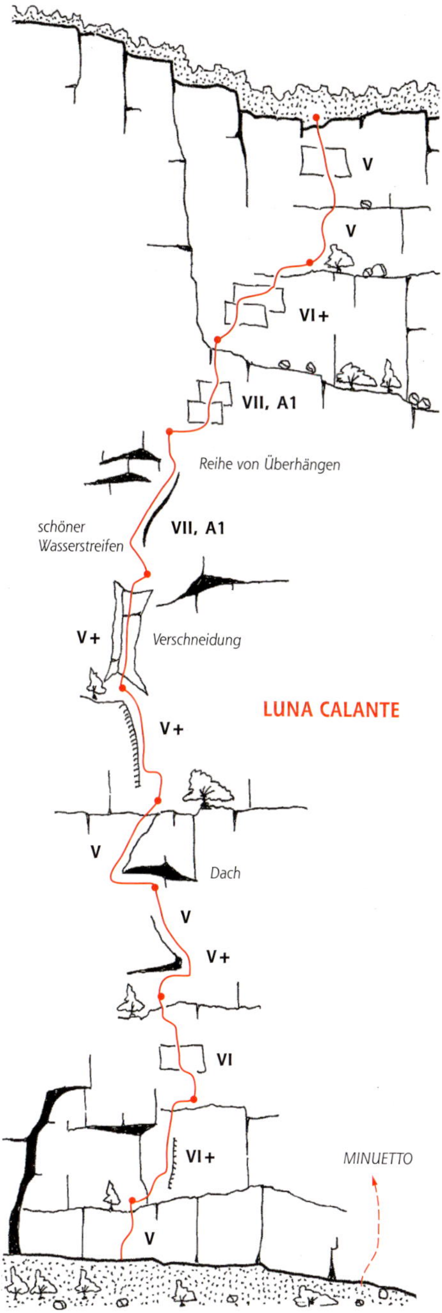

21 LA VIA DEGLI IGNORANTI ★★★★

M. Maceri, C. Zadra 2004
200 m. (8SL)
6b, 6c, Stellen A0 (6b obl.)/S1/II

Absolut herrliche und lohnende Linie über Platten, Überhänge, Risse und Verschneidungen. Am schönsten sind die dritte Seillänge mit der überhängenden Wand und die fünfte mit der tiefen Verschneidung. Durchwegs gute Felsqualität und perfekte Absicherung.

Einstieg: wenig rechts der 'Via Codice Kappa'.
Abstieg: Abseilen über die Route, wobei manche Standplätze ausgelassen werden.

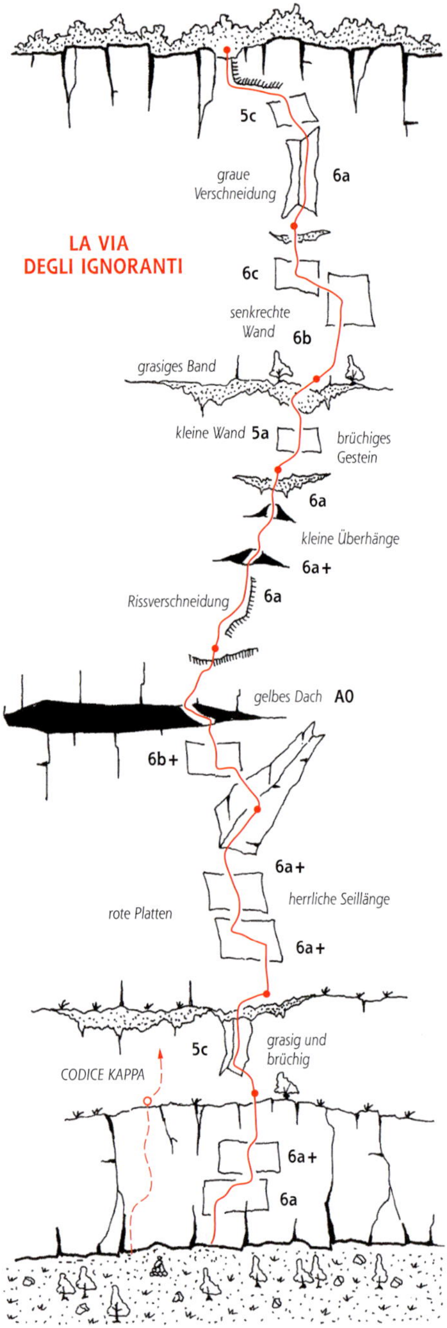

22 STELLE DI POLVERE ★★★★

G. Mantovani 2009

300 m. (9SL)

6a, 6b+, Stellen A0 (6b obl.)/S2/II

Schöne und empfehlenswerte Linie in meist solidem und ausgeputztem Fels. Die Absicherung mit Bohrhaken ist gut, teilweise liegen sie aber etwas weit auseinander, weshalb ein paar Friends durchaus sinnvoll sind. Anfangs zieht die Route über schöne, graue Platten mit einigen Rissen. Nach einem spektakulären Quergang folgen herrliche, überhängende Wandstellen. Die Ausstiegslänge führt in wunderschöner Kletterei über eine ausgesetzte Kante.

Einstieg: Routenname angeschrieben.

Anmerkung: Nach den ersten sechs Seillängen besteht mit einer Variante auf der rechten Seite die Möglichkeit, die letzten, schwierigen Originallängen zu umgehen.

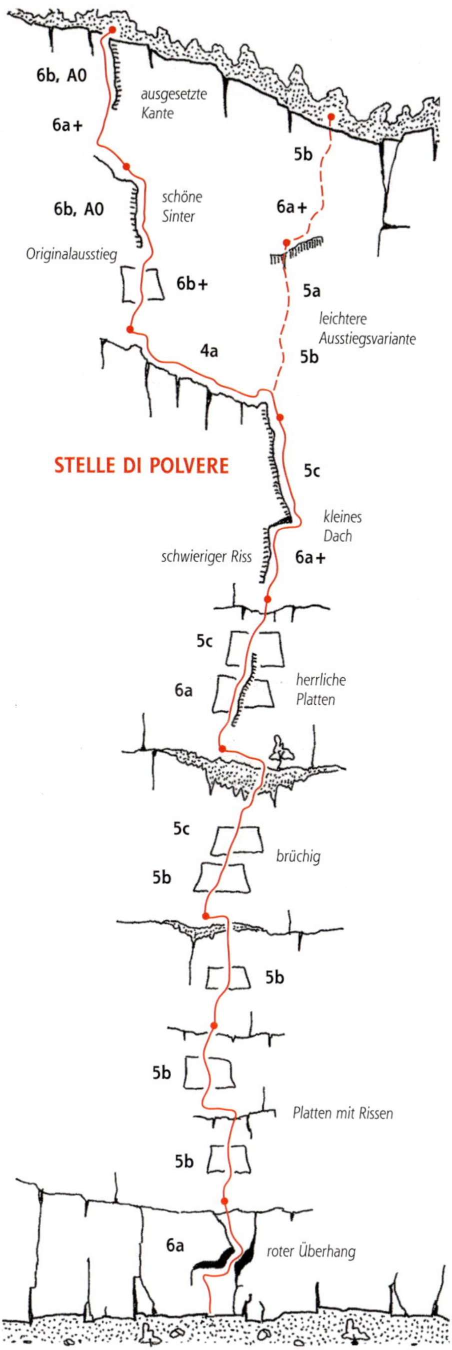

23 LA PICCOLA VERTICALITA' ★★★★
H. Grill, F. Kluckner, S. Schieder 2012
300 m. (9SL)
V+, VI, 2 Stellen A0/R2/II
Leichte und lohnende Genusskletterei, abwechslungsreich und in bestem Fels. Die Absicherung mit Bohrhaken, Sanduhrschlingen und Normalhaken ist vollkommen ausreichend, ein paar kleine und mittlere Friends können aber nicht schaden. Im unteren Teil führt die Linie über geneigte, mit Rissen durchsetzte Platten, weiter oben schlängelt sie sich dann mit herrlichen Passagen durch die gelben Überhänge.
Einstieg: Routenname angeschrieben.

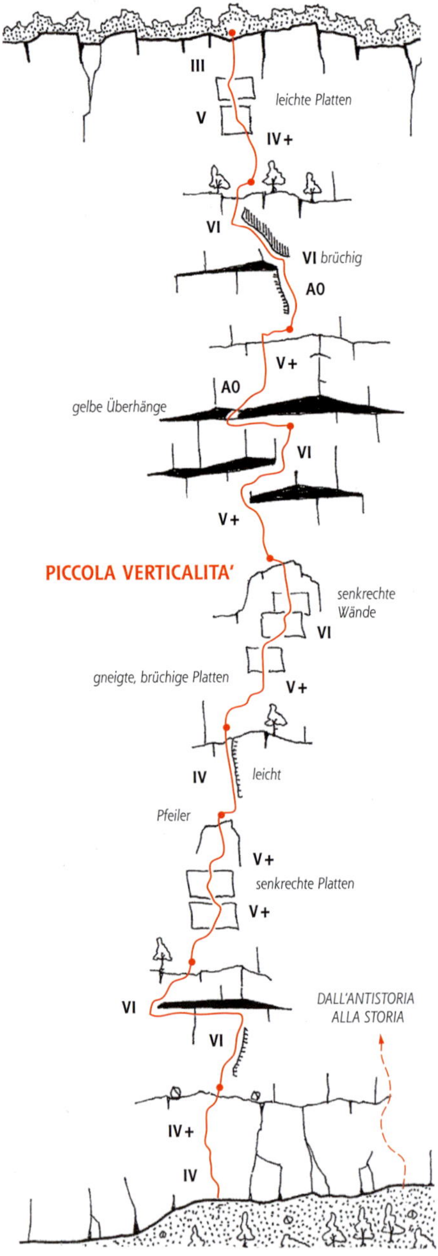

22
23
24
25
26
27
28
29
30
31

24 DALL'ANTISTORIA ALLA STORIA★★★★

H. Grill, A. Gogna, F. Kluckner, S. Königseder
2010
250 m. (9SL)
VI+, VII, 2 Stellen A0 Ao/R3/II

Wunderschöne, logische Linie, die mit einer ungewöhnlichen Überraschung aufwartet. Absolut herrlich sind die mittleren Seillängen, die über fantastischen, roten Fels mit Tropflöchern und Sintern führen. Die mühsame und widerspenstige Crux ist die Passage, die in der Ausstiegslänge quasi durch ein Loch führt. Es handelt sich hier um einen Kamin mit einer Verengung, zwar kurz, aber wirklich eng: Alles, was hier am Gurt hängt, stört eigentlich nur. Wiederholer benötigen ausschließlich Expressschlingen und ein paar Friends.

Einstieg: Routenname angeschrieben.

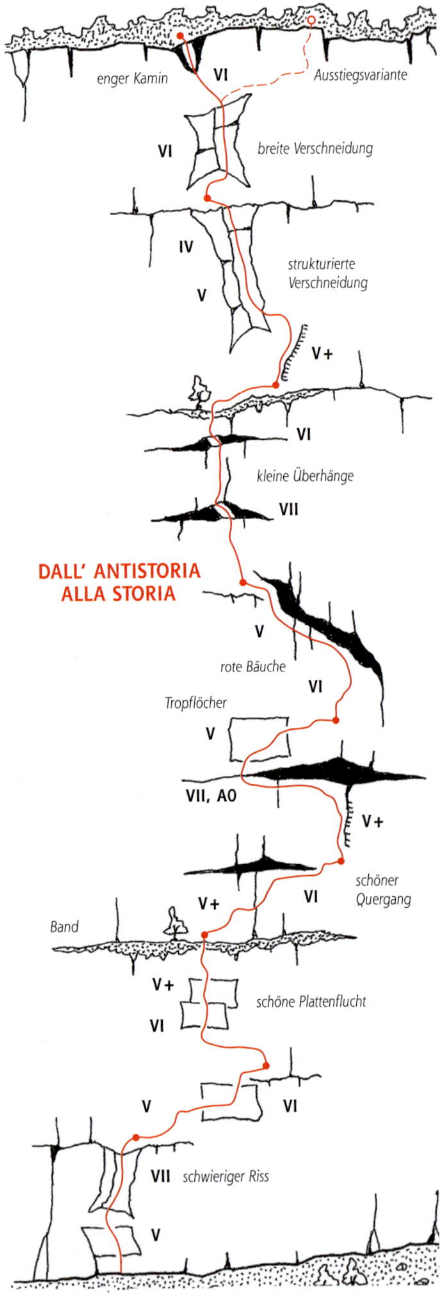

Luca Galbiati e Claudia Farruggia, *Dall'antistoria alla storia*, Coste dell'Anglone *(sassbaloss.com)* →

25 LUCE E COLORI

H. Grill, F. Kluckner, S. Königseder, M. Staufer
2009
250 m. (8SL)
VI+, VII, A0/R/II

Einer der schönsten und aufregendsten Aufstiege in diesem Sektor. Er führt in freier Kletterei fast immer über die gelben, überhängenden Wände, überall trifft man auf besten Fels mit vielen Tropflöchern und korallenartigen Ausformungen. Absicherungsmäßig ist die Route eher als alpin zu bezeichnen, ein Satz Friends sollte deshalb am Gurt hängen.

Einstieg: Routenname angeschrieben.

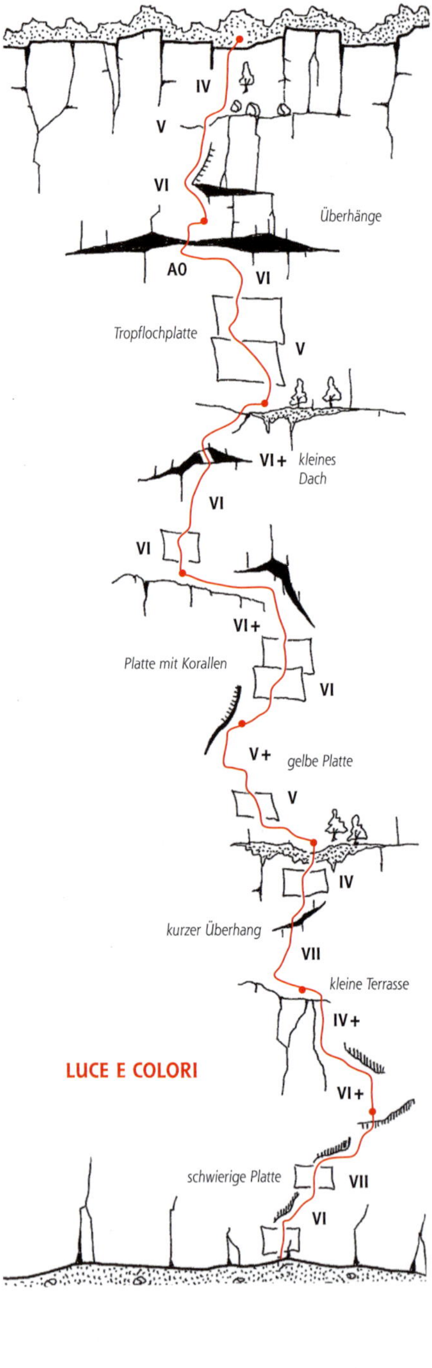

26 IL GIGANTE ★★★★

C. Masera, I. Feller 2009
200 m. (7SL)
6c, 7a, Stellen A0 (6b obl.)/S2/II

Absolut empfehlenswerte, sehr schöne und lohnende Sportkletteroute. Auch wenn diese Aussage nicht gerade für die Einstiegslängen zutrifft, entschädigt der obere Teil mehr als genug für diesen "Zustieg": In herrlicher, technisch anspruchsvoller Kletterei führt die Linie über fantastischen, roten Tropflochfels. Wenn es sehr schwierig wird, ist auch der Hakenabstand geringer. Diese Passagen können auch A0 geklettert werden. Aber es bleiben dennoch genügend schwierige Stellen, die zwingend zu klettern sind. Eventuell könnten ein paar kleine Friends moralisch unterstützend sein, eigentlich benötigt man aber nur Expressschlingen.

Einstieg: Routenname angeschrieben.

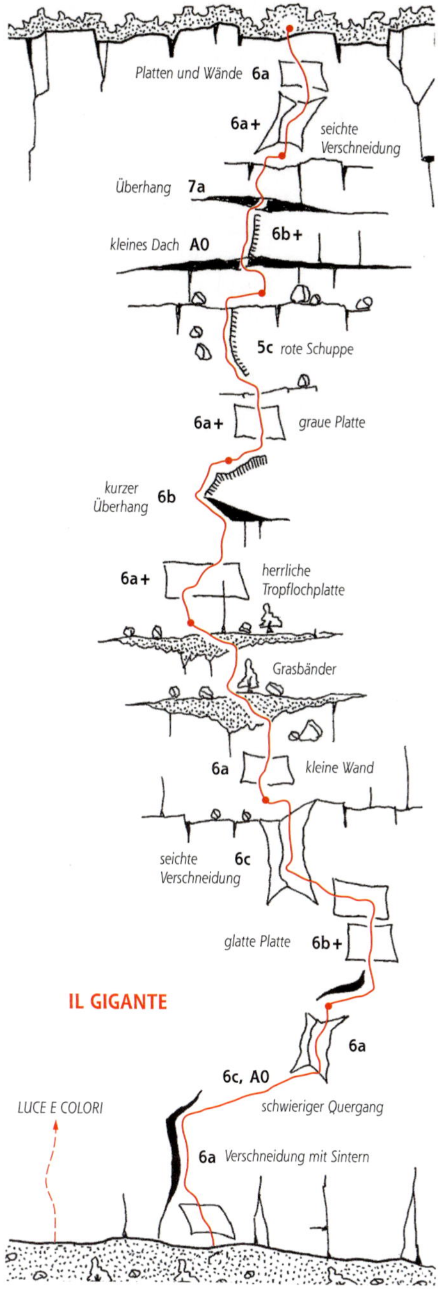

27 VECCHI TEMPI

H. Grill, I. Rabanser, F. Kluckner, S. Königseder
2011
250 m. (9SL)
V+, VI+, A1/R3/II

Freies und technisches Klettern treffen in dieser Route, die beste Felsqualität aufweist, aufeinander. Im unteren Teil ist wegen der geringen Sicherungsmöglichkeiten sehr anstrengende Kletterei angesagt. Weiter oben folgt durch die Überhänge der Techno-Teil der Linie, die sich hier spektakulär und ausgesetzt durch die Überhänge schlängelt. Wiederholer benötigen einen kompletten Satz Friends.

Einstieg: Routenname angeschrieben.

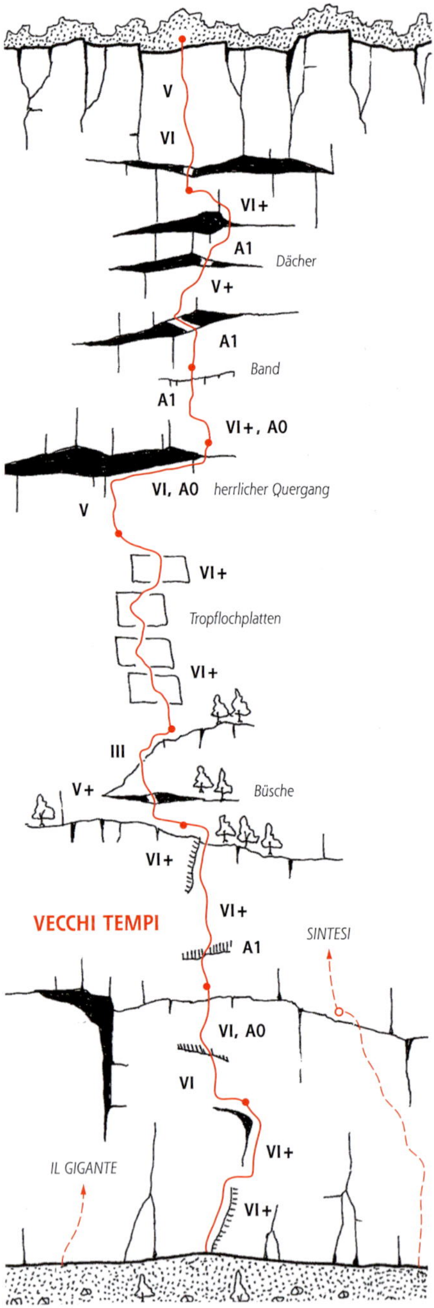

28 SINTESI ★★★★

I. Rabanser, H. Grill, S. Königseder 2010
250 m. (10SL)
V+, VI+, A0/R3/II

Eine sehr lohnende, ja begeisternde Route in bestem Fels, die in der fünften Seillänge mit fantastischem, unglaublich strukturiertem Gestein aufwartet. Die logische Linie wird charakterisiert durch die vielen Schuppen, Verschneidungen und Risse. Nur die Absicherung fällt etwas mager aus und ist nicht auf der Höhe der Zeit. In den ersten Längen trifft man noch auf alte Stiftbohrhaken. Ein kompletter Satz Friends ist notwendig.

Einstieg: Routenname angeschrieben.

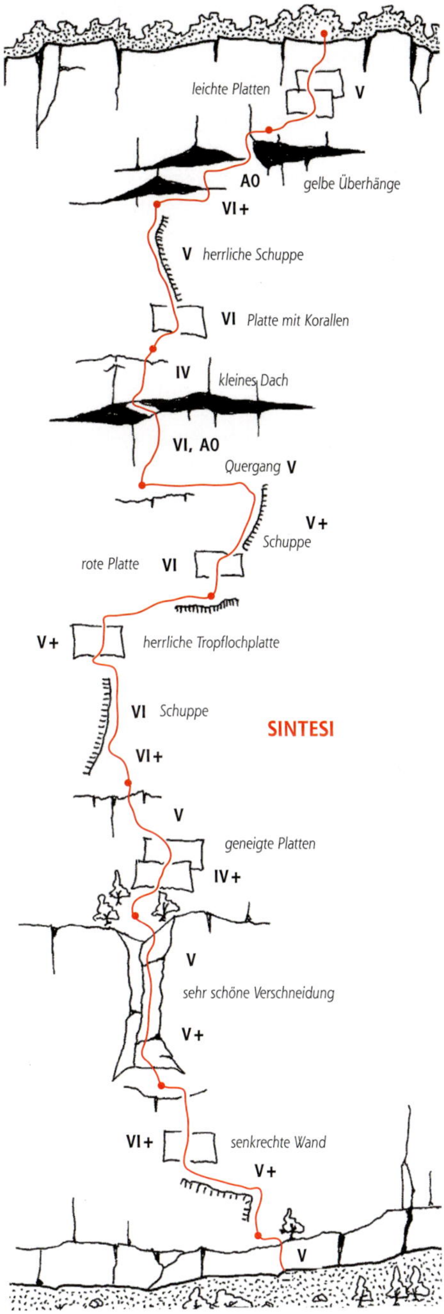

29 NEL CIELO DI DRO★★★

M. Brighente, G. Bogoni, D. Dal Cere, D. Passetto 2010
350 m. (13SL)
5b, 5c, 2 Stellen A0/R1/II

Ein grauer Felsstreifen zieht komplett durch diesen Wandbereich, ihm folgt der Verlauf dieser Route. Die schöne und strukturierte Linie führt über meist festes Gestein, die Absicherung ist gut und ausreichend. Trotz dieser guten Faktoren sollte man immer Vorsicht walten lassen: einige große, instabile Blöcke könnten sehr werden (vor allem in der 5. und 6. Seillänge). Die Schwierigkeiten halten sich in Grenzen, meist bewegt man sich im IV. und V. Grad. Die anstrengendste Passage wartet im oberen Wandbereich, hier ist eine wunderschöne Untergriffschuppe zu bewältigen (teilweise zwingend zu kletternde Stelle im VI. Grad). Insgesamt gesehen also eher eine Route für Entdecker und Alpinisten.

Einstieg: zunächst über eine schöne graue Platte, die ersten Bolts sind gut zu sehen.

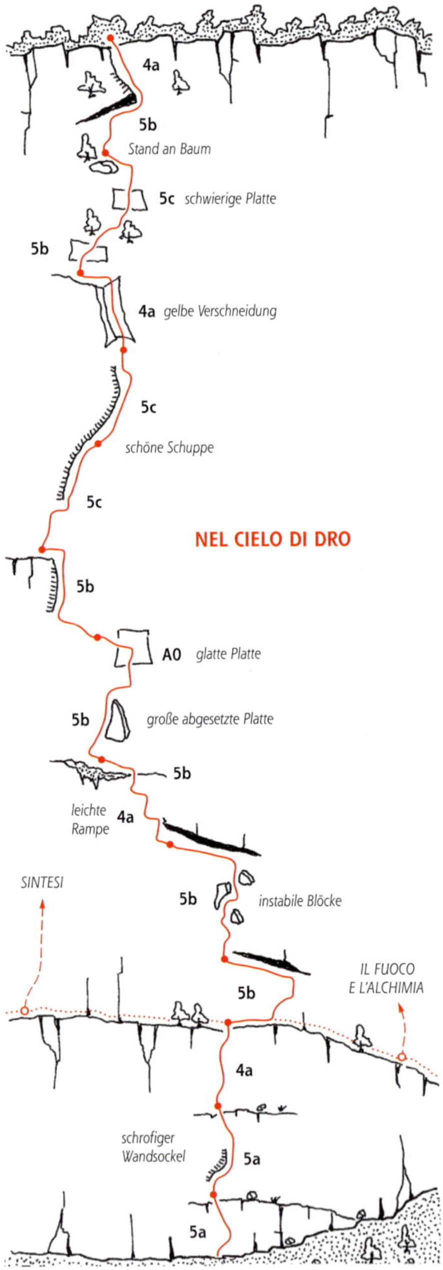

30 IL FUOCO E L'ALCHIMIA DELLO SPIRITO

★★★★

H. Grill, F. Heiss, M. Heiss 2009
300 m. (10SL)
VI+, VII, Stellen A0/R3/II

Bester, plattiger Fels bietet beste Voraussetzungen für diese schöne Route, die sich auf der Suche nach den schwachen Punkten durch die Wand schlängelt. In den herrlichen Seillängen 3 und 5 ist technisch anspruchsvolle Kletterei angesagt, die Schwierigkeiten sind anhaltend hoch und die Hakenabstände relativ weit. Die Ausstiegslängen bieten einige überhängende und sehr anstrengende Passagen. Wiederholer benötigen neben Expressschlingen auch ein paar kleine bis mittlere Friends.

Einstieg: Routenname angeschrieben.

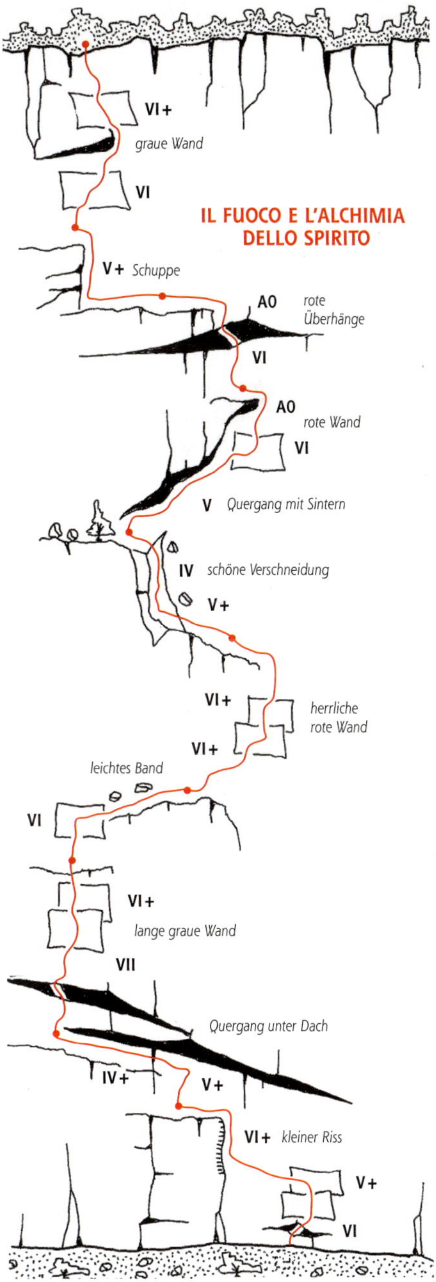

28 Anglone Nord

Coste dell'Anglone

0.30 h

1.00 h

350 m.

O

Der wichtigste und schönste Bereich des langen Felsriegels ist gekennzeichnet durch gelbe, überhängende Wände (hier verläuft die Route "Arcangelo") sowie einen mächtigen und markanten grauen Pfeiler mit der Route "Canto dell'Indra". Alle Routen hier wurden von Heinz Grill und seiner Gruppe eröffnet, sie bieten herrliche und absolut empfehlenswerte Klettereien mit logischer Linienführung.

Zustieg

Man parkt am besten auf dem großen Platz am Sportgelände von Dro. Von hier aus geht man dann in südlicher Richtung auf der Schotterstraße in die Olivenhaine weiter und erreicht dann die Straße in der Nähe der Brücke bzw. beim ehemaligen Straßenwärterhaus. Hier weiter auf der kleinen Straße durch den Olivenhain und kurz darauf rechts ab auf einen Pfad, der zum Wandfuß und den verschiedenen Einstiegen führt.

Abstieg

Vom Ausstieg der Routen auf Pfadspuren in den Wald und zur Forststraße. Jetzt rechts weiter und bei einer markanten Abzweigung dann auf dem gesicherten Steig Sentiero dell'Anglone zurück ins Tal und zum Parkplatz.

31 L'OMBRA E L'APPARIZIONE DEL MONDO	**280 m.**
32 ARCHANGELO	**350 m.**
33 ECSUSIAI	**350 m.**
34 ARCHAI	**350 m.**
35 LA PICCOLA PIRAMIDE	**350 m.**
36 LE SCALETTE DELL'INDRIA	**350 m.**
37 IL PROFONDO RISPETTO DELL' L'INDRIA	**350 m.**
38 IL CANTO DELL'INDRIA	**350 m.**
39 VIA PER MARCO SIMONI	**350 m.**
40 LE DUE PARETI	**350 m.**
41 LA VIA DELLA POLEMICA	**350 m.**
42 EQUINOZIO D'AUTUNNO	**350 m.**

27
28
29
30
31
32
33
34

31 L'OMBRA E L'APPARIZIONE DEL MONDO

★★★★

H. Grill, F. Heiss, M. Heiss, S. Königseder 2008
280 m. (7SL)
VI+, VII/R3/II

Sehr schöne Route mit logischer und eleganter Linie. Die Plattenfluchten in der 2. und 4. Seillänge bieten technisch sehr schwierige Kletterei mit wenigen Haken und weiten Abständen. Sehr charakteristisch sind auch der lange, spektakuläre Kamin in der 3. Seillänge sowie die logische Ausstiegslänge durch die roten Überhänge. Die Route ist gut ausgeputzt und die Felsqualität ist durchwegs gut. Die vorhandenen Bolts und Normalhaken sind sicher und gerade so ausreichend, ein kompletter Satz Friends sollte deshalb mitgeführt werden.

Einstieg: Routenname angeschrieben.

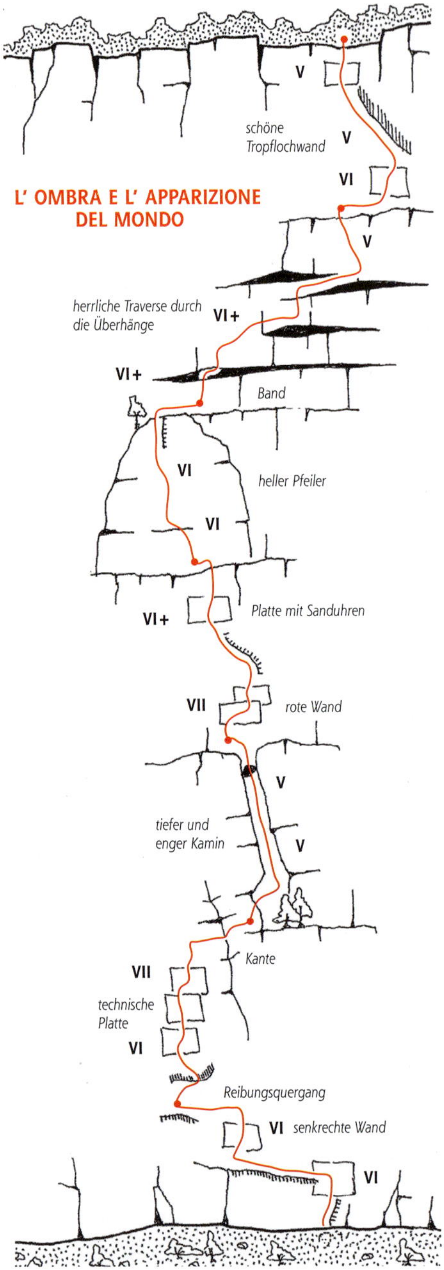

32 ARCHANGELO★★★★★

H. Grill, F. Kluckner, F. Heiss 2006
350 m. (11SL)
VI+, VII, A0/R2/II

Eine der schönsten und lohnendsten Routen in der Umgebung von Arco und sehr empfehlenswert! Die Linie ist unglaublich logisch und bietet eine Reihe von spektakulären Seillängen. In den ersten Seillängen ist das Gestein noch etwas dreckig, aber schon bei den gelben Überhängen ist der Fels nur so übersät mit Sintern, Sanduhren und traumhaften Tropflöchern. Die Absicherung mit Normal- und Bohrhaken ist gut, aber nie plaisirmäßig, einige schwierige Passagen sind obligatorisch. Wiederholer benötigen nur Expressschlingen und einen Satz Friends. Achtet in den stark gegliederten Bereichen auf die Seilführung.

Einstieg: unterhalb einer deutlichen Verschneidung, Routenname angeschrieben.

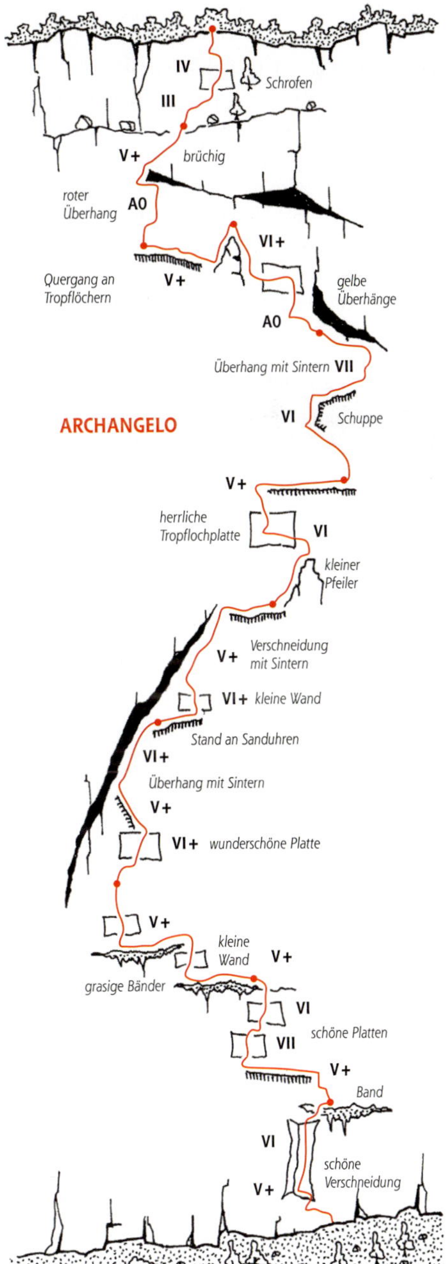

33 ECSUSIAI ★★★★

H. Grill, F. Heiss, S. Königseder 2006

350 m. (12SL)

VI, A0/RS2/II

Schöne Route mit logischer Linie in der stark gegliederten Wand. Der erste Teil führt über graue Platten und kleine Wäldchen zum zentralen, gelben Wandbereich mit kleinen Dächern und überhängenden Platten. In herrlicher Kletterei führt der Weg weiter durch den Dachgürtel und über die senkrechten und glatten Ausstiegsplatten. Zu Beginn ist der Fels noch etwas dreckig, aber ab Wandmitte perfekt. Die Absicherung mit Normal- und Bohrhaken ist zwar ausreichend, aber ein Satz Friends sollte mitgeführt werden. Es besteht die Möglichkeit, über die beiden letzten Seillängen von 'Archai' auszusteigen: sehr viel schönere Kletterei in sauberem Gestein.

Einstieg: Routenname angeschrieben

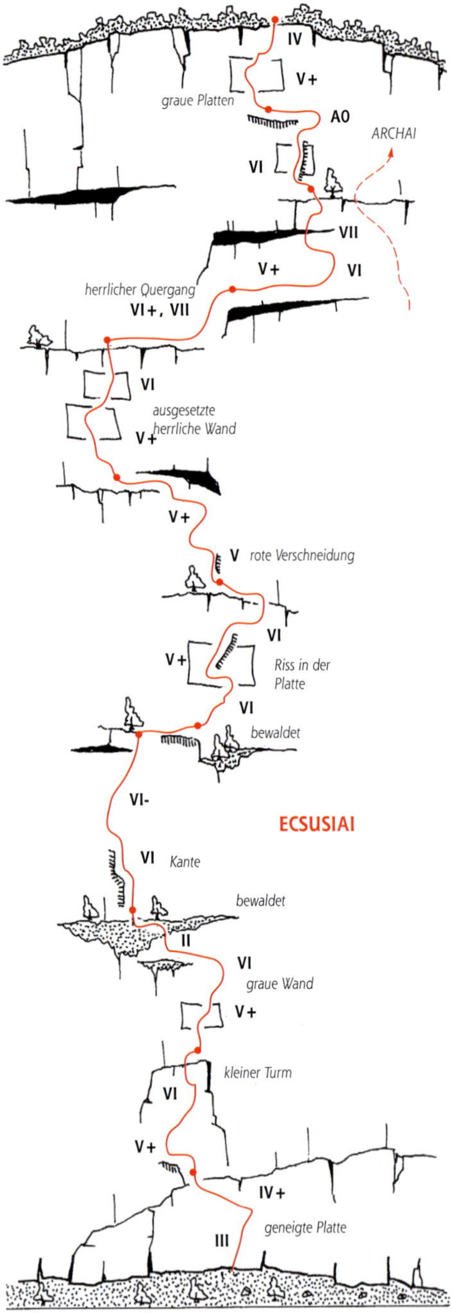

34 ARCHAI★★★

H. Grill, F. Heiss, S. Konigsedel 2006
350 m. (11SL)
VI+, A0/RS2/II

Schöne, lohnende und interessante Linie über graue, senkrechte Platten, aber auch schöne Risse und herrliche Schuppen. Weiter oben führen eine schwierige rote Verschneidung und ein ausgesetzter Quergang unterhalb eines Daches zu überhängenden gelben Wandbereichen. Die Ausstiegsplatte ist ebenfalls wunderschön. Die Route in meist festem Gestein ist mit Normal- und Bohrhaken abgesichert, aber für die Risse sind Friends nötig.

Einstieg: Routenname angeschrieben.

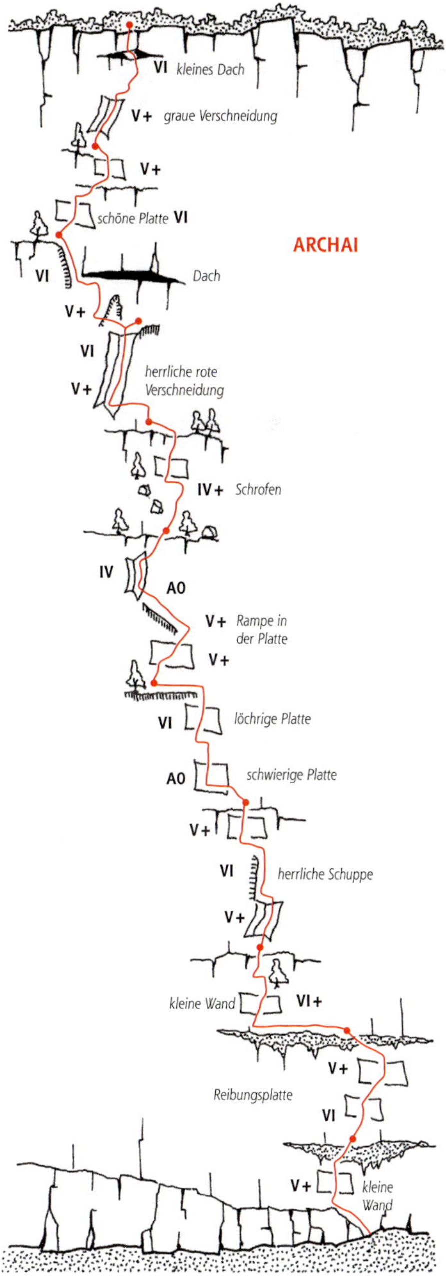

35 LA PICCOLA PIRAMIDE★★★

H. Grill, A. Kluckner 2007
350 m. (11SL)
V+, VI/R2/II

Diese Route ist nie zu anspruchsvoll, viele Platten, Verschneidungen, Kamine und Risse machen sie sehr abwechslungsreich. In der 6. Seillänge trifft man auf einen herrlichen Kamin mit bestem Tropflochfels. Auch die drei Ausstiegslängen mit dem Routenabschnitt namens "Piccola Piramida" bieten wunderschöne Kletterei. Im Allgemeinen ist die Felsqualität gut und die Absicherung ist ausreichend. Einige kleine bis mittlere Friends sollte man aber dabei haben.

Einstieg: Routenname angeschrieben.

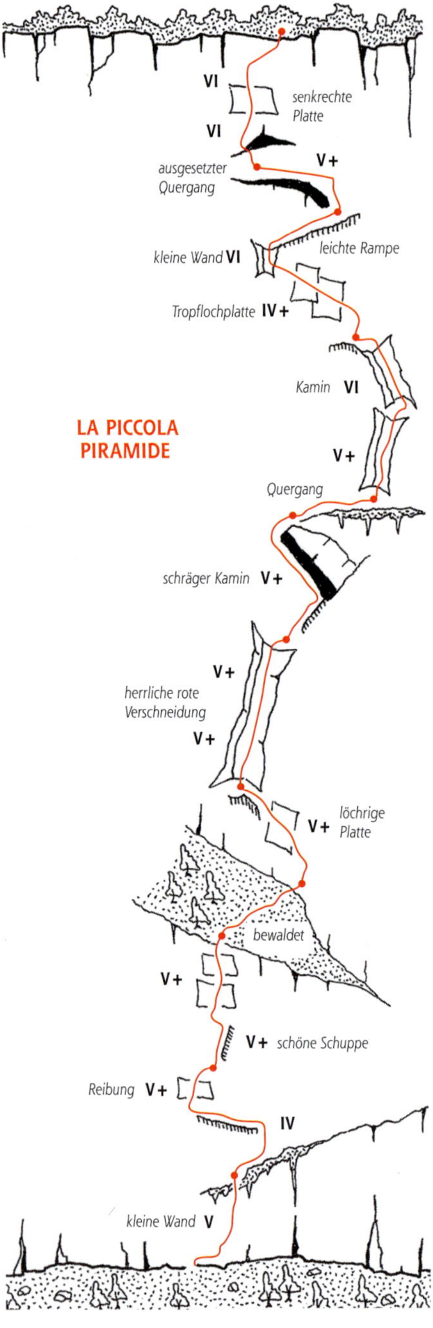

36 LE SCALETTE DELL'INDRIA★★★

H. Grill, F. Kluckner, M. Staufer 2007
350 m. (11SL)
V+, VI/R2/II

Schöne Genusskletterei mit logischer Linie durch die schwachen Punkte der Wand. Neben vielen Plattenpassagen trifft man auch auf ein paar schöne Risse und Verschneidungen. Die Schuppe in der 3. Seillänge ist absolut fantastisch, auch die lange Ausstiegsverschneidung wird begeistern. Die Route ist gut mit Bohr- und Normalhaken sowie Sanduhrschlingen abgesichert, eventuell sind einige kleinere bis mittlere Friends hilfreich.

Einstieg: Routenname angeschrieben.

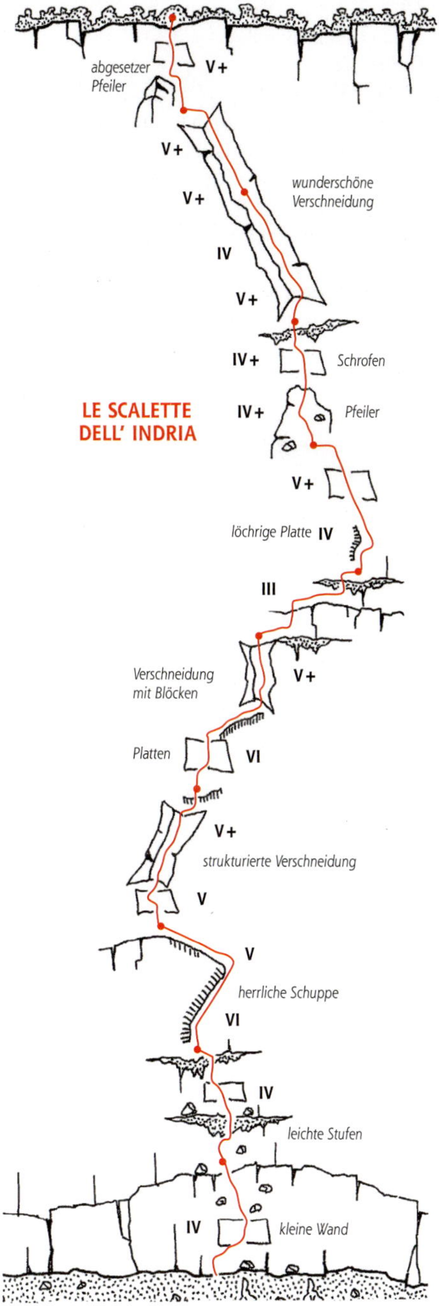

37 IL PROFONDO RISPETTO DELL'INDRIA

★★★

H. Grill, S. Königseder 2007
350 m. (13SL)
V+, VI/R2/II

Abwechslungsreiche und sehr lohnende Route mit technisch anspruchsvollen, grauen Platten und kraftraubenden Verschneidungen. Die Felsqualität ist meist gut bis sehr gut, nur im mittleren Bereich der Route gibt es brüchige Passagen. Die Absicherung mit Bohrhaken und Sanduhrschlingen ist ausreichend, ein kompletter Satz Friends hilft sehr, vor allem bei den Verschneidungen.

Einstieg: Routenname angeschrieben.

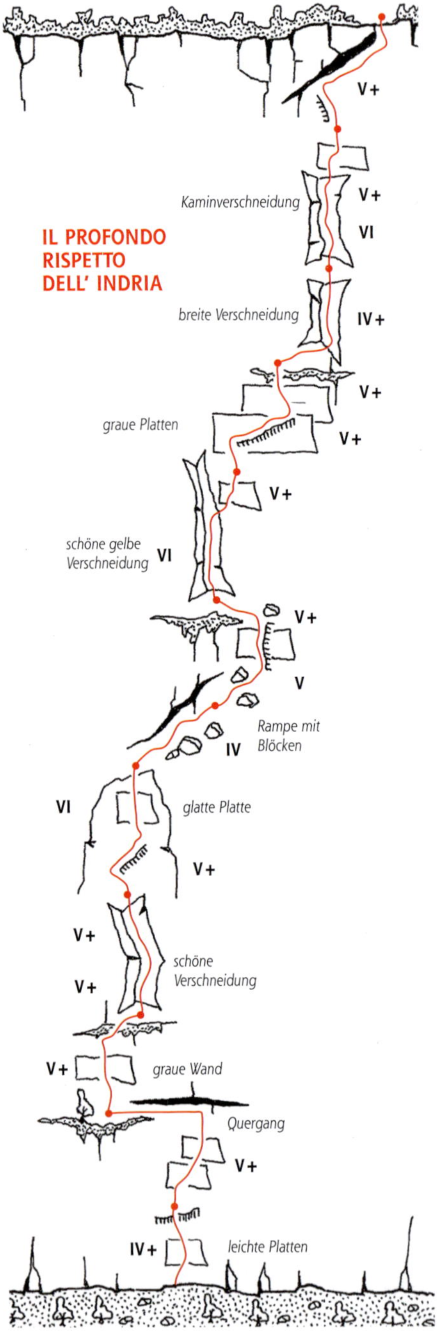

39
38
35
36
37
38
39
40
41
42

38 IL CANTO DELL'INDRIA★★★★

H. Grill, F. Heiss, F. Kluckner 2007
350 m. (15SL)
V+, VI+/R2/II

Elegante und logische Linie mit anhaltenden, homogenen Schwierigkeiten. Die Einstiegslängen führen über herrliche, senkrechte Tropflochplatten, danach folgen eine fantastische rötliche Verschneidung und schöne Risse. Zum Schluss führt der Weg über einen schlanken und quadratischen Pfeiler. Die Felsqualität ist meist gut, teilweise sogar sehr gut. Unterschiedliche Absicherung mit Bohr- und Normalhaken und Sanduhrschlingen. Ein kompletter Satz Friends ist notwendig.

Einstieg: Routenname angeschrieben.

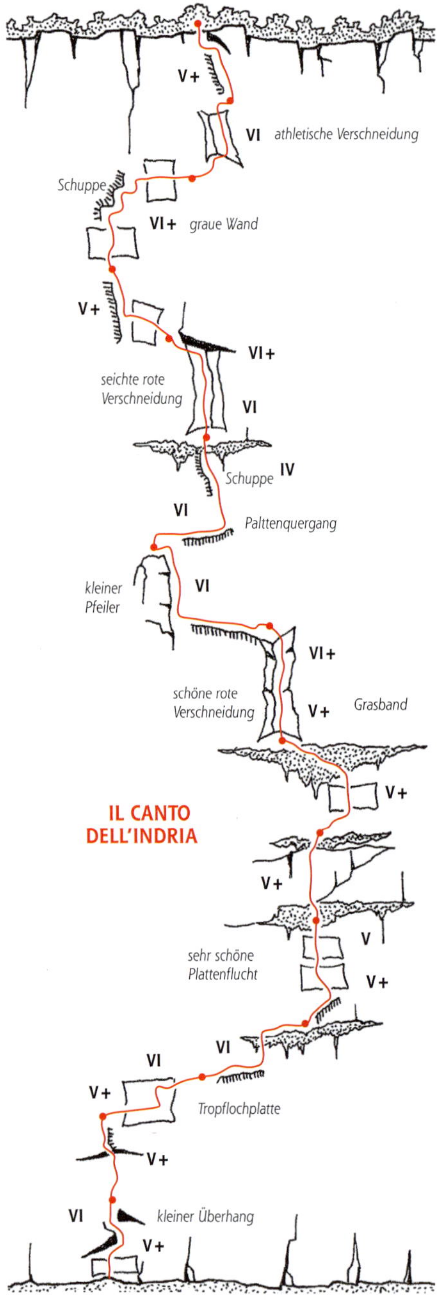

39 VIA PER MARCO SIMONI ★★★

H. Grill, F. Kluckner, S. Schieder 2011
350 m. (11SL)
V+, VI+, Stellen A1/R3/II

Diese Route ähnelt im Großen und Ganzen den sie umgebenden Linien: auf graue Platten folgen gelbe Überhänge. Die Kletterei fordert Kraft und Technik, einige Seillängen sind absolut begeisternd, wie beispielsweise die 7. durch die gelben, ausgeprägten Überhänge. Der Fels ist ausgeputzt und weist sehr guter Qualität auf, die Absicherung ist aber oftmals weit. Ein kompletter Satz Friends ist notwendig, für den Ausstiegsriss benötigt man die mittleren Größen doppelt. Bei der Überwindung des Daches könnten auch zwei Steigleitern nützlich sein.

Einstieg: Routenname angeschrieben.

Anmerkung: Die Route ist Marco Simoni gewidmet, der durch einen herabstürzenden Felsblock am Einstieg der Via Piccola Piramide tragischerweise ums Leben kam.

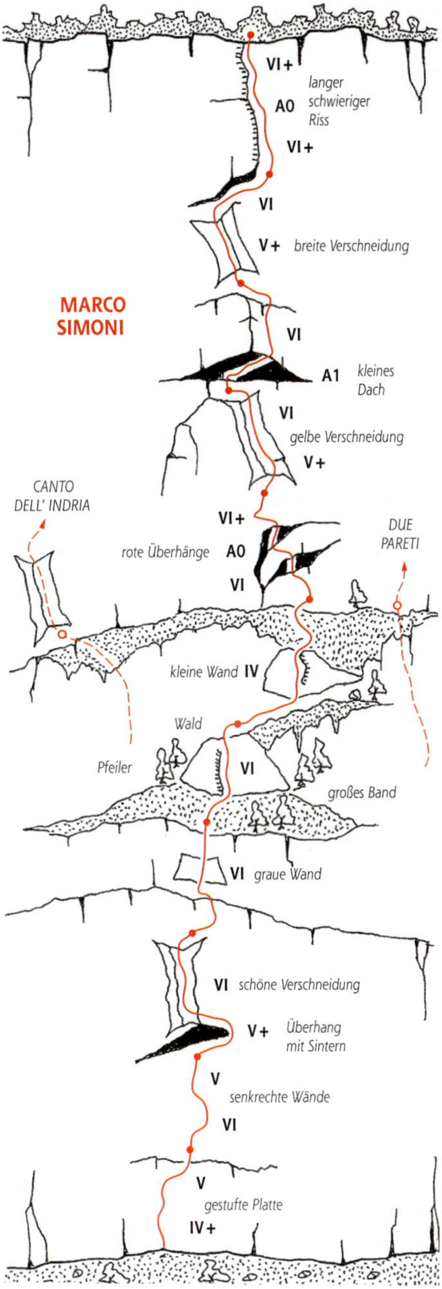

40 LE DUE PARETI ★★★★★

H. Grill, F. Kluckner, F. Heiss, L. Franken 2008
350 m. (12SL)
VI+, 2 Stellen VII/R3/II

Eine der schönsten und interessantesten Touren in diesem Sektor, ein absolutes Muss! Die graue Wand in der 6. Seillänge und die schräge Ausstiegsplatte werden sicherlich in Erinnerung bleiben. Meist herrscht Plattenkletterei vor, teilweise mit herrlichen Tropflöchern, nur selten trifft man auf Verschneidungen und Risse. Einige überhängende Stellen fordern Kraft und Entschlossenheit. Bei ein paar Passagen sind wegen der weiten Absicherung Ruhe und Coolness der Schlüssel zum Erfolg. In der ganzen Route stark strukturierter Fels mit bester Qualität, die Absicherung mit Bohr,- Normalhaken und Sanduhrschlingen ist ausreichend. Ein paar kleine bis mittlere Friends sind eventuell nützlich.
Einstieg: Routenname angeschrieben.

41 VIA DELLA POLEMICA

H. Grill, F. Heiss, S. Königseder 2010
350 m. (14SL)
VI+, VII+/R4/III

Die Gruppe um Heinz Grill hat im Sarcatal ca. 60 neue Routen eröffnet, allesamt schön und mit logischer Linie. Welche Arbeit für das Putzen bzw. Felsausräumen und Haken setzen dahinter steckt, ist vermutlich klar. Von einigen Alpinisten wird diese Art der Erschließung aber strikt abgelehnt, in Internetforen, Zeitschriften wurde und wird darüber heftig diskutiert. Ihrer Meinung nach sollte man den Fels bei der Erschließung von Routen so weit wie möglich in seinem "natürlichen" Zustand belassen. Ihnen ist diese Route gewidmet, nichts wurde hier verändert, abgeräumt oder sogar geklebt, alle Originalhaken stecken noch. Wiederholungen stehen deshalb bislang noch aus. Ein Bericht zu dieser Route ist auf der Website von Heinz Grill oder in seinem Kletterführer zu finden.

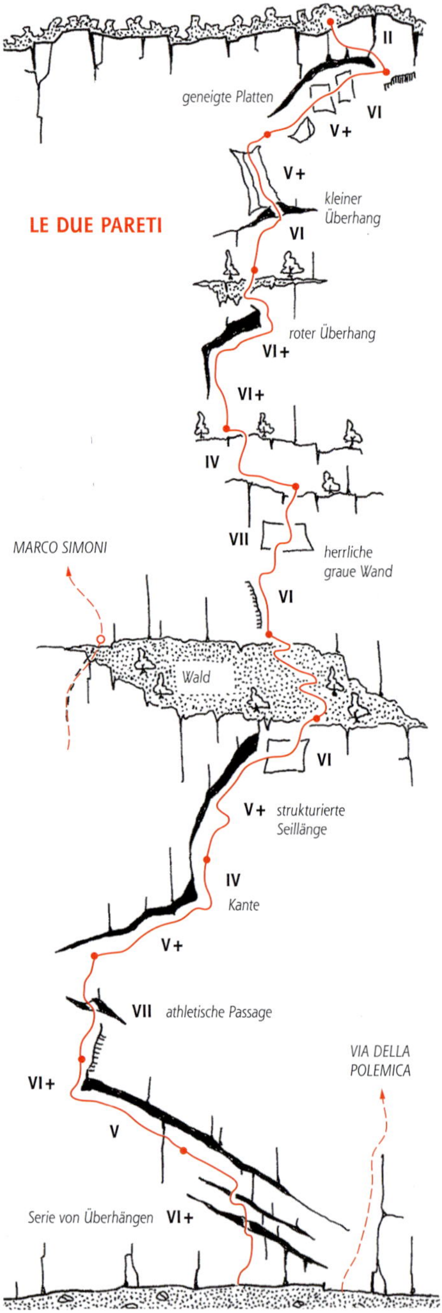

42 EQUINOZIO D'AUTUNNO★★★

A. Toni Zanetti, M. Brighente 2008
350 m. (12SL)
5c, 6b 3 Stellen A0/6a obl./II

Insgesamt gesehen leichte und lohnende Route mit einem alpinen Touch. Nur die beiden ersten Längen sind schwieriger, danach fallen meist Schwierigkeiten um 5c/6a an. Die zentrale Plattenflucht und die lange letzte Verschneidung bieten herrliche Kletterei. Wegen brüchigen Gesteins ist in den letzten Seillängen teilweise etwas Vorsicht geboten. Die Absicherung ist durchwegs gut, es werden nur Expressschlingen benötigt.

Einstieg: Routenname angeschrieben.

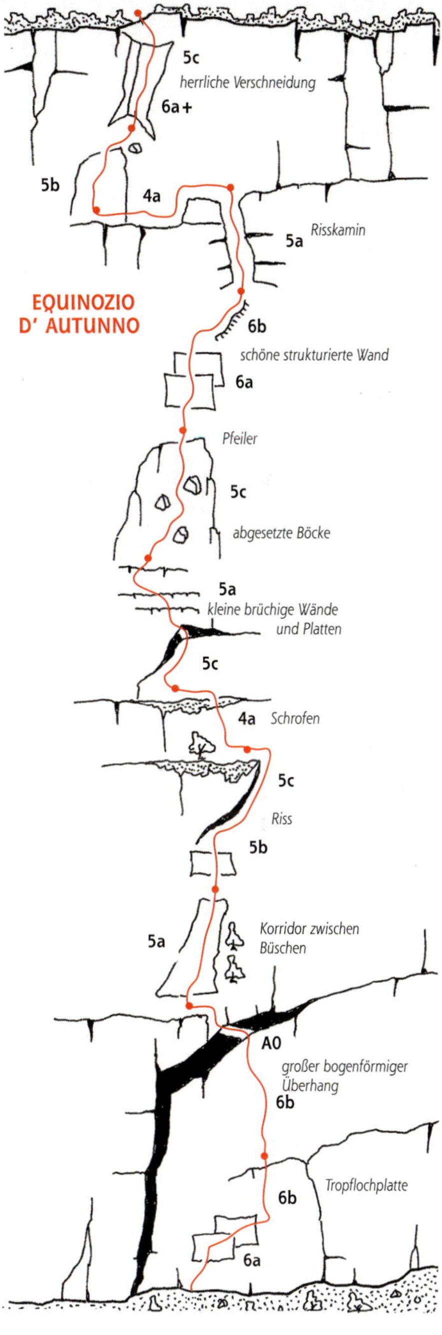

29 Ca' del Liscio

Coste dell'Anglone

0.30 h

1.00 h

300 m.

0

Eigentlich die Cima alle Coste "en miniature": auf eine lange Basis mit grauen, geneigten und glatten Platten folgen im obersten Bereich gelbe, überhängende Wände. Die Felswand liegt etwas isoliert im langen Felsriegel der Bastionata dell'Anglone, ist über dem Ort Dro aber gut zu erkennen.

Zustieg

Man parkt am besten auf dem großen Platz am Sportgelände von Dro. Von hier aus geht man auf der Forststraße in Richtung Arco weiter und am Bildstock dann rechts auf den Wanderweg "Sentiero dell'Anglone". Kurz darauf zweigt eine gut erkennbare Pfadspur links ab (gleicher Zustieg wie zum Klettergarten "Pizzeria") und führt lange unterhalb der Felswand entlang. Über einen steilen Felssockel mit Gebüsch und ein paar Fixseilen steigt man schließlich hoch zum Wandfuß.

Abstieg

Pfadspuren führen durch den Wald und zur Forststraße. Jetzt rechts und bei einer Abzweigung dann auf den teils gesicherten Wanderweg (Sentiero degli Scaloni) bzw. zurück ins Tal.

43 DI TUTTO UN PO'	**300 m.**
44 SGUARAUUNDA	**300 m.**
45 HELI	**170 m.**
46 RUDANIA	**150 m.**
47 BAMBOUENI	**300 m.**

43
44
45
46
47

43 DI TUTTO UN PO'★★★

M. Brighente, G. Bogoni, D. Pasetto 2007
300 m. (11SL)
6a, Stellen 6b (5c obl.)/S1/II

Schöne Route mit gemäßigten Schwierigkeiten im linken Wandbereich, die ähnlich wie "Sguarauunda" zunächst mit geneigten Platten aufwartet und dann in logischer Linie durch die überhängenden Wände zieht. Die Tour ist wirklich abwechslungsreich und bietet von allem etwas: Reibungsplatten, brüchigen Fels, fantastische Tropflochwände, steile Wäldchen, luftige Quergänge. Auch wenn anfangs die Vegetation oft stört, lohnt ein Einstieg doch: Vor allem die letzten Seillängen werden entschädigen! Die Felsqualität ist meist gut, die Absicherung mit Bohrhaken perfekt. Wiederholer benötigen ausschließlich Expressschlingen.

Einstieg: etwas links von "Sguarauunda", Routenname angeschrieben.

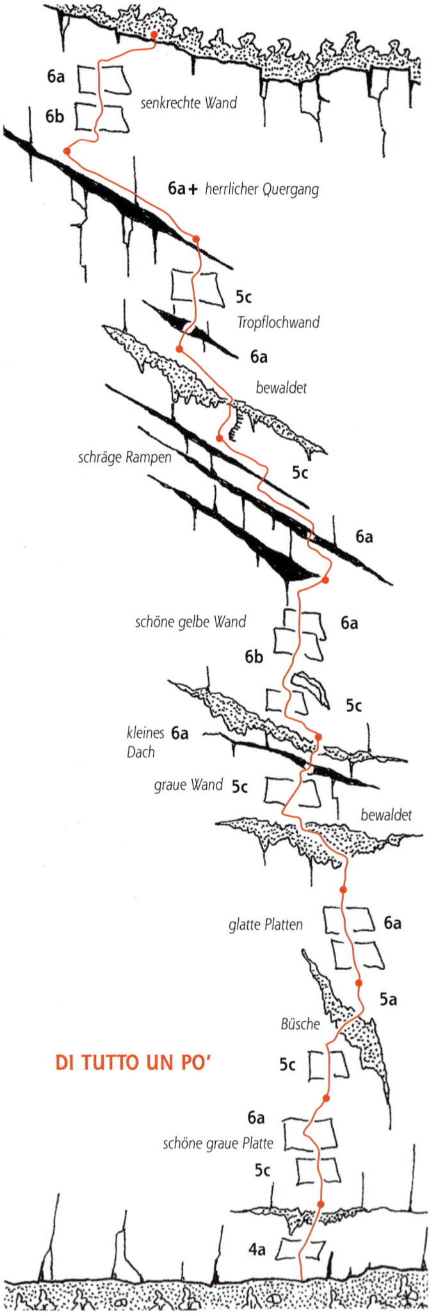

44 SGUARAUUNDA ★★★★★

R. Galvagni, D. Filippi 2006

300 m. (10SL)

6a, 6c (6a obl.)/S2/II

Wunderschöner Weg, sehr lohnend und abwechslungsreich. Nach den ersten beiden Seillängen über geneigte Platten führt die Route durch einen Bereich mit gelben Überhängen. In den Platten überwiegt Reibungskletterei, im oberen Bereich ist die Kletterei athletisch, aber es gibt gute Griffe. Das Gestein ist immer fest und die Absicherung gut, nur in der 4. SL sind die Haken etwas weit auseinander.

Einstieg: etwa in Wandmitte, Routenname angeschrieben.

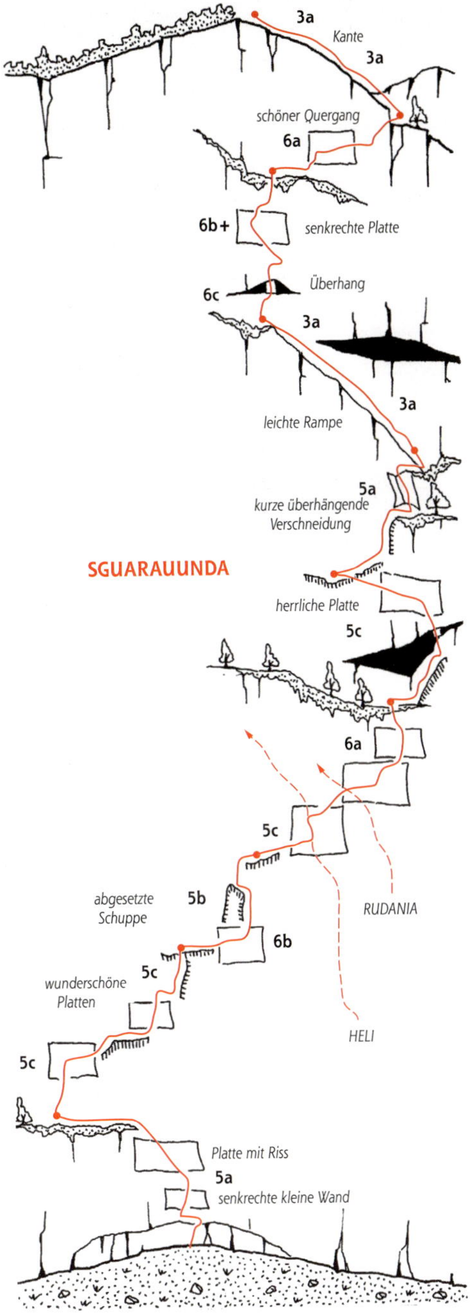

45 HELI ★★★★★

A. Aspert, B. Konig, A. Scheutz 2011
170 m. (6SL)
6a, 6c, Stellen A0 (6a obl.)/S1/I

Herrliche, sehr angenehme Tour über die kompakten, leicht geneigten und sehr strukturierten Platten. Absolut herausragend sind die mittleren Seillängen. Sehr gut abgesichert, nahe Hakenabstände. Ausschließlich Expressschlingen sind nötig.

Einstieg: Routenname angeschrieben.

46 RUDANIA ★★★

M. Brighente, G. Bogoni, D. Dal Cerè, P. Bottegal 2007
150 m. (6SL)
6a, 6b (5c obl.)/S1/I

Die kurze Route führt nur über den unteren Bereich der Felswand, der viele schöne Platten aufweist. Aus diesem Grund herrscht hier natürlich Reibungskletterei vor, oft finden die Hände und Finger aber auch schöne Löcher. Die Felsqualität ist perfekt und sehr strukturiert, die Bohrhaken sind nicht weit voneinander entfernt. Abstieg durch Abseilen über die Route. Wenn sich Seilschaften in der "Sguarauunda" befinden, ist Vorsicht angebracht, dann herrscht nämlich Steinschlaggefahr!

Einstieg: Routenname angeschrieben.

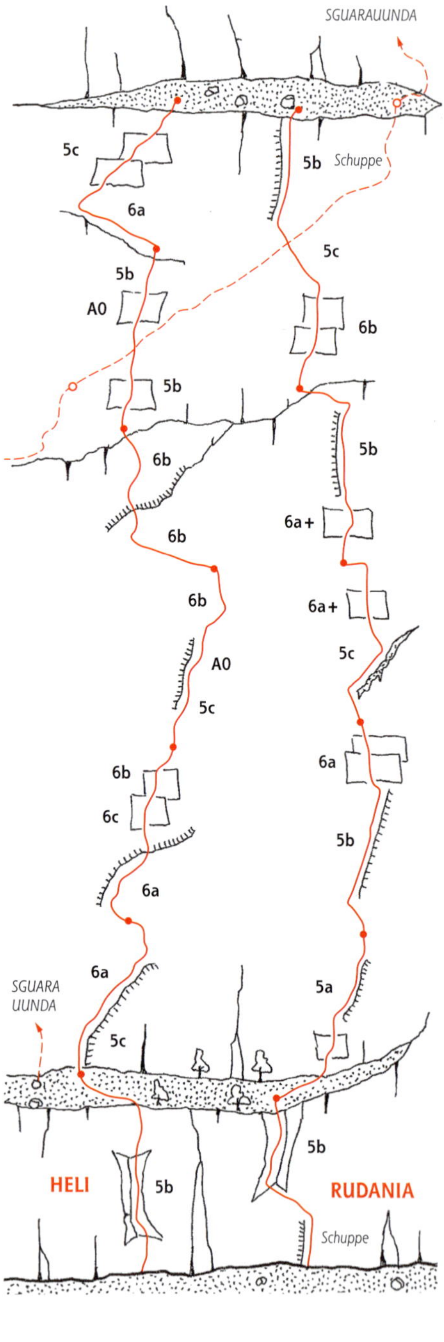

47 BAMBOUENI ★★★

Leonardo e Antonietta 2007
300 m. (9SL)
6b, 6c, Stellen A0 (6c obl.)/S2/II

Schwierige und anstrengende Route mit gesuchter, aber logischer und eleganter Linienführung entlang eines nicht sehr ausgeprägten Pfeilers rechts der grauen Plattenflucht. Das Gestein ist fast immer kompakt und meist herrscht Plattenkletterei vor, wobei die Hakenabstände ziemlich weit sind. In den ersten Seillängen können die schwierigsten Stellen auch technisch (A0) geklettert werden, wie z.B. der Überhang in der 4. Seillänge. Aber in der 6. und besonders in der 7. Seillänge gibt es Passagen mit hohen obligatorischen Schwierigkeiten und weiten Bohrhakenabständen. Einige mittlere Friends sowie Microfriends könnten hier hilfreich sein.

Einstieg: Routenname angeschrieben.

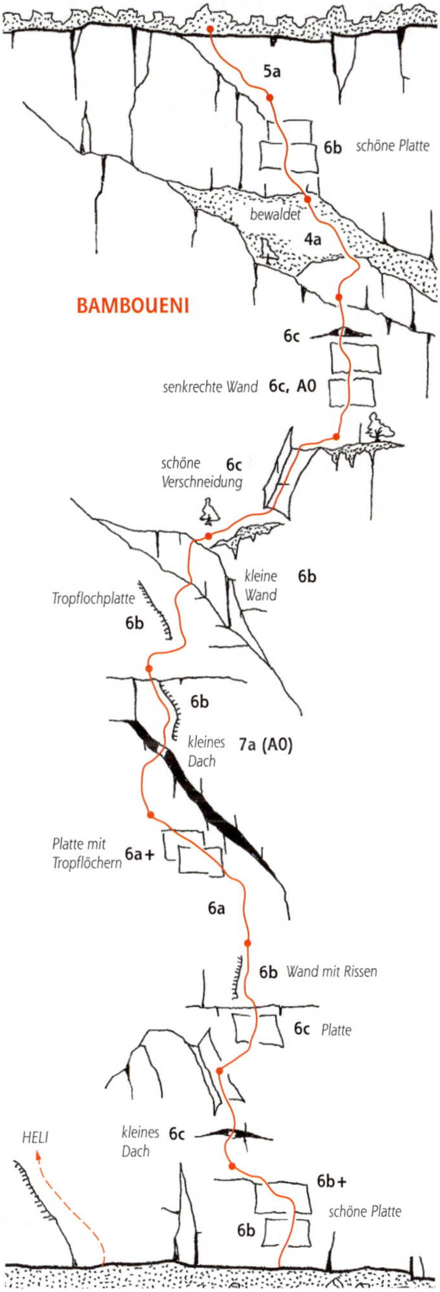

30 Piramide Lakshmi

Coste dell'Anglone

0.20 h
0.40 h

1.00 h

400 m.

0

Eine sehr definierte, aber auf den ersten Blick schlecht erkennbare Felsstruktur verbindet Coste dell'Anglone und Cima alle Coste. Dieser Sektor namens Piramide Lakshmi bietet sehr interessante und lohnende Wege. Die anstrengendsten und längsten Routen verlaufen am eigentlichen Pfeiler, zudem bieten sich die kleinen Sektoren Pilastro Matertera und Parete di Sherwood zum Klettern an.

Zustieg

Man parkt am besten auf dem großen Platz am Sportgelände von Dro. Von hier aus geht man auf der Forststraße in nördlicher Richtung weiter, sobald man die Felswand gut sehen kann bzw. bei einer Abzweigung mit Schranke führt auf der linken Seite eine Pfadspur (Steinmännchen) zum Wandfuß.

Abstieg

Von den jeweiligen Ausstiegen auf einer ausgesetzten Pfadspur (Steinmännchen) in Richtung Arco. Nach kurzer Zeit erreicht man den Wanderweg (Sentiero dell'Anglone) und kehrt auf ihm zurück zum Parkplatz.

48 MATERTERA	**140 m.**
49 FIABA NEL BOSCO	**300 m.**
50 NONNI SPRINT	**230 m.**
51 SOFIA	**230 m.**
52 DIEDRO ROSSO	**230 m.**
53 SUMMER RAIN	**400 m.**
54 VERSO IL CIELO	**400 m.**
55 LA LUNA ARGENTEA	**300 m.**
56 MICHELE FAIT	**300 m.**
57 IL MERCURIO SERPEGGIANTE	**300 m.**
58 LA BELLEZZA DELLA VENERE	**300 m.**
59 TE LO DO IO IL COLORADO	**300 m.**
60 VIA DEL DOTTORE	**350 m.**
61 SHERIFFO DI NOTTINGHAM	**100 m.**
62 ROBIN HOOD	**100 m.**
63 FRA TAC	**100 m.**
64 LITTLE JOHN	**100 m.**
65 ESCLUSIVAMENTE PER TUTTI	**380 m.**

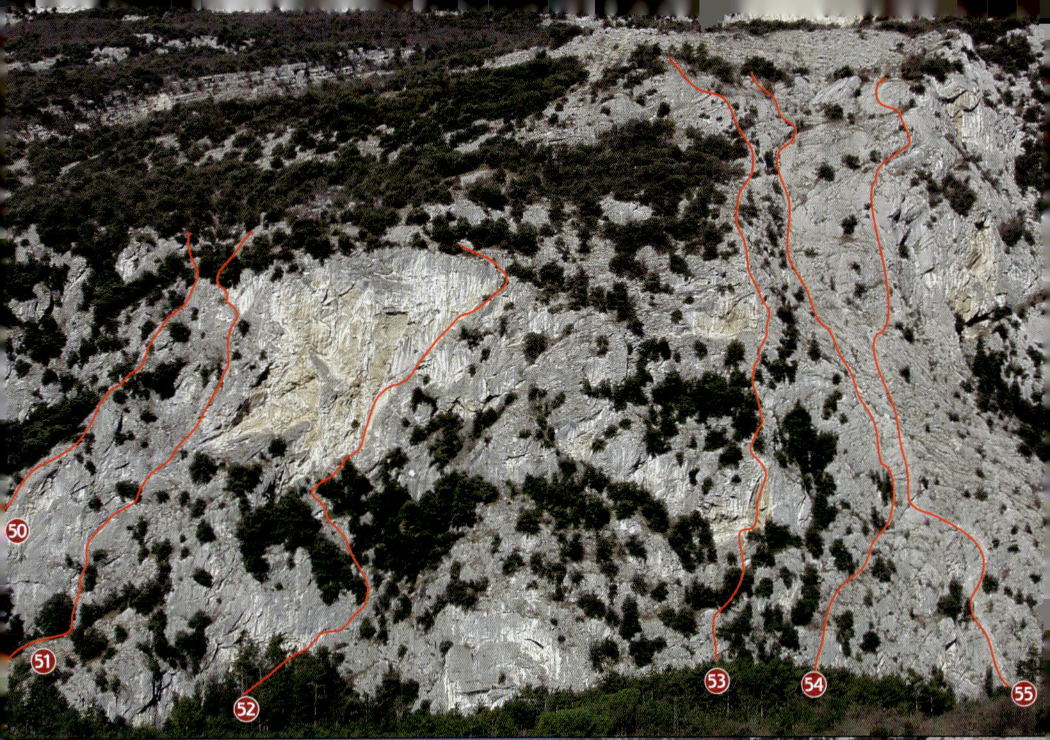
50
51
52
53
54
55

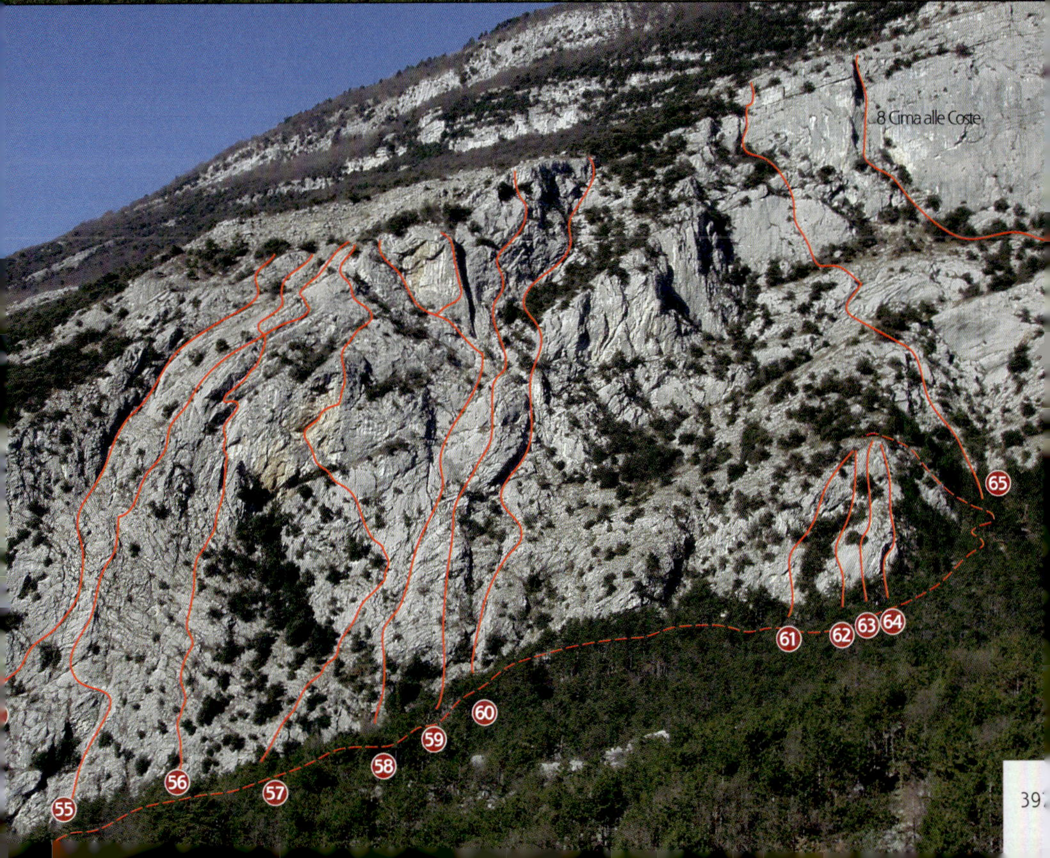
8 Cima alle Coste
55
56
57
58
59
60
61
62
63
64
65

COSTE DELL'ANGLONE

PIRAMIDE LAKSHMI

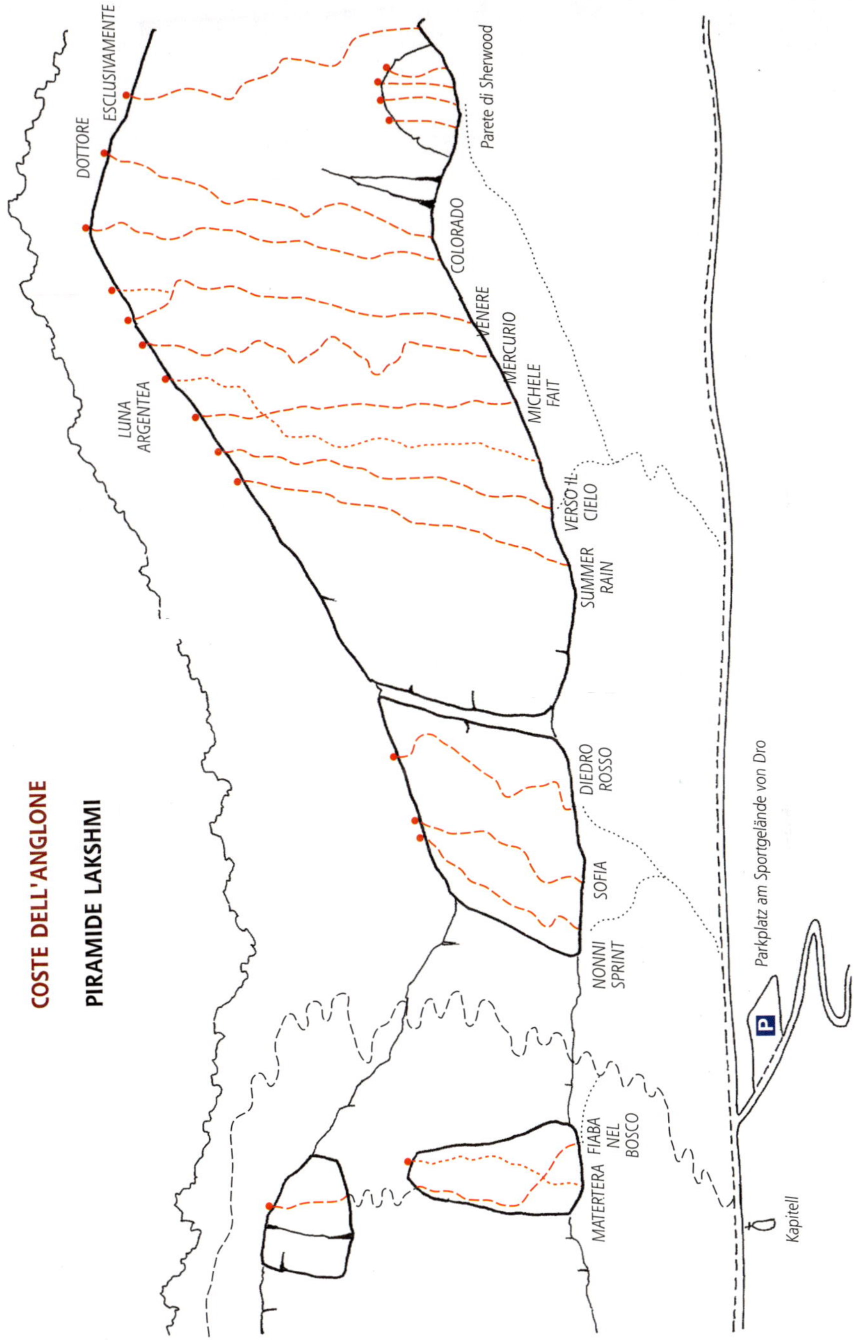

← Luca Galbiati, *La luna argeneta*, Piramide Lakshmi *(sassbaloss.com)*

48 MATERTERA★★★

F. Sartori, A. Toni Zanetti 2009
140 m. (6SL)
6b+ Stellen A0 (6b obl.)/S2/I

Die relativ kurze Route ist sehr athletisch, sehr strukturierter Fels mit bester Qualität und beste Absicherung mit 10mm-Bohrhaken sind die besten Voraussetzungen für eine sehr lohnende Tour. Vor allem die mittleren Seillängen werden auf Begeisterung treffen. Wiederholer benötigen ausschließlich Expressschlingen.

Einstieg: Vom Parkplatz zunächst in südlicher Richtung weiter, am Bildstock dann rechts auf den Wanderweg "Sentiero degli Scaloni" und bis kurz vor den Wandfuß. Hier zweigt links eine Pfadspur ab und führt zum Einstieg.

49 FIABA NEL BOSCO★★★

M. Brighente, G. Bogoni, P. Bottegal, D. Pasetto 2011
300 m. (10SL)
5c, 6a/S1/II

Diese recht leichte Genusstour ist definitiv empfehlenswert. Der sehr strukturierte und feste Fels mit vielen Verschneidungen, Rissen und Platten bietet immer lohnende Kletterei, die Absicherung ist gut, die Bohrhakenabstände sind meist gering. Nur im oberen Teil der Linie werden sie etwas weiter, hier könnten dann einige kleine bis mittlere Friends hilfreich sein. Absolut herrlich sind die 3. und die vorletzte Seillänge

Einstieg: Vom Parkplatz zunächst in südlicher Richtung weiter, am Bildstock dann rechts auf den Wanderweg "Sentiero degli Scaloni" und bis kurz vor den Wandfuß. Hier zweigt links eine Pfadspur ab und führt zum Einstieg. Routenname angeschrieben.

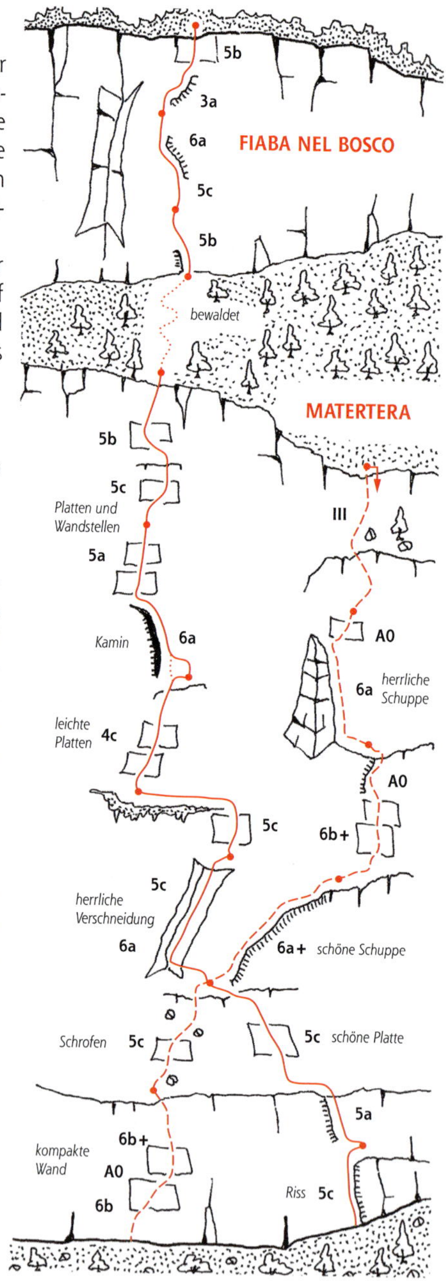

50 NONNI SPRINT★★★

D, Cabas, P. Masera 2009

230 m. (6SL)

V+, VI/R2/II

Im Großen und Ganzen recht schöne Linie mit einer sehr interessanten ersten und dritten Seillänge. Auch der Ausstiegspfeiler bietet schöne Kletterstellen. Die Absicherung mit vielen Normalhaken ist in Ordnung, einige Friends können hilfreich sein. Immer wieder trifft man auf teilweise etwas grasige und brüchige Passagen, hier ist Vorsicht geboten. Meist ist das Gestein aber fest und kompakt. Vom Ausstieg führen gut erkennbare Pfadspuren nach links zum Hauptweg, auf dem man ins Tal zurückkehrt.

Einstieg: vom Parkplatz auf der kleinen Straße in nördlicher Richtung weiter, kurz nach einer Bank auf der linken Seite zweigt ein Pfad ab. Er ist blau markiert, auch Steinmännchen weisen den Weg bis zum Wandfuß.

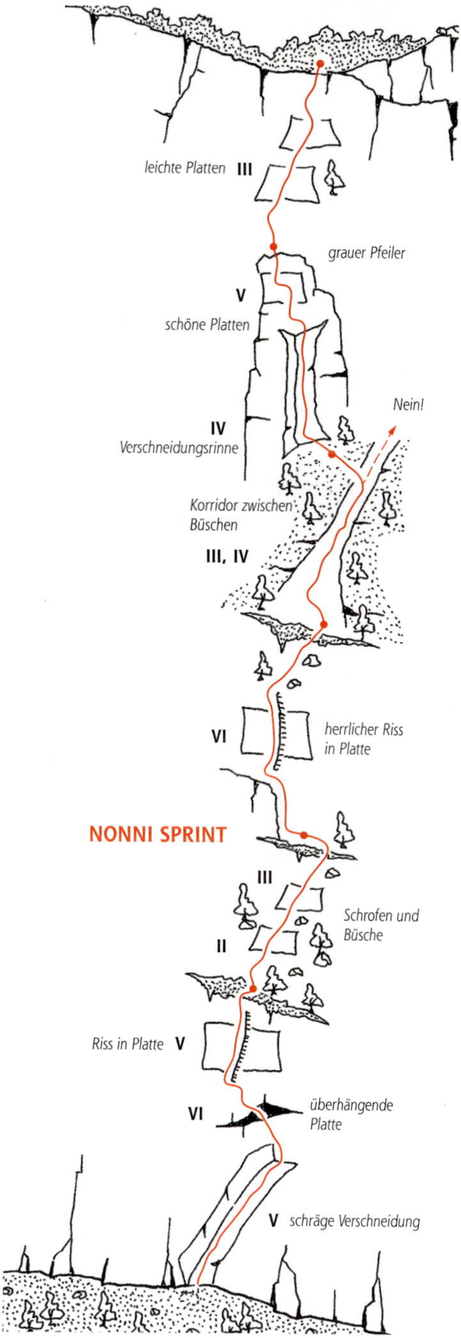

51 SOFIA★★★

D. Cabas, P. Masera 2009

230 m. (6SL)

V+, eine Stelle VI/R2/II

Wer alpine Routen liebt, findet hier die passende Linie. Vor allem die mittleren Seillängen mit strukturierten Platten bieten lohnende und schöne Kletterpassagen. Die Absicherung mit vielen Normalhaken aus eigener Fertigung ist recht gut, Friends sind eventuell in der Seillänge mit der Schuppe notwendig. Auch wenn einige brüchige Passagen etwas Vorsicht erfordern, ist diese Route insgesamt doch lohnend und empfehlenswert. Vom Ausstieg führen gut erkennbare Pfadspuren nach links zum Hauptweg, auf dem man ins Tal zurückkehrt.

Einstieg: vom Parkplatz auf der kleinen Straße in nördlicher Richtung weiter, kurz nach einer Bank auf der linken Seite zweigt ein Pfad ab. Er ist blau markiert, auch Steinmännchen weisen den Weg bis zum Wandfuß.

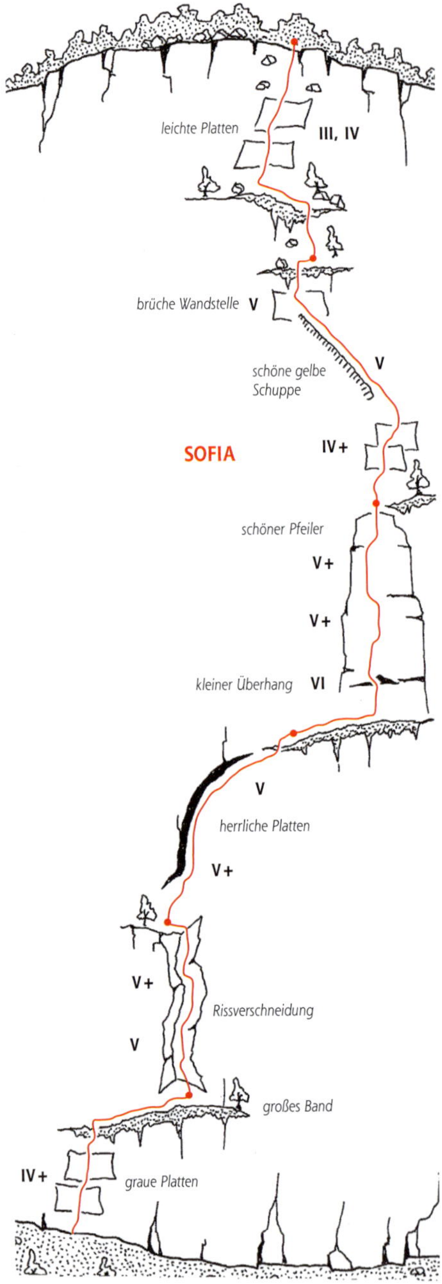

52 DIEDRO ROSSO★★★

M. Brighente, A. Toni Zanetti, D. Pasetto 2009
230 m. (8SL)
V+, VI, eine Stelle VI+/R3/II

Vor allem in den ersten Seillängen ist die Felsqualität nicht sehr gut, brüchige Passagen in den Platten und einige grasige Rampen stören das Gesamtbild. Eine herrliche, rötliche Verschneidung entschädigt für diesen Einstieg, auch die Absicherung entspricht hier Sportkletterkriterien. Aus alpiner Sicht kann man deshalb von einer recht gut mit Normal- und Bohrhaken sowie Sanduhrschlingen abgesicherten Route sprechen, Wiederholer benötigen Friends und Expressschlingen.

Einstieg: vom Parkplatz auf der kleinen Straße in Richtung Norden, sobald sie etwas ansteigt, in den Wald und hoch bis zum Wandfuß. Am Einstieg ist eine große Sanduhr mit Schlinge zu sehen.

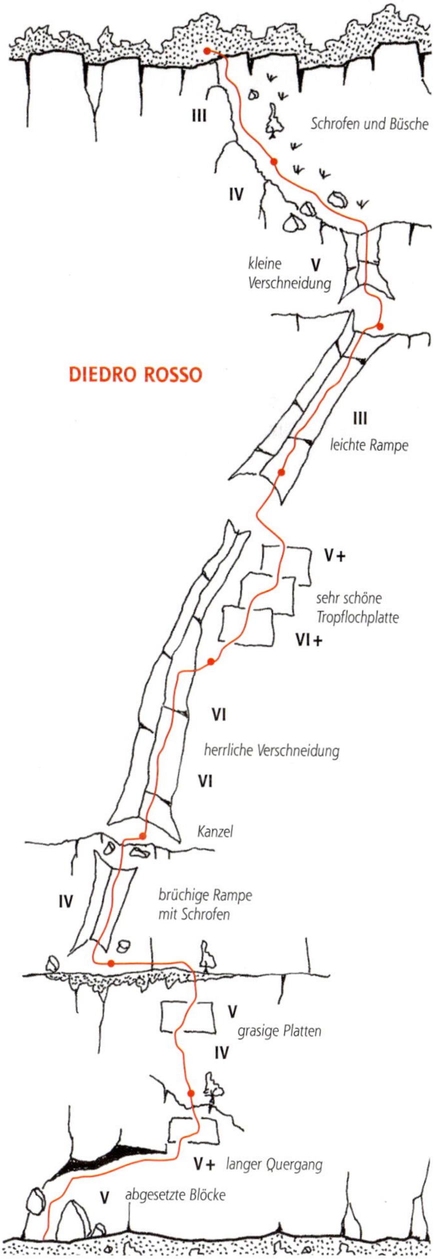

53 SUMMER RAIN ★

D. Cabas, P. Masera 2009
400 m. (10SL)
V+, VI, Stellen A0/R3/II

Wiederum eine Route mit alpinem Touch: Felsstufen und grasige Rampen sind hier Normalität, und doch gibt es auch ein paar wirklich schöne, lohnende Seillängen. Die technisch zu kletternde Passage am Anfang der Linie ist kraftraubend, aber gut abgesichert. In der Seillänge mit den zwei parallelen Rissen ist Vorsicht angebracht: es stecken nicht allzu viele Haken und die Schwierigkeiten sollten nicht unterschätzt werden. Ein paar kleine bis mittlere Friend sind hier sehr nützlich. Insgesamt sind Absicherung und Felsqualität aber recht gut, mit der notwendigen Vorsicht ist die Linie also durchaus lohnend.

Einstieg: Routenname angeschrieben.

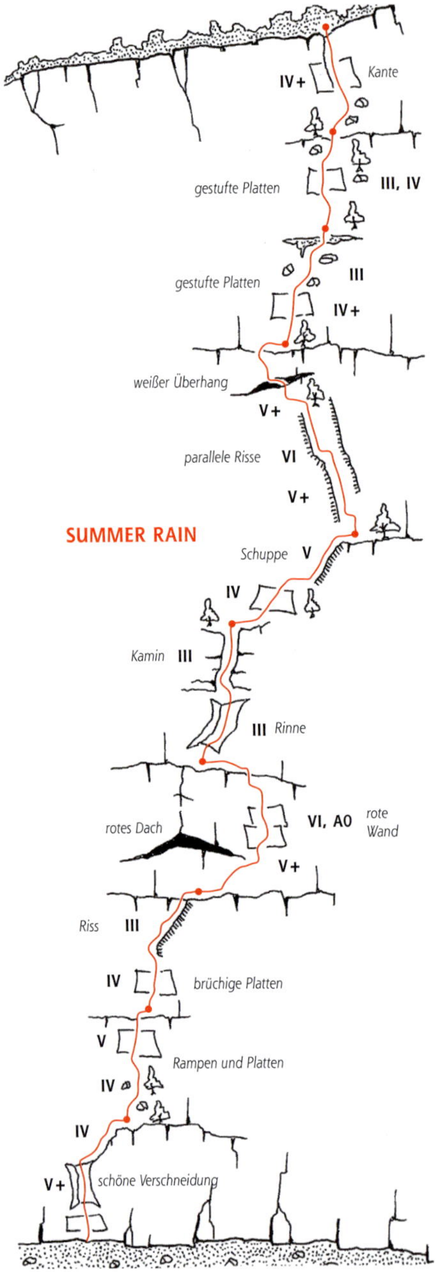

54 VERSO IL CIELO ★

D. Cabas, P. Masera 2008
400 m. (11SL)
IV, V+/R3/II

Alpine, etwas abenteuerliche Route mit viel Vegetation und brüchigem Fels. Nur die Wand in der fünften Seillänge und die Verschneidungsrinne im Ausstieg können als genüsslich bezeichnet werden, ansonsten ist man oft etwas mühsam auf der Suche nach schönen Passagen. Die Absicherung der schwierigsten Stellen ist ausreichend. Ein paar Normalhaken und ein Satz Friends sollten mitgeführt werden. Vorsicht: Immer wieder trifft man auf instabile Blöcke und brüchiges Gestein!

Einstieg: Routenname angeschrieben.

55 LA LUNA ARGENTEA★★★★

H.Grill, F. Heiss, F. Kluckner, I. Noldin, S. Königseder 2008
300 m. (11SL)
V+, VI+, eine Stelle A0 (6c)/R2/II
Herrliche Tour, sicherlich die schönste im ganzen Sektor. Sehr kompakte, graue Platten weisen den Weg dieser sehr lohnenden Route. Vor allem die mittleren Seillängen mit bestem und strukturiertem Fels werden Begeisterung finden. Die Crux mit einer schwierigen Platte findet sich in der vorletzten Seillänge. Die Route ist bestens mit Bohr- und Normalhaken sowie Sanduhrschlingen abgesichert, ein paar mittlere Friends könnten eventuell hilfreich sein.
Einstieg: links von "Mercurio Serpeggiante", Routenname angeschrieben.

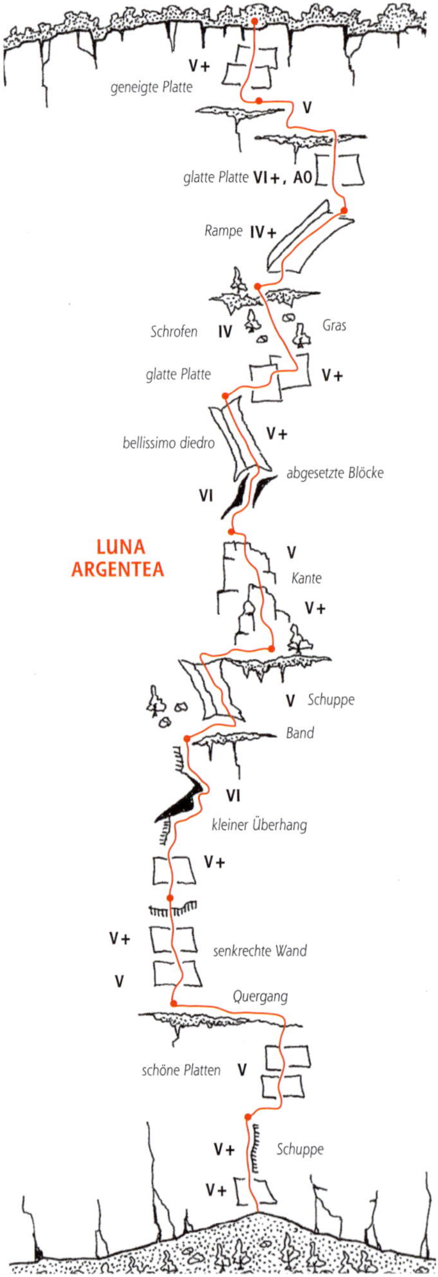

56 MICHELE FAIT★★★

D. Cabas, P. Masera 2009
300 m. (10SL)
IV, V/R3/II

Diese Linie kann zwar mit einigen schönen und lohnenden Seillängen aufwarten, insgesamt gesehen ist sie aber eher etwas für Alpinisten. Die starke Vegetation stört ziemlich, zudem stecken in der Route nicht gerade viele Haken. Im mittleren Bereich führt die Linie mit athletischer Kletterei über eine schöne Reihe von ausgeprägten Verschneidungen mit kompaktem Gestein. Vorsicht bei den diversen brüchigen Passagen und bei einigen instabilen großen Felsblöcken.

Einstieg: Routenname angeschrieben.

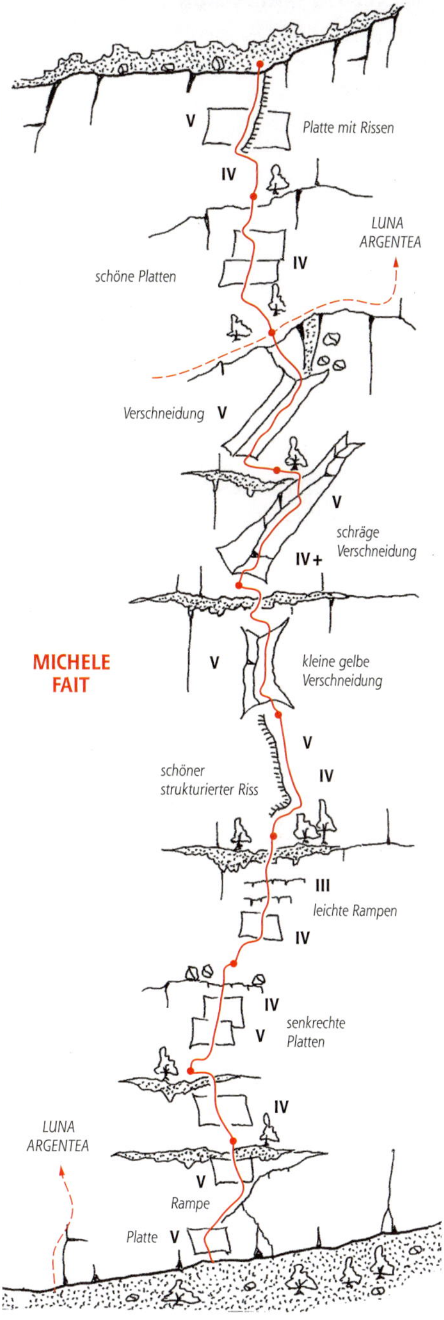

57 MERCURIO SERPEGGIANTE ★★★

H. Grill, F. Kluckner, G. Maichel, S. Königseder
2008
300 m. (13SL)
IV+,V+, eine Stelle VI/R2/II

Diese Route entstand auf der Suche nach den schönsten Passagen und der logischsten Linie. Sie weist schön strukturierten Fels mit guter Qualität auf und bietet vor allem in den mittleren Längen, die über rötliches Gestein führen, absolut lohnende Kletterei. Die Absicherung ist sehr gut, Keile oder Friends werden nicht benötigt.

Einstieg: vom Zustiegsweg kommend ist dies die erste Route, auf die man trifft. Routenname angeschrieben.

58 LA BELLEZZA DELLA VENERE ★★★

H.Grill, S. Königseder 2008
300 m. (9SL)
IV+/R2/II

Diese schöne und leichte Linie weist auf ihrer ganzen Länge homogene Schwierigkeiten im III. und IV. Grad auf. Elegant und logisch führt sie durch die Wand, nach den ersten leichten Seillängen folgen weitere sehr schöne mit bester Felsqualität. Die Absicherung mit Bohrhaken und Sanduhrschlingen ist mehr als ausreichend.

Einstieg: rechts von "Mercurio Serpeggiante", Routenname angeschrieben.

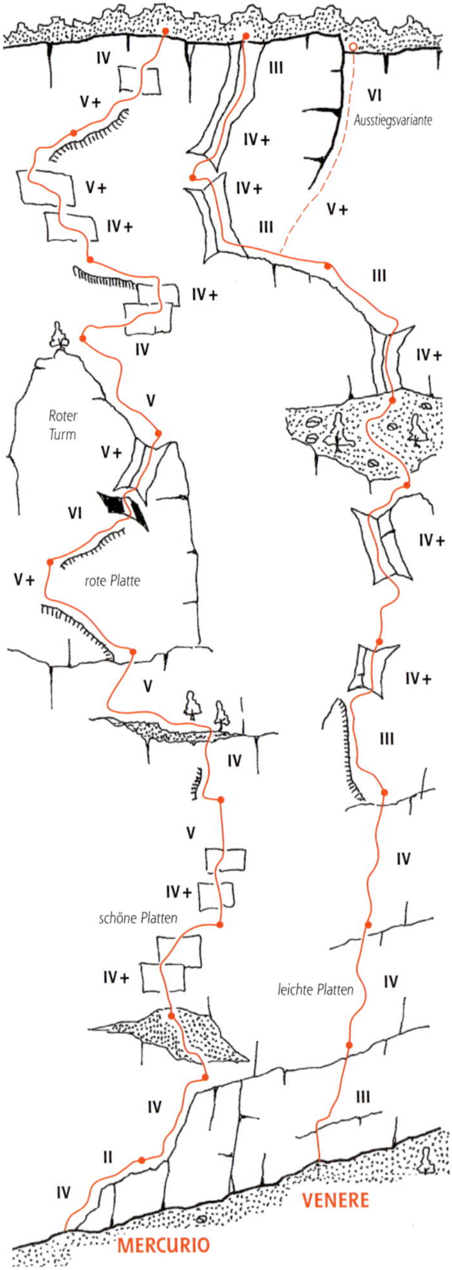

59 TE LO DO IO IL COLORADO★★

R. Galvagni, D. Filippi, M. Paoletto 2008
300 m. (10SL)
V+, VI+/S2/II

Die Route zieht über einen wenig ausgeprägten Pfeiler in der Wandmitte. Leider ist die Linie etwas inhomogen: leichtes, gestuftes Gelände wechselt ab mit sehr schönen Passagen in technisch schwierigen, senkrechten Platten. Die letzten vier Seillängen bieten dann durchgehend begeisternde Kletterei. Der Fels ist kompakt und fest, die Absicherung mit Bohrhaken sehr gut. Teilweise kann wegen der sehr unterschiedlichen Gelände- bzw. Felsformen starker Seilzug auftreten.

Einstieg: rechts von "Venere", kleines Schild mit Routenname.

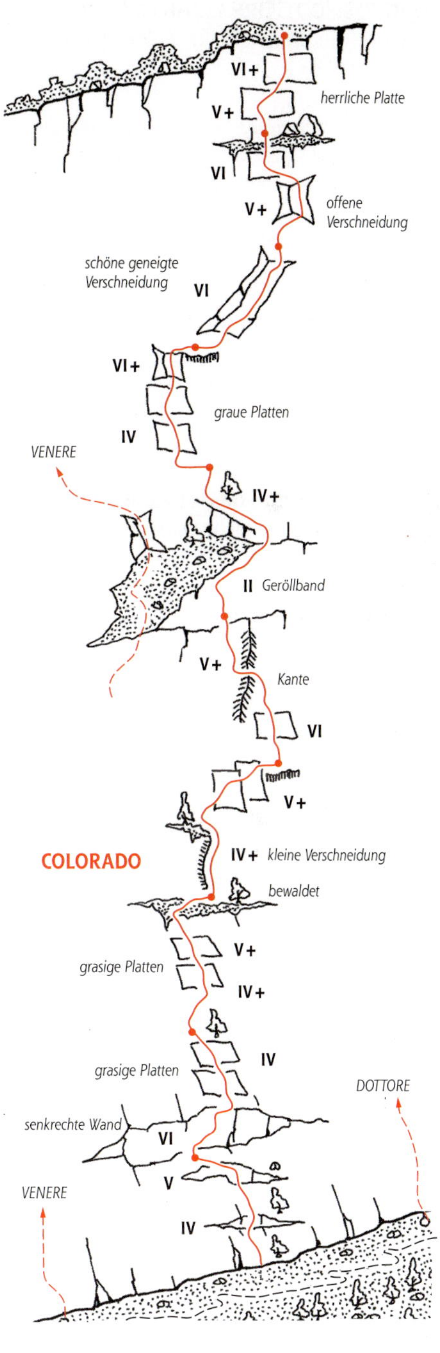

60 VIA DEL DOTTORE ★

A. Toni Zanetti, M. Brighente, D. Pasetto 2008

350 m. (10SL)

V+, VI/R3/II

Die nicht gerade gute Felsqualität und die ziemlich heikle Absicherung sind eindeutige Hinweise auf den alpinen Charakter dieser Route. Auf der Suche nach den schwachen Stellen der Wand führt die Linie immer wieder durch bewaldete Zonen oder brüchige Passagen. Immerhin bieten eine schöne, rötliche Verschneidung (4. Seillänge) und die graue Ausstiegsverschneidung lohnende Kletterei. Wer für schwierigere, alpine Unternehmungen trainieren will, findet hier eine gute Möglichkeit.

Einstieg: wenige Meter rechts von "Colorado", über leichte Stufen steigt man bis zu einer kleinen Wand (Normalhaken am Einstieg).

PARETE DI SHERWOOD

In diesem kleinen Wandbereich hat Luca Pilati vier schöne, lohnende Routen eingerichtet, alle bestens abgesichert und mit fantastischer Felsqualität.

Einstieg: von den Einstiegen der Routen "Colorado" und "Dottore" steigt man über das Geröllfeld höher und rechtshaltend auf Pfadspuren an der Wand entlang bis zum Fuß der markanten, grauen und senkrechten Platten.

Abstieg: vom Ausstieg der Routen auf einem gut erkennbaren Pfad nach rechts und zurück zum Wandfuß.

61 SCERIFFO DI NOTTINGHAM★★★

L. Pilati 2009
100 m. (4SL)
5c/S1/I

Platten und kleine Wände mit abwechslungsreicher, lohnender Kletterei. Einige wenige grasige Passagen stören kaum. Meist gute Felsqualität, viele Bohrhaken.

Einstieg: Routenname angeschrieben.

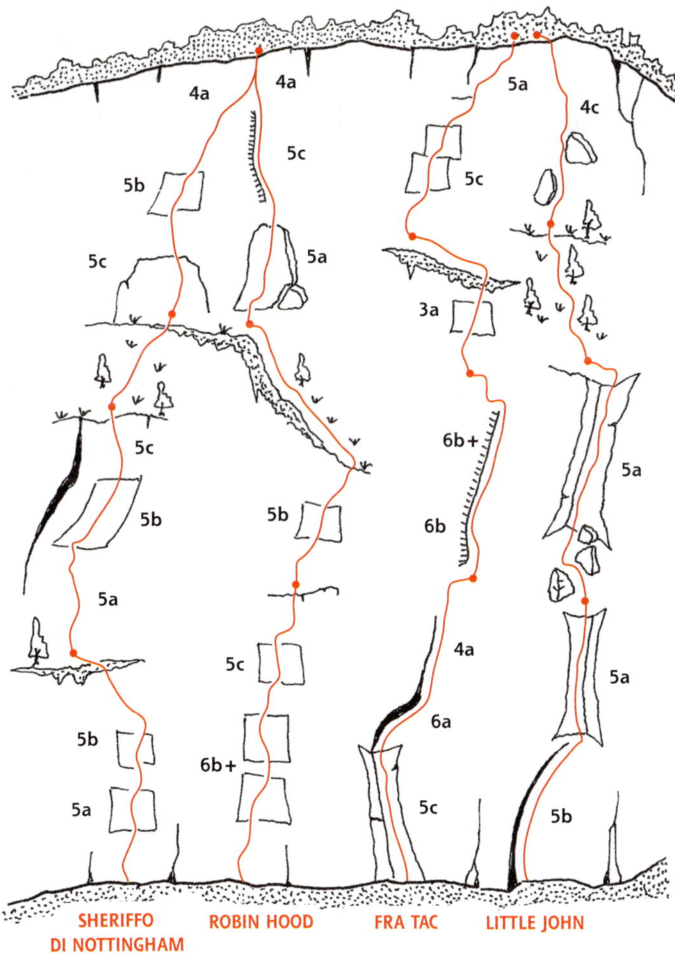

62 ROBIN HOOD★★★★

L. Pilati 2009
100 m. (3SL)
6b+ (obl. 5c)/S1/I

Herrliche Plattenpassage in der ersten Seillänge, viel Technik, Bewegungsgefühl und Intuition sind hier gefragt. Auch die Ausstiegslänge mit einem schrägen Riss wird auf Begeisterung finden. Beste Felsqualität und beste Absicherung mit Bohrhaken.

Einstieg: Routenname angeschrieben.

63 FRA TAC★★★

L. Pilati 2009
100 m. (4SL)
6b+ (obl. 5c)/S1/I

In den ersten beiden Seillängen ist schwierige Piazkletterei angesagt, in der Ausstiegslänge sind technisch schwierige, heikle Passagen zu meistern. Beste Felsqualität, völlig ausreichende Absicherung mit Bohrhaken.

Einstieg: Routenname angeschrieben.

64 LITTLE JOHN★★★

L. Pilati 2009
100 m. (4SL)
5b/S1/I

Verschneidungen und Risse kennzeichnen die ersten beiden Seillängen dieser Genussroute. Später folgt dann noch eine charakteristische Seillänge mit abgesetzten Pfeilern. Beste Felsqualität, völlig ausreichende Absicherung mit Bohrhaken.

Einstieg: Routenname angeschrieben.

65 ESCLUSIVAMENTE PER TUTTI★★★

L. Pilati 2009
380 m. (11SL)
6a, eine Stelle 6b (5c obl.)/S1/II

Die Linie führt auf der äußerst linken Seite der Cima alle Coste durch eine Wandbereich mit viel Vegetation und einigen grasigen Bändern. Dennoch bietet sie einige lohnende und interessante Seillängen. Das Highlight ist definitiv die senkrechte und athletische Ausstiegsverschneidung. Wer den Schwierigkeitsgrad beherrscht, findet bei dieser Route mit eine der

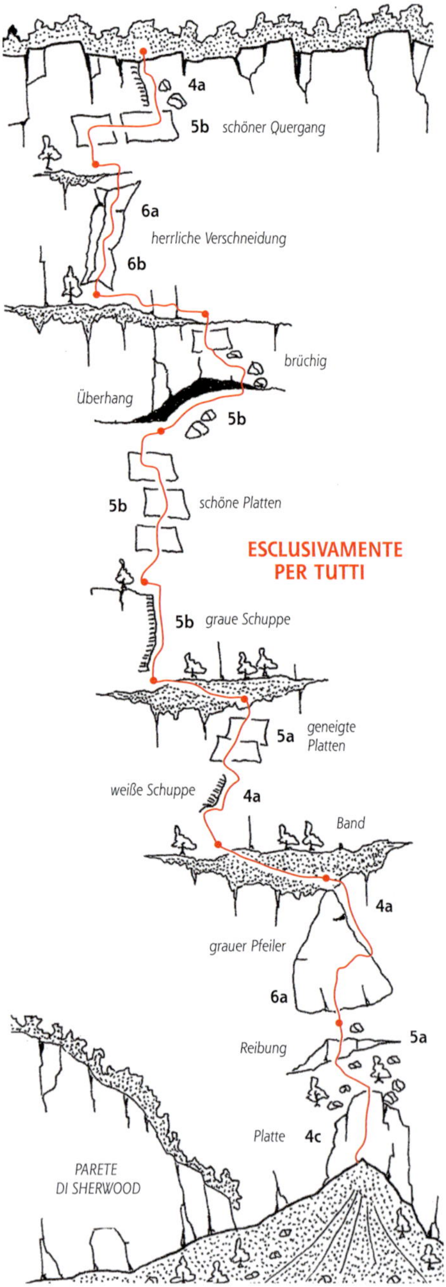

besten Möglichkeiten, die Charakteristik der Routen im Sarcatal kennenzulernen. Die Absicherung mit Bohrhaken ist gut.
Einstieg: von den Einstiegen der Routen "Colorado" und "Dottore" steigt man über das Geröllfeld höher und rechtshaltend auf Pfadspuren an der Wand entlang, an der "Parete Sherwood" vorbei und dann in einer Rinne hoch. Routenname angeschrieben.

Weitere Routen:

A – VIA DELLA LUCERTOLA: von M. Pegoretti und C. Paris. Alpine, mittlerweile in Vergessenheit geratene Route, die jedoch durchaus lohnend sein könnte. Sie verläuft über den Wandbereich links der 'Supernova'.
SL1: Über einen deutlichen Riss. V+
SL2: Rechts durch eine schöne Rissverschneidung. IV+, V*
SL3: 4 Meter nach rechts, direkt über einen Überhang, dann links zu einem Überhang und einer darauf folgenden Schuppe. Über diese zu einer Terrasse. V+, A1
SL4: 8 Meter links, dann gerade hoch und wieder links zu einem Baum. II,III
SL5-SL7: Gerade hoch über grasige kleine Wände und brüchigen Fels. IV, V

B – IL TAO E LA FISICA: S. Bailoni, G. Turco, M. Morelli 1995. Die Route führt ca. 500 m rechts der 'Supernova' über ein breites Band mit schwarzen, geneigten Platten, das, nur von zwei Bereichen mit gelben Überhängen unterbrochen, durch die gesamte Wand zieht. Der Fels ist gut, aber eine Absicherung ist kaum vorhanden.
Zustieg: Vom Parkplatz in Ceniga auf der „Strada delle Marocche" in Richtung Wand und Lizzone. Nach der Sarcabrücke rechts, nach Lizzone und noch 500 m weiter. Dann links, durch die Olivenhaine hoch und über das steile Geröllfeld zum Wandfuß. Ein in den Fels geritzter Pfeil weist auf den Einstieg hin.
SL1: Vom Einstieg in Richtung eines Feigenbaumes. Nach dem Überhang links.
SL2: Gerade hoch über zu einer gelben Wand, links daran vorbei und wieder rechts.
SL3: Rechtshaltend über leichten Fels, dann gerade hoch und über einen Überhang.
SL4: Gerade hoch über roten Fels und in einen Riss.
SL5: Über eine kleine Wand, durch eine Verschneidung und dann linkshaltend zu einem Baum.
SL6: Schräg rechtshaltend zu einem Baum, dann links durch eine Verschneidung.

Mandrea

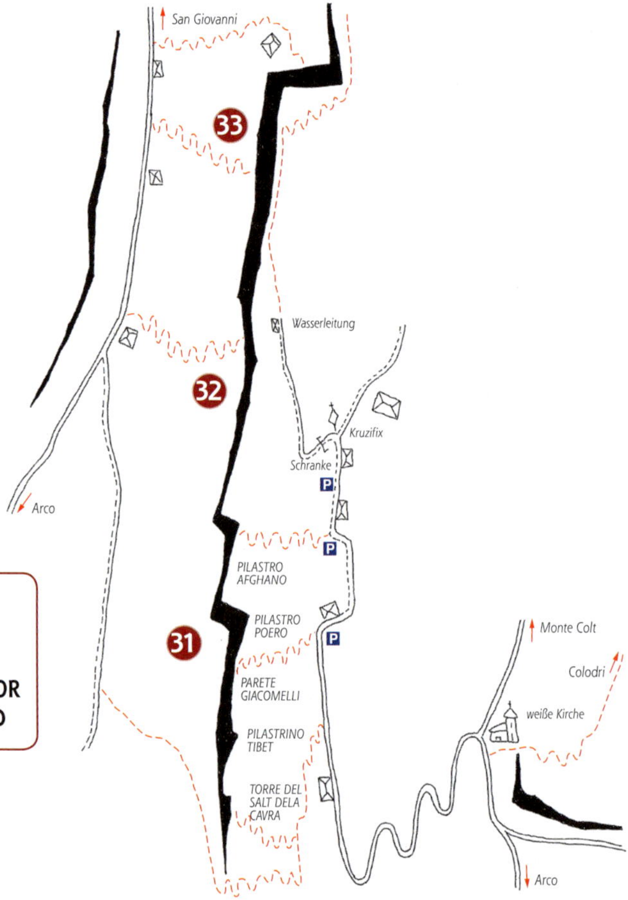

MANDREA

31 I PILASTRI
32 ZENTRALER SEKTOR
33 MANDREA NORD

Der lange, komplexe und gegliederte Felsgürtel ist nicht sehr hoch, weist aber eine unglaubliche Zahl von kleineren Wänden und Pfeilern jeglicher Form, Farbe und Größe auf, über die Routen in jeder Art und jedem Schwierigkeitsniveau verlaufen. Der Fels, die Natur und die Landschaft sind beeindruckend und auch im Sarcatal fast einmalig. Alle Routen sind wunderschön und lohnend, besonders die alpinen Routen gestatten wegen der relativ kurzen Länge vollen Genuss. Dieser Riegel teilt und schafft damit gleichzeitig auch zwei herrliche, grüne kleine Täler bzw. Orte: der obere und namensgebende heißt Mandrea und der untere Laghel. Der kleine nahe liegende Felsrücken des Colodri/Monte Colt und der Felsriegel namens Mandrea werden durch Laghel voneinander getrennt.

Pilastro Gabrielli, Mandrea *(sassbaloss.com)* →

31 I Pilastri

Mandrea

0.30 h

0.30 h

130 m.

O

In Richtung Süden ist der lange Felsriegel von Mandrea zunehmend unterbrochen und wird zu einer langen Reihe von schönen, einzelstehenden Pfeilern. Viele herrliche Sportkletterrouten in bestem Fels wurden auf diesen schönen, senkrechten und kompakten Pfeilern eröffnet. Auch und gerade im Winter ist hier beste Klettersaison. Der erste Pfeiler aus südlicher Richtung heißt Torre del Salt dela Cavra. Ein sehr markantes Dach, das vom Parkplatz aus gerade so eben über den Baumgipfeln zu sehen ist, kennzeichnet diesen Pfeiler. Rechts davon und nach einer breiten bewaldeten Zone liegen der Pilastrino Tibet und der Pilastro Poero, diese beiden Pfeiler sind quasi verbunden durch eine breite, graue Wandflucht namens Parete Fabio Giacomelli.

Zustieg

Von Arco mit dem Auto nach Laghel und nach einer Kehre in den Olivenhainen, bei der kleinen Kirche, links auf eine steile, kleine Straße. Die Straße wird bald zu einem Schotterweg, kurz darauf parkt man bei einer

1 DIRETTA	**40 m.**
2 CAPRICORN DAY	**50 m.**
3 MONSUL	**70 m.**
4 IL POPOLO DEL SOLE	**70 m.**
5 SOULS IN THE DARK	**80 m.**
6 KARLOVACKO	**80 m.**
7 VECCHI DISONESTI E INSODDISFATTI	**100 m.**
8 ASSEDIO ALLA PARETE	**100 m.**
9 DAVIDE PINAMONTI	**130 m.**
10 FANTAGHIRO'	**130 m.**
11 MARAMAO	**100 m.**
12 SPIT TANARDO	**100 m.**
13 NESSUNO NASCE IMPARATO	**120 m.**
14 LE LUNE DI PAOLA	**100 m.**
15 SALUTACI LE STELLE	**100 m.**
16 LIBERTY	**100 m.**
17 IL FURTO	**70 m.**
18 MERIDIANA	**170 m.**

Rechtskurve. Von hier führen Pfadspuren in den Wald und zum Pilastrino Tibet, zur Parete Fabio Giacomelli sowie zum Pilastro Poero. Zum „Torre del salt dela Cavra" auf der Straße zurück und bei einem Wegweiser des Alpenvereins auf den Wanderweg. Diesem folgt man bis zur ersten Abzweigung und steigt dann steil hoch in den Wald. Zum „Pilastro Afghano" geht man auf der Schotterstraße weiter, folgt dann bei einer Rechtskurve Pfadspuren in den Wald und steigt steil über Geröllfelder zum Fuß des Pfeilers hoch.

Abstieg
Über die Routen.

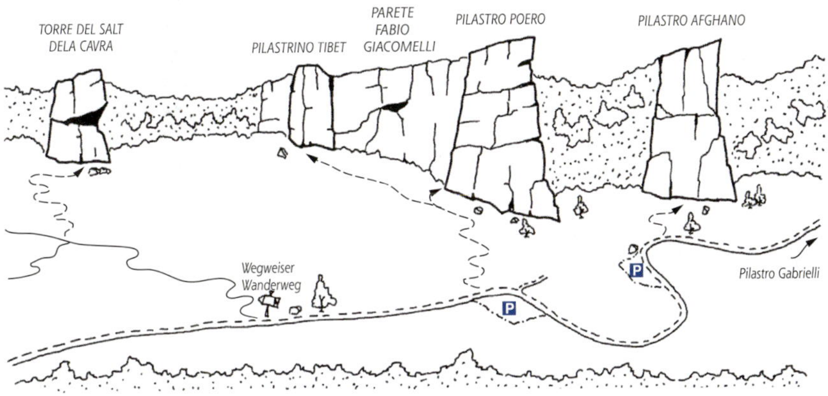

1 DIRETTA★★
U. Ischia, F. Calzà 1975
40 m. (2SL)
A1, A2,/R1/I
Kurze Technoroute, die bestens als Einstieg in diese Art der Kletterei geeignet ist. Die Route folgt einer Risslinie an der Turmkante. Viele der alten Originalhaken sind noch vorhanden, aber dazwischen stecken mittlerweile auch ein paar neue Bohrhaken.
Einstieg: in Falllinie des großen Daches etwas nach links queren zu einem Riss mit Bohr- und Normalhaken.

2 CAPRICORN' DAY★★★★
S. Bazzanella, D. Filippi 1999
50 m. (2SL)
A1, A2/R1/I
Das ca. 6 Meter ausragende Dach ist perfekt zum Techno-Training geeignet. Die 2. Seillänge führt mit einem sehr schönen Quergang über eine kompakte, graue Platte. Mit der vorhergehenden Route gut an einem Tag zu schaffen.
Einstieg: in Falllinie des Daches.

3 MONSUL★★★★★
S. Bazzanella 1995
70 m. (2SL)
6b (5c obl.)/S1/I
Schöne, logische und elegante Linie mit einer Einstiegsplatte, Rissen und einer langen Verschneidung, die sehr athletisch und lohnend ist.
Einstieg: auf der ganz linken Seite der Wand erkennt man die deutliche graue Verschneidung. Direkt unterhalb dieser steigt man über eine Platte ein (wenige Meter rechts davon steht „Il popolo del Sole" angeschrieben).
Abstieg: linkshaltend über ein bequemes Band.

TORRE DEL SALT DELA CAVRA

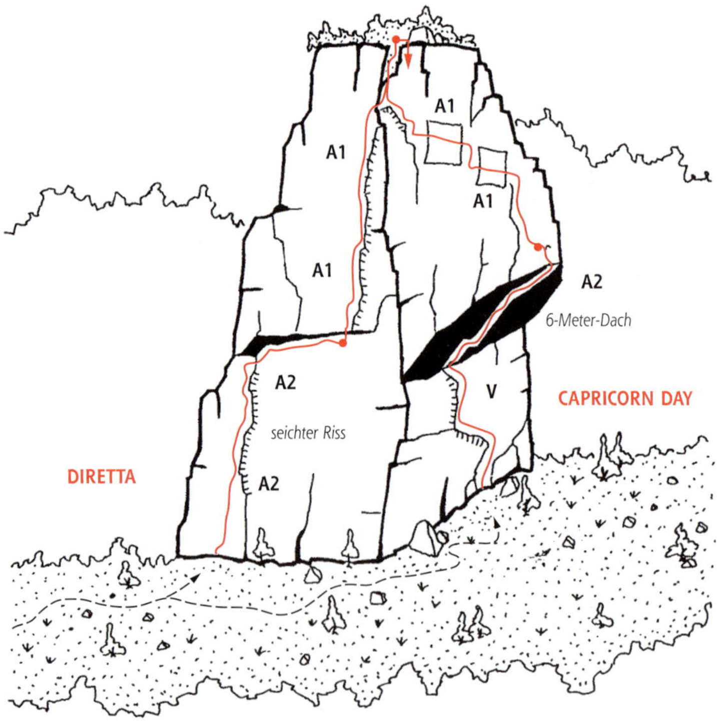

4 IL POPOLO DEL SOLE ★★★
S. Bailoni 1994
70 m. (3SL)
7b+ (6a obl.)/S1/I
Schwierige Reibungs- und Plattenkletterei. Die beiden ersten Seillängen sind sehr schön und lohnend, die dritte SL ist sehr technisch und ausdauernd.
Einstieg: Routenname angeschrieben.

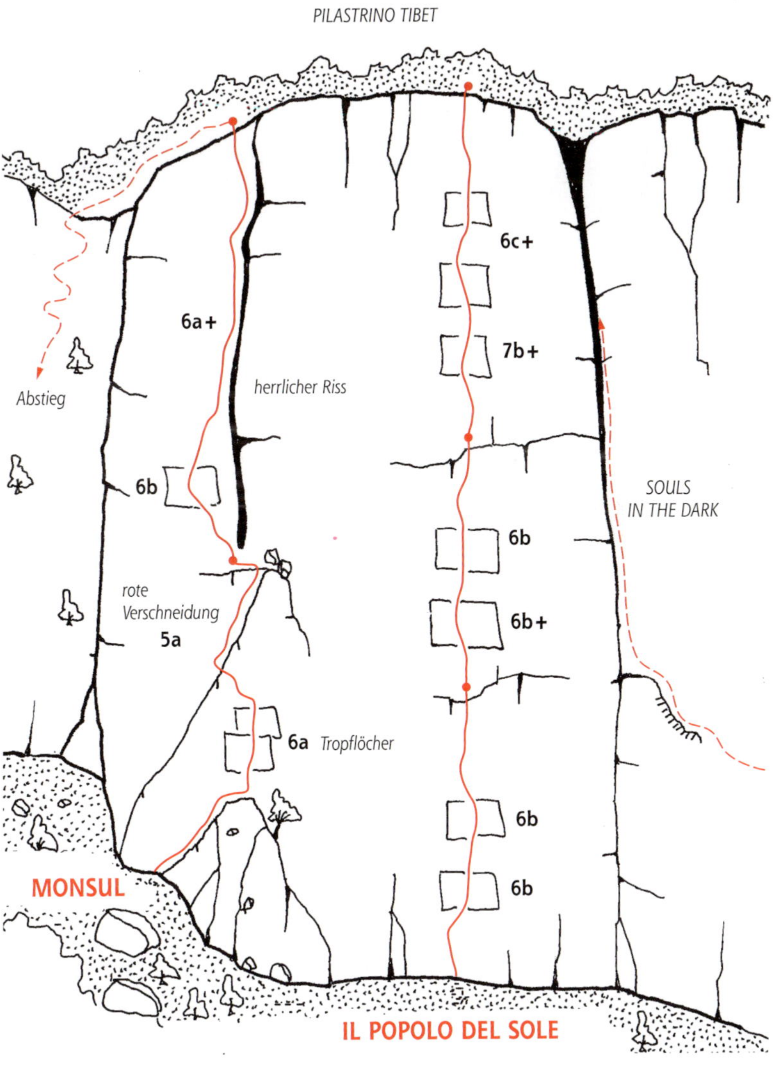

PARETE FABIO GIACOMELLI
Zwischen den beiden Pfeilern liegt diese breite, graue Wandflucht, die nach einem italienischen Bergsteiger benannt wurde, der am Cerro Torre tragisch ums Leben kam. Durch diese herrliche, kompakte Wand führen diverse schöne und interessante Linien.

5 SOULS IN THE DARK ★★★★
L. Pilati 2011
80 m. (3SL)
5c, 6a, 2 Stellen A0 (5b obl.)/S1/I
Die ersten beiden Seillängen über die Platte sind absolut herrlich, die lange Verschneidung bietet recht athletische und doch genussvolle Kletterei. Die Absicherung mit Bohrhaken ist sehr gut, die Hakenabstände sind gering.
Einstieg: Routenname angeschrieben.
Abstieg: linkshaltend über ein bequemes Band.

6 KARLOVACKO ★★★
L. Pilati, F. Devigili 2012
80 m. (4SL)
5b, 6b (5b obl.)/S1/I
Die schöne Linie zieht über kompakte, graue Platten, die sehr strukturiert sind. Auch die charakteristische Ausstiegsverschneidung ist sehr schön, insgesamt sehr gute Absicherung mit Bohrhaken in engen Abständen: also eine richtige Genusstour.
Einstieg: Routenname angeschrieben.
Abstieg: linkshaltend über ein bequemes Band.

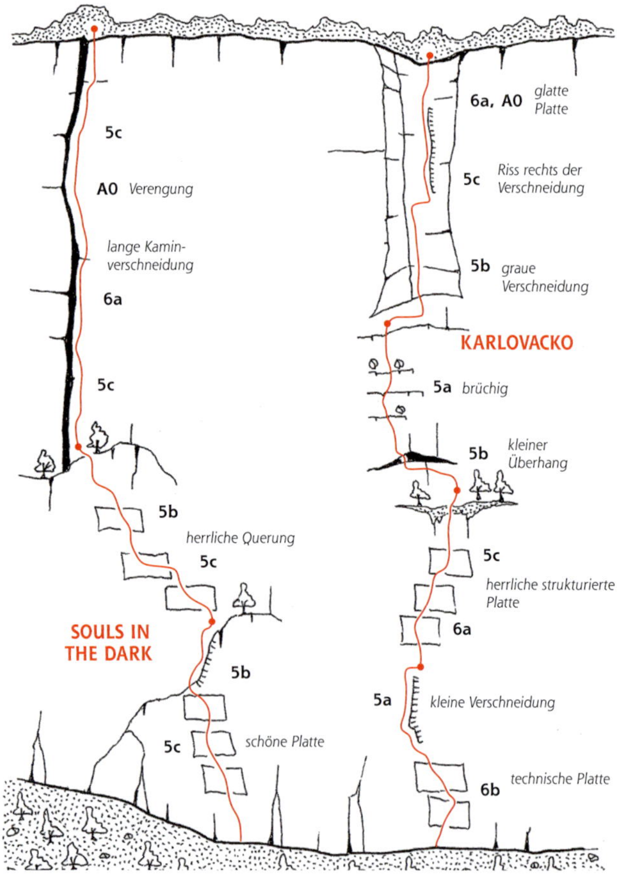

7 VECCHI DISONESTI E INSODDISFATTI ★★★★

L. Pilati, D. Filippi, F. Demetri 2012
100 m. (4SL)
5b, 5c, eine Stelle 6b (5c obl.)/S1/I

Herrliche Route mit bester Felsqualität. Die Linie zieht meist über stark strukturierte Platten mit vielen Löchern und Sanduhren. Die Ausstiegslänge ist einfach fantastisch. Sehr gut mit Bohrhaken abgesichert.

Einstieg: Routenname angeschrieben.

Abstieg: linkshaltend über ein bequemes Band.

8 ASSEDIO ALLA PARETE ★★★

L. Pilati, D. Filippi 2012
100 m. (4SL)
6a, 6b, Stellen A0/S1/I

Technisch schwierige Plattenkletterei in bestem Gestein. Der schmale Riss in der letzten Seillänge bietet herrliche Kletterei. Bestens mit Bohrhaken abgesichert.

Einstieg: Routenname angeschrieben.

Abstieg: linkshaltend über ein bequemes Band.

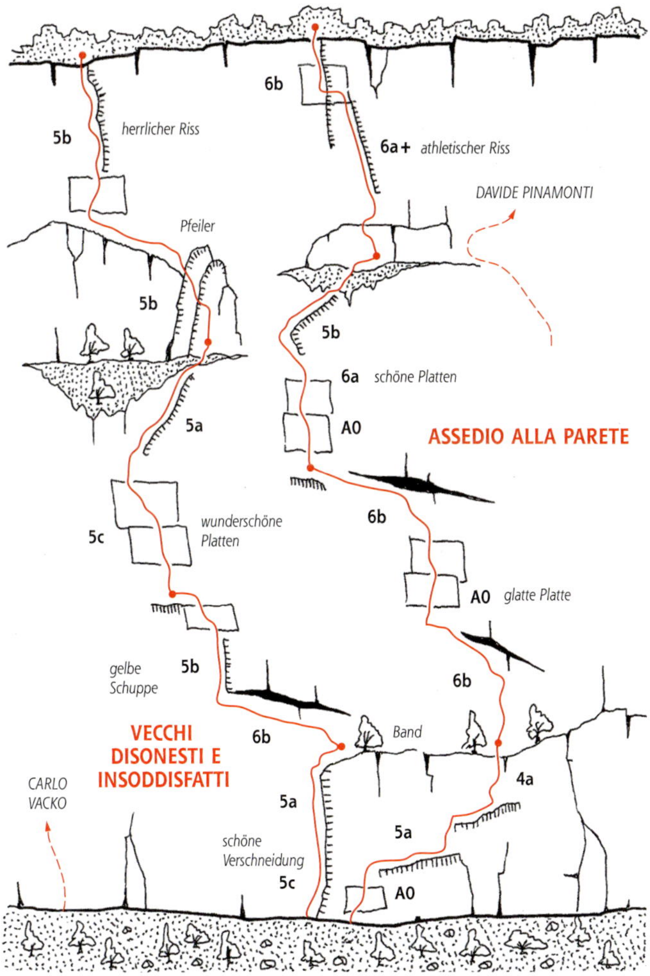

9 DAVIDE PINAMONTI ★★★★

L. Pilati, F. Demetri 2012
130 m. (6SL)
V+, VI+, Stellen A0/R2/I

Klassische, alpine Route entlang von Rissen und Verschneidungen, meist gute Felsqualität und ausreichende Absicherung mit Normalhaken und einigen Sanduhren. Ein Satz Friends ist hilfreich. Die Ausstiegslänge ist sehr anspruchsvoll und anstrengend.

Einstieg: Routenname angeschrieben.
Abstieg: linkshaltend über ein bequemes Band.

10 FANTAGHIRO' ★★★

Diverse Erstbegeher
130 m. (4SL)
VI+, VII, Stellen A0/R4/II

Anspruchsvolle Alpintour mit schwierigen Passagen und weiten Hakenabständen. Bei der Absicherung wechseln sich Bohr- und Normalhaken mit Sanduhrschlingen ab. Wiederholer benötigen auf jeden Fall einen Satz Friends. Die Felsqualität ist fantastisch, ein Paradies für Tropflochliebhaber. Die 2. Seillänge ist wirklich schön, ebenso die überhängende Verschneidung, die viel Athletik fordert.

Einstieg: Routenname angeschrieben.
Abstieg: linkshaltend über ein bequemes Band.

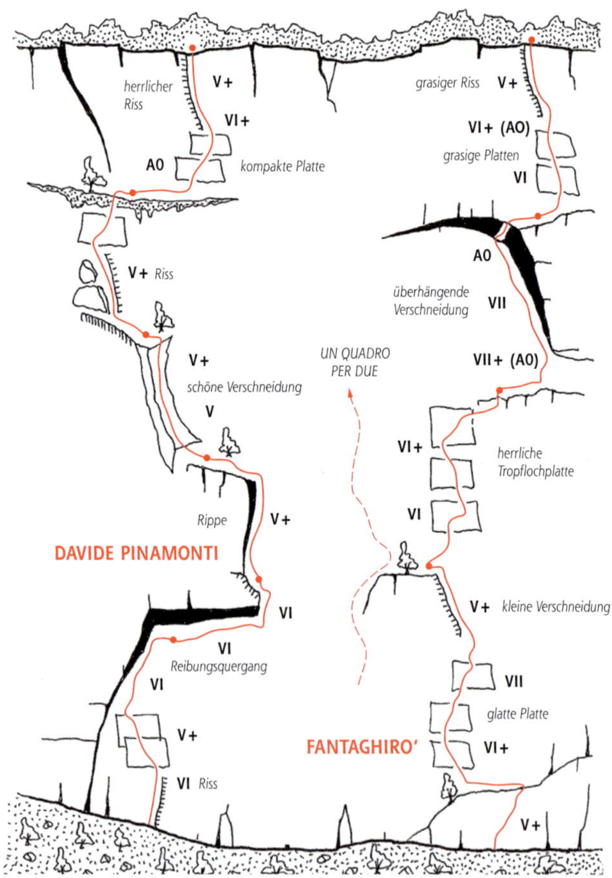

11 MARAMAO★★★★
D. Sebastiani, F. Leoni
100 m. (4SL)
6c+ (6a obl.)/S2/I
Die ursprünglich äußerst ernsthafte, beinahe alpine Route wurde von unten eröffnet, nur ganz wenige Haken konnten wegen des kompakten Gesteins gesetzt werden. Nach der umfassenden Sanierung mit Bohrhaken ist die Route eine der schönsten im Sektor Mandrea.
Einstieg: auf der linken Seite des Pilastro Poero zunächst über einen grasigen, schrofigen Wandsockel bis zu einem kleinen Dach. Einstieg rechts des Daches in einen kleinen Riss.

12 SPIT TANARDO★★★
M. Faletti 1997
100 m. (4SL)
7a (6c obl.)/S2/I
Schwierige Route in zuerst etwas brüchigem, dann gutem Gestein. Manchmal etwas weite Hakenabstände.
Einstieg: wie bei 'Maramo' über den Wandsockel, am Einstieg vorbei und und abwärts bis unter die ersten Haken.

13 NESSUNO NASCE IMPARATO★★★★
M. Faletti 1997
120 m. (6SL)
7c (7a obl.)/S2/I
Wie 'Spit Tanardo'.
Einstieg: am rechten Rand des Pfeilers.

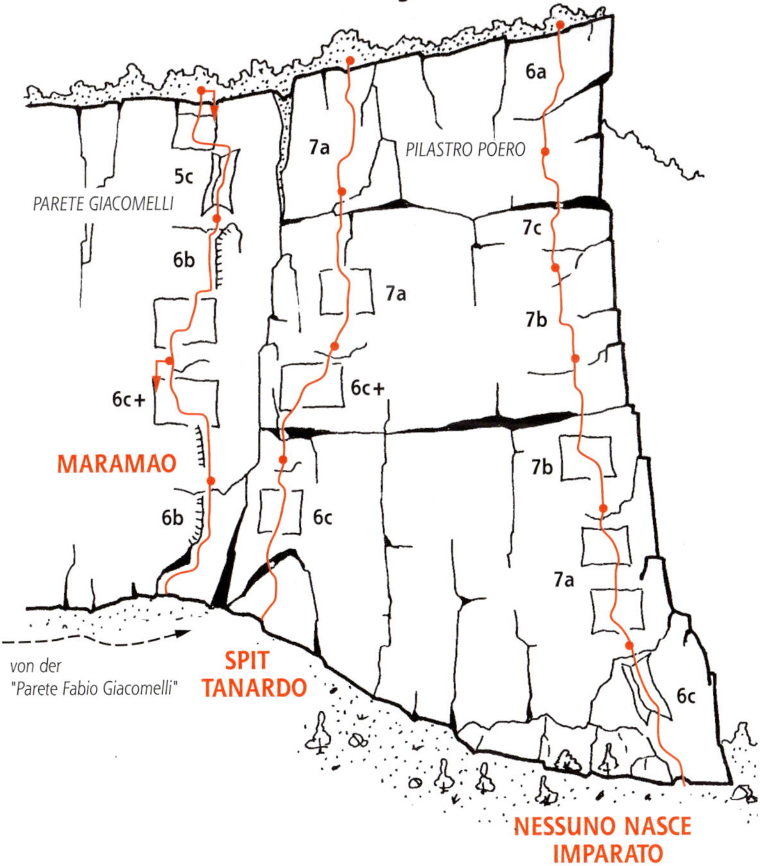

14 LE LUNE DI PAOLA★★★★★
R. Galvagni 1994
100 m. (5SL)
6c (6a obl.)/S1/I
Auch hier war Roland Galvagni am Werk: herrliche Platten-/Reibungskletterei, vor allem in der 1. und 3. Seillänge.
Einstieg: unmittelbar rechts einer Nische. Kleines Schild mit Routenname.

15 SALUTACI LE STELLE★★★★
L. Ondertoller, T. Tarter 2007
100 m. (4SL)
6c, 7a (6b+ obl.)/S1/I
Technisch sehr schwierige Route mit vielen Reibungspassagen und Gleichgewichtsproblemen an Tropflöchern und Dellen. Die 2. Seillänge über eine Platte mit unglaublich vielen Tropflöchern bietet absolut herrliche Kletterei. Enger Bohrhakenabstand, bestens abgesichert.
Einstieg: wie bei "Lune di Paola", dann gerade hoch.

16 LIBERTY★★★
O. Oprandi e Compagni 1994
100 m. (4SL)
7b (6c obl.)/S1/I
Technisch sehr schwierige Plattenkletterei mit sehr entschlossen anzugehenden Passagen.
Einstieg: wenig rechts von 'Le lune di Paola'.

17 IL FURTO★★
A. Toni Zanetti 2009
70 m. (2SL)
6b, A0/S1/I
Zwei interessante Längen über die Pfeilerkante, anfangs etwas brüchiger Fels, aber mit einer sehr schönen zweiten Seillänge. **Einstieg:** in Falllinie der Kante.

18 MERIDIANA★★★
D. Filippi 2009
170 m. (6SL)
A1/R1/II
Schöne und lohnende Techno-Genussroute über die schmale Kante des Pilastro Afghano, die hier in der Tat dem Zeiger einer großen Sonnenuhr (it. "meridiana") ähnelt. Nach dem Pfeiler zieht die Linie durch den wunderschönen, rötlichen Überhang auf der rechten Seite. Hier finden sich durchaus auch ein paar frei kletterbare Passagen. Die Absicherung erfolgt durchweg mit Stiftbohrhaken, Wiederholer benötigen also nur Expressschlingen (und Steigleitern). Die Felsqualität ist fast immer befriedigend bis gut. Insgesamt gesehen also eine Route, in der man problemlos erste Erfahrungen mit Technorouten sammeln kann.
Einstieg: kleines Schild mit Routenname.

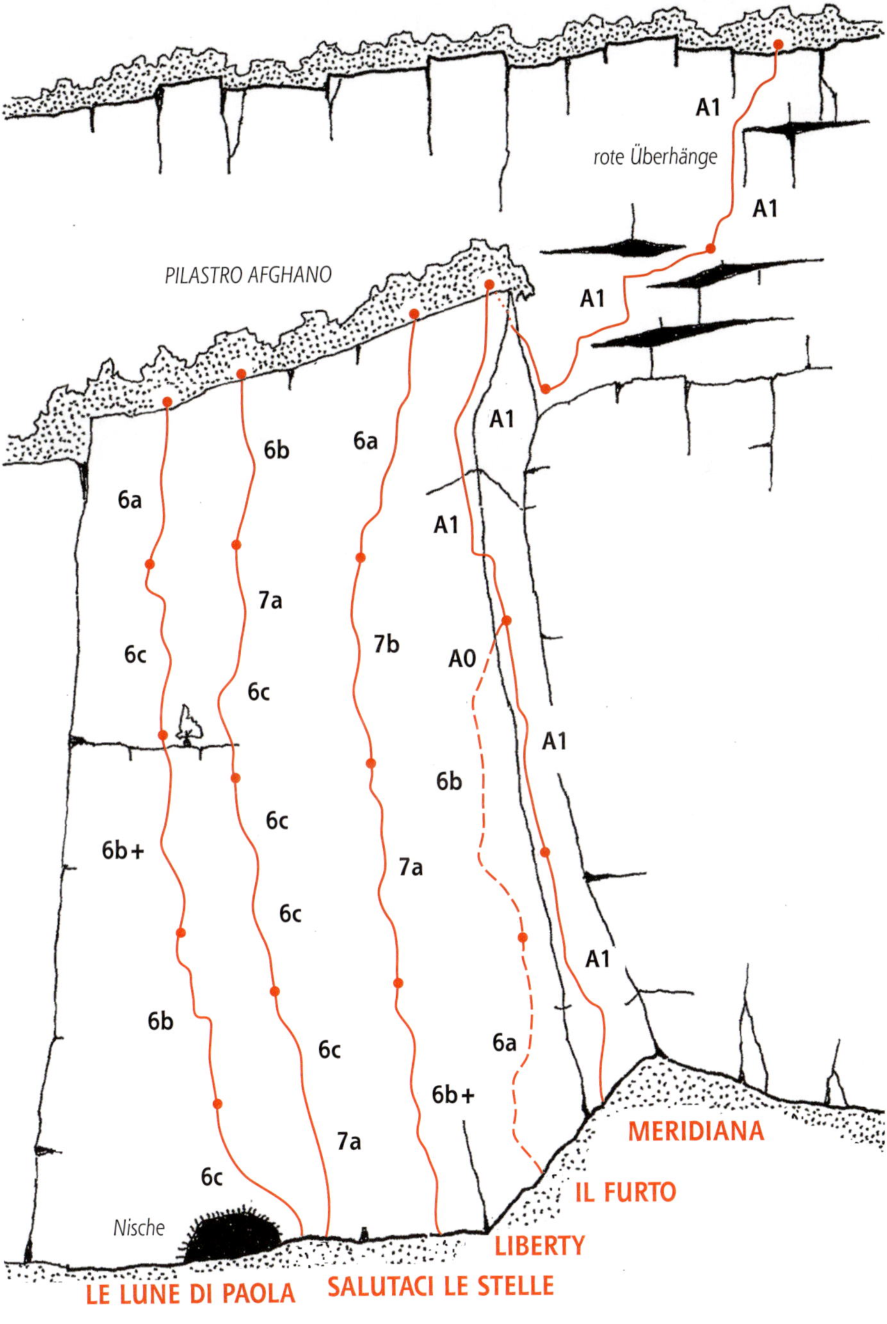
A1
rote Überhänge
A1
PILASTRO AFGHANO
A1
A1
6b
6a
6a
A1
7a
6c
7b
A0
6c
A1
6b
6c
6b+
7a
6c
A1
6b
6c
6a
6b+
MERIDIANA
7a
6c
IL FURTO
Nische
LIBERTY
LE LUNE DI PAOLA
SALUTACI LE STELLE

32 Zentraler Sektor

Mandrea

0.15 h

1.00 h

400 m.

0

Senkrechte Pfeiler, tiefe Kamine und breite Überhänge kennzeichnen diese herrliche Wand mit den vielen Farben und Formen. Die meisten der Routen sind als alpin zu bezeichnen, zwar nicht unbedingt wegen ihrer Länge, aber vor allem wegen ihrer generellen Schwierigkeiten, und verlaufen in meist festem Gestein durch Verschneidungen und Risse. Die erste in dieser Wand eröffnete Route war 'Via delle Fontane', die berühmteste ist sicherlich 'Pilastro Gabrielli'.

Zustieg

Von Arco mit dem Auto nach Laghel und nach einer Kehre in den Olivenhainen, bei der kleinen Kirche, links auf eine steile, kleine Straße. Die Straße wird bald zu einem Schotterweg, man fährt unterhalb der verschiedenen Pfeiler vorbei fast bis zum Ende bei einem Kruzifix und parkt auf der linken Seite. Bitte kein Privatgelände zuparken. Auf der Straße zu Fuß in Richtung der Felswände weiter und kurz durch den Wald zu den Einstiegen.

Abstieg

Vom Ausstieg der Routen durch den Wald abwärts bis zu einer Asphaltstraße. Auf ihr in Richtung Süden bzw. Arco ca. 200m weiter. Jetzt links auf einen Pfad, der zu einer weiteren Abzweigung führt, hier wieder links und auf dem schönen Wanderweg bis zur Schotterstraße bzw. dem Parkplatz.

19 MOLLA TUTTO	**200 m.**
20 PANDORA	**240 m.**
21 GENGIZ KAHN	**250 m.**
22 I MUST GO ON	**250 m.**
23 ZERO NEGATIVO	**350 m.**
24 PILASTRO GABRIELLI	**250 m.**
25 BLACK HOLE	**250 m.**
26 OMBRE ROSSE	**300 m.**
27 VIA DELL'OBLIQUO	**400 m.**
28 OXYGEN	**300 m.**
29 EXCALIBUR	**300 m.**
30 VIA DELLE FONTANE	**300 m.**
31 PAGLIACCIO RIDI	**300 m.**
32 ATTIMI DI LUCIDA FOLLIA	**300 m.**
33 ROSMAU	**350 m.**
34 SULLE ALI DELLA LIBELLULA	**300 m.**

MANDREA

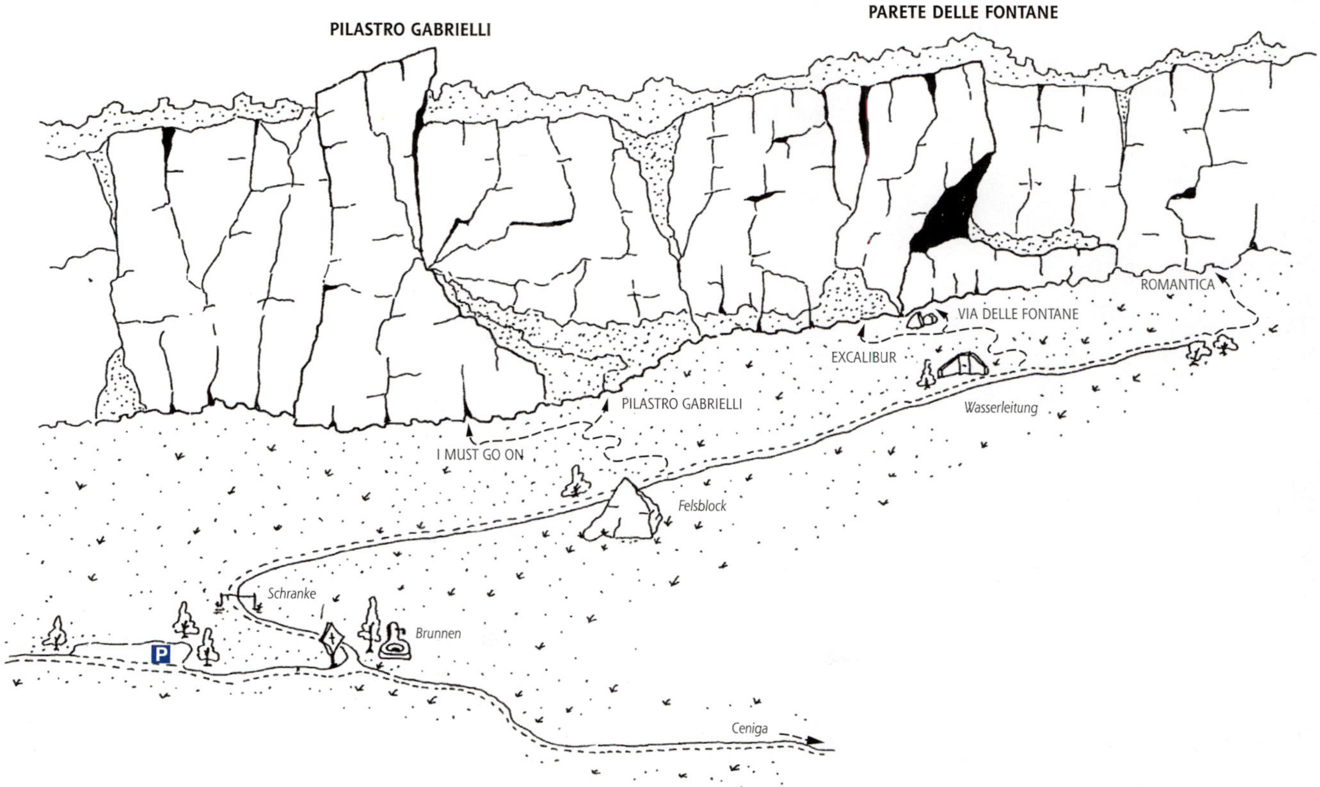
PILASTRO GABRIELLI
PARETE DELLE FONTANE
ROMANTICA
VIA DELLE FONTANE
EXCALIBUR
PILASTRO GABRIELLI
I MUST GO ON
Wasserleitung
Felsblock
Schranke
Brunnen
P
Ceniga

36
35
33
34
32
31
33
32
31
30a
30
29
28
27
27
23
26
24
23
25
22
24
21a
9

19 MOLLA TUTTO ★★★★
G. Mantovani, M. Zanoni 2003
200 m. (6SL)
6c, A0 (6a obl.)/S1/II
Die schöne und lohnende Route führt durch die steilen, grauen Plattenwände links des Pilastro Gabrielli. Eine fast ununterbrochene Reihe von Rissen und Verschneidungen führt durch diesen Bereich. Eine sehr ausgesetzte und charakteristische A0- Passage, die wohl schwer frei zu klettern ist, kennzeichnet die 3. Seillänge, nach der man die Ausstiegsrisse erreicht. Die Absicherung und der Fels sind durchwegs perfekt. Vom Ausstieg quert man auf Pfadspuren nach rechts bis man das Ende der Felswand erreicht.
Einstieg: vom Parkplatz zum Einstieg der Route 'Pilastro Gabrielli' und links zum Wandfuß queren, an den Einstiegen zu weiteren Routen vorbei, über einen schrofigen Wandsockel hoch und leicht rechts queren bis zum kleinen Schild, das den Einstieg bezeichnet.

20 PANDORA
M. Riegler, F. Riegler 2008
240 m. (8SL)
7c+, 8b (? obl.)/S2/III
Wunderschöne Extremkletterei links (und parallel) von "Genghiz Kahn". Eine komplette, freie Wiederholung der anspruchsvollen, ausdauernden Linie steht noch aus, mehr Informationen zu den einzelnen Seillängen gibt es bei Stand der Drucklegung dieses Führers leider nicht.
Einstieg: links von "Genghiz Kahn".

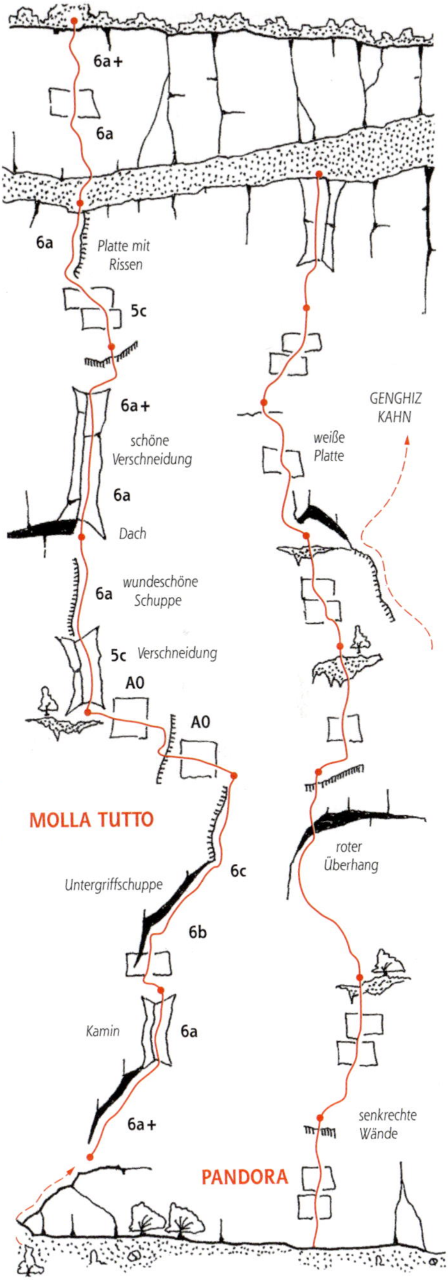

21 GENGHIZ KAHN★★★★

M. Giordani, R. Manfrini, F. Zenatti 1985
250 m. (8SL)
VII,VIII/R3/III

Über die kompakte, senkrechte Wandtafel führt der erste Teil der schwierigen Route, die hier wegen der hohen Schwierigkeitsgrade und der Absicherung eher Sportklettercharakter hat. Die Hakenabstände sind aber eher weit und der Grad 7a sollte zwingend beherrscht werden, damit die Route ein Genuss wird. Der zweite Teil der Route verläuft über Risse, die den Pilastro Gabrielli links begrenzen, und ist mit den wenigen, geschlagenen Haken sehr alpin angehaucht. Wer alpin und sportklettermäßig erfahren ist, wird hier viel Freude haben.

Einstieg: in Falllinie des Pilastro Gabrielli. Die ersten Haken sind weiter oben zu sehen.

21a VARIANTE ZENATTI-CELVA★★

F. Zenatti, L. Celva 1993
100 m.
7c+, 8a (7b obl.)/S2/II

„Diese Variante, die sehr ästhetisch und elegant ist, konnte ich als Erster frei begehen. Die Hakenabstände sind sehr nah, weshalb der Grad 8a nicht obligatorisch ist". (R. Larcher)

Eigentlich die logische Verlängerung der Einstiegslängen von 'Genghiz Khan', schwierig und gut abgesichert, bis zum Pfeilergipfel. Einstieg auch vom 1. Stand von 'Pilastro Gabrielli' möglich.

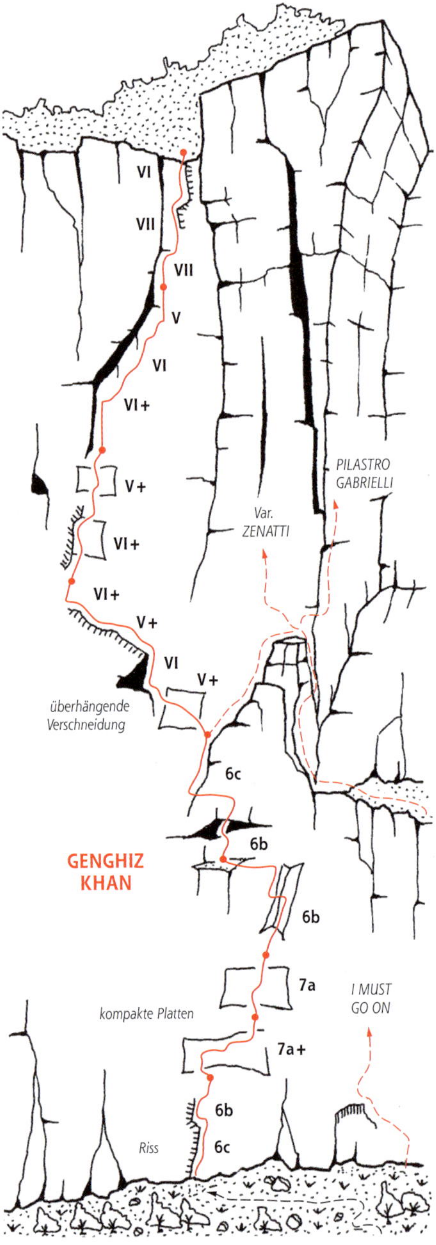

22 I MUST GO ON ★★★★★

S. Scalet, M. Canteri 1995
250 m. (8SL)
VI+, VII, A3+/R3/III

Sehr lohnende und herrliche Route mit freier und teils extrem technischer Kletterei. Die Schlüsselpassage mit einem brüchigen und überhängenden Riss ist in der 5. SL, hier sind viele Klemmkeile und Friends notwendig. In der vorletzten Seillänge fordert eine weitere technisch zu kletternde Passage eiserne Nerven und viel Erfahrung. Die Route in meist festem Fels ist ziemlich ausgesetzt, gut abgesichert und lohnt sich vor allem für die Liebhaber von Techno-Routen (1. Wiederholung: D. Fillippi und M. Loss in 8 Std.).

23 ZERO NEGATIVO ★★★★★

S. Bazzanella, D. Filippi 1999
350 m. (12SL)
VII, A4/R3/III

Die spektakuläre Route führt mit einem herrlichen Quergang durch die große rote Plattenflucht. Die Linie folgt der schrägen Verschneidung zur roten Platte und dem breiten waagrechten Dach, meist herrscht technische Kletterei vor, aber auch schwierige, frei zu kletternde Passagen sind zu finden. Die lange Traverse unter dem Dach gelingt nur mit Cliffs in gebohrten Löchern, einige Haken machen die Passage aber sicherer. Nach dieser Querung verlaufen die wenigen restlichen Ausstiegslängen über grasbedeckte kurze Wände und durch Verschneidungen. Die graue Platte im ersten Teil der Route erklettert man technisch mit schönen Bewegungen an gebohrten Haken, aber auch schwierig mit sehr heiklen Passagen an Cliffs. Für die Dachtraverse benötigt man 4 bis 5 Cliffs für 6mm-Bohrlöcher und einige kleine Keile, die mit den Drahtschlingen um die Bohrhakenstifte gelegt werden können.

Einstieg: in Falllinie der Route 'Pilastro Gabrielli', wenig rechts von 'I must go on', bei einem Riss und einer roten Schuppe.

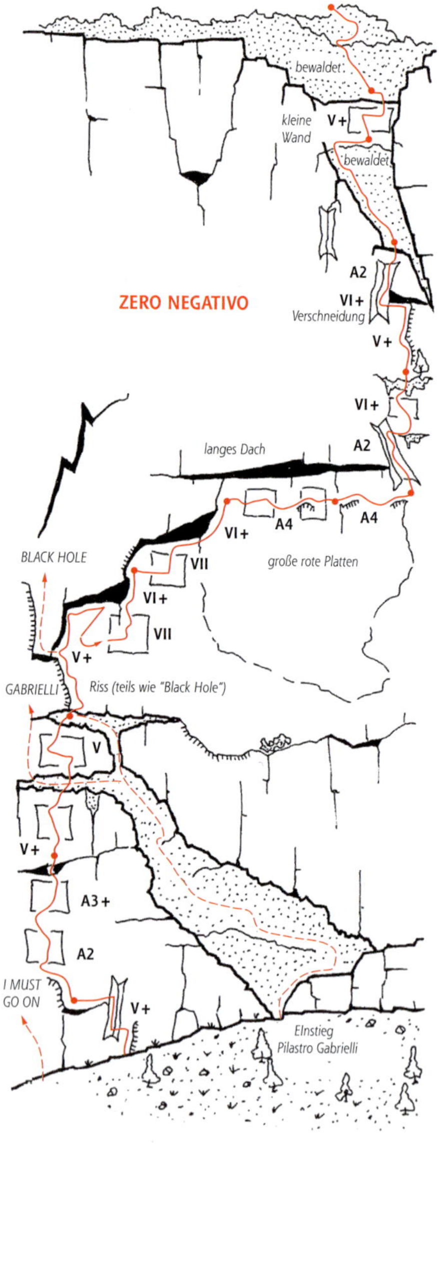

24 PILASTRO GABRIELLI ★★★★★

G. Stenghel, G. Vaccari 1978
250 m. (5SL)
V+, VI+, eine Stelle VII/R3/II

Ein Klassiker, nicht nur dieser Wand, sondern des ganzen Tals. Eine unglaubliche Reihe von perfekten und schmalen Verschneidungen läuft an der Pfeilerkante entlang und genau darüber führt diese absolut logische Linie. Nach einem grasigen Sockel folgen die ersten beiden Seillängen, die immer noch etwas schrofig sind und Vorsicht erfordern. Danach wird das Gestein zwar viel fester, aber die unzähligen Wiederholer haben vor allem in den roten Verschneidungen den Fels glattpoliert. Deshalb und auch wegen der schlechten Absicherung ist diese Passage nicht unbedingt ein Genuss. Die letzte Verschneidung hingegen ist das genaue Gegenteil: griffiger Fels, athletische Kletterei, wunderschön und sehr lohnend.

Einstieg: Unterhalb des 'Pilastro Gabrielli' nach rechts bis zu einer Rampe queren. Über diese Grasrampe hoch und gleich darauf mit Hilfe eines Fixseils über eine kleine plattige Stelle. Jetzt über den ganzen Vorbau bis zu einer grauen Verschneidung (ca. 100 m) und dann links queren bis zu einer weiteren Rampe, die bis zur Pfeilerkante führt.

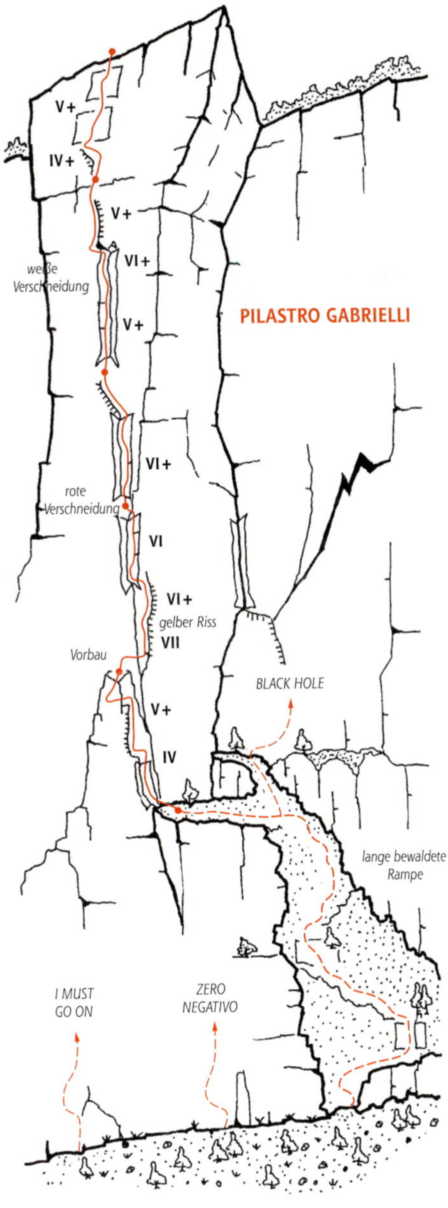

25 BLACK HOLE ★★★★★
G. Stenghel, M. Giordani 1979
250 (7SL)
V+, VI/R3/III

Sehr lohnende Riss- und Verschneidungskletterei, die durch die deutlich sichtbare Verschneidung rechts des Pfeilers führt. Leider ist die Absicherung nicht gerade gut und der Fels etwas brüchig. Dennoch ist die Route wegen der daraus resultierenden alpinen Erfahrung sehr empfehlenswert. Die Schuppenpassagen in den ersten Seillängen sind einfach wunderschön.

Einstieg: wie bei 'Pilastro Gabrielli' über die Rampe und bis zu der grauen Verschneidung. Durch diese aufwärts (kurze Stelle V) und bis zu einem bequemen Band. Einstieg rechts bei einem herrlichen Riss.

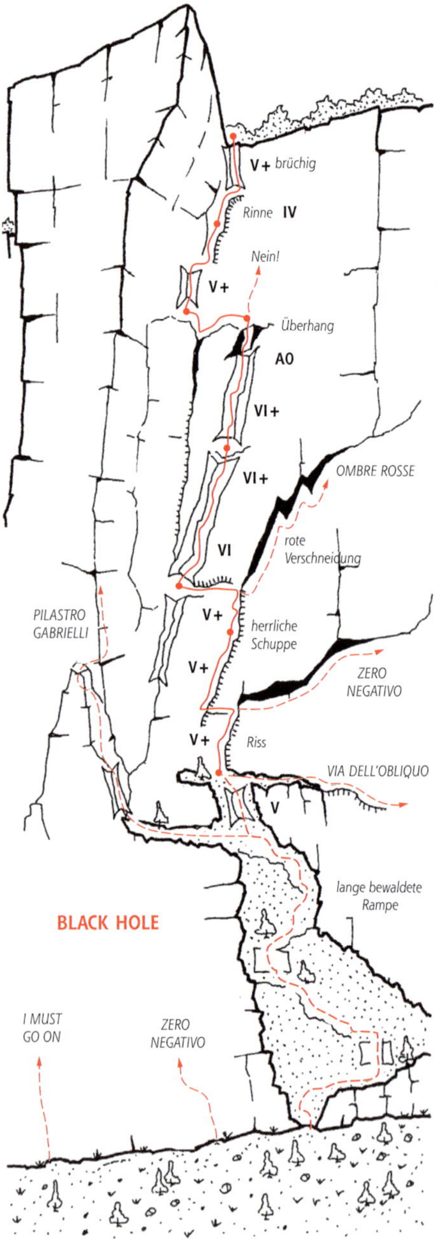

26 OMBRE ROSSE ★★★★★

M. Giordani, G. Manica, R. Manfrini 1984
300 m. (8SL)
VI+, VII+/R3/III

Elegante, spektakuläre, aber auch sehr harte Route, die mit logischer Linienführung, freier Kletterei und wenigen Haken über die Platten rechts der 'Gabrielli' zieht. Einer ersten und schwierigen Verschneidung zur Wandmitte folgen eine spektakuläre Plattentraverse und weitere schwierige Verschneidungspassagen, bevor die Route etwas leichter wird. Nur in den letzten Seillängen ist der Fels etwas brüchig, zur zusätzlichen Absicherung benötigt man Klemmkeile und Friends.

Einstieg: wie bei 'Black Hole', erste SL gemeinsam, dann gerade hoch und durch eine überhängende Verschneidung.

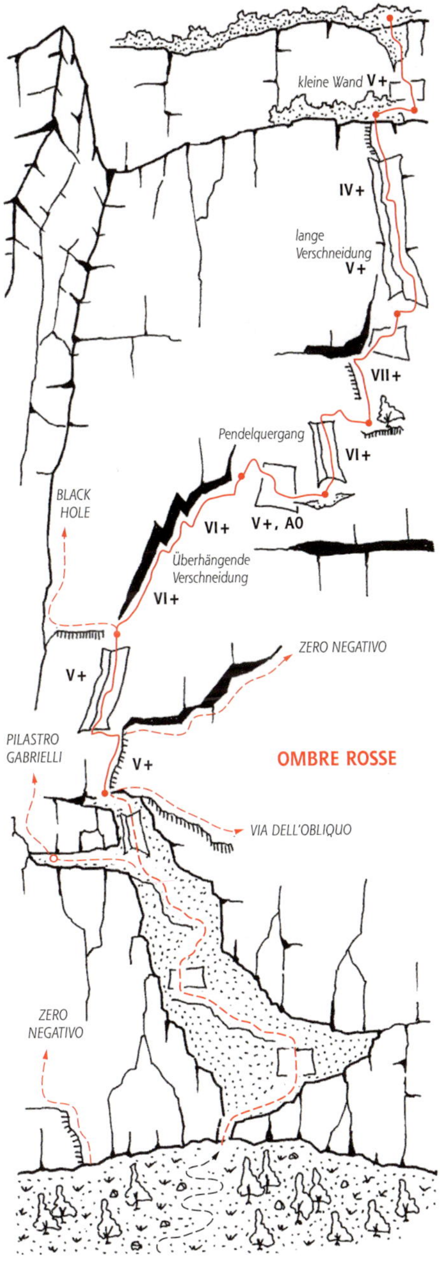

27 VIA DELL'OBLIQUO ★★★★

M. Giordani, F. Zenatti 1981
400 m. (10SL)
V+, eine Stelle VI/R3/II

Die sehr eigene Linienführung kennzeichnet diese Route. Sie verläuft über einen langen, fast horizontalen Riss, der die Wand rechts des Pilastro Gabrielli, zwischen dem Grassockel und der riesigen gelben Wandtafel, teilt. Auch wenn viele grasige Abschnitte den Gesamteindruck etwas trüben, so lohnt allein die lange, spektakuläre und ausgesetzte Traverse doch eine Wiederholung.

Einstieg: wie bei 'Black Hole' zum bequemen Band. Über grasige Abschnitte und buschbestandene Bereiche queren, dann etwas absteigen und bis zum Einstieg bei einem schräg verlaufenden Riss.

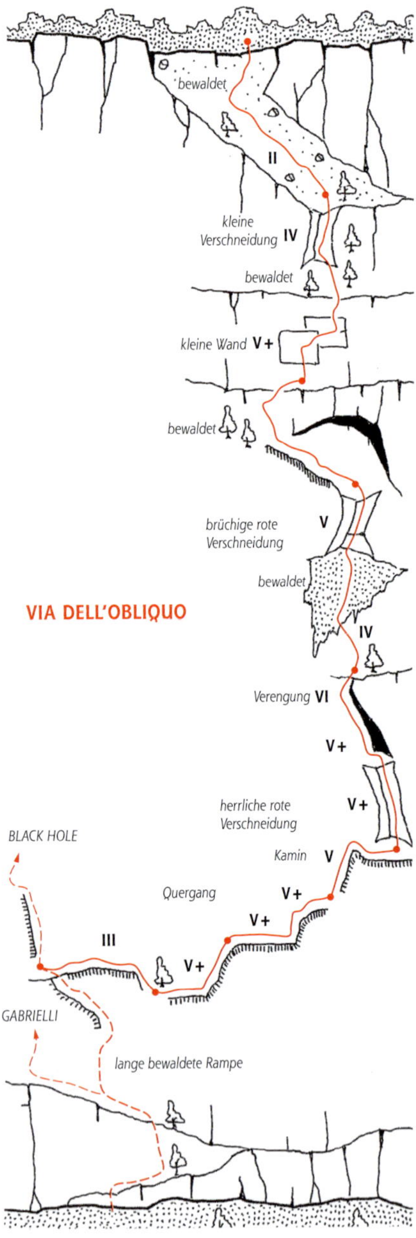

28 OXYGEN ★★★★★

I. Maghella, D. Bonaglia 2004

300 m. (8SL)

6c, 7a, Stellen A0 (6c obl.)/S2/II

Außergewöhnlich schöne Freikletterroute, sehr empfehlenswert, eine der schönsten im Sektor Mandrea. Sie verläuft meist über Platten, in denen auch oft wunderschöne Tropflöcher zu finden sind. Absolut herrlich sind die 4. und 5. Seillänge mit technisch schwieriger Reibungskletterei. In der 6. SL ist die Anfangspassage sehr hart, dann folgen viele Zangengriffe. Achtung: die Ausstiegsseillänge mit dem überhängenden Riss ist nicht abgesichert. Wiederholer benötigen mindesten 17 Expressschlingen und einige mittlere bis große Friends. Ein Cliff kann in der ersten SL hilfreich sein.

Einstieg: etwa 50 m rechts von 'Pilastro Gabrielli', kleines Schild am Baum.

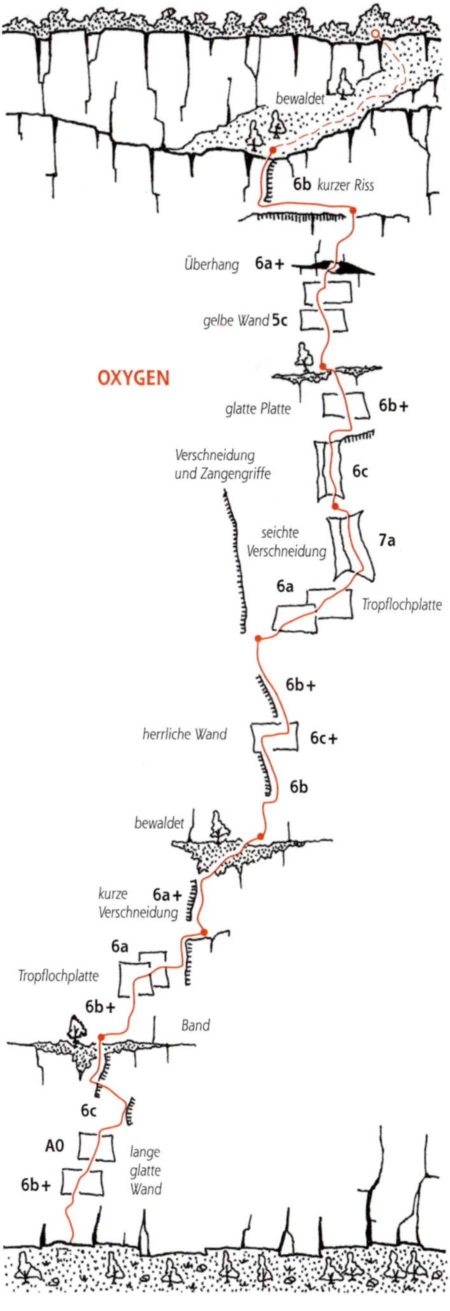

29 EXCALIBUR ★★★★★
T. Quecchia, F. Prati 1992
300 m. (11SL)
VI+, A2/R3/III

Die schöne und lohnende Route folgt einem senkrechten Pfeiler rechts der Ausstiegsrinne der 'Via dell' Obliquo'. Die Absicherung mit Bohr- und Normalhaken ist zwar ausreichend, sollte aber noch mit Keilen oder Friends verbessert werden. Im Allgemeinen festes Gestein, manchmal sogar sehr schöner Tropflochfels.

Zustieg: unterhalb des dreieckigen Überhangs liegt hinter zwei großen Blöcken versteckt eine rote Verschneidung. Noch weiter links führt eine Grasrampe zu einem mit Bäumchen bestandenen Band. Auf diesem Band ganz nach links. Einstieg unterhalb eines kleinen Daches, das man dann rechts in Richtung großer Schuppen umgeht.

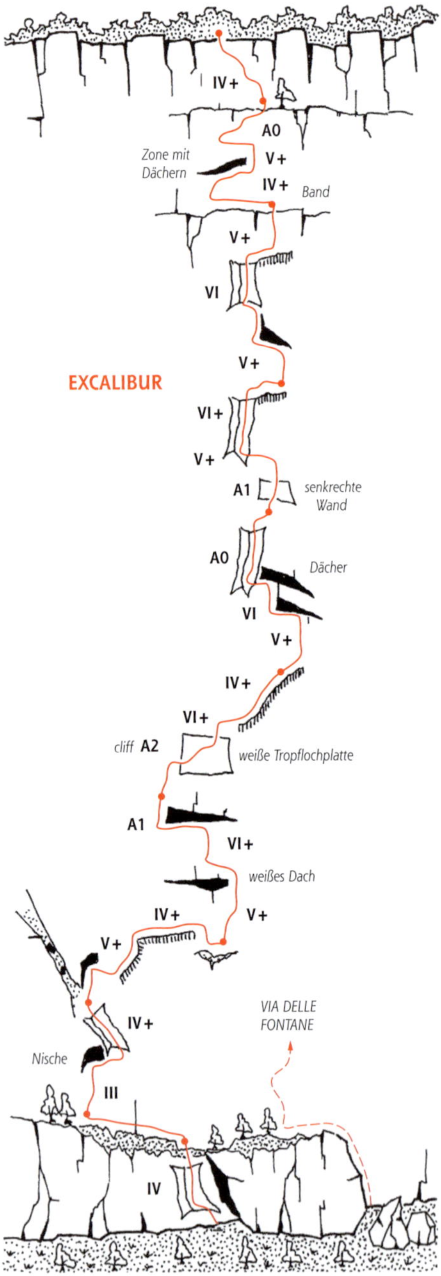

30 VIA DELLE FONTANE ★★★★★

M. Ischia, U. Ischia, F. Calzà 1975
300 m. (8SL)
V+, VI+, A0/R3/II

Sehr klassische alpine Route, mit die älteste im Sarcatal. Sie führt durch einen von großen Blöcken verstellten Kamin, der nur im Ausstiegsbereich etwas brüchiger ist. Die Absicherung ist durchwegs gut. Meiner Meinung nach eine absolute Perle und wegen der Umgebung sehr empfehlenswert.

Einstieg: fast in Falllinie des dreieckigen Überhangs, aber etwas weiter links, in eine große rote Verschneidung.

30a VARIANTE KLIF KLOF ★★★★

S. Fruet, M. Cantaloni, C. Faes 1979
100 m. (3SL)
V+, VI/R3

Logische und schöne Variante. Von der Terrasse am Beginn des Kamins links über einen markanten grauen Riss. Nach einer weiteren SL erreicht man über eine schöne Verschneidung eine bewaldete Terrasse. Hier etwas heikel nach rechts queren und wieder in die Originalroute. Guter Fels, schöne und lohnende Riss- und Verschneidungskletterei.

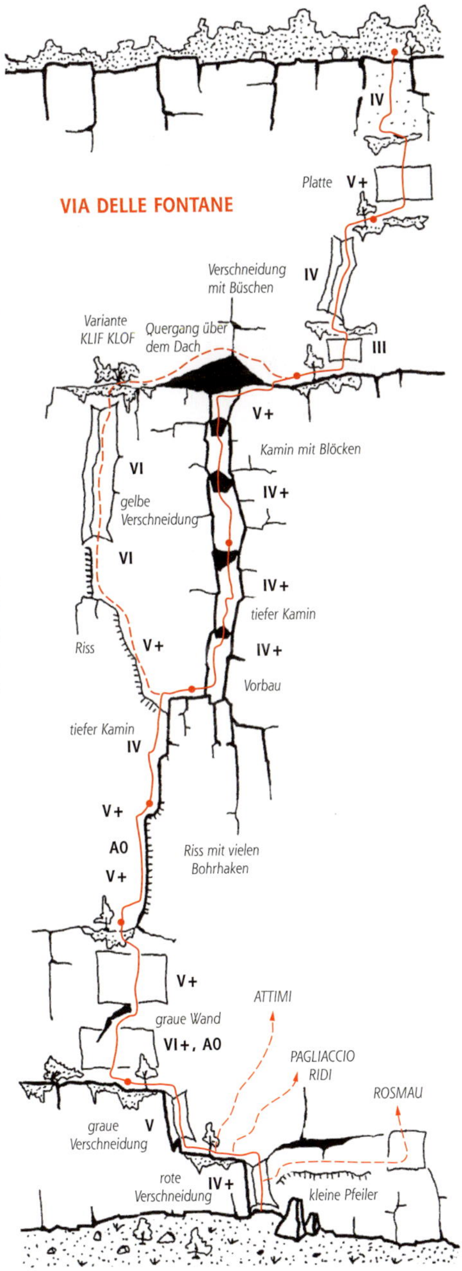

31 PAGLIACCIO RIDI ★★★

M. Avanzini, I. Maghella, V. Pasquali 1996
300 m. (12SL)
6b+, 7a, Stellen A0 (6a obl.)/S1/II

Die Sportkletterroute führt zu dem schönen grauen Pfeiler inmitten der Kamine der 'Via Klif Klof' und der 'Via delle Fontane'. Im unteren Teil herrscht schöne, genussvolle Plattenkletterei vor, weiter oben aber ist die Route viel schwieriger und teilweise nur A0 kletterbar. In den Ausstiegslängen etwas brüchiger Fels.

Einstieg: wie bei 'via delle Fontane'. Nach der roten Verschneidung direkt rechtshaltend in die Platten.

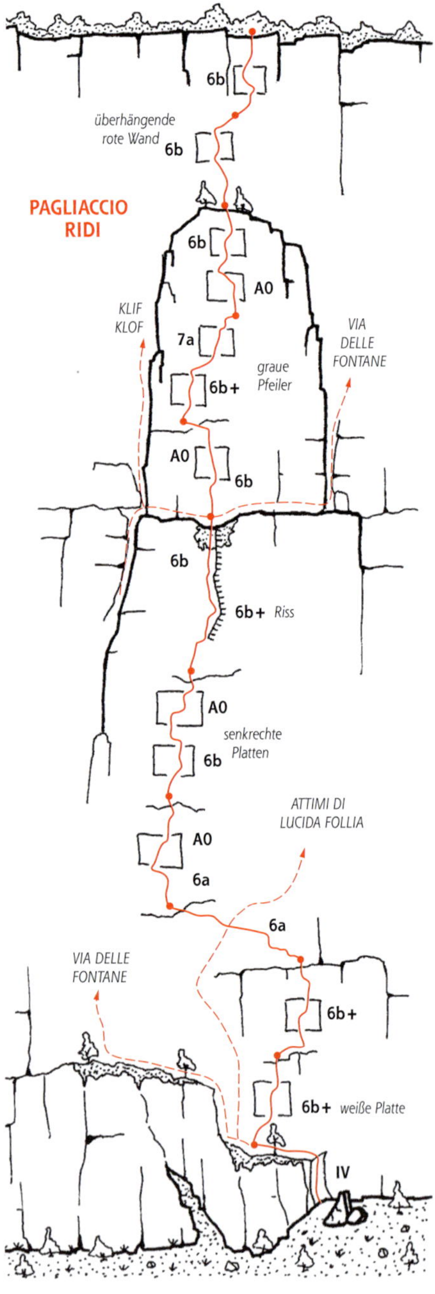

32 ATTIMI DI LUCIDA FOLLIA ★★★★

T. Quecchia, A. Tondi 1996
300 m. (12SL)
VII+, A3/R3/III

Eine breite und markante Verschneidung teilt die graue, senkrechte Plattenzone, die zwischen dem dreieckigen Überhang und dem Kamin der 'Via delle Fontane' liegt. Die schwierige und Ausdauer fordernde Linie führt genau darüber hinweg. Nicht alles ist gut mit Haken abgesichert, deshalb sollten große Friends, ein Satz Keile und sogar ein paar Cliffs für die schwierigsten Stellen dabei sein, denn insbesondere die Platte in der 4. SL ist (vermutlich) nur technisch kletterbar.

Einstieg: etwas links der 'Via delle Fontane' über eine Platte, in eine Sanduhr ist ein Schlinge gefädelt. Die erste SL kann auch über die 'Fontane' umgangen werden.

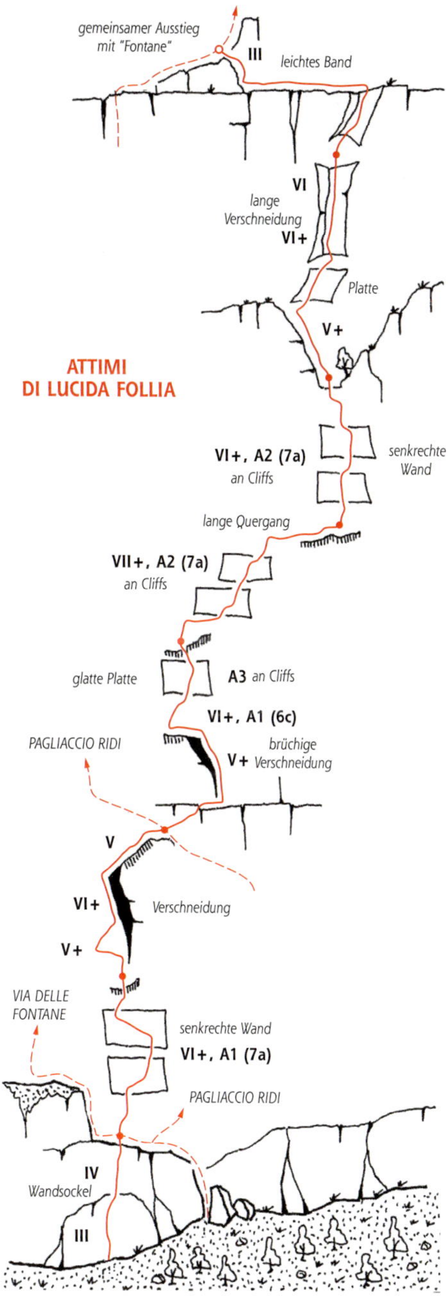

33 ROSMAU ★★★★★

M. Giordani, R. Manfrini 1982
350 m. (10SL)
VI+, A2/R3/II

Sehr abwechslungsreiche und lohnende Route mit senkrechten Platten, etwas brüchigen Überhängen und tiefen Kaminen. Im linken Bereich des großen, dreieckigen Überhangs verlaufen viele Risse und überhängende Verschneidungen. Dies sind die Schlüsselstellen, denn die Haken sind oft nicht sicher und der Fels ist brüchig. Im Vergleich zum tiefen, leicht beängstigenden Kamin sind die Einstiegsplatten der reine Genuss.

Einstieg: unterhalb des Überhangs durch eine rote Verschneidung.

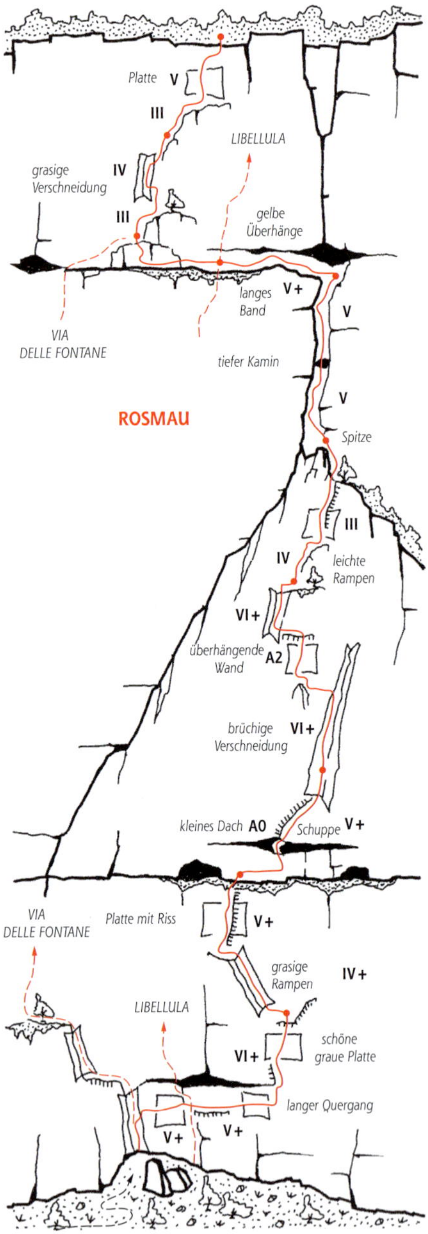

34 SULLE ALI DELLA LIBELLULA★★★

D. Filippi, S. Bazzanella, M. Paoletto 2006

300 m. (9SL)

A1, A2, IV+/R1/II

Techno-Freaks finden hier eine spektakuläre und ausgesetzte Route vor. Sie verläuft direkt über den dreieckigen Überhang zwischen der 'Via Fontane' und der 'Via Rosmau'. Die Route ist gut mit 8mm-Bohrhaken abgesichert, die Fortbewegung mit Trittleitern ist auch deshalb reines Vergnügen. Die ersten beiden SL führen über senkrechte Wandbereiche, nach weiteren drei SL erreicht man den großen Überhang mit einem sehr ungemütlichen Hängestand. Die zweite SL über diesen Überhang ist unglaublich exponiert und sehr ästhetisch. In teils freier Kletterei erreicht man dann den Ausstieg. Dieser letzte Teil ist aber sehr vegetationsreich und schrofig, weshalb man hier sehr vorsichtig klettern sollte.

Einstieg: wenige Meter rechts der 'Via delle Fontane'. Routenname angeschrieben.

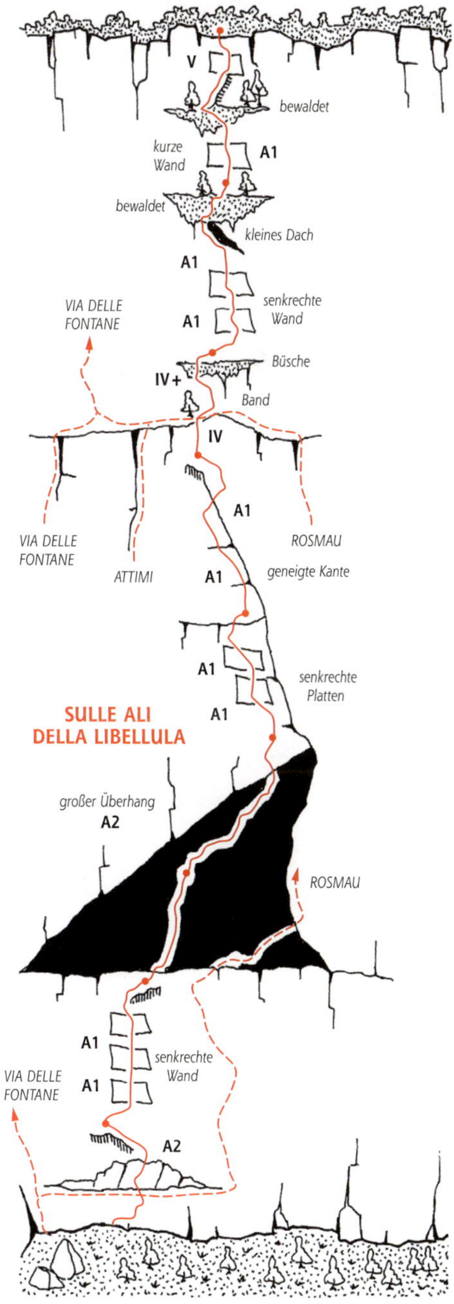

33 Mandrea Nord

Mandrea

0.30 h

1.00 h

400 m.

O

Eine Reihe von schönen Sportkletterrouten verlaufen in der breiten Wand, die vom großen, dreieckigen Überhang mit der 'Via Rosmau' in Richtung Norden bis zu einem einzelstehenden Pfeiler reicht. Man klettert meist auf Platten, aber auch schrofige Abschnitte tauchen hin und wieder auf. Die Routen sind meist lang und gut abgesichert, das Ambiente ist einzigartig: Es herrscht eine fast biblische Ruhe. Auch über den Pfeiler verlaufen einige schöne Wege, die hier aber sehr alpin und schwierig sind.

Zustieg
Wie zur Parete Centrale. Bei der Schranke auf die kleine Straße, die unterhalb des Pilastro Gabrielli vorbei und bis zum Wasserwerk führt. Durch den Wald und auf Pfaden zu den verschiedenen Einstiegen.

Abstieg
Von den Ausstiegen der diversen Routen steigt man durch den Wald bis zu einer asphaltierten Straße ab und folgt dieser dann in Richtung Arco. Nach ca. 200 Metern dann links auf einen Wanderweg und weiter bergab, bei der nächsten Abzweigung wiederum links und bis zur Schotterstraße bzw. dem Parkplatz.

35 IL SOLCO DELLA PESCA	**300 m.**
36 IL VOLO DELL'APE AZZURRA	**300 m.**
37 ROMANTICA	**300 m.**
38 SUDOMAGODO	**300 m.**
39 ULTIMO REGNO	**400 m.**
40 LE FIABE DI LAGHEL	**350 m.**
41 EGO TRIP	**300 m.**
42 CORRIDOIO NASCOSTO	**300 m.**
43 NATARAJ	**300 m.**
44 MOANA MON AMOUR	**300 m.**
45 ANDRÈ I COLO	**300 m.**
46 UOMINI NELLA NEBBIA	**300 m.**
47 SPECCHIO DI NARCISO	**350 m.**
48 SOLEADO	**350 m.**
49 FIORE DI CORALLO	**350 m.**
50 BONAGLIA MAGHELLA	**380 m.**
51 VIA DEI NAUFRAGHI	**400 m.**

42
41
40
39
38
39
38
37
36
35

35 IL SOLCO DELLA PESCA ★★★★

I. Maghella, D. Bonaglia 2004
300 m. (9SL)
6b, 6c, A1 (6b+ obl. und A1 cliff)/S3/II

Wunderschöne, abwechslungsreiche Route, die mal Sportklettercharakter hat und dann wieder sehr alpin ausgerichtet ist. Nach den beiden ersten Seillängen über senkrechte, kompakte Platten folgt eine fast ununterbrochene Reihe von Verschneidungen und feinen Rissen. Der Fels ist durchgehend fest, die Absicherung mit Bohr- und Normalhaken ausreichend. Einige kleine Friends und ein paar mittelgroße Klemmkeile werden eventuell benötigt. Auch ein Cliff zur Überwindung der schwierigen Stellen in der Einstiegsseillänge könnte hilfreich sein.

Zustieg: Nach dem Wasserwerk, etwas links der großen Grotte (kleines Hinweisschild am Fels).

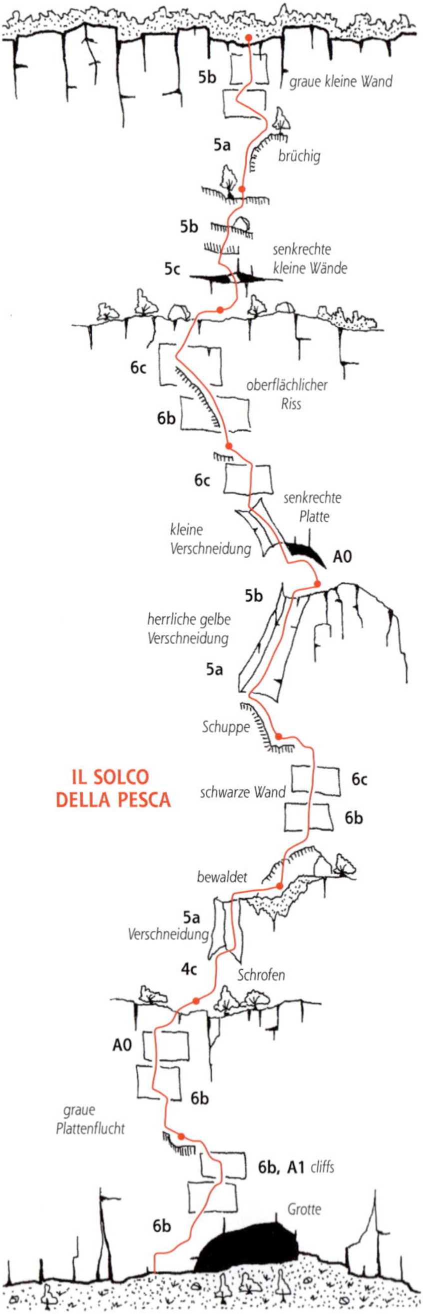

36 IL VOLO DELL'APE AZZURRA★★★

I. Maghella, D. Bonaglia 2005
300 m. (8SL)
6c, A1 (6b+ obl.)/S3/II

Eine sehr kompakte, senkrechte Platte kennzeichnet die 2. Seillänge. Diese Stelle kann entweder schwierig frei geklettert werden auch technisch (aber sehr heikel) mit einem Cliff. Für diese Passage sollte man Normalhaken, zwei Trittleitern und zwei Cliffs dabei haben. In der 6. SL klettert man durch eine gelbe Verschneidung mit instabilen Blöcken: Hier ist Vorsicht angebracht. Diese Seillänge ist zudem schlecht abgesichert und brüchig. Das Abschlusssdach dagegen ist sehr athletisch und schön.

Einstieg: rechts der großen Grotte, kleines Hinweisschild am Fels.

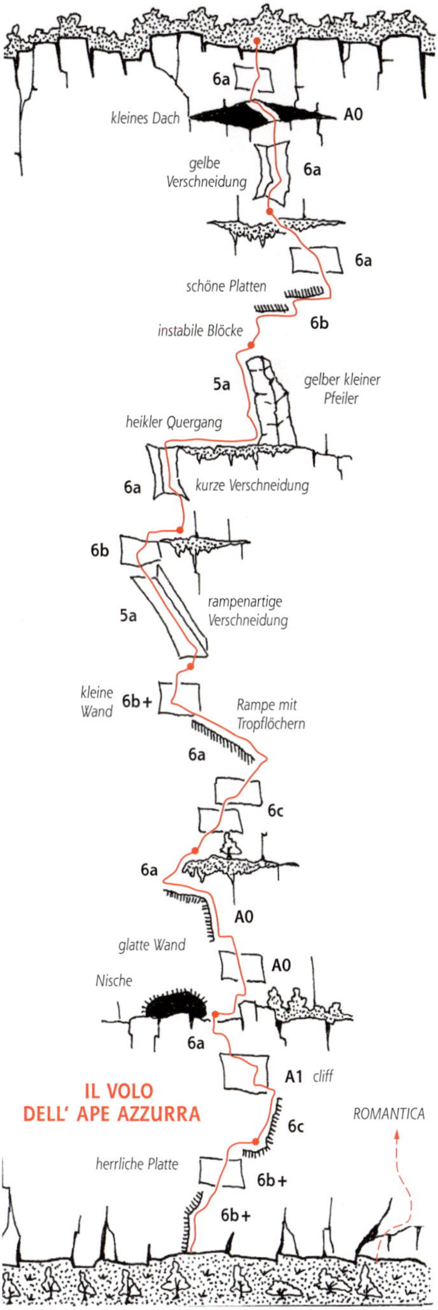

37 ROMANTICA ★★★★★

D. Filippi 1999
300 m. (12SL)
6c (5c obl.)/S1/II

Wunderschöne Route, sehr abwechslungsreich und stark gegliedert, die einer schönen Linie mit Verschneidungen, Rissen und Platten folgt. Die beiden Seillängen mit der ersten Verschneidung und der überhängenden Platte sind absolut außergewöhnlich. Weil die Route doch recht gut abgesichert ist und in festem Fels verläuft, zählt sie schon viele Wiederholungen.

Einstieg: vom Wasserwerk weiter in den Wald und kurz darauf links über einen kleinen Sockel hoch. Einstieg bei einem kleinen Überhang.

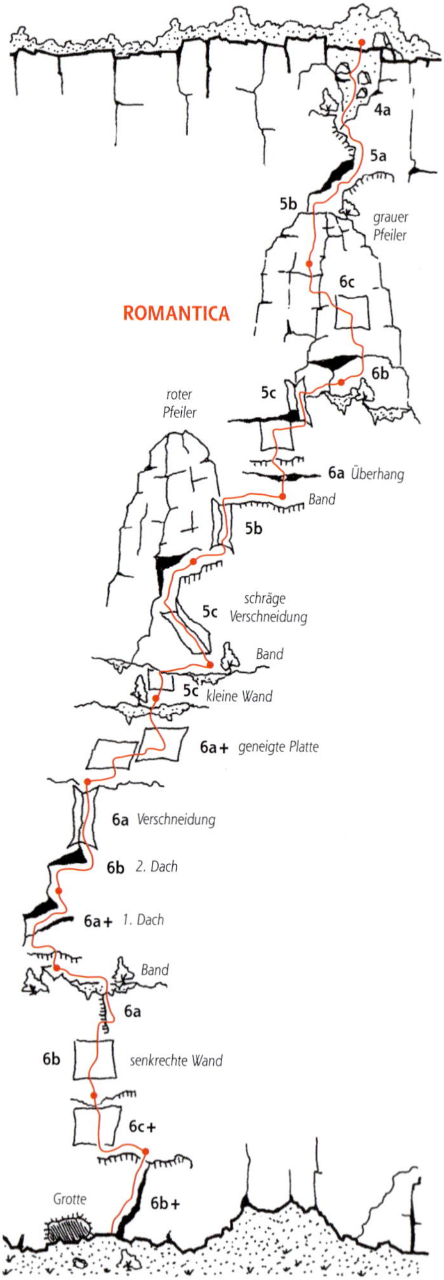

38 VIA SUDOMAGODO★★★★

I. Maghella, M. Avanzini, D. Bonaglia 2003
300 m. (11SL)
6c, 7a (6c obl. oder A1 cliff)/S1/II

Die Route ist absolut lohnend, spektakulär und weist sehr homogene Schwierigkeiten auf. Sie wurde von unten eröffnet und folgt deshalb einer sehr logischen Linie. Die leichteren Passagen wurden mit Normalhaken abgesichert, ansonsten sind Bohrhaken in völlig ausreichender Anzahl zu finden. Die schwierigsten Stellen können technisch mit Cliffs in gebohrten Löchern überwunden werden.

Einstieg: kurz nach der 'Via Romantica, kleines Hinweisschild am Fels.

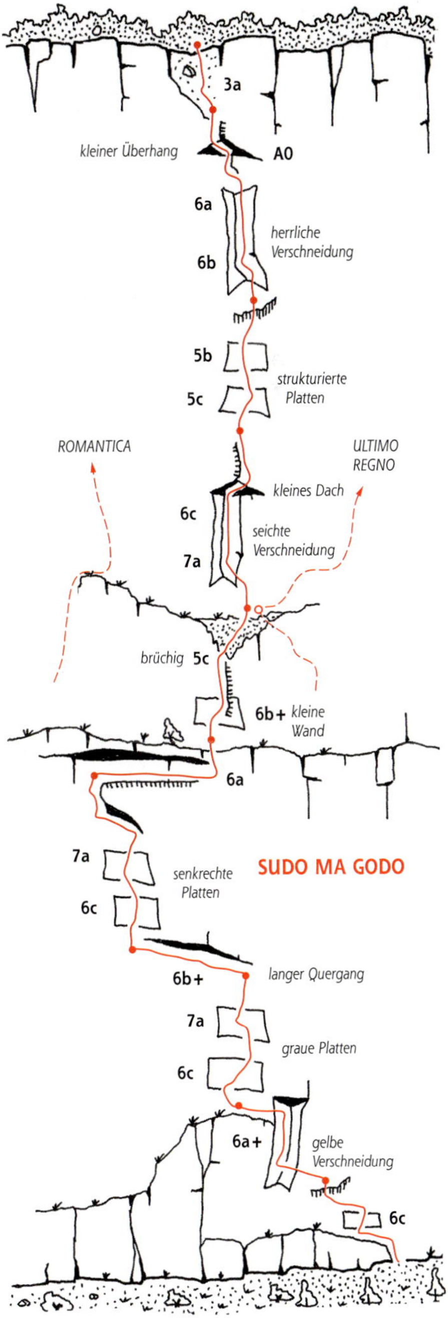

39 ULTIMO REGNO★★★

D. Filippi 2001

400 m. (16SL)

7a, A0 (6b+ obl.)/S2/II

Charakteristisch für die lohnende Route ist die Linienführung mit vielen langen Traversen, immer auf der Suche nach den Schwachstellen der Wand. Sehr zu empfehlen wegen des guten Gesteins, der sehr guten Absicherung und des wunderschönen Ambientes.

Einstieg: wie zur 'Via Romantica', dann am Wandfuß weiter bis zu einer deutlich sichtbaren kleinen Verschneidung (Haken).

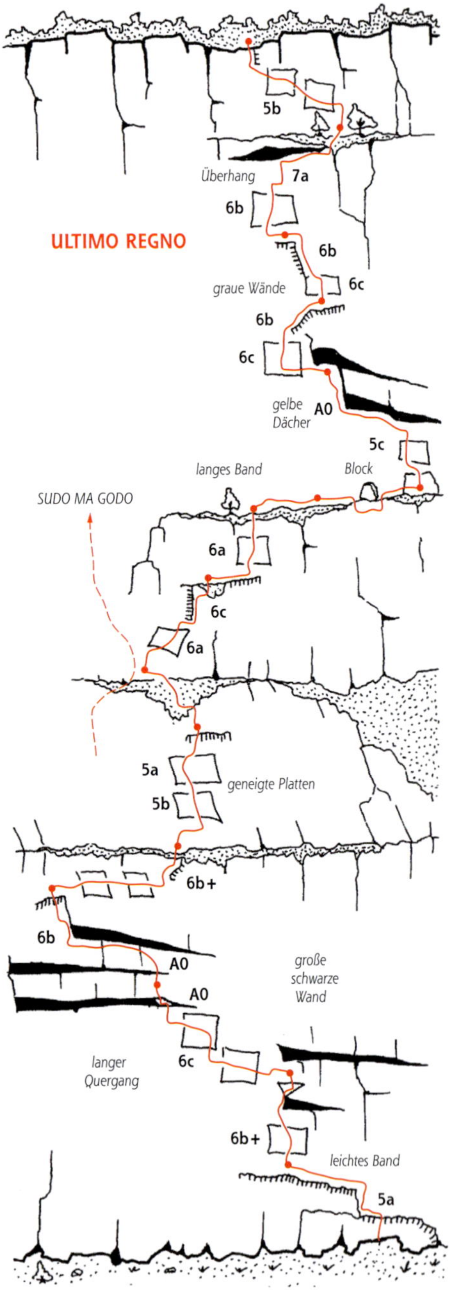

40 LE FIABE DI LAGHEL★★★

D. Filippi 2000
350 m. (11SL)
6c+ (6b obl.)/S2/II

Abwechslungsreiche, lohnende Kletterei. In der 3. SL überwindet man ein markantes Dach, hier werden zwei Trittleitern benötigt. Die Ausstiegslängen sind wegen der wunderschönen Umgebung einfach fantastisch, nur der Mittelteil der Route ist etwas schrofig.

Einstieg: an der 'Via Romantica' und der 'Via Utimo Regno' vorbei und am Wandfuß entlang bis unterhalb eines großen Daches. Einstieg bei einer grauen Platte. Routenname angeschrieben

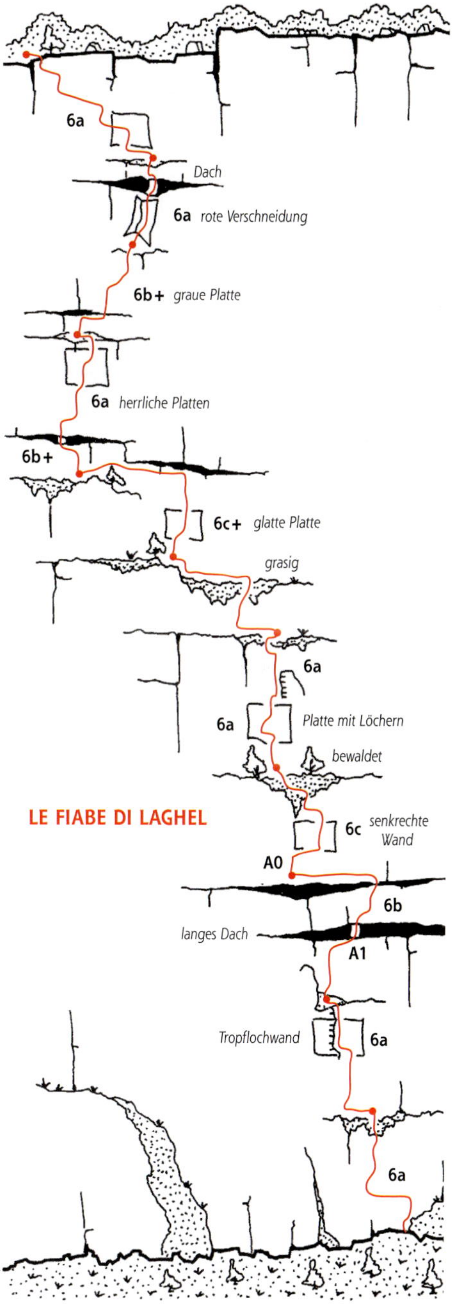

41 EGO TRIP ★★★★

D. Filippi 2004
300 m. (10SL)
6b+ (6a obl.)/S1/II

Der logische Weg verläuft über einen geneigteren Bereich der Wand, mit vielen grauen Platten. Alle Seillängen sind schön und lohnend, nur die dritte mit grasigen Stellen und einem schwierigen kleinen Überhang ist leicht ungemütlich. Aber der feste Fels und die gute Absicherung mit engen Abständen machen eine Wiederholung durchaus lohnend. Die vorletzte Seillänge mit der Platte ist wahrscheinlich die schönste im Gebiet von Mandrea.

Einstieg: Routenname angeschrieben. Zunächst wie bei "Fiabe di Laghel", am 2. Bohrhaken dann rechts.

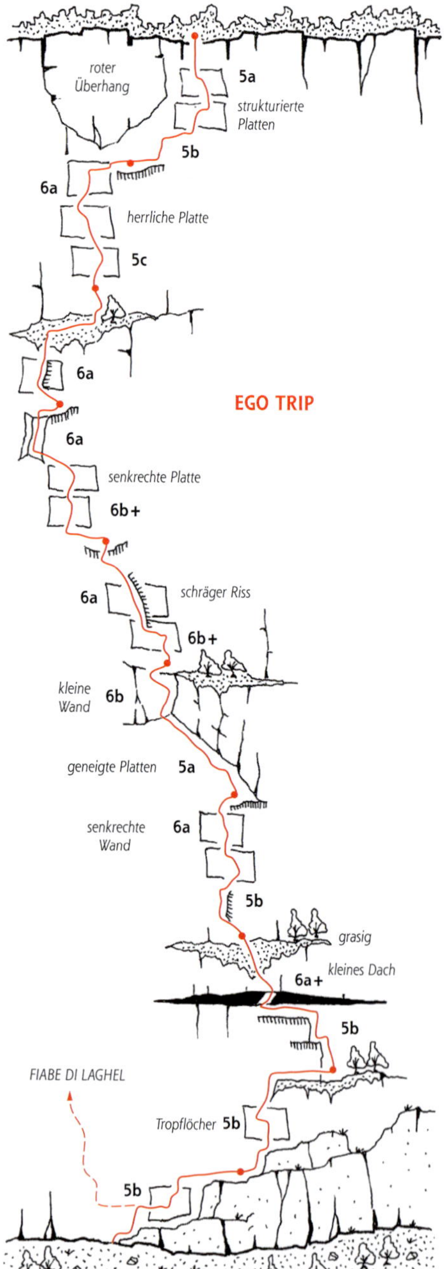

42
43
44
45
46

42 CORRIDOIO NASCOSTO ★★★

D. Filippi 2006
300 m. (9SL)
6a, 6c (6a obl.)/S1/II

Zwischen 'Ego Trip' und 'Nataraj' ist die Wand mit sehr viel Vegetation bedeckt. Dennoch konnte hier eine weitere Linie gefunden werden, die zumeist über feste und kompakte Platten verläuft und nie besondere Schwierigkeiten aufweist. Wer mit einigen Büschen und ein paar lockeren Steinen leben kann, findet hier eine durchaus lohnende und schöne Route mit naher, guter Absicherung und einigen exponierten und schönen Passagen vor.

Einstieg: etwa 80 m nach 'Ego Trip', Routenname angeschrieben.

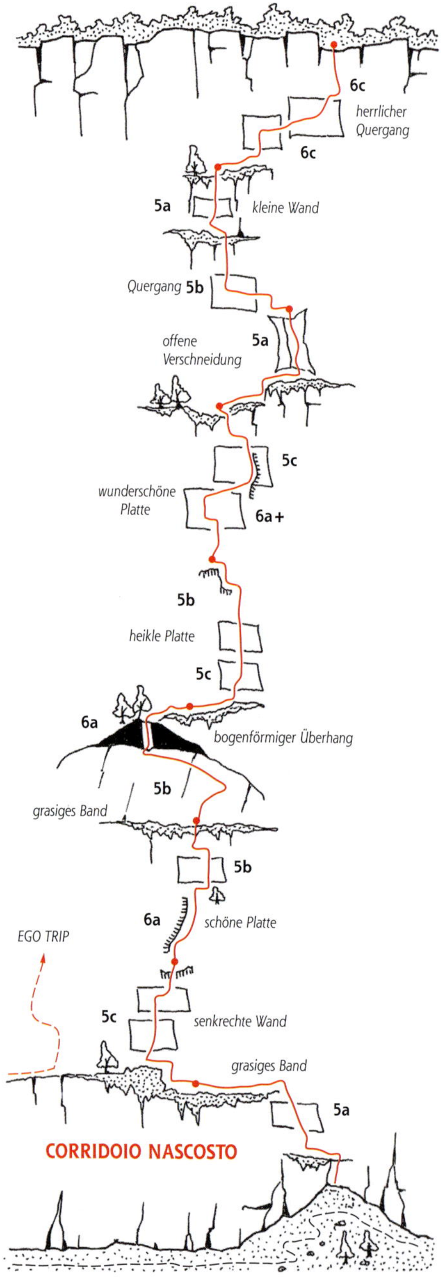

43 VIA NATARAJ★★★★

D. Filippi 2003
300 m. (11SL)
6a, 6c (6a obl.)/S1/II

Klassische Verschneidungs- und Risskletterei, nie zu schwierig und immer gut abgesichert. Einige wenige und kurze Stellen können wegen der mangelnden Felsqualität etwas heikel sein. Die Seillängen im Mittelteil durch senkrechte und athletische Verschneidungen sind wunderschön.

Einstieg: wie bei 'Fiabe di Laghel' dem rot markierten Weg folgen. Wenn dieser steil abwärts geht, über einen kleinen Wandsockel bis zum Beginn einer deutlichen Verschneidung (Routenname angeschrieben).

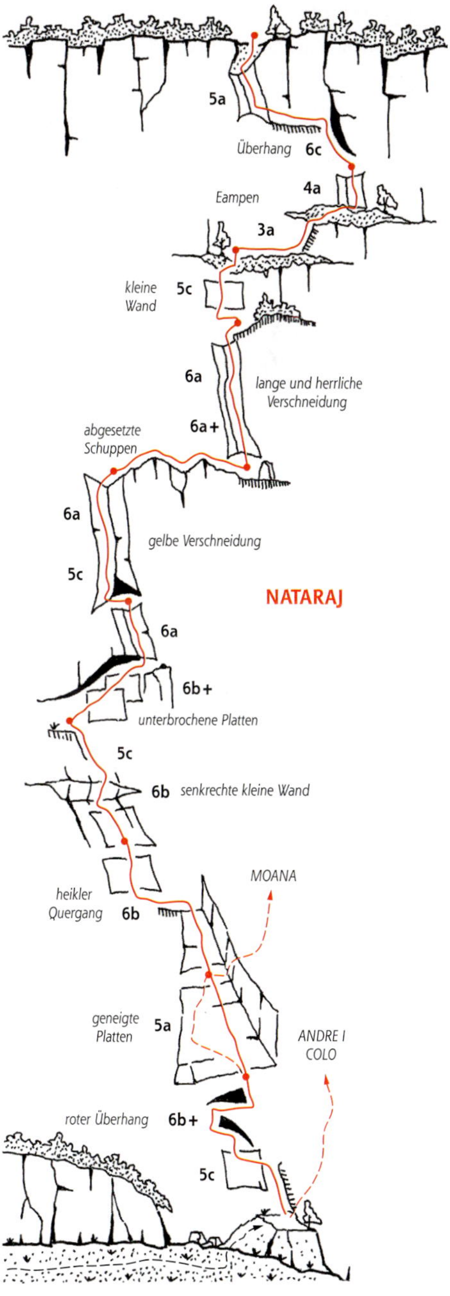

44 MOANA MON AMOUR ★★★★★

R. Galvagni, D. Filippi 2004
300 m. (12SL)
6a, 7a+, Stellen A0 (6b obl.)/S1/II

Die Route verläuft über den markanten, schlanken Pfeiler zwischen 'Nataraj' und 'Uomini della nebbia'. Wunderschöne Kletterei, meist über Platten, aber auch einige Verschneidungen und Risse tragen zur Schönheit der Route bei. Leider wird der Kletterrythmus im oberen Bereich etwas gestört, weil eine Seillänge fast durchgehend nur A0 (7c) geklettert werden kann.

Einstieg: gemeinsam mit 'Nataraj' und nach dem ersten Stand den roten Bohrhaken links auf die Platte folgen.

45 ANDRE' I COLO ★★★★

P. Calzà 2006
300 m. (9SL)
6b, 6c+, A1 (6c obl.)/S3/III

Die herrliche Linie zieht durch den schmalen Korridor zwischen den Routen "Moana" und "Uomini nella Nebbia". Beste Felsqualität kennzeichnet die Route, die viele obligatorische, schwierige Stellen aufweist. Der Grad 7a sollte auf jeden Fall beherrscht werden, denn gerade bei den schwierigen Passagen sind die Hakenabstände relativ weit und es ist schwierig, mobile Absicherungen anzubringen.

Einstieg: wie bei "Nataraj", dann in der markanten Rissverschneidung rechts weiter.

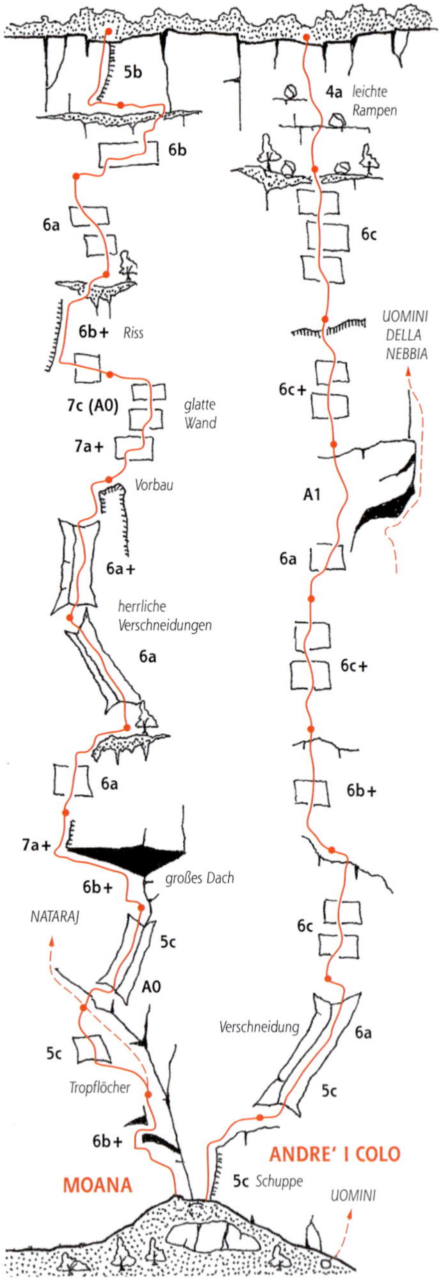

46 UOMINI DELLA NEBBIA★★★★

I. Maghella, M. Avanzini, D. Bonaglia 1998
300 m. (11SL)
6c, 7a, A1 (6b+ obl.)/S2/II

Schöne und lohnende Route über einen breiten Grat. Der Mittelteil ist einfach fantastisch, die roten Überhänge werden in sehr exponierter Kletterei überwunden. Absolut empfehlenswert.

Einstieg: Am Wandfuß entlang, bis dieser nach unten führt. Einstieg bei einer deutlich sichtbaren Verschneidung (Hinweisschild).

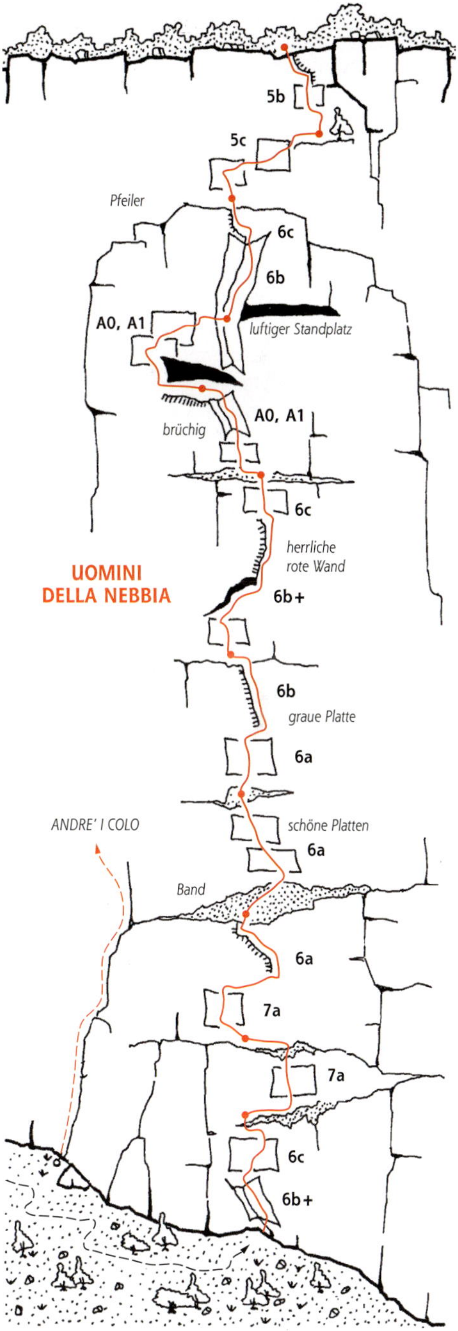

47 SPECCHIO DI NARCISIO★★★

M. Pegoretti, E. Covi, M. Cagol 1983
350 m. (11SL)
V+, VI+/R3/III

Wo die Pfeilerwand (mit den Routen Soleado und Fiore) und die Ostwand aufeinandertreffen, führt eine breite Verschneidungsrampe durch die gesamte Wandflucht. Diese Verschneidung gibt den Weg für diese Route vor, die definitiv als klassische Alpintour bezeichnet werden muss. Für Abwechslung sorgen die diversen Platten, Risse und Verschneidungen, wobei die zentralen Seillängen umgangen werden können, sofern man in der bewaldeten Zone bleibt. Die rötlichen Verschneidungen im oberen Teil bieten herrliche, elegante Kletterei in bestem Fels, allein dafür lohnt sich der Aufstieg. Hat man die schwierigsten Längen hinter sich, führt eine Linksquerung zu einem letzten, brüchigen Aufschwung. Diesen ersteigt man über den Bereich mit der offensichtlich besten Felsqualität oder aber man weicht noch etwas weiter links zur Ausstiegslänge von "Uomini nella Nebbia" aus. Auch in der ganzen Route existieren immer wieder Möglichkeiten für Varianten. Im Allgemeinen ist die Felsqualität recht gut, die Absicherung lässt aber zu wünschen übrig: Klemmkeile und Friends, Hammer und Felshaken sollten auf jeden Fall dabei sein.

Einstieg: über die erste Seillänge von "Soleado" bis zum Stand, aber sobald danach die Bohrhakenreihe nach rechts führt, dem bogenförmigen Dach nach links folgen.

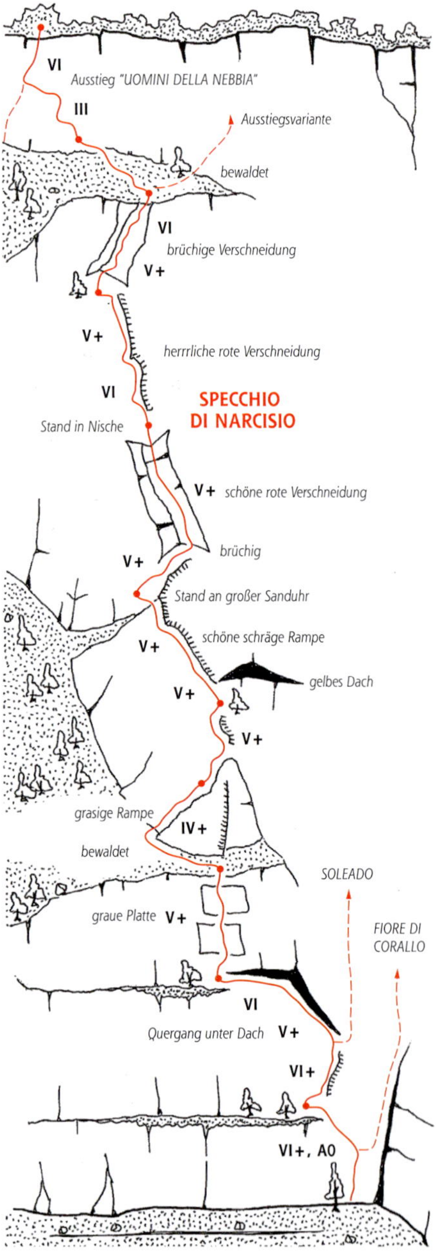

48
47
49
50
51

48 SOLEADO★★★★★

S. Banal, D. Filippi 2004

350 m. (14SL)

6c, 7a, Stellen A0 (6b obl.)/S2/II

Diese Route verläuft parallel zur fantastischen 'Fiore di Corallo' in der riesigen Wand, deren gelbe, überhängende Felsen kennzeichnend sind. Die Linie folgt einer fast unglaublichen, ununterbrochenen Reihe von Verschneidungen und Rissen, immer exponiert, sehr ausdauernd und athletisch, aber super schön! Gute Absicherung mit nahen Hakenabständen. Nur im Mittelteil ist eine Seillänge mit einem Überhang in brüchigem Fels zu finden, danach wird der Fels wieder gut und die Ausstiegslängen durch Verschneidungen und Risse versöhnen wieder. Wer noch Power hat, kann über eine schwere Variante aussteigen. 'Soleado' ist sicherlich eine der schönsten und interessantesten Routen im Gebiet von Mandrea.

Einstieg: gemeinsam mit 'Fiore di Corallo', am kleinen Baum links weg (Bohrhaken).

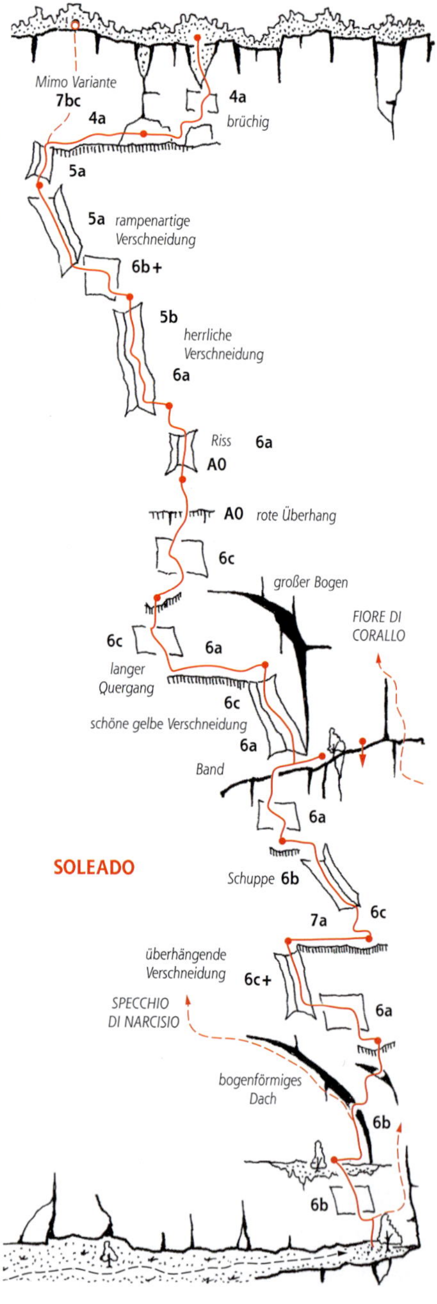

48a MIMOVARIANTE

S. Banal (Mimo) 2004
40 m. 7b+, 7c
Direkte Variante über einen athletischen und Ausdauer fordernden Überhang. Man umgeht dadurch die beiden letzten, leichten SL von 'Soleado'.

49 FIORE DI CORALLO★★★★★

M. Giordani, F. Zenatti, G. Manica 1983
350 m. (10SL)
VI+, VII, Stellen A0/R4/III
Sicherlich eines der Meisterwerke im Sarcatal: fantastische Route über eine unglaubliche Reihe von Rissen und überhängenden Verschneidungen. Durchgängig festes Gestein, homogene und hohe Schwierigkeiten mit teils schlecht absicherbaren Passagen kennzeichnen diesen Weg (VI+ absolut obligatorisch).
Einstieg: vom Parkplatz aus auf dem Pfad zuerst ziemlich eben am ganzen Wandfuß entlang, wo der Weg dann bergauf führt, über grasige Bänder und zwischen den Platten bis zum Beginn der großen Verschneidung. Etwa 5 Meter vor dem Beginn der Verschneidung dann zuerst über eine schwarze Platte (ein kleiner Baum mit Schlingen ist hilfreich). Ein paar Normalhaken sind sichtbar (Einstieg wie 'Soleado' und 'Specchio di Narcisio').

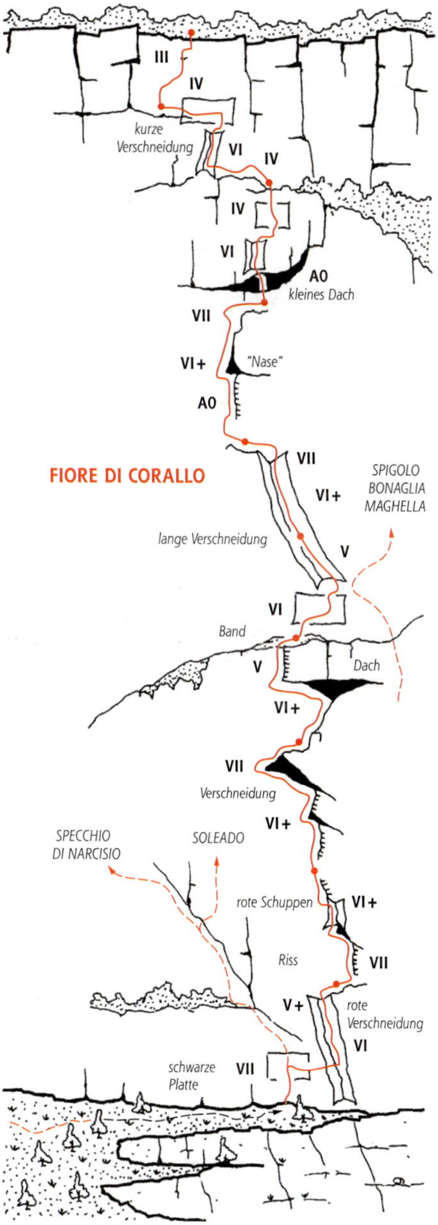

50 SPIGOLO BONAGLIA MAGHELLA

★★★★★

D. Bonaglia, I. Maghella 2008
380 m. (13SL)
VI+,VII+, A1/R2/III

Außergewöhnlich, elegant, sehr anspruchsvoll, absolut empfehlenswert: die Route ist ein kleines Meisterwerk der Seilschaft Maghella/Bonaglia. Beste Felsqualität und viel Athletik kennzeichnen diese Linie, die zum größten Teil frei geklettert werden kann. Die Absicherung mit Normal- und Bohrhaken ist gut und reicht aus, aber die Risspassagen müssen selbst mit Friends abgesichert werden. Die schwierigsten Seillängen können auch technisch (A0) geklettert werden, für die überhängende Platte in der 8. Seillänge kann eine Steigleiter hilfreich sein. Auch wenn die Route recht gut abgesichert ist, sollte man sich doch vor Augen halten, dass sich die obligatorischen Passagen um den VII. Grad bewegen und hier auch Normalhaken stecken. Diesen Grad sollte man also gut beherrschen, zudem ist wegen der Länge der Linie und der hohen Ausdauerschwierigkeiten eine gute physische Konstitution erforderlich. Nicht nur in der ersten Seillänge ist der Fels sehr stark strukturiert, wegen sehr hohem Seilzug müssen Seilmanöver also beherrscht werden. Es ist möglich, aber ziemlich problematisch, über die Route abzuseilen.

Einstieg: etwas rechts von 'Fiore di Corallo'.

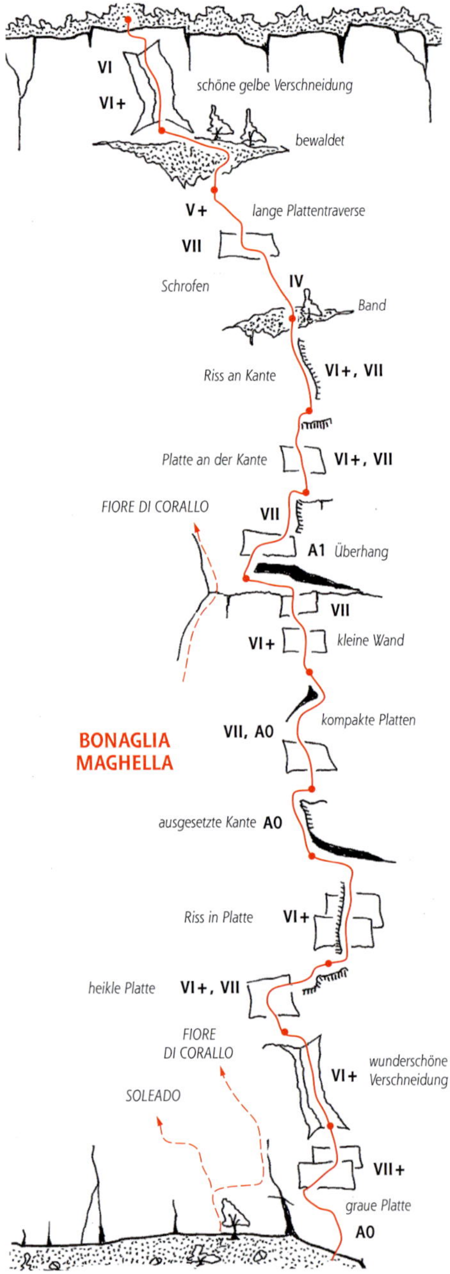

51 VIA DEI NAUFRAGHI★★★

D. Sebastiani, M. Cestari 1988

400 m. (16SL)

V+, VI, A0/R3/III

Aus alpinistischer Sicht ist diese Route ziemlich interessant. Sie führt zunächst in Richtung der großen Dächer und umgeht diese dann auf logische und elegante Weise. Eine Absicherung ist praktisch nicht vorhanden, der Fels ist aber gut. Der erste Teil der Route ist sehr abwechslungsreich, der zweite Teil nur für Entdecker lohnend, da er durch viele kleine Wäldchen und brüchige Zonen führt.

Einstieg: vom Einstieg von 'Fiore di Corallo' etwas bergab und nach der Kante in einer breiten, grauen Verschneidung nach oben.

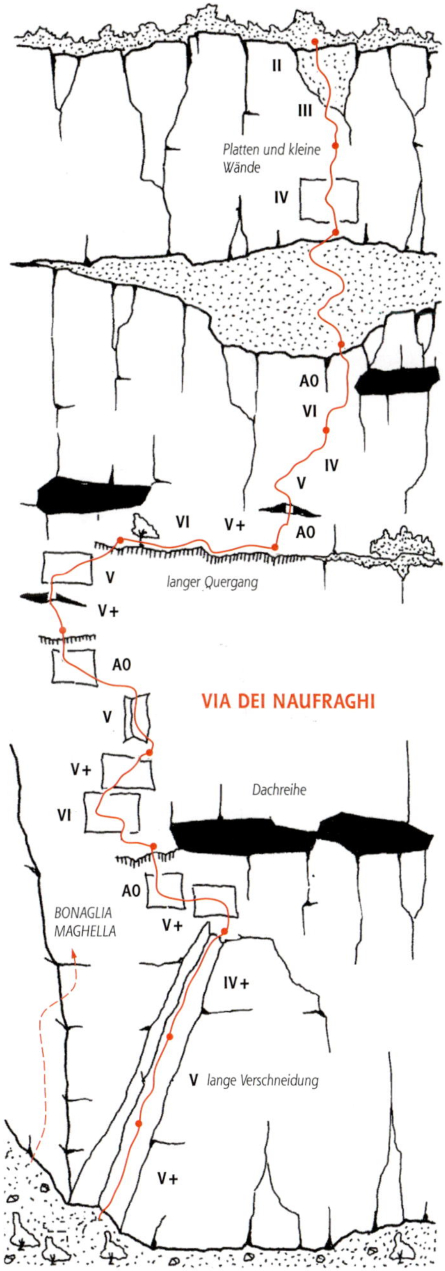

Monte Colt – San Paolo

MONTE COLT
SAN PAOLO

34 ZENTRALER SEKTOR
35 MURO DI OCEANIA
36 PARETE SCONOSCIUTA
37 CROCE DI CENIGA
38 PARETE DI SAN PAOLO

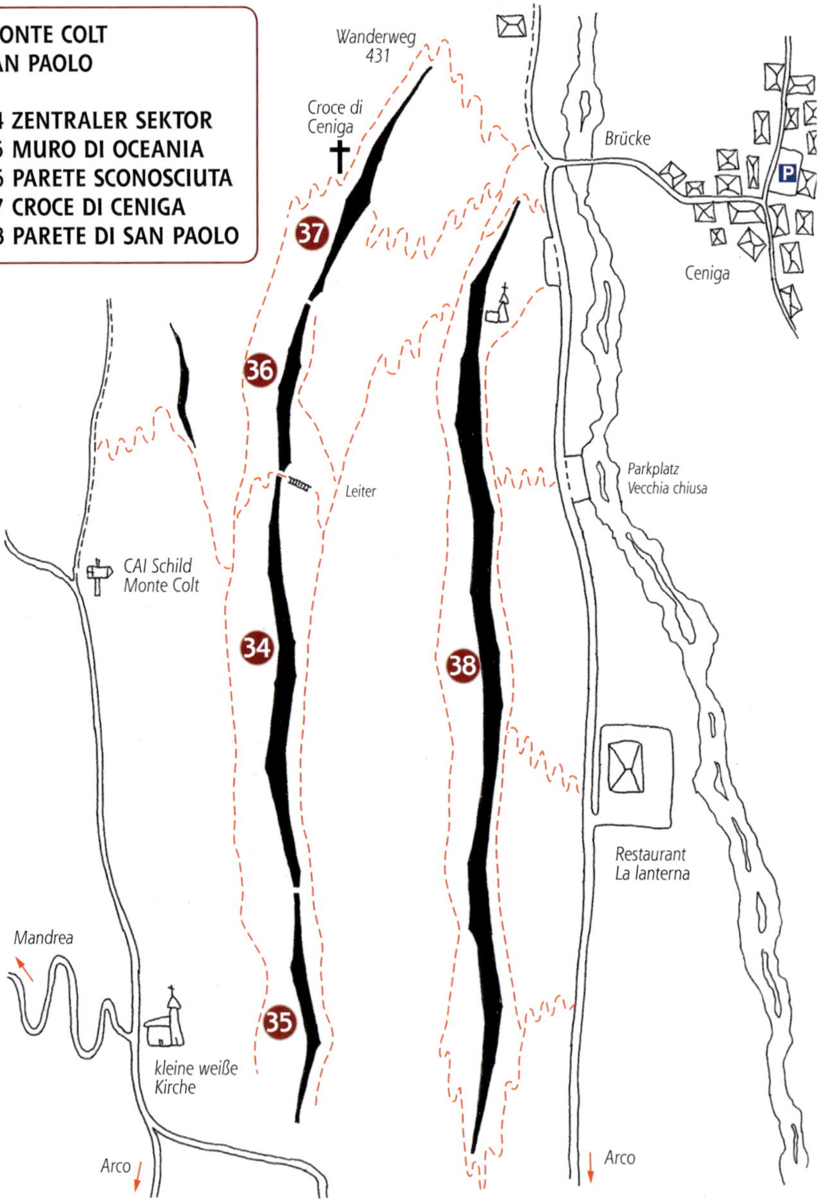

Ein kleiner felsiger Rücken verläuft zwischen dem langen Felsriegel der Mandrea und dem Sarcatal. Die beiden größten Erhebungen dieses Rückens sind der Monte Colodri und der Monte Colt mit senkrechten und interessanten Felswänden. Der Monte Colt zeigt sich in Richtung Mandrea als bewaldeter Bergrücken, aber in Richtung Sarcatal fallen seine Wände steil in zwei Stufen ab, unterbrochen von einer breiten, ebenen und bewaldeten Zone. Der obere Abbruch wird als Parete Est (Ostwand) des Monte Colt bezeichnet. Der untere ist unter dem Namen Parete di San Paolo bekannt und hier wurden in den vergangenen Jahren viele neue Sportkletterrouten eingebohrt.

MONTE COLT – SAN PAOLO

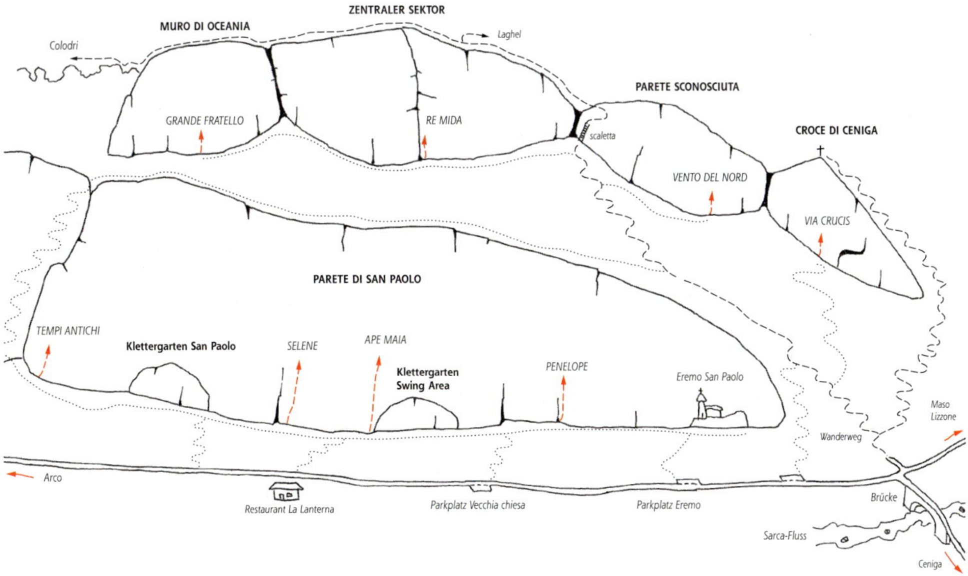

34 Zentraler Sektor

Monte Colt – San Paolo

0.40 h

0.30 h

150 m.

0

Eigentlich ein großer Klettergarten mit Mehrseillängenrouten, die alle sehr schön, abwechslungsreich und lohnend sind. Das Gestein ist durchwegs fest, die Absicherung mit Bohrhaken immer bestens: in der Tat ein kleines Paradies, vor allem auch wegen seiner sehr ruhigen Lage und der Umgebung. Auch der bequeme Zu- und Abstieg tragen zur großen Beliebtheit dieses Klettergebietes bei, das vor allem in der Wintersaison einen Besuch lohnt. Als erster war hier (wieder einmal) G. Stenghel am Werk: Schon in den 80er Jahren eröffnete er hier interessante Routen. Dann geriet die Wand aber in Vergessenheit, bis die Sportkletterer sie und ihr Potenzial wieder entdeckten. Der Dank dafür gebührt Giuseppe Mantovani, der mit viel Engagement und Arbeit diese vielen herrlichen Routen geputzt und eingerichtet hat. An fast allen Einstiegen sind die Routennamen angeschrieben oder man findet kleine Schilder.

Zugang
Von Arco in Richtung Laghel, nach einer Kurve im Olivenhain erreicht man eine Abzweigung bei einer kleinen weißen Kirche. Hier geradeaus weiter und ein paar Kilometer weiter bis zu einem kleinen Parkplatz auf der rechten Seite. Schilder weisen hier auf den Wanderweg zum Monte Colt hin. Diesem folgt man bis zu einem Bergrücken und dort dann dem Weg, der rechts bergab ins Sarcatal führt. Nach der Passage mit Fixseil und Leiter quert man nach rechts bis zur die Wand.

Abstieg
Vom Ausstieg der Routen kurz durch den Wald und auf den Wanderweg, der zurück zum Parkplatz führt.

Luca Pilati, *Via Flavia*, Monte Colt *(arch. Pilati)* →

1 L'ARCA DI NOÈ	80 m.
2 LA VIA DI TOMMY	90 m.
3 BIBO CLIMBING	90 m.
4 PERLA NERA	100 m.
5 VENTO CALDO DEL SUD	120 m.
6 ZIO PAPERONE	120 m.
7 X FILES	120 m.
8 2 SERPENTI	120 m.
9 TREDICESIMA LUNA	120 m.
10 CAMINO STENGHEL	120 m.
11 CERCANDO UNA STENGHEL	120 m.
12 NEMESI	120 m.
13 FUGA PER LA LIBERTA'	120 m.
14 GRILLO	120 m.
15 IL LATO ATTIVO DELL'INFINITO	140 m.
16 RE MIDA	150 m.
17 DA PORTALEDGE A PERTALEDGE	150 m.
18 NOVE DITA	120 m.
19 LA CICOGNA	120 m.
20 PASSEGGERI NEL TEMPO	120 m.
21 AUSTRITALIA	120 m.
22 VIA FLAVIA	150 m.
23 VIA LATTEA	120 m.

10
11
12
13
14
15
16
17
18
19
20
A
21
22
23

1 L'ARCA DI NOÈ★★★
G. Mantovani 1995
80 m. (3SL)
7a (6a obl.)/S1/I
Die letzte Route links des Sektors mit den Einseillängenrouten. Einstieg bei einer schönen Verschneidung. Die Dachpassage in der 3. SL ist kurz und heftig.

2 LA VIA DI TOMMY★★★
A. Damioli 2006
90 m. (3SL)
6b, A1 (6a obl.)/S1/I
Schöne lohnende Kletterei in fantastischem Fels. Absolut herrlich sind die erste und die letzte Seillänge. Die sehr schwierige Passage in der 2. SL kann frei geklettert werden (7b?) oder auch technisch und sehr anstrengend A0.
Einstieg gleich links von "Arca di Noè".

3 BIBO CLIMBING★★★★
A. Damioli 2006
90 m. (3SL)
6a, 6b+ (6a obl.)/S1/I

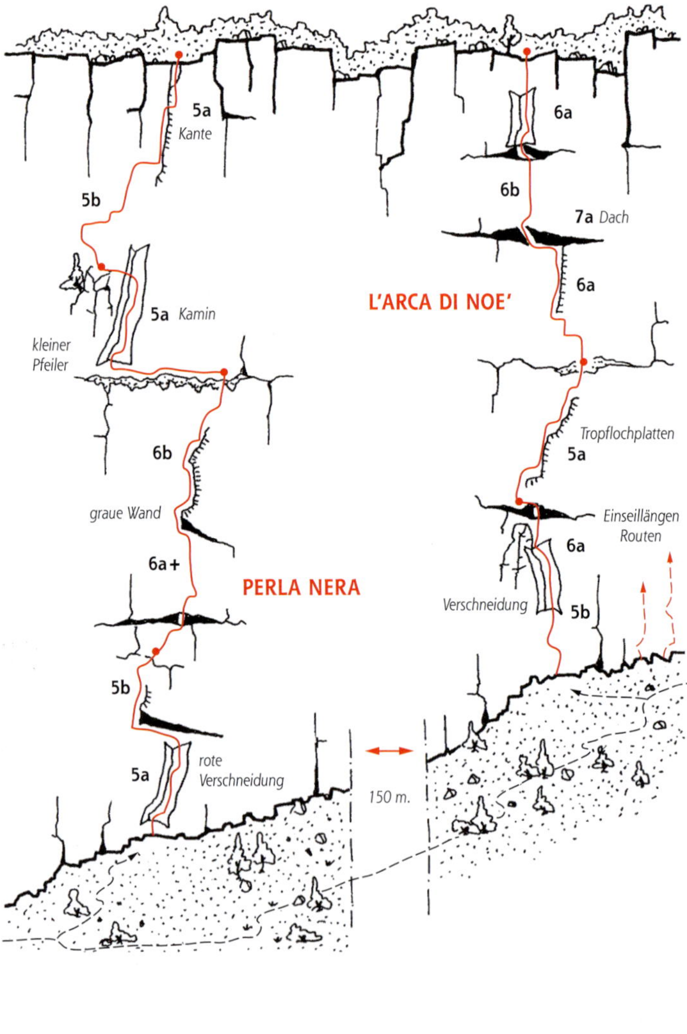

Spektakuläre Kletterei in herrlichen senkrechten und gutgriffigen Wänden, beste Felsqualität und Absicherung.
Einstieg gleich links von "Via di Tommy", Routenname angeschrieben.

3a VARIANTI BIBO CLIMBING 2 und LOST

A. Damioli 2006
60 m. (3SL)
Schöne Ausstiegsvarianten von "Bibo", bester Fels und enger Hakenabstand.

4 PERLA NERA ★★★★★

G. Mantovani 1998
100 m. (4SL)
6b (5c obl.)/S1/I
Dies ist die erste Route auf der rechten Seite nach dem Sektor mit den Einseillängenrouten. Schön, leicht und lohnend. Die graue Wand in der 2. SL ist wunderschön.

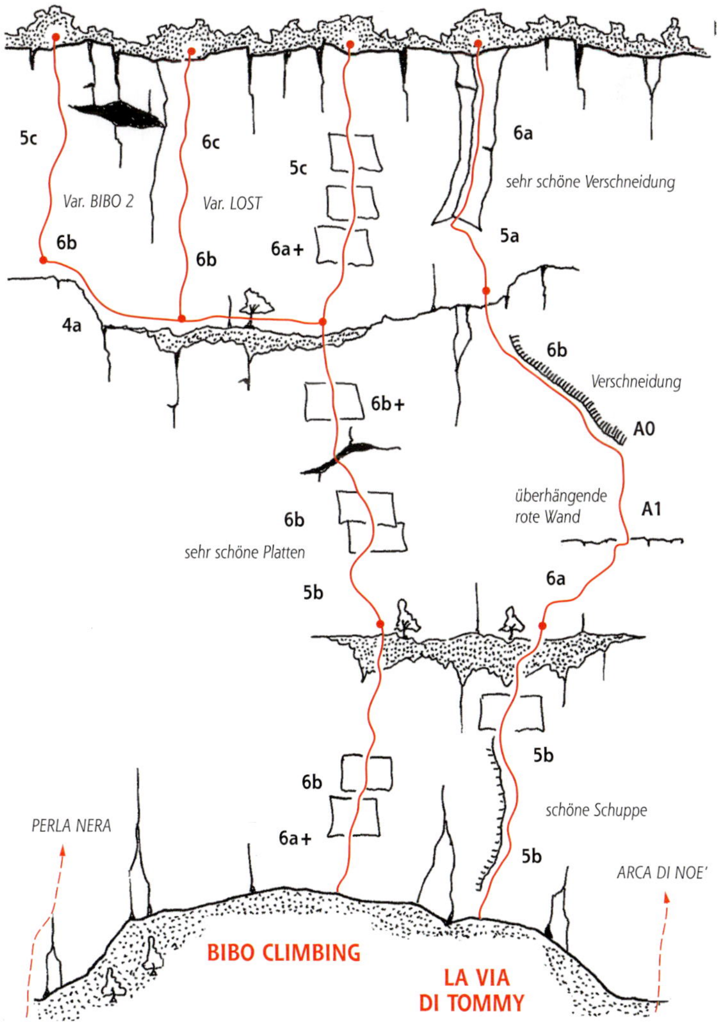

5 VENTO CALDO DEL SUD ★★★
G. Mantovani 1995
120 m. (4SL)
6c (5c obl.)/S1/I
Eine der ersten Routen, die hier eröffnet wurde und wegen eines tiefen Kamins sehr charakteristisch. Die Ausstiegswand ist technisch sehr anspruchsvoll.

6 ZIO PAPERONE ★★★
G. Mantovani 1997
120 m. (4SL)
6b+ (5c obl.)/S1/I
Der Einstieg ist zwar etwas brüchig, aber ansonsten ist die Route sehr schön. Die Ausstiegsseillänge ist fantastisch.
Einstieg wenig links von 'Vento caldo del Sud'.

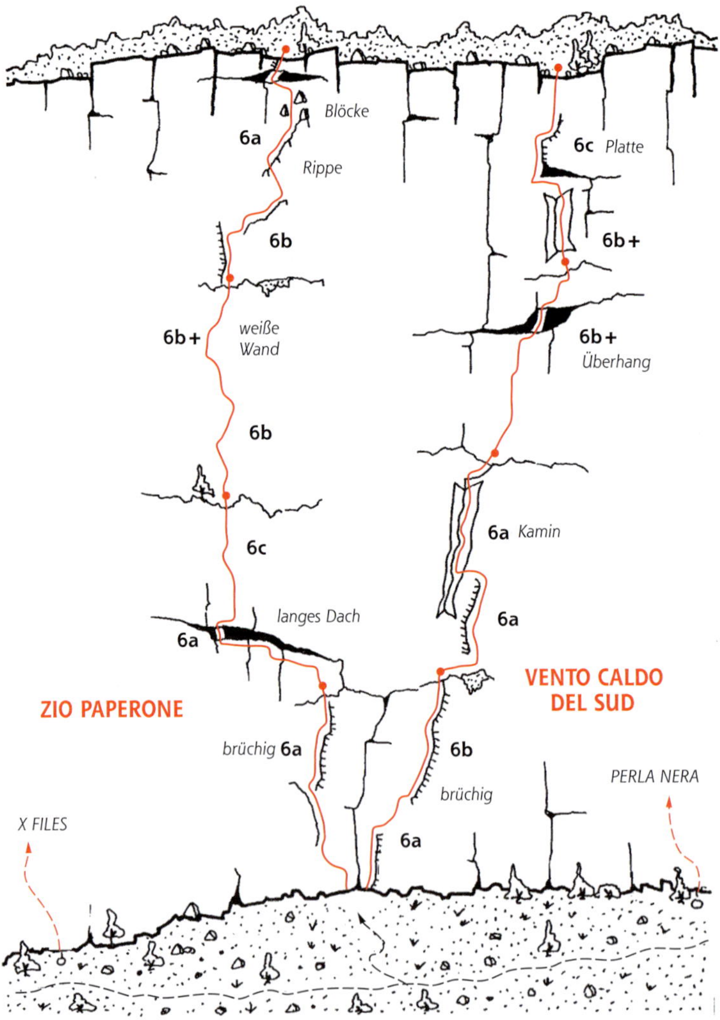

7 X FILES★★★
G. Mantovani 1996
120 m. (4SL)
6b+ (5c obl.)/S1/I
Auf einen schwierigen überhängenden Einstiegsriss folgt schöne und lohnende Wandkletterei. Viel Vergnügen bietet die Dachpassage in der Ausstiegslänge.

8 DUE SERPENTI★★★★
Erstbegeher unbekannt
120 m. (3SL)
6c (6b obl.)/S1/I
Schwierige Einstiegsplatte, dann begeisternde Kletterei über wunderschöne Tropflochplatten. Eine der schönsten Routen in diesem Sektor.

9 TREDICESIMA LUNA★★★★★
G. Mantovani 1996
120 m. (4SL)
6b (5c obl.)/S1/I
Mit eine der leichtesten und schönsten Routen hier, mit einer wunderschönen 2. SL und einer technisch sehr schwierigen Passage in der Ausstiegslänge.

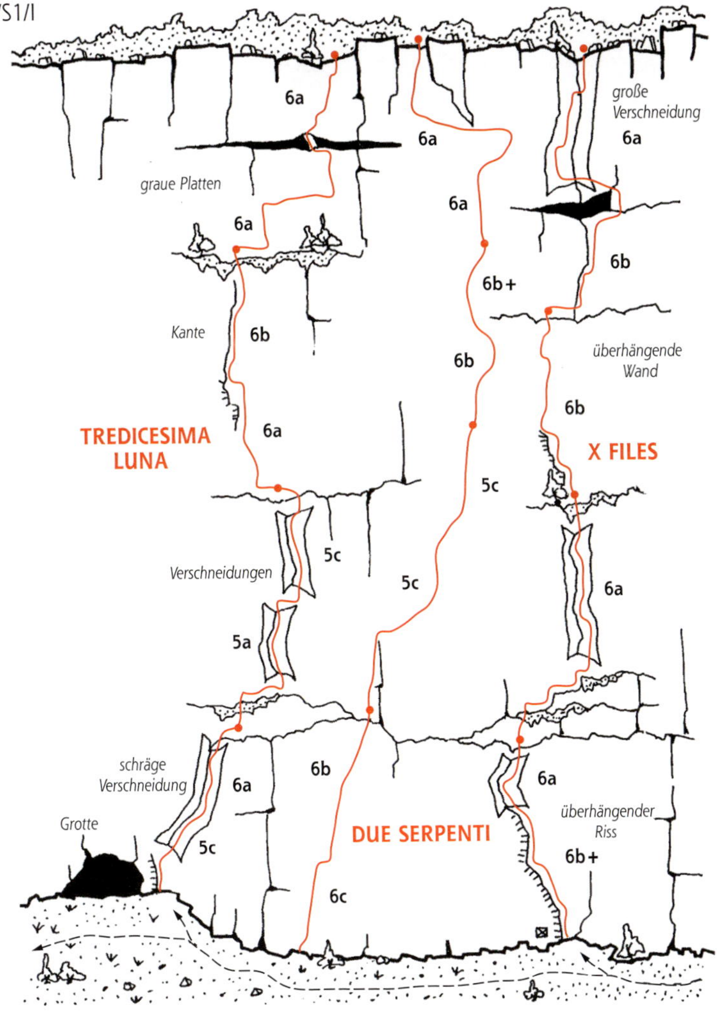

10 CAMINO STENGHEL ★★★

G. Stenghel, F. Sartori 1982
120 m. (3SL)
V+, VI, eine Stelle VI+/R3/I
Anfangs zwar ganz schön grasig und brüchig, aber dann folgt ein herrlicher roter Kamin mit bester Felsqualität und Genusskletterei. Wer alpine Routen liebt, dem sei diese kurze Route empfohlen. Ein Satz Friends sollte mitgeführt werden.
Einstieg: gleich rechts von "Nemesi", in einer Rinne nach oben.

11 CERCANDO UNA STENGHEL ★★★

D. Filippi, L. Pilati 2012
120 m. (4SL)
V+, VI+, eine Stelle A1/R3/I
Die Route verläuft durch den tiefen Kamin zwischen dem Pilastro Nemesi und dem "Camino Stenghel", aus alpinistischer Sicht ist sie sehr interessant. Die Linie zieht durch schwierige, enge und überhängende Kamine.
Einstieg: 1. Seillänge gemeinsam mit "Camino Stenghel".

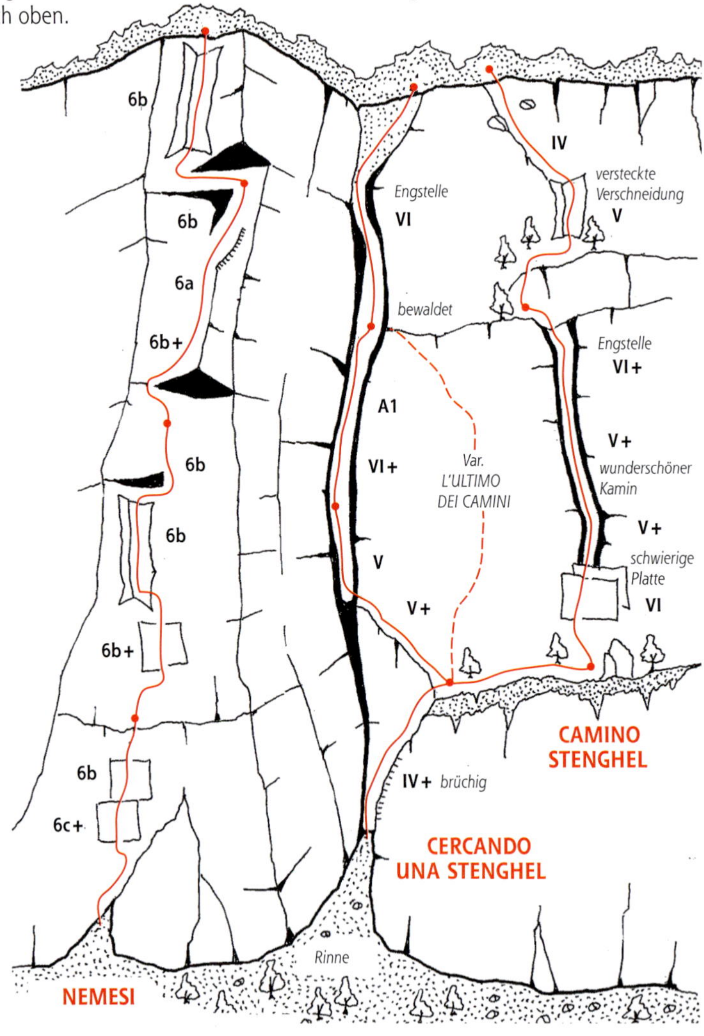

11a VARIANTE L'ULTIMO DEI CAMINI★★★

D. Filippi, L. Pilati, F. Demetri 2012
60 m. (2SL)
V+, VI, eine Stelle A1/R3/I
Diese alpine Variante führt durch einen überhängenden, brüchigen und sehr abdrängenden Kamin. Gute Absicherung mit Bohrhaken und Expansionshaken. In der ersten Seillänge sind Friends hilfreich.

12 NEMESI★★★★★

G. Mantovani 1996
120 m. (4SL)
6b+, 6c+ (5c obl.)/S1/I
Definitiv die schönste und spektakulärste Route der ganzen Wand. Sie verläuft über die Kante eines markanten und schlanken Pfeilers. Die 3. Seillänge bleibt unvergesslich...

13 FUGA PER LA LIBERTA'★★★

D. Mabboni 1998
120 m. (4SL)
7b+ (6c obl.)/S1/I
Schwierige Kletterei über senkrechte und überhängende Platten. In der 3. SL braucht man eine gehörige Portion Entschlossenheit und Elan.

14 GRILLO★★

D. Depretto, M. Eisendle 1998
120 m. (4SL)
6c+ (6a obl.)/S1/I
Die Route ist sehr abwechslungsreich, führt aber durch etwas unsichere Bereiche. Die rote Schuppe in der 2. SL erfordert etwas Mut.

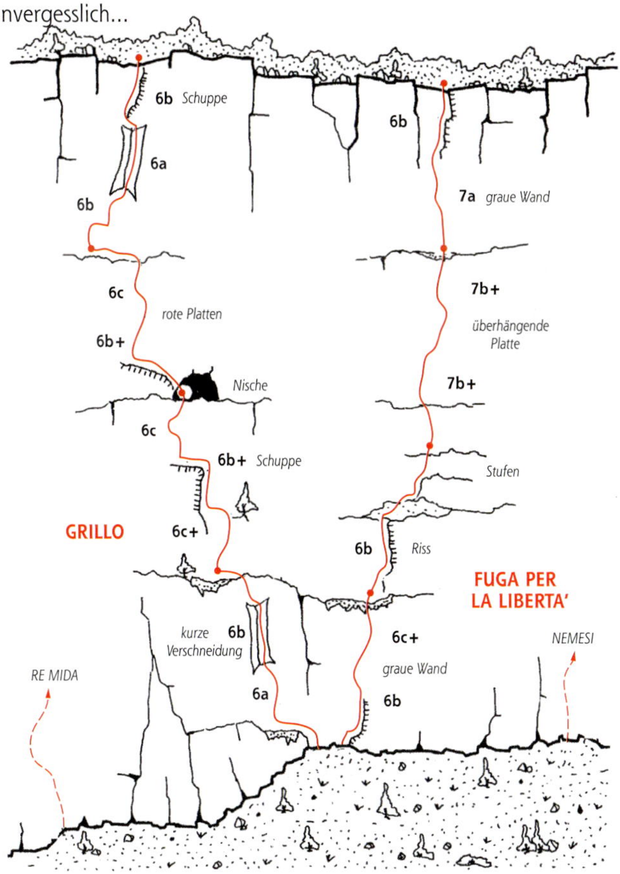

15 IL LATO ATTIVO DELL'INFINITO ★★★
A. Damioli, M. Camparini 2010
140 m. (5SL)
6a, 6c, A1 (6a obl.)/S1/I
Die Charakteristik dieser Route ähnelt sehr derjenigen von "Portaledge". Die ersten Seillängen führen über gelbe, leicht überhängende Wände, die zweiten Längen sind gekennzeichnet von grauen Platten mit vielen Tropflöchern. Gute und sehr ausreichende Absicherung mit Bohrhaken. Wer einzelne (sehr schwierige) Passagen nicht frei klettern kann, kann sie deshalb auch technisch relativ leicht bewältigen.
Einstieg: Routenname angeschrieben.

16 RE MIDA ★★★
G. Mantovani 1996
150 m. (6SL)
7b (6b obl.)/S1/I
Schöne Route mit schwierigen Einzelstellen. Sie verläuft über den markanten roten Pfeiler in Wandmitte.

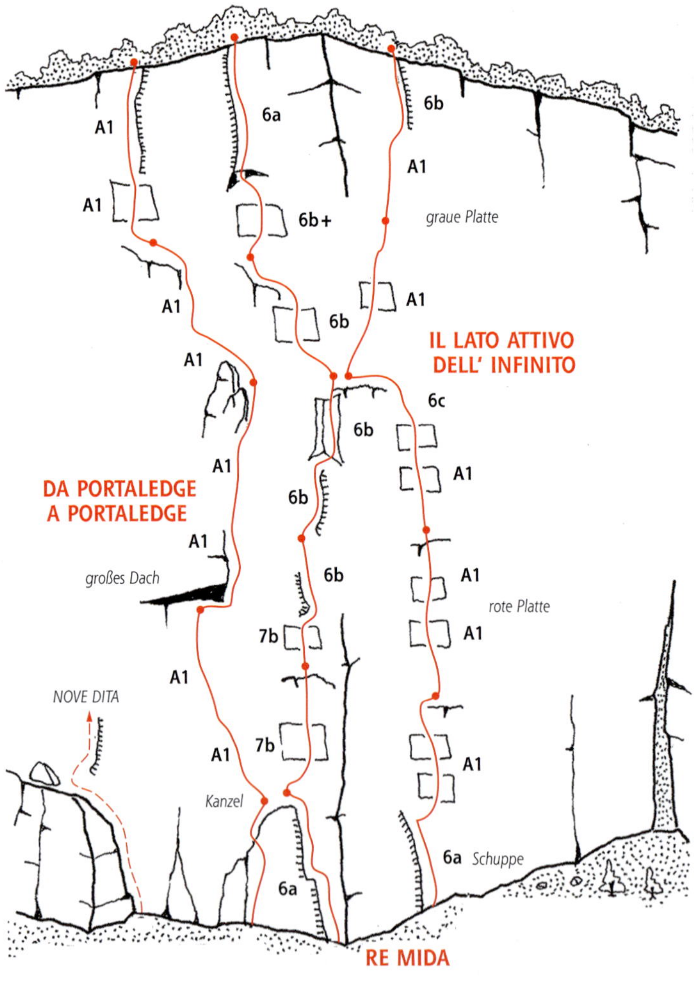

17 DA PORTALEDGE A PORTALEDGE ★★★★

A. Damioli, M. Camparini 2009
150 m. (7SL)
6a, A1 (6a obl.)/S1/I

Sehr schöne gemischte Freikletter- und Techno-Route über leicht überhängende Platten. Durchwegs beste Felsqualität, viele und gut gesetzte Bohrhaken. Die Linie zieht parallel und in der Nähe von "Re Mida" nach oben. Wegen des engen Hakenabstands kann diese Route auch komplett technisch (A1) geklettert werden. Auch dann ist es eine sehr schöne Kletterei und ein perfekter Einstieg für den Gebrauch von Steigleitern.

Einstieg: Routenname angeschrieben.

18 NOVE DITA ★

G. Mantovani 1997
120 m. (4SL)
7b (6b obl.)/S1/I

Unlohnende und nicht sehr homogene Route, sehr anstrengend ist der überhängende Riss in der 2. SL. Die Ausstiegsseillänge folgt einem alten, klassischen Weg.

19 LA CICOGNA ★

N. Tarolli 1997
120 m. (4SL)
6c, A0 (6b obl.)/S1/I

Unlohnende und unhomogene Route mit einer sehr schwierigen und überhängenden Einstiegsplatte. Etwas weite Hakenabstände im restlichen Teil.

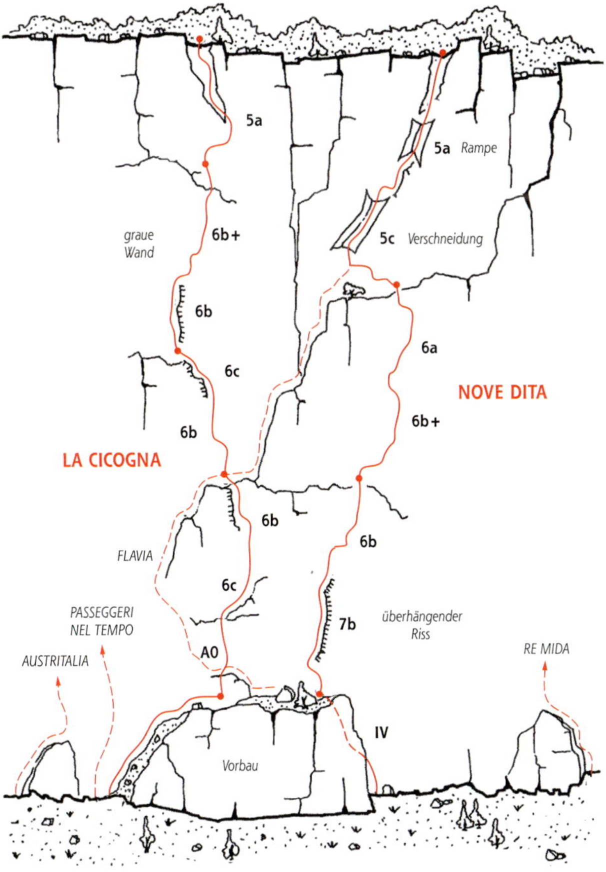

20 PASSEGGERI NEL TEMPO ★★★

A. Mustoni, M. Panteghini 1996
120 m. (4SL)
7b (6b obl.)/S1/I
Schöne, lohnende Plattenkletterei. Die mittleren, senkrechten Seillängen sind einfach herrlich: technisch anspruchsvolle Wandkletterei ist hier angesagt.

21 AUSTRITALIA ★

N. Tarolli 1997
120 m. (4SL)
7b (6b obl.)/S1/I
Wenig lohnende, unhomogene Route, die zumeist der alten, klassischen 'Via Diego Monelli' folgt. Schöne Platte in der Ausstiegsseillänge.

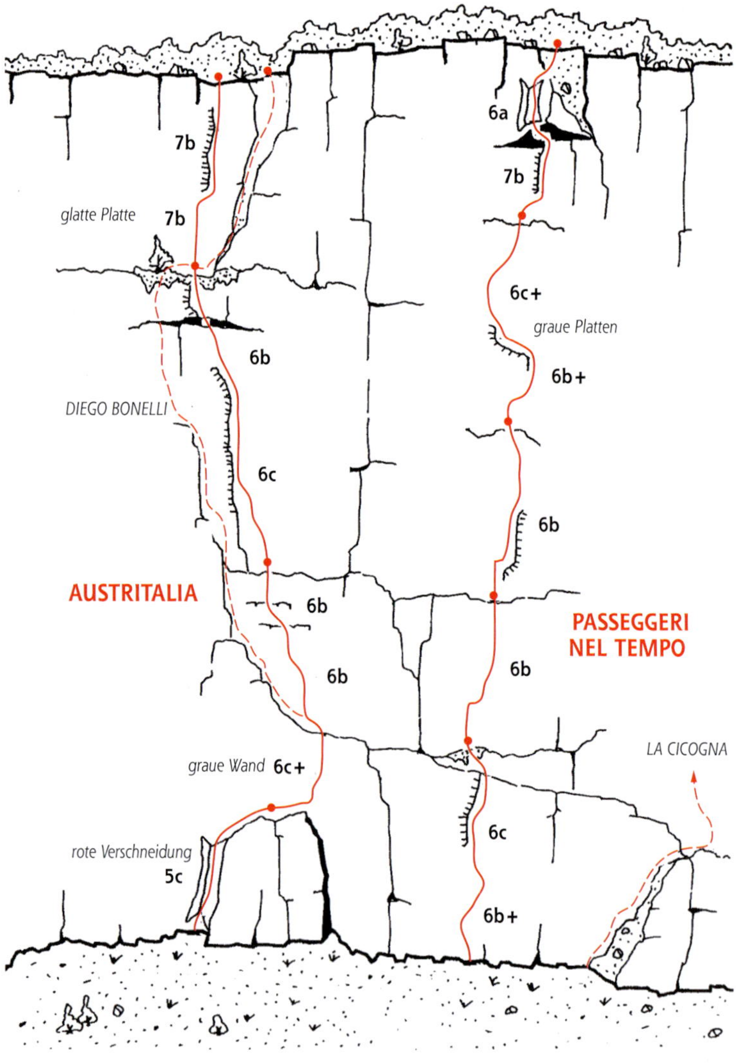

22 VIA FLAVIA ★★★★★

D. Zampiccoli, F. Miori 1983
150 m. (5SL)
V+, VI/R3/I

Klassische alpine Riss- und Verschneidungskletterei in fantastischem Gestein, aber praktisch ohne Absicherung. Die 4. SL ist einfach herrlich. Absolut empfehlenswert.

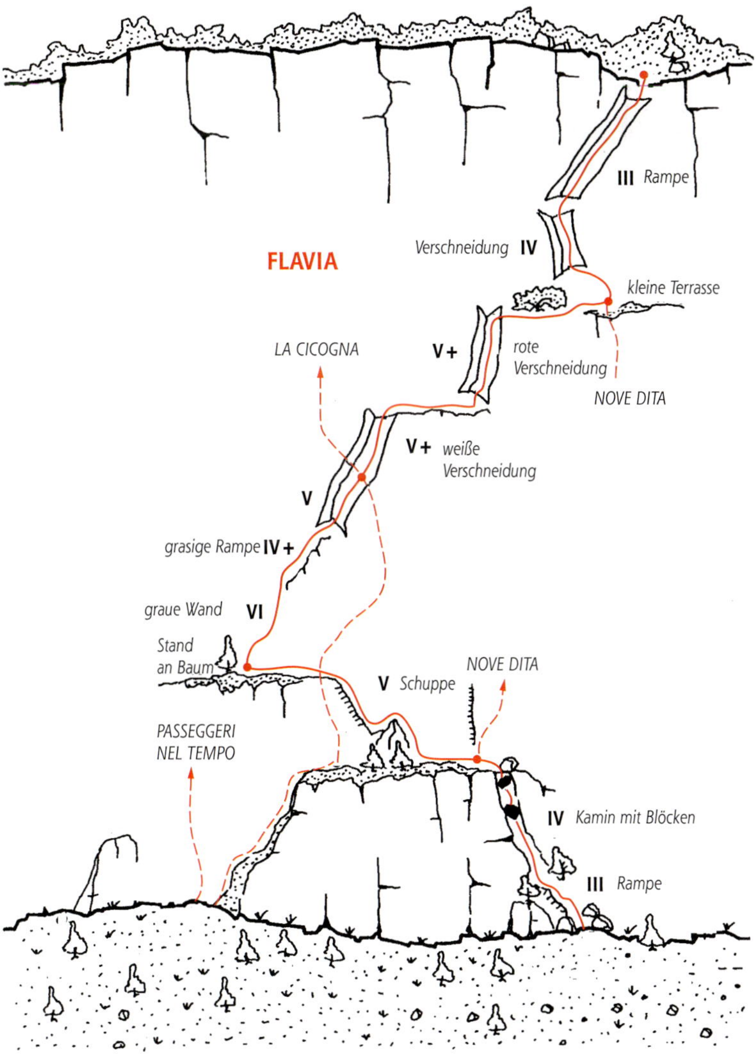

23 VIA LATTEA ★★★★★
G. Mantovani 1998
120 m. (4SL)
6b (5c obl.)/S1/I
Schöne, leichte und lohnende Route mit einem wunderschönen, gutgriffigen Überhang in der 2. Seillänge.

Weitere Routen:

A – DIEGO BONELLI: G. Stenghel und F. Sartori 1981. Durch die Risse links der Route 'Flavia'. Alte Haken sind sichtbar. 150 m. V+ ,VI.

B – VALZER LENTO: G. Stenghel und F. Sartori 1982. Im ganz rechten Wandteil, nach dem Sektor mit den Einseillängenrouten, führt dieser Weg über gelbe Schuppen hoch. 50 m. V+.

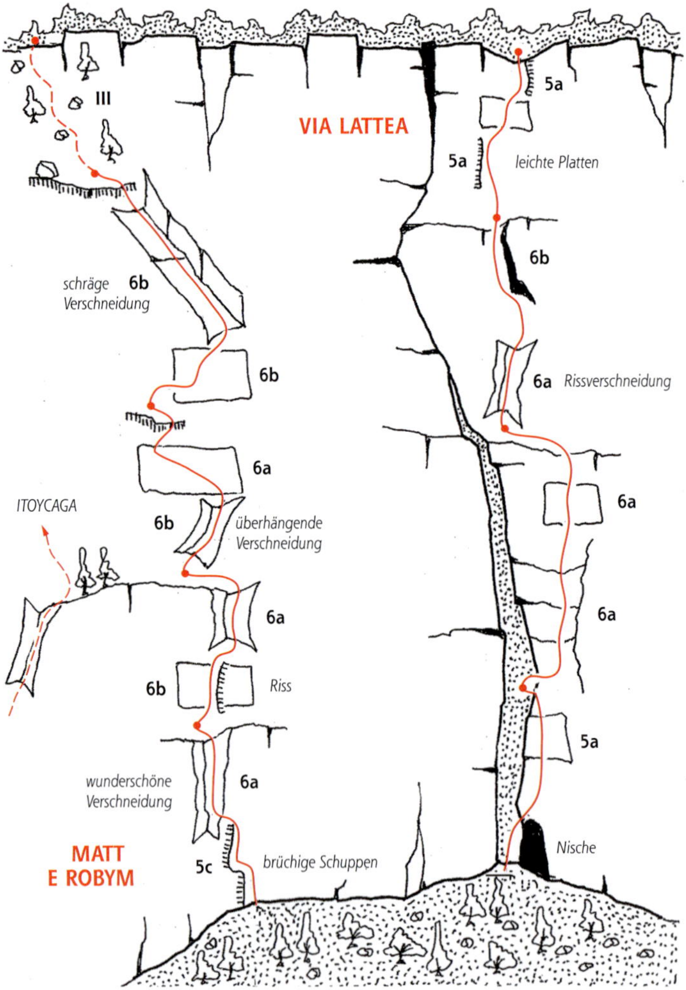

LIGHTNING 25
Der kompromisslose Alpinrucksack
Ausgestattet mit INNOVATIVEN FEATURES und WENIG GEWICHT bietet dir der Lightning 25 jede Menge Komfort in großen Wänden.
CHECK OUT OUR PRODUCTS
cleanclimb shop
Via Segantini, 112
38062 Arco (TN)
tel. +39 0464 533068
shop@cleanclimb.com
Gobbi Sport
Via Segantini, 72
38062 Arco (Tn)
Tel. +39 0464 532500
info@gobbisport.it
cleanclimb
Gobbisport
ORTOVOX
ortovox.com
ORTOVOX
VOICE OF THE MOUNTAINS

35 Muro di Oceania

Monte Colt – San Paolo

0.40 h

0.20 h

120 m.

0

In Richtung Süden ändert sich das Aussehen und die Beschaffenheit der breiten Ostwand des Monte Colt eindeutig. Während im nördlichen Bereich Risse und Verschneidungen vorherrschen, die auch ab und zu mit Vegetation bedeckt sind, erweist sich der südliche Teil als eine einzige, kompakte und überhängende Felsbastion. Roly Galvagni nannte diese Wand 'Muro di Oceania', nachdem er dort die fantastische Route "Il Fratello" eröffnet hatte. Dieser Sektor ist sehr interessant für die technische Kletterei und deshalb wurden dort auch viele Techno-Routen eröffnet, in den verschiedensten Schwierigkeitsgraden, sei es mit vielen Expansions- oder Bohrhaken oder auch nur mit geschlagenen Haken. Wer also gerne solche Routen klettert, ist hier mit Sicherheit richtig, denn sie zählen zu den schönsten im Sarcatal.

Zustieg

Wie zur Parete Centrale, dann weiter und lange bis zur "Muro" queren. Sie ist als senkrechte Felsmauer und wegen der Kompaktheit gut zu erkennen.

Abstieg

Durch den Wald und bis zu einem Wanderweg, dem man rechtshaltend folgt und der zum Parkplatz zurück führt.

24 MAT E ROBYM	**100 m.**
25 ITOYCAGA	**120 m.**
26 WAZIYA	**120 m.**
27 SPRITZ E BUGIE	**120 m.**
28 TANKA SHILA	**120 m.**
29 FIORE DI LOTO	**120 m.**
30 INA MAKA	**120 m.**
31 IL DESTINO DEL LEONE	**120 m.**
32 IL GRANDE FRATELLO VI GUARDA	**150 m.**
33 LA ONDA ROSSA	**120 m.**
34 DIAGONALE OBLIQUA	**120 m.**
35 MOMENTO DI SOSTA	**120 m.**
36 YURTA	**120 m.**

24
25
26
27
28
29
30
31
32
33
34
35
36

24 MAT E ROBYM ★★★★

R. Marchiori, M. Campolongo 2003
100 m. (4SL)
6b (6a+ obl.)/S1/II

Kurze, aber absolut schöne Route, die man geklettert haben sollte. Nach der ersten spektakulären Verschneidung folgt die Linie den kompakten, gestuften Plattenzonen. Die Absicherung mit Bohrhaken ist sehr gut, nahe Abstände machen die technisch anspruchsvolle Kletterei zum Genuss. Nur auf den ersten Metern ist der Fels etwas brüchig, hier sollte man etwas vorsichtiger sein. Über diese Route kann problemlos und schnell abgeseilt werden (zwei Mal). Der Ausstieg auf das Gipfelplateau empfiehlt sich nicht, denn diese (letzte) Seillänge führt durch sehr brüchiges und mit Büschen bestandenes Gelände.

Einstieg: nach der 'Via Lattea', bei einer deutlich sichtbaren roten Schuppe (Routenname angeschrieben).

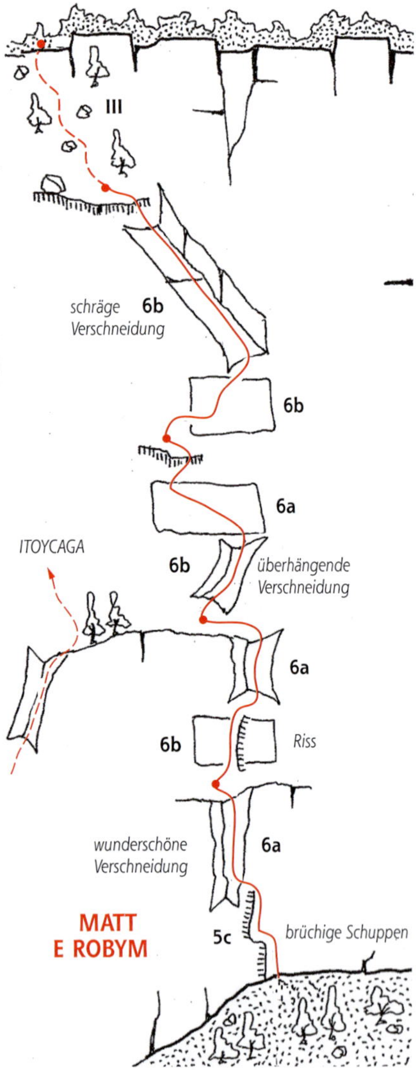

25 ITOYCAGA★★
D. Filippi 2012
120 m. (5SL)
6a, A2/R1/I

Leider führen die ersten beiden Längen durch brüchigen Fels. Danach wird das Gestein aber deutlich besser, es folgen eine herrliche Verschneidung (frei kletterbar) und auch wunderschöne technisch zu kletternde Passagen. Also in der Tat eine abwechslungsreiche, wenn auch kurze Route mit bester Absicherung. Express-sets sind ausreichend.

Einstieg: Routenname angeschrieben.

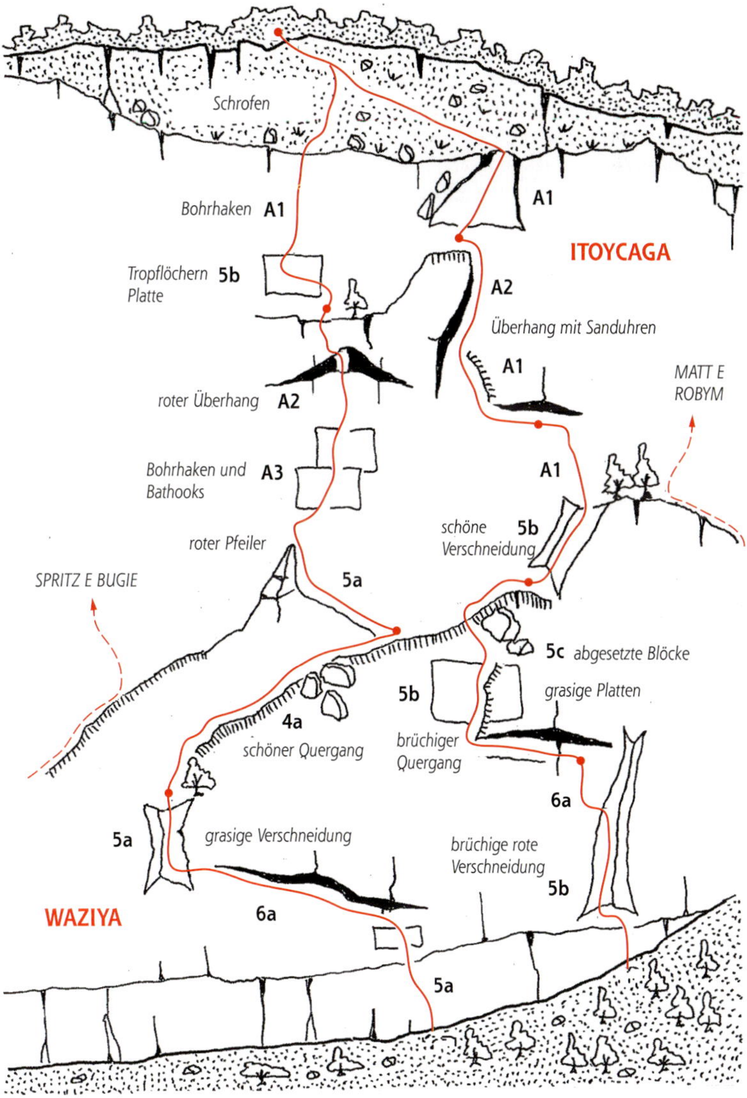

26 WAZIYA★★★
D. Filippi 2012
120 m. (4SL)
6a, A3/R2/I
Die beiden ersten Seillängen lassen sich frei klettern, die folgende rote überhängende Wand muss dann aber technisch geklettert werden. Selbst gemachte Bolts und Hooks an 8mm-Bohrlöchern gestatten hier die Fortbewegung, nehmt viele Hooks mit, denn einige muss man zurücklassen. Auch viele dünne Reepschnüre zum Abbinden der Bohrhaken sind notwendig. Die Ausstiegslänge ist deutlich leichter. Insgesamt also eine nette Techno-Route in bestem Fels, mit einer ganz besonderen Techno-Seillänge, die man probiert haben sollte. **Einstieg:** Routenname angeschrieben.

27 SPRITZ E BUGIE★★★★★
D. Filippi, C. Della Maria, F. Demetri 2010
120 m. (5SL)
VI+, A3/R3/II
Ungewöhnliche Mixed-Route mit langen Verschneidungen und Platten mit bester Felsqualität. Die erste gelbe, überhängende Verschneidung ist fast komplett selbst mit Friends abzusichern. Die folgenden glatten Platten überwindet dann technisch mit Hilfe vieler Bohrlöcher (Bathooks) und Cliffs. Solche Passagen gibt es viele, manchmal auch mit zehn Löchern hintereinander. Deshalb sollte man genügend Cliffs mit sich führen, denn den einen oder anderen muss man vielleicht zurücklassen. Richtig gefährlich ist das fortkommen deshalb aber nicht, zu lange "Flüge" gibt es keine. Alle Standplätze sind eingebohrt. Wiederholer sollten 6-7 Stunden Zeit einrechnen. An Material wird benötigt:
- 3 schmale Haken Typ Knifeblade
- 3 Normalhaken Typ Lost Arrow
- 1 Satz Klemmkeile
- 1Satz Friends
- 6 Cliffs mit verschiedenen Durchmessern
- 10 Cliffs für 8mm-Bohrlöcher

Einstieg: Über einen markanten Riss, Routenname angeschrieben.

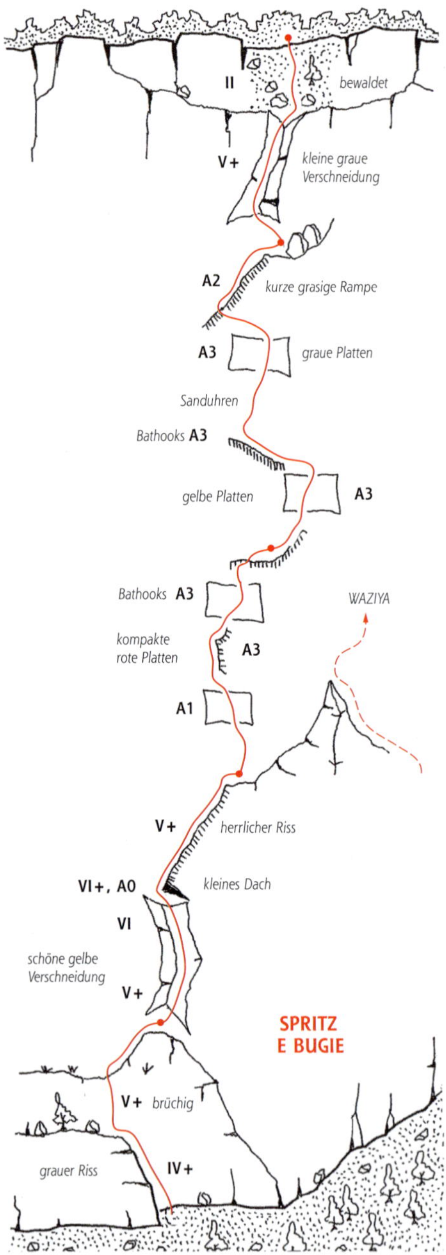

28 TANKA SHILA★★★★

D. Filippi 2011

120 m. (3SL)

A2, A3/R2/I

Herrliche Techno-Route, sehr abwechslungsreich und nicht zu anstrengend. Die logische und elegante Linie nutzt auf der Suche nach den Schwachstellen der Wand schmale Risse oder kleine Löcher für die Cliffs. Solche Cliff-Passagen sind nie heikel, ab und zu steckt nämlich ein guter Haken als "Hintersicherung". Die Route wurde mit Normalhaken, 8mm-Bohrhaken, vielen Sanduhrschlingen und ein paar Stoppern eingerichtet. Alle Standplätze sind gebohrt. Benötigtes Material:

- 2 Normalhaken
- einige kleine Klemmkeile
- 4 Cliffs mit verschiedenen Durchmessern
- 4 Cliffs für 8mm-Bohrlöcher
- Kevlarreepschnüre für kleine Sanduhren
- Schlingen für Bohrhakengewinde

Einstieg: Routenname angeschrieben, ein Fixseil führt über einen kleinen Felssockel.

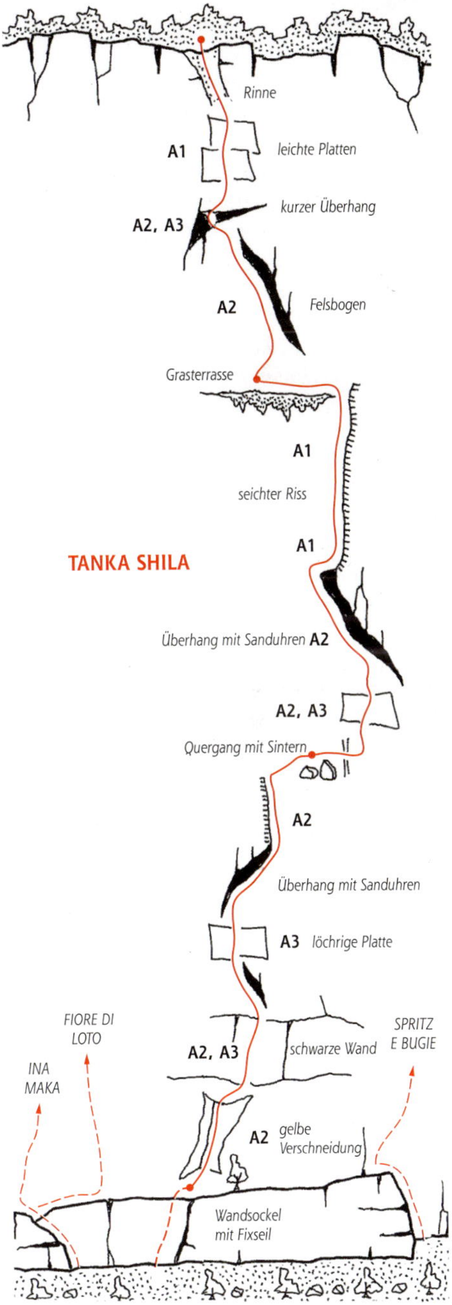

29 FIORE DI LOTO★★★★★

D. Filippi 2010
120 m. (3SL)
A3, V+/R3/II

Eine der schönsten Techno-Routen des Sarcatals, mit herrlicher Linienführung entlang eines sehr langen, schmalen Risses, der durch die ganze Wand zieht. Die Felsqualität ist perfekt, die Felsfarbe sehr unterschiedlich. Meist nimmt man zur Fortbewegung kleine Haken oder Stopper zu Hilfe, aber auch Cliffs oder Peckers kommen zum Einsatz. Die zweite Seillänge ist sehr schwierig, ausdauernd, anspruchsvoll und fast 50 Meter lang! Bedenkt, dass hier mindestens eine Verankerung pro Meter gesetzt werden muss. Sehr viele Kevlarschlingen und sehr viele einzelne Karabiner sollten deshalb mitgeführt werden. In der Ausstiegslänge liegen einige lose Blöcke, hier ist Vorsicht angebracht. Wiederholer sollten 6-8 Stunden Zeit einrechnen.

Benötigtes Material:

- 5 schmale Haken Typ Knifeblade
- 5 Normalhaken Typ Lost Arrow
- 5 Profilhaken
- 1 Sätze Klemmkeile
- 1 Satz Friends (kleine bis mittlere Größe)
- 6 Cliffs mit verschiedenen Durchmessern
- 6 Cliffs für 8mm-Bohrlöcher
- 4 kleine Peckers

Einstieg: oberhalb eines kleinen Felssockels mit Baum, Routenname angeschrieben.

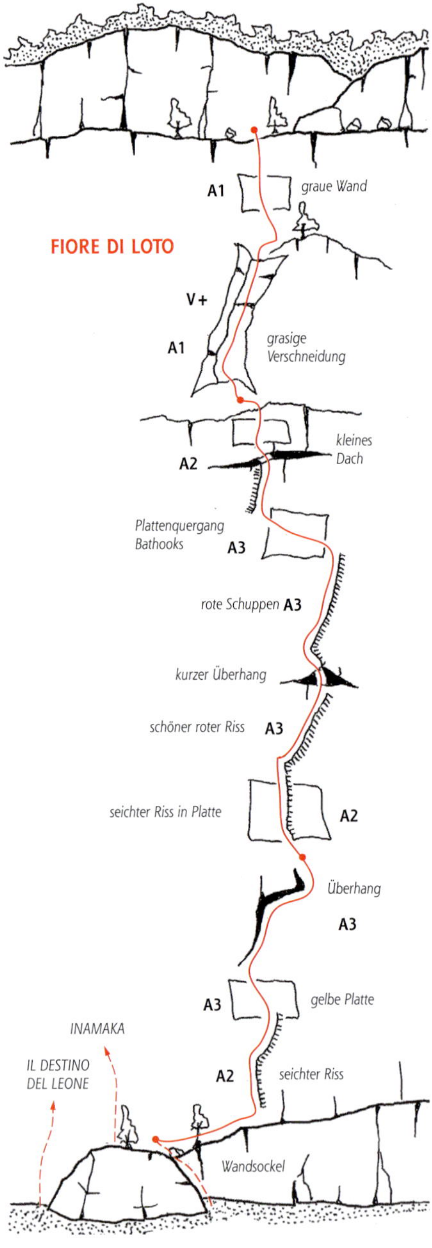

30 INA MAKA★★★
D. Filippi 2011
120 m. (3SL)
A2, V/R2/I
Diese schöne und leichte Technoroute führt zuerst über eine große, gelbe und überhängende Wandtafel, danach folgt sie in logischer Linie einigen Verschneidungen und Rissen. Die herrliche und strukturierte Ausstiegsverschneidung lässt sich komplett frei klettern. Absicherung meist mit 8mm-Ringhaken, einige Passagen mit Cliffs.
Einstieg: oberhalb eines kleinen Felssockels mit Baum, Routenname angeschrieben.

31 IL DESTINO DEL LEONE★★★★
D. Mabboni 1997
120 m. (3SL)
7b+ (7a obl.)/S2/II
Eindeutig extreme Route über graue, senkrechte Platten. Technisch anspruchsvolle, aber elegante Kletterei in herrlichem Fels. Kreuzt die Route 'Il grande Fratello' in deren Mitte.

32 IL GRANDE FRATELLO VI GUARDA
★★★★★
R. Galvagni, M. Pfitscher 1996
150 m. (5SL)
6c+ (6a obl.)/S1/I
Perfekte, wunderschöne Plattenkletterei in fantastischem Gestein. Die Traverse in der 4. SL ist herrlich. Absolut empfehlenswert.

33 LA ONDA ROSSA★★★
D. Filippi 2011
120 m. (3SL)
A0, A1/R1/I
Leichte und lohnende Techno-Route, die komplett mit 8mm-Ringkhaken abgesichert ist. Die Linie zu durch den Teil der Wand, die am meisten überhängt, und über ein großes Dach mit rötlichem Fels: "la onda rossa", die rote Welle. Die Ausstiegslänge ist wunderschön, senkrecht und sehr ausgesetzt. Wiederholer benötigen nur Expressschlingen.
Einstieg: Routenname angeschrieben.

34 DIAGONALE OBLIQUA★★★
D. Filippi 2011
120 m. (3SL)
V, A2/R2/II
Ein diagonaler, sehr markanter Riss teilt die ganze Wand und bietet damit eine sehr logische Linie. Diese Route folgt dem Riss, die klassische technische Kletterei ist sehr anstrengend, bietet aber auch herrliche Momente. Alle Risspassagen sind mit Normalhaken und vielen Friends und Keilen abzusichern. Vorsicht im Einstiegskamin, hier liegen einige instabile Blöcke. Die eine oder andere Passage ist sehr anspruchsvoll, wie z.B. der kleine Überhang am Ende der zweiten Seillänge. Wiederholer benötigen 15 Normalhaken mit unterschiedlicher Größe, einen Satz Friends und einen Satz Klemmkeile.
Einstieg: am Beginn eines Kamins voller loser Blöcke (Vorsicht!). Routenname angeschrieben.

35 MOMENTO DI SOSTA★★★★
A. Damioli 2007
120 m. (5SL)
6c, 7b, A0 (6b obl.)/S1/I
Wunderschöne Sportkletterroute, fantastischer Fels und beste Absicherung mit Bohrhaken. Besonders anstrengend ist die erste Wand mit vielen kleinen Griffen und technisch schwierigen Passagen. Die folgenden Seillängen sind leichter und genussvoller. In der Ausstiegslänge ist der Fels teils brüchig oder mit Gras bewachsen.
Einstieg: Routenname angeschrieben.

36 YURTA★★★
A. Damioli 2007
120 m. (5SL)
6a, 6c+ (6a obl.)/S1/I
Relativ kurze Route mit vielen interessanten Passagen. Beste Felsqualität, sehr gut mit Bohrhaken abgesichert. Im linken Bereich der Wand führt zuerst ein markanter Risskamin nach oben. Im Ausstieg ist die Wand kleingriffig und technisch anspruchsvoll.
Einstieg: Routenname angeschrieben.

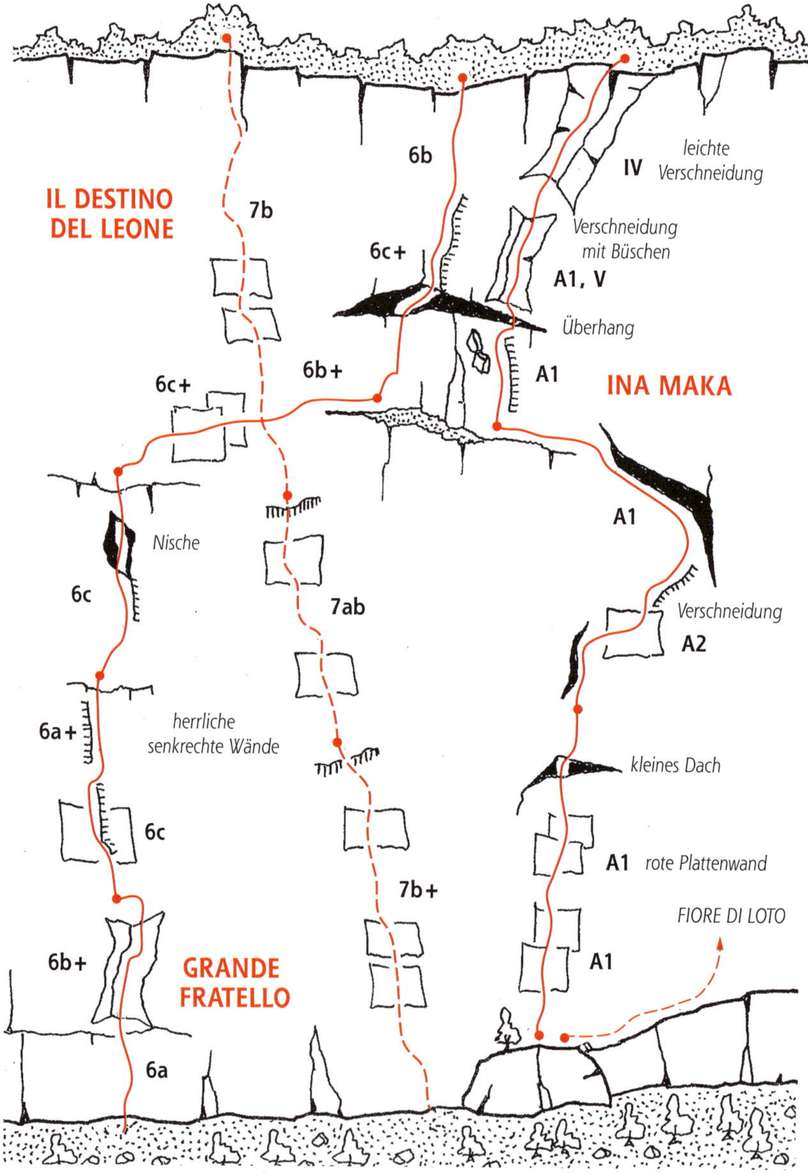
IL DESTINO DEL LEONE
7b
6b
IV
leichte Verschneidung
Verschneidung mit Büschen
6c+
A1, V
Überhang
6b+
6c+
A1
INA MAKA
Nische
A1
6c
7ab
Verschneidung
A2
herrliche senkrechte Wände
6a+
kleines Dach
6c
A1
rote Plattenwand
7b+
FIORE DI LOTO
6b+
GRANDE FRATELLO
A1
6a

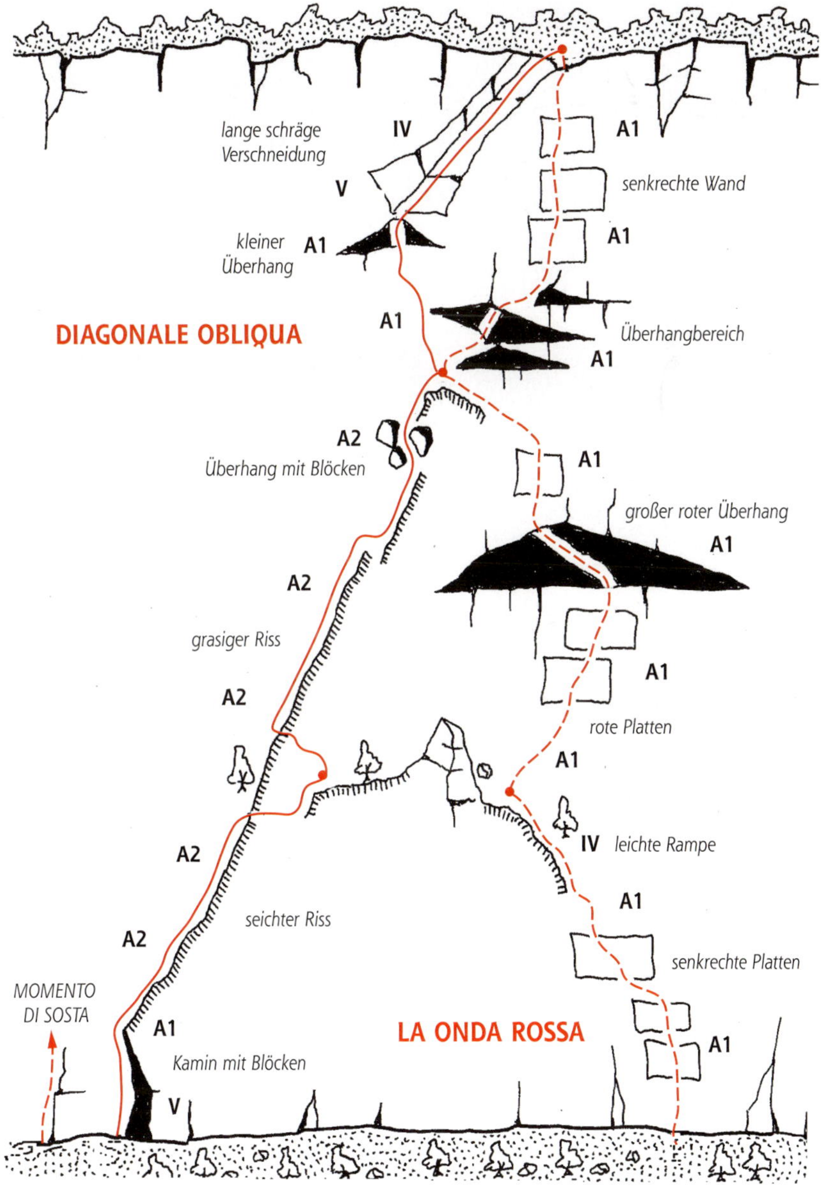
lange schräge Verschneidung
IV
A1
senkrechte Wand
V
kleiner Überhang
A1
A1
DIAGONALE OBLIQUA
A1
Überhangbereich
A1
A2
Überhang mit Blöcken
A1
großer roter Überhang
A1
A2
grasiger Riss
A1
A2
rote Platten
A1
IV
leichte Rampe
A2
A1
seichter Riss
A2
senkrechte Platten
MOMENTO DI SOSTA
A1
LA ONDA ROSSA
A1
Kamin mit Blöcken
V

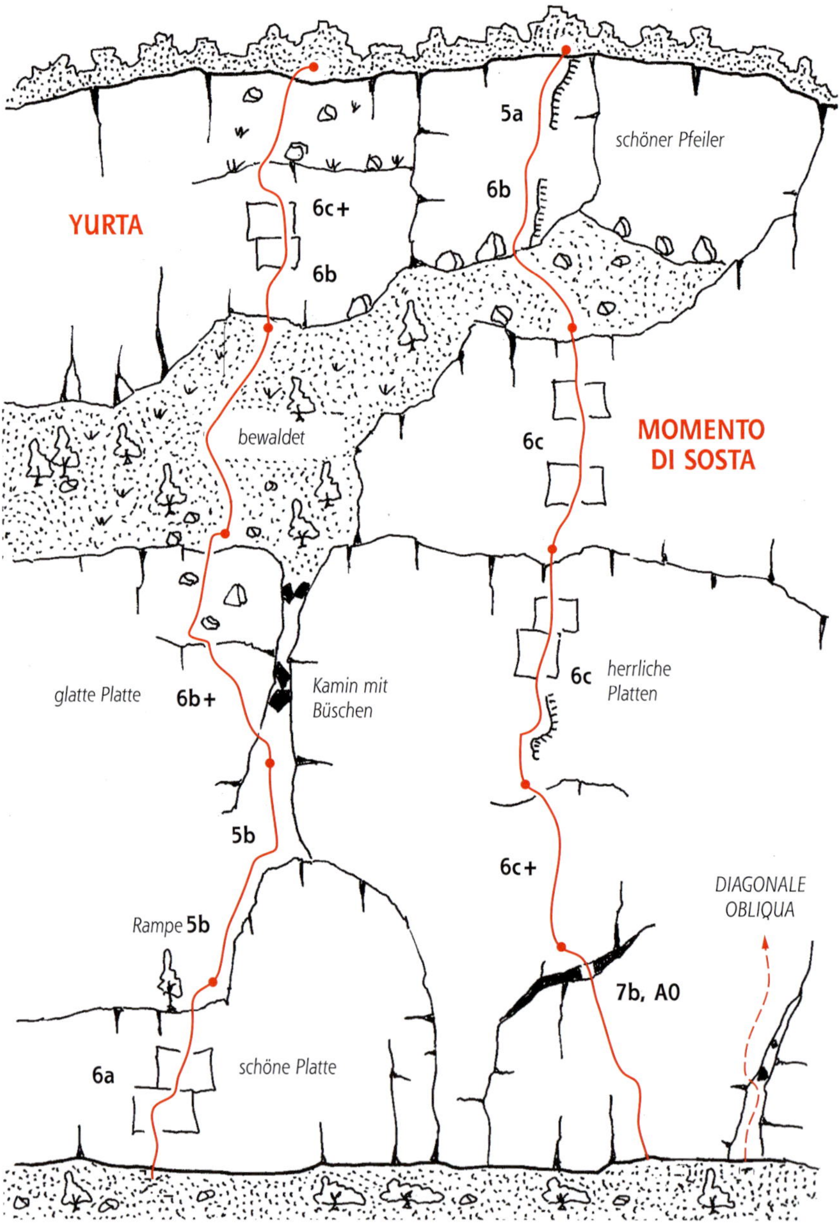
YURTA
6c+
6b
5a
6b
schöner Pfeiler
bewaldet
MOMENTO
DI SOSTA
6c
glatte Platte
6b+
Kamin mit
Büschen
6c
herrliche
Platten
5b
6c+
Rampe 5b
DIAGONALE
OBLIQUA
7b, A0
6a
schöne Platte

MASSONE pag. 70
NAGO pag. 140
BASSILANDIA pag. 204
TERLAGO pag. 260
COMANO pag. 290
NOMESINO pag. 392
COLLANA LUOGHI VERTICALI
Mario Manica
Antonella Cicogna
Davide Negretti
Falesie di
ARCO
106 proposte
Valle del Sarca
Trento
Rovereto
Valli Giudicarie
EDIZIONI VERSANTE SUD
Mario Manica
Antonella Cicogna
Davide Negretti
ARCO
Rock
106 suggestions
Sarca Valley
Trento
Rovereto
Mario Manica
Antonella Cicogna
Davide Negretti
Klettern in
ARCO
106 Vorschläge
Sarcatal
Trient
Rovereto
Judikarien
EDIZIONI VERSANTE SUD
www.versantesud.it

36 Parete Sconosciuta

Monte Colt – San Paolo

0.40 h

0.20 h

140 m.

O

Dieser wunderschöne kleine Sektor wurde von Alberto ("Bibo") Damioli entdeckt und erschlossen. Alberto richtete alle Routen von unten und im Alleingang ein, auch ein kleiner Sektor mit Einseillängenrouten entstand durch seine Arbeit. Hier und da wird die Wand von grasigen Bändern unterbrochen und deshalb ist die Kletterei oft nicht sehr homogen. Aber die schönen Passagen in den senkrechten Wandstellen mit bester Felsqualität entschädigen dafür. Alle Routen sind sehr empfehlenswert und bestens mit Bohrhaken abgesichert.

Zustieg

Zunächst wie zur Ostwand des Monte Colt. Nach der Metallleiter aber nicht nach rechts, sondern nach links und der gut sichtbaren Pfadspur folgen bis zum Wandfuß

Abstieg

Von den Ausstiegen der Routen folgt man linkshaltend Pfadspuren und Steinmännchen zum Hauptweg, der zum Parkplatz zurück führt.

37 CABERNET FRANC	**60 m.**
38 AFIN QUE NUL NE MEURE JMAIS	**100 m.**
39 ALDILA' DEL DELIRIO	**55 m.**
40 PER UN EVIDENTE DESTINO	**140 m.**
41 COLT MANIA	**90 m.**
42 I RIFLESSI DEL ROSSO	**80 m.**
43 VENTO DEL NORD	**130 m.**
44 TU CHIODA CHE POI IO FA'	**140 m.**

38
39
40

41
42
43
44

37 CABERNET FRANC ★★★

A. Damioli 2006
60 m. (3SL)
6b+ (6a obl.)/S1/I

Auf diese Route trifft man vom Zustiegsweg kommend als erste, sie beginnt mit einer tollen Seillänge in bestem Fels, die nach der Hälfte einen kräftezehrenden Überhang bietet. Nach einem baumbestandenen Band folgt dann die herrliche Ausstiegswand. Danach kann man entweder abseilen oder nochmals über Schrofen weiter bis zum eigentlichen Ausstieg klettern.

Einstieg: Routenname angeschrieben.

38 AFIN QUE NUL NE MEURE JAMAIS ★★★

A. Damioli 2006
100 m. (4SL)
6b, 7b+ (6a obl.)/S1/I

Schöne, aber etwas inhomogene Linie. In der zweiten Seillänge fordert eine gelbe, überhängende Wand einige Kraft, bietet aber gute Griffe. Hier ist die Felsqualität und auch die Absicherung sehr gut. Ein paar leichtere Seillängen über Platten führen danach zum Ausstieg.

Einstieg: Routenname angeschrieben.

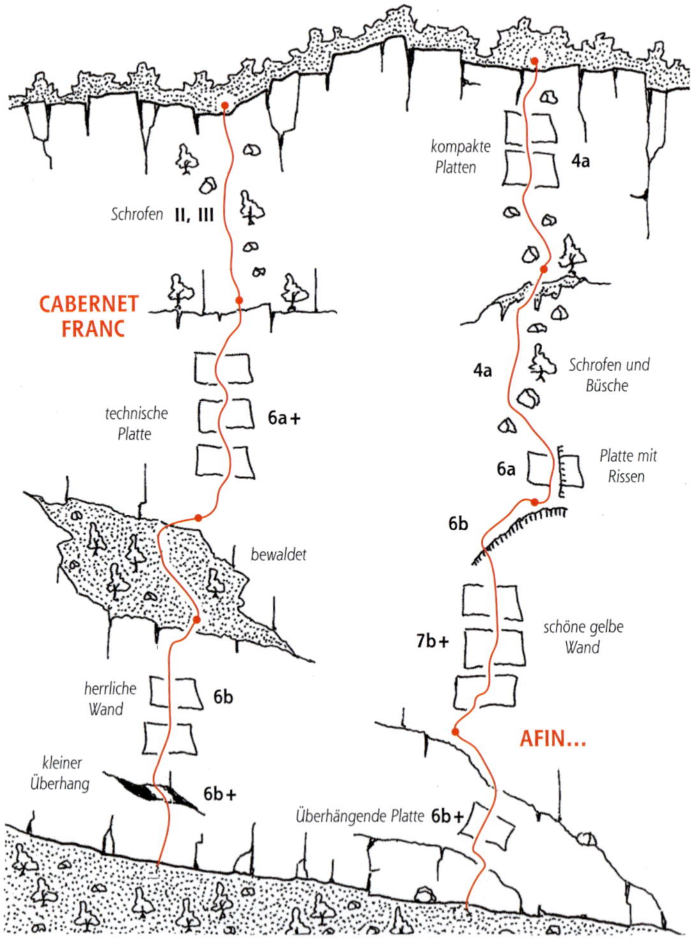

39 ALDILA' DEL DELIRIO ★★★
A. Damioli 2006
55 m. (2SL)
6a, 7a (6b obl.)/S1/I
Die Route beginnt technisch schwierig mit einer anstrengenden Dachpassage. Nach der zweiten Seillänge kann man entweder abseilen oder auch über Schrofen aussteigen.
Einstieg: links vom Sektor mit den Einseillängenrouten, Routenname angeschrieben.

40 PER UN EVIDENTE DESTINO ★★★
A. Damioli 2006
140 m. (5SL)
6b (5c obl.)/S1/I
Sehr abwechslungsreiche, lohnende Genusstour. Im ersten Teil bietet die Route athletische Kletterei entlang von Rissen und Verschneidungen. Im zweiten Teil folgen kompakte, graue Platten mit Balance- und Reibungspassagen. Perfekter Fels, nur auf den Bändern einige lose Blöcke.
Einstieg: rechts vom Sektor mit den Einseillängenrouten, eine gelbe Verschneidung ist gut sichtbar. Routenname angeschrieben.

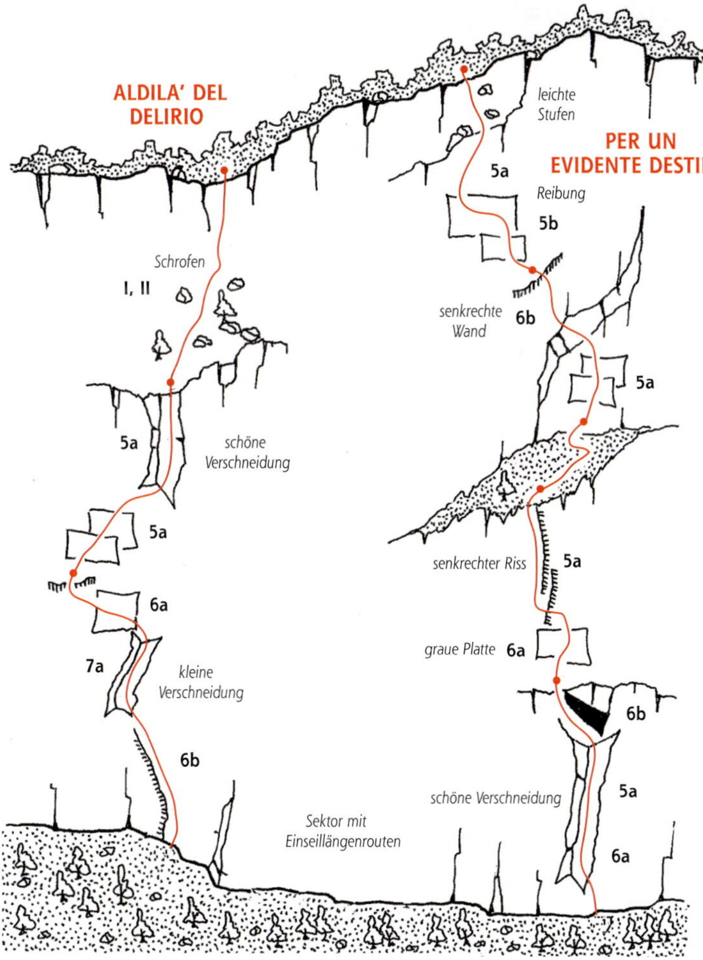

41 COLT MANIA ★★★
D. Filippi 2012
90 m. (4SL)
A1, V/S1/I
Nach der ersten Seillänge über eine herrliche rötliche Wand führt die Route über einige graue und senkrechte Platten. Viele Passagen können frei geklettert werden, einige lassen sich aber nur technisch bezwingen. Absicherung mit Expansions- und Bohrhaken, nur Expressschlingen sind nötig.
Einstieg: ca. 20 Meter links von "Riflessi del Rosso", oberhalb eines grasigen Sockels.

42 I RIFLESSI DEL ROSSO ★★★
A. Damioli 2006
80 m. (3SL)
6c, A1 (6b obl.)/S1/I
Mit technischer Kletterei überwindet man zuerst eine glatte und überhängende Platte (Steigleitern sind nützlich), frei geklettert wäre das eine extreme Herausforderung. Danach wird die Route leichter, ist technisch anspruchsvoll und sehr elegant. Nach der 3. Seillänge kann abgeseilt werden oder man steigt über kleine senkrechte Wandstellen und brüchigen Fels bis zum Ausstieg weiter.
Einstieg: am Wandfuß entlang bis zu einem markanten, glatten und überhängenden Wandbereich. Routenname angeschrieben.

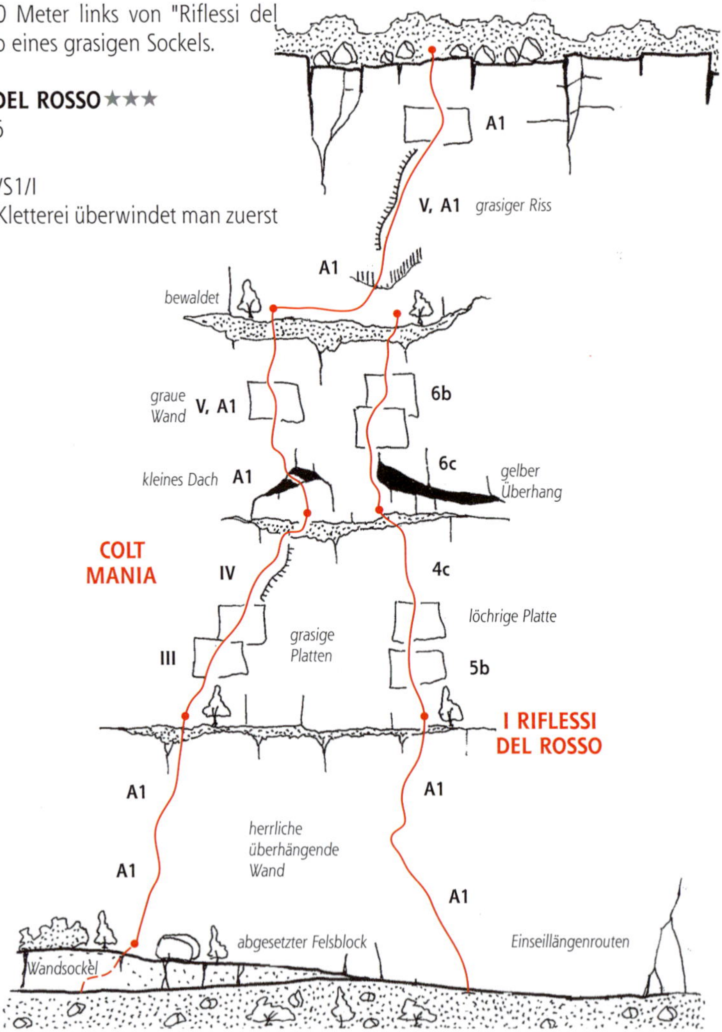

43 VENTO DEL NORD★★★★
A. Damioli 2007
130 m. (3SL)
6b+, eine Stelle 6c (6a obl.)/S1/II
Einstieg: nach dem Sektor mit den Baseclimbs und einer langen, glatten Felswand steigt man über einen Sockel hoch. Routenname angeschrieben.

44 TU CHIODA CHE POI IO FA★★★★
A. Damioli 2007
140 m. (4SL)
6b (5c obl.)/S1/I
Auf die wunderschöne Tropflochwand am Einstieg folgen weitere, schöne und leichtere Seillängen mit bester Felsqualität. Perfekt abgesichert, nahe Hakenabstände.
Einstieg: nach dem Sektor mit den Baseclimbs und einer langen, glatten Felswand steigt man über einen Sockel hoch. Gleich rechts von "Vento del Nord".

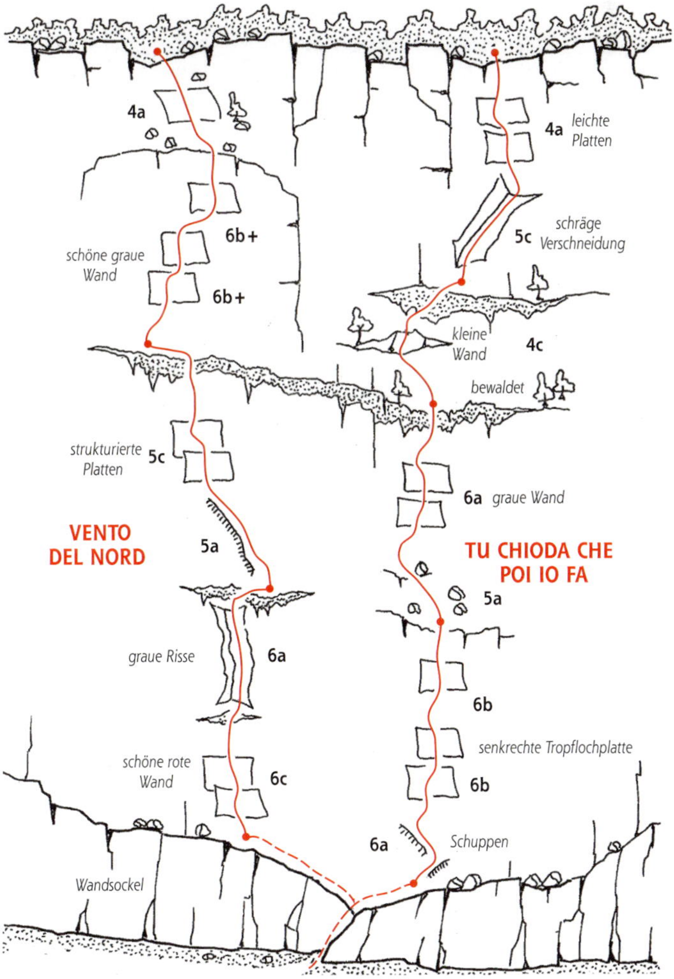

37 Croce di Ceniga

Monte Colt – San Paolo

0.30 h

0.40 h

150 m.

0

Der Felsrücken des Monte Colt fällt in Richtung Norden langsam ab und erreicht fast den Ort Ceniga. Auch hier ist die Wand kompakt und senkrecht und bietet einige interessante und lohnende Sportkletterouten und alpine Wege.

Zustieg

Obwohl der Sektor zur breiten Felswand des Monte Colt gehört, bei der der Zustieg eigentlich von oben (über Laghel) erfolgt, ist es in diesem Fall besser, von unten, d.h. vom Eremo di San Paolo oder vom Parkplatz in Ceniga hierher aufzusteigen. Vom Parkplatz zunächst zur Brücke und auf den Wanderweg zum Monte Colt (nicht verwechseln mit dem Abstiegsweg der Routen vom Monte Colt). Nach der Abzweigung zum Weg 431 (rechts) noch ca. 5 Min. weiter, her dann bei einem Steinmann auf den Weg nach rechts. Nochmals 10 Min. bergauf, dann führt eine blau markierte Pfadspur rechts ab und zum Wandfuß.

Abstieg

Von den Ausstiegen der Routen geht man in Richtung des großen Kreuzes, hier beginnt der Wanderweg zurück ins Tal.

45 CATIA	**150 m.**
46 VIA CRUCIS	**150 m.**
47 FOLLIA D'ESTATE	**150 m.**
48 PALMA	**150 m.**

48
47
46
45

45 CATIA★★★
D. Cabas, P. Masera, D. Arlanch 2011
150 m. (4SL)
5b, 6b, 2 Stellen A0 (6a obl.)/S1/I
Angenehme Kletterei in kompaktem und sehr strukturiertem Gestein, gut abgesichert mit engen Abständen. Die Platte in der dritten Seillänge ist ziemlich anspruchsvoll mit schwierigen Gleichgewichts- und Reibungspassagen. Es werden nur Expressschlingen benötigt.
Einstieg: Routenname angeschrieben.

46 VIA CRUCIS★★★
D. Cabas, P. Masera 2011
150 m. (6SL)
5b, eine Stelle 6b (5b obl.)/S1/I
Wunderschöne Linie mit einer herrlichen dritten Seillänge entlang eines Risses. Gut mit Bohr- und Normalhaken abgesichert, engen Hakenabstände. Es werden nur Expressschlingen benötigt. Die Route endet unterhalb des großen Kreuzes von Ceniga.
Einstieg: Routenname angeschrieben.

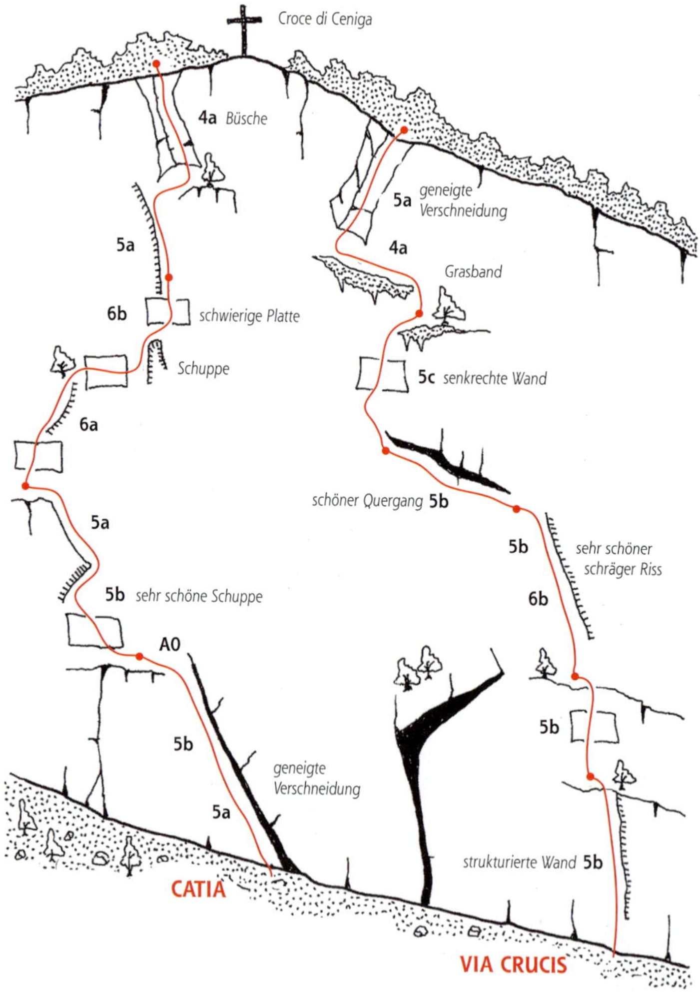

47 FOLLIA D'ESTATE ★★★

D. Cabas, P. Masera 2011
150 m. (5SL)
5c, 6a (5b obl.)/S1/I

Angenehme Plattenkletterei in meist festem Gestein. Die Einstiegsverschneidung und die Platte in der vierten Seillänge bieten die schönsten Passagen. Gute Absicherung mit Bohrhaken, enge Abstände, es werden nur Expressschlingen benötigt.

Einstieg: Routenname angeschrieben.

48 PALMA ★★★

D. Cabas, P. Masera 2011
150 m. (4SL)
5c, 6a (5b obl.)/S1/I

Herrlich sind die ersten beiden Seillängen mit bester Felsqualität, gelben Rissen und vielen Tropflöchern. Nicht ganz so gut, aber immer noch schön ist der zweite Teil der Route. Durchwegs aber kompakter Fels, nur in der 3. SL könnten eventuell ein paar Blöcke nicht halten. Gut abgesichert mit engen Abständen, es werden nur Expressschlingen benötigt.

Einstieg: Routenname angeschrieben.

Abstieg: rechtshaltend auf undeutlichen Pfadspuren im Wald absteigen.

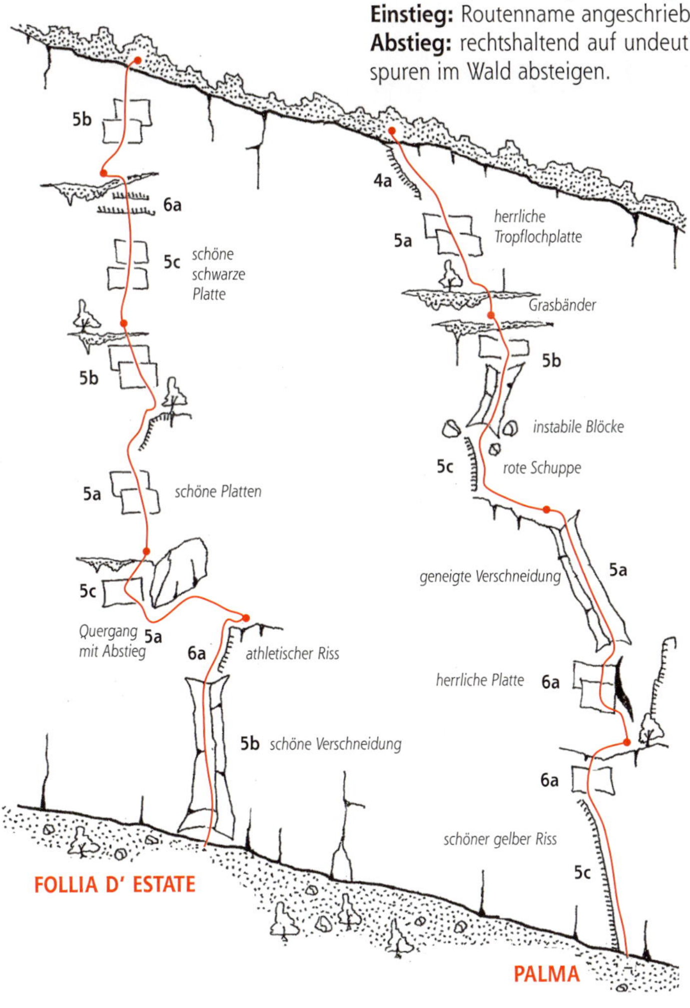

38 Parete di San Paolo

Monte Colt – San Paolo

0.15 h

0.30 h

300 m.

0

Die untere der beiden Felsstufen des Monte Colt wird gemeinhin als Parete di San Paolo bezeichnet. Sie ist nicht sehr hoch, aber sehr breit und schon in den 80er Jahren wurden hier zwei sehr schöne Klettergärten geschaffen: San Paolo und Swing Area, die beide mittlerweile eine gewisse Berühmtheit erlangt haben. Einige klassische, alpine Routen führen durch diese plattige und mit kleinen Wäldchen bestandenen Wand. In den vergangenen Jahren kamen unzählige klassische alpine Wege und auch Sportkletterrouten hinzu. Wegen der schönen Routen, des kurzen Zustiegs und des bequemen Abstiegs ist dieser Sektor zum meistbesuchten des ganzen Sarcatals geworden.

Zustieg

Entlang der sehr breiten Felswand von San Paolo führt die kleine Straße von Arco nach Ceniga, hier befinden sich 3 bequeme Parkplätze. Ideal liegt derjenige am Ristorante "Lanterna" von Ruggero, der für seine Gastfreundschaft berühmt ist. Hier beginnen alle Zustiegswege für den südlichen Wandteil, d.h. von der "Via Tempi Antichi" bis zur "Via Concordia".
Für die Routen des mittleren Teils parkt man am besten bei der alten Schleuse, für die Routen des nördlichen Teils ist der Parkplatz am Eremo (Einsiedelei) von San Paolo der bequemste.

Abstieg

Es bieten sich zwei Möglichkeiten an: für die Routen rechts vom Klettergarten San Paolo (Via Calliope bis Via Nereidi) folgt man dem Wanderweg, der rechtshaltend nach Ceniga führt und geht dann auf der Straße zum Parkplatz zurück. Für die anderen Routen (Temoi Antichi bis Calliope) folgt man dem Wanderweg, der links (Richtung Arco) steil und teilweise sehr ausgesetzt bergab und zurück zum Wandfuß führt.

49 TEMPI ANTICHI	**300 m.**
50 LECCIOMANIA	**180 m.**
51 MANI ROSSE	**200 m.**
52 VIA 70°	**200 m.**
53 SABINA	**180 m.**
54 LA CENGIA ROSSA	**180 m.**
55 CALDO INVERNO	**180 m.**
56 ANORMALE	**200 m.**
57 CALLIOPE	**200 m.**
58 ADONIS	**200 m.**
59 ORFEO	**250 m.**
60 SETTE MURI	**250 m.**

61 IN MEMORIA DI UGO ISCHIA	250 m.
62 VIA ISCHIA CALZA'	250 m.
63 ROBERTO	250 m.
64 RUGGERO	200 m.
65 FREIHEIT DIE ICH MEINE	200 m.
66 ELIOS	250 m.
67 SELENE	250 m.
68 SINDROME DA MAKITA	200 m.
69 VIA LILILLA	300 m.
70 WEG DURCH DAS GESICHT	250 m.
71 ATHENE	300 m.
72 SPIDERMAN	200 m.
73 VIA APE MAIA	250 m.
74 GIU' DALLE BRANDE	250 m.
75 NEVI D'AUTUNNO	250 m.
76 PER ELA	280 m.
77 PARETE NERA	250 m.
78 LA TARTARUGA	250 m.
79 LO SCANSAFATICHE	230 m.
80 ARIA DI PRIMAVERA	200 m.
81 CIRCE	200 m.
82 APHRODITE	250 m.
83 BON TON	200 m.
84 SIMPATICHE CANAGLIE	200 m.
85 PENELOPE	200 m.
86 PERSEPHONE	200 m.
87 HELENA	200 m.
88 FUGA DALL'ADES	200 m.
89 PILASTRO THEMIS	180 m.
90 PANTAREI	180 m.
91 ISIS	150 m.
92 PORCI CON LE ALI	180 m.
93 ARGO	150 m.
94 AGANIPPE	150 m.
95 DIRADE	150 m.
96 NEREIDI	120 m.

56
55
54
53
52
51
49a
49

67
66
65
64
63
62
61
60
62
62
59
58
57

49 TEMPI ANTICHI ★

D. Cabas, P. Masera 2007
300 m. (10SL)
IV, V+/R3/II

Alpine Abenteuerroute, die wegen der Kletterei an sich und auch der Felsqualität wenig interessant ist. Viele Felsaufschwünge werden von kleinen Wäldchen und grasigen Terrassen unterbrochen. Wer sich für höhere alpine Aufgaben fit machen will, ist hier dennoch richtig.
Einstieg: Vom Ristorante "Lanterna" in Richtung Arco und kurz darauf rechts auf einen steilen Pfad, der zum Klettergarten San Paolo führt. Pfadspuren führen von hier (Richtung Arco) zum Wandfuß, Routenname angeschrieben.

49a VARIANTE CORNETTO D'ANGOLO ★★

D. Filippi 2012
30 m. A2

Mit dieser schönen Variante klettert man über ein markantes, hornförmiges und 5 Meter ausladendes Dach direkt am Monte Colt. Wenn man von oben abseilt, ist diese Seillänge sozusagen auch als kurze Techno-Route machbar. Zustieg von oben: wie zu den Routen am Monte Colt. Wenn man den Bergrücken erreicht hat, geht man rechts auf dem Weg in Richtung Colodri weiter. Bei einer Spitzkehre, wo der Pfad dann bergauf führt, zweigt man links auf eine Pfadspur ab und geht weiter bis zu einer kleinen Rinne bzw. bis unterhalb des Dachs.

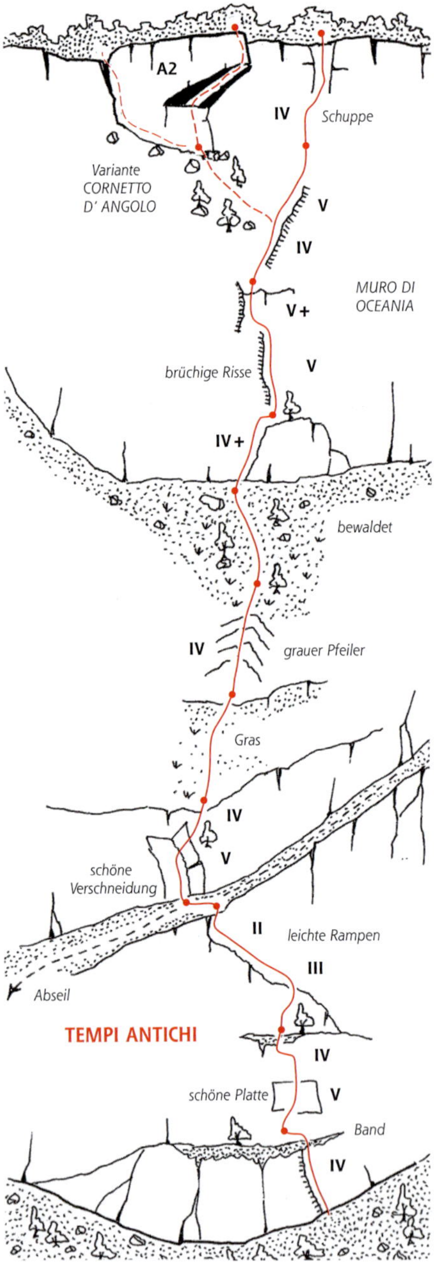

50 LECCIOMANIA★★★

D. Cabas, P. Masera 2008

180 m. (6SL)

V, VI+/R2/I

Wäre da nicht die 4. Seillänge mit brüchigem Fels, könnte man diese Route als wirklich schön und lohnend bezeichnen. Das Highlight ist ganz sicher die Ausstiegslänge mit einer herrlichen Platte mit Leisten und Tropflöchern. Diese Linie muss als alpin bezeichnet werden, auch wenn genügend Bohrhaken stecken und einige Passagen im VI. Grad auch technisch geklettert werden können. Insgesamt gesehen also eine durchaus interessante und empfehlenswerte Route. Vom Ausstieg führt eine Pfadspur linkshaltend zurück zum Wandfuß, Vorsicht bei den exponierten Passagen.

Einstieg: Vom Ristorante "Lanterna" in Richtung Arco und kurz darauf rechts auf einen steilen Pfad, der zum Klettergarten San Paolo führt. Pfadspuren führen von hier (Richtung Arco) zum Wandfuß, Routenname angeschrieben.

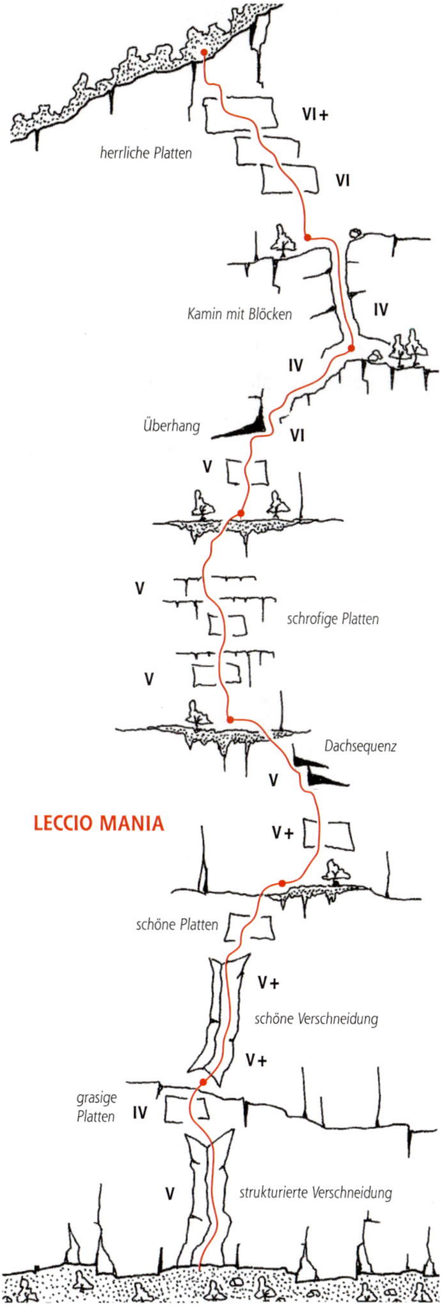

51 MANI ROSSE ★

D. Cabas, P. Masera 2007

200 m. (7SL)

IV, V+/R3/I

Als alpine Route durchaus interessant, eine Seillänge ist aber wirklich als gefährlich zu bezeichnen, denn dort ist das Gestein sehr brüchig und ein paar große Blöcke sind sehr instabil: Absolute Vorsicht ist nötig! Die Ausstiegslänge über eine kompakte graue Platte ist sehr schön, der Andrang der Route führt entlang von Rissen und Verschneidungen mit viel Vegetation. Die Linie bleibt also alpin erfahrenen Kletterern vorbehalten. Vom Ausstieg führt eine Pfadspur linkshaltend zurück zum Wandfuß, Vorsicht bei den exponierten Passagen.

Einstieg: Vom Ristorante "Lanterna" in Richtung Arco und kurz darauf rechts auf einen steilen Pfad, der zum Klettergarten San Paolo führt. Pfadspuren führen von hier (Richtung Arco) zum Wandfuß, Routenname angeschrieben.

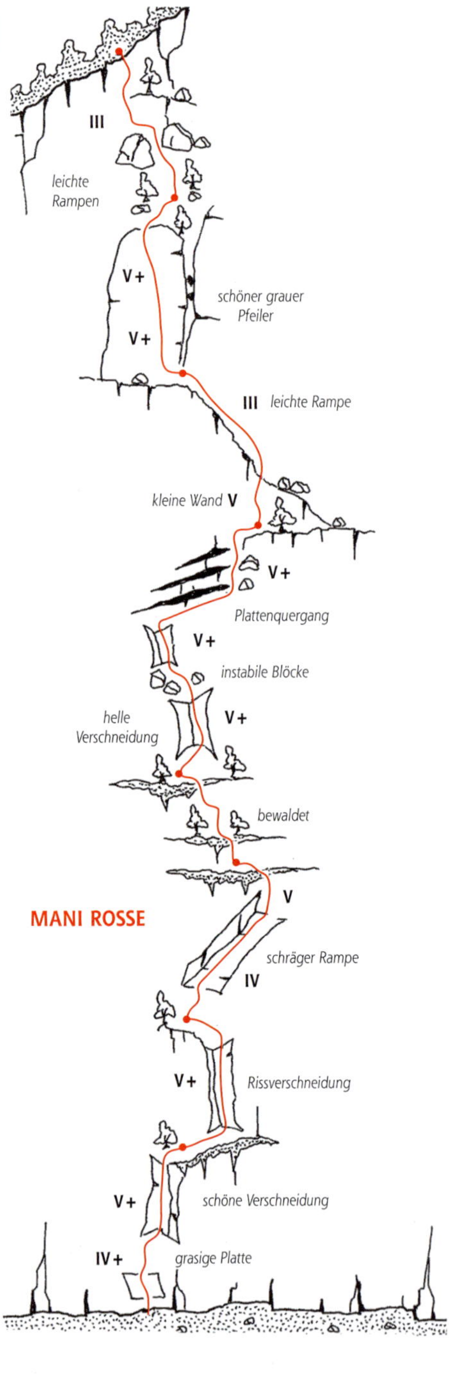

52 VIA 70° ★★★

D. Cabas, P. Masera 2012
200 m. (8SL)
V+, VI+, eine Stelle A0/R3/I

Sehr abwechslungsreiche, lohnende und schöne Kletterei mit vielen Rissen, Verschneidungen und herrlichen Platten. Sehr viel Genuss bieten vor allem die Seillängen über den grauen Pfeiler. Der schwierige 6c- Quergang ist auch leicht technisch (A0) kletterbar. Die Felsqualität ist meist gut und es stecken genügend Bohr- und Normalhaken, weshalb nur Expressschlingen benötigt werden.

Einstieg: Vom Ristorante "Lanterna" in Richtung Arco und kurz darauf rechts auf einen steilen Pfad, der zum Klettergarten San Paolo führt. Pfadspuren führen von hier (Richtung Arco) zum Wandfuß, Routenname angeschrieben.

53 SABINA ★★★

D. Cabas, P. Masera, G. Gerola 2012
180 m. (5SL)
IV, V+/R3/I

Alpine Linie entlang von Verschneidungen und Rissen, die nur mit Normalhaken und ein paar Sanduhrschlingen abgesichert ist. Mittlere Friends könnten für eine Wiederholung hilfreich sein, sind aber nicht unabdingbar. Das Gestein ist meist fest, nur wenige kurze Passagen sind etwas brüchig. Die Ausstiegslänge mit sehr strukturiertem Fels, Löchern und Sanduhren ist absolut fantastisch.

Einstieg: Vom Ristorante "Lanterna" in Richtung Arco und kurz darauf rechts auf einen steilen Pfad, der zum Klettergarten San Paolo führt. Pfadspuren führen von hier (Richtung Arco) zum Wandfuß, Routenname angeschrieben.

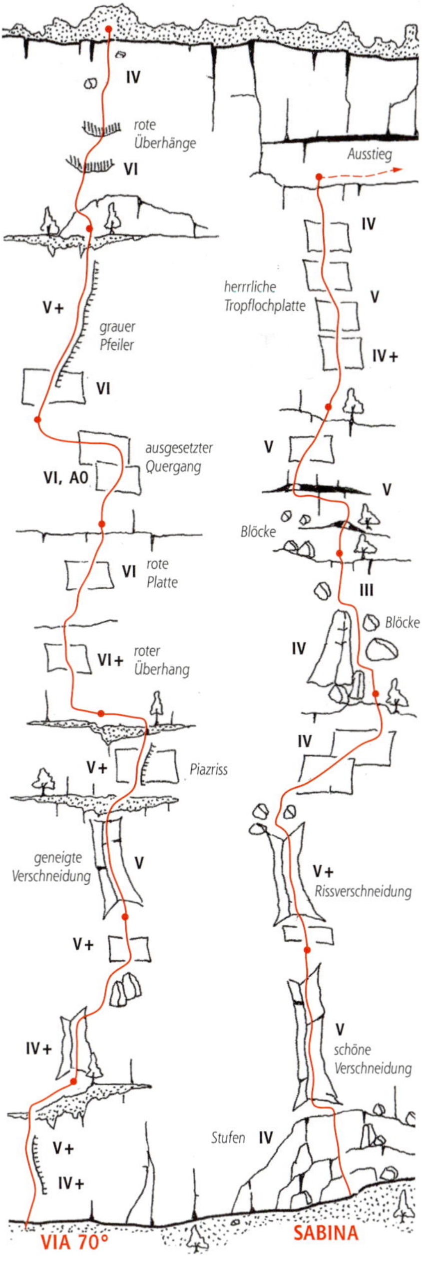

54 LA CENGIA ROSSA★★★★★

H. Grill, F. Kluckner, F. Heiss 2012
180 m. (7SL)
5b, 5c/S1/I

Die wunderschöne Linie zieht über lange Platten aus fantastischem Gestein, die Route ist perfekt mit Bohrhaken abgesichert, die Abstände sind gering. Besonders herausragend sind die beiden letzten Seillängen.
Wo die eigentlichen (Kletter-)Schwierigkeiten enden, führt ein markantes Band ("Cengia Rossa") aus der Wand. Hier sollte man noch angeseilt bleiben. Dann folgt man links einem gut sichtbaren Pfad, der zurück zum Wandfuß führt. Vorsicht bei einigen ausgesetzten Passagen.
Einstieg: Vom Ristorante "Lanterna" in Richtung Arco und kurz darauf rechts auf einen steilen Pfad, der zum Klettergarten San Paolo führt. Pfadspuren führen von hier (Richtung Arco) zum Wandfuß, Routenname angeschrieben.

55 CALDO INVERNO★★★★

D. Cabas, P. Masera, H. Grill, F. Kluckner, K. Oppermann 2012
180 m. (7SL)
5b, 5c/S1/I

Herrliche Genussroute über kompakte Platten. Ein paar kurze Passagen mit Bändern und Bäumen stören den schönen Aufstieg nicht. Ein fantastischer Ausstieg über eine rötliche Tropflochwand krönt die Linie. Absicherung mit Bohrhaken mit engen Abständen, es werden nur Expressschlingen benötigt. Wo die eigentlichen (Kletter-)Schwierigkeiten enden, führt ein markantes Band ("Cengia Rossa") aus der Wand. Hier sollte man noch angeseilt bleiben. Dann folgt man links einem gut sichtbaren Pfad, der zurück zum Wandfuß führt. Vorsicht bei einigen ausgesetzten Passagen.
Einstieg: Vom Ristorante "Lanterna" in Richtung Arco und kurz darauf rechts auf einen steilen Pfad, der zum Klettergarten San Paolo führt. Pfadspuren führen von hier (Richtung Arco) zum Wandfuß, Routenname angeschrieben.

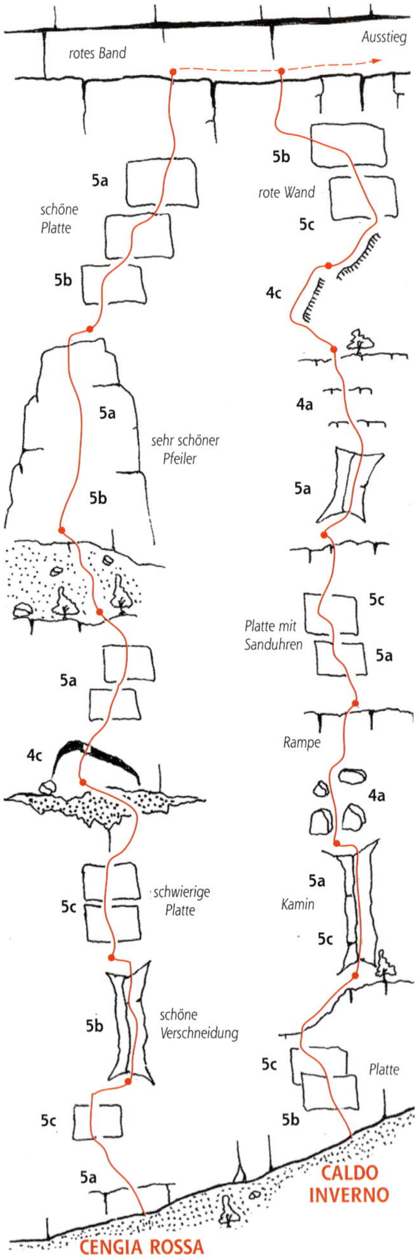

56 ANORMALE ★★

D. Cabas, P. Masera 2007
200 m. (6SL)
IV, V+/R3/I

Wer die ersten wenig interessanten vier Seillängen über Felsrampen und grasige Rinnen hinter sich hat, trifft auf zwei sehr schöne Längen mit herrlichen Platten. Ausreichende Absicherung mit Normalhaken und Sanduhrschlingen, ein Satz Friends sollte dabei sein.

Einstieg: Vom Ristorante "Lanterna" in Richtung Arco und kurz darauf rechts auf einen steilen Pfad, der zum Klettergarten San Paolo führt. Links vom Klettergarten führt eine Rampe linkshaltend zu einer kleinen Verschneidung.

57 CALLIOPE ★★★★

H. Grill, S. Königseder, S. Schieder, F. Heiss 2007
200 m. (6SL)
V+/R2/I

Einer der leichtesten Aufstiege der ganzen Wand, deshalb aber nicht weniger schön als andere. Der Einstiegskamin erinnert sehr an die großen Kamine in den Dolomiten. Danach folgen kompakte und schöne Platten, bevor die letzte Seillänge um diverse große, instabile Blöcke herum führt. Kurzum - eine lohnende Tour mit viel Genuss.

Einstieg: Vom Ristorante "Lanterna" direkt hoch bis zum Wandfuß und dann ca. 400 m an ihm entlang Richtung Arco. Nach dem Klettergarten erreicht man eine markante Rinne mit Stufen, die direkt zum Einstiegskamin führt.

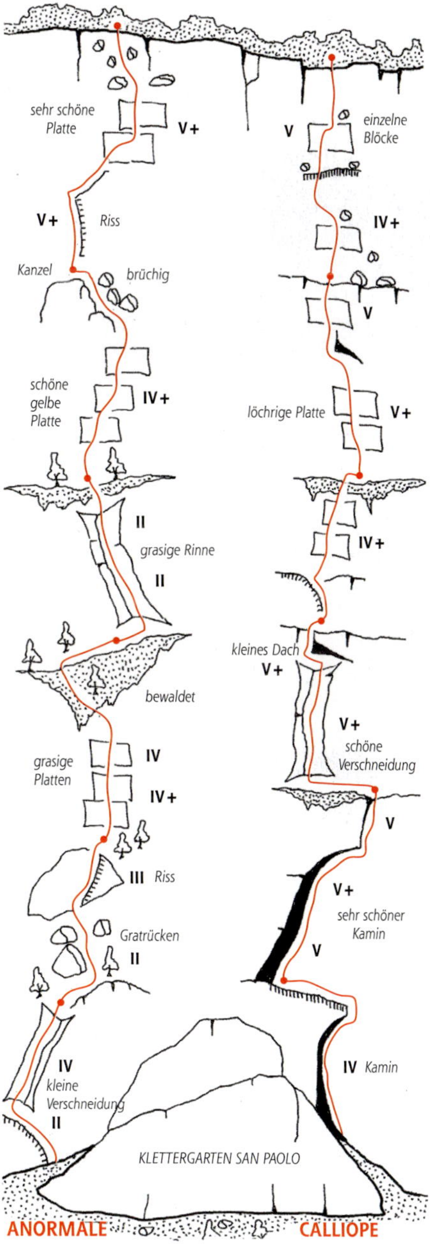

58 ADONIS★★★
P. Masera, D. Cabas 2007
H. Grill, F. Heiss Direktausstieg 2007
200 m. (6SL)
V+, VI/R2/II

Abwechslungsreiche, genussvolle Route mit einer sehr schönen zweiten Seillänge in einer Verschneidung. Die folgenden Platten sind kompakt und bieten elegante Kletterei. Vorsicht bei den letzten Seillängen, bei denen man an einigen große, instabile Blöcke vorbei klettert. Diese Längen kann man aber mit einer schönen Variante (Variante Grill) umgehen: Vom vorletzten Standplatz rechts und direkt hoch über deutlich kompakteren Fels. Wiederholer benötigen ein paar Friends.

Einstieg: Vom Ristorante "Lanterna" direkt hoch bis zum Wandfuß und dann ca. 400 m an ihm entlang Richtung Arco. Nach dem Klettergarten erreicht man den markanten Einstiegsriss. Routenname angeschrieben.

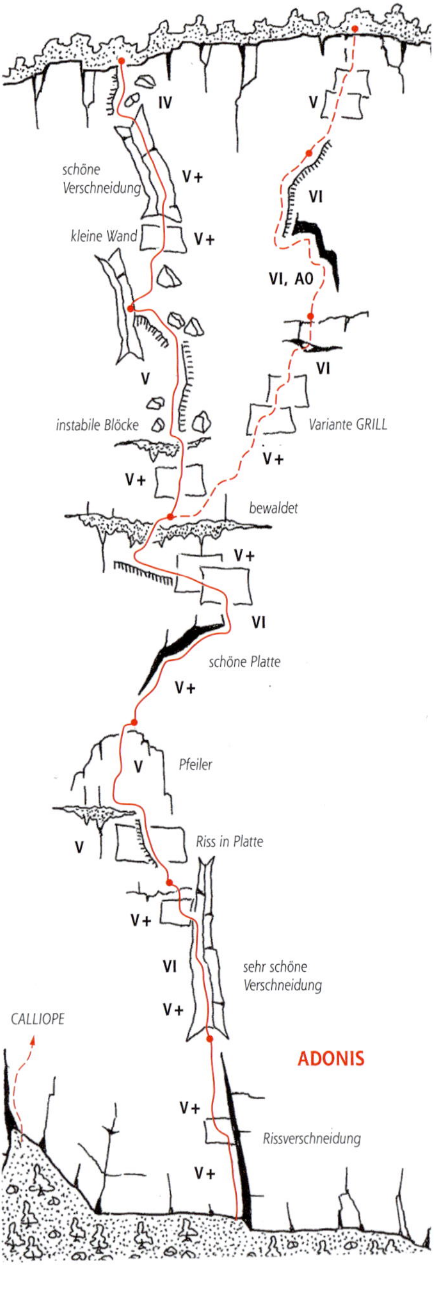

59 ORFEO ★★★★

H. Grill, S. Königseder, F. Kluckner, M. Mocek
2007
250 m. (9SL)
V+, VI, eine Stelle VI+/R2/II

Verschneidungen und Risse kennzeichnen diese abwechslungsreiche, lohnende Route mit einer sehr athletischen ersten Risslänge, bei der ein paar Friends benötigt werden. Die Platte in der 3. SL fordert Technik und Bewegungsgefühl, danach wird die Route erst mal leichter. Mit einer sehr schönen Ausstiegslänge endet dann diese elegante Linie. Die Felsqualität ist perfekt, aber ein paar instabile Blöcke erfordern Vorsicht. Die Absicherung ist insgesamt gut und ausreichend.

Einstieg: Vom Ristorante "Lanterna" direkt hoch bis zum Wandfuß und dann ca. 300 m an ihm entlang Richtung Arco. Eine kleine Wandstelle mit einem Baum, an dem eine Schlinge hängt, gestattet den Zustieg zu einem langen, abschüssigen Band. Etwas weiter links ist der Einstieg.

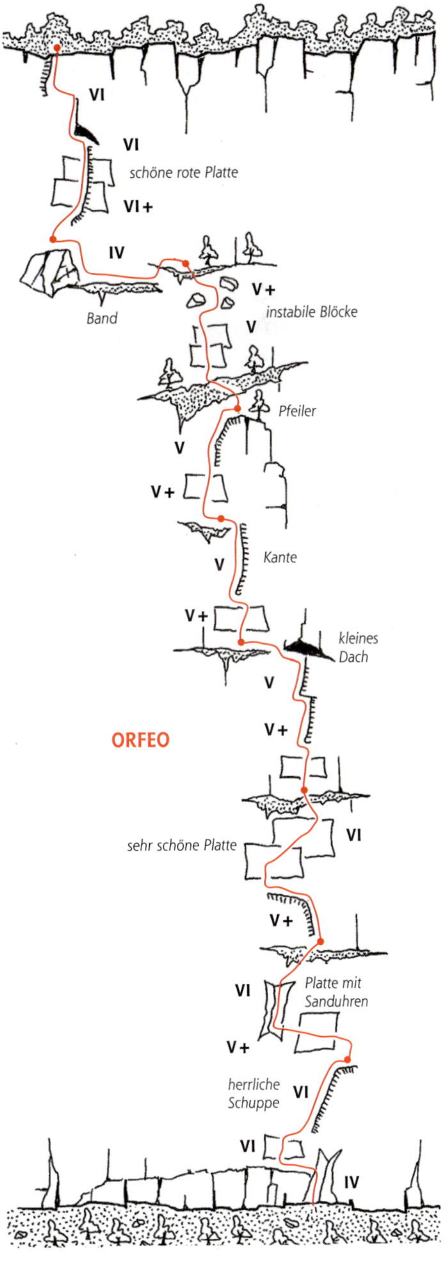

60 SETTE MURI ★★★★

H. Grill, F. Kluckner, A. Kluckner 2006
250 m. (11SL)
V, VI+, 1 Stelle VII/R2/II

Verschneidungen und Risse bieten abwechslungsreiche und genussvolle Kletterei in dieser Route. Die Platten sind bestens abgesichert, aber für die Verschneidungen und Rissen sind ein paar Friends hilfreich. Die ersten Seillängen winden sich etwas durch die Wand, dann wir die Linie eleganter und logischer. Zum Schluss folgen herrliche Platten mit Tropflöchern.

Einstieg: Vom Ristorante "Lanterna" direkt hoch bis zum Wandfuß und dann ca. 200 m an ihm entlang Richtung Arco. Routenname angeschrieben.

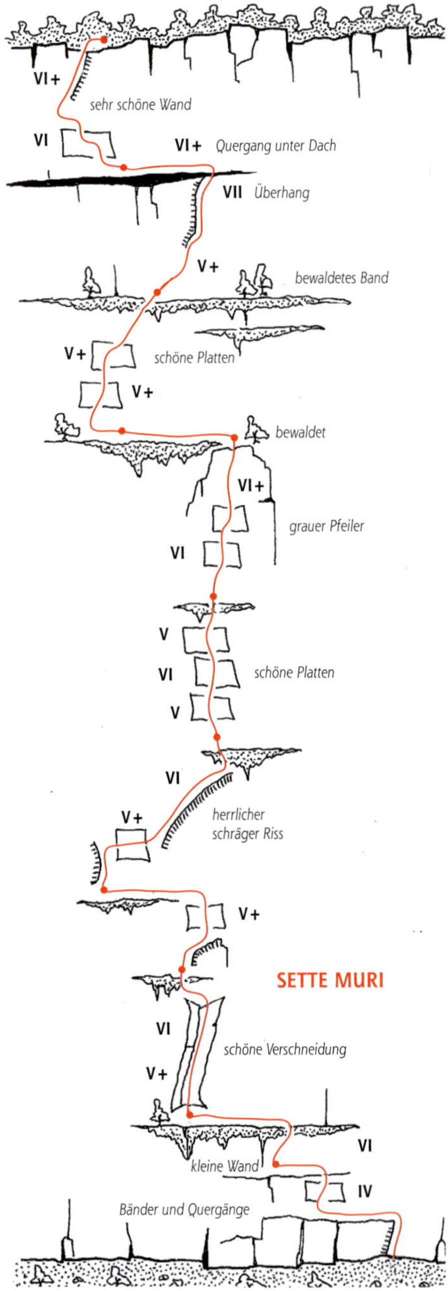

61 IN MEMORIA DI UGO ISCHIA ★★★★

H. Grill, F. Kluckner, F. Heiss 2007
250 m. (9SL)
V+, VI+/R2/II

Die Einstiegsplatten mit den vielen Tropflöchern sind ein wahrer Genuss und bieten absolut lohnende Kletterei. In den letzten Seillängen ist viel Vorsicht angebracht, denn hier klettert man in der Nähe oder oberhalb von großen, instabilen Blöcken. Die Absicherung ist sehr gut.

Einstieg: Vom Ristorante "Lanterna" direkt hoch bis zum Wandfuß und dann ca. 200 m an ihm entlang Richtung Arco. Routenname angeschrieben.

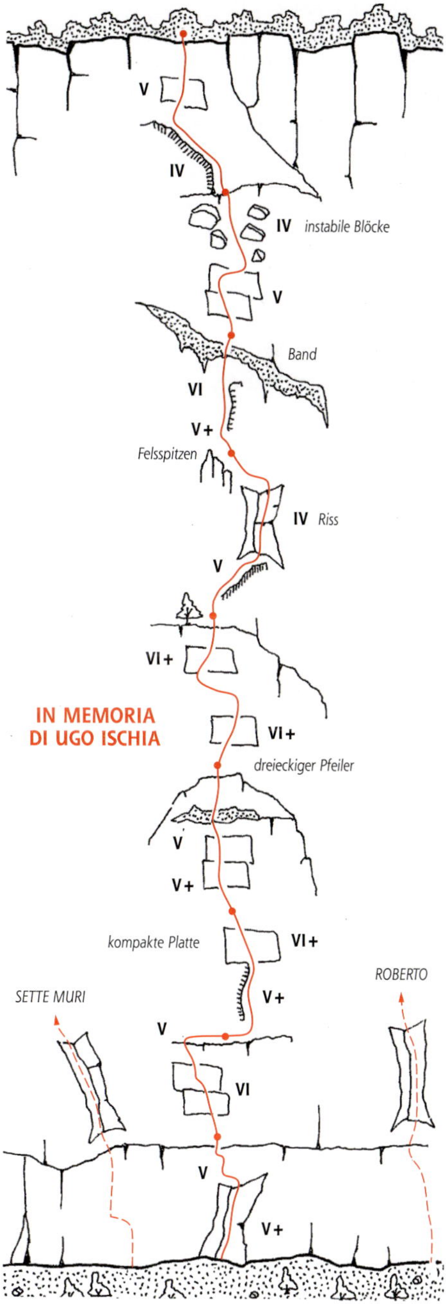

62 VIA ISCHIA CALZA' ★★

U. Ischia, F. Calzà 1971
250 m. (8SL)
V+, ein Stelle VI/R3/II

Leider führt diese Route durch einige vegetationsreiche Zonen, aber dennoch weist sie viele schöne und interessante Passagen auf. Nach der ersten und schwierigen, weil kaum absicherbaren Verschneidung, folgt die Linie den schwachen Punkten in der Wand und führt über meist kompakte Platten und kleine Wände. Die wenigen Wiederholer finden kaum Haken vor und die Linie ist nicht einfach zu finden. Aber genau das macht die Route auch interessant und lohnend. Perfekt an einem milden Wintertag. Aber: wer auf elegantes, ästhetisches Klettern aus ist, sollte hier nicht einsteigen - die Route bleibt Entdeckern vorbehalten.

Zustieg: vom Ristorante Tipico hoch zum Wandfuß und an ihm ca. 300 m in Richtung Arco entlang. Eine Art kleine Wand führt zu einem langen, unterbrochenen Band. Auf diesem Band ganz nach rechts bis zu einer markanten Verschneidung.

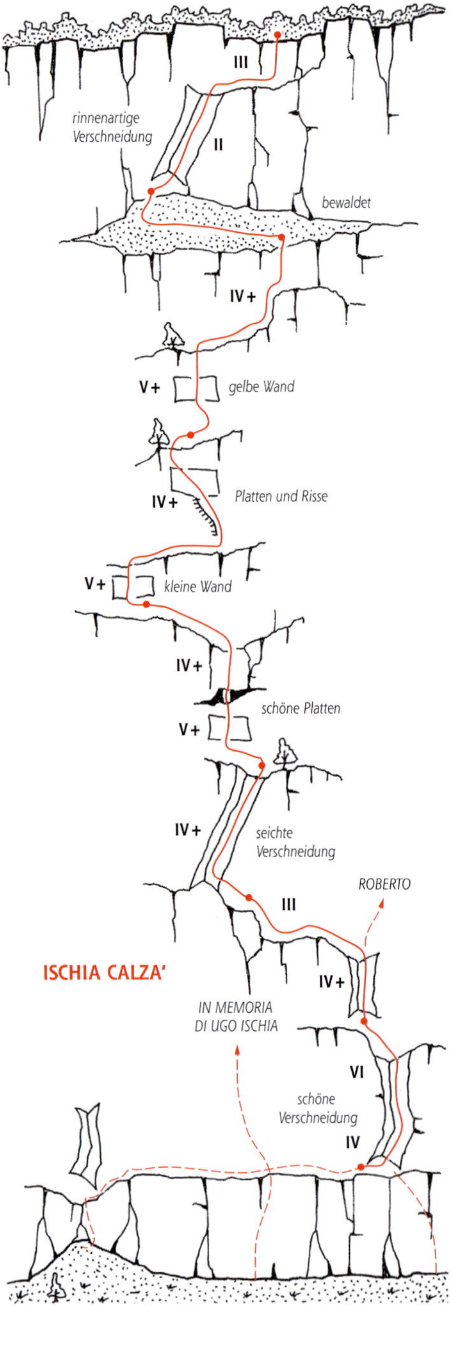

63 ROBERTO ★★★

G. Mantovani 2006

250 m. (8SL)

6a, 6b+, Stellen A0 (6a obl.)/S1/II

Abwechslungsreiche Linie mit einer spektakulären Ausstiegslänge: einer rötlichen, überhängenden Wand, durch die ein herrlicher Riss zieht. Nach den schönen Verschneidungen am Einstieg findet man viele technisch anspruchsvolle Platten. Leider zwingt die glatte Platte in der 5. Seillänge zu technischer Kletterei (A0). Einige instabile Blöcke erfordern viel Vorsicht (s. Schild in der 6.SL)

Einstieg: Vom Ristorante "Lanterna" direkt hoch bis zum Wandfuß und dann ca. 200 m an ihm entlang Richtung Arco. Routenname angeschrieben.

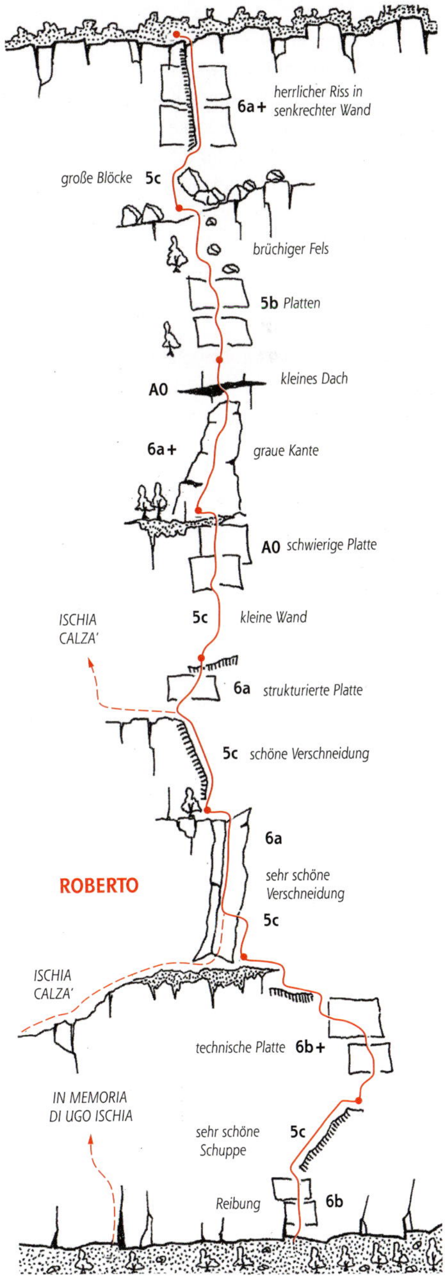

64 RUGGERO★★★

A. Salomon, P. Gopel 2009
200 m. (7SL)
6b+, 7a (6b+ obl.)/S2/II

Insgesamt eine schöne, interessante Route in gutem Fels und auch gut abgesichert, aber leider etwas inhomogen, was die Schwierigkeiten betrifft. Schon der Einstieg trifft einen hart: eine technisch sehr schwierige Platte fordert alles. Als fantastisch ist dagegen die große, gelbe Verschneidung mit traumhaftem Fels in der Mitte der Route zu bezeichnen. Danach wechseln sich immer wieder harte, anspruchsvolle und schrofige Passagen ab.

Einstieg: Vom Ristorante "Lanterna" direkt hoch bis zum Wandfuß und dann ca. 100 m an ihm entlang Richtung Arco. Routenname angeschrieben.

65 FREIHEIT DIE ICH MEINE★★★★

H. Schnitzer, L. Breitenberger, M. Holzer, M. Huber 2011
200 m. (7SL)
6b, 7b+ (6b obl.)/S2/II

Herrliche, anspruchsvolle und ausdauernde Sportkletterroute. Die Platten sind wirklich schön und sehr genussvoll und bieten viele technisch anspruchsvolle, gutgriffige Passagen. Der gelbe, ausgesetzte Überhang fordert mit den obligatorischen Stellen einiges ab. Hier kann aber auch technisch (A0) geklettert werden. Die Linie ist bestens abgesichert, nur Expressschlingen sind nötig.

Einstieg: Vom Ristorante "Lanterna" direkt hoch bis zum Wandfuß und dann ca. 100 m an ihm entlang Richtung Arco. Routenname angeschrieben.

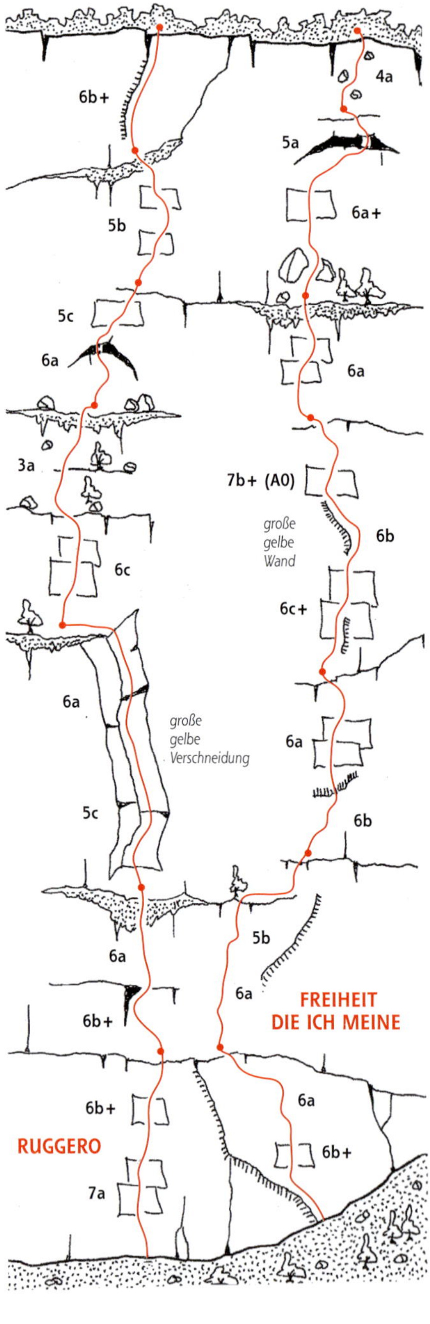

66 ELIOS★★★★★

H. Grill, F. Heiss 2007
250 m. (9SL)
V+, VI+, 2 Stellen VII/R1/II

Eine der schönsten Routen der Wand und sehr empfehlenswert. Sehr abwechslungsreiche Kletterei mit technisch anspruchsvollen Platten, athletischen Überhängen, auch Risse fehlen nicht. Es fällt schwer, eine Seillänge herauszugreifen, aber die siebte mit den kleinen, gutgriffigen Dächern ist doch etwas Besonderes. Kompakter Fels mit ausreichender Absicherung. Vorsicht vor ein paar instabilen Blöcken.

Einstieg: Vom Ristorante "Lanterna" direkt hoch bis zum Wandfuß und dann ca. 100 m an ihm entlang Richtung Arco. Routenname angeschrieben.

67 SELENE★★★★★

H. Grill, F. Kluckner, A. Kluckner, S. Königseder 2007
250 m. (8SL)
V+, VI/S1/II

Auch diese Linie zählt zu den schönsten in dieser Wand: herrliche Verschneidungen und kompakte Platten bieten anhaltend anspruchsvolle, aber homogene Kletterei. Die Absicherung ist bestens und auch die Felsqualität gut. Dennoch sollte an wie bei den anderen Routen auch bei einigen instabilen Blöcken vorsichtig sein.

Einstieg: Vom Ristorante "Lanterna" direkt hoch bis zum Wandfuß und dann ca. 100 m an ihm entlang Richtung Arco. Routenname angeschrieben.

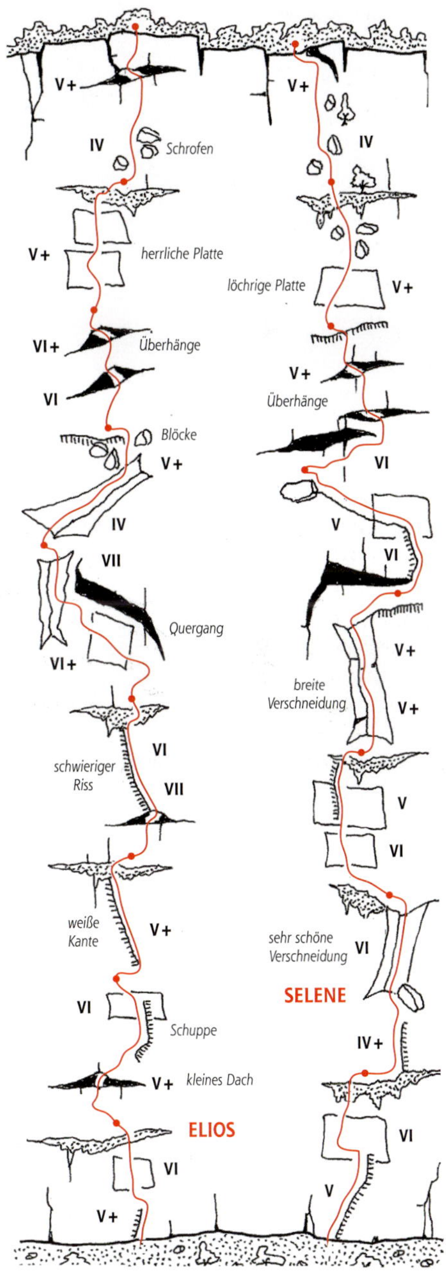

74a
74
73
72
71
69
69
68

82
81
80
79
78
77
74a
76
74

68 SINDROME DA MAKITA★★★

G. Mantovani, M. Zanoni 2005
200 m. (5SL)
6b+, 6c (6a obl.)/S1/II

Die schöne, lohnende Route führt in den beiden Einstiegslängen in schwieriger Kletterei über einen senkrechten und ausgesetzten Riss. Die 4. Seillänge ist sehr abwechslungsreich mit Riss, Überhang, Kamin und Platte. Obwohl die Absicherung mit Bohrhaken sehr gut ist, sollte man in manchen Bereichen wegen der mangelnden Felsqualität sehr vorsichtig sein. Der letzte Teil folgt der klassischen Route 'Lililla'.

Einstieg: Vom Ristorante "Lanterna" direkt hoch bis zum Wandfuß und dann Richtung Norden. Routenname angeschrieben.

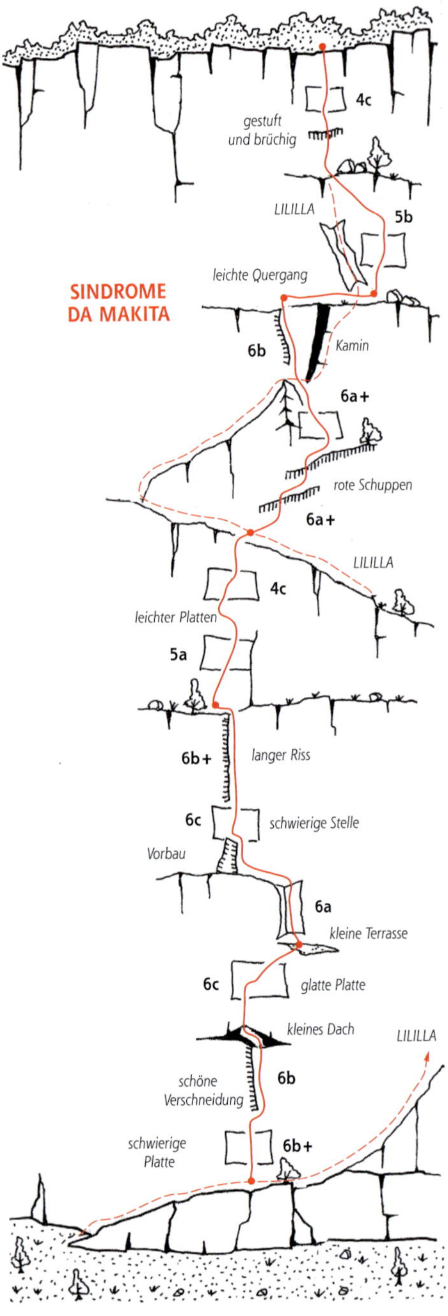

69 VIA LILILLA★★★

F. Miori, D. Zampiccoli 1982

300 m (7SL)

V+, 1 passo VII o A0/R3/II

Klassische, schöne und abwechslungsreiche Route. Kompakte Platten, schlecht absicherbare Kamine und brüchige Risse bieten zusammen mit etwas Vegetation einen interessante Mischung, die wohl nur die Liebhaber alpiner Kletterei ansprechen wird. Die logische Linie folgt eine Reihe von Rissen und Verschneidungen, der Fels ist meist gut, nur wenige Haken sind vorhanden und einige Standplätze müssen verstärkt werden. Vom Ristorante aus erkennt man sehr gut die graue Platte mit dem schrägen, nach rechts verlaufenden Riss, über den der erste Teil der Route führt.

Einstieg: Vom Ristorante "Lanterna" direkt hoch bis zum Wandfuß und dann Richtung Norden. Nach einem kleinen Wandsockel hat man den schräg verlaufenden Einstiegsriss erreicht.

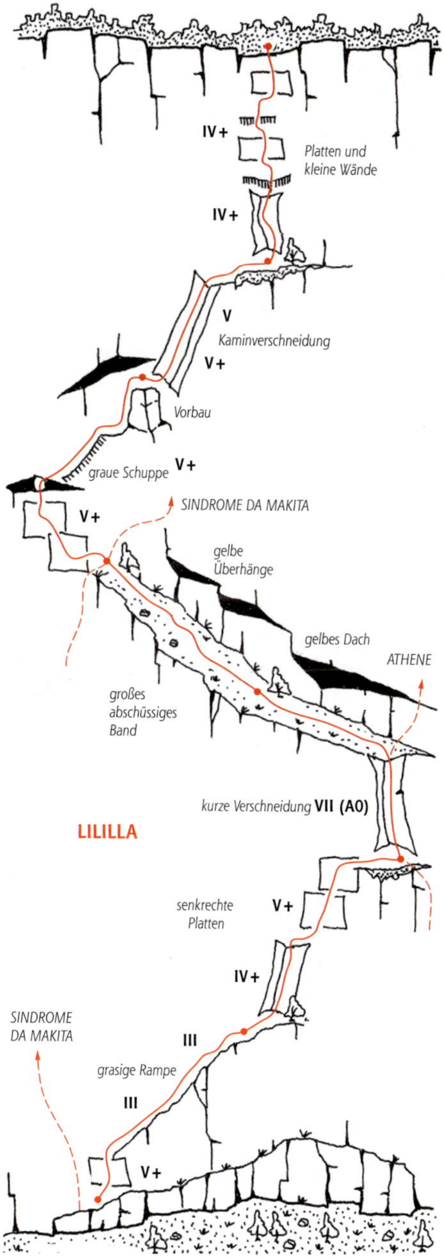

70 WEG DURCH DAS GESICHT ★★★★

W. Mairosl, H. Schnitzer, J. Fischer, M. Huber
2008
250 m. (8SL)
6b+, eine Stelle 7a (6b obl.)/S3/II

Eine der interessantesten und schönsten Routen dieses Sektors. Sie führt über diverse, senkrechte, graue Platten und bietet überall technisch anspruchsvolle und elegante Kletterei. Absolut herrlich sind die Seillängen mit der Untergriffschuppe und dem rötlichen Überhang. Die Absicherung mit Bohrhaken ist gut, aber nicht exzessiv: ein paar kleine bis mittlere Friend sind (insbesondere bei der Schuppe) hilfreich. Der athletische Überhang weist gute Griffe auf, aber man kann auch links um ihn herum klettern.

Einstieg: Vom Ristorante "Lanterna" direkt hoch bis zum Wandfuß und ca. 100 m in Richtung Norden. Routenname angeschrieben.

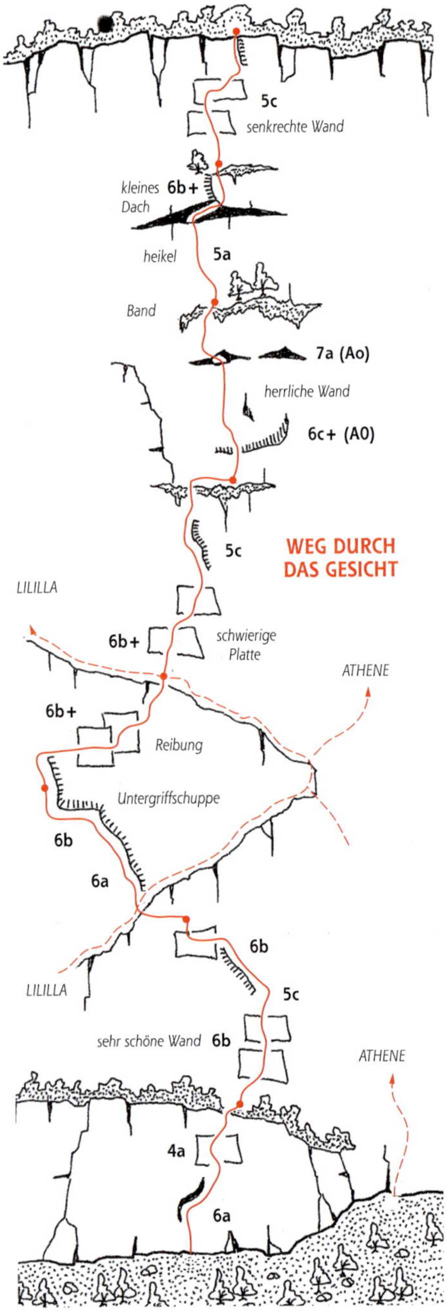

71 ATHENE ★★★★★

H. Grill, F. Kluckner, F. Heiss 2006

300 m. (11SL)

VI+, VII+/R1/II

Die sicherlich schönste und lohnendste Route in der ganzen Wand führt meist über kompakte Platten mit bestem Fels. Eigentlich sind nur Expressschlingen nötig, denn sehr viele Normal- und einige Bohrhaken wurden zur Absicherung verwendet. Wer dennoch zusätzlich absichern möchte, kann ein paar kleine Friends mit nehmen. Die Schwierigkeiten sind sehr homogen, die vierte und die letzte Seillänge sind ausgesprochen schön. Empfehlenswerte Route für die Liebhaber klassischer, mit Normalhaken abgesicherter Wege.

Einstieg: Vom Ristorante "Lanterna" direkt hoch bis zum Wandfuß und ca. 100 m in Richtung Norden. Routenname angeschrieben.

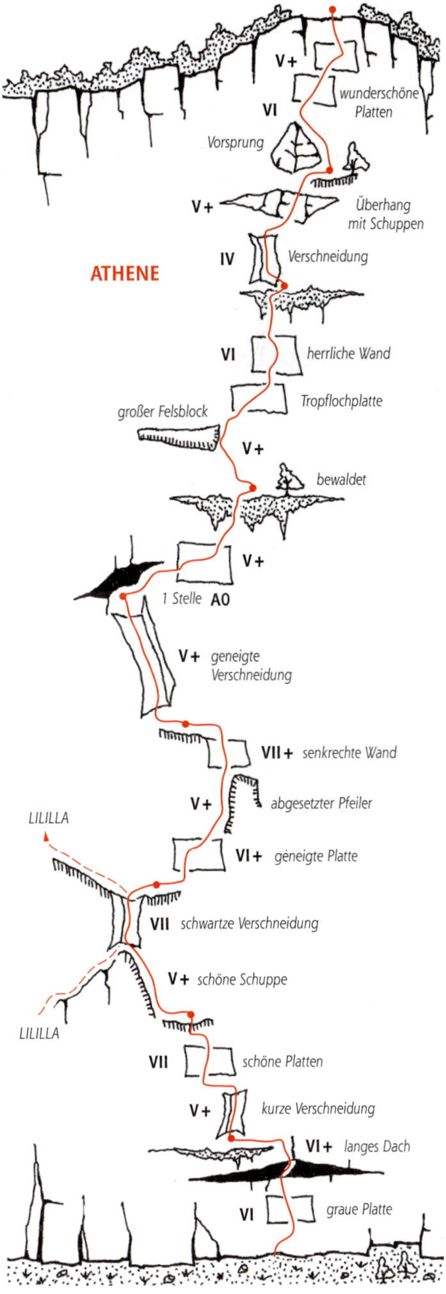

72 SPIDERMAN ★★★★★

H. Schnitzer, S. Fischer, M. Huber, L. Breitenberger 2009

200 m. (8SL)

6b+, 6c+ (6b obl.)/S2/II

Außergewöhnlich schöne Sportkletterroute, die zu den lohnendsten in diesem Sektor gehört. Die Linie zieht über eine kompakte, herrliche Plattenflucht und ist bestens mit Bohrhaken ausgerüstet. Auf die höchsten Schwierigkeiten trifft man in der ersten und in der letzten Seillänge, hier sind die Hakenabstände aber deutlich geringer, weshalb ein Weiterkommen auch technisch (A0) möglich wäre. Die Ausstiegslänge verläuft über einen kraftraubenden Überhang, der aber recht gute Griffe aufweist. Wiederholer benötigen ausschließlich Expressschlingen.

Einstieg: Vom Ristorante "Lanterna" direkt hoch bis zum Wandfuß und ca. 200 m in Richtung Norden. Gleich links von "Ape Maia", Routenname angeschrieben.

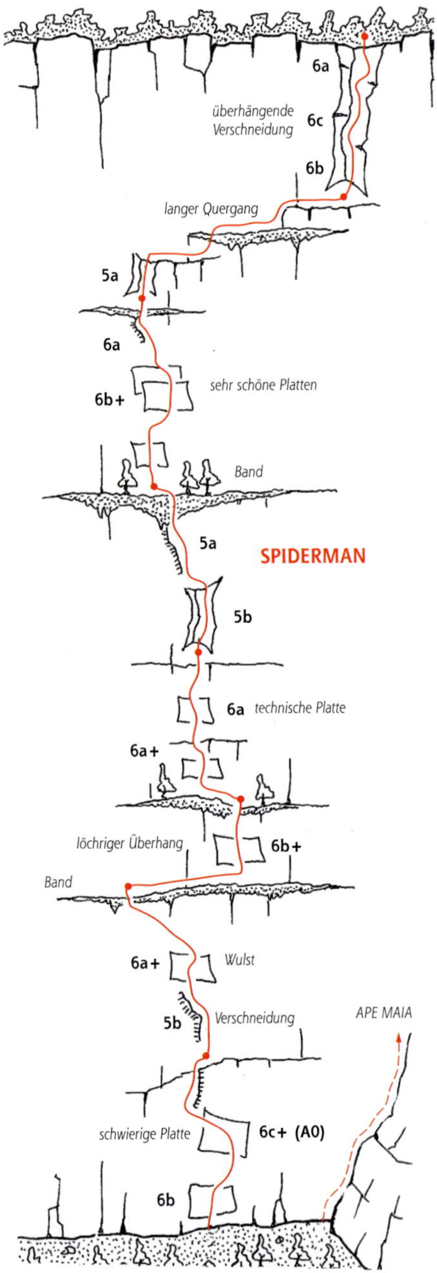

73 VIA APE MAIA★★★★

G. Mantovani, M. Zanoni 2003
200 m. (7SL)
5c, 6b (6a obl.)/S1/II

Die schöne, lohnende Route folgt meist einem Riss- und Verschneidungssystem. In der 5. Seillänge ist eine technisch sehr anspruchsvolle, senkrechte Platte zu überwinden. Die Route ist komplett bestens mit Bohrhaken abgesichert.

Einstieg: Vom Ristorante "Lanterna" direkt hoch bis zum Wandfuß und ca. 200 m in Richtung Norden weiter. Der Einstieg befindet sich gleich links vom Klettergarten Swing Area, Routenname angeschrieben.

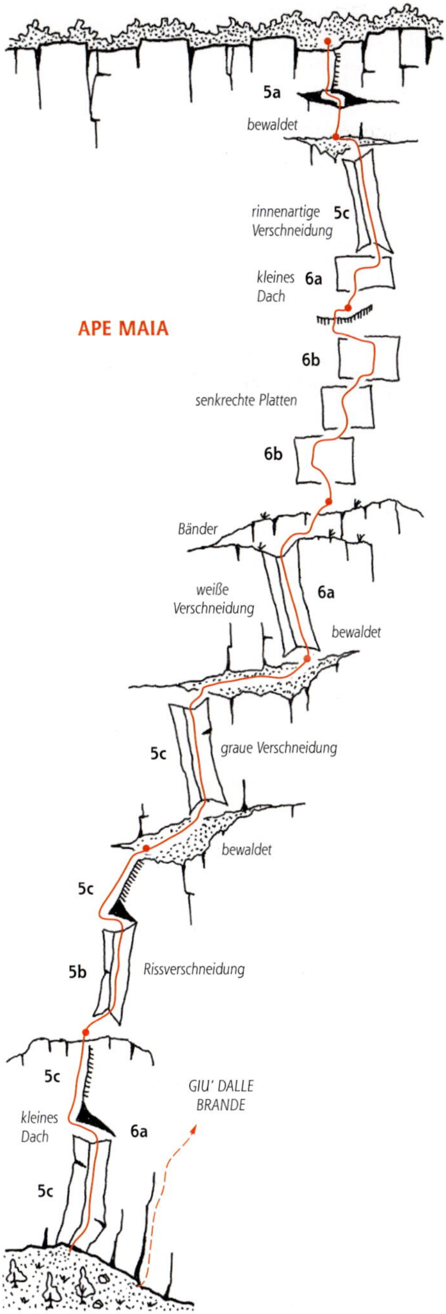

74 GIU' DALLE BRANDE ★★★

G. Mantovani 2004
250 m. (7SL)
6a, 6b (6a obl.)/S1/II

Klassische, abwechslungsreiche Route durch Verschneidungen und Risse mit guter Absicherung und in bestem Fels. Eine lange Querung in Wandmitte kennzeichnet die Route und verleiht ihr auch etwas Erforscherhaftes. Die große Verschneidung in der 5. Seillänge ist sehr athletisch und ausdauernd, aber schön.

Einstieg: Vom Ristorante "Lanterna" direkt hoch bis zum Wandfuß und ca. 200 m in Richtung Norden weiter. Der Einstieg befindet sich gleich links vom Klettergarten Swing Area, Routenname angeschrieben.

74a VARIANTE CONCORDIA ★★★★

H. Grill, G. Mantovani, F. Heiss, F. Kluckner 2008
120 m. (4SL)
6a/S2/I

Mit dieser wunderschönen Variante wird die Linie von "Giù dalle brande" begradigt. Die ersten beiden Längen verlaufen über fantastische, bestens strukturierte Platten, dann folgen eine herrliche Kante sowie ein paar sehr athletische Überhänge. Die Variante trifft in Höhe der großen Verschneidung auf "Giù dalle brande", deren erste schwierige Längen damit umgangen werden. Mit "Concordia" entstand also eine sehr homogene und abwechslungsreiche Linie, die zu den besten in diesem Sektor gehört.

Einstieg: Vom Ristorante "Lanterna" direkt hoch bis zum Wandfuß und ca. 300 m in Richtung Norden weiter. Der Einstieg befindet sich gleich rechts vom Klettergarten Swing Area, Routenname angeschrieben.

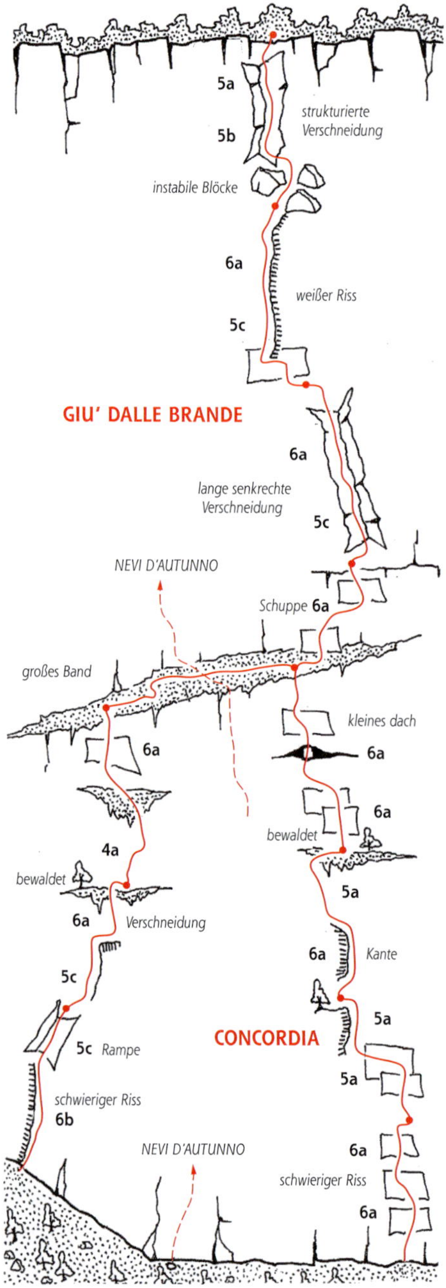

75 NEVI D'AUTUNNO ★★★

D. Cabas, P. Masera 2010
250 m. (8SL)
VI, VII, A1/R3/II

Schöne Sportkletterroute mit genussvollen Passagen über besten kompakten und strukturierten Fels. Besonders lohnend sind die 2. Seillänge mit einer löchrigen Platte und die 4. mit einer schwarzen Wandstelle. Abweisend und mühsam zeigt sich dagegen die überhängende Platte im oberen Bereich. Die Absicherung mit Bohrhaken ist bestens, die schwierigsten Stellen sind auch technisch (A0) möglich, nur ganz wenige und kurze Passagen sind etwas brüchig. Es werden nur Expressschlingen benötigt.

Einstieg: Vom Ristorante "Lanterna" direkt hoch bis zum Wandfuß und ca. 300 m in Richtung Norden weiter. Routenname angeschrieben.

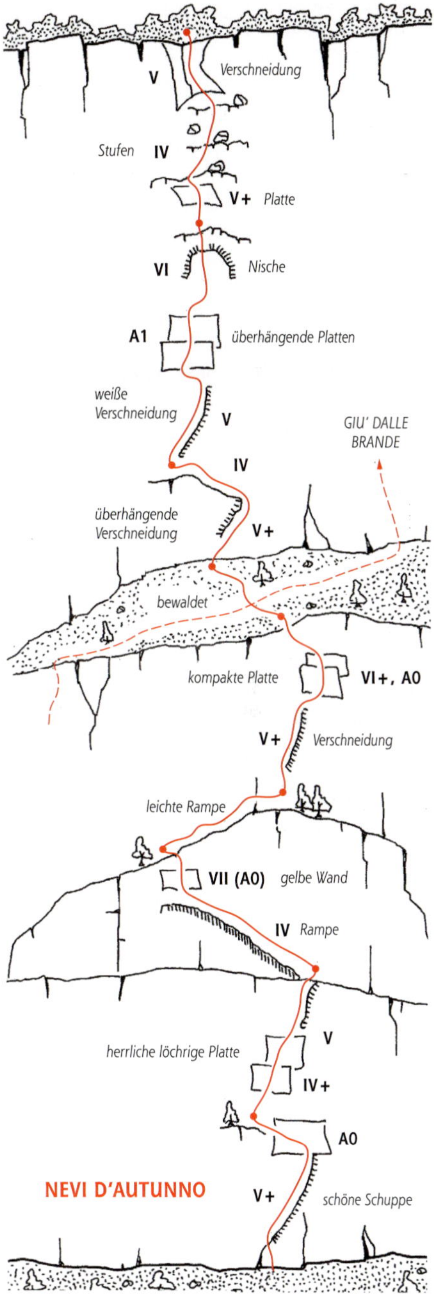

76 PER ELA★★

D. Cabas, P. Masera 2010
280 m. (9SL)
VI, VII, A0/R3/II

Senkrechte und sehr kompakte Wände mit technisch schwieriger Kletterei sind Merkmale des ersten Teils der Route, die hier wegen der guten Absicherung auch Sportklettercharakter hat. Der obere Bereich über grasige Bänder und brüchige Risse ist dagegen mit Normalhaken und Sanduhrschlingen abgesichert und macht diesen Teil sehr alpin. Die Felsqualität ist insgesamt gesehen gut, für eine bessere Absicherung des Risses der 2. SL benötigt man einige mittlere Friends. Interessant ist diese Linie also nur für diejenigen, die über alpine Erfahrung verfügen und mit brüchigen und schrofigen Stellen kein Problem haben.

Einstieg: Vom Ristorante "Lanterna" direkt hoch bis zum Wandfuß und ca. 300 m in Richtung Norden weiter. Der Einstieg befindet sich gleich rechts vom Klettergarten Swing Area, Routenname angeschrieben.

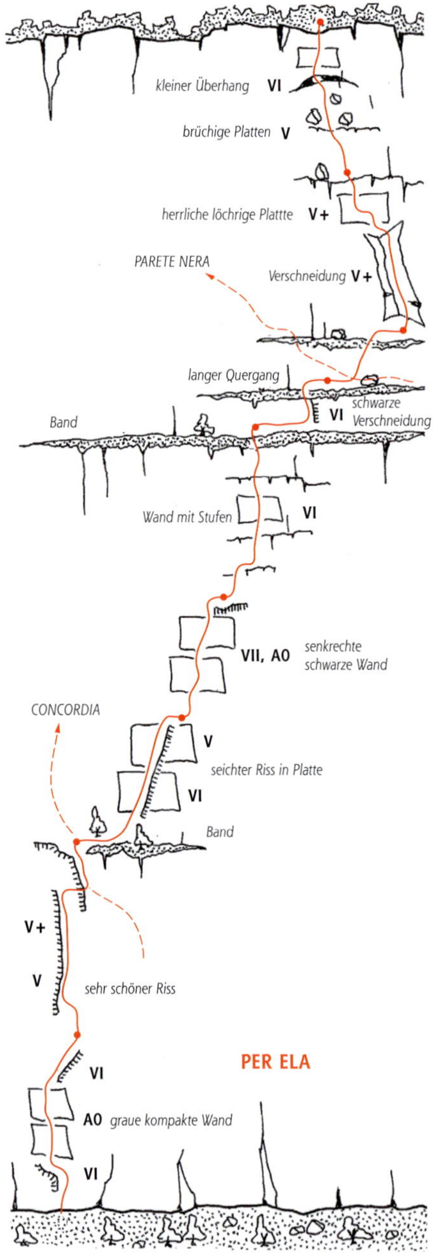

77 PARETE NERA ★★★★★

H. Grill, F. Heiss, S. Bauer, M. Heiss 2010
250 m. (9SL)
VI+, VII, Stellen A0/R3/II

Eine der schönsten und gewagtesten Linien dieses Sektors führt im mittleren Teil über den schwarzen Wandbereich mit herrlichem Tropflochfels. Danach neigt sich die Wand zurück und die Schwierigkeiten verringern sich. Wiederholer benötigen einen Satz Friends und Klemmkeile.

Einstieg: Vom Ristorante "Lanterna" direkt hoch bis zum Wandfuß und ca. 350 m in Richtung Norden weiter. Routenname angeschrieben.

78 LA TARTARUGA ★★★★

H. Grill, F. Heiss, F. Kluckner, K. Oppermann, B. Holzer 2012
250 m. (10SL)
VI, VII, Stellen A0/R3/II

Die Linie verläuft ganz in der Nähe der vorherigen und weist deshalb ähnliche Charakteristika auf. Die steilen Einstiegslängen sind recht schwierig, danach wird die Route weniger interessant und schwierig und führt über Platten und kurze Wandstellen. Die Absicherung mit Bohr- und Normalhaken ist ausreichend, Friends sind bei einigen Passagen hilfreich.

Einstieg: Vom Ristorante "Lanterna" direkt hoch bis zum Wandfuß und ca. 350 m in Richtung Norden weiter. Routenname angeschrieben.

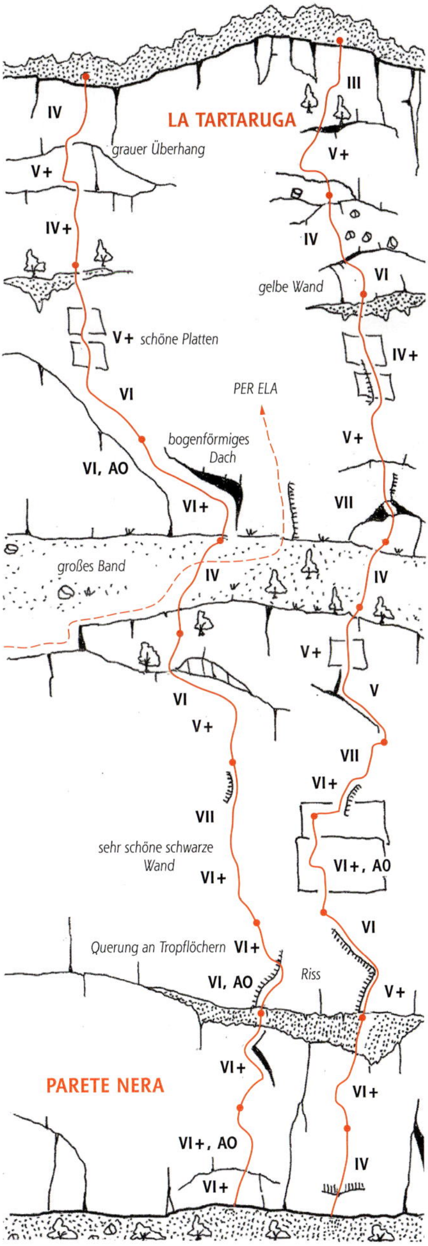

79 LO SCANSAFATICHE ★★★

H. Grill, F. Heiss, K. Oppermann, B. Holzer 2012
230 m. (10SL)
V+, VI+, Stellen A0/R3/II

Eine hinsichtlich der Charakteristik und der Schwierigkeiten inhomogene Linie, die insgesamt gesehen aber schön und sehr abwechslungsreich ist und mit guter Felsqualität aufwartet. Die Absicherung mit Bohr- und Normalhaken sowie Sanduhrschlingen ist ausreichend, ein paar kleine und mittlere Friends sollten mitgeführt werden. Die vorletzte Seillänge mit einer Platte mit vielen Tropflöchern und Sanduhren bietet herrliche Kletterstellen.

Einstieg: Routenname angeschrieben.

80 ARIA DI PRIMAVERA ★★★

D. Cabas, P. Masera, D. Arlanch 2011
200 m. (7SL)
V+, eine Stelle VI, A1/R2/II

Abwechslungsreiche, interessante und genussvolle Tour mit einer wunderschönen, grauen Tropflochplatte mit einigen Sanduhren in der vorletzten Seillänge. Der schwarze Wandbereich wird technisch geklettert, diese beiden Seillängen können auch leicht an einem Stück geklettert werden. Wer technische und freie Kletterei in einer Route verbinden möchte, findet hier eine schöne Linie mit guter Absicherung; neben Expressschlingen benötigt man auch ein paar kleine bis mittlere Friends.

Einstieg: Routenname angeschrieben.

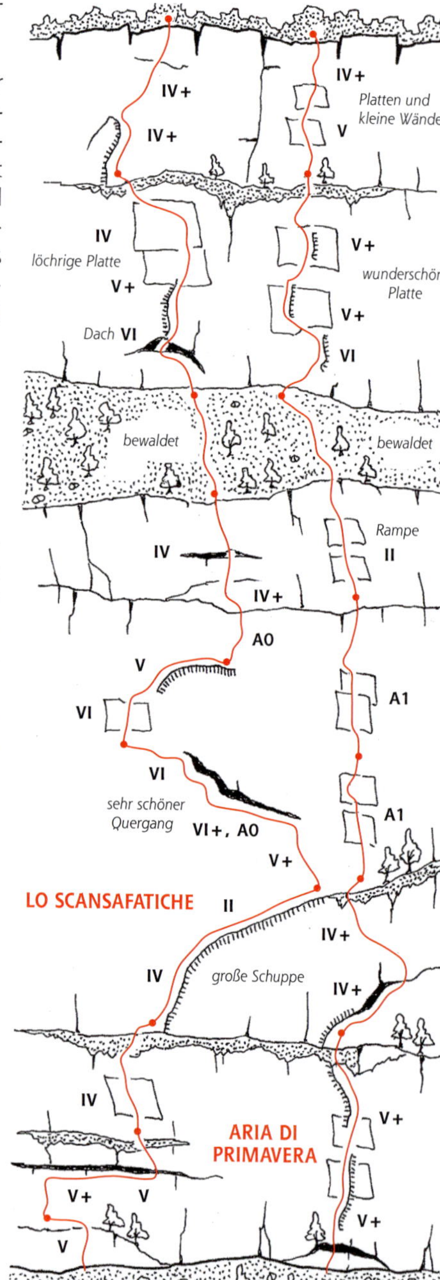

81 CIRCE ★★

D. Cabas, P. Masera 2009

200 m. (7SL)

IV, V+/R3/I

Die Felsqualität in diesem Bereich lässt zu wünschen übrig, zudem stört oft die starke Vegetation, aber dennoch weist diese alpine Linie auch ein paar schöne Kletterstellen auf, wie z.B. die gelbe Kante und die lohnenden Ausstiegslängen. Die Absicherung mit Normalhaken und Sanduhrschlingen ist recht gut, ein paar kleine und mittlere Friends können nützlich sein. Vorsicht bei einigen instabilen Blöcken.

Einstieg: vom Parkplatz am alten Wehr direkt durch den Wald hoch und zum Wandfuß, dann links weiter. Routenname angeschrieben.

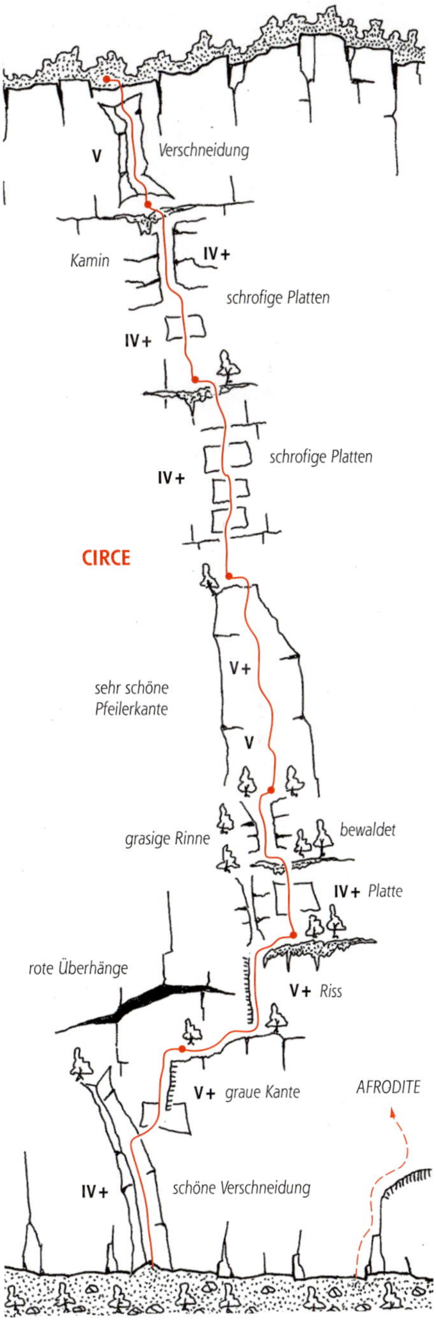

82 APHRODITE★★★

H. Grill, F. Kluckner, S. Konigsedel, F. Heiss
2006
250 m. (10SL)
V+/R1/II

Klassische Platten-, Riss- und Verschneidungskletterei mit einigen besonders schönen Seillängen, aber auch manchmal brüchigen Passagen. Insgesamt gesehen ist die Felsqualität aber gut. Absicherung meist mit Normalhaken, aber auch (ein paar wenigen) Bohrhaken. Wiederholer benötigen nur Expressschlingen.

Einstieg: vom Parkplatz am alten Wehr direkt durch den Wald hoch und zum Wandfuß, dann links weiter. Routenname angeschrieben.

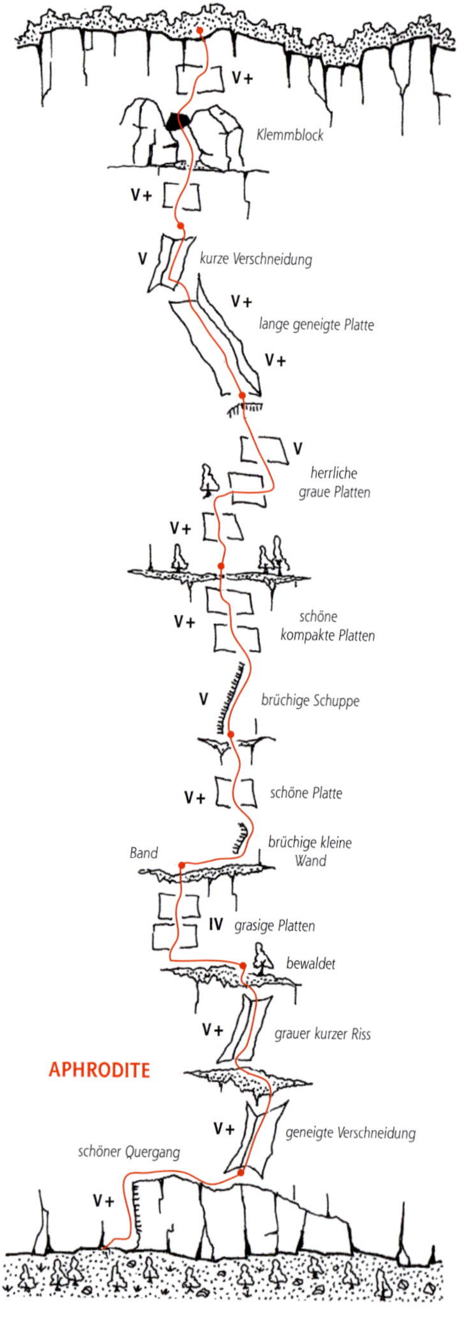

82
83
84
85
86
87
88

83 BON TON★★★★

I. Rabanser, S. Michelazzi, M. Furlani 2010
200 m. (6SL)
VI+, VII, A1/R3/II

Die definitiv alpine und schwierige Route weist einige obligatorischen Stellen mit alter, traditioneller Absicherung auf. Viele Normalhaken und Sanduhrschlingen weisen den Weg über kompakte Platten.

Einstieg: vom Parkplatz am alten Wehr direkt durch den Wald hoch und zum Wandfuß, dann kurz rechts weiter. Routenname angeschrieben.

84 SIMPATICHE CANAGLIE★★★

D. Mabboni, F. Cazzanelli 2006
200 m. (6SL)
6c, eine Stelle A0 (6b obl.)/S3/I

Eine markante graue Kante kennzeichnet den nördlichen Wandbereich und gibt den Verlauf dieser Linie vor. In der zweiten Seillänge muss ein langer Riss mit Friends abgesichert werden (VII obl.), hier und auch bei anderen Passagen ist diese Route definitiv als alpin zu bezeichnen. Ansonsten ist sie aber sportklettermäßig abgesichert. Die wunderschöne, lange Kante bietet sehr elegante Kletterei, ist aber wegen der weiten Hakenabstände und obligatorischen Stellen recht schwierig. Vorsicht in der Ausstiegslänge: brüchiger Fels und große instabile Blöcke!

Einstieg: vom Parkplatz am alten Wehr direkt durch den Wald hoch und zum Wandfuß, dann kurz rechts weiter. Die Route beginnt mit einer leichten Verschneidung mit Büschen.

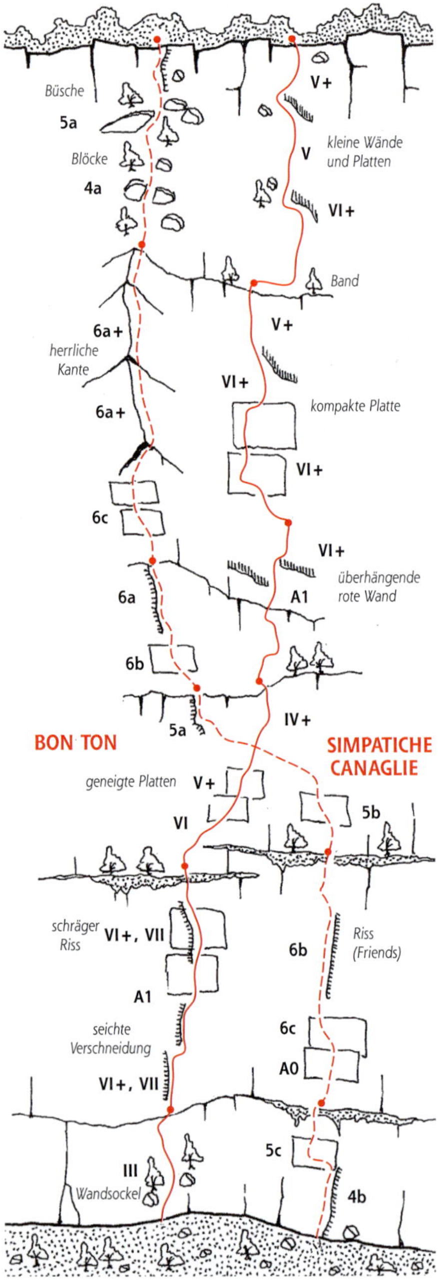

85 PENELOPE★★★★

G. Mantovani 2004

200 m. (6SL)

6a, 6b+ (6a obl.)/S1/II

Eine lange und regelmäßige Verschneidung sowie eine überhängende und athletische Platte kennzeichnen diese schöne Route. Auch die sehr gute Absicherung und das feste Gestein tragen zum entspannten und abwechslungsreichen Klettern bei.

Einstieg: vom Parkplatz am alten Wehr direkt durch den Wald hoch und zum Wandfuß, dann kurz rechts weiter bis zur gut sichtbaren Verschneidung. Routenname angeschrieben.

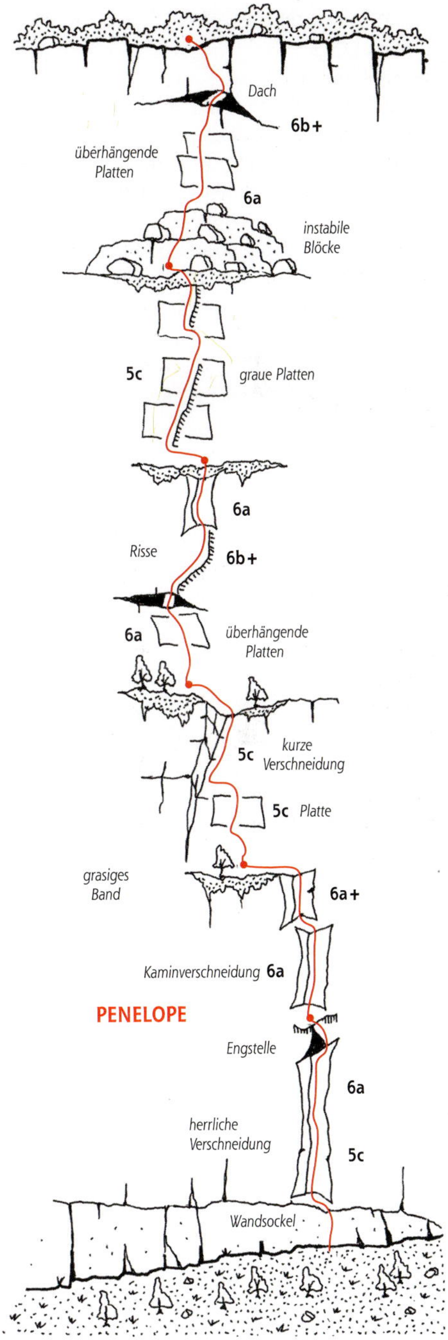

86 PERSEPHONE ★★★★★

H. Grill, F. Kluckner 2007
200 m. (7SL)
6a, 6b+/S1/I

In dieser lohnenden Route überwiegt technisch anspruchsvolle Plattenkletterei mit viel Bewegungsgefühl. Absolut schön sind die Einstiegsplatte mit einem schmalen Riss und auch die spektakulären Ausstiegslängen in bestem Fels. Meist mit Bohrhaken abgesichert, einige kleine und mittlere Friends sind sehr hilfreich. Vorsicht: im Mittelteil einige instabile Blöcke.

Einstieg: vom Parkplatz am alten Wehr direkt durch den Wald hoch und zum Wandfuß, dann rechts weiter. Routenname angeschrieben.

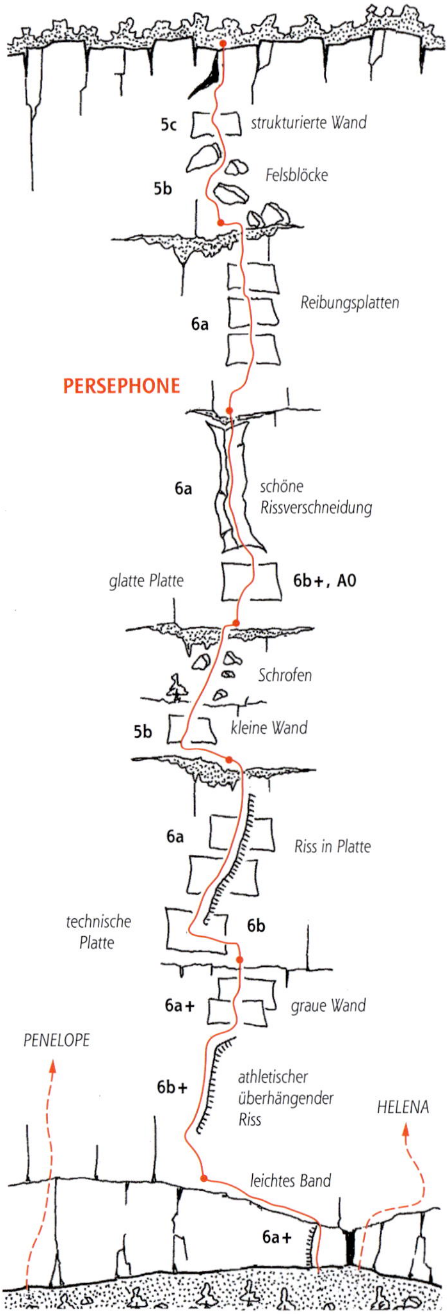

87 HELENA★★★★

H. Grill, F. Kluckner, F. Heiss 2006

200 m. (9SL)

V+, VI/R1/II

Schöne, elegante und genussvolle Kletterei in bestem Fels, meist über Platten. Die schönsten Kletterstellen sind eindeutig die überhängenden, aber gutgriffigen Passagen. Sehr gute Absicherung mit Normal- und Bohrhaken, weswegen Wiederholer nur Expressschlingen benötigen. Die Ausstiegsseillänge ist einfach herrlich.

Einstieg: vom Parkplatz am alten Wehr direkt durch den Wald hoch und zum Wandfuß, dann kurz rechts weiter bis zur gut sichtbaren Verschneidung. Routenname angeschrieben.

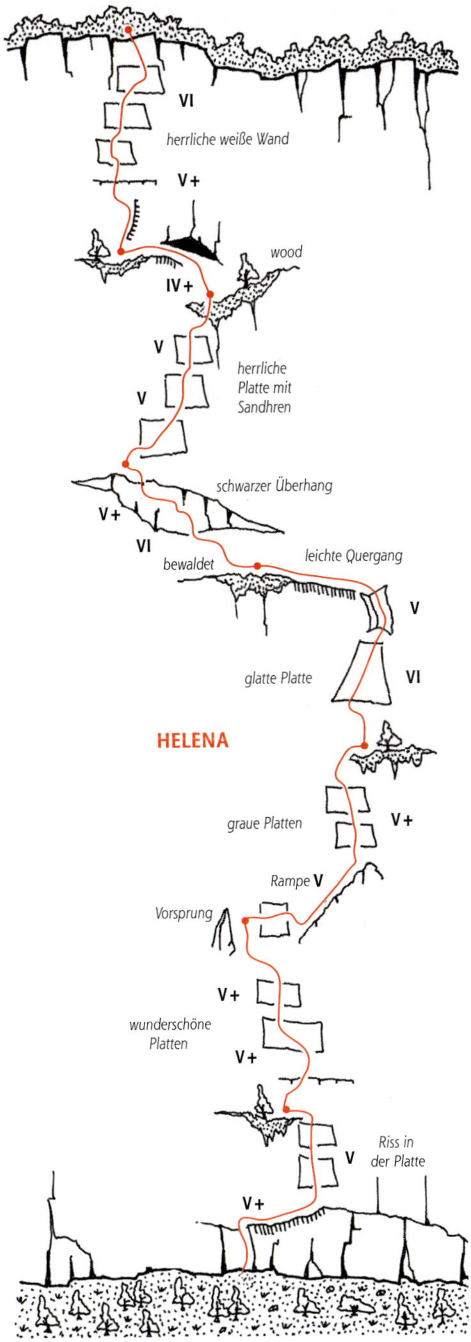

Neue Routen im Sarcatal

Heinz Grill

Welche Motivation bewegte uns, in dem bereits übererschlossenen Sarcatal, im Valle del Sarca, neue Routen zu eröffnen? War es unsere überschüssige Energie oder war es ein Überdruss, immer wieder die gleichen Routen, bei denen wir schon jeden Griff auswendig kannten, zu wiederholen? Oder hatten wir zu wenig Arbeit, wie uns manche Kritiker nachsagen, sodass wir mit Hammer, Haken und Säge zum Handwerk in der Wand loszogen? Nein! Wir fühlten im Inneren eine Idee, eine Idee, dass beispielsweise gerade im Valle del Sarca ein künstlerischer Routengestaltungssinn einen Platz finden könnte.

Nachdem wir beispielsweise im Winter vom Monte Brento zurückgekehrt waren, betrachtete man uns einmal als Relikte aus einer alten Zeit, Fremde im Tale, die sich wohl in der modernen Szene gar nicht auskannten. Aber was war die moderne Szene? Wir jedenfalls mussten in die großen Wände gehen, weil wir für das moderne Sportklettern zu wenig Fingerkraft aufweisen konnten und höchstens mit Strickleitern die gebohrten Überhänge zu bewältigen vermochten. Die Sehnsucht stieg, den Charakter des alpinen Kletterns nicht ganz aufgeben zu müssen und nach einer Idee von Erstbegehungen zu suchen, die auf einfache Weise alpinistische Grundprinzipien mit natürlicher Sicherheit kombiniert. Wo lassen sich Routen finden, die eine Art Mitte, ein Gleichgewicht zwischen alpinen Erfahrungen und sportlichem Ehrgeiz geben können?

Wo aber konnten Erstbegehungen noch Platz finden? Sicherlich nicht in den ganz bekannten Zonen, in denen sich freie Platten, Risse und klar vorgegebene Wände zeigten. Wir suchten deshalb in den bewaldeten Zonen und kombinierten nach aller Geschicklichkeit der Phantasie die möglichen Linien. Die Parete San Paolo gab kaum einen geschlossenen Durchstieg frei, jedoch mittels einiger Quergänge und phantasievoller Kombinationsfähigkeit gelang es uns, die einzelnen Wandstücke zu verbinden und sinnvolle logische Routen bis zu zehn Seillängen zu eröffnen. Eine weitflächige Reinigungsarbeit von Vegetation und die Beseitigung von Erde in Rissen und Löchern war unumgänglich.

Das Ziel von diesen neuen Erstbegehungen, die manchmal mehr im Unterholz als am wirklichen Felsen stattfanden und die anfangs mehr Gras als Leisten und löchrige Platten aufwiesen, war es, nicht nur schwierige Anstiege, sondern leichte, dem klassischen Charakter ähnliche Routen zu entwickeln. Es ist unbedingt zu bemerken, dass es sich um die „Entwicklung" von Routen in den waldigen und grasigen Zonen handelte und nicht um schnelle einmalige Erstdurchsteigungen, die für sich von allem Anfang an Wert gehabt hätten. Die erste Durchsteigung von unten bis zum Ausstieg war lediglich eine botanische Exploration mit mehr oder weniger abenteuerlichsten Voraussetzungen. Hält die Wurzel, der Ast oder die Grasvase? Der Helena-Überhang hatte nur Gras und einige Sträucher und er war eine gute A2-Passage, getätigt an Pflanzenstielen. Nachdem aber die Griffe und Löcher von Erde befreit waren, offenbarten sich herrlichste Passagen und heute ist gar nicht mehr daran zu denken, dass dieser Überhang in der Helena-Führe einmal ein riskantes technisches Kunststück gewesen war. Vielfach mieden wir bei den Erstbegehungen den Bohrhaken und gingen einige Risiken mit natürlichen Sicherungen und schlechten Normalhaken ein. Meistens rüsteten wir die Touren später nach dem Bedarf der Wiederholer aus.

Ohne die Entwicklung und Gestaltung der Routen wären sie für Wiederholungen nicht attraktiv geworden. Sicher ist es nach klassischen Voraussetzungen „unalpinistisch", eine Route aus der Natur noch weiter herauszuarbeiten, sie sogar bei den Zweit- und Drittdurchsteigungen in der Linie nachzukorrigieren und für Wiederholer gut zugänglich zu gestalten. Hätten wir aber die Routen nur gemacht, für uns selbst gemacht, und nicht weiterentwickelt und gestaltet, hätten wir uns nicht etwas „unalpinistisch" benommen, so wären wir bei einer einmaligen Durchsteigung verblieben und hätten unsere Abenteuer im Gras und Unterholz bald vergessen. Die Gestaltung der Route brachte einige schöne Seillängen in dem bereits übererschlossenen Sarcatal hervor.

93
92
91
90
89
88a
88
87
85

88 FUGA DALL'HADES★★★★★

H. Grill, S. Königseder 2006
200 m. (7SL)
V+, VI/R1/I

Eine der schönsten Genussrouten dieses Sektors. Die Linie führt meistens über herrliche graue Platten mit vielen Löchern und Sanduhren. Aber auch überhängende Passagen, wie z.B. in der ersten und vorletzten Seillänge, fehlen nicht. Hier findet man aber genügend Henkel! Vorsicht bei einigen instabilen Blöcken im Ausstieg.

Einstieg: vom Parkplatz am alten Wehr direkt durch den Wald hoch und zum Wandfuß, dann rechts weiter. Routenname angeschrieben.

88a VARIANTE FESSURA DI HADES★★★

H. Grill, F. Kluckner 2006
80 m. (2SL)
VI+, A0/R1/I

Die kurze, aber sehr anspruchsvolle Variante führt über einen gelben, überhängende und schwierigen Riss, der mit einigen mittleren bis großen Friends zusätzlich abgesichert werden muss. Danach folgt ein herrlicher ausgesetzter Quergang über graue Platten, dann wird wieder die Originallinie erreicht.

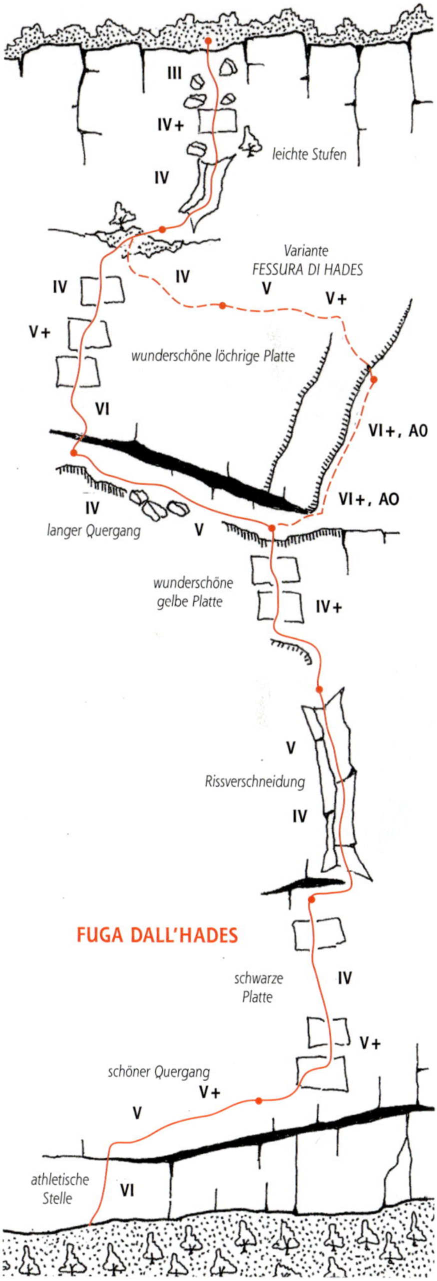

89 PILASTRO THEMIS★★★★

H. Grill, S. Königseder 2007
180 m. (5SL)
5c, 6a (5c obl.)/S1/I

Schöne und lohnende Route mit kompaktem Gestein und einigen spektakulären Passagen in der dritten und vierten Seillänge. Logische, elegante Linienführung und durchwegs ausreichende, gute Absicherung. Einer der leichtesten Wege in diesem Sektor.

Einstieg: vom Parkplatz am Eremo folgt man dem Weg zur Einsiedelei und danach dann einem Pfad durch den Wald zum Wandfuß. Routenname angeschrieben.

90 PANTAREI★★★★★

R. Galvagni, D. Filippi 2004
180 m. (6SL)
6a, 6b+ (5c obl.)/S1/II

Die Route führt durch einen Bereich mit kurzen, kompakten Wänden und Verschneidungen ohne jegliche Vegetation. Die zweite Seillänge mit der überhängenden Verschneidung und der graue Ausstiegspfeiler sind besonders schön. Die Absicherung ist ebenso wie der Fels perfekt.

Einstieg: vom Parkplatz am Eremo folgt man dem Weg zur Einsiedelei und danach dann einem Pfad durch den Wald zum Wandfuß. Routenname angeschrieben.

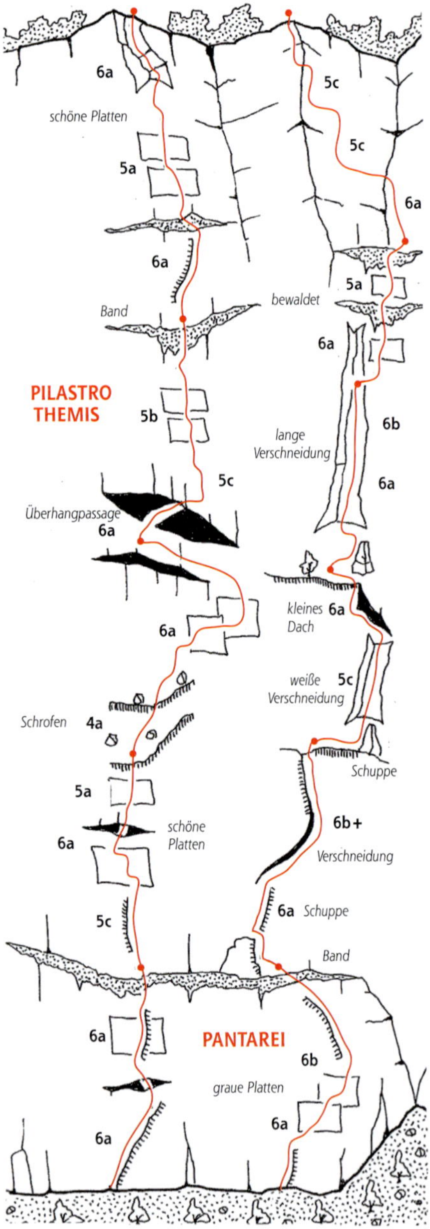

91 ISIS★★★★

D. Cabas, P. Masera 2007

150 m. (4SL)

6a, eine Stelle 6c/A0 (5c obl.)/S1/I

Sehr abwechslungsreiche und lohnende Tour über Platten und entlang von Rissen und Verschneidungen. Beste Felsqualität, Bohrhaken und Sanduhrschlingen. Sehr schöne 2. Länge über eine rötliche Platte. Vorsicht bei einigen instabilen Blöcken.

Einstieg: vom Parkplatz am Eremo folgt man dem Weg zur Einsiedelei und danach dann einem Pfad durch den Wald zum Wandfuß. Routenname angeschrieben.

92 PORCI CON LE ALI★★★

R. Galvagni, D. Filippi 2004

180 m. (6SL)

6a (5c obl.)/S1/II

Die schöne, leichte und lohnende Route führt über Platten, durch Verschneidungen und Risse. Der feste Fels, die sehr gute Absicherung und die mäßigen Schwierigkeiten machen aus der Route eine perfekte Halbtagestour. Die letzte Seillänge mit einem luftigen und schmalen Pfeiler ist besonders schön.

Einstieg: vom Parkplatz am Eremo folgt man dem Weg zur Einsiedelei und danach dann einem Pfad durch den Wald zum Wandfuß. Routenname angeschrieben.

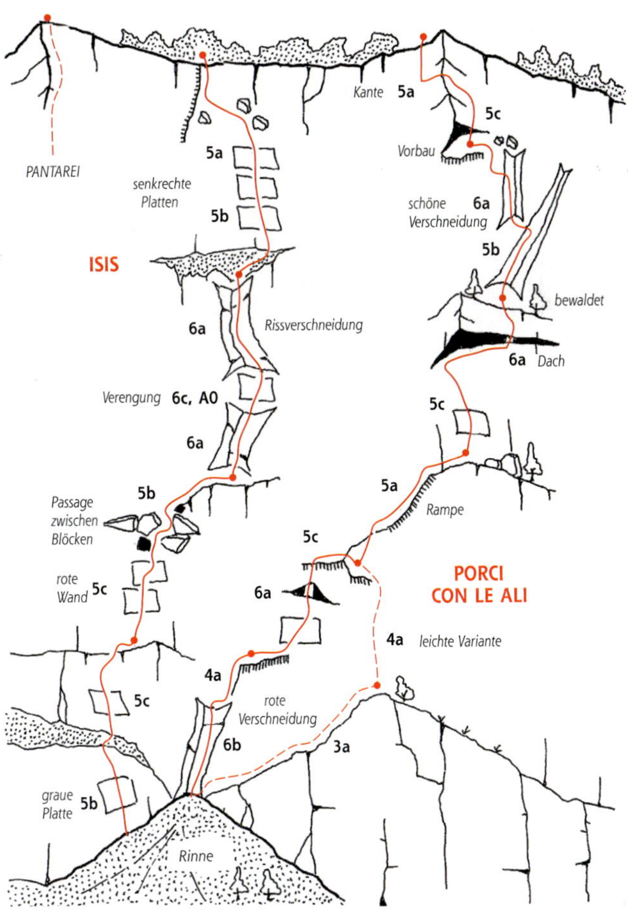

93 ARGO ★★
D. Cabas, P. Masera 2010
150 m. (5SL)
IV, V/R3/I

Die leichteste Route an der Wand von San Paolo ist wider Erwarten nicht die mit dem meisten Anteil an brüchigem Fels und Schrofen, sondern weist viele schöne Kletterpassagen auf wie z.B. die Verschneidung in der Mitte oder auch die Ausstiegsplatte. Haken findet man hier aber keinen einzigen, abgesichert wird mit Sanduhrschlingen und Schlingen an Bäumchen.

Einstieg: zwischen "Porci con le ali" und "Aganippe", Routenname angeschrieben.

94 AGANIPPE ★★★
H. Grill, F. Kluckner, F. Heiss 2007
150 m. (5SL)
V+, VI/R1/I

Logische, elegante Linie mit genussvoller Kletterei. Die ersten drei Längen führen über schöne, kompakte und doch strukturierte Platten. Bei den beiden Ausstiegslängen ist wegen instabiler Blöcke viel Vorsicht angebracht. Schwierige Stellen sind mit Bohrhaken abgesichert, ansonsten findet man viele Sanduhrschlingen.

Einstieg: vom Parkplatz am Eremo folgt man dem Weg zur Einsiedelei, etwas weiter links beginnt die Route.

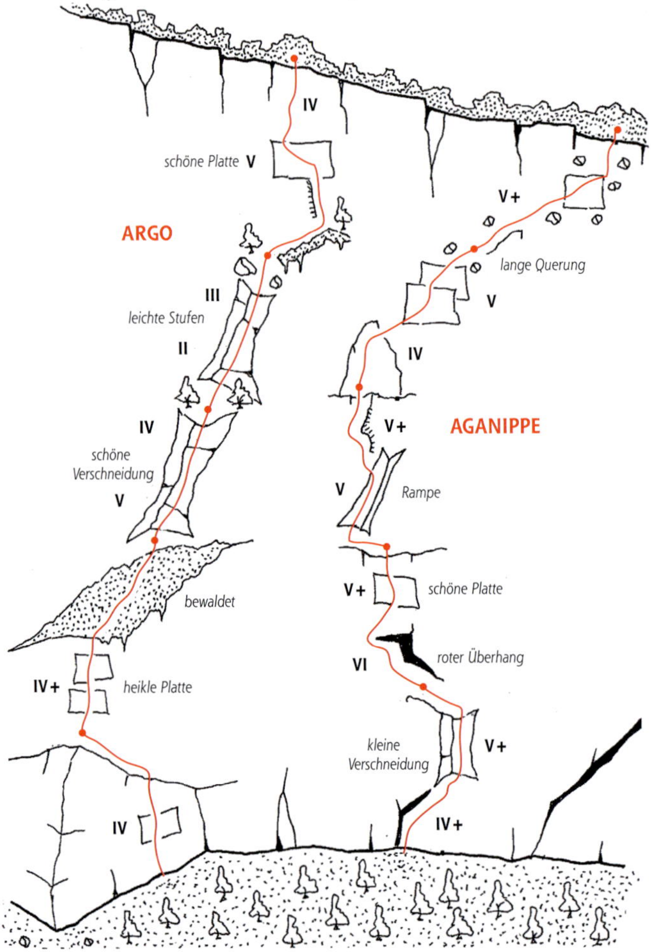

95 DIRADE ★★★

150 m. (5SL)

V+, eine Stelle VI+/R1/I

Neben vielen Plattenpassagen findet man in dieser Route auch einige athletischen Stellen mit kleinen Überhängen. Die Einstiegslänge unter einem großen überhängenden Felsbogen ist sehr beeindruckend. Meist gute Felsqualität, ausreichende Absicherung mit Bohrhaken und vielen Sanduhrschlingen. **An Sonn-und Feiertagen darf hier keinesfalls geklettert werden, denn die Route befindet sich direkt oberhalb der kleinen Kirche.**

Einstieg: vom Parkplatz am Eremo folgt man dem Weg zur Einsiedelei, etwas weiter links beginnt die Route.

96 NEREIDI ★★★★

H. Grill, F. Kluckner, F. Heiss 2007

120 m. (4SL)

V+, eine Stelle VI/R1/I

Zwar relativ kurze, aber sehr schöne und lohnende Route über eine Reihe von grauen Platten im äußerst rechten Bereich des Sektors. Logische Linie mit bester Felsqualität, abgesichert mit Bohr- und Normalhaken sowie Sanduhrschlingen. Es werden nur Expressschlingen benötigt. Vorsicht bei einigen instabilen Blöcken.

Einstieg: vom Parkplatz am Eremo wenige Meter auf der Straße Richtung Ceniga weiter, dann führen Pfadspuren durch den Wald zum Wandfuß. Routenname angeschrieben.

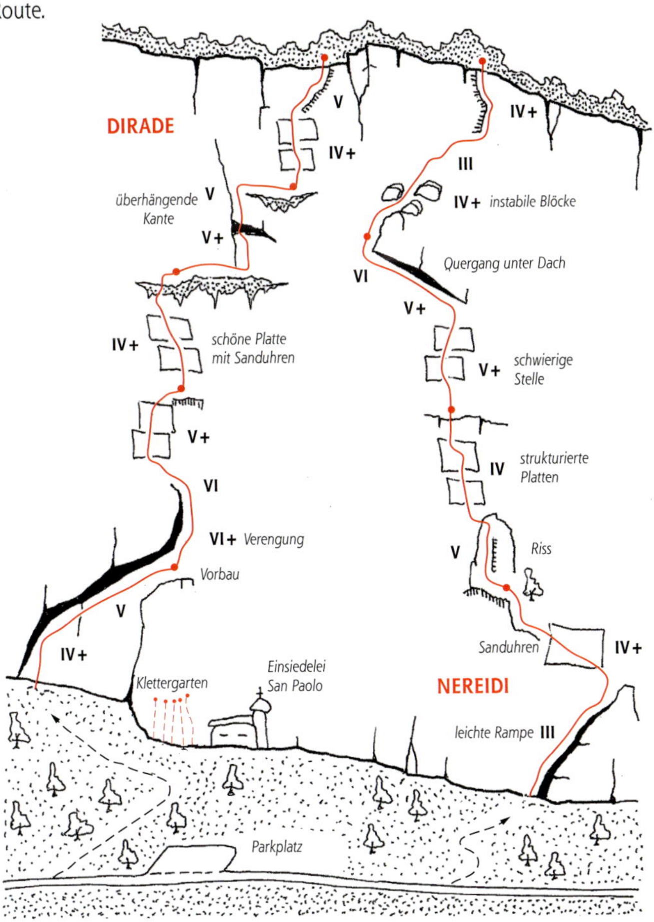

Monte Colodri

MONTE COLODRI

39 SÜDWAND
40 OSTWAND
41 PILASTRO ZANZARA
42 RUPE SECCA

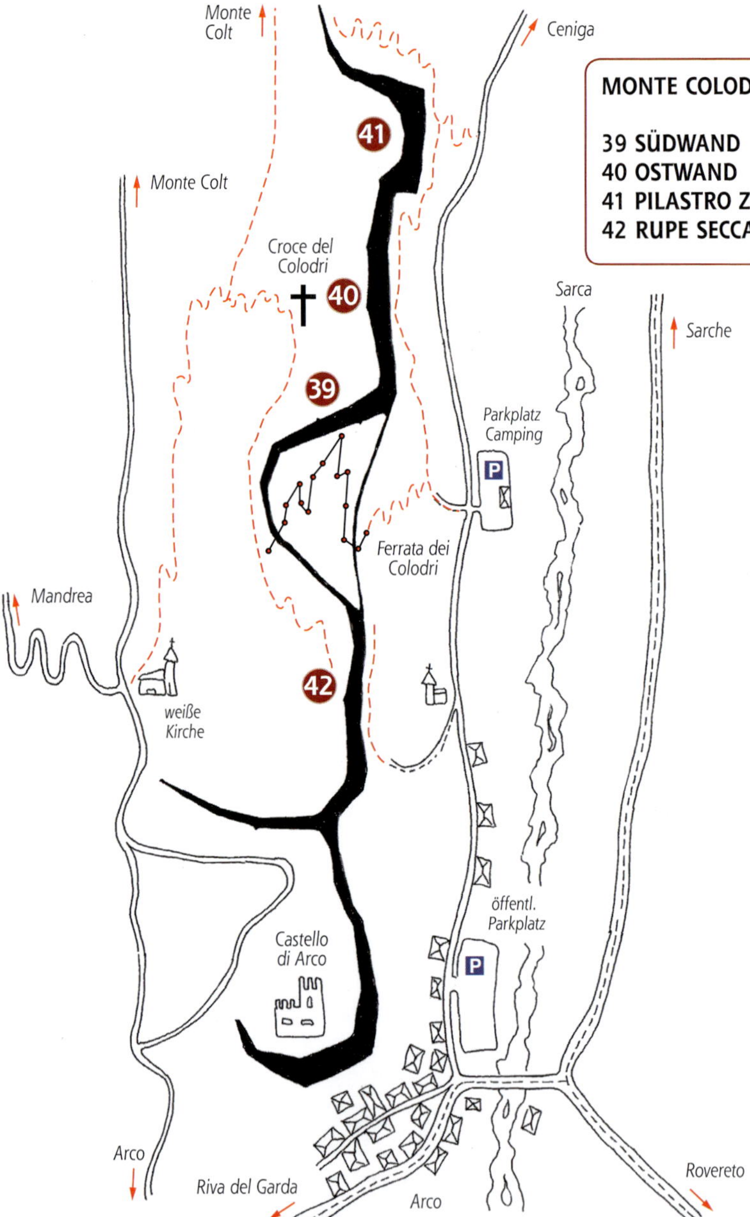

Der Monte Colodri liegt nördlich oberhalb von Arco, ist stark gegliedert und vielschichtig und bietet eine unglaublich hohe Zahl von Routen. Fast alle Kletterstilrichtungen sind hier anzutreffen: Klassische Riss- und Verschneidungskletterei, Sportkletterrouten über sehr kompakte Platten und auch schwierige technische Routen über ausgeprägte Dächer. Schon in den 70er Jahren war der Colodri ein Anziehungspunkt für Alpinisten, die hier die markantesten Linien durch die großen Verschneidungen (wie z.B. 'Via Bertamini' und 'Via Barbara') klettern konnten. Seit damals entstehen Jahr für Jahr viele neue Routen an diesem Massiv, ohne Anzeichen dafür, dass die Erschließung irgendwann aufhören könnte.

Eigentlich besteht der Monte Colodri aus zwei Massiven, nämlich dem Colodri und der Rupe Secca, wobei ersterer wegen seiner Erscheinung und seiner Ausmaße viel bedeutender ist. Der Colodri fällt nach Süden mit einer abweisenden und überhängenden Wand ab. In Richtung Osten sind die Felswände hoch und breit und von tausenden von Rissen durchzogen. Nordwärts kennzeichnet ein schlanker, perfekt geformter Pfeiler die hohe Wand.

Die Rupe Secca scheint hingegen wie eine kleinere Variante des Colodri. In Richtung Osten beherrscht eine dunkle, senkrechte Wand mit den schönsten Sportkletterrouten des Sarcatals das Bild. Nach Süden sind die Wände nicht sehr hoch, aber auch hier gibt es Routen, die wunderschön sind. Zwischen Rupe Secca und Colodri führt ein leichter und schöner Klettersteig direkt auf den Gipfel des Monte Colodri.

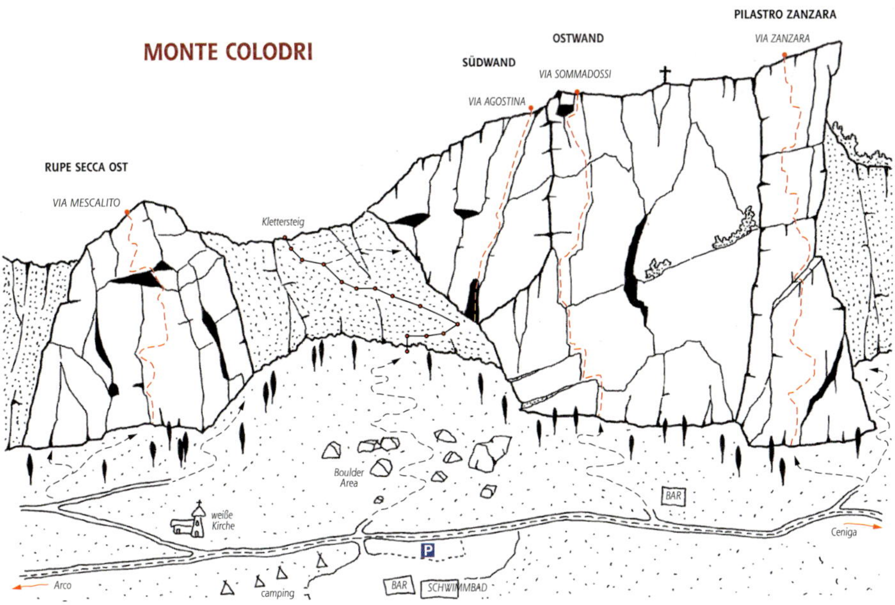

39 Südwand

Monte Colodri

0.30 h

1.00 h

240 m.

S

Die überhängende und sehr abweisende Wand ist von Rissen und Verschneidungen durchzogen, die manchmal auch von ausgeprägten Überhängen und Dächern abgeschlossen werden. Diese Südwand liegt oberhalb des Klettersteigs, der auf den Gipfel des Monte Colodri führt. Alle Routen in dieser Wand sind schwierig und begeistern dennoch wegen ihrer Mischung aus freier und technischer Kletterei. Am besten klettert man hier während der Wintermonate, das heißt, wenn normalerweise keine Klettersteiggeher unterwegs sind. Denn wegen der wenigen Begehungen liegen in den Routen noch viele lose Steine, die herunterfallen könnten.

Zustieg

Vom Parkplatz am Freibad zum Klettersteig (Via Ferrata). Bei der ersten großen Kehre in Wandnähe verlässt man diesen und geht auf Pfadspuren direkt bis unterhalb der großen Überhänge.

Abstieg

Vom Ausstieg der Routen auf direktem Weg zum Gipfelkreuz. Auf dem markierten Weg zur Via Ferrata und dann ins Tal.

1 PRIMI SOGNI	**180 m.**	
2 TETTO ZAMBALDI	**240 m.**	
3 BIG LOVE	**180 m.**	
4 MAGIC TRIP	**180 m.**	
5 SOTTO VUOTO	**180 m.**	
6 DECIMA SINFONIA	**200 m.**	
7 POMI COTI	**200 m.**	
8 CHARLIE CHAPLIN	**200 m.**	
9 VIA DEL BEPI	**200 m.**	
10 AGOSTINA	**220 m.**	

1
2
3
4
5
6
7
8
9
10

1 PRIMI SOGNI ★★★

D. Mabboni 2000
180 m. (5SL)
5c, 6a (5c obl.)/S2/II

Abwechslungsreiche, originelle und genussvolle Route, die nach zwei Seillängen mit Plattenkletterei durch eine graue und gegliederte Verschneidung führt. Die Absicherung mit Bohrhaken ist perfekt und man klettert meist in festem Gestein. In der 3. SL sind eventuell ein paar kleine Friends für eine heikle, brüchige Schuppe nötig. In der Ausstiegslänge liegen einige lose Steine: bitte keinen Steinschlag verursachen (der Klettersteig liegt genau unterhalb).

Einstieg: man verlässt den Klettersteig an der ersten großen Kehre und geht direkt zum Fuß der geneigten Platten (Bohrhaken am Einstieg).

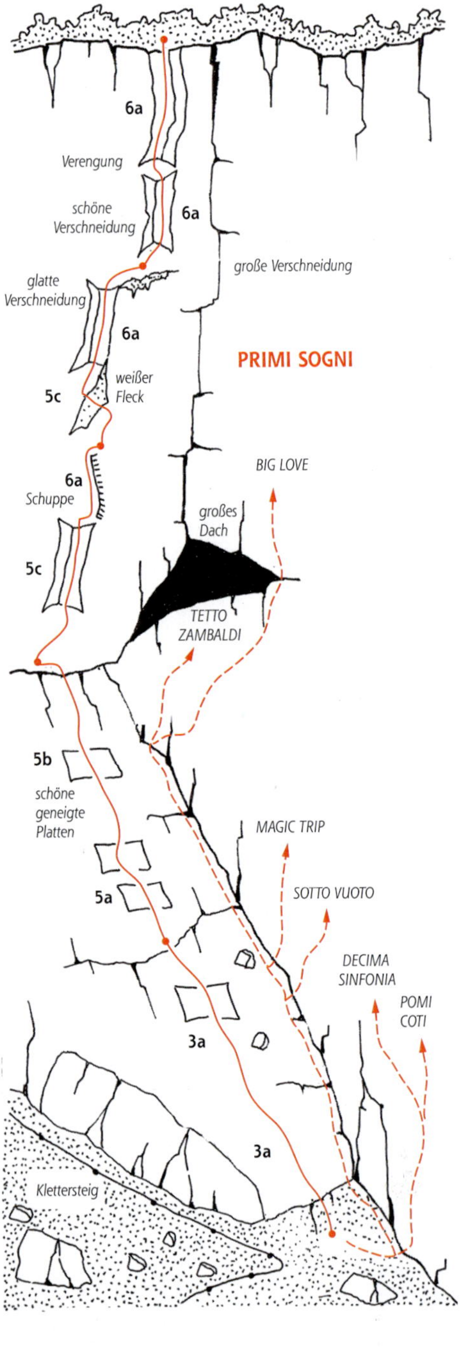

2 TETTO ZAMBALDI ★★★

D. Filippi. R. Galvagni 2010
240 m. (8SL)
V+, A2/R1/II

Schöne Technoroute in wunderschöner Umgebung, die direkt über den gröten Überhang am Colodri führt. Der erste Teil über geneigte Platten ist frei kletterbar, dann folgen das große Dach und die schmale Kante. Die Felsqualität ist durchwegs gut, auch die Absicherung mit Expansionsbohrhaken ist mehr als ausreichend. Deshalb kann die Route den Liebhabern technischer Routen wirklich empfohlen werde. Die Linie ist Renzo Zambaldi gewidmet, der am Colodri tragischerweise ums Leben kam.

Einstieg: Zunächst zum Beginn des Klettersteigs, dann ca. 50 m nach rechts queren zu einer grauen Platte. Bohrhaken sind sichtbar.

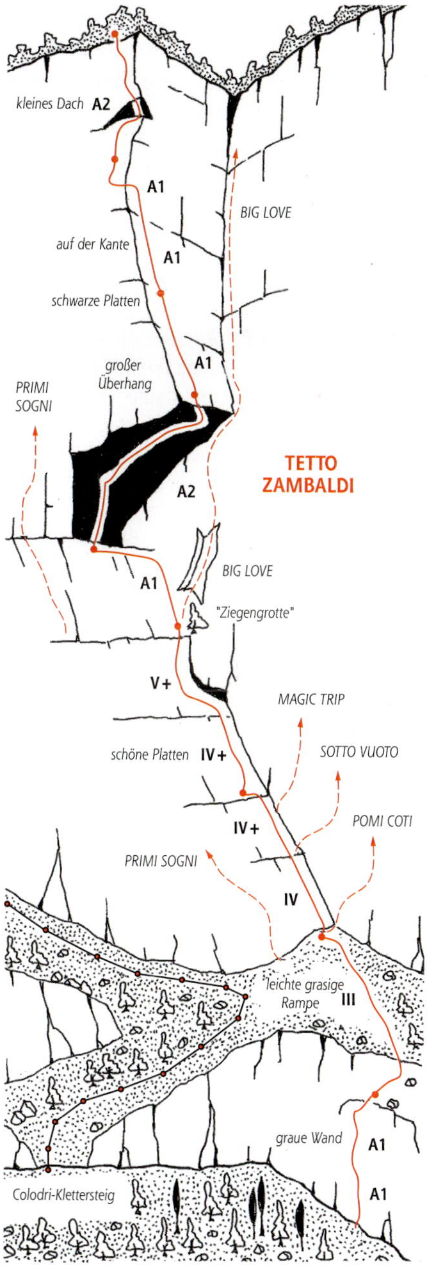

3 BIG LOVE★★★★

M. Giordani, F. Zenatti 1981
180 m. (5SL)
VI+, A2/R3/II

Wunderschöne und anspruchsvolle Kletterei, die sowohl technische als auch schwierige, frei kletterbare Passagen aufweist. Die Linie zieht über den großen Überhang auf der linken Seite der Südwand. Verschneidungen und Risse kennzeichnen die Route, die Absicherung erfolgt fast komplett mit Normalhaken, nur ein einziger Expansionshaken steckt am Ausgang des Dachs. Nur der Einstieg und einige wenige Passsagen weisen brüchiges Gestein auf, ansonsten ist die Felsqualität recht gut. Wiederholer benötigen viele Klemmkeile, einen Satz Friends (Gr. 3 Camalot doppelt) sowie eine kleine Auswahl an Normalhaken. Vorsicht: in der stark strukturierten Ausstiegslänge entsteht starker Seilzug. (1.Wiederholung vermutlich durch D. Filippi und D. Pinamonti, 2010).

Einstieg: Bei der ersten Kehre verlässt man den Klettersteig und geht in Richtung Wandfuß. Dann folgt man der Route "Tetto Zambaldoni" bis zu einem großen Baum.

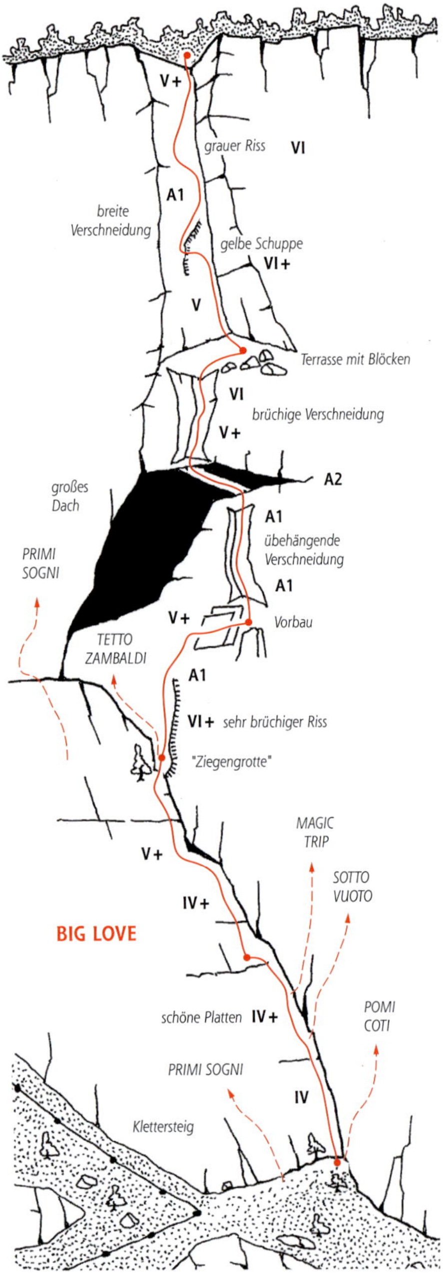

4 MAGIC TRIP★★★★★

M. Pegoretti, A. Andreotti 1985

180 m. (6SL)

VI, VII, A3/R4/III

Technische Kletterei, sehr schwierig und anstrengend, aber auch sehr lohnend. Die Linie hängt stark über, ist wenig abgesichert und folgt vom Einstieg bis zum Gipfel fast ununterbrochen einem Riss. Die technischen Schwierigkeiten sind zwar nicht sehr hoch, aber sehr homogen und kraftraubend. Das Gestein ist fast durchgängig fest und kompakt, nur in der dritten Seillänge ist etwas Vorsicht angebracht. Alle Standplätze sind mit Normal- und/oder Bohrhaken eingerichtet. Die Absicherung erfolgt meist mit Normalhaken und Klemmkeilen, nur in wenigen Passagen sind Cliffs unumgänglich. Wiederholer benötigen eine große Auswahl an Klemmkeilen mittlerer Größe, kleine Friends, ca. 10 unterschiedliche Normalhaken und ein paar mittlere und große Cliffs (1. Wh. Dez. 2003, Samu, Gigi und Diego in 9 Stunden).

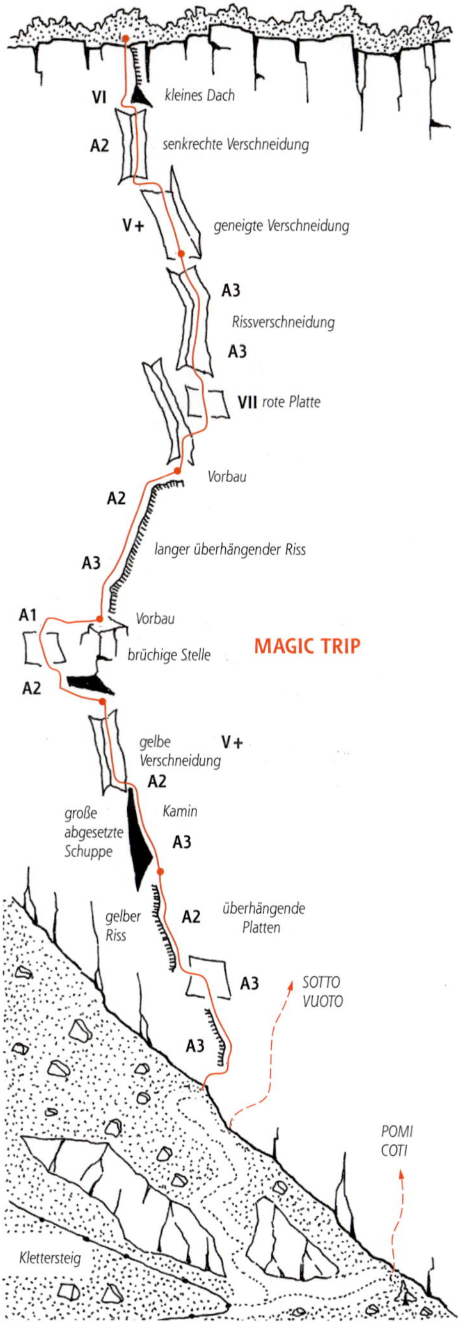

5 SOTTO VUOTO★★★★★

P. Calzà 2002
180 m. (5SL)
6c, 7b (6c obl.)/S2/II

Die Route verläuft durch stark überhängende Verschneidungen und Risse und wurde zunächst technisch geklettert. Nachdem sie mit Bohrhaken saniert wurde, ist aus ihr eine der schönsten und spektakulärsten Routen im Gebiet von Arco geworden. Der Fels ist durchwegs perfekt und die Absicherung sehr gut. Die manchmal etwas weiteren Hakenabstände machen viele der schwierigeren Passagen gleichzeitig obligatorisch. Überhängende, athletische Ausdauerkletterei mit Rissen und Sintern.

Einstieg: man verlässt den Klettersteig bei der ersten großen Kehre und steigt kurz darauf über einen brüchigen Wandsockel hoch und weiter in Richtung eines großen Feigenbaums am Wandfuß. Der Standplatz mit Bohrhaken und der alte Stand mit Normalhaken sind sichtbar.

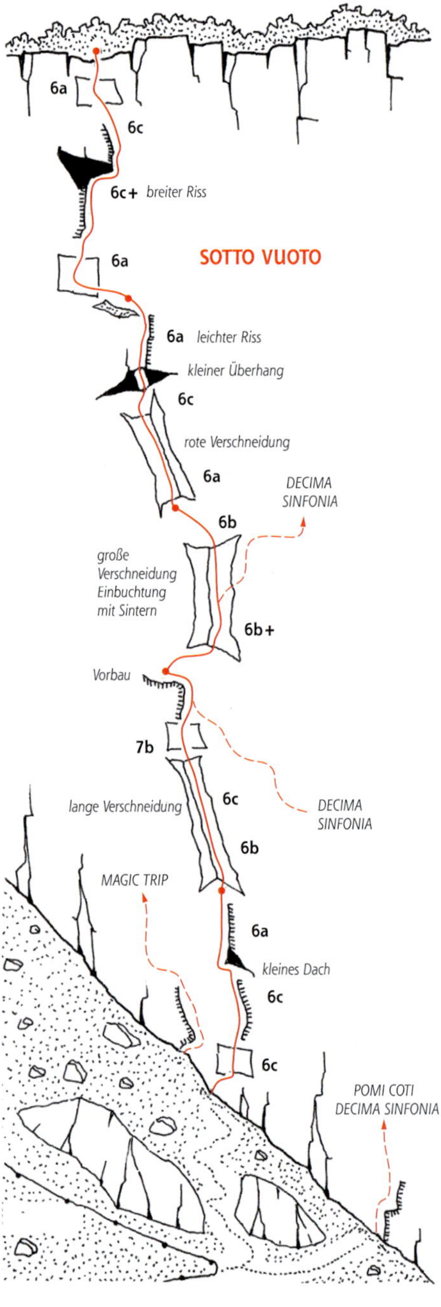

6 LA DECIMA SINFONIA★★★★★

T. Nannuzzi, M. Marsigli 1982

200 m. (5SL)

VI+, A4/R4/III

Diese Linie ist ein klettertechnisches Meisterwerk. Die Erstbegehern gelang es, die rote, überhängende Südwand des Colodri zu durchsteigen, ohne gebohrte Haken zu setzen, nicht einmal an den Standplätzen. Einige Jahre später wurde die Linie mit einigen Varianten begradigt, aber glücklicherweise blieb die Schlüsselseillänge unverändert. Erst später wurde ein Teil dieser Seillänge mit Bohrhaken versehen, weil die Route 'Sottovuoto' sie kreuzt. 'La decima Sinfinia' folgt auf den ersten Seillängen den Rissen und Verschneidungen, die schräg von rechts nach links, zur Wandmitte hin, verlaufen. Mit zwei weiteren Seillängen schwieriger technischer Kletterei überwindet man dann den Überhang und kreuzt die Bohrhaken der 'Via Sottovuoto', bevor man in leichterer Kletterei aus der Route aussteigt.

Einstieg: man verlässt den Klettersteig bei der ersten großen Kehre und geht dann zum Wandfuß. Hinter einem großen Feigenbaum ist eine deutliche Rissverschneidung mit den ersten Haken zu sehen.

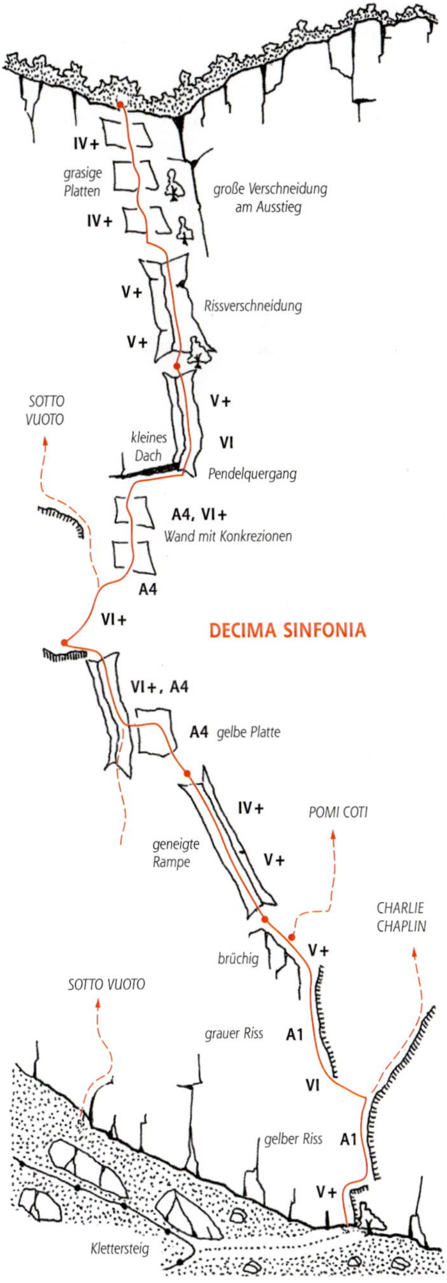

7 POMI COTI ★★★★

D. Filippi, A. Zanetti 2006

200 m. (6SL)

VI, A2, A3/R3/II

Technische, schöne und sehr exponierte Kletterei über das markanteste Dach der Südwand. Die erste Seillänge verläuft gemeinsam mit der 'Via Decima Sinfonia', dann führt die Linie direkt zum großen Dach. Man bewegt sich meist an geschlagenen und gebohrten Haken sowie Cliffs fort und kaum an Klemmkeilen oder Friends. Für die technischen Passagen mit Cliffs wurden meist 10mm-Löcher gebohrt, für die Traverse unter dem Dach benötigt auch der Nachsteiger zwei Cliffs (bei der Erstbegehung wurden 2 so genannte „Grappling Hooks" von Black Diamond verwendet). Alle Standplätze sind gebohrt, die Felsqualität ist sehr gut. Es werden einige Normalhaken, vier Cliffs und mindestens 15 Expressschlingen benötigt, für die ersten beiden SL zusätzlich einige Friends und Klemmkeile mittlerer Größe. Die Schlüsselpassage ist in der Mitte der 4. SL: frei geklettert sehr schwierig oder technisch sehr heikel an Cliffs. Achtung: nach dem Dach ist ein Rückzug durch Abseilen sehr problematisch.

Einstieg: man verlässt den Klettersteig bei der ersten großen Kehre und geht dann zum Wandfuß. Hinter einem großen Feigenbaum ist eine deutliche Rissverschneidung mit den ersten Haken von 'Sinfonia' zu sehen.

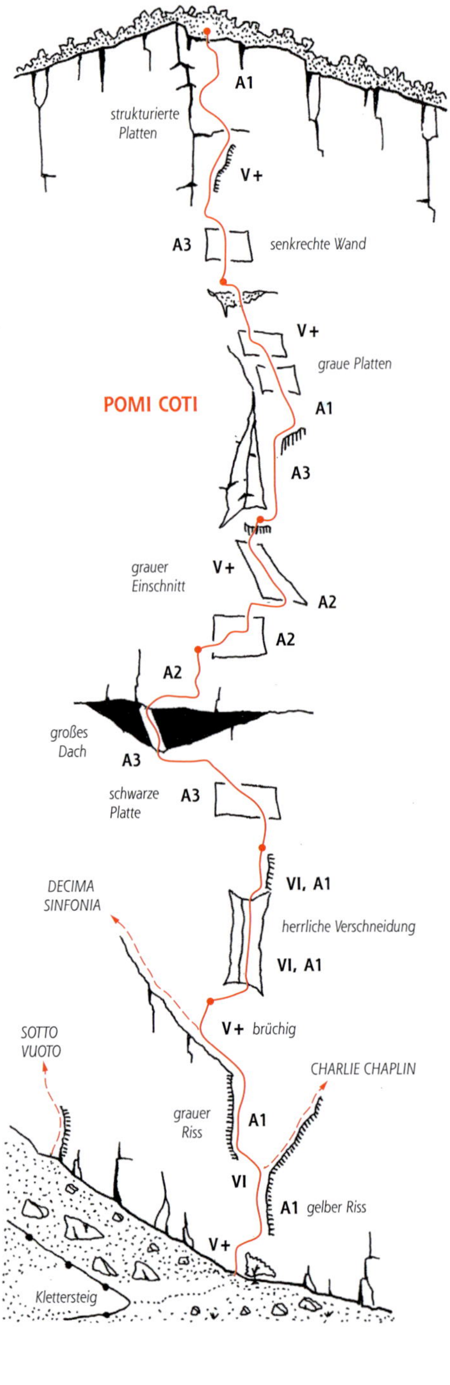

8 CHARLIE CHAPLIN ★★★★

M. Giordani, F. Zenatti 1984

200 m. (6SL)

VI+ eine Passage A1/R3/II

Schwierige Freikletterroute mit nicht absicherbaren brüchigen Passagen. Im ersten Teil durch gelbe, brüchige Risse, weiter oben folgt eine schöne, senkrechte und ausgesetzte Verschneidung.

Einstieg: man verlässt den Klettersteig bei der ersten großen Kehre und geht dann zum Wandfuß. Hinter einem großen Feigenbaum ist eine deutliche Rissverschneidung mit den ersten Haken von 'Sinfonia' zu sehen. Hier einsteigen und nach ca. 15 m, bei einem kleinen Baum, rechtshaltend über die roten Schuppen weiter.

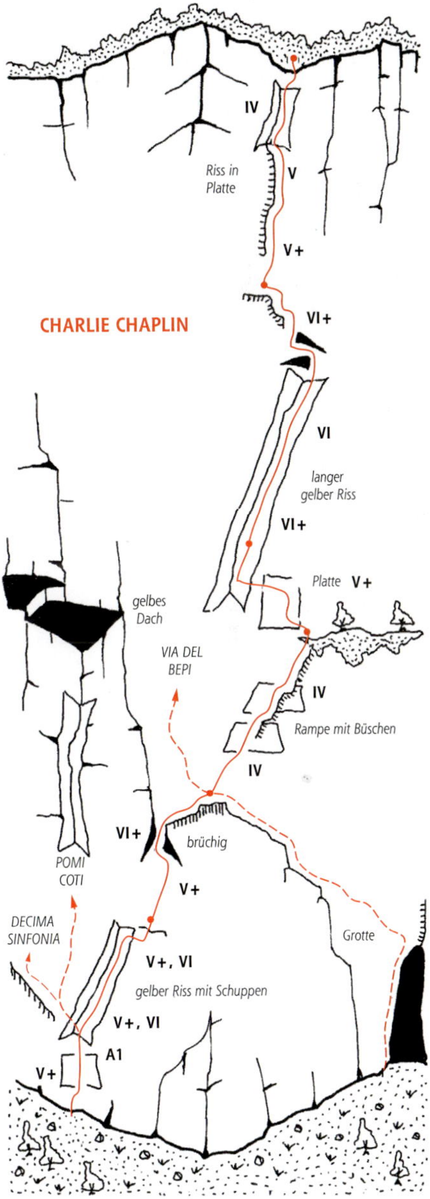

9 VIA DEL BEPI ★★★★★

E. Salvaterra, A. Leviti 1980
200 m. (7SL)
VI+, A1/R3/II

Vielleicht die logischste und attraktivste Linie der ganzen Wand. Nach den ersten Rissen folgt sie einer tiefen, sehr deutlichen Verschneidung. Die Absicherung in der athletischen Route in solidem Gestein ist mäßig.

Einstieg: man verlässt den Klettersteig bei der ersten großen Kehre und folgt dann Pfadspuren zur großen Grotte. Einstieg beim linken Pfeiler (alte Haken).

9a VARIANTE DI USCITA ★★★

M. Pegoretti e Compagno 1986
80 m.
VI+, A1/R3

Unterhalb des letzten Daches folgt man nicht dem linken Ausstieg, sondern klettert schwieriger über den rechten Riss. Mit Friends und Klemmkeilen lassen sich die überhängenden Risse leicht absichern.

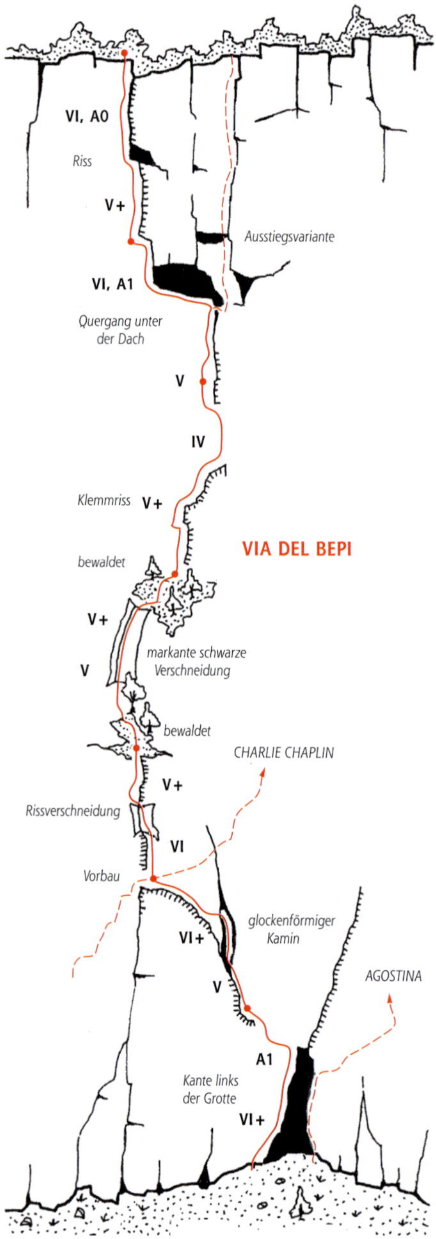

10 AGOSTINA ★★★★★

G. Stenghel, G. Vaccari 1976

220 m. (7SL)

VI+, Stellen A0/R3/II

Absolut logische Linie mit schwieriger, aber genussvoller und sehr befriedigender freier Kletterei. Sie folgt dem markanten Riss, der von der Grotte schräg nach oben führt, und weist ab und zu etwas brüchige Passagen auf (vor allem in der 1. SL). Die Standplätze sind zwar gebohrt, aber ansonsten ist die Absicherung sehr mäßig.

Einstieg: wie bei 'Bepi' bis zur großen Grotte. Im Innern der Grotte dann auf der rechten Seite durch brüchige Risse aufwärts.

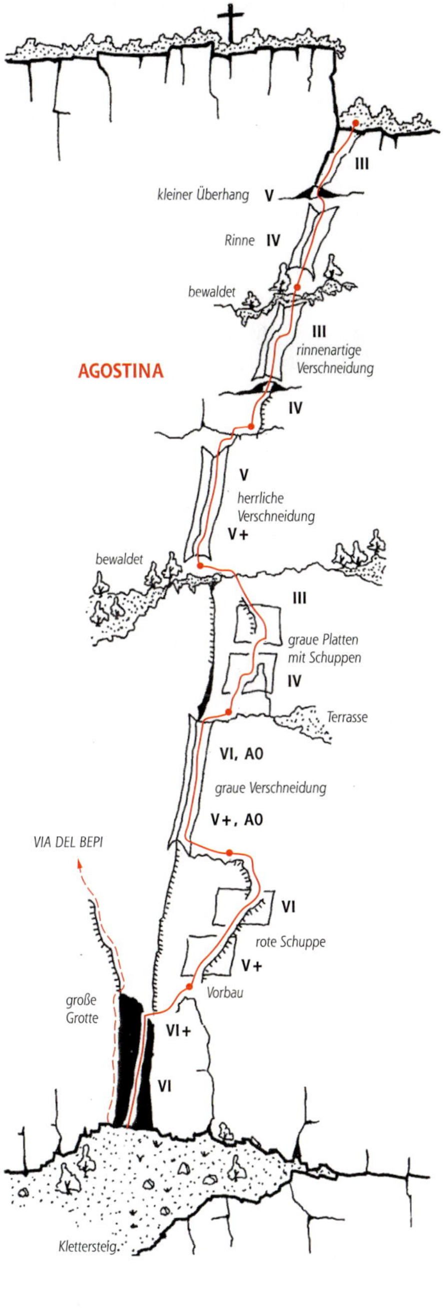

40 Ostwand

Monte Colodri

0.15 h

1.00 h

400 m.

O

Die große, kompakte, senkrechte und sonnige Felswand ist von einer Unzahl von Verschneidungen und Rissen durchzogen und durch alle führen Kletterrouten mit zahllosen Varianten. In allen Seillängen und an den Standplätzen wurden teilweise Bohrhaken gesetzt, dennoch muss daran erinnert werden, dass es sich hier um klassische alpine Routen handelt und ein Satz Klemmkeile und einige Friends notwendig sind. Gelbe und überhängende Wandbereiche kennzeichnen die untere Hälfte des Massivs, der obere graue Teil scheint dagegen sehr glatt. Wegen der außergewöhnlichen Routen und des fantastischen Gesteins wird diese Wand seit jeher sehr gut besucht. Hier ist vor allem athletische Piazkletterei in den vielen Verschneidungen sowie Risskletterei angesagt, wobei durch die vielen Begehungen der Fels schon gelitten hat. Einige der Routen sind mittlerweile ziemlich speckig und deshalb nicht unbedingt genussvoll. Dies trifft vor allem auf die Klassiker wie 'Somadossi' oder 'White Crack' zu. Aber bei den etwas unbekannteren und deshalb weniger begangenen Wegen ist das Gestein noch in Ordnung und einer lohnenden, schönen Tour steht nichts entgegen.

Zustieg
Vom Pakplatz am Freibad zuerst auf dem Weg zum Klettersteig weiter. Bald führen verschiedene Pfadspuren zum Wandfuß.

Abstieg
Vom Ausstieg der Routen zum Gipfelkreuz. Von hier auf markiertem Weg zum Klettersteig und zurück ins Tal.

11 LUCA SGANZINI	**200 m.**
12 WHITE CRACK	**300 m.**
13 BRUNELLO SOMMADOSSI	**300 m.**
14 GURU BASSI	**300 m.**
15 GIOVANNI SEGANTINI	**300 m.**
16 RENATA ROSSI	**300 m.**
17 KATIA MONTE	**400 m.**
18 LUIGI DEGASPERI	**270 m.**
19 L' INCOMPIUTA	**350 m.**

21
20
18a
18
17c
20
19
17
17b
17
15
16
16a
14
13b
13a
13
12a
12
11

11 LUCA SGANZINI ★★★★★

E. Salvaterra, A. Leviti 1979
200 m. (5SL)
VI+, A3/R3/II

Aus alpinistischer Sicht ist dies sicherlich eine der interessantesten Routen am Colodri. Eine Reihe von Verschneidungen und Rissen gibt die logische Linie vor und wegen der wenigen Begehungen blieb ihr eine gewisse Faszination erhalten. Die einzelnen Seillängen unterscheiden sich deutlich voneinander, sind aber alle sehr schön. Nur in den beiden ersten Seillängen ist der Fels etwas brüchig, die 3. SL führt durch eine Grotte und die Ausstiegsverschneidungen bieten herrliche technische Kletterei. Die Route bietet also von allem etwas und der Genuss ist deshalb umso größer.

Nach der 5. SL quert man leicht absteigend nach links zum Stand der 'Via Agostina'. Dann entweder weiter über diese Route hoch oder über sie abseilen.

Zustieg: Am Wandfuß erkennt man gut einen grauen, dreieckigen Vorbau zwischen den gelben Überhängen. Über die linke Rampe erreicht man leicht eine senkrechte Wandstelle mit Haken. Über den darüber liegenden Riss klettert man dann linkshaltend in Richtung einer deutlich sichtbaren Verschneidung.

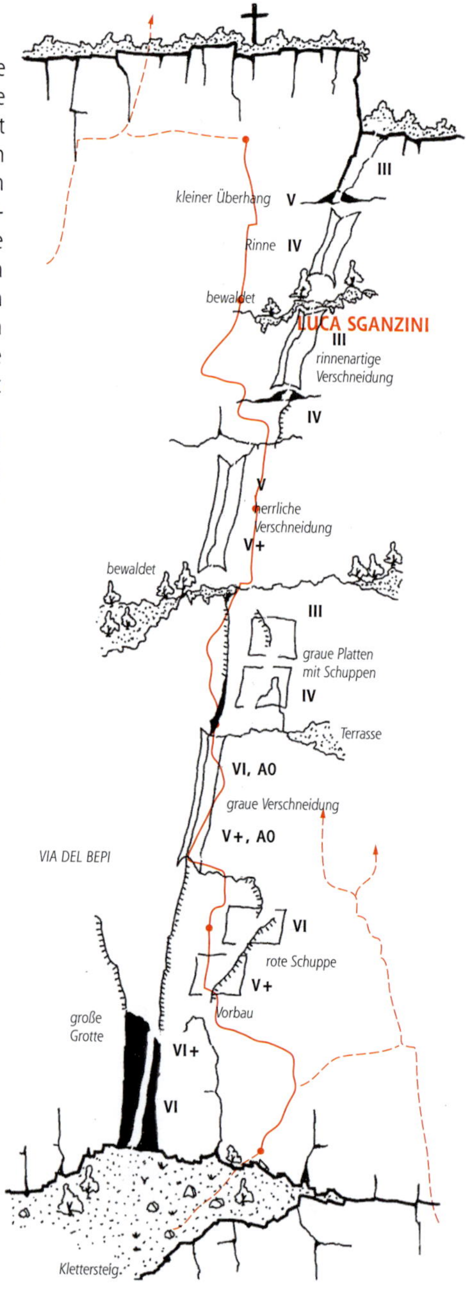

12 WHITE CRACK★★★

R. Bassi, L. Giacomelli 1979
300 m. (9SL)
VI+, VII/R2/II

Ausdauernde und homogene Riss- und Verschneidungskletterei, oft wiederholt, deshalb manchmal etwas abgespeckt, und mit einigen nicht abgesicherten Passagen. Im mittleren Teil der Route klettert man durch die vielleicht schönste, regelmäßigste und perfekteste Verschneidung im ganzen Colodri-Massiv. Die Route endet nach dieser Verschneidung im Wald. Hier gibt es zwei Möglichkeiten: entweder nach links zu den Ausstiegsrissen der 'Via Agostini' oder mit einer etwas ungemütlichen Traverse nach rechts zu den Verschneidungen der 'Via Sommadossi'.

Zustieg: vom höchsten Punkt des dreieckigen Vorbaus weiter über den einzelstehenden Pfeiler (2. SL der 'Sommadossi'). Vom Standplatz mit den großen Blöcken dann linkshaltend höher und in Richtung der roten Verschneidung (nicht den Bohrhaken rechts zur 'Sommadossi' folgen).

12a VARIANTE DIRETTA DEI BOLOGNESI ★★★

T. Nannuzzi, A. Corticelli 1982
50 m.
VI+, A3/R3

Vom kleinen Wald am Ende der schwierigeren Passagen nicht nach links queren, sondern gerade hoch über einen überhängenden Riss. Kurze, sehr schwere, aber interessante Variante, Erfahrung beim Haken setzen und Klemmkeile legen ist Voraussetzung.

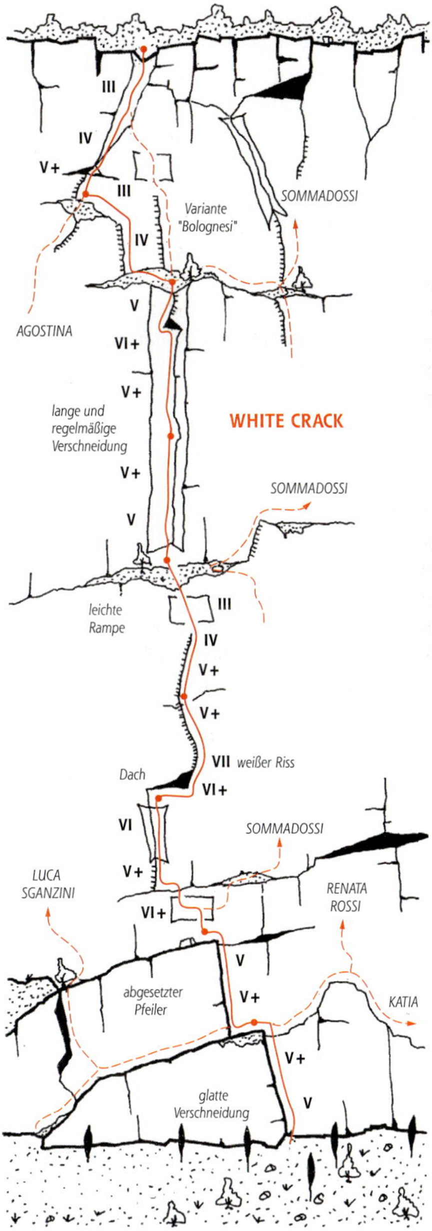

13 BRUNELLO SOMMADOSSI ★★★

U. Ischia, M. Ischia 1975
300 m. (10SL)
VI+, VII/R2/II

DER Klassiker am Colodri, eine der ersten Routen, die hier eröffnet wurden und lange Zeit eine der schönsten. Durch die vielen Begehungen ist der Fels aber leider etwas abgespeckt und die Kletterei nicht mehr so schön.

Die Linie führt durch eine schöne Reihe von Verschneidungen ungefähr dort, wo Süd- und Ostwand aufeinander treffen.

Zustieg: Am Wandfuß erkennt man leicht einen grauen, dreieckigen Vorbau zwischen den gelben Überhängen. Einstieg (kleines Schild) bei der rechten, abgespeckten Verschneidung. Den höchsten Punkt dieses Vorbaus erreicht man leichter über die Rampe auf der linken Seite.

13a VARIANTE MANOLO ★★

M. Zanolla u. Gef. 1978
40 m. VII/R3

In der vierten Seillänge folgt die Route linkshaltend einigen Rissen in einer Platte. Diese Variante hier folgt aber der Verschneidung geradeaus höher bis zu ihrem Ende. Schwierig, kaum abgesichert, brüchiger Fels.

13b VARIANTE GIORDANI ★★★

M. Giordani, A. Baldessarini, F. Piccolroaz 1980
80 m VI+/R3

Sehr schwierige elegante Ausstiegsvariante, die aber kaum abgesichert ist. Nach der 8. SL folgt die Originallinie einer breiten und deutlichen Verschneidung. Diese Variante führt dagegen durch den schwierigen Riss, der rechtshaltend nach oben geht.

13c VARIANTE FERRARI-DALPONTE ★★★★

D. Ferrari, F. Dal ponte 1976
50 m. V+, VI/R1

Im Laufe der Jahre hat diese Variante praktisch den Originalausstieg ersetzt. Unterhalb des großen, dreieckigen Dachs folgt man nicht dem leichten Ausstiegsweg nach links, sondern einer senkrechten Verschneidung, die direkt unter das Dach führt. Vom Stand unterhalb des

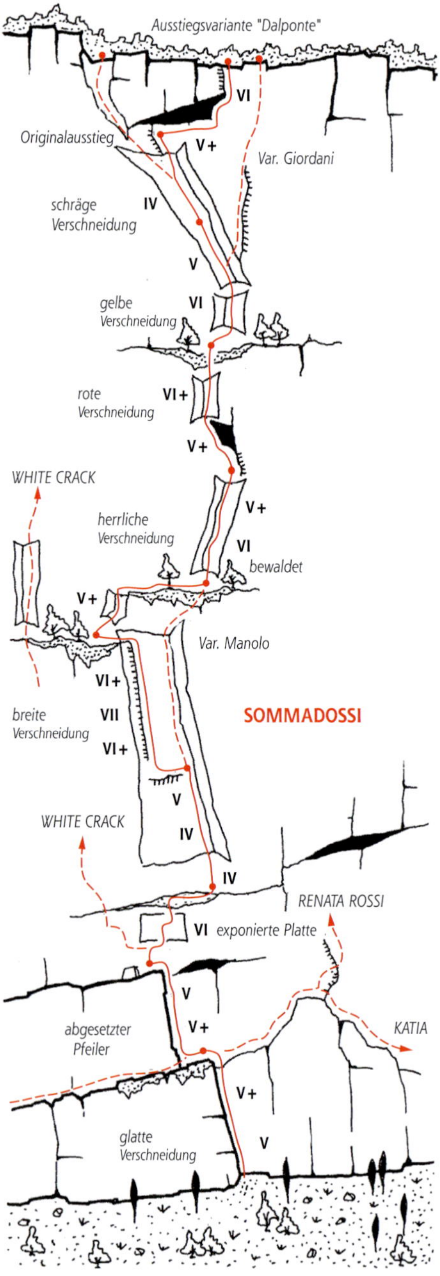

Daches quert man ausgesetzt nach rechts und steigt durch eine leichte Verschneidung aus der Wand aus.

14 GURU BASSI ★★★★

R. Larcher, D. Bonvecchio 1994
300 m. (8SL)
7c+, 8a (7c+ obl.)/S2/II

„D. Bonvecchio und ich haben diese Route Roberto Bassi gewidmet. Dies war die letzte logische und unabhängige Linie, die in dieser Wand voller Routen noch übrig geblieben war. Die hohen Schwierigkeiten können etwas abgemildert werden, wenn man die harte 1. SL vermeidet. Schon allein die herrliche, ausgesetzte Kante in der 4. SL verdient eine Wiederholung" (R. Larcher).

Zustieg: wie bei 'Sommadossi'. Einstieg über die rote Wand.

15 GIOVANNI SEGANTINI ★★★★★

P. Calzà, M. Antonini 2008
300 m. (9SL)
6c, 7a (6c+ obl.)/S2/II

Außergewöhnliche Plattenroute mit viel Technik und Balancegefühl. Man erreicht weit oben einen engen Korridor zwischen den Routen "Renata Rossi" und "Katia Monte" und klettert ab der 8. Seillänge die Routenvariante von "Specchio delle mie brame" (berühmte Variante von "Renata Rossi", eröffnet von R. Bassi u. H. Mariacher,1982). Die Felsqualität ist durchweg gut, die Bohrhakenabstände aber teilweise recht weit. Man benötigt mindestens 15 Expressschlingen.

Einstieg: rechts der Einstiegsverschneidung von "Sommadossi" und "Renata Rossi".

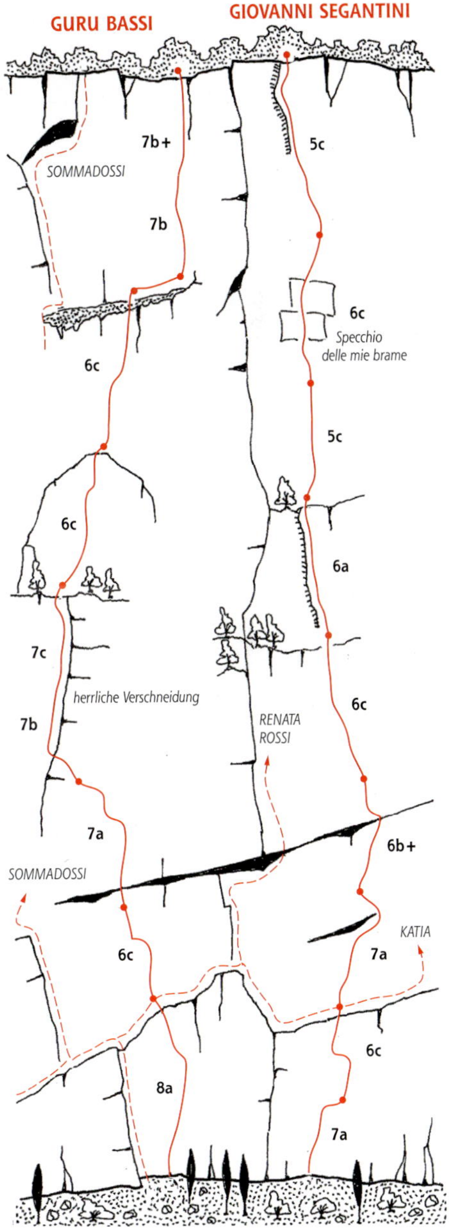

16 RENATA ROSSI ★★★

M. Furlani, E. Piffer, R. Bassi, L. Giacomelli 1979
300 m. (9SL)
V+, VI+/R2/II

Ein weiterer Klassiker hier, der Renata Rossi, der ersten weiblichen Bergführerin Italiens gewidmet ist. Leider ist auch hier durch die vielen Begehungen der Fels ziemlich abgespeckt, was das Klettern nicht nur weniger schön, sondern sogar unsicher macht. Die Passage mit der roten Schuppe in der 3. SL ist dennoch wunderschön.

16a VARIANTE GULLIVER ★★★

M. Preti und. Gef.
100 m.
V+, VI+/R3

Diese Variante könnte man auch als Verbindungsweg von der 'Renata Rossi' zur 'Sommadossi' betrachten. Nach der 5. SL klettert man nicht gerade weiter durch die Verschneidung, sondern quert nach links auf eine löchrige Platte unterhalb eines Risses. Diesem Riss folgt man auf zwei Seillängen und quert dann wieder nach links bis zur breiten Verschneidung der 'Sommadossi'.

16b VAR. SPECCHIO DELLE MIE BRAME ★★★

R. Bassi, H. Mariacher 1982
60 m
6c/S3

Kurze Variante, aber mit großer historischer Bedeutung. Dies war die erste, von oben und speziell für das Sportklettern eingebohrte Platte. Nach der 6. SL quert man aus der Verschneidung rechts heraus in Richtung eines Busches. Dann immer über die fantastische Platte gerade hoch, bis man wieder auf die Originalroute trifft.

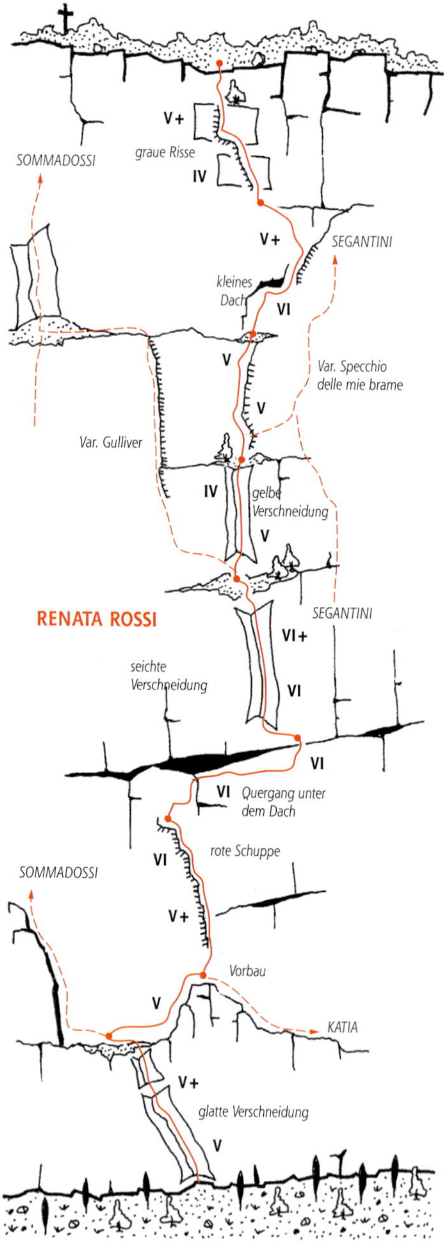

17 KATIA MONTE★★★★

G. Stenghel, F. Monte 1976
400 m. (12SL)
V+, VI+, Stellen VII/R2/II

Aus alpinistischer und ästhetischer Sicht ist dies einer der interessantesten Wege am Colodri. Eine lange und stark gegliederte Route, die mit vielen langen Traversen die Verschneidungen und Risse miteinander verbindet. Das Gestein ist noch immer sehr rau (vor allem in den herrlichen Ausstiegsrissen), weil die Route wenig begangen wurde. Absolut empfehlenswert.

Zustieg: wie zu 'Sommadossi' und 'Renata Rossi'. Vom kleinen Vorbau dann etwas absteigen und auf einem bequemen Band nach rechts queren.

17a VARIANTE DELLE ROSTE★

R. Bassi, S. Fruet 1979
70 m.
V+/R3

Eine Verbindungsvariante, die von der 8. SL der 'Via Katia' nach links zur 'Renata Rossi' quert. Teilweise grasige Platten- und Risskletterei. Wichtige und schwierige Variante, alpinistisch sehr interessant und schön. Einstieg wie bei 'Bertamini', dann linkshaltend über Risse und Verschneidungen zur 6. SL der 'Katia'. **Einstieg:** Nach der ersten kleinen Plattenstelle der 'Bertamini' folgt man der Hakenreihe, die linkshaltend über ein kleines Dach führt. Nach dem Dach quert man dann links zu einer deutlichen Verschneidung.

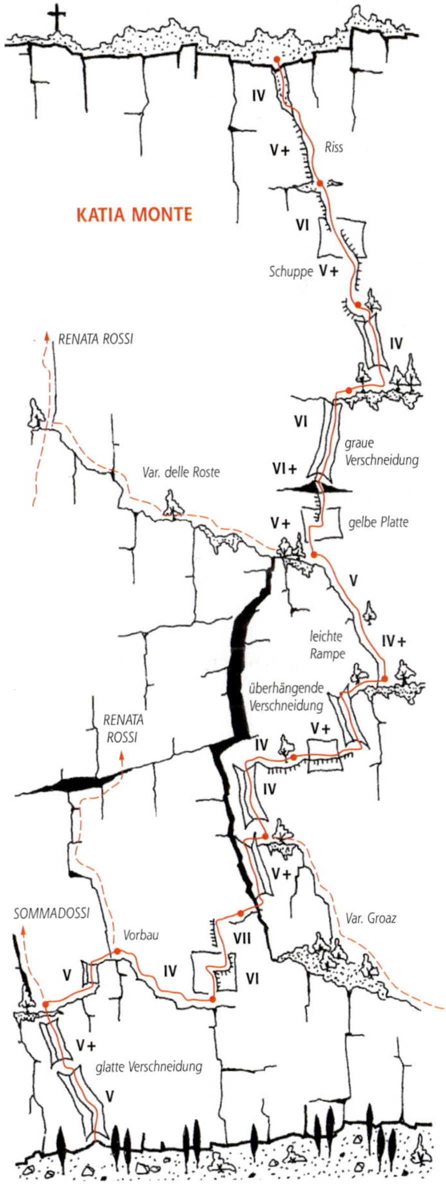

17b VARIANTE GROAZ ★★★★

G. Groaz, R. Segalla 1976
160 m. (4SL)
VI+, A1/R3/II

Die wichtige und schwierige Variante ist aus alpiner Sicht sehr schön und interessant. Einstieg über "Bertamini", dann linkshaltend über Verschneidungen und Risse weiter zur 6. Seillänge der "Katia Rossi".

Einstieg: nach der 1. SL von "Bertamini" links über eine Felsrippe zu einem kleinen Band. Man steigt ein paar Meter ab und folgt dann links einem markanten Riss.

17c VARIANTE INVOLUTION ★★★★

M. Giordani, R. Manfrini 1987
150 m.
7a (6c obl.)/S2/II

Schwierige, eher sportklettertechnische Route, die zum großen Teil mit 8mm-Bohrhaken eingerichtet wurde. Leider sind mittlerweile die Haken ganz schön alt und weisen zudem großen Abstände auf, einige Haken und ein Satz Klemmkeile sollten deshalb mitgeführt werden. Die Linie führt über senkrechte, sehr kompakte Platten.

Einstieg: nach der ersten kurzen Plattenpassage der 'Bertamini' linkshaltend über ein kleines Dach.

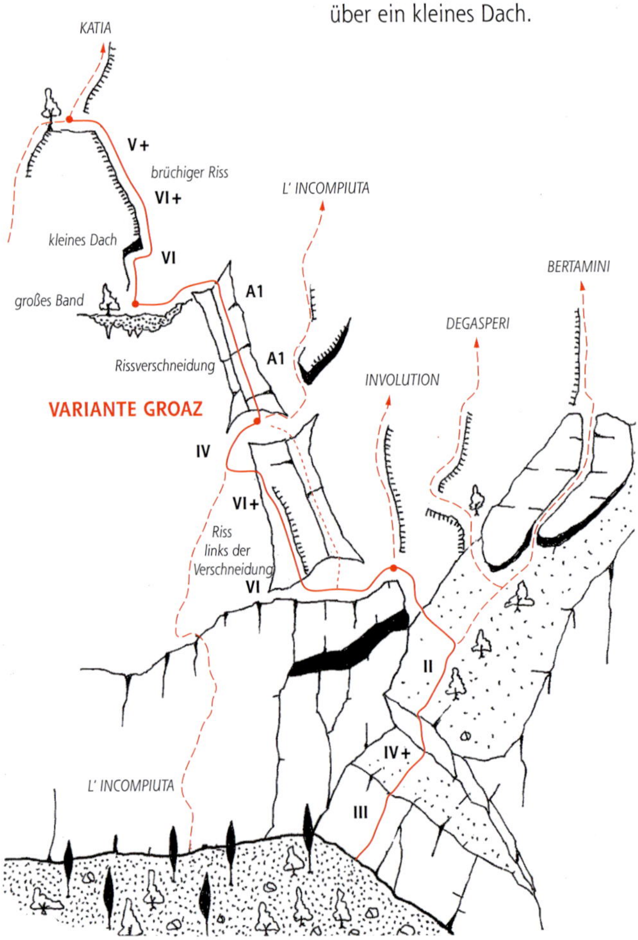

18 LUIGI DEGASPERI ★★★★★

R. Bassi, S. Fruet, C. Faes, M. Degasperi 1980
270 m. (9SL)
VI+, A2/R3/II

Die Route wird wenig wiederholt, muss zum großen Teil selbständig abgesichert werden und ist deshalb aus alpinistischer Sicht sehr interessant. Eine Reihe von Verschneidungen und Rissen kennzeichnet die roten Wandbereiche zwischen der 'Via Groaz' und den Einstiegsrissen der 'Via Bertamini'. Der erste Teil der Linie führt durch diese Rissreihe; nach dem großen, mit Bäumen bestandenen Band folgt sie einer langen grauen Verschneidung. Schließlich erreicht man über einen leichten, grasigen Bereich die Ausstiegsrisse der 'Via Katia'.

Einstieg: nach der 1. SL von "Bertamini" und Stand an einem großen Baum. Wenige Meter höher und schwierig nach links zu einer markanten gelben Rinne.

18a VARIANTE GIPU' ★★★

E. Salvaterra, C. Gipponi 1980
80 m. V+,VI/R3

Sehr schöne Variante, die die Route interessanter macht. Vom Einstieg der 'Bertamini' noch etwas weiter abwärts bis zu einer deutlichen gelben Verschneidung (ebenfalls Einstieg von 'DDT' und 'Festival'). Durch die Verschneidung hoch und auf der Rampe linkshaltend zum ersten Stand. Eine schöne Schuppe und Risse führen dann weiter zur großen Rampe und dem eigentlichen Einstieg der 'Degasperi'.

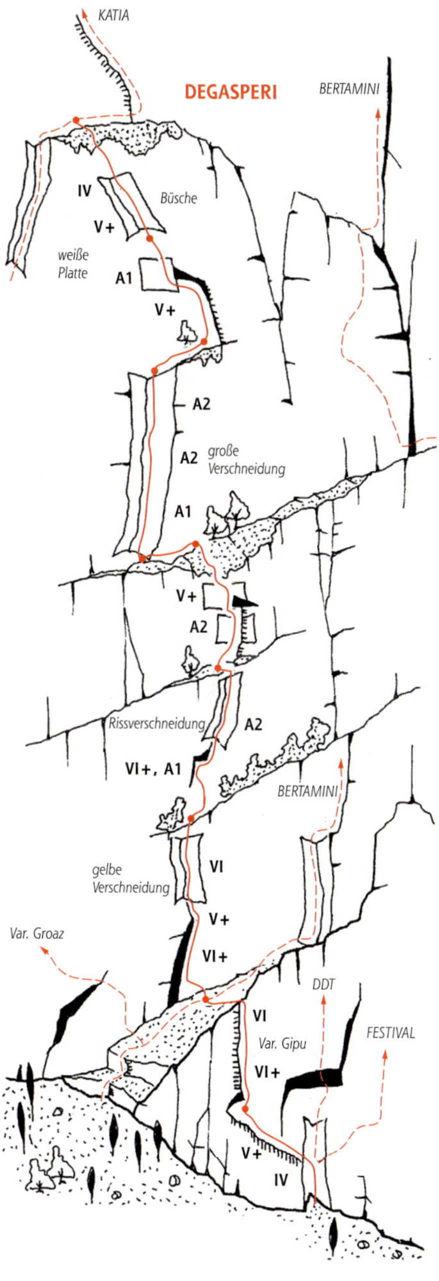

19 L' INCOMPIUTA ★★★★

H. Grill, F. Heiss, F. Kluckner, I. Rabanser 2012
350 m. (11SL)
VI+, VII, A0/R4/III

Kaum zu glauben, dass es bei dieser Routendichte noch möglich war, hier noch eine unabhängige Linie zu finden! Diese klassisch alpine Route ist wirklich schön, interessant und faszinierend. Die Linie mit Verschneidungen, Rissen und Platten bieten ist nie ganz einfach und nicht zu unterschätzen, der Umgang mit Friends und/oder Keilen sollte absolut beherrscht werden. Wer diese Herausforderungen annimmt, wird wirklich belohnt werden (Kommentar von M. Loss).Wiederholer benötigen einen Satz Friends, die mittleren Größen doppelt.
Einstieg: links der "Via Bertamini".

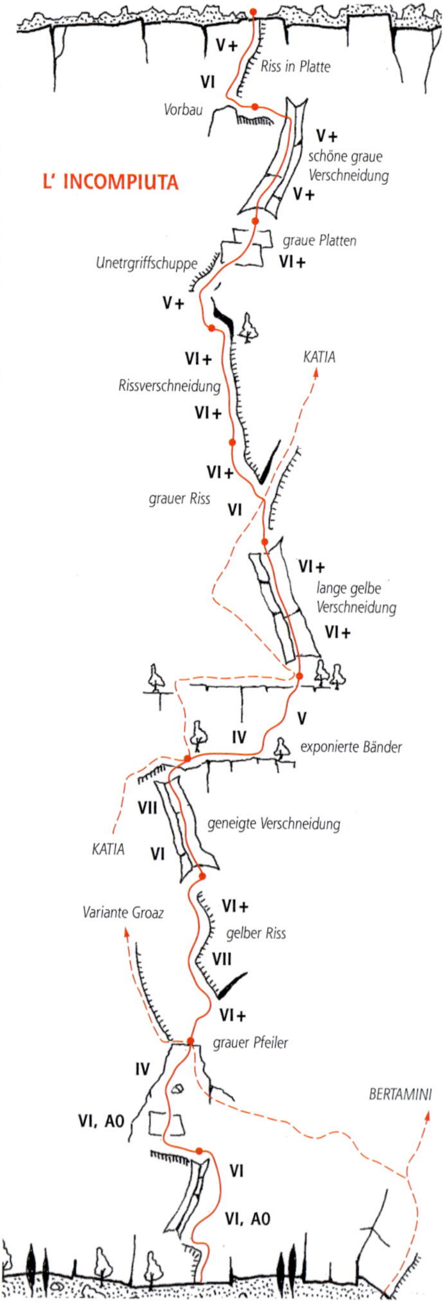

Luca Galbiati, *Sommadossi*, Monte Colodri *(sassbaloss.com)* →

41 Pilastro Zanzara

Monte Colodri

0.10 h

1.00 h

350 m.

O

Ein herrlicher, schlanker Pfeiler grenzt den Monte Colodri in Richtung Norden ab. Wegen der sehr regelmäßigen Linien und der rechteckigen Form passt der Begriff „Pfeiler" hier perfekt. Schon in den 70er Jahren wurden hier die ersten Routen durch Verschneidungen und Risse begangen. Aber erst mit der 'Via Zanzara' wurde das wirkliche Potenzial dieser Wand entdeckt. Lange Jahre war dieses Meisterwerk von Manolo und Roberto Bassi aus freiklettertechnischer Sicht das Maß aller Dinge. Viele wunderschöne, elegante und absolut empfehlenswerte Routen in allen Stilrichtungen wurden danach hier eröffnet.

Zustieg
Vom Parkplatz am Schwimmbad auf der Straße ca. 200 m in Richtung Norden weiter. Direkt unterhalb des Pfeilers dann auf einer kleinen Straße und durch den Wald hoch zum Wandfuß.

Abstieg
Vom Ausstieg der Routen zum Gipfelkreuz. Von hier auf markiertem Weg zum Klettersteig und zurück ins Tal.

20 UMBERTA BERTAMINI	**350 m.**
21 BARBARA	**300 m.**
22 HAMMADA	**300 m.**
23 DDT	**350 m.**
24 FESTIVAL	**300 m.**
25 ZANZARA	**300 m.**
26 DIEDRO ROSI	**180 m.**
27 VERTICAL TRASH	**300 m.**
28 LIBERTA DI SOGNARE	**300 m.**
29 LUIGI MICHELUZZI	**300 m.**
30 VIA DEI TRE SPIGOLI	**300 m.**
31 PILASTRO NORD	**300 m.**
32 PERDUTA GENTE	**250 m.**

20
21
25
22
25
23
24
26
29
20
21
27
28

20 UMBERTA BERTAMINI ★★★

U. Ischia, M. Ischia, G. Emanuelli, F. Calzà 1972
350 m. (11SL)
V+, VI/R2/II

Die leichteste Route in dieser Wand und dementsprechend oft wiederholt und abgespeckt. Die Linie folgt der regelmäßigen und breiten Verschneidung, die vom eigentlichen Pfeiler und der Ostwand geformt wird. Besonders schwierig und anstrengend ist vor allem die erste Seillänge mit einem sehr engen und glatten Kamin.

Einstieg: vom Pfeilerfuß nach links und auf steilen Pfadspuren hoch zu einer kleinen Platte mit Riss. Routenname angeschrieben.

20a VARIANTE CENTRALE ★★

L. Calderan, S. Scalet, L. Puiatti 1979
90 m. VI+/R3

Für Alpinisten ist diese kaum mit Haken abgesicherte, schwierige und etwas brüchige Variante sehr interessant. Nach der langen Linkstraverse führt die Originalroute über leichte, grasige Platten. Diese Variante folgt jedoch den gelben und überhängenden Rissen auf der rechten Seite der Verschneidung. In schwierigster Kletterei überwindet man den mittleren Riss bis zu einem Stand unter dem Dach. Dann quert man rechtshaltend in den fast waagrechten Riss, der den oberen Teil des Pfeilers teilt und erreicht dadurch die 'Via Barbara' und weitere Routen.

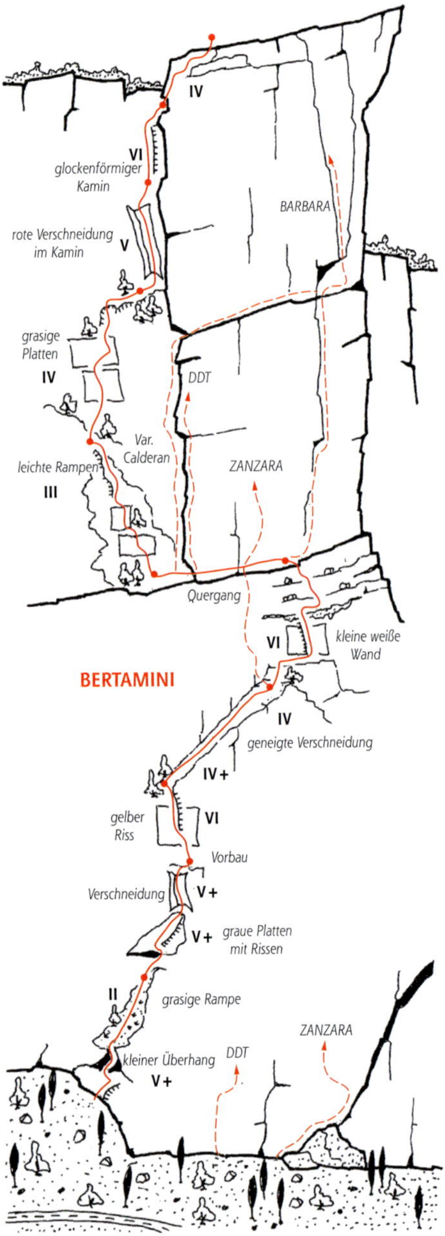

21 BARBARA★★★★

U. Ischia, M. Ischia 1972
300 m. (10SL)
V+, VI/R2/II

Ein klassischer, eleganter und historischer Weg in dieser Wand, der aber eigentlich eine Variante der 'Via Bertamini' ist, denn die ersten fünf Seillängen verlaufen gemeinsam und er wurde auch erst später eröffnet. Nach dem großen Band führt die 'Bertamini' nicht links weiter, sondern direkt in eine lange, perfekte, rote Verschneidung. Leider ist auch hier die Felsqualität mittlerweile wegen der vielen Wiederholungen eher schlecht und sicheres Steigen fast nicht mehr möglich.

Einstieg: wie 'Bertamini'

21a VARIANTE DALLAGO★

W. Dallago, F. Miori 1981
80 m. IV/R3

Verbindungsweg zwischen 'Barbara' und 'Micheluzzi'. Vom Stand der 'Barbara' am Beginn der roten Verschneidung quert man rechtshaltend über Bänder zum Stand der 'Micheluzzi' am Fuß einer großen Verschneidung.

21b VARIANTE DEI TRE MOSCHETTIERI★★

R. Bassi, S. Fruet, F. Toldo 1980
120 m. VI, A1/R3

Wegen der nicht vorhandenen Absicherung könnte diese Variante für Alpinisten interessant sein. Sie wurde bislang aber nicht oder kaum wiederholt. Vom Stand der 'Barbara' über der großen Verschneidung ca. 20 m rechtshaltend queren und bei einem Baum Stand machen. Dann folgt man einer langen, grauen Verschneidung, die nach drei Seillängen zum Ausstieg führt.

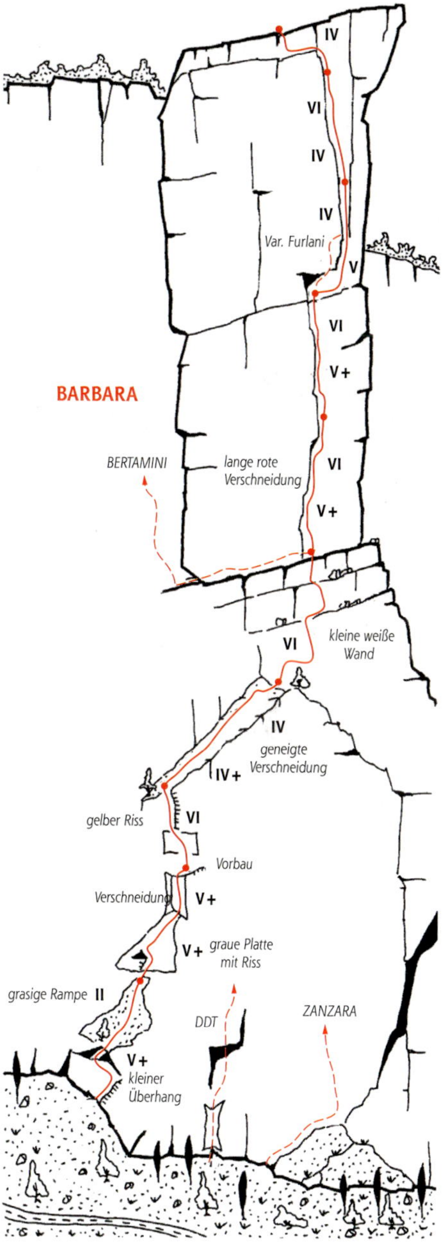

22 HAMMADA★★★

H. Gargitter, C. Obrist 1995
300 m. (10SL)
7c+, 8a (7c obl.)/S2/II

Diese extreme Freikletterroute auf der linken Seite des Pfeilers ist perfekt mit 10mm-Bohrhaken ausgerüstet. Im oberen Bereich verläuft sie ein Stück gemeinsam mit 'DDT'.

Einstieg: wie 'Bertamini'.

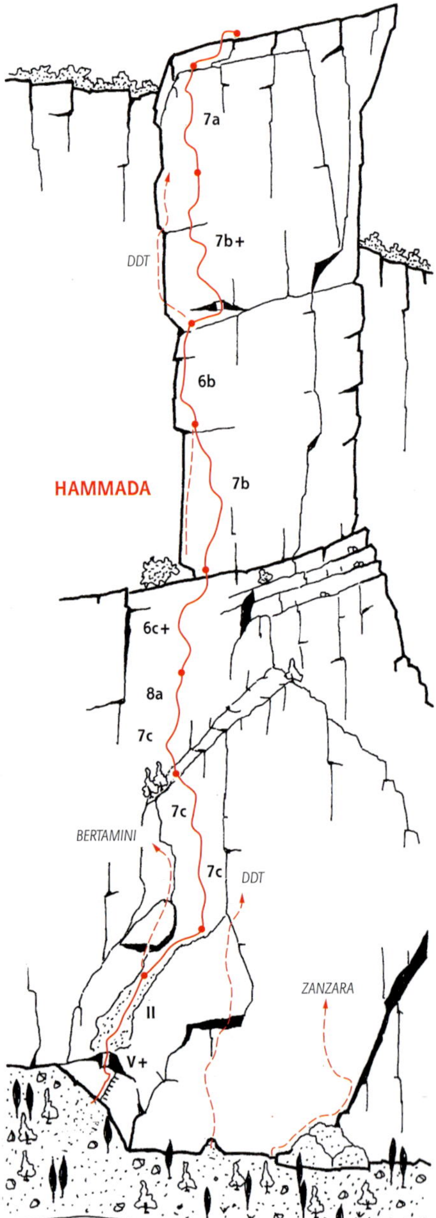

21
26
27
28
29

23 VIA DDT ★★★★★

U. Marampon (von unten, selbst gesichert) 1987
350 m. (11SL)
A2/R2/II

U. Marampon hat diese Route in seinem typischen Stil eröffnet und eingerichtet, nämlich mit Expansionsbohrhaken, die oft etwas weit auseinander liegen. Sehr ausgesetzt und elegant zieht die Linie über die südöstliche Pfeilerkante des Pfeilers.

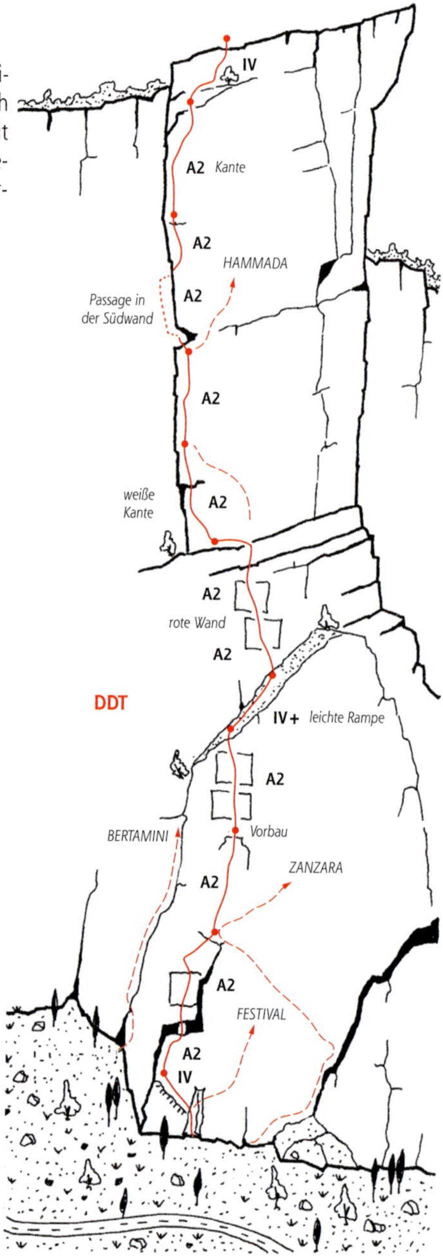

24 FESTIVAL ★★★

C. Remy, Y. Remy 1993
300 m. (10SL)
7c, A0 (6c obl.)/S2/II

Klassische und berühmte Route, die von zwei sehr bekannten Kletterern von oben eingebohrt wurde. Dies war vermutlich einer der ersten Versuche, den Sportkletterstil von den kleinen Felsen an die hohen Wände zu übertragen. Nicht zuletzt deshalb ist diese Linie auch ein Symbol für das Sportklettern im Sarcatal. Die logische und elegante Linienführung durch die Plattenfluchten trägt zur Schönheit dieser Route bei. Im unteren Teil ist das Gestein mitunter zwar schon etwas glatt, aber in den Ausstiegslängen immer noch sehr rau. Die Route wurde mittlerweile saniert, hat aber ihre Charakteristik behalten.

Einstieg: ein großer, mit Gras und Büschen bedeckter Felssockel liegt am Pfeilerfuß an. Auf der linken Seite steigt man über eine breite Verschneidung ein.

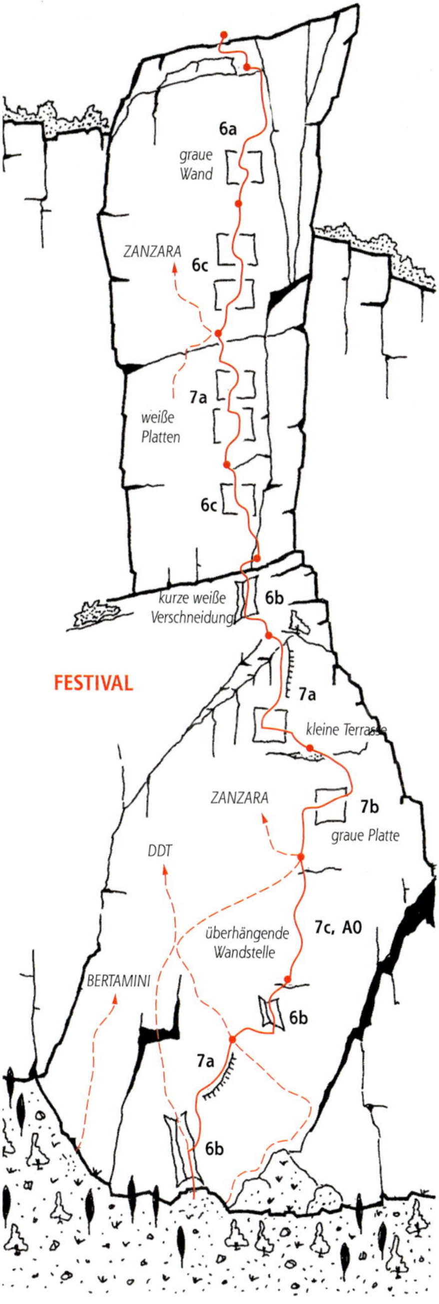

25 ZANZARA ★★★★

M. Zanolla, R. Bassi 1983

300 m. (14SL)

6b, 7a+ (6c obl.)/S2/II

Klassische und berühmte Route, die von zwei sehr bekannten Kletterern von oben eingebohrt wurde. Dies war vermutlich einer der ersten Versuche, den Sportkletterstil von den kleinen Felsen an die hohen Wände zu übertragen. Nicht zuletzt deshalb ist diese Linie auch ein Symbol für das Sportklettern im Sarcatal. Die logische und elegante Linienführung durch die Plattenfluchten trägt zur Schönheit dieser Route bei. Im unteren Teil ist das Gestein mittlerweile zwar schon etwas glatt, aber in den Ausstiegslängen immer noch sehr rau. Die Route wurde mittlerweile saniert, hat aber ihre Charakteristik behalten.

Einstieg: ein großer, mit Gras und Büschen bedeckter Felssockel liegt am Pfeilerfuß an. Auf der linken Seite steigt man über eine breite Verschneidung ein.

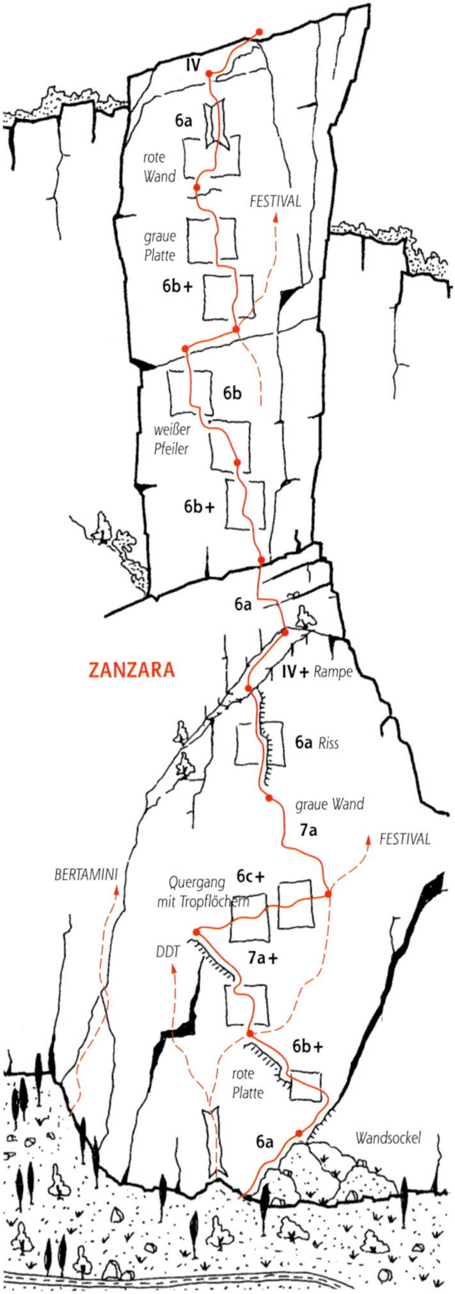

26 DIEDRO ROSI ★★★★★

M. Giordani, F. Piccolroaz 1980
180 m (5SL)
VI+, A3/R4/II

Wer alpines und technisches Klettern mag, wird in dieser wunderschönen und auch interessanten Route sehr viel Spaß haben. Die Route folgt einem deutlichen, schrägen Riss, der die Platten am Wandfuß teilt. Extreme, frei kletterbare Passagen wechseln mit mit delikaten, technisch zu kletternden Stellen an unsicheren Haken. Das perfekte Gestein und die einfachen Möglichkeiten, Zwischensicherungen zu legen, gestatten aber eine schnelle, sichere und damit genussvolle Fortbewegung. Für den Abstieg quert man etwas nach rechts bis zu einem Standplatz mit Kette und seilt dann drei Mal leicht und schnell ab.

Einstieg: vom Wandfuß so gut es geht über den gras- und buschbedeckten Felssockel bis zum ersten Stand von 'Zanzara', dann rechts in den Riss und später durch die Verschneidung.

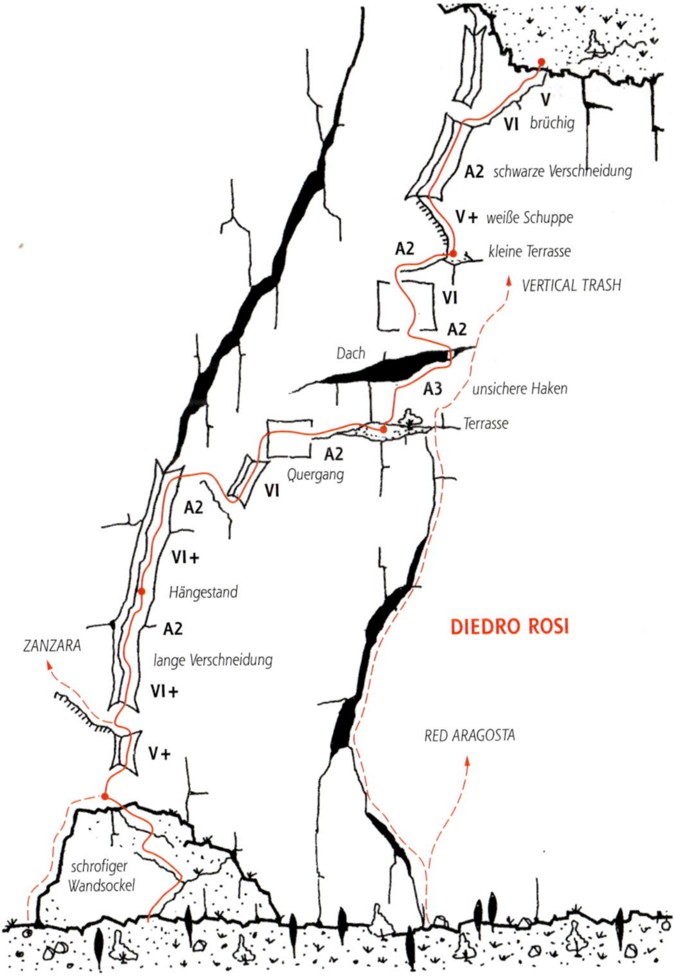

27 VERTICAL TRASH ★★★

S. Banal, D. Filippi 2002

300 m (12SL)

A1, A2, V+/R1/II

Eigentlich eine typische Route der 60er Jahre, als mit einer so genannten „Direttissima" der kürzeste Weg durch die Wände gesucht wurde und deshalb fast nur technisch an 6mm oder 8mm-Haken geklettert wurde. Zunächst führt die Linie über senkrechte, graue Platten und folgt dann im Mittelteil sehr ästhetisch der überhängenden Pfeilerkante. Schließlich überwindet die Route dann mitten in der Nordwand die überhängende weiße „Nase" mit Namen 'Becco del Colodri'. In der langen und schwierigen Route sollte die Fortbewegung mit Trittleitern beherrscht werden. Ein Handbohrer und verschiedene Haken sind Teil der Ausrüstung, denn einige der 6mm-Haken könnten ausgebrochen sein. Ein Rückzug ist immer möglich, da über die Standplätze der nahen 'Red Aragosta' abgeseilt werden kann. Vom Gipfel steigt man am besten über den Klettersteig wieder ab (1. Wh. G. Bressan u. Gef. 2004).

Einstieg: wie bei 'Zanzara', denn rechts queren und über eine grasige Rampe, die in eine Verschneidung übergeht (die Rampe befindet sich in Falllinie einer markanten, überhängenden, halbmondförmigen Verschneidung).

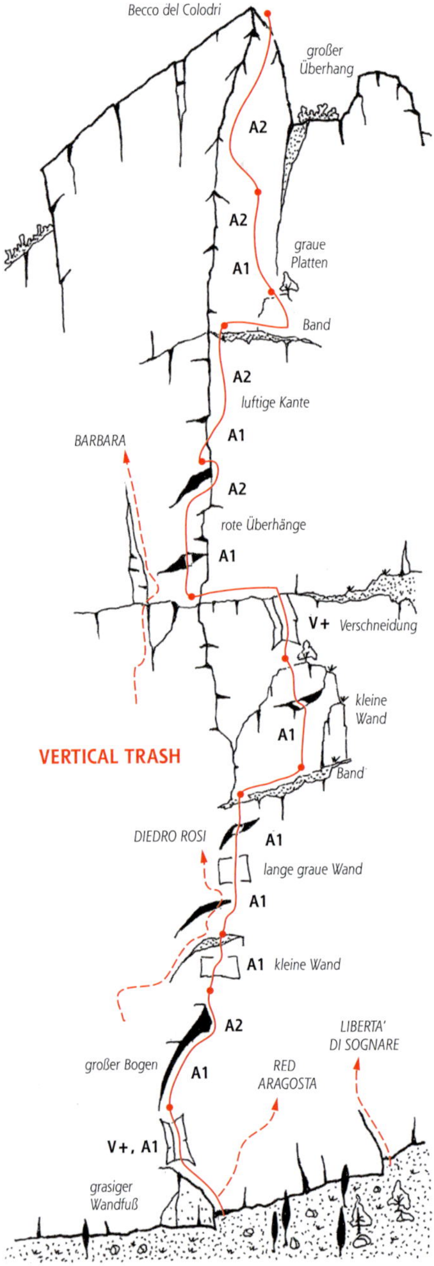

28 LIBERTA' DI SOGNARE ★★

S. Bailoni, E. Mazzarini, M. Santi 2000
300 m. (11SL)
VII+, A3/R3/II

Sehr komplexe und anstrengende Route mit logischer Linienführung, aber schlechter Absicherung. Wäre letztere besser, dann wäre auch die Route wunderschön und empfehlenswert. Die Kletterei ist sehr abwechslungsreich: Risse (manchmal etwas grasig und brüchig) wechseln mit Tropflochplatten und kompakten glatten Wandstellen. Die sehr glatten Platten in Routenmitte können sowohl frei und äußerst schwierig oder auch technisch mit Hilfe von Cliffs geklettert werden. Wiederholer benötigen mittlere und große Friends, einen Satz Klemmkeile (Stopper), Trittleitern, Hammer und einige Haken.

Zustieg: eine grasige Rampe führt von rechts zur Wand und bis unterhalb einer gut sichtbaren Reihe von Rissen und Verschneidungen.

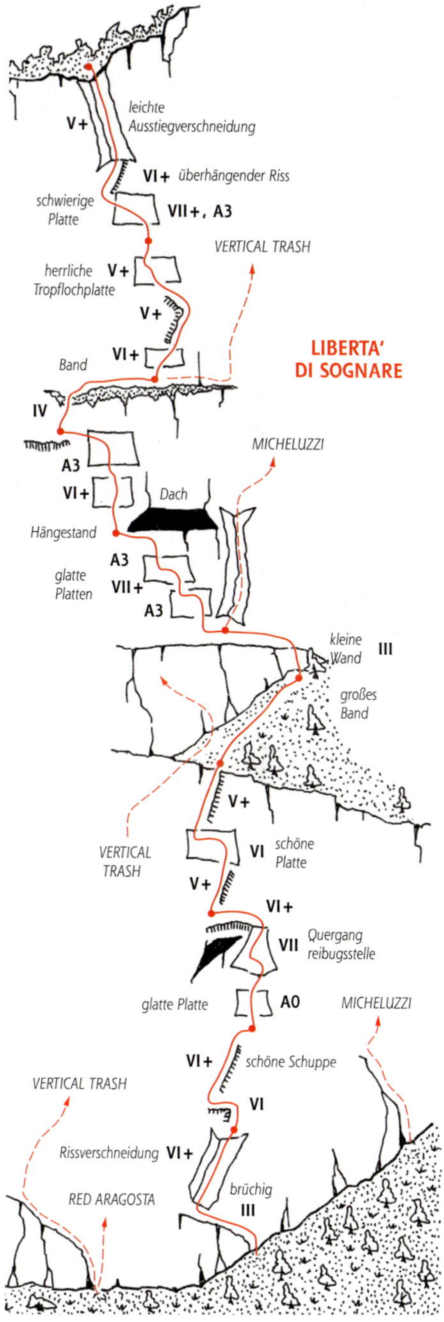

29 LUIGI MICHELUZZI ★★★★★

G. Stenghel, F. Monte, G. Vaccari 1976

300 m. (10SL)

VI, A2/R3/II

Sehr abwechslungsreiche und stark gegliederte Route, die entlang von Rissen und Verschneidungen über die Nordwand des Pilastro Zanzara führt. Eine große, graue Verschneidung in der oberen Hälfte der Wand gibt die Linie vor. Die ersten vier Seillängen verlaufen über teilweise brüchige und grasige Felsen. Dann steigt man über mit Büschen bestandene Wiesen weiter, was dem Aufstieg fast etwas Romantisches und Entdeckerhaftes verschafft. Die große Verschneidung bietet herrliche, technische Genusskletterei. Die Ausstiegslängen wiederum sind absolut charakteristisch für das Klettern im Sarcatal. Die Route ist wegen ihrer Schönheit einmalig und deshalb absolut empfehlenswert.

Zustieg: vom Fuß des Pfeilers auf einer Pfadspur über die Geröllfelder rechtshaltend hoch und bis in Falllinie eines rautenförmiges Daches. Einstieg bei einem grasigen Riss, der weiter oben in eine Verschneidung übergeht.

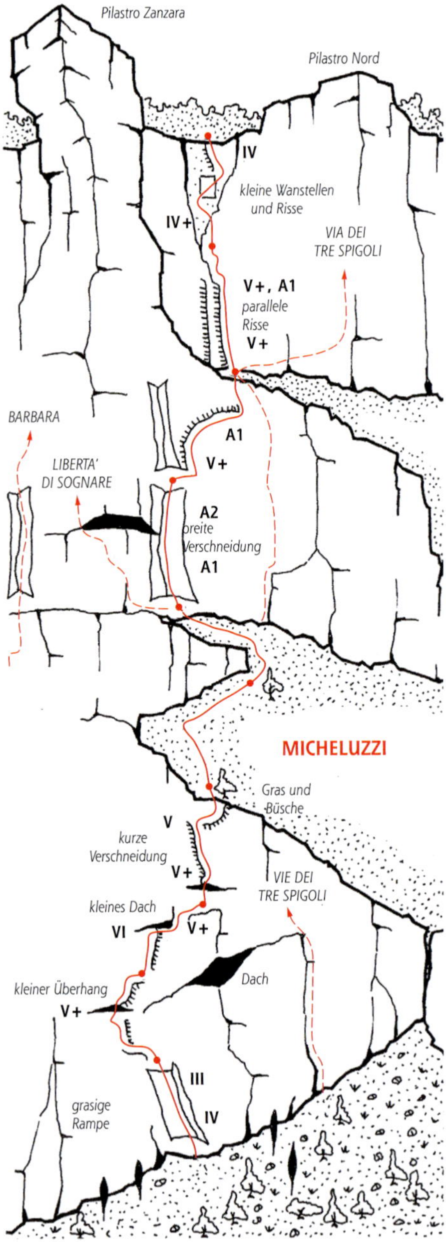

31
32
31
28
27
29
30

30 VIA DEI TRE SPIGOLI★★★

D. Filippi 2012
300 m. (12SL)
A1/R1/II

Die Techno-Route zieht über drei aufeinanderfolgende, exponierte, senkrechte und herrliche Kanten mit bester Felsqualität. Die letzte Kante ist teilweise überhängend und noch ausgesetzter als die vorherigen. Wiederholer benötige nur Expressschlingen.

Einstieg: am Wandfuß des Zanzara-Pfeilers auf einer Pfadspur rechtshaltend durch die Geröllfelder und zur wenig markanten ersten Kante, in deren Fallinie die Route beginnt.

31 PILASTRO NORD★★★

D. Filippi 2010
300 m. (9SL)
V+, VI+, A1/R2/II

Rechts des Zanzara-Pfeilers ist ein weiterer mächtiger Pfeiler deutlich sichtbar, dieser gibt die Linie vor. Leider ist der Pfeilersockel sehr schrofig, was den Einstiegsbereich nicht sehr angenehm macht. Aber danach wird die Felsqualität zusehends besser, die Ausstiegslängen mit Rissen und Verschneidungen sind dann wirklich schön. Diese abgeschiedene Route mit freier und technischer Kletterei ist durchaus empfehlenswert und lohnend, die Absicherung ist gut und das Ambiente einmalig. Die Standplatze sind perfekt eingebohrt, dazwischen stecken viel Expansionsbohrhaken. Wiederholer benötigen mindestens 20 Expresschlingen, einige mittlere Friends und Steigleitern.

Einstieg: am Wandfuß des Zanzara-Pfeilers auf Pfadspuren mühsam durch die Geröllfelder unter der Nordwand des Colodri. Kurz vor dem Ende des Geröllfelds (Einstieg "Perduta Gente") dann in einer leichten, grasigen Verschneidung hoch.

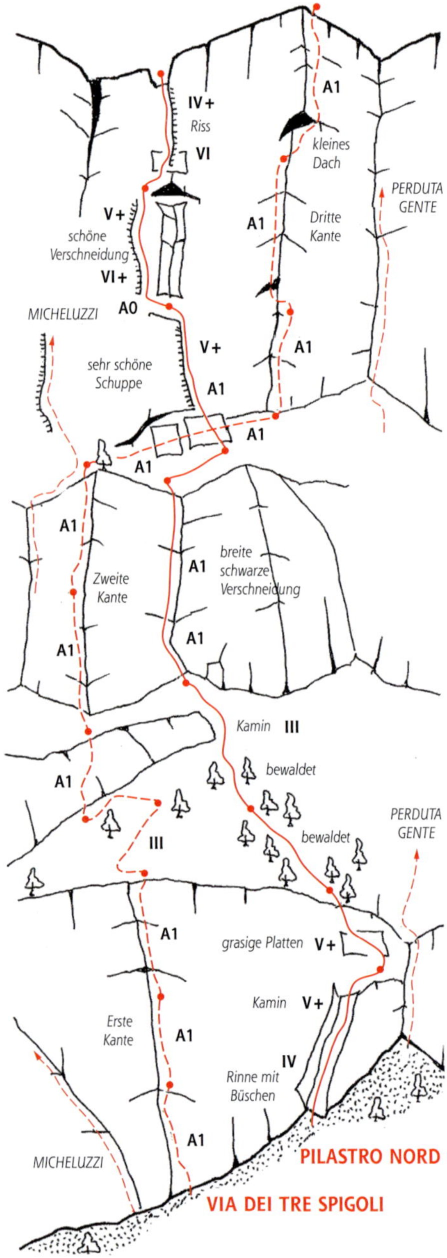

32 PERDUTA GENTE ★

G. Stenghel, F. Sartori 1976
250 m. (6SL)
IV, eine Passage VI+/R3/II

Zwei große Pfeiler kennzeichnen die Nordwand des Colodri, der Zanzara-Pfeiler und der Nördliche Pfeiler. Rechts davon fällt die Wand in Richtung Monte Colt ab und ist wegen vieler Schrofen relativ uninteressant. Diese Route führt durch diesen Bereich und bleibt Abenteurern vorbehalten. Nur die Ausstiegslänge über eine schwierige, senkrechte, aber auch brüchige Verschneidung ist lohnend. Als Trainingsroute für anspruchsvolle alpine Wände ist diese Line aber durchaus geeignet. Bis zur Ausstiegsverschneidung ist der Weg nicht vorgegeben und bietet diverse Variationsmöglichkeiten. Die Routenskizze zeichnet den Weg nach, an vielen Büschen und Bäumchen wurden Schlingen für die Wegfindung hinterlasssen.

Einstieg: am Wandfuß des Zanzara-Pfeilers auf ein Pfadspuren mühsam durch die Geröllfelder unter der Nordwand des Colodri. Am Ende des Geröllfelds in einer Art Verschneidung mit Rissen und Büschen nach oben.

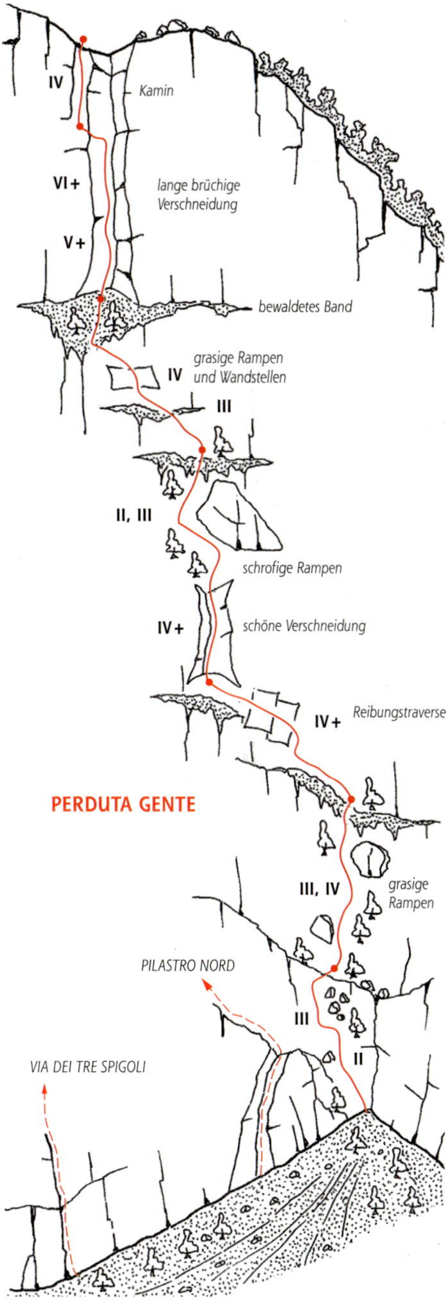

42 Rupe Secca

Monte Colodri

0.10 h

1.00 h

260 m.

0

Die schöne, kompakte Felswand weist für das Klettern eine sehr günstige Struktur auf und die Felsqualität ist sehr gut und deshalb gibt es hier eine beinahe unglaubliche Anzahl von Routen. In dieser Wand sind vielleicht die schönsten Sportkletterrouten des Sarcatals zu finden, aber auch viele andere Stilrichtungen des Kletterns gibt es hier: künstliche Routen und Routen für Anfänger, klassische Wege und traditionelle, wenig bekannte oder vergessene Routen wie z.B. 'Follie di Holliwood'. Es sei auch daran erinnert, dass hier Renzo Vettori und Renato Bernhard schon im Jahr 1982 die Route 'Mescalito' eröffneten, was sicherlich ein Meilenstein in der Sportklettergeschichte des Sarcatals war.

Zustieg
Vom Parkplatz am Schwimmbad in Richtung Arco. Nach ca. 200 m, bei einer kleinen Kirche, nach rechts auf eine kleine Straße, die kurz darauf zu einem Pfad und der Wand führt.

Abstieg
Vom Ausstieg der Routen auf Pfadspuren Richtung Monte Colodri, bis man auf den markierten Wanderweg trifft, und dann über den Klettersteig zurück ins Tal.

33 CINQUE STAGIONI	**180 m.**	
34 TOTEM E TABU'	**180 m.**	
35 FIT CHECK	**150 m.**	
36 STYRIA	**200 m.**	
37 EMILIANA	**200 m.**	
38 TYSZKIEWICZ	**220 m.**	
39 BALK MACIGNO	**240 m.**	
40 MESCALITO	**260 m.**	
41 ZODIAC WALL	**260 m.**	
42 PASSI FALSI	**240 m.**	
43 STENICO	**180 m.**	
44 CISMON 93	**250 m.**	
45 RICCI E CAPRICCI	**150 m.**	
46 ASPETTANDO MARTINO	**180 m.**	

33
34
35
36
37
38a
38
38a
39
39a
40a
40
41
42
43
44
45
46

33 CINQUE STAGIONI★★★
Ufficio Guide Alpine Arco 2000
180 m. (8SL)
5c, eine Passage A0 (5a obl.)/S1/I
Schöne, charakteristische Genusskletterroute, die durch einen anscheinend brüchigen Bereich führt. Dem ist aber nicht so, denn der Fels ist sehr kompakt und wurde geputzt. Die Ausstiegswand ist sehr athletisch, hier wurden sogar künstliche Griffe hinzugefügt. Nach dem Ausstieg aus der Route lohnt es sich, noch eine Route der Südwand „dranzuhängen". Abstieg entweder über den Klettersteig oder durch Abseilen über 'Totem e tabù'.
Am Ende des Aufstiegs dann noch drei Seillängen über die Südkante weiter.
Einstieg: am Wandfuß linkshaltend zu einer grauen geneigten Platte, die ersten Bohrhaken sind sichtbar.
Abstieg: nach rechts queren zum seilversicherten Wanderweg, der ins Tal führt.

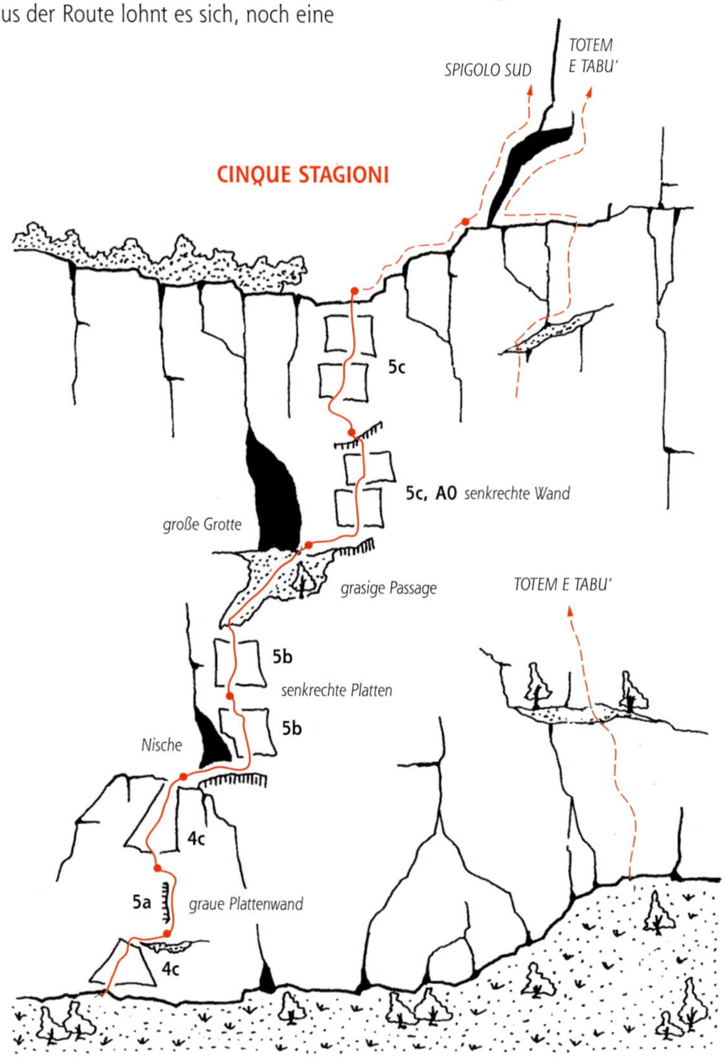

34 TOTEM E TABU' ★★★★★

Roly Galvagni 2000

180 m (7SL)

7a (6b obl.)/S2/II

Herrliche Route in fantastischem Fels, wieder einmal perfekt von R. Galvagni eingerichtet. Zunächst führt die Linie über leicht geneigte Platten, dann fordert die Kletterei in den senkrechten, kompakten Platten aber Ausdauer und Technik.

Einstieg: am Wandfuß links, und nach einem kurzen Abstieg weiter bis zu einer Platte mit sehr auffälligen Konkrezionen, die ersten Haken sind zu sehen.

Die ersten Bohrhaken sind sichtbar.

35 FIT CHECK ★★★

Erstbegeher unbekannt

150 m. (7SL)

6c, 7b+ (6c obl.)/S2/II

Im engen Korridor zwischen "Totem" und Tabù e Styria" zieht diese technisch schwierige Linie über senkrechte Platten nach oben. Absicherung und Felsqualität sind perfekt.

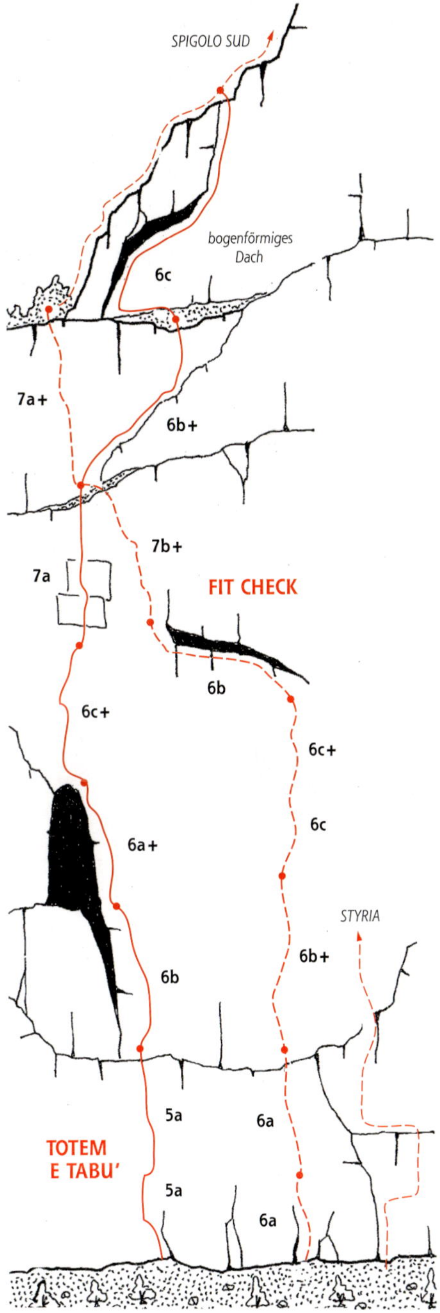

36 STYRIA★★★★

H. Gregoritsch, G. Hubmann 1994
200 m. (7SL)
7a (6b obl.)/S2/II

Genussvolle Plattenkletterei mit herrlichen, technisch anspruchsvollen Passagen. Die 5. SL mit einem gutgriffigen Überhang ist wunderschön. Die Ausstiegswand erfordert viel Kraft und Entscheidungsfreude. Man kann zwar über die Route abseilen, dies ist aber ziemlich kompliziert. Besser ist der Abstieg über den Klettersteig oder durch Abseilen über 'Totem e Tabù'. Charakteristisch ist die Absicherung der Route: man benutzte geklebte U-Haken, die sonst nur im Klettergarten verwendet wurden.

Einstieg: am Beginn einer breiten, grauen Verschneidung mit sehr glatten Wänden.

37 EMILIANA★★★

H. Gregoritsch, G. Hubmann 1995
200 m. (6SL)
7b (6c obl.)/S3/II

Schwierige, ausdauernde, technisch anspruchsvolle Plattenkletterei. Die Haken in den letzten beiden Seillängen liegen etwas weit auseinander, deshalb könnten ein paar Klemmkeile hilfreich sein. Wie bei 'Styria' war die Absicherung mit den Klebehaken etwas Neues.

Einstieg: wie 'Styria', die erste SL verläuft gemeinsam.

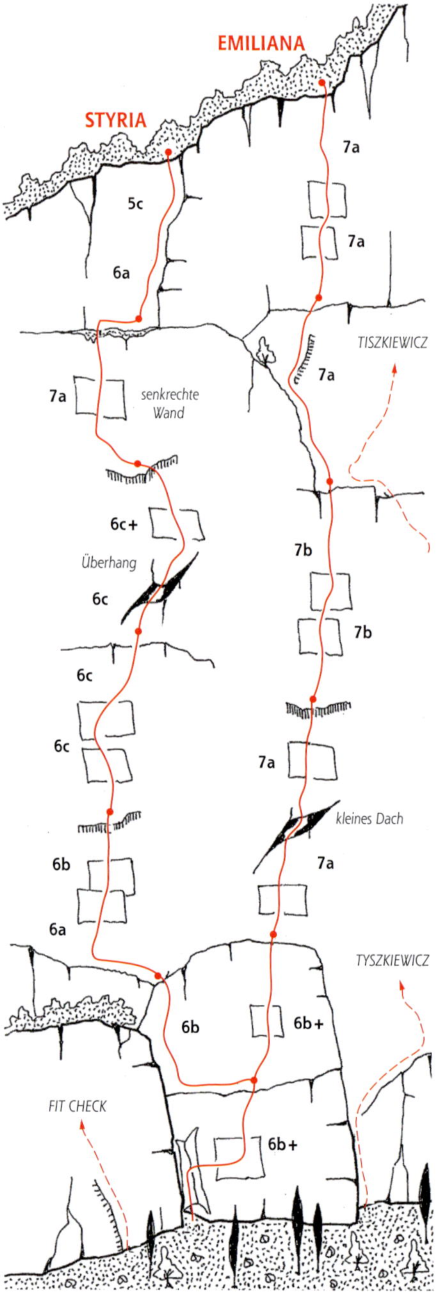

38 TYSZKIEWICZ★★★★

G. Groaz, R. Segalla 1976
220 m. (7SL)
VI+, A0 (VII+)/R1/II

Sehr klassische, wunderschöne Route entlang von Verschneidungen und Rissen, die teils mit Bohrhaken abgesichert ist. Ab und zu können Klemmkeile und Friends nötig werden. Die Erstbegeher fanden in der Nische die Inschrift „Tyskiewicz 1804", vielleicht ein früherer Versuch...?

Einstieg: Von der breiten Verschneidung mit der 'Via Styria' nach rechts queren, in den Wald und in der ersten Verschneidung, auf die man trifft, hoch (auf der grauen Wand daneben sind viele Zeichen zu sehen). Noch etwas weiter rechts führt eine Einstiegsvariante von R. Galvagni über eine graue Kante hoch.

38a VARIANTE FOLLIE DI HOLLYWOOD

G. Stenghel, F. Nicolini 1983
150 m. VI+

Alpin orientierte Kletterer könnten in dieser schwierigenVariante ihren Spaß finden, wäre da nicht die berüchtigte Schuppe in Form einer Guillotine, an der man sich hochziehen muss. Die Route wird deshalb nicht bzw. nicht mehr begangen.

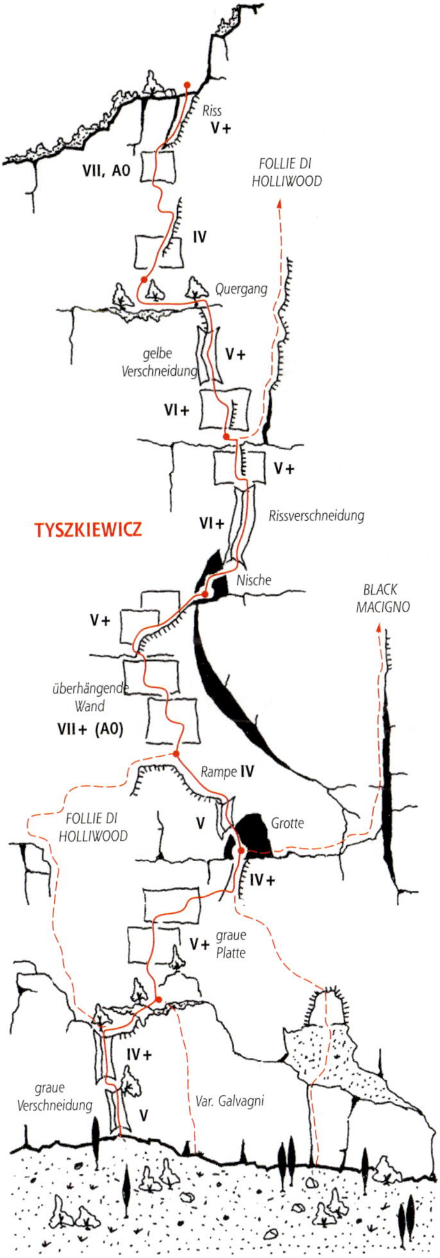

Tyszkyewicz 1804

Giovanni Groaz

Als uns der alte Bepi, der so eine Art "Hausmeister" am Colodri war, versicherte, dass zwar schon jemand die Linie versucht hatte, sie aber noch nicht komplett begangen worden sei, entschlossen wir uns, sie in Angriff zu nehmen. "Die sind nicht mal bis zur Hälfte gekommen", sagte er uns. "Ist das wirklich wahr?", wollte ich nochmal wissen. "Ganz sicher! Ich hätte das doch gesehen, denn ich bin die ganze Zeit hier und hab' oft einen Blick auf die Wand geworfen", erwiderte er. "Aber..." ließ ich nicht locker, ich wollte mehr Gewissheit haben. "Jetzt reicht's, meine Güte! Die konnten die Route nicht klettern, wollt ihr das jetzt kapieren oder nicht? Sie ist einfach zu schwierig. Das kann ich euch deswegen bestätigen, weil ich mich dort in der Nähe schon kurz nach dem Krieg immer wieder rumgetrieben habe, um Brennholz zu holen ". Bepi war jetzt wirklich genervt, um nicht zu sagen außer sich, und kippte sich das nächste Glas Wein hinter die Binde.
Auch wir erreichten also die Stelle, an der unsere Vorgänger anscheinend hatten aufgeben müssen. Danach folgte ein Riss, der zu breit war, um Haken zu setzen oder Holzkeile zu verklemmen, er war aber leider auch zu eng, um Hände oder Füße unterzubringen. "Jetzt ist klar, weshalb die die Route nicht beendet haben", mein Seilgefährte setzte noch einen Fluch hinterher. Weiter oben fanden wir dann aber wieder Haken. Hut ab! Und so gelang uns "nur" die erste Wiederholung der "Sommadossi" am Colodri.

Im Frühjahr des folgenden Jahres waren wir wieder mal auf der Suche nach einer neuen Linie in diesem Gebiet. Ich hatte eine Wand ausgemacht, die wohl noch unberührt war. Aber eingedenk der Enttäuschung am Colodri war ich mir da gar nicht mehr so sicher. Laut Bepi war da bestimmt noch keiner gewesen, aber seine Beteuerungen genossen wir jetzt mit viel Vorsicht. Wir wollten ihn aber auch nicht verärgern und taten so, als ob wir einer Meinung seien.
In der Zwischenzeit hatten wir einen Rentner kennengelernt, der in einem Haus ganz nahe der Wand unserer Begierde wohnte. Er sagte uns, dass die Leute diese Wand "Rupe Secca" nannten und dass noch keiner sie auf dieser abweisenden Seite bestiegen hätte. Am Wandfuß hatte das österreich-ungarische Heer einige Deserteure gefangen genommen und hingerichtet. Davon blieb aber nur eine vage Erinnerung und ein alter Grabstein. Er erzählte auch, dass schon ganz früh Leute im abschüssigen Gelände des unteren Wandteils unterwegs waren, aber ohne alpinistische Ambitionen: Man munkelte etwas von einem legendären Goldschatz, der in den Geröllhalden versteckt wäre, und dass in einer unerreichbaren Höhle ein geheimer, enger Tunnel beginnen würde. Und tatsächlich: in etwa ein Drittel Wandhöhe ist eine dunkle Grotte zu sehen. Uns schien also ein wirkliches Abenteuer bevorzustehen!

Nach einem ersten, nicht allzu schwierigen Teil erreichten wir eine Stelle mit kleinen Stufen, offensichtlich von jemandem in den Fels gehauen, auch ein Haken steckte dort im Fels. Die Erzählungen des Alten schienen also auf Wahrheit zu beruhen. Als wir die Grotte erreichten, blickten wir staunend auf die Überreste einer alten Laterne, einen Schriftzug mit zwei Namen und ein in den Fels gemeißeltes Datum. Von Gold keine Spur, natürlich! Und ganz sicher war da auch nie welches. Wir stellten fest, dass noch niemand weiter gestiegen war. Das Gelände wurde sehr anspruchsvoll und die Absicherungsmöglichkeiten waren äußerst prekär, das eine oder andere Mal mussten die Steigleitern helfen. Auch der

Ausstieg war problematisch: entweder in einen nicht absicherbaren Riss oder richtig kämpfen, um auf gar keinen Fall die blöden Bohrhaken setzen zu müssen, mit denen oftmals schwierige Routen quasi kaputtgenagelt wurden. Ich wählte die zweite Variante und wir waren draußen. Wir stiegen wieder zum Wandfuß ab und wurden dort vom Alten begeistert empfangen. Er wollte wissen, welchen Namen wir der Route geben würden. "Keine Ahnung, wir wissen es noch nicht", erwiderten wir fast gleichzeitig. Er lud uns in sein Haus zum Essen und Trinken ein und erzählte uns weitere Geschichten aus seinem Leben. Er hatte lange am Amazonas gelebt und gearbeitet und war ins Sarcatal zurück gekommen, um dort den Rest seines Lebens zu verbringen. Sein Haus war voller seltsamer, uns unbekannter Gegenstände. Einer zog meine Aufmerksamkeit besonders auf sich: ein Art dunkle Puppe mit einem seltsamen Grinsen und langen, lockigen Haaren. "Was ist das?", fragte ich und streckte die Hand danach aus. "Nein! Nicht berühren!", entgegnete er und nach kurzer, beinahe andächtiger Zeit fügte er hinzu: "Das ist ein Geheimnis, das ich lüfte, wenn ihr mir den Namen eurer neuen Route sagt". Mein Freund ich schauten uns kurz etwas unentschlossen an und entschieden dann schnell, die Route unseren Vorgängern zu widmen, die schon vor 171 Jahren die Hälfte geschafft hatten.

"Tyszkiewicz 1804", lautete unsere Antwort. "OK", und dann fügte der Alte leise seufzend hinzu: "Das ist keine Puppe, sondern der Kopf eines Mannes. Fragt bitte nicht weiter, die Geschichte ist zu lang. Vielleicht erzähle ich sie euch eines Tages." Wir wurden ganz stumm und verabschiedeten uns bald darauf. In dieser Nacht fanden wir beide keinen Schlaf.

Wir haben den alten Mann nie mehr wieder gesehen.

39 BLACK MACIGNO★★★★★

M. Pegoretti, P. Piacini 1982
240 m. (8SL)
VI+, A3/R3/II

Schwierige, meist technische Route, die selbst abgesichert werden muss. Die lange und perfekte Verschneidung im Mittelteil ist das Prunkstück dieser Route, die vor allem aus alpinistischer Sicht sehr interessant ist.

Einstieg: ca. 10 m rechts von 'Tyskiewicz'. Ein Riss verläuft durch die graue Platte, weiter oben ist ein Haken zu sehen.

39a VARIANTE PAN★★★

Eigentlich gehören nur die beiden ersten Seillängen zu dieser Freikletterroute, denn danach folgt sie den Routen "Maiali nello Spazio" und "Black Macigno".

Einstieg: etwas links von der Einstiegsverschneidung von "Mescalito".

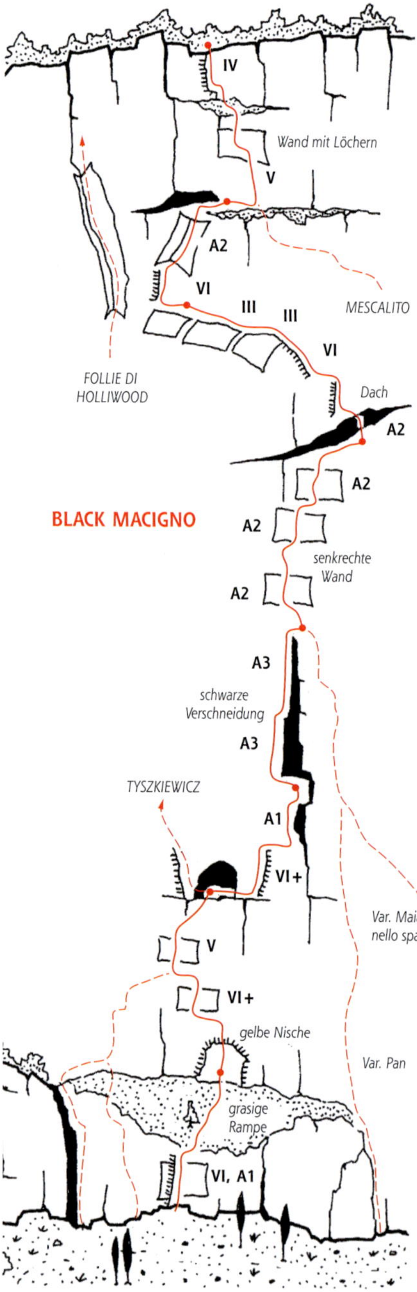

40 MESCALITO ★★★★★

R. Vettori, R. Bernard 1982

VI+, VII+, Stellen A0 (7a)/R1/II

Herrlicher, wunderbarer Aufstieg, sicherlich einer der schönsten im ganzen Sarcatal. Die Route wurde von unten eröffnet und ist in der Tat ein Meisterwerk. Mittlerweile wurden an den Standplätzen und in den einzelnen Seillängen einige zusätzliche Bohrhaken gesetzt. Mit beispielhafter Logik führt der Weg durch die glatte zentrale Wand der Rupe Secca. Eigentlich scheint es unmöglich, diese Platten durchsteigen zu können, ohne auf zu hohe Schwierigkeiten zu stoßen. Das Gestein ist durchwegs perfekt, die Absicherung erfolgt mit Normal- und Bohrhaken. Für die erste Seillänge benötigt man einige Friends und für den Schlussteil einige (Reepschnur-)Schlingen für Sanduhren und kleine Bäume. Für die damalige Zeit, mit diesen Schwierigkeiten und der geringen Absicherung war diese Route sicherlich ein weiter Schritt nach vorne, und das vermutlich nicht nur im Sarcatal.

Zustieg: vom Einstieg von 'Tyskiewicz' rechtshaltend auf einem Pfad durch den Wald und bis zur nächsten deutlichen Verschneidung.

40a VARIANTE MAIALI NELLO SPAZIO

D. Mabboni, M. Mabboni 1987.

80 m. (3SL)

7b+

Kurze und sehr schwierige Variante mit sehr weitem Hakenabstand, vor allem der letzten Seillänge. Nach der ersten Länge von "Mescalito" zieht diese Variante nach links zum 4. Standplatz von "Black Macigno".

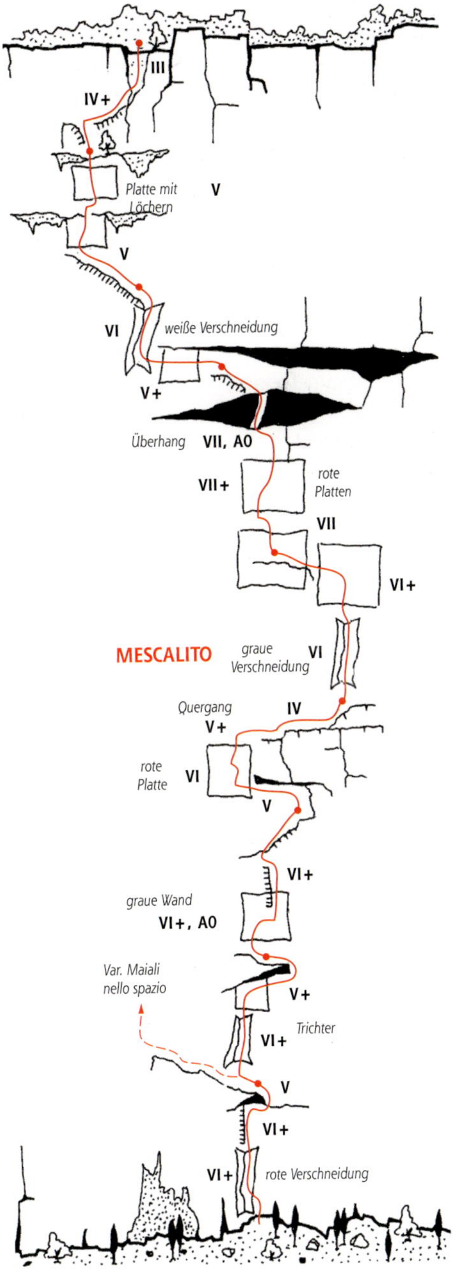

41 ZODIAC WALL★★★★★

I. Rabanser, A. Andreotti, M. Furlani, 2003
260 m. (9SL)
VII, A3/R3/II

Anhaltend schwere und anspruchsvolle und schöne Techno-Route, die aber in allen Seillängen auch diverse heikle, frei kletterbare Passagen aufweist. Sie verläuft zunächst über die schwarzen. Glatten Platten zwischen "Mescalito" und "Passi Falsi" und führt im oberen Teil dann direkt über die gelben Überhänge und die herrlichen Ausstiegsplatten. Viel Erfahring mit Trittleitern und Cliffs ist erforderlich. Wiederholer benötigen einige Haken, Hammer und diverse Cliffs (darunter auch sogenannte Talons für 8mm-Bohrlöcher). Die Felsqualität ist überall gut.

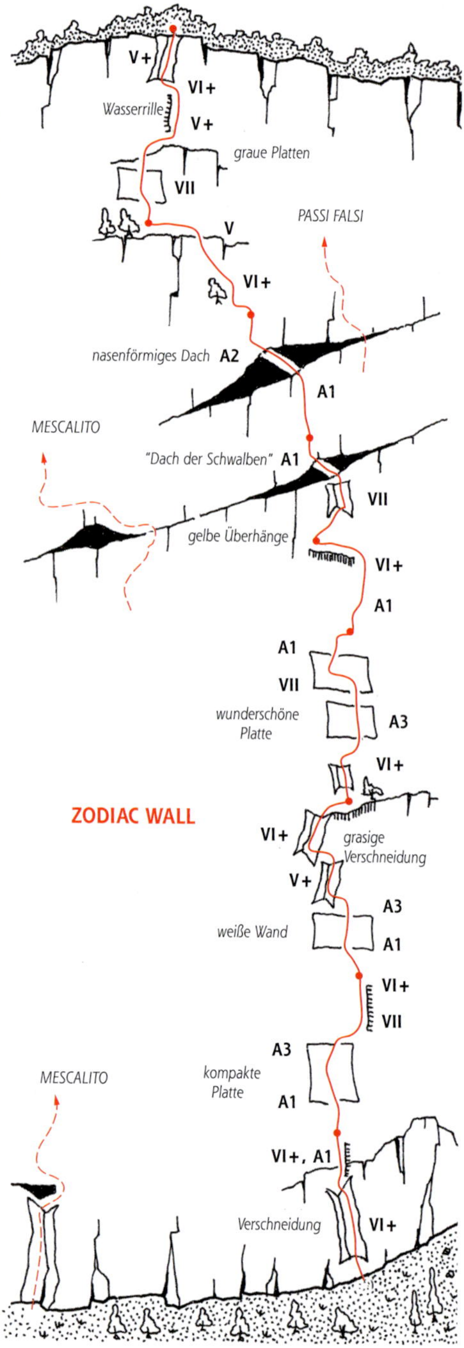

42 PASSI FALSI ★★★★

P. Calzà 1996
240 m. (7SL)
7a (6b obl.)/S2/II

Herrliche Sportkletterroute über sehr kompakte Platten. Anhaltend schwierige und schöne Kletterei; insbesondere die 5. SL mit der gelben, gutgriffigen Wand bietet vollsten Genuss. Die 7a-Traverse über den Dächern kann auch A0 geklettert werden, der Stand danach ist unglaublich ausgesetzt. Auch die sehr strukturierte Ausstiegsplatte bietet wunderschöne Kletterzüge.

Einstieg: Bei der Verschneidung mit der 'Via Mescalito' noch weiter rechts queren und auf den Weg, der bald darauf aufwärts führt. An der Wand entlang und bis zu einer grauen Platte (die neuen Bohrhaken der Route 'Ricci e Capricci' und die alten der Route 'Cismon '93' sind sichtbar). Noch ein wenig weiter hoch und auf ein Band, das links in die Wand führt.

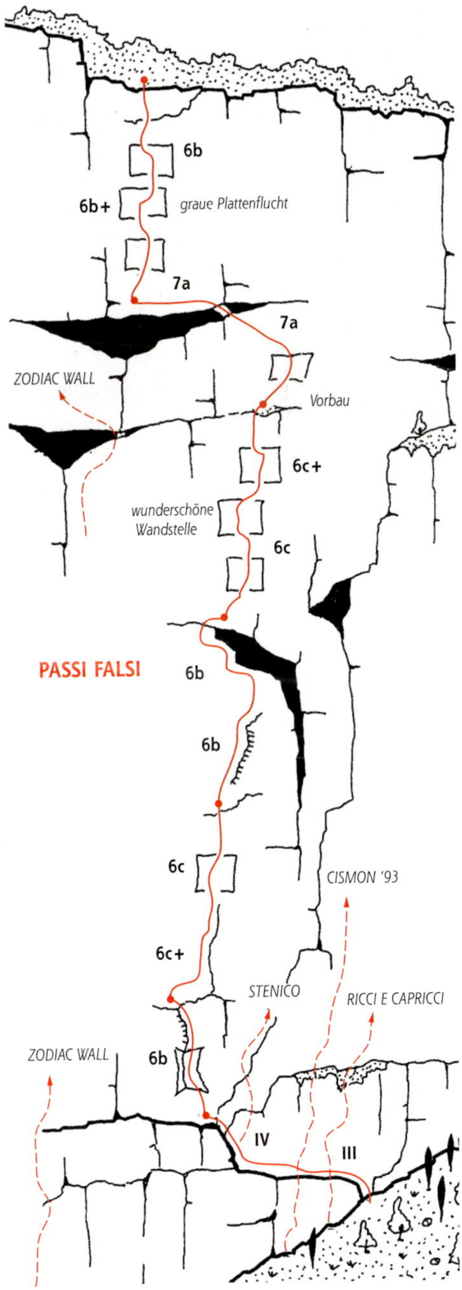

43 MARINO STENICO★★★

G. Stenghel, G. Vaccari, R. Vettori 1978
180 m. (5SL)
VI+, VII (A0)/R1/II

Die historische Route folgt der perfekten Verschneidung im rechten Wandteil. Sehr athletische und ausdauernde Verschneidungskletterei, leider ist der Fels durch die vielen Begehungen schon etwas abgespeckt. Der Überhang in der 4. SL ist zwar anstrengend, aber die Griffe sind gut. Einige große Klemmkeile und Friends können in der Ausstiegsverschneidung nützlich sein. Nach dem Ausstieg quert man auf dem mit Bäumen bestandenen Band nach rechts, auf- und absteigend erreicht man dann den Klettersteig. Auf diesem Band bleibt man besser angeseilt und benutzt die Bäumchen zur Absicherung beim gleichzeitigen Gehen am Seil.

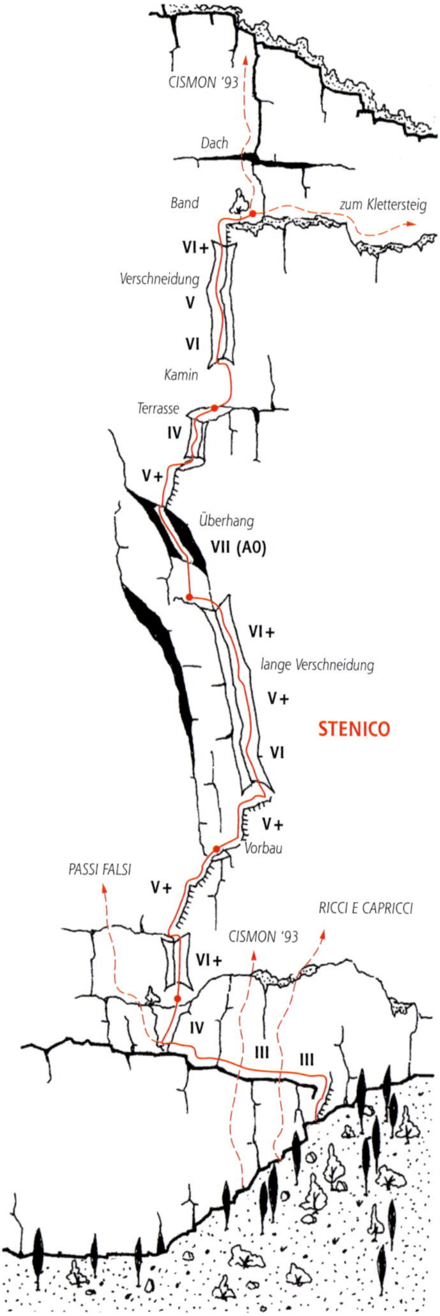

44 CISMON '93 ★★★★

U. Marampon 1993

250 m (7SL)

A1, A2/R2/II

Freunde technischer Kletterei werden diese Route (im typischen Stil von U. Marampon) genießen können. Die Linie führt sehr ästhetisch und exponiert in bestem Fels über den schmalen Pfeiler rechts der 'Via Stenico' und ist komplett mit gebohrten Haken eingerichtet. Aber oft liegen die Haken weit auseinander und eine „Verlängerung" (Clipstick o.ä.) ist empfehlenswert, damit man in manchen Passagen etwas schneller vorankommt. Eine perfekte Route für kurze, kalte Wintertage.

Einstieg: wie zu 'Passi Falsi'. Auf der grauen Platte sind die gebohrten Haken zu sehen.

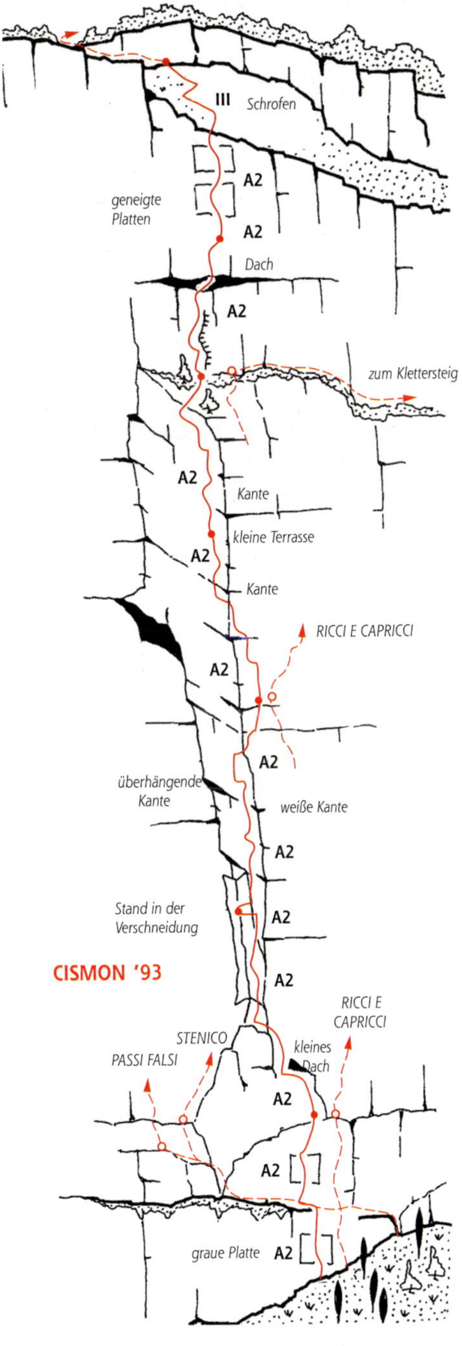

45 RICCI E CAPRICCI★★★
P. Calzà, E. Parisi 1992
150 m (5SL)
7a (6c obl.)/S2/II

Schöne, genussvolle Sportkletterroute, die rechts von 'Cismon `93' durch die graue, kompakte Wand führt. Abstieg durch Abseilen über die Route oder wie bei 'Stenico' zum Klettersteig.

Einstieg: wie bei 'Passi Falsi', dann über die graue Platte mit den gebohrten Haken.

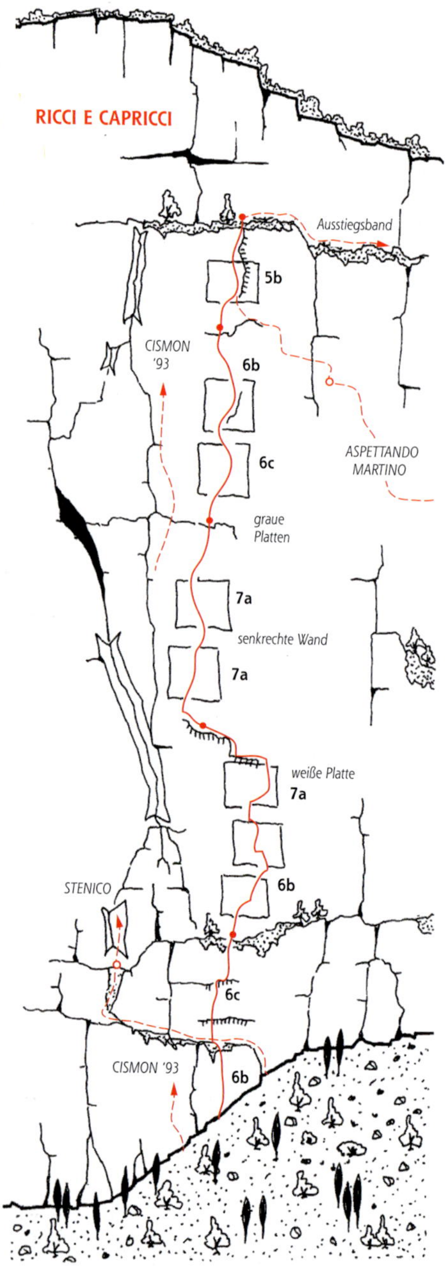

46 ASPETTANDO MARTINO★★★★

Ufficio Guide Alpine Arco 1998
180 m. (6SL)
5c (5a obl.)/S2/I

Schöne, lohnende und leichte Route, die sehr stark gegliedert einem System von Verschneidungen und Bändern im rechten Wandbereich folgt.

Einstieg: wie bei 'Passi Falsi', dann auf dem Pfad weiter bis zu einer Geröllterrasse. Einstieg über eine grasige Rampe.

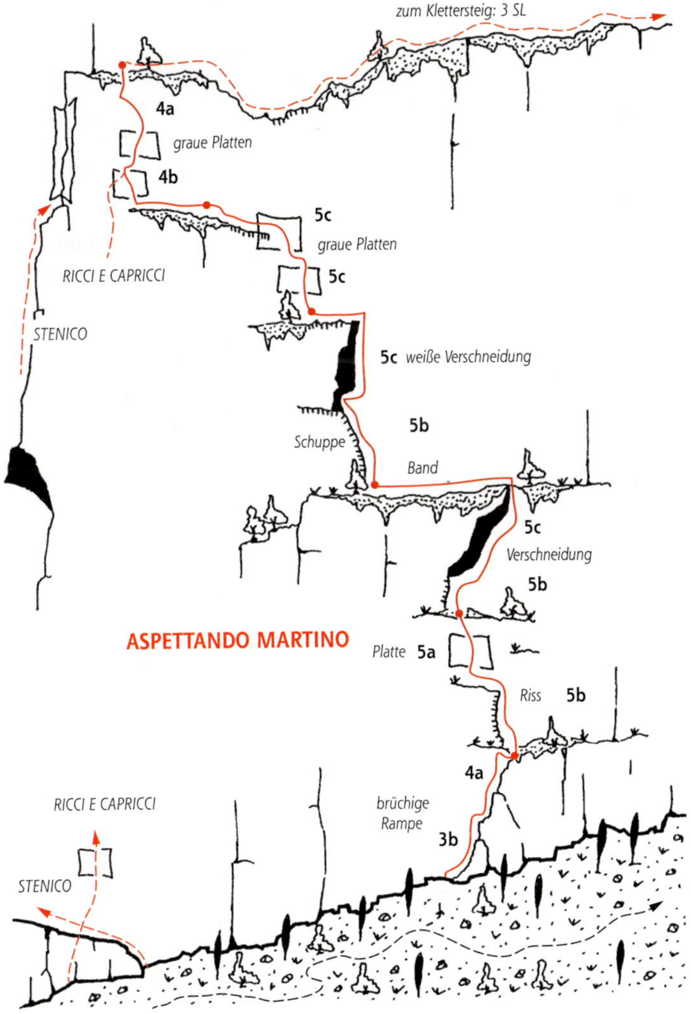

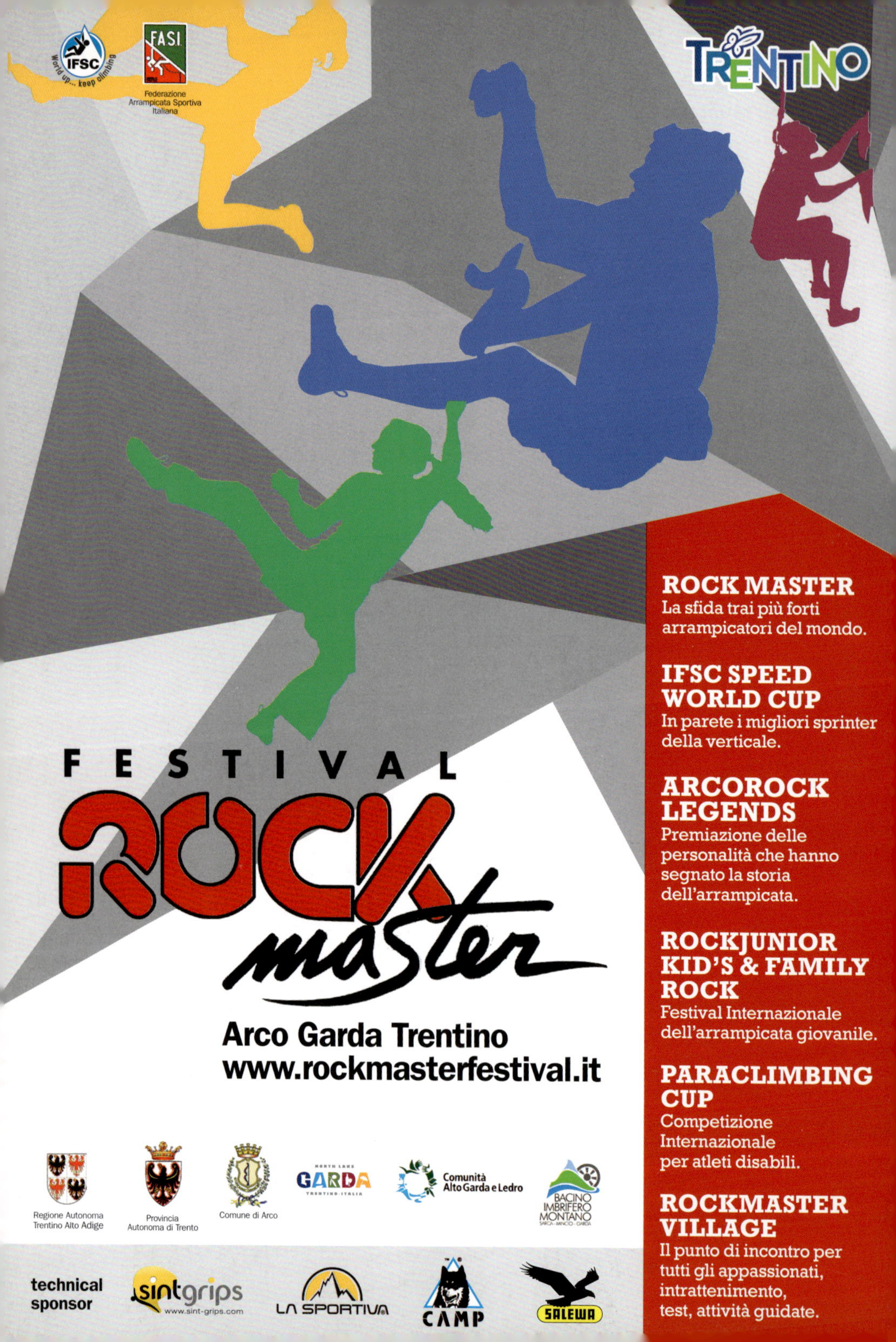
IFSC
World up... keep climbing
F.A.S.I.
Federazione Arrampicata Sportiva Italiana
TRENTINO
ROCK MASTER
La sfida trai più forti arrampicatori del mondo.
IFSC SPEED WORLD CUP
In parete i migliori sprinter della verticale.
ARCOROCK LEGENDS
Premiazione delle personalità che hanno segnato la storia dell'arrampicata.
ROCKJUNIOR KID'S & FAMILY ROCK
Festival Internazionale dell'arrampicata giovanile.
PARACLIMBING CUP
Competizione Internazionale per atleti disabili.
ROCKMASTER VILLAGE
Il punto di incontro per tutti gli appassionati, intrattenimento, test, attività guidate.
FESTIVAL
ROCK master
Arco Garda Trentino
www.rockmasterfestival.it
Regione Autonoma Trentino Alto Adige
Provincia Autonoma di Trento
Comune di Arco
GARDA
Comunità Alto Garda e Ledro
BACINO IMBRIFERO MONTANO
technical sponsor
sintgrips
www.sint-grips.com
LA SPORTIVA
CAMP
SALEWA